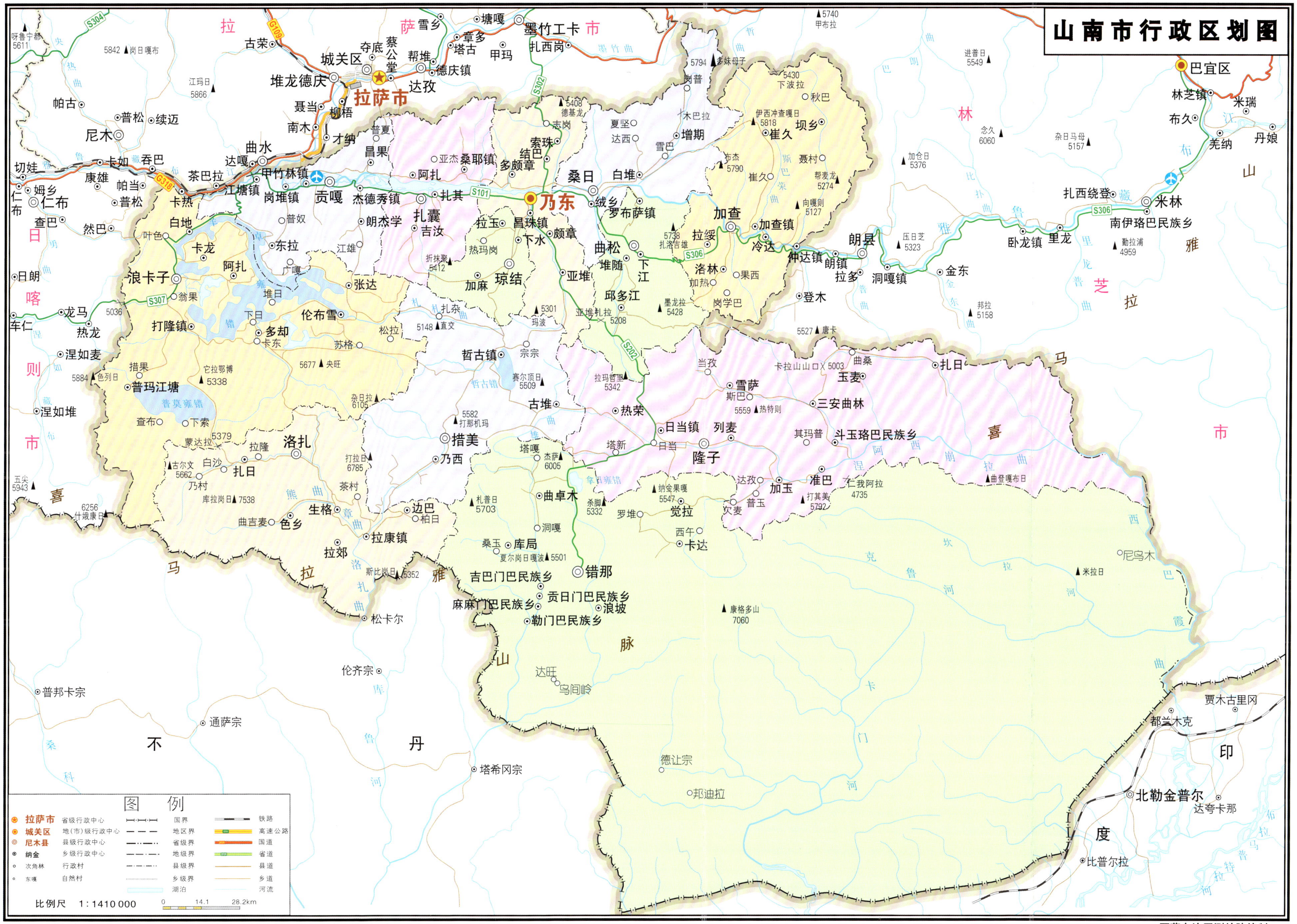

西藏自治区测绘院编制

审图号：藏S（2018）022号

山南年鉴

ལྷོ་ཁའི་ལོ་རིམ་མེ་ལོང་།

2021

（总第10卷）

山南市地方志编纂委员会办公室　编

方志出版社
Publishing House of Local Records

图书在版编目（CIP）数据

山南年鉴. 2021 / 山南市地方志编纂委员会办公室编. -- 北京:方志出版社, 2021.8
ISBN 978-7-5144-4805-4

Ⅰ. ①山… Ⅱ. ①山… Ⅲ. ①山南－2021－年鉴
Ⅳ. ①Z527.53

中国版本图书馆CIP数据核字（2021）第252863号

山南年鉴（2021）

编　　者：山南市地方志编纂委员会办公室
责任编辑：刘方圆
出 版 者：方志出版社
地址　北京市朝阳区潘家园东里9号（国家方志馆4层）
邮编　100021
网址　http://www.zgfzcb.cn
发　　行：方志出版社图书经销中心
电话（010）67110500
经　　销：各地新华书店
印　　刷：河南金宝丽印刷科技有限公司
开　　本：889×1194　　1/16
印　　张：30
字　　数：718千字
版　　次：2021年8月第1版　　2021年8月第1次印刷
印　　数：001～500册
ISBN　978-7-5144-4805-4　　定价：398.00元

《山南年鉴（2021）》编纂委员会

《山南年鉴（2021）》编辑部

山南市泽当城区全景图

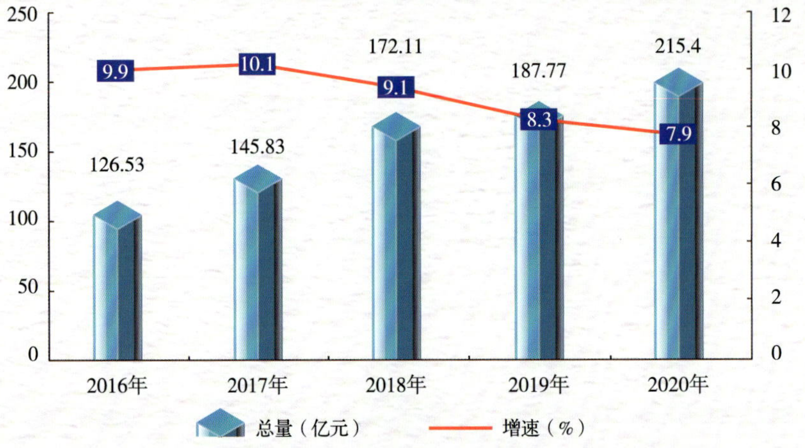

2016—2020年全市生产总值及其增长速度

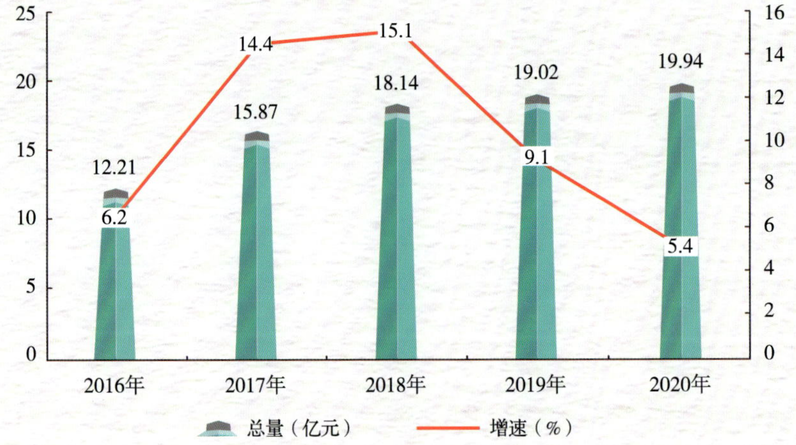

2016—2020年工业增加值及增速

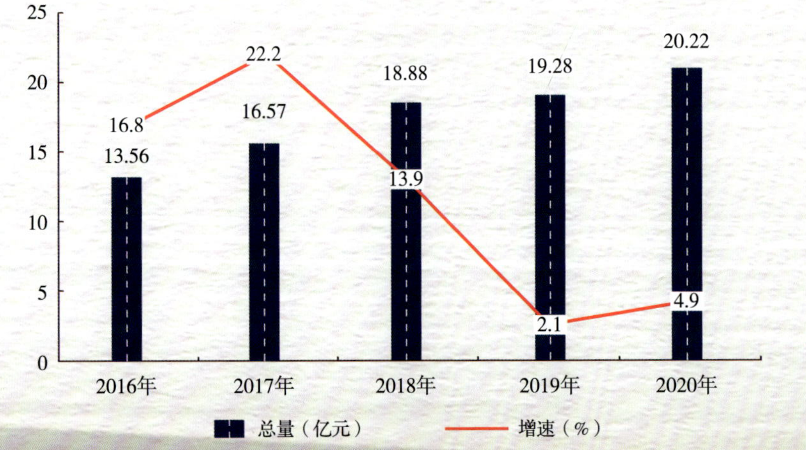

2016—2020年一般公共预算收入及增速

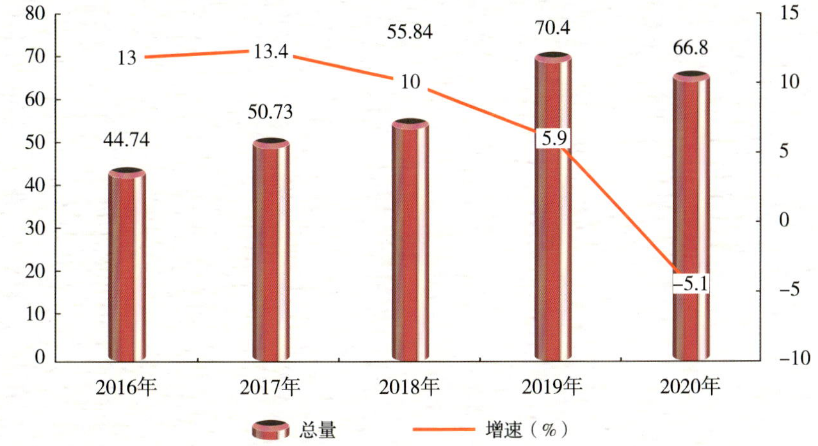

2016—2020年社会消费品零售总额及增速

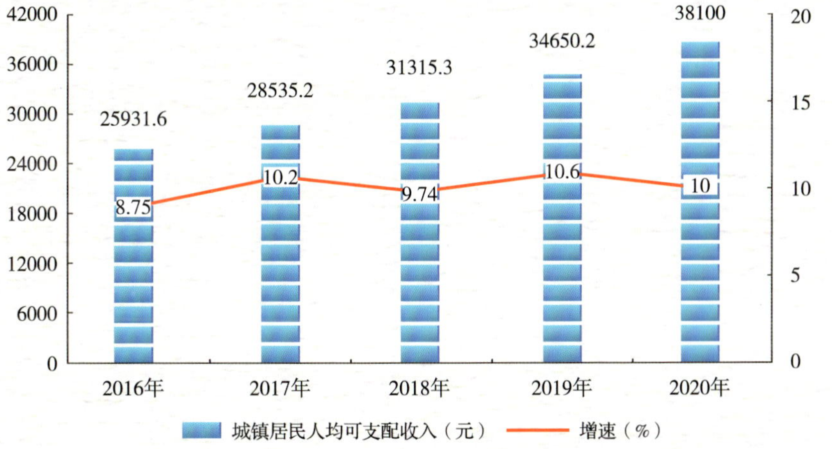

2016—2020年城镇居民人均可支配收入及增速

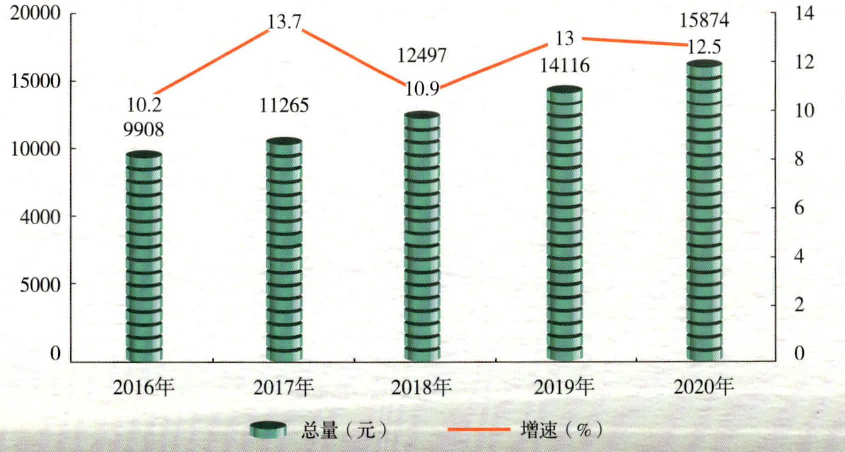

2016—2020年农村居民人均可支配收入及增速

2016年，山南市获评“第二批国家公共文化服务体系示范区”。

2017年，加查县获评“2016年度全国休闲农业和乡村旅游示范县”。

2017年，市统计局获评“全国统计系统先进集体”。

2018年，卓嘎、央宗姐妹获评“时代楷模”。

2018年，市统计局获评“中国农业普查先进集体”。

2018年，市司法局获评“全国‘七五’普法中期先进集体”。

2018年，乃东区扎西曲登村获评“国家第四批传统村落”。

2018年，琼结县金珠村获评“第七批全国民主法治示范村（社区）”。

2019年，卓嘎、央宗姐妹获评“最美奋斗者”。

2019年，隆子黑青稞获评“中国气候好产品”。

2019年，隆子县获评“绿水青山就是金山银山实践创新基地”。

2019年，琼结县获评“四好农村路全国示范县”。

2019年，市民政局获评“第二次全国地名普查先进集体”。

2019年，市经济普查领导小组办公室获评“第四次全国经济普查工作国家级先进集体”。

2019年，错那县勒门巴民族乡获评“第七批全国民族团结进步示范区”。

2019年，错那县勒市沟获评“中国天然氧吧”。

2019年，隆子县玉麦村、错那县麻麻村入选“第一批全国乡村旅游重点村名录”。

2019年，错那县斯木村获评“中国村庄2019幸福村”。

2019年，加查县共康村、隆子县玉麦村获评“全国乡村治理示范村镇”。

2019年，隆子县玉麦村、错那县勒村、琼结县强吉村入选“2019年中国美丽休闲乡村名录”。

2020年，山南市获评“第四批国家生态文明建设示范市”。

2020年，乃东区嘎玛庆社区党支部获评“全国抗击新冠肺炎疫情先进集体”。

2020年，乃东区获评“全国绿色食品原料标准化生产基地”。

2020年，措美县获评“全国农村清洁行动先进县”。

2020年，市公安局禁毒支队获评“全国禁毒工作先进集体”。

2020年，市生态环境局获评“第二次全国污染源普查表现突出集体”。

2020年，市法律援助中心获评“全国法律援助工作先进集体”。

2020年，市图书馆获评“2019年度全民阅读先进单位”。

2020年，桑日县雪巴村、错那县勒村、乃东区扎西曲登村入选“第二批全国乡村旅游重点村名录”。

编 辑 说 明

一、《山南年鉴(2021)》以马克思列宁主义、毛泽东思想、邓小平理论、“三个代表”重要思想、科学发展观、习近平新时代中国特色社会主义思想为指导,坚持辩证唯物主义和历史唯物主义的立场、观点和方法,坚持为山南改革、发展、稳定服务的方针,由《山南年鉴(2021)》编辑部编辑。

二、《山南年鉴(2021)》客观、翔实、全面、系统地记载2020年山南市政治、经济、文化、社会等各方面的发展状况。为各级领导了解地情、科学决策提供依据,为各单位、各行业、各部门查阅资料提供便利,为国内外各界人士了解、认识、研究山南提供信息,同时也是山南文化建设和对外宣传的重要窗口。

三、《山南年鉴(2021)》包括特载、专辑、概况、大事记、中国共产党山南市委员会、山南市人民代表大会、山南市人民政府、中国人民政治协商会议山南市委员会、纪律检查(监察)、对口援藏、群众团体、法治、经济综合管理、农牧业·水利·林业·电力、工业·商贸·旅游、国土·环保·住建、交通·邮政·通信、金融、教育·科技·气象、医疗·卫生、文化·广电、民族·宗教、民政与社会保障、应急管理、区情县情、荣誉、附录等内容。

四、《山南年鉴(2021)》采用分类编辑法,由类目、分目、条目组成。类目下设分目,分目下设若干条目。条目标题统一使用黑体字加【 】表示。

五、《山南年鉴(2021)》入鉴资料、图片均由各撰稿单位提供,并经主要负责人审核。所用综合性资料、数据等截至2020年年底。年鉴中的统计资料由市统计局提供,正文中的数据由各单位提供。数据一般以现行价格计算。本卷统计资料因统计口径等原因,有关部门所用数据与统计资料中的数据不尽一致,采用时请予注意。本书中农田土地面积的计量单位使用“亩”。

党建工作

2020年4月13日至14日，自治区党委书记、西藏军区党委第一书记吴英杰深入山南市洛扎县脱贫攻坚一线和边境一线，走访群众，考察调研特色产业发展、边境小康村建设、易地扶贫搬迁、兴边富民、基层党建等工作。图为吴英杰（左三）考察洛扎县种植养殖循环模式农业

拉萨贡嘎机场快速路是西藏自治区首个应用钢箱梁的公路工程，是西藏重点民生工程。项目建成后将对缓解贡嘎机场场外道路交通压力、优化机场周边区域交通结构、加强西藏对外开放、加快旅游发展、促进经济增长、改善民生条件、加强国防交通及提高应急保障能力等发挥积极作用。图为2020年6月14日，自治区党委副书记、自治区主席齐扎拉（前排左二）在拉萨贡嘎机场快速通道项目和航站区改扩建工程建设现场，调研项目建设情况

2020年7月3日，自治区人大常委会副主任、市委书记许成仓出席曲松经玉麦至件哲金哲边防公路改建工程通车仪式，图为许成仓（右二）与玉麦群众亲切交谈

江热桥属单跨钢组合梁结构，是西藏自治区首座单跨跨径最大，单跨重量最重，首次采用顶推施工的钢组合桥梁，横跨雅鲁藏布江之上。图为2020年6月26日，自治区副主席、市委副书记、市长普布顿珠（居中）在江热桥建设现场检查指导

① ②
③

① 2020年9月1日，山南市在隆子县玉麦乡举办山南市军（警）地基层党组织结对共建“五共五固”现场推进会

② 2020年，山南市共宣讲“七次会”精神2230余场次，受众达228000余人次。图为宣讲现场

③ 2020年3月21日，山南市各族群众喜迎西藏百万农奴解放61周年，开展“我和国旗合影”活动。图为乃东区群众向国旗致敬，用“中国红”来表达对祖国最深沉的爱

①
②
③

① 2020年4月21日，2020年度山南市“四讲四爱”群众教育实践活动在桑日县卓吉村启动。图为启动仪式上学生代表发言

② 2020年是“四讲四爱”群众教育实践活动巩固年，山南市进一步建强宣讲队伍，创新宣讲方式，推动教育实践活动向深、向实推进。图为5月18日，山南市百名“四讲四爱”骨干宣讲员实战实训现场

③ 2020年10月24日，隆子县“党的光辉照边疆 边疆人民心向党”主题的中央第七次西藏工作座谈会精神文艺宣讲活动在热荣乡沃塘村举行。图为活动现场

革命烈士永垂不朽

②
① ③

① 2020年9月30日，全国第七个“烈士纪念日”之际向烈士敬献花篮仪式在山南烈士陵园举行，山南市各族各界代表队列队肃立，共同追思革命先烈，传承红色基因。图为仪式现场

② 近年来，错那县始终坚持以铸牢中华民族共同体意识为主线，把民族团结进步事业作为基础性事业抓紧抓好。图为2020年5月9日，错那县觉拉乡开展“增进民族团结，共创美好未来”活动

③ 2020年11月17日，曲松镇措堆村开展村党总支党员群众心连心主题群众慰问活动。图为活动现场

重要会议

2020年11月3日，中国共产党山南市第一届委员会第六次全体会议在泽当召开。全会由市委常委会主持。自治区人大常委会副主任、市委书记许成仓代表市委常委会向全会作报告，会议审议通过《中共山南市委员会关于贯彻落实中央第七次西藏工作座谈会精神进一步推进山南长治久安和高质量发展的实施意见（讨论稿）》，许成仓就《意见》（讨论稿）作说明。图为大会现场

山南市第一届人民
ལྷོ་ཁ་གྲོང་ཁྱེར་མི་དམངས་འཐུས་མི་ཚོགས་

2021年1月9日，山南市第一届人民代表大会第六次会议开幕，200余名市人大代表肩负人民重托出席盛会，认真履行宪法和法律赋予的神圣职责。市委副书记、常务副市长刘志强代表市政府向大会作市政府工作报告。图为大会现场

2021年1月8日，政协第一届山南市委员会第八次会议在泽当隆重开幕。来自全市各族各界的政协委员齐聚一堂，围绕市委、政府中心工作，积极履行政治协商、民主监督、参政议政职能，集众智、聚合力，奋力推进新时代山南长治久安和高质量发展，以优异成绩迎接建党100周年和西藏和平解放70周年。图为会议现场

2020年1月15日，山南市“不忘初心、牢记使命”主题教育总结大会在泽当召开，自治区人大常委会副主任、市委书记许成仓，自治区第三巡回指导组常务副组长叶银川出席会议并讲话，市委副书记、市长普布顿珠主持会议，图为会议现场

2020年5月28日，市委政协工作会议暨庆祝山南政协成立60周年大会在泽当隆重举行，传达学习中央政协工作会议暨庆祝中国人民政治协商会议成立70周年大会、自治区党委政协工作会议暨庆祝自治区政协成立60周年大会精神，回顾山南政协60年来的工作成绩和基本经验，安排部署新时代加强和改进全市政协工作。图为会议现场

2020年3月19日，中国共产党山南市第一届纪律检查委员会第五次全体会议在泽当召开。图为会议现场

2020年7月28日，自治区深度贫困地区脱贫攻坚现场推进会暨深化对口援藏扶贫工作会在山南召开。图为大会现场

经济发展

2020年，山南市把稳投资作为稳增长的关键举措，加查水电站3台机组投产发电，川藏铁路拉萨至山南段轨道全面铺通，拉萨贡嘎机场完成改扩建，隆子支线机场土石方试验段工程顺利开工，固定资产投资同比增长7.2%。举办“情系湖北·享购山南”活动，发放1500万元消费券带动消费3365万元。全年完成社会消费品零售总额66.8亿元。依托援藏精准招商，玉麦湘藏香猪养殖、宏农百万羽藏鸡养殖、琼结千亩设施蔬菜种植等项目落地建设，完成招商投资63.5亿元，创历史新高。创新加强旅游宣传推介，在全区首创飞机、高铁、地铁三维立体旅游宣传模式，乃东扎西曲登、琼结强钦民俗旅游蓬勃兴起。全市接待游客460万人次、旅游收入18.5亿元，接近2019年水平。全年地区生产总值215.4亿元，同比增长7.9%。

“十三五”期间，山南市累计完成固定资产投资较“十二五”时期翻了一番还多。泽贡高等级公路、G219和G560山南段建成通车，公路通车里程达到8323公里，是2015年的1.24倍，乡镇村居公路通畅率分别达到100%、82%，分别较2015年增加11个、33个百分点。

④
① ⑤ ⑥
② ③

① 拉萨贡嘎机场航站区改扩建工程，项目总投资39.07亿元，2017年12月开工，2021年6月末竣工，7月具备通航条件。图为T3航站楼外景

② 拉林铁路山南段全长约202公里，途经贡嘎、扎囊、乃东、桑日、加查5个县（区），总投资约185亿元。在山南市境内涉及隧道25个、大小桥梁75座。图为拉林铁路山南境内一段

③ 山南火车站是川藏铁路拉萨至林芝段第三个新建客货两用车站，通车后有效改变山南市区周边近8万人的出行方式并带动沿线农牧产品及旅游业发展，同时结束了山南市不通火车的历史。图为2020年11月30日，山南火车站施工现场

④ 藏木雅鲁藏布江双线特大桥位于西藏山南市加查县境内，全长525.1米，大桥主拱跨径430米。图为2020年6月20日，拉林铁路藏木雅鲁藏布江双线特大桥现浇主梁合龙。

⑤ 拉林铁路运行的列车

⑥ 泽贡高等级公路起于“两桥一隧”公路嘎拉山隧道南口向东陇巴立交终点，沿雅鲁藏布江北岸设线，终点止于泽当大桥北桥头，路线全长89.869公里，设计速度100公里/小时，采用双向四车道一级公路设计标准，整体式路基宽度为23米，分离式路基宽度为11.5米。图为泽贡高等级公路一段

第四十届雅砻物资交流会开幕式暨文艺演出
主办单位：中共山南市委员会　山南市人民政府
承办单位：中共乃东区委员会　乃东区人民政府

深化产业援藏新思路传承鄂藏两地浓郁情
建设美丽西藏
华新欢迎

①　②　④
③　⑤

① 曲松县曲松镇琼嘎村藏药材种植加工专业合作社总投资679.89万元，采取“合作社+基地+农户”模式经营，系山南市唯一一家化妆品生产企业。图为合作社“斯灵姜霸护发液”包装车间

② 2020年12月1日届-7日，山南市第40届雅砻物资交流会在泽当举办。图为开幕式文艺演出现场

③ “十三五”期间，华新水泥三期顺利投产，中材祁连山水泥项目基本建成，水泥产能达到260万吨，较2015年翻了一番。图为华新水泥厂一角

④ 错那县深入建设和完善农村电子商务公共服务体系，培育农村电子商务供应链，带动贫困人口稳定脱贫，推动农村电子商务成为农业农村现代化的新动能、新引擎。图为错那县电商O2O展销中心

⑤ 截至2020年9月底，山南雅拉香布实业有限公司生产的“格桑泉”矿泉水已销往全国27个省市自治区，缴纳税金208万余元。图为矿泉水生产车间

① ② ③

④

① 卓玉水库工程是扎囊县第一座集农业灌溉、城镇供水，防洪调蓄为一体的中型水库，是山南市重要的水源工程之一，也是西藏自治区水利发展“十二五”“十三五”规划骨干项目之一。水库建成后，可新增和改善灌溉面积3.92万亩，提高下游2个乡镇25个行政村的灌溉问题。图为2020年7月22日，卓玉水库下闸蓄水启动仪式

② 2020年，藏中清洁能源基地初具规模，建成投产的电站总装机133万千瓦，较2015年翻了一番还多，约占全区总量的三分之一。图为扎囊国光光伏电站

③ 2020年9月18日，山南市统计局在泽当举办以“大国点名 没你不行”为主题的第十一届“统计开放日”暨第七次全国人口普查宣传月启动仪式

④ 加查水电站是西藏“十三五”发电重点建设项目，3台机组总装机容量36万千瓦，总投资78.3亿元，2020年，加查水电站3台机组投产发电。图为加查电站坝区和厂房

①
②

① 2020年，山南市依托援藏精准招商，玉麦湘藏香猪养殖、宏农百万羽藏鸡养殖、琼结千亩设施蔬菜种植等项目落地建设。图为乃东区弘农百万羽藏鸡养殖基地

② 乃东区宏农百万羽藏鸡养殖基地饲养的藏鸡

矮化苹果种植园是山南市森布日极高海拔生态搬迁点经济林种植基地建设项目的一部分，以委托管理方式运营，将果园收入的65%作为分红交给当地搬迁群众。

2020年9月23日，来自双湖县措折强玛乡才玛荣村的搬迁群众嘎玛在采摘苹果

2020年，山南市把矮化苹果种植面积扩大到3万亩以上。图为贡嘎县昌果村矮化苹果种植基地

2020年10月8日，矮化苹果种植基地员工正在分选包装苹果

桑日县葡萄基地位于桑日镇塔木村，2011年开始进行葡萄种植试验，初始面积为15亩，试验品种11个，2014年试验获得初步成效，筛选出适应超高海拔的葡萄种植品种，并于2015年开始进行大规模种植尝试，总种植面积为2000亩。2020年收获葡萄约240吨，发放当地农牧民工资145.36万元，产业带动农牧民就业日用工55人，带动当地建档立卡贫困户增收23户65人。

民生改善

山南市高度重视高海拔地区生态搬迁工作，坚决把高海拔生态搬迁提升到贯彻习近平总书记以人民为中心发展思想和通过国家重要生态安全屏障的高度狠抓落实，积极鼓励和引导气候与自然条件恶劣、交通闭塞、医疗卫生条件差的高海拔农牧民群众向低海地区拔搬迁、聚集

森布日安置区一期857户4058人于2019年12月成功搬迁入住，森布日二期民房工程全面开工建设，1998栋民房中1865栋主体已封顶。图为森布日安置区

2020年6月20日，乃东区颇章乡易地扶贫搬迁建设项目安置点竣工，项目总投资2.5亿元，规划安置453户1638人。图为颇章乡安置点

“十三五”期间，山南市坚持“量力而行、保障基本”的原则，建成泽当城区、加查莫热坝、桑日追塘坝、扎囊桑耶4个市级易地搬迁集中安置点、24个县级易地搬迁集中安置点、5个分散安置点，8125名搬迁群众全部实现搬迁入住。图为扎囊桑耶易地搬迁点

近年来，洛扎县坚持示范引领、以点带面、全面铺开的工作要求，下足“绣花”功夫，统筹推进边境小康村建设。图为2020年4月17日，洛扎县杜鲁社区曲久小康村新貌

近年来，错那县重点围绕边境小康村建设，扎实推动以“神圣国土守护者　幸福家园建设者”为主题的乡村振兴战略，团结带领群众走出了一条小康村建设推动边境繁荣发展之路。图为2020年错那县勒边境小康村新貌

截至2020年年底，全市96个小康村建设项目基本完工，搬迁入住9983户32736人，玉麦幸福美丽边境小康示范乡56户197人全部搬迁入住。图为边境小康村——玉麦村

近年来，山南市深入贯彻习近平总书记关于治边稳藏重要论述和习近平总书记给隆子县玉麦乡群众的回信精神，坚持“屯兵与安民并举、固边与兴边并重”开展抵边搬迁工作。图为错那县觉拉乡扎洞4组边境小康村

2020年7月9日，琼结县拉玉乡搬迁车队向着新家前进，开启美好新生活

2020年12月17日，错那县吉巴门巴民族乡在让村举行乔迁仪式

2020年7月10日，隆子县玉麦乡纽林塘举行搬迁入住仪式

山南市委、市政府抓实抓细交通扶贫工作，全面发挥交通运输行业在脱贫攻坚领域的重要带动作用，大力开展建制村通客车工作，推动建制村通客车率显著提升。

①
②

① 2020年8月28日，曲松县举行农村客运开通仪式
② 2020年10月21日，扎囊县举行农村客运开通仪式

① "十三五"期间，隆子县大力实施"菜篮子"工程，全县干部群众实现"蔬菜自由"。图为2020年4月8日，菜篮子基地小组长群培组织成员给西葫芦授粉坐果

② "十三五"期间，山南市建成"菜蓝子"工程二期，加快农牧业产业升级。图为乃东区雅砻休闲农业产业园无土栽培的蔬菜

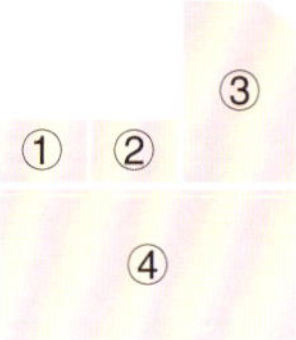

① 2020年，加查县全面贯彻“非遗+扶贫”工访设立工作，充分发挥文化在脱贫攻坚工作中的“扶志”和“扶智”作用。图为2020年8月4日，加查县首家非遗扶贫就业工坊挂牌

② 近年来，山南市加快推进乡村幼儿园建设，为农牧区学前教育搭建了良好的平台。图为2020年6月12日，下水村幼儿园和强吉小学附设幼儿园顺利通过市级幼儿园评估验收

③ 2020年9月18日，市政协组织党员到色嘎顶社区乃东区五保户集中供养所，参加“七彩志愿服务”之“银色无忧”关爱孤寡老人活动

④ 2020年12月28日，山南市28名高校毕业生赴区外（黄石）就业，这是西藏大学生首次“组团”到区外寻求市场化就业。图为山南籍高校毕业生在武汉天河机场合影

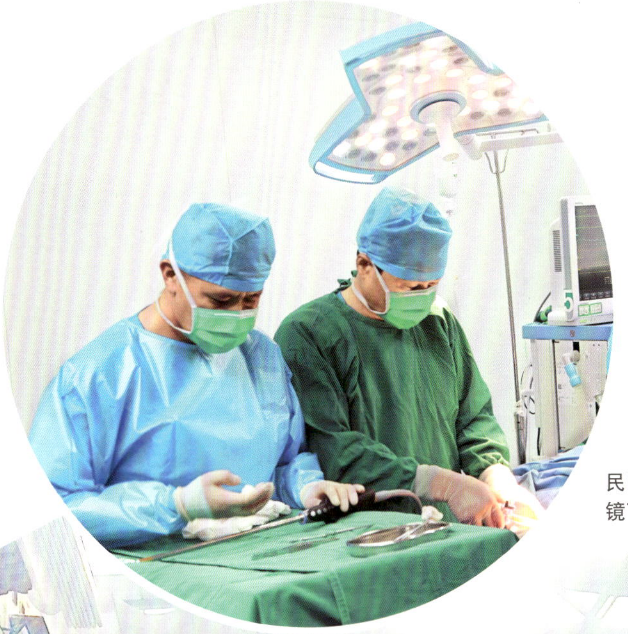

2020年10月27日，市人民医院开展自治区首例胸腔镜下漏斗胸MUSS矫治术

2020年10月30日，琼结县卫生局党总支组织县人民医院、藏医院、疾控中心、医保局等9名医务工作者，在县特困人员集中供养中心开展以“弘扬养老孝老敬老传统、共建共享老年友好社会”为主题的健康服务活动

文化建设

2020年9月10日，以“藏源·藏缘——不忘初心 再创辉煌”为主题的2020雅砻文化旅游节在泽当隆重举行。图为开幕式现场

①

②

① 2020年9月11日，山南博物馆正式开馆，位于乃东区昌珠镇，展馆面积约5700平方米，馆藏文物4000余件，其中珍贵文物120余件，馆内收藏有考古出土文物金银器、陶器、石器和历史文档文书、佛教典籍，以及民俗民风等珍贵文物，文物数量属全西藏地市级博物馆之最

② 博物馆内景一角

2020年9月25日，隆子县举办以“党旗下，我们不负韶华”为主题的玉珞文化旅游节，图为开幕式文艺演出现场

2020年9月27日，加查县举办第九届达布文化旅游节，图为开幕式现场

2020年4月23日，乃东区在龙马商贸圈举行以“心连心民族团结一家亲”为主题的“书香乃东”读书活动。图为活动现场

① 2020年10月16日，山南市“决胜小康 奋斗有我”脱贫攻坚百姓故事汇在扎囊县桑耶社区启动

② 2020年6月19日，浪卡子县“天上仙境、人间羊卓”文旅推介活动在安徽芜湖拉开帷幕

③ 2020年11月12日，贡嘎县艺术团演职人员深入敬老院开展“党的光辉照边疆，边疆人民心向党”主题文艺演出活动

① ②
③

① 2020年7月17日，乃东区开展新时代文明实践活动之“民族团结一家亲 情浓最美夕阳红”“四讲四爱”文艺进万家志愿服务活动。图为活动现场

② 2020年9月21日，贡嘎县“中国农民丰收节”暨贡嘎县第三届七彩邦典文化旅游节开幕。图为贡嘎县第三届七彩邦典文化旅游节活动现场

③ 2020年9月9日，第十届环羊卓雍错自行车公开赛在浪卡子县举办，来自全国13个省市区的312名骑手参赛。图为骑手正在参赛

2020年4月15日，曲松县首个新时代文明实践站下洛村新时代文明实践站揭牌成立。图为揭牌活动现场

苏格绵羊肉毛兼用、产肉率高、生长发育快、适应性强、肉质富含钙、硒，具有潜在保健价值，系国家地理标志产品

2020年5月20日，中央电视台科技频道栏目组在苏格村录制苏格绵羊纪录片

国家级非物质文化遗产——琼结久河卓舞

国家级非物质文化遗产——扎西雪巴藏戏

洛扎服饰

扎扎服饰

疫情防控

2020年3月6日，市藏医医院开展“防疫藏药进工地，众志成城抗疫情”活动

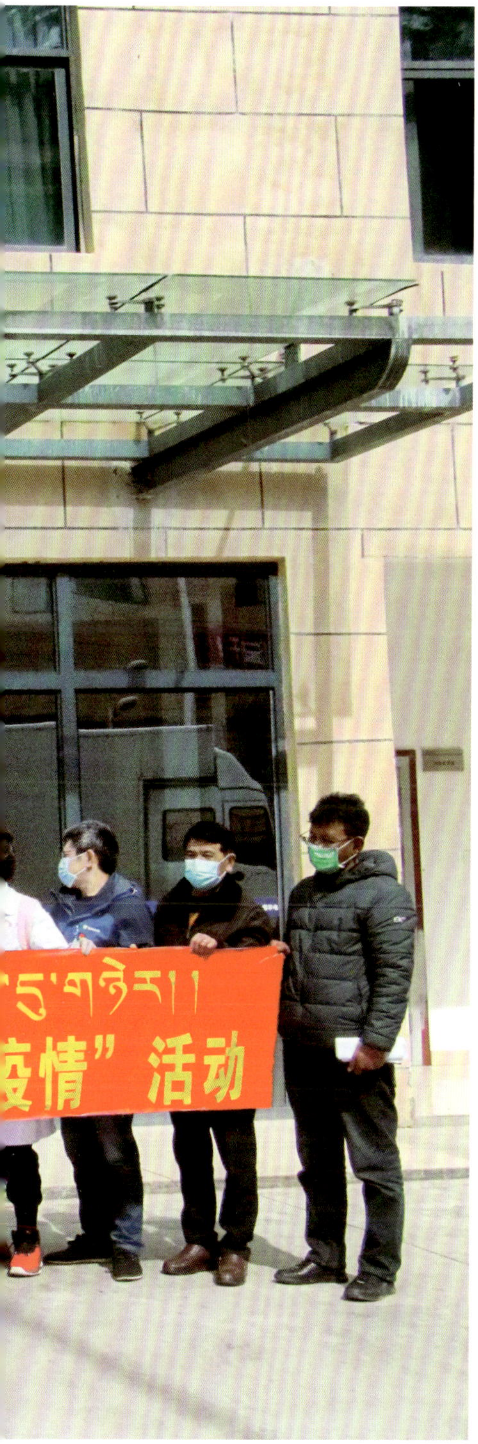

面对突如其来的新冠肺炎疫情，全市广大党员干部、村居社区工作者闻令而动，构建群防群控安全网。公安干警、医护人员忠诚履职、坚守一线，守住了输入防线，全市未出现确认或疑似病例，图为2020年2月，山南公安干警在泽贡高等级公路坚守在疫情防控第一线

2020年1月29日，山南市区商户自发向过往群众发放口罩

2020年3月16日，华能加查分公司及加查水电厂向加查县捐赠防疫物资。图为捐赠现场

感恩湖北 驰援武汉
西藏山南市捐助湖北武汉市抗击疫情生活物资
2020年3月3日
Produced by FOTON DAIMLER AUTOMOTIVE
福田戴姆勒汽车

① ② ③

④

① 2020年，山南市强化组织领导，狠抓联防联控，严把关键环节，强化综合统筹，推动和促进疫情防控各项措施落到实处。图为2020年2月5日，疫情防控人员入户向居民讲解防疫知识

② 山南市在严格做好疫情防控和安全生产的前提下，抓紧生产，扩大市场，有序推进复工复产。图为2020年2月28日，雅拉香布矿泉水厂复工复产

③ 山南市进一步加强农牧区疫情防控“网格化”管理，切实做到守土有责、守土负责、守土尽责。图为2020年2月18日，琼结县加麻乡加麻村组织“女子治安联防队”14名队员开展消毒杀菌作业

④ 2020年3月3日，乃东区各族各界干部群众为武汉捐款260万元，组织30吨新鲜猪肉和15吨蔬菜驰援武汉。图为物资捐赠车队整装待发

生态山南

勒布沟杜鹃花海

达古峡谷（许伟华　摄）

鸥舞羊卓

哲古草原

加查秋色 （于云天 摄）

思金拉措

普莫雍错

雅江沿岸风光

达古风景区

金秋雅砻

扎日景区

上世纪九十年代初，山南市开启了雅江沿岸植树造林的历程，如今，经过几代人的努力，雅江沿岸已经形成一道长160公里、平均宽1.8公里的“绿色长城”。图为2020年4月7日，山南市组织干部职工开展万人万亩义务植树活动

山南市依托工程项目建设，立足科研引领、技术示范、集成推广，全力创建全国防沙治沙示范区，形成了成功的防沙治沙技术模式。图为技术人员铺设草方格沙障

秋天的雅鲁藏布江畔（曹中阳　摄）

山南市通过层层压实责任，环环紧扣，明确任务，建立健全公益林管护网络，形成市、县、乡、村四级联动机制，确保了公益林管护工作稳步推进。图为2020年11月21日，浪卡子县举办公益林管护工作培训班，解析《西藏自治区公益林管护办法》

山南市广大干部群众牢固树立“绿水青山就是金山银山，冰山雪地也是金山银山”理念，积极参与生态环境保护工作。图为2020年4月25日，措美县开展保护母亲河活动

泽当防护林

2016—2020年，山南市坚守生态底线，开展国土绿化行动，加快雅江中游“百里生态走廊”建设，美丽山南建设扎实有效推进。强力打造国家生态文明建设示范市，建成自治区级生态县7个、乡镇73个、村居518个，打造自治区唯一的全国防沙治沙综合示范区，森林覆盖率预计达到24.79%，全市水源地水质达标率达100%，确保雅砻大地青山常在、绿水长流、空气常新。图为雅江中游“百里生态走廊”一角

目 录

特 载

专 辑

概况

大事记

中国共产党山南市委员会

山南市人民代表大会

山南市人民政府

中国人民政治协商会议山南市委员会

纪律检查（监察）

对口援藏

农牧业·水利·林业·电力

工业·商贸·旅游

金　融

教育·科技·气象

医疗·卫生

文化·广电

民族·宗教

民政与社会保障

应急管理

区情县情

荣 誉

附 录

索 引

特载

在山南市委一届六次全会上的报告

西藏自治区人大常委会副主任、山南市委书记 许成仓

（2020年11月3日）

2020年是极不平凡的一年。一年来，在习近平总书记的亲切关怀下，在党中央和区党委的坚强领导下，面对突如其来的新冠肺炎疫情冲击和挑战，面对纷繁复杂的周边环境，面对长治久安和高质量发展的艰巨任务，我们始终坚持以习近平新时代中国特色社会主义思想为指导，全面贯彻落实党的十九大和十九届二中、三中、四中、五中全会及中央第六次、七次西藏工作座谈会精神，坚决贯彻落实习近平总书记关于西藏工作的重要论述和新时代党的治藏方略，按照区党委九届三次、四次、五次、六次、七次、八次全会的部署，增强“四个意识”、坚定“四个自信”、做到“两个维护”，紧紧围绕全面建成小康社会的宏伟目标，胸怀“两个大局”，办好自己的事情，以学习宣传贯彻落实中央第七次西藏工作座谈会精神为主线，抓好稳定、发展、生态、强边四件大事，坚持稳中求进工作总基调，以正确处理好“十三对关系”为工作方法，坚持“完善基础、产业立市、统筹城乡、新区引领”的经济工作思路，统筹推进疫情防控和经济社会发展，全面加强党的建设，打赢了不少硬仗恶仗，大力推进长治久安和高质量发展，努力建设团结富裕文明和谐美丽的社会主义现代化新山南。

一年来，我们旗帜鲜明讲政治，以高度的政治自觉坚定践行“两个维护”

深入学习习近平新时代中国特色社会主义思想。召开市委常委会会议28次、理论学习中心组学习会议16次，及时跟进学习习近平总书记在中央政治局历次集体学习会、中央政治局常委会会议、中央经济工作会议、决战决胜脱贫攻坚座谈会、统筹推进新冠肺炎疫情防控和经济社会发展工作部署会等一系列会议上的重要讲话精神，学习习近平总书记在云南、北京、湖北、浙江、陕西、山西、宁夏、吉林、安徽、湖南、广东考察调研时的重要讲话精神，学习贯彻十九届五中全会、中央第七次西藏工作座谈会精神，认真研究贯彻落实意见。建立“不忘初心、牢记使命”主题教育制度，把学习习近平总书记最新重要讲话精神和学习《习近平谈治国理政》、总书记治边稳藏战略思想以及总书记关于西藏工作的重要论述紧密结合起来，开展理论研讨5次，推动当代中国马克思主义、21世纪马克思主义深入人心。

坚决做到“两个维护”。把维护习近平总书记党中央的核心、全党的核心地位，维护党中央权威和集中统一领导作为最高政治准则和根本政治规矩，始终在政治上、思想上、行动上与以习近平同志为核心的党中央保持高度一致。明确要求全市党员干部对“国之大者要心中有数”，时刻关注总书记和党中央在关心什么、强调什么，自觉对标对表，扎实开展总书记重要指示批示精神贯彻落实“回头看”，建立台账55项，逐一坚决贯彻、全面落实。召开市委扶贫开发领导小组、深改委、财经委、审计委、国安委、外事工作委员会会议，研究部署深化人才发展体制机制改革、国有企业改革、边境管理、疫情防控、编制“十四五”规划等工作，调整充实议事协调机构领导小组7个，新组建市边防应急处置领导小组，出台《中共山南市委员会关于贯彻落实中央第七次西藏工作座谈会精神 进一步推进山南长治久安和高质量发展的实施意见》《中共山南市委员会关于全面加强新时代党的建设的实施意见》《加强新时代山南人才工作的实施意见》《进一步加强和改进新时代群众宣传教育工作的意见》等重要文件13个，以贯彻落实党中央决策部署的实际行动坚决践行“两个维护”。

认真学习宣传贯彻落实中央第七次西藏工作座谈会精神。坚持把学习宣传贯彻"七次会"精神特别是习近平总书记的重要讲话精神作为首要政治任务，召开市委常委（扩大）会议、全市党员干部大会、专题学习会等，认真传达学习中央第七次西藏工作座谈会精神特别是习近平总书记的重要讲话精神，研究部署学习宣传贯彻落实相关工作。精心组织学习，市委常委会班子成员带头原原本本、逐字逐句传达学习，深研细读、用心学习领会会议精神，班子成员逐一交流发言，深刻领会精神实质，完整理解、准确把握、长期坚持、全面落实新时代党的治藏方略。认真学习区党委九届八次全会精神。研究出台"七次会"精神学习教育培训计划、学习督导计划，组织全市广大党员干部认真学习"七次会"精神特别是总书记的重要讲话精神，集中收看收听吴英杰书记、洛桑江村主任等自治区领导的宣讲，以上率下带动全体党员干部学深悟透会议精神。营造良好氛围，按照党中央"使会议精神深入人心"和区党委"家喻户晓、人人皆知"的要求，制定学习宣传宣讲方案，采取地级干部包县（区）、包部门、包行业宣讲，组成24个市（县）宣讲团，发挥基层党组织和驻村驻寺干部作用，精心组织开展主题鲜明、形式多样、丰富多彩的宣传宣讲活动，在全社会迅速掀起了学习宣传"七次会"精神的热潮。对标对表落实，召开市委一届六次全会，专题部署学习宣传贯彻落实"七次会"和区党委九届八次全会精神相关工作，重点围绕稳定、发展、生态、强边四件大事，研究制定我市贯彻落实实施意见，推动稳定、发展、生态、强边四件大事落地落实。

主动服务全国全区大局。自觉把山南工作放在党中央和区党委工作大局中考量和部署，自觉服从外事和边境工作大局，积极配合外交部、发改委、水利部开展中印边境调研，圆满完成中央媒体赴藏采风山南行活动。坚持"外事无小事"，及时向区党委报告境外人员和牲畜越境处置情况。自觉服务疫情防控工作大局，开展感恩湖北、驰援武汉行动，组织党员干部群众、企业向武汉捐款6000多万元、赠送防疫物资价值1789.83万元，尽最大努力支持湖北打赢武汉保卫战。全力以赴配合自治区做好贡嘎机场疫情防控工作，为全区疫情防控作出积极重大贡献。自觉服务脱贫攻坚工作大局，全力保障2020年西藏自治区深度贫困地区脱贫攻坚现场推进暨深化援藏扶贫工作会议在山南顺利召开，配合做好全区极高海拔生态搬迁、那曲双湖、昌都三岩片区扶贫搬迁工作，全面整改自治区脱贫攻坚巡视反馈问题，推动党中央和区党委决策部署在山南落地落实。

一年来，我们以坚定的信心、顽强的意志、果断的措施，坚决打赢疫情防控的人民战争、总体战、阻击战

我们按照总书记"坚定信心、同舟共济、科学防治、精准施策"的总要求，按照党中央和自治区党委的统一部署，坚持把人民生命安全和身体健康放在第一位，统筹抓好疫情防控和复工复产，实现了疫情零输入、零感染。

落实最严的疫情防控责任。1月20日，习近平总书记对疫情防控工作作出重要指示后，我们按照区党委常委会统一部署，及时成立了由市委书记、市长任双组长的疫情防控工作领导小组，统一领导指挥、统一调度行动，提出"最严的责任、最严的措施、最严的纪律"精准防控工作要求，及时启动重大突发公共卫生事件Ⅱ级响应。前后召开市委常委会会议、疫情防控领导小组会议9次，学习贯彻总书记、党中央和区党委关于疫情防控的重要指示精神，落实"两个坚决""四早""四集中"要求，准确把握形势，精准调整策略，一个节点一个节点地推动疫情防控工作落实。向各级党组织、广大党员干部、人大代表、政协委员和企业、商户、寺庙等发出倡议，动员号召全社会参与疫情防控。

坚持把防输入作为重中之重。坚持关口前移，突出贡嘎机场、泽贡高速、加查县、浪卡子县等进出山南重点方向，下决心用最严的措施服务管理进藏人员特别是来山南人员，严格严控，为全区分忧，确保疫情零输入，有力保障了人民群众生命健康和安全。高度重视边境地区疫情防控工作，对所有通外山口拉出警戒线、建立隔离带，全面管理、严防死守；特别是针对采挖虫草期间，边境一线境外疫情输入风险增大的形势，精准制定管理防范方案和应急处置预案，坚决防止境外疫情输入。坚持做最坏的打算、做最好的准备，动员各方面力量筹备防疫物资，优先保障一线需要；做好"米袋子""菜篮子"稳价保供工作，满足群众需求、维护正常秩序。市委常委会班子成员带头深入抗疫一线指导，下派12个由地级领导带队的督导组下沉一线督导，推动防控措施落地落实。坚决执行疫情防控工作纪律，各级纪委监委受理疫情防控不力、不遵守防控纪律等问题线索13件，给予党纪处分5人、组织处理6人、移交相关部门处分3人。

有序推进复工复产。全面落实党中央和区党委分区分级精准复工复产要求，坚持一手抓疫情防控，一手抓复工复产，及时研究制定《山南市企业复工复产工作实施方案》，明确领导、部门、专班、企业的责任，设立专用通道、特殊通道，下决心采取包机、定点专送等超常规举措，优先保障藏木、加查、大古电站，华新水泥、拉林铁路等重点项目和企业复工复产，为全区经济增长作贡献。有序组织交通运输、餐饮商超、文化旅游等各行各业恢复经营，把时间抢回来、把损失补回来，最大限度降低疫情影响。支持湖北、扩大内需、刺激消费，向市场投放"情系湖北·享购山南"代金券1500万元，拉动经济增长。落实企业稳岗纾困帮扶措施，给予财税、免租、补贴等支持政策，帮助企业渡过难关。严防因疫返贫致贫，积极推进消费扶贫，鼓励机关事业单位优先采购、以买代帮、拓销扶贫产品，加大对从事旅游等服务行业的贫困群众转岗力度。

在这场严峻斗争中，各级党组织和广大党员、干部冲锋在前、顽强拼搏，充分发挥了战斗堡垒作用和先锋模范作用，让党旗在疫情防控斗争第一线高高飘扬。广大医务工作者义无反顾、甘于奉献，白衣为甲、逆行出征，投身抗击疫情一线，守护了人民群众生命安全。广大公安干警、部队官兵、疾控工作人员、村居工作人员、驻村驻寺干部等坚守岗位、日夜值守，为外防输入做出了重大贡献。各族人民群众积极配合疫情防控工作，自觉减少聚集流动。各有关部门各司其职、主动担责，充分发挥职能优势，采取有力措施支持抗击疫情斗争。社会各界捐款捐物，展现了同舟共济的深厚情怀。

一年来，我们紧紧扭住着眼点和着力点，不断提升社会治理能力和水平

坚持把维护稳定作为第一位的工作任务，坚持稳字当头、稳定优先，增强忧患意识、发扬斗争精神，以防患于未然为原则做工作、以防止出大事打基础做准备、以敢于担当落实责任为标准看干部，统筹谋划各方面工作，综合发力，全市社会局势持续和谐稳定，各族群众"我要稳定"的意识明显增强。

反分裂斗争深入开展。毫不动摇坚持中央对十四世达赖和达赖集团的定性，毫不动摇坚持中央既定方针，坚决打击达赖集团分裂渗透活动，牢牢掌握反分裂斗争全局性主动。

宗教事务管理不断加强。突出民族宗教工作在西藏工作的战略性、全局性地位，牢牢把握爱国进步与分裂倒退的斗争这一藏传佛教领域主要矛盾，全面落实《宗教事务条例》、自治区"五项"宗教领域管理工作意见，加强寺庙和僧尼管理，持续深入开展"遵行四条标准、争做先进僧尼"教育实践活动。召开全市宗教界代表人士座谈会，加强活佛转世宗教仪轨、历史定制、《藏传佛教活佛转世管理办法》宣传，引导僧俗群众增强活佛转世"国内寻访、金瓶掣签、中央政府批准"的原则共识。落实"三个不增加"要求，严格所有搬迁点不得新建宗教场所、设施的要求，清理宗教标志物1023处。严格佛事活动审批，根据疫情防控需要，暂停所有宗教活动场所对外开放，停办大中型惯例性宗教活动55场。着力在"导"上下功夫，积极引导信教群众淡化宗教消极影响。

社会治理水平不断提高。完善党委领导、政府负责、民主协商、社会协同、公众参与、法治保障、科技支撑的社会治理体系，加快建设平安山南。坚持专群结合、群防群治，完善社区服务管理机制，突出中央第七次西藏工作座谈会、自治区成立55周年等重要节点，加强社会面管理。实行管住油、管住人、管住社会面三管齐下的防自焚工作机制，防止发生个人极端事件。学习推广新时代"枫桥经验"，深入推进矛盾纠纷排查化解，研究制定信访工作意见，认真落实领导包案机制，累计接访644件、办结615件。坚持人民群众生命安全至上，深化重点行业领域安全生产专项治理，安全生产形势持续向好。

一年来，我们促进各民族交往交流交融，铸牢中华民族共同体意识

坚持把铸牢中华民族共同体意识作为民族工作的主线、西藏工作的战略性任务，坚持共同团结奋斗、共同繁荣发展，不断巩固发展民族团结。

党的民族政策全面落实。民族区域自治制度，

《自治区民族团结进步模范区创建条例》全面落实，市县乡人大代表中少数民族代表所占比例达90%以上，山南市3名全国人大代表均为少数民族。少数民族干部队伍不断壮大，传统文化得到继承和保护，各民族合法权益得到保障。

民族团结进步示范创建深入开展。坚持把民族团结进步事业作为长期性、基础性政治工程、民生工程，深化拓展民族团结教育和民族团结进步创建活动，深入开展铸牢中华民族共同体意识教育、爱国主义教育，加强社会主义核心价值观教育、文化包容教育，引导各族群众认清西藏各民族文化是中华民族文化不可分割的一部分，不断增进"五个认同"，促进美美与共。加快创建民族团结进步示范市，成功创建斗玉珞巴民族乡等一批全国、全区民族团结进步示范县（区）、示范乡。

促进民族交往交流交融。坚持各民族一律平等，正确处理好共同性和差异性关系，全面推广普及国家通用语言文字，支持少数民族语言文字的学习和使用，广泛开展藏汉互学活动，大力推进相互嵌入式的社区结构和社区环境，努力营造支持共居共学共事共乐的良好氛围。组织全市统战对象赴安徽参加交往交流交融活动。充分发挥对口支援优势，制定支持高校毕业生"组团式"区外市场就业的实施意见，鼓励少数民族群众到其他省市接受教育、就业创业、经商务工，63名山南籍高校毕业生到其他省市就业；从其他省市引进种养大户13户、致富能手50余人与本地群众结对子，各民族交往交流交融更加密切。

意识形态工作全面加强。认真贯彻党中央《党委（党组）意识形态工作责任制实施办法》，严格落实意识形态工作责任制，召开市委意识形态工作领导小组会议，研究部署意识形态工作，牢牢把握意识形态工作领导权、话语权、主动权。深入开展铸牢中华民族共同体意识教育、爱国主义教育和反分裂斗争教育，不断增进对伟大祖国、中华民族、中华文化、中国共产党、中国特色社会主义的认同。广泛深入开展感党恩教育，大力宣讲西藏各项事业取得的全方位进步和历史性成就，大力宣讲习近平总书记和党中央对西藏各族人民的似海恩情和特殊关怀，各族干部群众更加心向核心、心向党、心向祖国。推进新时代文明实践中心建设，县、乡、村实现全覆盖。开展第六届"感动山南十大人物"评选活动，挖掘树立一批各条战线先进典型，生动展现人民群众拼搏奋斗和幸福生活。

一年来，我们坚持以人民为中心，不断推动高质量发展

坚定不移贯彻新发展理念，按照做好"六稳"工作、落实"六保"任务要求，坚持所有发展工作向民生聚焦发力，坚持"完善基础、产业立市、统筹城乡、新区引领"的经济工作思路，继续把本级财政70%以上资金投向民生领域，统筹抓好疫情防控和经济社会发展工作。2020年前三季度，完成地区生产总值142.22亿元，同比增长6.3%，全社会固定资产投资增长11.1%，一般公共预算收入13.16亿元，同比增长4.5%，社会消费品零售总额44.47亿元，城镇居民人均可支配收入28820元，同比增长10%，农村居民人均可支配收入10230元，同比增长11.7%。"十三五"规划目标任务即将完成，全面建成小康胜利在望。

脱贫成果全面巩固。紧紧围绕推动脱贫攻坚从脱贫摘帽向成果巩固提升转变，在去年所有县（区）摘帽、贫困群众全部脱贫的基础上，继续严格落实"五级书记抓扶贫""四不摘"要求，制定《防返贫工作制度》等巩固提升脱贫成效10项制度，构建"四位一体"脱贫成果巩固机制，设立400万元防返贫应急专项资金，动态监测脱贫人口、边缘人口，没有一户一人返贫，经受住了疫情重大考验，守住了来之不易的成果，向全市人民高质量兑现了庄严承诺。易地扶贫搬迁工作加快推进，建成多颇章、桑耶、江塘等搬迁安置点，入住贫困群众2333户、8125人，扎实做好后续帮扶管理工作。"十三五"时期规划的217个产业扶贫项目全部开工建设。围绕补齐"两不愁、三保障"突出短板，成立由24名地级干部任组长的12个督战组，深入开展督战排查，推动各级各类巡视巡察、督察、检查反馈问题整改，全市326处季节性饮水点改造提升工程全部完成并投入使用，坚决做到义务教育、基本医疗、住房安全有保障。坚持以最严的要求、最高的标准、最实的举措，配合完成国务院脱贫攻坚普查和事后质量抽查工作。

高质量发展取得新成效。坚持完善基础。落实稳投资要求，745个"十三五"规划项目开工建设

740个、完工687个,累计完成投资646亿元。贡嘎机场改扩建、索朗嘎古水利枢纽、雅江中游干流治理等项目加快建设,卓玉水库下闸蓄水。第二批大电网工程全部完工。坚持产业立市。坚持走规模化、标准化、现代化路子,大力发展现代牧业、设施农业、能源、建材、旅游等产业。粮食连续17年实现丰产丰收,规模化藏鸡、藏香猪养殖项目落地开工;加查电站首台机组正式发电,全市在运电力总装机容量1236.98兆瓦;建筑建材业加快发展,中材祁连山水泥项目基本建成。聚力发展旅游业,预计全市接待国内外游客449.5万人次,实现收入18.17亿元。坚持统筹城乡。坚持人民城市为人民,泽当城区功能补短板工程全面启动,泽当大道综合管廊、市政道路提质改造等项目加快建设,952户棚户区改造基本完成、部分老旧小区改造工程全面启动,城市“蜘蛛网”、停车难、背街小巷脏乱差问题正在持续解决。国家新型城镇化试点、卫生城市等示范创建有序推进。大力实施乡村振兴战略,谋划储备一批乡村振兴战略项目,建成了一批特色小城镇。坚持新区引领。统筹推进森布日极高海拔生态搬迁二期安置房和配套设施建设,6486套民居及附属工程加快建设。堤路结合、卫生院等配套公共基础设施全部建成投入使用,奶牛养殖基地、现代牧草基地、设施农业项目加快建设。森布日牧业产品加工产业园、昌果新兴产业聚集区、桑耶文化旅游创意区整体推进,经济开发区附属工程加快建设,累计入驻企业23家。深化改革开放。减税降费2.6亿元,深化国有企业改革,出台深化国资国企改革意见,调整充实市属国有企业领导班子。制作推出《这里是西藏山南》宣传片,举办雅砻文化旅游节招商引资推介会,加大招商引资力度,招商引资项目开复工59个、完成投资45.3亿元。积极做好受援工作,聚焦民生领域实施援藏项目65个、完成投资3.56亿元。

提前谋划“十四五”规划。牢牢把握国家大势、经济社会发展趋势、山南优势,注重前瞻性、打好主动仗,提前一年启动“十四五”规划编制工作,前后召开15次市委常委会会议、3次专题会议和基层代表座谈会,听取汇报,集体研究,推动规划编制工作,在全区较早形成《“十四五”规划纲要》征求意见稿。紧扣十九届五中全会、中央第七次西藏工作座谈会精神,及时对规划纲要进行完善充实。主动靠上衔接、储备项目,成功录入国家重大项目库项目2533个、总投资1405亿元。围绕守边固边富边强边,谋划制定《山南市边境地区高质量发展项目清单(2020至2035年)》,梳理项目1526个,总投资2111.4亿元。

群众获得感不断增强。坚持困难麻烦由政府解决,把方便实惠送给群众,切实解决群众最急最忧最盼的紧迫问题,不断满足人民群众对美好生活的需要。把就业作为民生之本,落实《山南市促进高校毕业生就业创业实施意见》,引导高校毕业生转变就业观念、多渠道就业,应届高校毕业生实名制就业率达95.94%。严格落实市县乡村党组织书记抓群众增收工作责任制,有组织、有纪律、有保障组织9.2万名群众外出务工,劳务创收7.19亿元。优先发展教育事业,15年免费教育补助等政策全面落实,持续巩固“五个100%”成果,累计落实“三包”经费2.1亿元,教育教学质量明显提高,教育医疗人才“组团式”援藏深入推进,森布日搬迁点幸福家园配套学校、市第四幼儿园等重点工程加快建设。加快发展医疗卫生事业,市县乡村四级医疗体系逐步健全,“一村两医”目标实现,市人民医院整体搬迁全面完成,贡嘎县县域综合医改顺利启动。文化事业繁荣发展,公共文化服务体系不断健全,山南博物馆正式开馆,非遗传承、文物保护力度不断加大。覆盖城乡居民的社会保险体系和救助体系不断完善,养老保险参保23.82万人,参保率95%以上;医疗保险参保30.095万人,参保率99%以上。

一年来,我们坚持生态保护第一,着力打造生态文明高地

我们时刻牢记总书记“保护好青藏高原生态就是对中华民族生存发展的最大贡献”重要指示,坚持对历史负责、对人民负责、对世界负责的态度,把生态文明建设作为战略性任务来抓,守护好山南的生灵草木、万水千山。

筑牢生态安全屏障。统筹山水林田湖草沙系统治理,大力实施“国土绿化”行动,落实自治区“两江四河”流域造林绿化工程,在公路、铁路、沿江岸线和荒滩荒地沙地种树造绿,新增绿化面积6.42万亩。打造雅江中游“百里生态走廊”,坚持每年开展“万人万亩”义务植树活动,义务植树1.74万亩,巩固消除“无树村”和“无树户”成果。易地扶贫搬迁搬出地累计复垦复绿2556.5亩。山南市被授予第四批国家生态文明建设示范市县称号。启动实施林草间种,加强湿地、林地、自然保护区保护,7.55 万亩隆子河谷沙棘林,错那曲卓木 2000 亩千年古沙棘林得到有效保护。

加强环境综合治理。坚持共抓大保护、不搞大开发、推进大治理,紧紧抓住水沙关系调节这个“牛鼻子”,大力实施雅鲁藏布江中游生态综合整治工程,索朗嘎古、雅江防洪堤等一批工程性防沙治沙治水举措有效落地。下决心关停雅江两岸采砂采石场,同步做好生态修复工作。大力推进人居环境整治工作,垃圾分类处理、生活污水治理、“厕所革命”工作加快推进;重点乡镇、村庄、交通干线、旅游景区环境综合整治工作成效显著。

一年来,我们坚持屯兵和安民并举、固边和兴边并重,确保了边防巩固和边境安全

牢固树立总体国家安全观,坚持守土有责、守土负责、守土尽责,大力推进守边固边富边强边,筑牢国家安全屏障第一道防线。

一年来,我们加强党的建设特别是政治建设,为各项事业提供根本保障

我们全面贯彻习近平总书记关于党的建设的重要论述、新时代党的建设总要求和党的组织路线,始终坚持“三个牢固树立”,召开一届市委五次全会,专门研究党的建设,制定出台《中共山南市委员会关于全面加强新时代党的建设的实施意见》,解决突出问题,加强各领域党的建设,党在山南的执政基础不断夯实。

加强党的绝对领导。坚持把党的领导贯彻到人大、政府、政协、监察机关、审判机关、检察机关依法履行职责全过程,多次听取市人大常委会党组、政府党组、政协党组、法院党组、检察院党组的工作汇报,研究解决困难和问题,安排部署重点工作。加强党对统一战线工作的领导,巩固和发展爱国统一战线,加强民营经济人士统战工作,认真做好党外知识分子和新的社会阶层统战工作,对 5 名爱国统战人士、宗教界爱国进步人士作出适当安排,促进党政关系、民族关系、宗教关系和谐。扎实开展“七五”普法,科学谋划“八五”普法,加快推进法治山南建设。完善党委领导群团组织工作制度,群团组织作用进一步发挥。

坚持把党的政治建设摆在首位。严格执行准则和条例,严明政治纪律和政治规矩,始终把理想信念教育、思想政治教育作为党员干部教育培训的主要内容,培训党员干部 1.2 万余人次,举办 4 期县处级干部和 2 期乡镇党政正职学习贯彻党的十九届四中全会精神轮训班。坚决同一切违反政治纪律和政治规矩的言行作斗争。

加强领导班子和干部人才队伍建设。坚决贯彻落实总书记“做好西藏工作,必须坚持党的领导,全面加强党的建设,着力建设好各级领导班子、干部人才队伍、基层组织”的重要指示要求,坚持中央好干部标准和民族地区干部“三个特别”要求,突出政治标准,坚持看党员干部在关键时刻处理具体问题的态度、立场、观点、方法、措施,注重从改革发展一线、脱贫攻坚主战场、反分裂斗争最前沿培养选拔使用干部。2020 年向区党委推荐提拔调整地级干部(企业领导干部)7 名、晋升一二级巡视员 13 名,提拔调整使用县处级干部 68 名,大力选拔优秀年轻干部,一批 80 后正县级、85 后副县级干部走上了更重要的领导岗位。持续优化各级领导班子和干部队伍、民族专业等结构。认真落实职务职级并行制度。制定出台《山南市人才引进办法(试行)》,协调对口支援省市选派“组团式”医疗、教育人才 84 人,培养了一批本土农牧林专业技术人员。

全面夯实基层基础。牢固树立大抓基层的鲜明导向,坚持以提升组织力为重点,切实把基层党组织建成听党话、跟党走,善团结、会发展,能致富、保稳定,遇事不糊涂、关键时刻起作用的坚强战斗堡垒。规范设置县(区)直单位党组 349 个,基层党组织标准化建设全部完成,所有搬迁安置点实现党组织全覆盖,整顿软弱涣散基层党组织 103 个。国有企业和“两新”组织党组织建设全面加强,推动党的组织向企业班组、生产线全覆盖。沿江、中部、边境“党建长廊”建设不断深化,作用进一步发挥。

不断转变工作作风。市委常委会班子成员带头发扬“老西藏精神”“两路精神”,坚持缺氧不缺精神,艰苦不怕吃苦,海拔高境界更高,大力弘扬“一线工作法”,采取“四不两直”方式,主动到艰苦偏远、边境一线、情况复杂地区下乡调研,做给群众看、带着群众干,带动全市党员干部敬业精业、用心用情、细心细致、务实落实推动工作。落实为基层减负要求,市委文件会议同比减少 5%。坚决纠治“四风”,严肃查处违反中央八项规定精神问题 13 件 23 人,给予党纪政务处分9件11人，组织处理4件12人。

深入推进党的纪律建设和反腐败斗争。坚决把“严”的主基调长期坚持下去，坚持无禁区、全覆盖、零容忍，严肃查处对党中央和区党委决策部署不敬畏、不在乎、不知止，喊口号、装样子的问题，重点查处党的十九大以来仍不收敛、不收手，严重损害党的理论和路线方针政策贯彻执行、严重损害党的执政根基和侵害群众利益的腐败问题。完成了第十一轮巡察，正在与区党委巡视同步开展第十二轮巡察。全市各级纪检监察机关立案111件，给予党纪政务处分107人，移送司法机关2人，保持了惩治腐败的高压态势，政治生态海晏河清，社会风气为之一新。

一年来，市委常委会班子高度重视自身建设，带头严守政治纪律和政治规矩，坚决维护习近平总书记党中央的核心、全党的核心地位，坚决维护党中央权威和集中统一领导。坚持带头学习党章党规，学习习近平新时代中国特色社会主义思想、学习习近平总书记关于西藏工作的重要论述和新时代党的治藏方略，学习党的十九届四中和五中全会、中央第七次西藏工作座谈会精神，坚决贯彻落实区党委重大决策部署，不断增强把方向、管大局、作决策、保落实的能力。带头执行民主集中制，严肃党内政治生活，不定期召开书记办公会、务虚会；带头召开专题民主生活会，深入开展批评和自我批评，增进班子团结；带头廉洁自律，模范遵守党章党规党纪，自觉接受党和人民监督，为全市党员干部作出了表率。

这些成绩的取得，根本在于习近平总书记的领航把舵和党中央的坚强领导，根本在于习近平新时代中国特色社会主义思想和总书记西藏工作重要论述的科学指引，也离不开区党委的坚强领导，离不开全国人民特别是对口支援省市、中央企业的大力支持，离不开全市各族干部群众的真抓实干、团结奋斗。一年来，市委各项工作也得到了各位委员、候补委员的大力支持。在此，我代表市委常委会向各位委员、候补委员、全市广大党员干部和各族群众表示衷心的感谢！

山南市人民代表大会常务委员会工作报告

——在山南市第一届人民代表大会第六次会议上

山南市人大常委会主任 王德文

（2021年1月10日）

关于2020年的工作回顾

2020年，市人大常委会坚持以习近平新时代中国特色社会主义思想为指导，深入贯彻落实党的十九大、十九届二中、三中、四中、五中全会精神和中央第七次西藏工作座谈会精神，深入贯彻落实习近平总书记关于坚持和完善人民代表大会制度的重要思想、关于西藏工作的重要论述，在市委坚强领导下，紧紧围绕稳定、发展、生态、强边四件大事，依法行使职权，扎实开展工作。一年来，共举行常委会会议8次、主任会议22次，审议通过3件法规、5项决议决定，开展监督工作42项，依法任免39人次，各项工作取得新进展新成效，为依法推进山南长治久安和高质量发展贡献了人大力量。

一、理论与实践相结合，着力夯实人大履职思想政治根基

市人大常委会始终坚持在党的领导下履行法定职责，认真贯彻落实中央和区党委、市委决策部署。

（一）强化科学理论指引，始终坚持用习近平新时代中国特色社会主义思想指导人大工作实践。常委会把《习近平谈治国理政》第三卷作为权威著作，机关干部通读精读，并与学习贯彻习近平法治思想、习近平总书记关于坚持和完善人民代表大会制度的重要思想、关于西藏工作的重要论述以及中央第七次西藏工作座谈会精神和新时代党的治藏方略有机结合起来，及时跟进学习习近平总书记重要讲话、指示批示精神和中央重大决策部署，召开党组理论中心组学习（扩大）会议12次、党组专题学习（扩大）会议6次和党员集中学习会28次，党组班子成员分赴联系点集中宣讲32次。集中利用4天时间举办专题读书班，召开学习成果交流会。注重理论指导实践，紧紧围绕人大履职尽责，紧紧围绕正在做的事情，坚持目标导向、问题导向、结果导向，增强“四个意识”、坚定“四个自信”、做到“两个维护”，切实体现到为经济社会发展提供有力法治保障上来。

（二）深化主题教育成果，始终坚持把整改问题和形成长效机制摆在重要位置。组成6个调研组，对市人大常委会机关和各县乡人大在“不忘初心、牢记使命”主题教育中所查摆问题的整改落实情况进行深入了解把握，党组专门召开主题教育成果巩固深化工作会议，所有班子成员逐项进行分析研究、提出对策。把思想政治建设和理想信念教育摆在首位，认真学习党章党规，强化忠诚教育，严守纪律规矩，自觉开展经常性政治体检，主动打扫“思想灰尘”，力戒形式主义官僚主义，不断推动党员干部履职尽责、彰显价值，充分发挥人大及其常委会作为政治机关、权力机关、代表机关、工作机关的重要作用，切实形成坚守初心使命、勇于担当作为的浓厚氛围，为不断坚持和完善人民代表大会制度和民族区域自治制度奠定了坚实基础。

（三）坚守正确政治方向，始终坚持党对人大工作的全面领导。坚持党的领导、人民当家作主、依法治国有机统一，不断深化在人大工作中贯彻落实市委安排部署的有效实现形式，切实做到市委有号召、人大有行动。全年就依法履职重点工作向市委请示报告45次，重大事项报请市委同意后再按法定程序

进行，确保市委重要安排和人事意图圆满实现。全年召开党组会议14次，研究人大工作中的重要事项，在履行立法、监督、决定、任免等职能全过程发挥好党组把方向、管大局、保落实的政治领导作用，在经济建设、脱贫攻坚、生态环保、民生保障、和谐稳定等方面积极作为，扎实做好维稳督导，深入开展反分裂斗争。积极响应疫情防控和制止餐饮浪费行为的安排部署，向各级人大代表和人大工作者分别发出《一封信》和《倡议书》，认真抓好人大常委会机关疫情防控、厉行节约和值班带班、安全稳定等工作。组织力量深入各县乡调研，为编制“十四五”规划和二〇三五年远景目标纲要积极建言献策，亦为本次人代会审查批准纲要作了必要准备。

二、立法与用法相贯通，有力强化法规制度有效供给

坚持科学立法、民主立法、依法立法，注重发挥人大在立法工作中的主导作用，召开立法工作专题会、论证会各1次和若干次征求意见会，力促地方立法更充分体现党委决策和群众关切，以良法促发展保善治，更好发挥法规制度在地方治理中的作用。全年共审议通过并报请自治区人大常委会审查批准地方性法规3件，作出具有法规性质的决议决定5项。

（一）护航生态环保和经济发展。制定《山南市城乡绿化条例》，对规划建设、保护管理、保障支持、法律责任等进行了规定，有利于城乡绿化工作的规范、可持续开展，保护和改善城乡生态环境，推动生态文明建设。制定《山南市砂石料开采管理条例》，对我市从事非河道砂石料矿产资源开采和管理活动进行规范，加强非河道砂石料采矿权审批登记和矿权出让、转让、出租、抵押以及采矿监督管理、相关法律责任等作出规定，有利于促进资源合理开发利用和可持续发展。常委会还依法就2019年财政决算和2020年预算调整作出决定。

（二）着力文明养成和民族团结。制定《山南市文明行为促进条例》，对文明行为规范特别是应遵守的文明行为、所鼓励、倡导的文明行为和禁止的不文明行为等作了详尽规定，有利于引导和促进公共文明行为，推进精神文明建设，提升公民文明素质和社会文明程度，以法促文明，让城市更美丽。常委会作出决定，每年9月16日为山南市“民族团结进步日”。

（三）推进学法用法和法规实施。新的法规实施前，常委会召开法规宣传工作座谈会，相关职能部门和各县（区）同步开展活动，印制藏汉双语法规手册，不断提高全社会的知晓度，促进所制定法规落实落地、发挥作用。常委会作出《关于全面推动地方性法规进入执法融入司法列入普法工作的决定》，相关部门对每部法规的实施制定具体方案。还听取审议了对《山南市城市建设管理条例》《山南市实施河长制湖长制条例》《山南市羊卓雍错保护条例》学习宣传和贯彻执行情况的报告。

三、监督与支持相统一，全力助推经济社会深入发展

紧紧围绕全市中心大局，坚持正确监督、依法监督、有效监督，突出问题导向，多措并举发力，听取审议专项工作报告14个，开展执法检查7次，进行满意度测评3次、工作评议1次、专题询问1次、专题调研11次，监督实效不断增强。

（一）围绕经济发展和国资管理抓监督。听取审议了关于2020年上半年计划执行、预算执行、预算调整和2019年财政决算、审计工作以及行政事业性国有资产管理情况等报告，首次对审计查出问题整改落实情况进行工作评议和满意度测评，依法促进政府及有关部门进一步坚持稳中求进工作总基调，更好统筹疫情防控和经济社会发展，全力做好“六稳”“六保”工作，努力完成全年经济社会发展目标任务。认真实施预算绩效管理，开源节流、精打细算，抓好审计查出问题整改，确保每一分钱都用在刀刃上。进一步推动政府及有关部门更好履行职责，完善制度机制，确保国有资产保值增值，更好发挥国有资产在推动经济发展、维护和谐稳定、增进民生福祉方面的重要作用。

（二）围绕社会建设和民生改善抓监督。对道路交通安全法、公共文化服务保障法、工会法、妇女权益保障法、反家庭暴力法及我区相关实施办法、条例在我市的实施情况进行执法检查，特别是紧扣法律法规的主要条款有针对性地开展检查，着力把握法律法规实施的真实情况，找准问题症结，提出意见建议。对精准扶贫精准脱贫工作进行监督，助力决战决胜脱贫攻坚。对基层文化队伍建设管理情况进行监督，对边境建设情况进行专题调研，提出改进意见

和建议。听取审议关于全市就业创业工作情况的报告,进行专题询问,并对就业创业方面的政策落实、工作举措、资金保障等内容进行了满意度测评,进一步凝聚共识,形成合力。

(三)围绕生态环保和绿色发展抓监督。听取审议关于2019年度环境状况和环境保护目标完成情况的报告,围绕生态环保法律法规贯彻实施、生态环境建设保护治理和《关于全面加强生态环境保护、依法推进美丽山南建设的决定》贯彻落实等情况,持续深入开展"雅砻环保行"活动,进一步推进政府和全社会全面贯彻落实新发展理念,坚定不移走生态优先、绿色发展新路子,依法科学抓好生态环保,努力建设美丽山南。

(四)围绕依法行政和公正司法抓监督。听取审议关于法治政府建设情况的报告,进一步推进政府及其部门认真履行好法治政府建设主体责任,更加重视法治素养和法治能力建设,自觉运用法治思维和法治方式推动各项工作,不断把法治政府建设向纵深推进。听取审议关于刑事审判、民事检察监督工作情况的报告,进一步推动相关工作依法开展,努力使人民群众在每一个司法案件中感受到公平正义。

(五)围绕问题整改和建议办理抓监督。常委会综合运用听取审议专项工作报告、进行执法检查和开展专题询问、工作评议、满意度测评等方式方法,不断加大监督力度,增强监督实效。实行问题清单制和审议意见交办制,全年共向"一府两院"交办审议意见18件,其中意见建议118条、发现问题99个。"一府两院"认真办理,及时向人大常委会报告落实情况。根据自治区人大常委会安排,积极推进全市人大系统预算联网审查监督系统建设,市级监督系统已通过验收并正式上线。

四、履职与评议相对接,努力做好任命"后半篇文章"

常委会坚持党管干部与人大依法任免相统一原则,认真行使人事任免权,开展履职评议,做好任后监督。

(一)切实抓好依法任免。在人事任免中,不断完善任前法律知识考试、拟任职表态发言和颁发任命书、向宪法宣誓等工作,使党组织推荐的人选通过人大法定程序成为国家政权机关领导人员。一年来,常委会依法任免国家机关工作人员39人次,包括常务副市长、代理院长在内的8名拟任命人员参加了法律知识考试和任职表态发言,举行宪法宣誓仪式4次。

(二)切实抓好任后监督。常委会积极开展被任命人员的履职监督工作,安排"一府两院"5名同志向常委会报告工作、进行履职评议,并督促抓好评议意见整改落实,进一步提升了常委会任命人员的责任意识和公仆观念。

五、主体与主角相交融,聚力提升代表履职实效

常委会尊重代表主体地位,紧扣人大工作"主角"定位,提高服务保障水平,广泛凝聚代表工作合力。

(一)积极开展代表主题活动。认真落实"三聚""八个一"要求,扎实开展代表活动,充分发挥闭会期间代表作用。以学习宣传、贯彻实施《西藏自治区民族团结进步模范区创建条例》为主题,在全市人大系统和代表中集中开展"民族团结、从我做起"活动。据不完全统计,全市各级人大共开展活动964场次,发放资料10万余份,3300余名各级代表积极参与,参与群众达12万余人次。为进一步推动民生事项决策民主化、科学化、法治化,在琼结县、加查县及部分乡(镇)开展民生实事项目人大代表票决制试点工作,取得初步成效,并召开试点工作推进会,今年在琼结、加查、措美、错那4个县继续扩大试点。

(二)不断扩大代表参与力度。常委会开展立法、执法检查、调研等活动,积极邀请相关领域代表参加,充分吸纳代表意见建议,使人大工作更聚民意、更接地气、更有活力。各专门委员会明确各自联系代表名单,主动邀请代表参与专委会活动,不断扩大代表参与人大工作力度。每次常委会会议均邀请10名市级人大代表列席会议、4名不是各级人大代表的公民旁听会议,让人民群众近距离感受民主政治就在身边。31名常委会组成人员每人联系2—3名人大代表,宣传政策法律,倾听群众诉求,广聚民心民智。常委会有序组织市人大代表回原选举单位进行述职评议,主动听取群众意见,自觉接受人民监督。

(三)有效提升建议办理实效。各承办单位对办理代表建议高度重视,采取邀请代表参与办理、面对面征求意见等方式,变"文来文往"为"人来人往",不断提高代表建议办理质量,市一届人大五次会议

所提44件建议中已解决和列入计划三年内可解决的占93%。常委会听取审议了市政府系统办理市一届人大五次会议代表建议情况的报告，对6件重点建议进行跟踪督办，并将人代会期间代表讨论发言所提439条意见建议，一并交由市人大机关和“一府两院”研究办理，扎实推进问题解决。为解决代表建议中无项目支撑而群众亟待解决的“急、难、小”问题，市财政专项预算代表建议办理经费400万元，破解资金“瓶颈”，有效达到了“花小钱、办大事”的效果。

六、宣传与引导相协同，用力强化全社会人大制度意识

常委会坚持不懈加强人大宣传和意识形态工作，不断提升全社会的民主法治意识、人大制度意识。

（一）强化思想站位。深刻认识做好人大宣传工作对于坚持好完善好发展好我国根本政治制度，坚定不移走中国特色社会主义政治发展道路、法治道路，确保人大意识形态安全，具有重大意义。始终坚持党管宣传、党管意识形态原则，常委会党组召开意识形态工作会议及推进会议，进行安排部署和狠抓落实。常委会召开全市人大宣传工作座谈会，与市委宣传部联合下发《关于进一步加强和改进人大宣传工作的意见》，建立健全常态化、规范性的人大宣传工作机制。

（二）强化主题宣传。除加强日常宣传工作外，在2020年9月“人大制度宣传月”，深入开展形式多样、丰富多彩的主题宣传活动，紧紧围绕人民代表大会制度和民族区域自治制度在我市的生动实践，充分宣传展示取得的经验和成效，激励和动员人大代表、人大干部不忘初心、牢记使命，认真履职、主动作为。在全市范围内，广泛开展专题讲座、作品征集、经典诵读、演讲比赛和人大代表先进事迹宣传等活动近50次。

（三）强化阵地建设。依托自治区、我市主流媒体和自治区人大常委会刊物、网站，大力宣传我市各级人大及其常委会从法定职能出发，深入贯彻落实新发展理念，依法助推脱贫攻坚、推动生态文明建设、加强民族团结、依法促进民生保障和民生实事项目人大代表票决制试点等履职尽责工作，既有消息、又有综述。认真办好“山南人大之声”（半月报）。

七、激励与约束相促进，大力加强常委会及机关自身建设

加强常委会及机关思想政治建设、能力素质建设、规矩制度建设和纪律作风建设，努力建设高素质人大干部队伍。

（一）强基铸魂抓党建。常委会党组认真履行党建工作主体责任，召开党建和党风廉政建设工作会议，班子成员认真履行“一岗双责”，加强对机关党组工作领导。坚持党建工作与依法履职“双加强、两促进”，切实加强人大机关干部职工创新理论学习贯彻，做到学思用贯通、知信行统一，自觉用以武装头脑、指导实践、推动工作。加强机关党组织标准化建设，创新党组织活动载体，不断健全党内监督管理和激励机制，党组织的引领力、凝聚力、战斗力得到进一步增强。

（二）聚焦学用强本领。加强学习型常委会及学习型机关建设，坚持理论武装和业务学习并重，认真学习掌握人民代表大会制度和民主法治建设理论，认真学习运用法律法规和人大业务知识，每次常委会会议和主任会议均安排学习1—2部法律法规，每次执法检查和专题调研等都要专门安排相关法律法规和政策规定的学习。继续深化开展“五查五增、质效提升”活动，并督导各县乡认真抓好落实，做到知行合一、学以致用，努力成为与时俱进做好人大工作的行家里手。常委会与“一府一委两院”召开联系会议，统筹协调聚合力。

（三）持之以恒正风纪。深入贯彻落实中央八项规定及其实施细则精神和区党委实施办法、市委实施意见，主动对标对表，狠抓落实落地，轻车简从，“四不两直”，全面了解所开展工作的真实情况。扎实开展违反中央八项规定精神问题自查清理纠治工作，成立工作专班、逐项排查清理、主动纠治整改。继续建立健全规章制度，继编发《立法工作手册》后，又编印了《监督工作手册》，并有机体现到工作质量提升和机关管理上来。坚持严管与厚爱相结合，召开集体廉政谈话会议，压紧压实责任链条，建立健全激励机制，大力倡导担当作为，狠抓机关作风建设，努力营造风清气正的良好环境。

各位代表，过去一年成绩的取得，根本在于习近平新时代中国特色社会主义思想的科学指引，是在

市委坚强领导下，全体人大代表、常委会组成人员、专门委员会组成人员和市人大机关全体人员辛勤工作的结果，是市人民政府、市监察委员会、市中级人民法院、市人民检察院密切配合的结果，是全市各级人大及其常委会大力支持的结果，是全市广大人民群众积极参与的结果。在此，我代表市人大常委会，表示衷心感谢！

对标党中央决策部署，对照市委工作要求，对比人民群众期待，常委会工作还存在差距和不足，主要是：围绕中心大局、依法履职行权、创造性开展工作的前瞻性谋划还需增强，促进高质量发展的立法和刚性监督还存在弱项，代表作用发挥还不够充分，加强人大工作的体制机制还需完善，人大工作力量仍显不足等。我们将在今后工作中下力气改进。

关于面临的形势和任务

党的十八大以来，习近平总书记就坚持和完善人民代表大会制度、发展社会主义民主政治发表一系列重要论述，形成习近平总书记关于坚持和完善人民代表大会制度的重要思想，为我们做好人大工作提供了科学指引。习近平法治思想是全面依法治国的行动指南。习近平总书记在中央第七次西藏工作座谈会上的重要讲话和关于西藏工作的重要论述，是习近平新时代中国特色社会主义思想的“西藏篇”，是我们做好各项工作的根本遵循。区党委人大工作会议深刻阐述了做好新时代人大工作的重大意义、根本原则和重点任务，是进一步加强新时代人大工作和建设的重要制度性安排。当前已进入新发展阶段，建设社会主义现代化新西藏的奋斗目标鼓舞人心。我们要切实提高政治站位，更加深刻认识人民代表大会制度的重要地位和特点优势，不断增强做好人大工作的政治自觉、思想自觉和行动自觉。

一是习近平法治思想引航指路，人大倍增强大动力，必须体现到全面贯彻和践行。习近平法治思想“十一个坚持”，涵盖了全面依法治国理论和实践一系列方向性、根本性、全局性的重大问题，我们要吃透基本精神，把握核心要义，明确工作要求，自觉用以指导人大工作实践，切实体现到坚决做到“两个维护”中来，切实体现到全面深化依法治市中来，切实体现到推进现代化新山南建设中来，在全面依法治市中找准人大定位，自觉把人大工作放在大局中来考虑、来谋划、来推进，扎实推进科学立法、严格执法、公正司法、全民守法，奋力开创我市人大工作新局面，为加快法治山南建设贡献人大力量。

二是新西藏建设目标催人奋进，人大定要法治给力，必须彰显出更大价值和力量。建设团结富裕文明和谐美丽的社会主义现代化新西藏，是中央第七次西藏工作座谈会确定的西藏奋斗目标。新阶段新目标新任务，既为推动我市人大工作创新发展提供了广阔空间，也为做好新时代人大工作提出了新的更高要求。我们要全面准确把握这一奋斗目标与人大工作的有机切入，全面准确把握西藏工作的着眼点着力点和出发点落脚点，全面准确把握贯彻新发展理念、构建新发展格局的法治要求，更好向中心聚焦、为大局出力，依法履职尽责，发挥人大作用，以良法善治保障长治久安和高质量发展。

三是为人民履职行权责任重大，人大亟须再推助力，必须承载起神圣职责和使命。人大是人民的代表机关，为人民当家作主是人民代表大会制度建立的初心和使命。我们要坚持党的领导、人民当家作主、依法治国有机统一，充分发挥制度优势，广泛凝聚各方智慧力量，通过法定程序把市委决策部署转化为全市人民的共同意志和统一行动。我们要围绕保障人民权益、增进群众福祉、促进公平正义等聚力用劲，在立法工作中加大民主立法、开门立法力度，在监督工作中聚焦群众诉求、反映群众心声，始终把人大代表工作作为人大的基础性工作，在守正创新中推进各项工作迈上新台阶，不断增强人民群众的法治获得感。

关于2021年的主要任务

2021年是建党100周年，是“十四五”规划开局之年，是西藏和平解放70周年，也是本届市人大常委会履职收官之年。常委会工作的总体要求是：坚持以习近平新时代中国特色社会主义思想为指导，深入贯彻落实党的十九大和十九届二中、三中、四中、五中全会以及中央第七次西藏工作座谈会精神，深入贯彻落实习近平法治思想、习近平总书记关于坚持和完善人民代表大会制度的重要思想、关于西藏工作的重要论述和新时代党的治藏方略，坚持党的领导、人民当家作主、依法治国有机统一，在市委坚强领导下，认真贯彻落实区党委人大工作会议及《意见》精神和市委安排部署，紧紧围绕稳定、发展、生态、强边四件大事，依法履行立法、监督、决定、任免四项职能，不断提升履职尽责实效，充分发挥人大代表作用，努力开创我市人大工作新局面。按照这个总体要求，2021 年市人大常委会的主要工作是：

一、紧扣“十个必须”，以新时代党的治藏方略指引人大工作与时俱进完善发展

新时代党的治藏方略是我们党治藏稳藏兴藏经验的总结和升华，是做好新时代西藏工作的纲和魂。要全面准确学习领会“十个必须”的核心要义和精神实质，自觉融会贯彻于人大履职尽责全过程，在谋划工作、推进法定职权行使中，逐条对应落实，以之为指针和标杆。要深入学习贯彻中央第七次西藏工作座谈会精神和新时代党的治藏方略，并与学习贯彻习近平新时代中国特色社会主义思想、习近平总书记关于坚持和完善人民代表大会制度的重要思想、关于西藏工作的重要论述贯通起来，自觉运用于人大工作实践，紧紧围绕全市中心大局，行使人大各项法定职权，确保党的主张通过法定程序成为国家意志，确保党组织推荐的人选通过法定程序成为国家机关的领导人员，确保党委意图在国家权力机关的贯彻落实，为全面贯彻新时代党的治藏方略，推进长治久安和高质量发展提供有力法治保障。

二、紧扣“四件大事”，以依法履职的实际成效和价值助推长治久安和高质量发展

要认真分析研究稳定、发展、生态、强边四件大事的法治需求，聚焦“四个确保”，切实抓好人大各项法定职能的履行。要扎实推进红色文化资源和革命遗存保护利用、村居（社区）治理等方面的立法工作，提前谋划下一届人大常委会五年立法规划，在弘扬社会主义核心价值观、加强基层社会治理、铸牢中华民族共同体意识等方面下更大功夫；要切实加强计划预算执行、预算调整、审计及整改、国有资产管理、法治政府建设、地方性法规执行、“七五”普法总结和民事审判、检察机关适用认罪认罚从宽制度情况等工作监督，对森林法、未成年人保护法、《西藏自治区民族团结进步模范区创建条例》和《山南市文明行为促进条例》等法律法规开展执法检查，继续开展“雅砻环保行”活动，对我市民族团结进步模范区创建工作进行专题询问，综合运用多种行之有效方式方法，以正确有效监督，支持和促进中心大局任务落实；就公共卫生和疫情防控、“八五”普法等作出决议决定，依法进行人事任免工作，对常委会有关任命人员进行履职评议；持续开展“三聚”“八个一”“双联系”等活动，不断提高代表建议办理质量和效率，在全体代表中开展“弘扬生态文明、建设美丽山南”活动，继续试点开展民生实事项目人大代表票决制，充分发挥人大代表作用。要加强沟通衔接，强化调查研究，抓好学习培训，做好各项准备，以高度的政治自觉抓好换届工作。

三、紧扣“三个特别”，以高素质人大干部队伍保障人大各项工作深入向前发展

加强自身建设是常委会依法履行职权的重要保证。要按照民族地区干部“明辨大是大非立场特别清醒、维护民族团结行动特别坚定、热爱各族群众感情特别真挚”的要求，保持政治定力，树牢底线思维，深入开展反分裂斗争，坚决维护祖国统一、民族团结，不断铸牢中华民族共同体意识。要不断巩固和拓展“不忘初心、牢记使命”主题教育成果，推进常委会及机关政治、思想、组织、作风、纪律等各项建设。坚持全面从严治党，加强常委会党组及机关党组建设，深入贯彻落实意识形态工作责任制，严格遵守廉洁自律各项规定，进一步增强依法履职的底气、敢于创新的勇气和清正廉洁的正气。要毫不放松抓好疫情防控工作。要深入学习贯彻区党委人大工作会议及《意见》精神，进一步抓好市委人大工作会议及《决定》精神的有效贯彻落实。要持续开展“五查五增、质效提升”活动，努力锻造一支政治素质高、履职能力强、整体形象好的人大干部队伍。

各位代表，美好生活需要奋斗开创，初心使命呼唤责任担当。让我们更加紧密地团结在以习近平同志为核心的党中央周围，以习近平新时代中国特色社会主义思想为指导，在市委坚强领导下，勠力同心、拼搏进取，只争朝夕、比学赶超，奋力谱写全面建设社会主义现代化新山南崭新篇章，以优异成绩庆祝建党 100 周年和西藏和平解放 70 周年！

山南市人民政府工作报告

——在山南市第一届人民代表大会第六次会议上

西藏自治区人民政府副主席，山南市委副书记市长　普布顿珠

（2021年1月10日）

2020年和“十三五”工作回顾

各位代表，2020年是极不平凡的一年。面对“五期叠加”的严峻复杂形势，在以习近平同志为核心的党中央亲切关怀和“三省一公司”在内全国人民的援助支持下，在自治区党委、政府的坚强领导和市委的正确领导下，我们砥砺奋进、攻坚克难，在危机中育先机、于变局中开新局，较好完成了全年目标任务，统筹疫情防控和经济社会发展取得重大成果。

一是打赢了疫情防控阻击战。面对突如其来的新冠肺炎疫情，我们坚持人民至上、生命至上，全面落实“外防输入、内防反弹”防控策略，强化人与物同防，阶段性落实“十个一律”“十个进一步抓实抓细”防控机制，全市未出现确诊或疑似病例。全面加强核酸检测能力建设，建成核酸检测实验室11个，目前平均每天能够检测样本1.35万份。在这场严峻斗争中，广大党员干部、村居社区工作者闻令而动、各司其职，构建了群防群控的安全网。公安干警、医务人员忠诚履职、坚守一线，守住了输入防线。乃东区嘎玛庆社区党支部被评为“全国抗击新冠肺炎疫情先进集体”。我们与湖北患难与共、守望相助，捐赠物资3158万元。湖南、安徽与我们同舟共济，在自身抗疫任务艰巨情况下，给予我们人员、物资、设备支持。雅砻儿女创作和传唱歌曲《当疫情袭来的时候》，以“他乡和故乡都是同乡，前沿和后方同抗击”的众志成城，唤起了鄂藏儿女的心灵共鸣。汉藏情谊在携手抗疫中不断深化。

二是打赢了复工复产保卫战。我们严格落实中央“六稳”“六保”措施，财政预算收支有力，财政收支分别突破20亿元、200亿元大关，在保就业、保基本民生、保基层运转方面发挥了重要作用。减税降费惠企有力，新增减税降费资金3.3亿元帮助企业纾困解难，惠及各类市场主体3836户。精准制定复工复产工作实施方案，4月份以来各行业复工复产、复商复市逐月好转。举行重点项目集中开复工仪式，采取包机进藏等方式组织2.4万名务工人员返藏，推行网上不见面审批，强化了复工要素保障。这一系列科学的复工复产措施，让组织力转化成为防疫与发展的战斗力，雅砻大地自信自强、充满韧劲，一派只争朝夕、生机勃勃的景象。

三是打赢了经济发展保稳战。我们把稳投资作为稳增长的关键举措，加查水电站3台机组投产发电，川藏铁路拉萨至山南段轨道全面铺通，拉萨贡嘎机场完成改扩建，隆子支线机场土石方试验段工程顺利开工，预计固定资产投资同比增长6.5%。举办“情系湖北·享购山南”活动，发放1500万元消费券带动消费3365万元，拉动效应达2.24倍。预计全年完成社会消费品零售总额62亿元，同比增长4.9%。依托援藏精准招商，玉麦湘万头藏香猪养殖、宏农百万羽藏鸡养殖、琼结千亩设施蔬菜种植等项目落地建设，预计完成招商投资63.5亿元，创历史新高。创新加强旅游宣传推介，在全区首创飞机、高铁、地铁三维立体旅游宣传模式，乃东扎西曲登、琼结强钦民俗旅游蓬勃兴起。全市接待游客460万人次、旅游收入18.5亿元，接近2019年水平。通过实施一系列抗疫对冲措施，我们顶住了经济下行压力，预计全

年地区生产总值同比增长6.8%。

四是打赢了全面脱贫攻坚战。坚持精准扶贫、精准脱贫，12县区全部脱贫摘帽，动态调整后45256名建档立卡群众全部脱贫，贫困发生率从19.3%降为零，如期完成了新时代脱贫攻坚目标任务，彻底摆脱了束缚千百年的绝对贫困问题。易地扶贫搬迁安置点全部建成，8125名贫困群众喜迁新居。217个产业扶贫项目基本建成，带动16850人脱贫。高质量开展脱贫攻坚大排查大督战，实施安全饮水工程326处、解决了9.06万人的季节性饮水安全问题，住房安全问题实现动态清零。预计城乡居民人均可支配收入分别增长10%、13%，总量分别占全国平均水平的84.1%、93.8%，较2015年分别增加了7.3个、15.1个百分点，与全国平均水平差距不断缩小。农牧民工资性收入占比达到34.4%，较2015年增加12.1个百分点，群众依靠双手创造幸福生活的主动性和积极性日益提高，乡亲们的日子越过越红火。

五是打赢了基本民生持久战。我们持续加大民生投入，2020年财政民生领域支出达172亿元，占一般公共预算支出的75%以上。实施积极的就业政策，山南籍高校毕业生就业率达到99.7%，城镇登记失业率为2.4%。创新开展组团式区外就业，开发援藏就业岗位3632个，越来越多的高校毕业生到其他省市就业。首批28名高校毕业生到湖北黄石就业，这是全区首次组织高校毕业生赴区外组团式市场化就业的有益尝试，将对转变高校毕业生就业观念起到引领示范作用。加大劳务输出力度，全年转移就业9.6万人次、创收8亿元，分别完成全年任务的107%和143%。深化教育改革，教育质量稳步上升。深入推进健康山南建设，免费开展产前无创基因筛查，出生缺陷筛查项目达到内地同等水平。

各位代表，“十三五”时期是全面建成小康社会决胜阶段，是山南历史上最好的发展时期。经过5年持续奋斗，我们解决了许多长期想解决而没有解决的难题，办成了许多过去想办而没有办成的大事，山南各项事业取得了全方位进步、历史性成就。2020年地区生产总值、城乡居民人均可支配收入分别完成215.4亿元、38100元、15874元，分别是2015年的1.9倍、1.59倍、1.77倍。完成一般公共预算收入20.22亿元、是2015年的1.74倍。“十三五”时期四大类35项指标顺利完成、实现完美收官，全面建成小康社会取得决定性成就。

一、坚决做到对标看齐，始终保持绝对忠诚。我们始终坚持党的绝对领导，坚定把做到“两个维护”作为最高政治准则和根本政治规矩，持续用习近平新时代中国特色社会主义思想、总书记治边稳藏战略思想和新时代党的治藏方略武装头脑、指导实践，坚决维护总书记和党中央一锤定音、定于一尊的权威。看齐落实党中央决策部署，对标落实自治区党委、政府和市委工作要求，以“四件大事”为重点，以“四个确保”为目标，正确处理好“十三对关系”，坚持“完善基础、产业立市、统筹城乡、新区引领”经济工作思路，先后召开9次全体会议、68次常务会议、84次党组会议抓学习、推贯彻、促落地，推行“两清一限”制度，做到了令行禁止、政令畅通。现在的山南，处处飘扬着五星红旗，户户悬挂着领袖像，人人洋溢着幸福的笑容。

二、始终坚持人民至上，群众生活水平全面提升。“十大民心工程”深受各族群众好评并获得国务院通报表扬，脱贫攻坚工作连续四年被自治区评为“综合评价好”和“成效显著”。教育“五个100%”目标全面完成，农牧民大学生资助全覆盖，实现了从“有学上”到“上好学”的转变。健康山南深入推进，市县公立医院全部创建二级以上等级医院，1428例包虫病患者实现应治尽治，累计筛查宫颈癌4.68万人、乳腺癌4.75万人。成功创建国家公共文化服务体系示范区，广播电视人口综合覆盖率达到99%，雅砻文化旅游节品牌效应不断提升。社保体系更加健全，五大保险参保率保持在97%以上，建立了大病救助机制，特困人员和孤儿供养工作成效良好。电视、冰箱、洗衣机飞入寻常百姓家，不少群众开上了轿车、卡车、挖掘机，网购、用微信、刷抖音成为热门时尚。各族群众发自内心地说“毛主席让百万农奴翻身得解放，习主席让西藏人民脱贫奔小康，这两件大事我们永远记心间”。

三、持之以恒完善基础，发展条件逐渐改善。“十三五”期间累计完成固定资产投资较“十二五”时期翻了一番还多。泽贡高等级公路、G219和G560山南段建成通车，公路通车里程达到8323公里、是2015年的1.24倍，乡镇村居公路通畅率分别达到

100%、82%，分别较2015年增加11个、33个百分点。广泛推进农网升级改造，行政村主电网覆盖率达到100%，较2015年增加15个百分点。大力实施农村饮水巩固提升工程，结巴、雅砻等水库建成使用，全市供水和灌溉保证率分别达到95%、85%，较2015年均提高11个百分点。大力实施通讯畅通工程，4G网络村居全覆盖，5G网络有序铺开。山南的基础设施大幅改善，实现了从水桶到水管、从油灯到电灯、从土路到油路的巨大变化。

四、强力推进产业立市，发展后劲不断增强。粮食连续11年丰产丰收，注册地理标志商标和保护产品21个，乃东成功创建全区首个全国绿色食品原料基地。藏中清洁能源基地初具规模，建成投产的电站总装机达到133万千瓦、较2015年翻了一番还多，约占全区总量的三分之一。培育了雅砻圣水等天然饮用水品牌，天然饮用水产能达到52万吨，是2015年的5倍。华新水泥三期顺利投产，中材祁连山水泥项目基本建成，水泥产能达到260万吨，较2015年翻了一番。建成国家级电子商务进农村示范项目6个。玉麦等景区景点成功创建AAAA级景区，吸引了越来越多的游客到山南打卡，"十三五"期间全市接待游客近2000万人次、实现旅游收入80亿元，分别是"十二五"时期的2.3倍、2.7倍。金融体系不断健全，服务实体经济的能力不断增强，各项贷款余额达到301.8亿元、较2015年增长30.4%。现在的山南，一派百业兴旺、欣欣向荣的喜人景象。

五、着力推进统筹城乡，发展面貌日新月异。国家新型城镇化试点加快建设，自治区级卫生城市成功创建，泽当城区和各县县城功能不断完善，鲁琼专业市场、物交会场地建成投用，泽当城区一派大干快上、热火朝天的城市建设景象。以"神圣国土守护者 幸福家园建设者"为主题的乡村振兴战略深入推进，村内道路硬化率达到91%、基本公共设施齐全率达到79%、村庄公厕覆盖率达到66%、户厕改造率达到95%。建成玉麦等5个中国美丽休闲乡村，乃东被列为全国农村宅基地改革试点，措美获评全国农村公共服务典型，扎囊获评全国农村承包地确权登记颁证工作典型，隆子玉麦村、加查共康村被认定为全国乡村治理示范村。现在的山南，人居环境大幅改善，城乡面貌焕然一新。

六、强力推动新区引领，幸福家园加快建设。雅江生态经济带和拉萨山南一体化发展上升为自治区战略，幸福家园作为主战场全面铺开，幸福家园建设管理局、幸福集团顺利组建，S5拉萨至山南快速通道稳步建设。我们主动承接自治区极高海拔生态搬迁重大战略任务，森布日一期建成入住、二期加快推进，堤路结合、吉纳大桥等项目建成通车，957户3364名那曲群众从羌塘草原搬迁到了雅鲁藏布江畔。谋划启动了雅鲁藏布江中游索朗嘎咕至桑日河段综合整治工程。森布日牧业产品加工产业园顺利开工。差异化打造经开区、昌果新兴产业聚集区、桑耶文化旅游创意区、鲁琼商贸物流区，入驻企业56家。现在的山南，正成为投资兴业的沃土。

七、不断深化改革开放，发展活力逐步增强。政府机构改革全面完成。国资国企改革"1+N"措施落地实施，城投、旅投组建运营，江南矿业在"新三板"挂牌上市。"放管服""一网一门一次"等改革不断深化，企业开办时间压缩至1个工作日。各类市场主体发展到3.79万户、注册资金1138亿元、从业人员14.5万人，分别是2015年的2.4倍、5.3倍、3.2倍。成功创建自治区级双创平台2个。"十三五"期间累计引进企业项目200个，完成招商投资203亿元，较"十二五"时期翻了一番。组团式援藏成果丰硕，形成了内地初高中代培班等亮点，实施援藏项目160个，完成投资18.9亿元。现在的山南，发展要素正在加快集聚，开放发展的道路越走越宽广。

八、加强美丽山南建设，生态环境保持良好。成功创建国家生态文明建设示范市，隆子获评全区首个国家"两山"实践创新基地，错那等5个县被纳入国家重点生态功能区，建成自治区级生态县7个、乡镇73个、村居518个。雅江流域山水林田湖草保护修复项目成功获批，5个国家公园保护管理机制不断健全。认真落实森林生态效益补偿、草原生态保护补助等机制，累计提供生态岗位20万个，群众吃上了"生态饭"。坚决打好污染防治攻坚战，空气质量优良率达96%以上，集中式饮用水水源地和主要江河湖泊水质达标率为100%，泽当城区污水集中处理率达到96%、生活垃圾无害化处理率达到98%。广泛开展国土绿化和"万人万亩义务植树"活动，"十三五"期间植树造林40万亩，有条件的地方全部消除“无树村”“无树户”。雅砻大地青山常在、绿水长流、空气常新。

九、依法加强社会治理，社会大局和谐稳定。坚决落实各项维稳措施，深入开展扫黑除恶专项斗争，平安建设工作走在全区前列，社会大局持续和谐稳定，“要我稳定”向“我要稳定”的转变不断深化。常态加强隐患排查整治，安全生产形势保持平稳。用心用情化解矛盾纠纷，及时解决了群众反映的热点难点问题。巩固发展民族团结进步事业，加强区域之间、民族之间交流合作，组织30名中学生赴安徽交流学习，探索了青少年学生交往交流交融新模式。市博物馆建成开馆，4000多件精美文物有力证明了西藏是祖国不可分割的一部分，西藏各民族是中华民族大家庭的重要成员。积极引导群众形成健康文明生活方式，越来越多的群众能够把更多精力放到发展生产、改善生活上。

十、切实加强自身建设，行政效能不断提升。深入开展“三严三实”专题教育、“两学一做”学习教育、“不忘初心、牢记使命”主题教育，取得了良好成效。坚持依法行政，法治政府建设加快推进，出台了政府工作规则等长效制度和《山南市城市建设管理条例》等地方法规，“七五”普法广泛开展。开通“12345”市长热线，累计受理来电1043起、办结率达到99%。全面加强政府系统党风廉政建设，严格落实中央八项规定及其实施细则精神，切实规范和加强了公共资金、项目和公共资源交易监管。坚持政府过紧日子，“三公”经费较“十二五”末缩减23%。积极践行“马上就办”精神和“一线工作法”，政府系统工作效能进一步提高。

各位代表，五年来，我们深入推进“双拥”工作，进一步巩固了军政军民团结的良好局面。我们全面加强统计、审计、档案、金融、体育、城市管理、人防、消防、气象、邮政服务、藏语言文字等工作，进一步推动了各项工作齐头并进。我们积极支持工会、共青团、妇联、工商联、无党派人士等工作，进一步凝聚了推进发展的强大合力。

各位代表，五年来的发展成就有目共睹，五年来的工作经验弥足珍贵。五年来的实践充分证明，我们贯彻落实习近平总书记和党中央决策部署所采取的一系列政策措施、思路举措符合党中央要求、符合治边稳藏需要、符合各族群众意愿。这些成就的取得，根本在于习近平总书记作为党中央的核心、全党的核心领航掌舵，根本在于以习近平同志为核心的党中央坚强领导，根本在于习近平新时代中国特色社会主义思想和总书记西藏工作重要论述的科学指引，离不开区党委、政府的坚强领导，离不开湖南、湖北、安徽三省和中粮集团的鼎力支援，离不开市委的正确领导，离不开市人大及其常委会和市政协的监督支持，离不开全市上下的团结奋斗。在此，我代表市人民政府，向38万雅砻各族干部群众，向所有关心支持山南的各界人士，表示衷心感谢和崇高敬意！

各位代表！奋斗尤为艰辛，发展时不我待。我们清醒认识到，山南经济社会发展仍面临不少困难和问题。立足新发展阶段、贯彻新发展理念、融入新发展格局、推动高质量发展任重道远；从供给侧需求侧双向发力还需要在补齐产业链短板、深化改革开放上多用力；融入国内大循环、国内国际双循环还需要在路径措施上多探索；协调发展还需要在缩小区域、城乡差距方面做文章；改善人民生活品质还需要在提升公共服务质量、增加群众收入方面下苦功；政府系统个别干部思想观念还不能完全适应新时代、新形势、新要求，谋划推动经济工作的能力还有所不足，担当作为、实干劲头还有待提升。我们一定正视问题、直面挑战，尽心竭力做好各项工作，不辜负雅砻各族干部群众的厚望与重托！

“十四五”规划和2035年远景展望

各位代表！新发展阶段孕育新发展希望，新发展理念照亮新发展征程，新发展格局引领新发展实践。党的十九届五中全会擘画了我国当前和未来一个时期的宏伟蓝图，为夺取全面建设社会主义现代化国家新胜利指明了前进方向。中央第七次西藏工作座谈会系统阐述了新时代党的治藏方略，确定了新时代西藏工作的指针和标尺。“十四五”时期是全面建成小康社会、实现第一个百年奋斗目标之后，乘势而上开启全面建设社会主义现代化国家新征程、向第二个百年奋斗目标进军的第一个五年，是山南大有作为的重要战略机遇期。中央第七次西藏工作座谈会明确了一系列特殊优惠政策和重大项目，国家和自治区对边境地区的支持力度不断加大，可供挖掘的政策优势前所未有。自治区“一核一圈两带三区”发展格局赋予了山南新的战略任务和职责使命，幸福家园建设、雅鲁藏布江中游生态综合整治和“百亿产业走廊”建设等重大战略获得自治区支持，山南战略地位不断凸显。随着自身积累，发展基础不断改善。机遇大于挑战，山南必将进入新一轮发展“黄金期”。

“十四五”时期山南经济社会发展的指导思想是：坚持以习近平新时代中国特色社会主义思想为指导，深入贯彻党的十九大和十九届二中、三中、四中、五中全会精神，全面贯彻党的基本理论、基本路线、基本方略，贯彻中央第七次西藏工作座谈会精神，贯彻落实习近平总书记关于西藏工作的重要论述和新时代党的治藏方略，贯彻自治区第九次党代会、区党委九届三次、四次、五次、六次、七次、八次、九次全会精神，增强“四个意识”、坚定“四个自信”、做到“两个维护”，统筹推进“五位一体”总体布局，协调推进“四个全面”战略布局，坚持稳中求进工作总基调，坚定不移贯彻新发展理念，以推动高质量发展为主题，以深化供给侧结构性改革为主线，以改革创新为根本动力，以满足人民日益增长的美好生活需要为根本目的，统筹发展和安全，坚持把维护祖国统一、加强民族团结作为各项工作的着眼点和着力点，坚持把改善民生、凝聚人心作为经济社会发展的出发点和落脚点，正确处理好“十三对关系”，按照“完善基础、产业立市、统筹城乡、新区引领”的经济工作思路，抓好稳定、发展、生态、强边四件大事，确保国家安全和长治久安，确保人民生活水平不断提高，确保生态环境良好，确保边防巩固和边境安全，加快建设团结富裕文明和谐美丽的社会主义现代化新山南。

“十四五”时期经济社会发展的主要目标是：在解决长治久安和高质量发展最突出最紧迫的问题上取得新突破，社会局势保持和谐稳定，中华民族共同体意识深入人心，自我发展能力明显增强，生态环境保持良好，边防更加巩固、边境更加安全，为建设社会主义现代化新山南开好局、起好步。

展望2035年，山南将与全国全区一道基本实现社会主义现代化。产业支撑作用明显，现代化基础设施体系初步建成，基本实现新型工业化、信息化、城镇化、农牧区现代化。城乡和区域发展差距显著缩小，城乡居民人均可支配收入迈上新的大台阶。社会事业全面进步，基本公共服务均等化基本实现，各族人民共同富裕迈出坚实步伐。生态持续良好，美丽山南全面建成。中华民族共同体意识更加深入人心，全民素质和社会文明程度达到新的高度，平安山南、法治山南基本建成，治理体系和治理能力现代化基本实现，社会大局实现长治久安。

围绕宏伟目标，我们将抓好以下重点工作：

一、坚持创新发展，着力塑造发展优势。深入实施创新驱动发展战略，把科技创新嵌入产业发展、社会治理、城市管理等领域，促进科技与经济社会深度融合。发挥政府引导作用，重点在政策保障、规划引领、环境营造、人才支撑上下功夫，完善科技创新体制机制。发挥市场主导作用，聚焦七大产业，支持企业自主创新研发，重点在信息化建设、优势资源开发等方面培育企业、壮大实体、引进技术、打响品牌，培育高原生物、高新数字等产业的比较优势，布局具有山南特点的区域创新高地。发挥援藏省市科研优势，帮助开展科技创新，推动更多创新成果在山南实现产业化、规模化应用。

二、坚持协调发展，优化国土空间布局。聚焦发展不平衡不充分问题，扎实推动区域、城乡协调发展。坚持实施区域重大战略、区域协调发展战略、主体功能区战略，健全区域协调发展体制机制。以优化发展格局为切入点，积极融入全区“一核一圈两带三区”发展新格局，推动沿江地区引领发展、中部地区加快发展、沿边地区稳固发展。大力实施乡村振兴战略，巩固拓展脱贫攻坚成果，着力提高农牧业效益和竞争力，一体推进基础设施、宜居农房、人居环境和乡村人才队伍建设。推进以人为核心、以县城为重要载体的城镇化，建设好国家新型城镇化建设试点，实施城市更新行动和“大县城”战略，精心布建特色城镇，努力让城镇更加宜居宜业。

三、坚持绿色发展，打造生态文明高地。始终坚持生态保护第一，实行最严格的生态保护政策，深入打好污染防治攻坚战，坚决做到“三高”项目零审批、零引进。科学划定并严守生态保护红线，预留重大基础设施建设廊道和国边防建设空间，守住自然生态安全边界。狠抓生态建设，加强重点区域山水林田湖草沙系统治理，因地制宜实施一批生态环境综合治理工程，切实保护生物多样性，提升生态系统质量和稳定性。构建符合山南实际的生态文明体系，健全完善生态富民机制，推进生态产业化、产业生态化，促进人与自然和谐共生。

四、坚持开放发展，增强经济发展活力。实施更加积极的开放政策，主动对接内地市场和要素资源，在挖掘民间投资潜力和扩大本土消费上做文章，以深度融入国内大循环为重点，探索融入“一带一路”建设。深化受援合作，拓展科技、产业、就业援藏。持之以恒优化营商环境，推行权责清单、包容审慎监管、联系服务等机制，推动“非禁即入”普遍落实，提高政务服务效能。全面深化改革，蹄疾步稳推进行政体制、财税金融、国资国企等重点领域改革，推动有效市场和有为政府更好结合，让市场体系更加健全、市场主体更具活力。

五、坚持共享发展，改善人民生活品质。始终坚持以人民为中心的发展思想，把促进全体人民共同富裕与改善人民生活品质结合起来，把铸牢中华民族共同体意识与提高社会文明程度结合起来，在促进人的全面发展和社会全面进步中，不断增强各族群众获得感、幸福感、安全感。坚持教育优先，重点在提高数理化和国家通用语言文字教学质量上绵绵用力。突出就业第一，既注重面上充分就业又探索根上教育分流机制。打造健康山南，进一步完善地方病、传染病、先天病预防控制救治机制。健全保障机制，着力构建覆盖全民、统筹城乡、公平统一、可持续的多层次社保体系。加强文化引导，持久浸润中华民族共同体意识和“五个高度认同”教育。

六、坚持安全发展，夯实长治久安基础。统筹发展和安全，落实总体国家安全观，把安全发展贯穿各个领域和各个环节，推进社会治理体系和治理能力现代化。深入开展反分裂斗争和维护稳定工作，深化平安建设，严厉打击各类违法犯罪，进一步筑牢国家安全屏障。坚持和发展新时代枫桥经验，健全从源头解决信访问题的制度机制。以“五个有利于”为标准，更好引导藏传佛教与社会主义社会相适应。依法治理民族事务，广泛深入促进各民族交往交流交融，创建全国民族团结进步模范市。坚持守边固边富边强边一体推进，加强边境地区村镇建设，推动人口向边境地区适度规模集中，强化党政军警民联防联控，筑牢国家安全屏障第一道防线。

2021年重点工作

各位代表，2021年是中国共产党成立100周年，是实施“十四五”规划开局之年，是开启全面建设社会主义现代化国家新征程、向第二个百年奋斗目标进军的起步之年，是西藏和平解放70周年。做好今年工作尤为重要。今年经济社会发展的预期目标是：地区生产总值增长9%左右，全社会固定资产投资增长10%，社会消费品零售总额增长8%，城镇居民人均可支配收入增长10%，农村居民人均可支配收入增长13%，居民消费价格涨幅控制在3%以内，城镇登记失业率控制在3.6%以内，保持社会局势全面稳定、生态环境总体良好。提出这样的预期目标，综合考虑了整体发展形势、宏观政策走势、自身发展基础、经济增长支撑等因素，兼顾了质量与效益、需要与可能，有利于稳定预期、提振信心。

围绕实现上述目标，我们将重点抓好以下工作：

一、聚焦稳增长、调结构，开创多点发力、多元支撑的动力体系。坚持创新驱动、消费拉动，突出完善基础、产业立市，推动质量变革、效率变革、动力变革。

*一是发挥创新的核心作用。*坚持创新在现代化建设全局中的核心地位，深入实施创新驱动发展战略。坚持创新链与产业链深度融合，围绕青稞增产和深加工、牦牛育肥、藏猪藏鸡养殖、民族手工业、生物制药业等特色优势产业，加强技术应用和自主创新，精心实施好黑青稞精酿啤酒产业化开发、青稞粉垄增产增效、苏格绵羊品种选育等科技创新项目。联合华中农业大学组建藏鸡产业研究院，开展藏鸡基因保护和新品种培育。支持企业创新，加大高新技术企业、科技型中小企业申报力度，支持安琪集团生物技术中心等开展产品研发、产业培育。用好用活1500万元的创业扶持相关经费，鼓励大众创业、万众创新。

*二是发挥消费的基础作用。*把扩大消费同改善人民生活品质结合起来，顺应消费升级趋势，进一步

稳定传统消费、提升新型消费、挖掘潜在消费、适当增加公共消费。促进线上线下消费融合发展，建成扎囊等6个国家级电子商务进农村综合示范县项目。充分挖掘县乡消费潜力，优化泽当城区商贸布局，加快老政协片区、火车站站前广场片区商圈和农贸市场建设，改造提升玉麦、克松等供销合作社，实施智慧便利店进社区、优质农产品进超市等工程，鼓励农超、农企等多种形式的产销对接，以消费助力经济发展。加大消费援藏力度，实施“藏货出藏”工程，推动本土产品进入援藏省市市场，逐步拓宽内地市场。

三是发挥投资的关键作用。以补齐基础设施短板为重点，保持投资合理增长，发挥投资对优化供给侧结构的关键作用。加强交通设施建设，确保川藏铁路拉萨至山南段全面通车，启动泽当至错那高等级公路前期研究工作，建成拉萨贡嘎机场进出口快速公路，推动交通项目更多向进村入户倾斜，努力把团结线建得更长、把幸福路修得更远。加强能源设施建设，启动结莎110千伏变电站前期工程，实施结巴、加查等110千伏输变电工程。加强水利设施建设，开工泽当中心城区二期和曲松县城防洪工程等项目。加快通信设施建设，实施各县县城、重点景区和产业园区5G网络覆盖工程，优先把森布日打造成5G小镇。发挥政府投资的引导和撬动作用，积极向民间资本推介有吸引力的项目，激发社会投资活力。

四是发挥产业的支撑作用。坚持把发展经济的着力点放在实体经济上，统筹推进补齐短板和锻造长板，加快发展现代产业体系。转变农业发展方式，强化青稞、藏香猪、藏鸡等产业全产业链发展，加快推动农牧业产业升级。实施特色种养业提升行动，确保玉麦湘万头藏猪、宏农百万羽藏鸡养殖项目投产运营，把矮化苹果种植面积扩大到3万亩以上，扩种桑日葡萄3500亩，建成“菜篮子”工程二期。提升绿色工业发展水平，加快雅江中游梯级水电站建设推动中材祁连山水泥全线投产。实施好藏医药传承创新工程，开工藏医院制剂室。推动旅游业提质增效，争创羊湖、勒布沟AAAA级景区，大力发展以G219为载体的边境旅游，打造玉麦边境旅游示范村，确保全市接待游客数量、旅游收入分别增长14%、12%。促进金融业健康发展，持续化解政府隐性债务；优化金融产品和信贷结构，确保民营、小微、双创、涉农贷款增速高于各项贷款平均增速。

二、聚焦补短板、促协同，拉开区域协调、城乡互补的空间布局。坚持以优化发展格局为切入点，统筹推进区域协调发展、新型城镇化和农业农村现代化。

一是巩固拓展脱贫成果。脱贫摘帽不是终点，而是新生活、新奋斗的起点。我们将做好巩固拓展脱贫攻坚成果同乡村振兴有效衔接，对现有帮扶政策逐项分类优化调整，逐步实现由集中资源支持脱贫攻坚向全面推进乡村振兴平稳过渡。今年整合资金22.49亿元用于巩固拓展脱贫攻坚成果。严格落实“四个不摘”要求，保持主要帮扶政策总体稳定，确保工作不留空当、政策不留空白。强化易地搬迁后续扶持，千方百计促进就业，加强基础设施和公共服务，搞好社会管理，确保搬迁群众稳得住、有就业、逐步能致富。深化产业帮扶，补上技术、设施、营销和管理等短板，促进产业提档升级。健全防止返贫动态监测和帮扶机制，重点监测收入水平变化和“两不愁三保障”巩固情况，继续精准施策，坚决防止群众返贫。

二是全面推进乡村振兴。民族要复兴，乡村必振兴。我们将咬定青山不放松，脚踏实地加油干，努力绘就乡村振兴的壮美画卷。坚持良种良田良法“三良配套”，在乃东、扎囊、贡嘎3个县试点推广粉垄技术，建设乃东等6个县区青稞标准化生产基地，提高单产、稳增总产。深化农村改革，开展乃东新一轮农村宅基地制度改革试点。实施乡村建设行动，在城乡基本公共服务均等化上持续发力，推进“四好农村路”建设，梯次建设宜居型农房，优先在沿江县区选取1—2个村居开展试点，做好农牧区住房安全巩固提升工作。深化农村人居环境整治提升行动，因地制宜推进厕所革命、生活垃圾和污水治理、村容村貌提升，注重保护传统村落和乡村特色风貌，建设隆子扎果等10个美丽宜居示范村。加强和改进乡村治理，深入推进平安乡村建设，提高乡村善治水平。

三是强力推进幸福家园建设。加快推进雅鲁藏布江中游索朗嘎咕至桑日河段综合整治工程前期工作，建成江热桥。合力推动S5拉萨至山南快速通道建设。高质量完成森布日二期搬迁任务。把5个产业园区作为承接拉萨非首府功能产业的关键节点，配套“五通一平”基础设施，推动“飞地园区”实现新突破，引导产业向幸福家园集聚，共建雅江中游“百亿产业走廊”。加快推进森布日牧业产品加工产业园区建设。

四是加快推进边境地区发展。边境地区是国家安全屏障的第一道防线，是捍卫国家主权和领土完整的前沿阵地。我们将以前所未有的力度治理好边境、发展好边境，把确保边境人口持续增长作为强边工作的核心任务，对在边境一线地区居住时间达到9个月以上的边民予以补助，一线甲类村边民补助达到1.2万元，稳慎有序推进抵边搬迁。实施边境乡村建设行动，打造一批边境民族风情小镇、边疆明珠小镇。加大边境基础设施建设力度，尽快开展错那支线铁路前期工作，加快建设隆子支线机场，启动偏远村庄小型和分散式供水工程标准化建设，实施主电网延伸、通信网络覆盖、智慧广电固边工程，确保抵边村建设到哪里，水电路讯网、科教文卫保就跟进到哪里。坚持党政军警民联防联控，落实好“五共五固”等制度，深入开展反蚕食斗争，看好守好祖国疆域上的一草一木。

五是大力实施城市更新行动。完善新型城镇化战略，高水平优化城市中长期规划，多渠道争取资金加大城镇品质品位提升力度，加快构建以泽当城区为核心、贡嘎加查隆子为副中心的“一主三副”市域发展格局。启动市政基础设施提升三年行动，全面建成火车站站前路、湖北大道南延段、萨热路和三湘大道北延段等市政道路，拓宽贡布路、泽当大道，完成湖北大道综合管廊建设。实施乃东路、贡布路、格桑路风貌提升工程，抓好雅砻河两岸生态综合整治和城区照明功能提升工程，建成城市绿心公园和2处街心公园。在泽当城区科学布建停车场，完成泽当社区等6个老旧小区改造。实施智慧城市建设行动，搭建城市综合管理服务平台，理顺城市管理体制。有序推进县城和小城镇扩容提质，加强各县县城市政道路、给排水、污水处理、垃圾分类等市政设施建设，科学布建一批特色城镇，建设桑耶、杰德秀国家级特色小城镇，打造哲古高原特色旅游小镇。

三、聚焦惠民生、提品质，探索全面发展、共同富裕的有效路径。我们将秉持以人民为中心，加强普惠性、兜底性、基础性民生建设，尽力量力增进民生福祉。

一是多渠道提高收入水平。共同富裕是社会主义的本质要求，是人民群众的共同期盼。我们将多措并举增加群众收入，朝着共同富裕的目标稳步前行。精准培训劳动力1万人，转移劳动力9万人次以上，实现劳务收入6.4亿元；加大有组织劳务输出力度，确保全年有组织劳务输出达到40%以上；继续施行400万元以下政府投资项目交由具备条件的农牧民施工企业承建，确保我市农牧民达到用工总量的80%以上；支持小型水利、农村公路和植树造林等项目建设管护，广泛采取以工代赈方式，确保政府投资项目本土劳务用工不低于用工总量的40%，增加工资性收入。积极培育家庭农场牧场、民宿、农牧民合作社等新型经营主体，通过订单农业、入股分红等方式完善利益联结机制，增加经营性收入。盘活农牧区资源资产资金，探索“三变”改革，增加财产性收入。认真落实党的强农惠农政策，增加转移性收入。

二是多途径促进充分就业。强化就业优先政策，千方百计扩大就业容量、提升就业质量。坚持“八个一批”就业扶持政策，继续实施“千名干部联系千名高校毕业生”帮扶机制，确保应届高校毕业生就业率达到98%以上。深入开展“岗位对接、职业指导、职业介绍”专项行动，促进全年新增就业6200人。组织开展好组团式区外市场化就业，建成湖北黄石、安徽芜湖、湖南株洲3个组团式援藏就业基地。更加注重缓解结构性就业矛盾，持续转变家庭和学生就业观念，不断提高市场就业、区外就业的积极性。加大本土岗位开发力度，扩大公益性岗位安置，帮扶困难群体就业，实现零就业家庭动态清零。

三是多环节提高教育质量。以“六个提升”为目标，开展好“培养什么人、怎样培养人、为谁培养人”专题教育。市本级财政安排资金2.37亿元保障教育事业发展。全面普及学前三年教育，确保四幼、森布日安置区幼儿园建成招生，在幼儿园阶段夯实孩子们的国家通用语言基础。加快城乡义务教育一体化发展，新建阿扎完小，完成市二小和18所数字化校园建设。普及发展高中教育，实施高中教育质量提升工程。坚持产教融合、校企合作，优化专业结构，提高职校毕业生就业率。实施师资队伍培养工程，健全以师德师风和教育质量为主的激励评价机制。试点开展学校后勤服务市场化管理模式，提高学校后勤保障水平。

四是多维度打造健康山南。把保障人民健康放在优先发展的战略位置，全面推进健康山南建设。加快市精神卫生中心和12个县区疾控中心建设，完成市疾控中心迁建，开工建设市妇保院预防保健综合楼。统筹推进智慧医疗，实施好市人民医院和藏医医院信息化提升等项目。深化医疗卫生体制改革，稳步推进紧密型医共体建设，实现药械采购、双向转诊等“七个一体化”。继续实施好“1342”综合防治工程，加强常见病、地方病、慢性病综合防治。

五是多层次健全社保体系。市本级财政安排资金5.72亿元，用于办理民生实事。巩固全民参保成果，引导高风险行业和流动性强的农民工参加工伤保险。健全失能老人、残疾人和丧失劳动能力人口关爱服务体系，对基本生活陷入暂时困难的群众加强临时救助。完善医疗救助政策，用好1000万元的大病救助基金。提升医保系统信息化水平，通过一站式服务、一窗口办理、一单制结算，提高医保报销效率。开展儿童福利院、贡嘎特困人员供养中心服务管理改革，改造提升洛扎、隆子两县特困人员供养中心。加快建设8570套在建公租房。开展整治欠薪专项行动，确保劳动者按时足额拿到工资。

四、聚焦添动能、提效能，厚植开放有序、活力释放的发展沃土。我们将以更大气魄深化改革、扩大开放，努力把蕴藏的巨大潜力和活力释放出来。

一是以更大力度深化重点改革。深化行政体制改革，对照落实自治区高质量发展的指标体系，提升宏观经济治理能力。深化国资国企改革，大力推进国企改革三年行动，认真落实“1+N”改革措施，加快完善市属国企现代企业制度，提高企业运行效率。深化财政改革，落实好财政核心业务一体化、预算执行和绩效管理、市县事权与支出责任划分等改革任务。深化税收征管制度改革，健全地方税、直接税体系，适当提高直接税比例。

二是以更大力度推进对外开放。坚持实施更大范围、更宽领域、更深层次对外开放，开拓合作共赢新局面。精准高效开展招商引资，加强招商队伍建设，从项目包装、推介签约、落地服务等环节全链条提升招商效能。促成恒宇商业广场、陇巴国际商场、北大荒10万吨青稞深加工项目落地实施，完成招商投资65亿元以上。精准高效开展受援合作，对接援藏省市科学编制“十四五”援藏规划，对支柱产业、重要领域开展“小组团”援藏。

五、聚焦建高地、树形象，打造共建共享、宜居宜业的良好环境。多维度优化环境，打造充满活力、环境友好、包容相亲的高原城市，以软环境促进硬发展。

一是优化营商环境。深化“放管服”改革，深入实施减证便民行动，推进行政收费“清零”，减轻企业负担，让企业轻装上阵。优化提升市政务服务中心，推进进驻事项实现“最多跑一次”目标。依托自治区政务服务网推行“不见面”审批，让数据多跑路、群众少跑腿。秉承亲商、重商、爱商、护商理念，努力营造更加优良的投资环境，打造投资高地。加大稳企纾困力度，破除制约民企发展壁垒，力争各类市场主体增加到4万户。

二是优化生态环境。尊重自然、顺应自然、保护自然，守护好高原的生灵草木、万水千山。市本级财政安排资金2.09亿元用于生态文明建设。坚决整改中央和自治区环保督察反馈问题，做好迎接第二轮中央环保督察准备工作。启动雅江流域山水林田湖草生态保护修复工程，实施好隆子河流域和雅砻河、哲古湖水污染防治等项目。大力开展国土绿化行动，组织开展群众性义务植树活动，启动江北沙漠化评估及对策研究，推广普及海拔4300米以下“四旁”植树。开展名木古树调查保护工程，优化以国家公园为主体的自然保护地体系。深化生态环境六大专项整治行动，推行城乡垃圾分类和集中转运处理模式，建成华新水泥窑协同处置生活垃圾项目，确保空气质量优良率达到96%以上，主要江河湖泊水质达标率达到100%，生态环境状况指数达到35%以上。

三是优化人文环境。持续把牢“五观”导向，深入开展“五史”教育，引导各族群众不断增强“五个认同”，进一步铸牢中华民族共同体意识。繁荣发展文化事业和文化产业，精心举办好庆祝建党100周年、西藏和平解放70周年等系列文化活动，推出一批文艺精品。依法管理宗教事务，深入开展“遵行四条标准、争做先进僧尼”教育实践活动。加强社会主义精神文明建设，普及科学知识，推进移风易俗，推动形成文明乡风、良好家风、淳朴民风。教育引导群众把宗教与生活区分开来、把宗教与分裂破坏活动区分开来、把信仰宗教与信仰十四世达赖区分开来、把信仰宗教与过好今生幸福生活区分开来，理性对待宗教，过好今生幸福生活。

六、聚焦防风险、守底线，筑牢社会稳定、边防巩固的安全屏障。坚持底线思维，增强斗争意识，及时防范化解风险隐患，塑造保障高质量发展的安全环境。

*一是切实维护政治安全。*严格落实各项维稳措施，扎实做好建党100周年、西藏和平解放70周年等重要节点维稳安保工作，确保社会大局持续全面稳定。保持对分裂破坏活动高压严打态势，持续推进扫黑除恶专项斗争，严厉打击危害国家安全犯罪。加快社会治理现代化建设，推进城乡“五治融合”，提升雪亮工程、智慧公安建设水平。坚持“四级信访接待日”“六定”化解调处等机制，及时回应、妥善解决群众合理诉求。

*二是切实维护防疫安全。*毫不放松做好“外防输入、内防反弹”工作，压实“四方责任”、落实“四早”要求，加强边境地区管理，严格落实隔离留观、核酸检测等防控措施，确保不出现规模性输入。坚持人、物、环境同防，抓实健康管理、医院机构管理等工作，有序推进疫苗使用，严防无症状感染者传播风险。继续强化核酸检测能力建设，用好核酸检测实验室。广泛开展爱国卫生运动，加强防疫知识宣传教育。

*三是切实维护生产安全。*持续推进国家安全发展示范市创建工作。深化安全生产领域改革发展，深入开展安全生产专项整治三年行动计划，突出17个重点领域常态化开展隐患排查整治，坚决防范交通、建筑施工、消防、矿山、危险化学品等领域重特大事故发生，力争安全生产事故起数和死亡人数双下降。注重自然灾害调查和监测预警，配合开展好自然灾害综合风险普查工程，实施好灾害防治九项重点工程。组建铁路护路联防队伍。

政府自身建设

各位代表，百年征程波澜壮阔，百年初心历久弥坚。进入新发展阶段、贯彻新发展理念、构建新发展格局，加强政府自身建设至关重要。我们一定永葆初心、牢记使命，乘风破浪、扬帆远航，创造更加灿烂的辉煌。

*一、始终坚持党的领导。*切实增强“四个意识”、坚定“四个自信”、做到“两个维护”，始终以总书记的方向为方向、以党的旗帜为旗帜，始终在思想上政治上行动上同以习近平同志为核心的党中央保持高度一致。坚决贯彻执行党中央、国务院决策部署，坚决贯彻落实自治区党委、政府和市委工作要求，做到令行禁止。

*二、始终坚持依法行政。*坚持厉行法治、依法办事，谋划启动“八五”普法工作，加快建设法治政府、营造法治环境。作决策广泛听取各方面意见建议，始终做到科学、民主、依法决策。自觉接受人大及其常委会的法律监督、工作监督，自觉接受人民政协的民主监督和监察委员会的监察监督，主动接受社会和舆论监督。

*三、始终坚持担当务实。*大力弘扬“老西藏精神”“两路精神”，保持昂扬向上、奋发有为的精神状态，推动形成“事事快节奏、件件抓落实”的工作新常态。深入践行“一线工作法”，把更多精力集中到抓落实上，在破解难题上挑起重担，在推动高质量发展上担起重托。

*四、始终坚持清正廉洁。*严格落实新时代党的建设总要求，全面加强廉洁政府建设，坚决执行中央八项规定及其实施细则精神，驰而不息反腐败，让清正清廉清明成为政府鲜明底色。厉行节约、节用裕民，市本级非刚性和非重点支出压减10%、公用经费压减3%，以政府运行支出的“减法”，换取人民生活品质的“加法”。

各位代表！我们的事业崇高而神圣、我们的使命重大而光荣、我们的前景光明而美好。让我们更加紧密地团结在以习近平同志为核心的党中央周围，在市委的正确领导下，坚定必胜信心、凝聚奋进力量，努力建设团结富裕文明和谐美丽的社会主义现代化新山南，奋力谱写中华民族伟大复兴中国梦的山南篇章！

中国人民政治协商会议第一届山南市委员会常务委员会工作报告

——在政协第一届山南市委员会第八次会议上

山南市政协主席 巴 珠

（2021年1月8日）

2020年工作回顾

2020年是全面建成小康社会和“十三五”规划收官之年，也是山南政协成立60周年。一年来，在市委的坚强领导下，在自治区政协的有力指导和市人大、政府的大力支持下，市政协常委会团结引领全市政协组织、政协各参加单位和广大政协委员，深入学习贯彻习近平新时代中国特色社会主义思想、习近平总书记关于加强和改进人民政协工作的重要思想、关于西藏工作的重要论述和新时代党的治藏方略，学习贯彻党的十九大、十九届二中、三中、四中、五中全会、中央第七次西藏工作座谈会、中央政协工作会议、区党委政协工作会议、市委一届五次、六次全会和市委政协工作会议精神，全面贯彻落实市委的各项决策部署，紧紧围绕全市中心工作，坚持建言资政和凝聚共识双向发力，主动担当作为，认真履职尽责，扎实推进政协各项工作，协助市委、市政府做好“六稳”工作、落实“六保”任务，为坚决打赢疫情防控阻击战、决战脱贫攻坚和决胜全面小康、促进社会和谐稳定作出了积极贡献。

一、坚持党的领导，确保政协工作正确政治方向

常委会自觉坚持党对政协工作的全面领导，坚决贯彻落实市委的各项部署要求，以高度的政治自觉把党的领导落实到政协工作的各方面和全过程，确保政协工作的正确政治方向。着力强化思想政治引领。充分发挥政协党组“把方向、管大局、保落实”的重要作用，着力加强理论武装，深化思想政治建设，通过召开政协党组会、中心组学习会和主席会议、常委会会议等例会，举办专题讲座和培训班，认真落实党支部“三会一课”制度，开展“书香政协”读书活动和面向基层委员的宣讲工作，积极组织政协干部和政协委员深入学习《习近平谈治国理政》第三卷，学习党的十九届四中、五中全会、中央第七次西藏工作座谈会、中央政协工作会议等一系列重要会议精神，自觉用中央精神和区党委、市委部署要求统一思想行动，凝聚思想政治共识，切实增强了贯彻新时代党的治藏方略、加强政协专门协商机构建设、助推我市长治久安和高质量发展的自觉性和坚定性。积极推进政协党建工作。认真贯彻落实市委关于全面加强新时代党的建设的实施意见，建立健全了《政协山南市委员会委员联系办法》《党员委员组织关系一方隶属、参加双重组织生活的办法》，扎实做好党内委员联系党外委员工作，积极发挥党员委员在思想引领、带头履职、民族团结、合作共事等方面的模范作用，发挥政协党组织在政协工作中的领导作用。认真落实加强机关党建和党风廉政建设的各项措施，积极抓好“不忘初心、牢记使命”主题教育检视问题整改、违反中央八项规定精神问题自查清理纠治和市委巡察整改工作，持之以恒正风肃纪。认真落实市委部署要求。市委高度重视政协工作，多次听取政协工作汇报，特别是隆重召开市委政协工作会议暨庆祝山南政协成立60周年大会，许成仓书记亲自出席并讲话，高度评价了山南政协60年来的历史性贡献，全面总结了我市政协工作的基本经验，

对新时代加强和改进全市政协工作作出了重要部署，为我们做好政协工作指明了前进方向，注入了强大动力，提供了坚强保证。市政协按照市委分工落实会议任务要求，专门组织力量深入各县（区）督导，形成了各级党委重视、政府支持、政协组织积极行动的良好氛围，我市政协工作呈现出党的建设全面加强、专门协商机构职能不断强化、统战组织功能更加凸显、委员主体作用更为有效发挥的良好发展态势。

二、强化责任担当，主动参与做好疫情防控工作

常委会把坚决打赢疫情防控的人民战争、总体战、阻击战作为重大政治任务，按照党中央、区党委、市委的统一部署要求，广泛动员组织我市各级政协委员主动参与疫情防控工作，为保护各族群众生命安全和身体健康，统筹抓好疫情防控和经济社会发展积极贡献政协智慧和力量。主动担当作为。认真安排部署全市政协系统疫情防控工作，坚持靠前履职、积极作为，第一时间发出《关于坚决打赢疫情防控阻击战的倡议书》，团结引领广大政协委员和政协干部全力投入疫情防控工作。市、县（区）政协领导深入基层一线，对防控责任落实、防疫知识宣传、返藏人员登记管理、村（居）外出人员请假报批、设卡检查等情况进行督导检查，有力推动了各项防控措施落实。积极汇聚力量。政协委员积极参与疫情防控值班和设卡消毒工作，通过入户宣讲、发放宣传资料、创作编排文艺节目、拍摄发送短视频等方式，积极向群众宣传各级党委、政府的工作部署和科学防疫知识，耐心细致地做好解疑释惑、稳定情绪的工作，教育引导寺庙僧人和信教群众增强自我防护意识，消除紧张心理，在疫情期间不到寺庙转经朝佛，不信谣、不传谣、不造谣，自觉提高防范意识，养成良好卫生习惯，着力构筑起群防群治抵御疫情的严密防线。情系疫区献爱心。广大委员特别是工商联界（经济界）和宗教界委员在重大疫情面前，纷纷伸出援手献爱心，共捐款991万元、捐物价值129万元，其中工商联界（经济界）委员捐款635万元、捐物价值112万元，宗教界委员捐款17万元、捐物价值11万元，充分展现了为国履职、为民尽责的情怀，体现了一方有难、八方支援、中华民族一家亲的良好精神风貌。立足本职做贡献。各级医药卫生界委员在疫情防控工作中勇挑重担、冲锋在前，积极带领基层医务人员深入村（居）、商店、寺庙、学校等地开展消毒工作，做好外来人员尤其是返藏人员、返乡人员的排查和居家隔离人员的身体监测工作，用通俗易懂的语言为群众讲解防疫知识，加班加点做好发热门诊和医院查班等工作，积极研制和免费发放有关藏药，充分发挥了界别委员的独特优势和作用。疫情防控进入常态化后，各级政协委员积极献计出力，协助党委、政府抓好复工复产，有力促进了群众增收。

三、积极协商建言，充分发挥专门协商机构作用

常委会紧紧围绕坚决打赢脱贫攻坚战、全面建成小康社会目标，紧扣全市重大工作部署，深入调查研究，积极协商建言，提出有针对性、有价值的意见建议90余条，一大批调研视察报告和协商议政成果得到了市委、市政府主要领导肯定并给予批示交办，有力推动了我市高质量发展。围绕科学编制“十四五”规划建言资政。积极征求政协委员的意见建议，就我市“十四五”规划和2035年远景目标纲要（征求意见稿）提出了许多有分量、有价值的修改意见。围绕推动区域协调发展协商议政。为助推解决区域发展不平衡不充分问题，组织市县政协委员深入浪卡子、措美、曲松3个中部县和贡嘎、琼结2个沿江县的19个乡（镇）、21个村（居）、23个经济实体和公共服务部门开展专题调研，成功召开山南市中部区域发展专题议政性常委会会议，首次对中部区域发展规划、政策扶持、产业建设、基础设施、公共服务、民生保障、人才支撑、社会治理等方面提出意见建议。围绕巩固脱贫攻坚成果献计出力。按照市委统一部署，5名市政协主席班子成员及有关政协干部赴桑日、琼结、贡嘎、隆子、加查等县开展为期4个多月的脱贫攻坚大督战大排查和绩效考核工作，切实用心用情用力把脱贫攻坚工作中存在的问题挖深找全、把工作做实做细，做到了较真碰硬、严督实导，推动了具体问题整改。积极协助上级政协完成“精准扶贫产业项目后续发展”“消除绝对贫困后构建相对贫困治理长效机制”等调研视察任务，着力引导各级政协委员投身脱贫攻坚主战场，为坚决打赢脱贫攻坚战作出了政协贡献。围绕推进绿色发展建言献策。坚决服从市委、市政府重大决策，积极参与我市生态环境“六大”专项整治督导工作。组织委员赴阿里考察人口布局与生态环保工作，赴日喀则考

察科技引领生态农业发展，学习借鉴兄弟地市贯彻新发展理念的有益做法和改革思路，结合我市实际，聚焦正确处理生态旅游与生态环保关系，加快发展生态农业，提出了务实管用的意见建议，为市委、市政府决策提供了有效参考。协助上级政协开展"做大做强天然饮用水产业""加强基层文化建设"等调研视察工作，积极呼吁解决我市的实际困难，争取上级政策扶持。围绕基层公共卫生保障体系建设议政建言。组织委员赴扎囊、错那、贡嘎、洛扎、曲松5个县，实地调研15个乡(镇)和20家医疗卫生单位，围绕加强公共卫生服务体系建设、医疗队伍建设、完善配套政策、强化硬件保障、提高服务水平、树立新的公共卫生理念等方面提出了许多针对性强的意见建议。围绕重要工作加强民主监督。组织区市两级政协委员63人次参加各类征求意见会、评议会、审判会和各类考试监督等，重点对涉及群众切身利益、社会各界关注度高的问题进行民主监督。结合有关调研视察活动，加强了对脱贫攻坚、惠民政策落实、教育卫生就业等工作的监督。

四、广泛凝心聚力，着力助推社会大局和谐稳定

常委会牢固树立总体国家安全观，把维护祖国统一、加强民族团结作为第一政治责任，充分发挥政协独特优势和作用，积极做好解疑释惑、化解分歧、凝聚共识、凝心聚力工作，着力促进社会局势持续和谐稳定。主动靠前履职。认真落实区党委、市委维稳决策部署，政协班子成员积极承担维稳督导、带班值班、信访积案化解、综治交叉验收等任务，特别是在三月份、"萨嘎达瓦"、中央第七次西藏工作座谈会等重要时段和大型宗教活动期间，坚决服从市委安排、认真完成工作任务，为全市稳定大局贡献了政协力量。促进民族团结。组织政协委员广泛联系界别群众，深入宣传党的民族宗教政策和《自治区民族团结进步模范区创建条例》，深入开展社会主义核心价值观教育、爱国主义教育、中华民族共同体意识教育、"五史"教育、反分裂斗争教育和民族团结教育，引导各族群众不断增进"五个认同"，促进各民族交往交流交融。开展全国民族团结进步示范市创建工作专题调研活动，组织政协委员赴错那、加查、乃东、琼结4个县(区)实地调研，委托其他8个县进行调研，就强化宣传教育、丰富创建载体、落细创建措施、形成创建合力、加大督查力度、提升创建成效等方面提出了中肯建议，积极助力我市创建工作。组织20名农牧民委员、宗教界委员和政协干部赴湖南省参加交往交流交融活动，考察学习政协工作、产业建设、文化建设、乡村振兴等方面的先进理念和做法，进一步开阔了发展眼界，深化了情感交流，增进了民族团结。协助做好宗教工作。积极引导宗教界委员协助党委、政府加强寺庙和僧尼管理，深入开展"遵行四条标准、争做先进僧尼"教育实践活动，深入揭批十四世达赖和达赖集团的反动本质，深入宣传活佛转世宗教仪轨和历史定制，教育引导广大僧尼旗帜鲜明反对分裂渗透，坚决维护祖国统一。积极发挥各界别委员的作用，教育引导信教群众淡化宗教消极影响，崇尚健康文明的生活方式，过好当下幸福生活，不断促进宗教与社会主义社会相适应。助推社会治理。积极发挥基层委员作用，深入宣传《中华人民共和国民法典》等法律法规，教育引导群众尊法学法守法用法。及时向当地党政机关反映群众的疑虑、社会的动态、维稳的风险等，认真协助做好疏导情绪、化解矛盾工作，切实把一批矛盾纠纷和安全隐患消除在了萌芽状态，解决在了基层，有力助推了平安山南建设。

五、注重规范提升，扎实做好政协各项经常性工作

常委会着力规范提升政协经常性工作，注重突出重点抓落实，努力提高履职实效，推动政协工作出彩出新。创新开展提案工作。深入各县(区)和市直有关部门进行调研督办，推动提案办理落实，市政协一届六次会议以来立案的135件提案办理质量得到进一步提高，办复率达100%。制定重点提案督办方案，对6件重点提案实行政协领导领衔督办，发挥了重点提案办理的示范引领作用。召开提案工作表彰会，对优秀提案和提案办理先进单位进行大力表彰，切实激发了政协委员和承办单位做好提案工作的积极性。驻我市的全国、自治区政协委员参加"两会"期间，积极反映山南实际困难并提出意见建议，共提交提案56件，助推解决了一批群众关注的重大项目、基础设施建设、改善民生等问题。做好文史资料工作。积极收集资料，补充完善了《山南市民族传统手工业简介(藏文版)》有关内容，完成了政协年鉴编撰

工作，向上级政协报送脱贫攻坚征文13篇、重大事件"三亲"资料6篇。山南政协文史馆作用充分发挥，各级考察团前来参观达300多人次。增进交流合作。协助全国政协和青海、陕西、湖南、重庆、四川及我区有关市地、县政协等20余个考察团在我市调研考察，扩大了山南的影响力。狠抓反映社情民意工作。及时通报采纳情况，做好约稿采编工作，向市委、市政府报送10篇社情民意信息，《关于实施全市党费"微支付"的建议》《工程留"尾巴"、通行有隐患》《关于加快发展以养殖牦牛、绵羊为主的高山畜牧业的思考》《推动雅江水电资源开发、辐射加查经济提质增效》《关于久河卓舞、宾堆白面具藏戏的传承与保护的几点思考》等得到市委、政府领导批示交办。我市政协在全区地市政协主席座谈会上就社情民意信息工作作了大会交流发言。加强政协宣传工作。以山南政协微信公众号为抓手，加大宣传报道力度，积极宣传市、县(区)政协工作的好经验、好做法。特别是我市贡觉曲珍委员在全国"两会"的亮点——"委员通道"接受采访，向全国人民秀出了家乡的脱贫成绩单，生动地讲好西藏故事，受到了各级领导和委员们的高度赞扬。

六、突出强基固本，切实加强政协队伍教育管理

常委会以加强委员队伍和机关干部队伍建设为根本，强化教育、服务和管理，努力提升政协"两支队伍"的履职能力和水平。着力夯实基层基础。召开全市基层政协工作推进会，推动各县(区)党委加强对政协工作的领导，落实具体举措，普遍组建了县(区)政协正科级综合委员会，健全了乡(镇)政协委员联络办公室。加强机关作风建设。坚持问题导向，深入开展作风整顿活动，抓好日常提醒谈话，加大督促检查力度，从严教育管理干部职工，着力解决团结干事、工作效能等方面存在的突出问题。狠抓教育培训。安排100余名政协干部、政协委员参加全国和自治区政协、区市党校等学习培训。首次联合西藏社会主义学院举办加强和改进人民政协工作专题培训班，对52名政协委员、机关干部和乡(镇)政协委员联络员进行专题培训，切实增强了履职本领。强化委员服务管理。认真实施委员履职工作规则，健全完善委员履职档案，积极组织基层委员参加履职活动，着力推动"荣誉委员"向"责任委员"转变。及时通报委员分组讨论期间所提建议的落实情况，切实调动了委员参政议政的积极性。密切联系服务群众。主席班子成员及机关县级干部主动深入联系点、边境一线和高寒乡村开展调研，积极加强对基层政协工作的指导。机关干部职工认真开展结对帮扶活动，积极改善群众生产生活条件，为驻村点投入办实事资金30余万元，在履职为民的实践中展示了新时代政协干部的风采。

各位委员，一年来政协工作取得的成绩，是以习近平同志为核心的党中央英明领导和亲切关怀的结果，是自治区政协精心指导和市委正确领导的结果，是市人大、政府大力支持帮助和各级各部门、各族各界积极配合支持的结果，是全市各级政协组织、政协各参加单位、广大委员和政协干部职工共同团结奋斗的结果。在此，我代表市政协常务委员会表示衷心的感谢！

对标对表新时代人民政协的新使命新要求，我市政协工作还存在一些需要"加强"和"改进"的地方，离市委的要求和各族各界群众的期盼仍有一定的差距。主要是市、县(区)政协"两个薄弱"问题有待破解；思想政治引领的手段方法比较单一，政协的统战功能还需进一步发挥；一些提案的质量不高，提案办理工作的督办问效力度有待进一步加大，机关干部职工思想政治教育和作风建设有待加强，等等。针对这些问题，我们一定要高度重视，采取有效措施切实改进。

2021年工作安排

2021年是中国共产党成立100周年和西藏和平解放70周年，也是实施"十四五"规划的开局之年。做好今年的政协工作，要以习近平新时代中国特色社会主义思想为指导，深入贯彻落实习近平总书记关于加强和改进人民政协工作的重要思想、关于西藏工作的重要论述和新时代党的治藏方略，贯彻落实党的十九大、十九届二中、三中、四中、五中全会、中央第七次西藏工作座谈会、区党委九届八次全会、区党委九届九次全会暨区党委经济工作会议、市委一届六次、七次全会和市委经济工作会议精神，贯彻落实市委对政协工作的部署要求，突出政协工作的

主轴主线主题、中心环节、主要原则和政治责任，团结引领全市政协组织、政协各参加单位和广大委员，牢牢把握团结和民主两大主题，聚焦稳定、发展、生态、强边四件大事，坚持建言资政和凝聚共识双向发力，认真履行政治协商、民主监督、参政议政职能，把提质增效贯穿政协履职全过程和各方面，把政协制度优势转化为治理效能，充分发挥人民政协专门协商机构作用，着力助推市委、市政府各项决策部署贯彻落实，为实现“十四五”开好局起好步，建设团结富裕文明和谐美丽的社会主义现代化新山南贡献政协智慧和力量。

一、聚焦党的领导，更加自觉地强化思想政治引领

坚持把政治建设放在首位，着力强化理想信念，筑牢思想根基，不断巩固团结奋斗的共同思想政治基础，毫不动摇地坚持党对政协工作的全面领导，增强“四个意识”、坚定“四个自信”、做到“两个维护”，自觉在思想上政治上行动上同以习近平同志为核心的党中央保持高度一致，始终做到与区党委、市委思想上同心同德、目标上同心同向、行动上同心同行。发扬人民政协重视学习的优良传统，深入学习党的十九届五中全会、中央第七次西藏工作座谈会精神，学习区党委九届八次全会、区党委九届九次全会暨区党委经济工作会议、市委一届六次、七次全会和市委经济工作会议精神，学深悟透新时代党的治藏方略，按照全国地方政协工作经验交流会和全区地市政协主席座谈会的要求，把加强思想政治引领、广泛凝聚共识作为履职工作的中心环节，把发挥“三个重要”的作用贯通起来，把“三个赋予、一个有利于”的要求体现出来，统一于专门协商机构履行职能全过程，切实做到学思用贯通、知信行统一。坚持把学习的过程转化为凝聚共识、增进团结的过程，转化为汇聚力量、共谋发展的过程，坚定自觉地把党中央、区党委、市委的决策部署贯彻落实到政协各项工作中，强化委员“落实下去、凝聚起来”的政治责任，把各族各界群众的智慧和力量凝聚到实现我市“十四五”规划和2035年远景目标上来，确保市委的重大决策、重要部署在政协政令畅通、执行到位、落地见效。按照新时代党的建设总要求，切实扛起管党治党政治责任，着力加强全市政协系统党的建设，进一步强化政协党组织的政治领导力、思想引领力、群众组织力、社会号召力，充分发挥政协党组把方向、管大局、保落实的领导作用。积极发挥党内委员联系党外委员、界别委员联系基层群众的作用，加强思想政治引领，最大限度地把各族各界群众的积极性、主动性和创造性调动起来，为推进我市各项事业聚人心、添助力、增合力。

二、聚焦“四件大事”，更加自觉地服务中心工作

坚持围绕中心、服务大局，紧盯稳定、发展、生态、强边四件大事，瞄准我市“十四五”战略部署和战略举措，紧扣落实改革发展新举措、民生保障新任务、生态建设新目标、维护稳定新要求、边境工作新使命深入开展调查研究，多建睿智之言、多献务实之策、多出推动之力，着力助推山南长治久安和高质量发展。突出优先发展农业农村、全面推进乡村振兴主题，开展农业农村问题大调研，积极反映社情民意，助推“十四五”农业农村发展开门红。积极关注农村学前教育发展，组织开展专题协商活动。坚持生态保护第一，以推动落实绿水青山冰天雪地就是金山银山的理念、保护好万水千山为主题，开展江河湖泊污染防治专题调研，助力山南生态高地建设。聚焦特殊使命，发挥政协独特优势和作用，认真做好协调关系、化解矛盾、凝心聚力的工作，着力促进社会和谐稳定。组织开展公共法律服务体系建设专题调研，考察学习社区治理的有益经验，积极助推法治山南建设。深入挖掘整理党外爱国人士的有关史料，组织开展红色记忆和民族交往交流交融考察学习活动。充分发挥委员的桥梁纽带作用，在各界群众中深入开展“铸牢中华民族共同体意识”专题教育和“五史”教育，讲好中华民族一家亲的故事，让“三个离不开”“五个认同”思想更加深入人心，不断推动民族团结创建活动。助力深化“遵行四条标准、争做先进僧尼”教育实践活动，发挥好宗教界委员的作用，积极教育引导寺庙僧尼更加自觉地爱国爱教、遵规守法，教育引导信教群众理性对待宗教，追求健康文明生活方式，过好当下幸福生活。聚焦加快边疆发展，围绕富民强边主题，开展边境乡村旅游与增收富民专题考察活动，为推进我市边境地区乡村旅游发展，夯实兴边富民基础提供决策参考。

三、聚焦提质增效，更加自觉地提升工作水平

坚持人民政协作为社会主义协商民主的重要渠

道和专门协商机构的性质定位，围绕贯彻新时代党的治藏方略，准确把握建言资政和凝聚共识双向发力的重要意义，把履职质量导向放在更加突出的位置，注重从“做了什么”“做了多少”向“做出了什么效果”转变，把提高双向发力质量贯穿政协工作的全过程和各方面。突出问题导向、目标导向和效果导向，改进政协调查研究的方式方法，摸实情、集众智，建真言、献良策，更好地服务党委、政府中心工作。把开展协商作为政协主要工作，进一步提高协商能力，丰富协商内容，拓展协商平台，培育协商文化，积极打造专题议政性常委会会议、提案办理协商会等协商品牌，着力增强协商议政效能。认真落实协商于民、协商为民的要求，因地制宜探索更符合基层特点、灵活便捷、务实高效的协商形式，通过协商关注民生、引导民意、汇集民智、凝聚民力，更好地发挥政协服务基层治理的优势。把凝聚共识作为新时代政协的重要职能，将其有机融入调研视察、学习考察、协商履职的各项活动中，更好地凸显政协“三个重要”的独特作用。加强学习借鉴，改进方式方法，压紧压实责任，进一步规范提升政协提案、社情民意信息、文史资料等工作，切实在抓好政协经常性工作上培育新亮点、实现新突破。坚持把加强制度建设作为推进政协工作提质增效的关键，针对工作短板和弱项，进一步对接好上级政协各项制度，结合实际健全完善年度协商计划制定、专门委员会工作、委员履职成果转化等重要制度，着力抓好具体落实，切实推动我市政协制度更加健全完备，增强专门协商机构的工作实效。

四、聚焦自身建设，更加自觉地建强“两支队伍”

坚持把加强自身建设作为加强和改进人民政协工作的重要基础，着力提升能力素质，强化作风建设，确保我市政协队伍在新时代“跟得上趟、承得了重”。继续狠下功夫，进一步解决市、县（区）政协基础工作薄弱、人员力量薄弱的问题，特别是按照“五有”（有人员、有场所、有设施、有制度、有活动）要求，着力深化乡（镇）政协委员联络办公室建设。加强委员队伍建设，完善以会代训方式，建立健全轮训制度，通过在西藏社会主义学院和市委党校办培训班等途径，切实提高委员履职能力和水平。严格落实委员年度考核办法，教育引导委员做好“委员作业”，争当“责任委员”。加强专门委员会建设，适时启动应用型智库和参政议政人才库建设，提升专委会“建”的质量、“专”的水平，强化“商”的特色，充分发挥基础性作用。提前做好换届准备工作，主动协助组织、统战部门共同做好新一届委员人选的提名工作，对拟继续提名的委员人选提出意见，认真把好政治关、素质关、结构关、程序关，真正把代表性强、议政水平高、群众认可、德才兼备的优秀人士吸收到委员队伍中来，着力改善优化委员队伍。政协机关是服务政协履职的办事机构，处于承上启下、协调左右的中枢位置，责任重、标准高、要求严，务必努力建设讲政治、守纪律、负责任、有效率的模范机关，着力提升政治素养、理论水平、专业能力、实践本领，扎实做好参谋咨询、组织协调、后勤保障等工作，不断提升机关工作科学化、专业化、精细化水平。务必认真落实全面从严治党主体责任，持之以恒地抓好党风廉政建设和反腐败斗争，对标一线工作部门的要求和标准，从严教育、从严要求、从严管理、从严监督政协党员干部，以钉钉子精神抓好各项工作落实，切实树立新时代政协机关的新风貌新形象。

各位委员，新征程天地广阔，新使命催人奋进。让我们更加紧密地团结在以习近平同志为核心的党中央周围，在党的十九届五中全会、中央第七次西藏工作座谈会精神的指引下，在区党委、市委的坚强领导下，扎实工作、开拓进取、团结奋斗，更好发挥人民政协专门协商机构作用，奋力推进新时代山南长治久安和高质量发展，以优异成绩庆祝建党100周年和西藏和平解放70周年，为谱写中华民族伟大复兴中国梦山南篇章作出新的更大贡献！

ལྷོ་ཁའི་ལོ་རིམ་མེ་ལོང་།
山南年鉴
2021

专辑

宣讲中央第七次西藏工作座谈会精神

【概况】 2020年中央第七次西藏工作座谈会召开以来，山南市将学习宣传贯彻中央第七次西藏工作座谈会（以下简称“七次会”）精神作为重要政治任务，迅速部署安排，创新方式方法，增强宣讲效果，在全市范围内掀起学习宣传贯彻热潮，推动党的创新理论“飞入寻常百姓家”，努力做到家喻户晓、人人皆知。

【组织领导】 2020年，市委高度重视“七次会”精神宣讲工作，自治区人大常委会副主任、市委书记许成仓主持召开常委会（扩大）会议、理论学习中心组学习会等专题学习“七次会”精神，对学习宣传贯彻工作提出明确要求，作出专门部署。市委印发《中央第七次西藏工作座谈会精神全市学习宣传工作方案》和《关于地级领导同志宣讲中央第七次西藏工作座谈会精神的通知》，并召开一届六次全会审议通过《中共山南市委员会关于贯彻落实中央第七次西藏工作座谈会精神进一步推动山南长治久安和高质量发展的实施意见》，从九个方面对贯彻落实“七次会”精神作出长期谋划，制定具体措施，明确详细责任。

【领导宣讲】 2020年9月起，自治区人大常委会副主任、市委书记许成仓，深入边境一线以及措美县、森布日高海拔生态搬迁安置点、桑耶寺、二高等，结合北京参会情况、自身工作经历、学习体会，向基层干部群众面对面宣讲“七次会”精神。自治区副主席、市委副书记、市长普布顿珠深入措美县哲古镇、措美镇、古堆乡等宣讲“七次会”精神。全市45名地级干部纷纷带头示范，分13个宣讲组深入各自联系县（区）的乡镇、村居、学校以及扶贫联系点等开展不少于2场宣讲。截至年底，地级领导宣讲100余场次。

【全面宣讲工作】 市委宣传部结合实际制定全市宣讲工作方案，统筹推进市、县（区）、乡镇、村居四级宣讲一体安排、一体部署，协调推进民宗、教育、经信、工商联等单位和群团组织发挥职能作用，推动“七次会”精神宣讲纵向到底、横向到边全方位、无死角。及时编发自治区统一提供的宣讲提纲200余份，分为面向党员干部、面向基层农牧民群众、面向青少年学生三个层面，精准聚焦不同群体、不同受众，开展针对性宣讲。市“四讲四爱”活动办发放面向农牧民群众的藏汉双语宣讲提纲5200余份，保障基层宣讲员特别是农牧民骨干宣讲员人手一册，推动宣讲工作落地落实。各县（区）、市（中、区）直各单位应势而动，制定细化方案，组织动员政治素养好、理论水平高、宣讲能力强的党员干部、专家学者、驻村工作队员、驻寺干部、农牧民骨干宣讲员等成立宣讲组，深入基层一线、田间地头广泛开展宣讲，推动“七次会”精神进机关、进企业、进社区、进农牧区、进学校、进寺庙、进军警营、进网站。教育系统充分发挥各级各类学校思政课堂、德育室等载体作用，把“七次会”精神融入思政教育，结合爱国主义教育，深入开展党史、新中国史、改革开放史、社会主义发展史教育，开展西藏地方和祖国关系史教育，在青少年心中不断筑牢中华民族共同体意识。宗教领域通过召开宗教界人士座谈会、入寺宣讲等形式，把“七次会”精神与党的民族宗教政策宣讲紧密结合起来，与爱国主义教育、反分裂斗争教育、法治教育紧密结合起来，积极引导藏传佛教与社会主义社会相适应，推进藏传佛教中国化。市直宣传文化系统充分发挥职能作用，组建7个宣讲组分赴12县（区）和市直各单位开展集中宣讲，同时，推动离退休老干部、国有企业、非公有制企业等领域全覆盖宣讲。截至2020年年底，全市共宣讲2230余场次，受众达228000余人次。

【特色宣讲】 山南市以提升宣讲效果为目标，不断丰富载体形式，创新方式方法，推动“七次会”精神深入人心。利用“四讲四爱”群众教育实践活动以及博物馆、各类展览馆、学校德育室等群众身边的载体，开展形式多样的宣讲活动。市文艺宣讲队围绕“七次会”精神专门创作《心中的赞歌》《四讲四爱》《算不算》《村规民约》4部优秀文艺作品，深入农牧区开展“党的光辉照边疆 边疆人民心向党”主题文艺巡回宣讲，打通基层理论宣讲“最后一公里”，在满足基层群众精神文化需求的同时，让会议精神在群众心中落地生根。截至年底，已在曲松县、扎囊县、乃东区开展3场宣讲，受众1570余人。各县（区）纷纷结合实际开展形式多样、丰富多彩的宣讲活动，隆子县艺术团自主创作文艺作品《折嘎》和女子表演唱《咱一起领会“七次会”》等，以传统表演形式，展示“六次会”以来西藏各族群众生产生活的巨大变迁，引导广大群众感恩伟大祖国，感恩新时代，感恩总书记；雪沙乡女子说唱宣讲队创作说唱舞蹈节目《七次会议开新篇 普惠政策满乾坤》，将“七次会”精神融入说唱表演中，深受群众欢迎。洛扎县创作歌曲《边疆儿女心向党》，被自治区采纳并在全区广泛传播，歌曲饱含山南各族群众对中国共产党、对伟大祖国、对伟大领袖的深切感恩之情。措美县利用新媒体，录制发布藏汉双语《中央第七次西藏工作座谈会精神宣讲提纲》，增强了宣讲的吸引力和感染力。琼结县开展“党的恩情怎么报”群众演讲比赛、新旧西藏对比故事会活动，宣讲在党的领导下琼结人民生产生活发生的巨大变化。各县（区）各部门在开展多种形式宣讲的同时，吸引各族各界群众广泛参与，互动交流，畅谈体会，形成全民参与、全社会推动的浓厚氛围。

山南市新冠疫情防控工作

【概况】 2020年,新冠肺炎疫情突如其来,山南市认真贯彻落实习近平总书记、李克强总理关于应对新冠肺炎疫情防控工作的重要讲话精神和一系列指示批示精神,坚决贯彻落实党中央、国务院关于疫情防控工作的决策部署,贯彻落实国务院联防联控机制工作领导小组安排部署,始终把人民群众的生命安全和身体健康放在第一位,按照"外防输入、内防疏忽"的疫情防控总体要求,坚持源头防控和群防群治相结合,以更坚决的态度、更严格的举措、更果断的行动,统筹抓好新冠肺炎疫情防控和经济社会发展,有效保障人民群众身体健康,有力推动经济社会发展。

【疫情制度】 2020年1月24日,山南市委、市政府下发《山南市新型冠状病毒感染的肺炎疫情联防联控工作方案》《山南市新型冠状病毒感染的肺炎疫情防治工作应急预案》,确定市人民医院为新冠肺炎疫情定点医院,12个县(区)人民医院、市人民医院、藏医院和4家民营医院设立发热门诊,向全社会公布。

2020年2月,市卫健委成立新冠肺炎疫情防控领导小组,设立防控、医疗、宣传教育、督导和后勤保障5个小组;卫健委防控医疗组制定《新型冠状病毒感染的肺炎流行期间公共交通防控指南》《新型冠状病毒感染的肺炎流行期间快递和送餐人员防控指南》《新型冠状病毒感染的肺炎流行期间公共场所防控指南》《新型冠状病毒感染的肺炎流行期间村居社区排查工作规范》《新型冠状病毒感染的肺炎流行期间宾馆酒店防控指南》《新型冠状病毒感染的肺炎流行期间农贸市场防控指南》《新型冠状病毒感染的肺炎流行期间会议防控指南》《新型冠状病毒感染的肺炎流行期间集体单位、外来务工人员防控指南》《新型冠状病毒感染的肺炎流行期间中小学校和托幼机构防控指南》《新型冠状病毒感染的肺炎流行期间高校疫情防控指南》《新型冠状病毒感染的肺炎流行期间中小学校防控指南》《新型冠状病毒感染的肺炎流行期间居家隔离医学观察感染防控指南》《新型冠状病毒感染的肺炎病例密切接触者集中(居家)隔离医学观察指南》《新型冠状病毒感染的肺炎流行期间养老院等社会福利机构防控指南》《新型肺炎特定场所和机构消毒指南》《新型肺炎流行期间机关和企事业单位防控指南》。

2020年2月17日开始,针对全国疫情的严峻形势,结合山南市防输入工作实际,制定《山南市新冠肺炎就诊流程图》《山南市新冠肺炎疫情处置流程图》《山南市区外人员进入山南分流流程图》《山南市新冠肺炎居家隔离人员流程图》《山南市新冠肺炎发热门诊工作规范流程图》《山南市新冠肺炎核酸检测和报告流程图》等。

【复工复产】 2020年2月,山南市坚持"一手抓疫情防控,一手抓复工复产"的原则,及时制定下发《山南

2020年2月13日,成功开通山南市人民医院、山南市藏医院的5G基站,做好疫情通信保障

市企业复工复产工作实施方案》,分区分级将全市按区域划分为中等、中低、低三个风险等级,明确复工复产对象、时间、条件、审核流程等相关事项,制定发改、住建、经信等重点行业领域复工复产细化方案,为企业和项目安全有序复工复产、顺畅高效生产提供有力支撑。对返藏人员开展健康风险分级工作,明确高风险、中风险、低风险3个人员危险等级并制定有针对性的防控措施,确保做到"两手抓、两不误"。

重点项目复工。全年计划实施重点项目235个,计划完成投资316亿元,3月4日前复工项目有拉林铁路、大古电站、加查电站、拉康电站、三区三州电网升级改造、高标准农田等项目28个,复工率23%,3月10日前开复工项目38个,3月15日前开复工项目49个,3月31日前开复工项目10个。

重点企业复产。3月4日前全市16家规模以上企业已复工11家,分别为藏木电站、华新水泥、羊湖电厂、沃卡电厂、国网山南供电公司、中广核、中电投、乃东协和、曲松协信、科能光伏、浪卡子大有,复工率62.5%。金珠药业、锦泽商混、西藏矿业、华钰矿业、江南矿业、博盛矿业6家企业将根据生产规律和季节性特点及时组织复工复产。

【防控工作】 2020年3月开始,市卫健委防控医疗组督导组深入全市各级医疗机构、机关企事业单位、建筑工地、机场前端、各入口卡点、集中隔离点、居家隔离场所等开展全覆盖督导和指导疫情防控工作落实情况,累计出动车辆80余辆次,出动人员420人次。

2020年3月,按照国家联防联控机制相关要求,市卫健委下发《关于全面推进全市二级以上医疗机构核酸检测实验室建设的紧急通知》《关于核酸检测实验室建设标准的通知》,全市12个县(区)和市人民医院、疾控中心全面铺开核酸检测实验室建设工作;市疾控中心核酸检测实验室于3月12日率先投入使用。

2020年4月,针对全市各级医疗机构发热门诊、预检分诊工作中暴露出的感染隐患,下发《关于规范建设医疗机构发热门诊的紧急通知》,明确提出发热门诊"三区两通道"和预检分诊措施要求。

特别是4月8日以来,针对滞留在湖北干部职工(含教师、医生),制定《在鄂山南干部职工返藏到岗实施方案》,实施分批分次返回,采取"一车一医一警"方式,统一接回山南。

截至5月4日,山南市开展专业技术人员培训27289人次,医务人员培训18193人次,开展病例排查113292人次,开展流行病学调查276人次,开展消杀工作17829次。

2020年5月,对全市二级以上56名医疗机构核酸检测人员进行集中培训和分批选派到自治区疾控中心、对口省市、市疾控中心等,于5月底完成人员培训,均取得核酸检测上岗资质。

2020年6月,市卫健委防控医疗组,组建由150名医疗卫生专业人员组成的流调溯源工作梯队,组建由140人组成的核酸检测工作梯队,全市建立流调溯源和核酸检测工作协同机制,为多点、多人群、广覆盖开展流调溯源和核酸检测工作打下基础。

2020年7月,全市各级医疗机构完成发热门诊建设和改造工作,预检分诊工作得到规范。

2020年7月,全国疫情趋于好转后,山南市卫健委下发《关于做好常态化疫情防控工作的通知》,对常态化抓好疫情防控工作提出具体要求,制定《山南市常态化疫情防控工作预案》。

2020年8月开始,按照常态化疫情防控工作要求,对疫情期间的各项工作流程、指南、规范等进行修改和完善。

2020年9月至10月,全市14家核酸检测实验室完成改造,通过国债项目、地方财政解决资金等方式,加紧实施设施设备的采购工作。

2020年10月,举办全市免疫规划疫苗追溯管理系统培训,120余人参加培训,为下一步新冠疫苗接种工作打下基础。

2020年11月,市卫健委防控医疗组举办首届新冠病毒疫苗接种和医疗救治工作业务培训班,全市各级医疗卫生机构近70人参加培训,并对考核合格的人员颁发新冠疫苗接种资质。

2020年12月,山南市正式实施疫情防控一线医护人员、公安干警、边防武警等人员的新冠疫苗接种工作。多次深入警察训练基地、香曲酒店、机场、贡嘎县、扎囊县重点环节进行督导,指导疫情防控措施落实,看望慰问一线工作人员,了解隔离点疫情防控措施、值班值守制度、物资配备、留观人员情绪状态、隔离点工作人员住宿和用餐等情况。

山南市第七次全国人口普查工作

【概况】 山南市按照全国统一领导、部门分工协作、地方分级负责、各方共同参与的原则组织实施，以2020年11月1日零时为标准时点在全市开展第七次人口普查工作。市委、市政府高度重视，统筹谋划，市人普办精心组织，狠抓落实，圆满完成了各阶段普查任务。全市常住人口为354035人，与2010年第六次全国人口普查的328990人相比，增加25045人，增长7.61%，年平均增长率为0.74%。

【机构组建】 2020年3月20日，山南市政府正式下发《山南市人民政府关于做好第七次全国人口普查工作的通知》，成立由市委副书记、常务副市长刘志强任组长，市统计局局长赵忠琼为办公室主任，市直24个部门有关人员为副主任及成员的市人口普查领导小组，领导小组办公室设在市统计局，具体负责普查的日常组织、实施和协调等工作。根据《山南市第七次全国人口普查领导小组关于印发山南市第七次全国人口普查工作进度安排的通知》要求，全市12个县（区）、83个乡镇和559个行政村第七次全国人口普查工作机构全部组建到位。

【经费落实】 全市共落实人普工作经费572.9万元，其中区人普办落实经费84.4万元，市财政落实经费64.4万元，12县（区）财政共落实经费424.1万元，人均普查经费16.35元（按本次普查最终公布的354035人计算）；共配备（接转）PAD设备732台，平均每个普查区2.14台，均达到“人均普查经费10元以上和每个普查区至少配备2台PAD”要求，为人口普查工作顺利开展提供了充足的经费物资保障。

【工作部署】 2020年3月31日，印发《山南市第七次全国人口普查领导小组办公室组成人员的通知》，抽调2名工作人员，充实普查办人员配置。市人普办下设综合协调组、人员保障组、业务组、宣传组、户口整顿组、数据处理组、执法检查组等7个工作组。4月24日，印发《山南市第七次全国人口普查领导小组关于印发山南市第七次全国人口普查工作进度安排的通知》，将山南市第七次全国人口普查工作分列为19个大项83个小项，并对各项工作完成时间做出明确规定。6月1日、9月16日和11月5日，3次召开山南市第七次全国人口普查领导小组会议，普查领导小组组长对山南市各阶段普查工作作出具体安排、提出具体要求，研究解决了普查过程中遇到的困难。

【组织宣传】 2020年5月13日，市人普办与市委宣传部共同制定印发《山南市第七次全国人口普查宣传工作方案》，为第七次全国人口普查工作顺利实施创造良好舆论环境。协调电信部门开通统计系统内部座机彩铃，并开通市人普办成员单位主要负责同志及市统计局干部职工视频彩铃。充分利用市直单位和重点建筑物LED屏、公交站台和出租车顶灯等开展人普公益性宣传。录制市级综合试点抖音、玉麦特色宣传视频等宣传视频并在多类媒体播放。在市区及各县区、乡镇、村居广泛悬挂横幅、标语，张贴人普公告。利用统计开放日活动，启动全市人普宣传月。各县区共设立人普宣传视频播放点28个，悬挂条幅300余条，张贴海报1900余张，开通手机彩铃800余个。

【培训工作】 2020年5月19—21日，市人普办组织12县区普查人员，参加全国普查区域划分和绘图视频培训会。6月22—24日，举行全市人口普查领导小组成员第一次会议，同时召开全市人口普查综合试点培训并在乃东区克松村进行试点。7月15日，组织开展市级区域划分及建筑物标绘培训和试点会，各县区相继组织开展了相关培训会。8月26—30日，区人普办在泽当举行全区综合业务培训会，各县区业务人员参训。9月16—18日，举办全市第七次全国人口普查综合业务培训，各县区及乡镇业务骨干参训。

【区划绘图】 2020年5月19—21日，开展全国普查区域划分和绘图视频培训，市普查办组织12个县区进行集中学习，为全市的普查区域划分和绘图工作奠定良好基础。协调自然资源局，协助进行普查小区的划分、建筑物的确定等工作。全市共上报普查区562个、普查小区1553个、标绘建筑物111925个，审核通过率均为100%，第一个通过自治区审核。

【试点工作】 2020年6月23日，山南市第七次全国人口普查综合试点启动仪式在泽当举行，标志着山南市第七次全国人口普查综合试点工作正式开始。市直单位领导代表、群众代表、普查员代表及市人普办全体成员共计120余人参加启动仪式。12个县（区）普查指导员和普查员分县、分组按照划分的普查小区深入70家农户，有序开展人口普查综合试点入户登记工作，最终上报45户，抽取长表登记5户。

【摸底调查】 山南市4个县区（乃东区、扎囊县、贡嘎县、隆子县）12个乡镇申请提前登记，9月提前登记工作正式开始。10月11日，普查摸底正式开始，各级人普办迅速行动起来。截至10月30日，全市共摸底户数13.36万户，摸底登记人数42.02万人，完成普查摸底工作。

【数据汇总和发布】 2021年5月11日，国务院新闻办公室举行第七次全国人口普查数据新闻发布会，发布本次普查的主要数据。5月19日，召开全区第七次全国人口普查主要数据情况新闻发布会，发布全区本次普查的主要数据。经自治区第七次全国人口普查领导小组办公室审核反馈、市政府同意，6月24日，山南市第七次全国人口普查主要数据公报在微山南官方等主流媒体、报刊发布。截至7月15日，已审核反馈11个县（区）主要数据公报，其中扎囊县、贡嘎县、桑日县、琼结县、曲松县、措美县等6个县公报已经政府同意对外发布。编撰完成《山南市人口年龄结构分析》等分析报告，正在开展其他专题分析。

山南市第七次全国人口普查主要数据公报[1]

山南市统计局

山南市第七次全国人口普查领导小组办公室

2021年6月10日

根据《全国人口普查条例》和国务院的决定，以2020年11月1日零时为标准时点开展了第七次全国人口普查[2]，按照西藏自治区第七次全国人口普查领导小组统一部署，我市第七次全国人口普查工作在市委、市政府正确领导下，通过全市各级政府和普查机构及全体普查员的艰苦努力、无私奉献，以及广大普查对象共同参与、积极配合，圆满完成了我市第七次全国人口普查的各项任务。现将西藏自治区第七次全国人口普查领导小组办公室审核反馈的主要数据公布如下：

一、常住[3]人口

全市常住人口为354035人，与2010年第六次全国人口普查的328990人相比，增加25045人，增长7.61%，年平均增长率为0.74%。

二、家庭户[4]人口

第七次人口普查共有家庭户118813户，家庭户人口为320516人，平均每个家庭户的人口为2.7人，比2010年第六次全国人口普查的3.6人少0.9人。

三、性别构成

全市常住人口中，男性人口为182938人，占

51.67%；女性人口为171097人，占48.33%。总人口性别比（以女性为100，男性对女性的比例）由2010年第六次全国人口普查的102.18上升为106.92。

四、年龄构成

全市常住人口中，0—14岁人口为68060人，占19.22%；15—59岁人口为245617人，占69.38%；60岁及以上人口为40358人，占11.40%；65岁及以上人口为26579人，占7.51%。与2010年第六次全国人口普查相比，0—14岁人口的比重下降1.80个百分点，15—59岁人口的比重下降0.84个百分点，60岁及以上人口的比重上升2.64个百分点，65岁及以上人口的比重上升1.88个百分点。

五、民族构成

全市常住人口中，藏族人口为318250人，其他少数民族人口为3928人，汉族人口为31857人。与2010年第六次全国人口普查相比，藏族人口增加9842人，其他少数民族人口增加1739人，汉族人口增加13464人。

六、受教育程度人口

全市常住人口中，拥有大学（指大专以上）文化程度的人口为45763人；拥有高中（含中专）文化程度的人口为25909人；拥有初中文化程度的人口为55493人；拥有小学文化程度的人口为118865人（以上各种受教育程度的人口包括各类学校的毕业生、肄业生和在校生）。与2010年第六次全国人口普查相比，每10万人中拥有大学文化程度的由5397人上升为12926人；拥有高中文化程度的由5117人上升为7318人；拥有初中文化程度的由14843人上升为15674人；拥有小学文化程度的由47070人下降为33574人。

七、城乡[5]人口

全市常住人口中，居住在城镇的人口为113048人，占31.93%；居住在乡村的人口为240987人，占68.07%。与2010年第六次全国人口普查相比，城镇人口增加41091人，乡村人口减少16046人，城镇人口比重提高10.06个百分点。

八、地区人口

全市常住人口的地区分布如下：乃东区81608人，扎囊县36656人，贡嘎县53701人，桑日县18041人，琼结县15199人，曲松县12962人，措美县12132人，洛扎县19865人，加查县23534人，隆子县33570人，错那县13932人，浪卡子县32835人。

注释：

[1]本公报中数据均为初步汇总数据。

[2]普查标准时点为2020年11月1日零时，普查对象是普查标准时点在中华人民共和国境内的自然人以及在中华人民共和国境外但未定居的中国公民，不包括在中华人民共和国境内短期停留的境外人员。

[3]常住人口包括：居住在本乡镇街道且户口在本乡镇街道或户口待定的人；居住在本乡镇街道且离开户口登记地所在的乡镇街道半年以上的人；户口在本乡镇街道且外出不满半年或在境外工作学习的人。

[4]家庭户是指以家庭成员关系为主、居住一处共同生活的人组成的户。

[5]城镇、乡村是按国家统计局《统计上划分城乡的规定》划分的。

山南“十三五”脱贫攻坚综述

【概况】 自2016年以来，坚持精准扶贫精准脱贫方略，坚持中央统筹、省区负总责、市县抓落实的工作体制，坚持“五级书记抓扶贫”和党政“一把手”负总责的机制，开展精准扶贫精准脱贫工作。至2018年年底，12个县（区）全部脱贫摘帽，贫困发生率从2016年年初的19.3%降至2018年年底的0.23%，2019年建档立卡贫困人口清零、综合贫困发生率降为零，实现消除绝对贫困的目标，连续四年获自治区党委、政府评定“综合评价好”“成效显著”。

【精准脱贫】 山南市坚持靶向治疗、对症下药，健全扶贫对象动态监管机制，强化对象识别、程序执行、准确退出，避免错评、错退、漏评。

精准识别。山南市制定建档立卡贫困人口动态调整工作细化方案，在精准识别“四看法”的基础上，各县（区）因地制宜创新完善贫困户精准识别方法，如错那县提出“五个二”识贫法和“三公示一公告”要求；隆子县提出“八看”“六不评”原则；洛扎县提出“九看标准”识贫和“十一步认定法”。各县（区）采取“县四大班子主要领导分片、县级领导包乡带队”的方式，逐家逐户走访识别，全覆盖开展动态调整工作。市脱贫攻坚指挥部实地抽查各县（区）10%—20%贫困人口情况、各县（区）实地抽查乡镇20%—30%贫困人口情况，重点检查识别不精准、措施不精准等问题。全市识别“十三五”时期建档立卡贫困人口19191户57844人。对扶贫开发信息系统开展多次数据清洗，累计清洗、整改问题数据上万条。

精准程序。山南市认真落实《西藏自治区贫困人口脱贫考核办法》《贫困村（居）退出与贫困县（区）摘帽考核办法》，严格执行“贫困户申请，村民代表大会评议，村（居）‘两委’和乡（镇）党委、政府审核，村（居）、乡镇、县三级公示，县扶贫开发领导小组审定”的“一申请、一评议、二审核、三公示、县级审定”贫困人口脱贫程序，确保程序公开规范、资料完备完整、结果公正真实。

精准退出。山南市严格落实“村（居）申请，乡（镇）、县级审核公示，市级检查审定”贫困村退出机制，严格按照“四步走”战略实现精准退出。乃东区2016年实现脱贫摘帽，琼结、洛扎、曲松、错那、加查、桑日6个县2017年实现脱贫摘帽，浪卡子、措美、隆子、扎囊、贡嘎5个县2018年实现脱贫摘帽，549个贫困村（居）均实现整村退出。全面完成脱贫攻坚普查任务，完成普查数据事后质量抽查工作。历年来，在国家和自治区各类巡视、巡察、督查、脱贫成效考核、第三方评估等工作中均未发现错退问题，错退率为零，群众满意度在99%以上。

【基础设施建设】 山南市坚持打基础、利长远、求长效，致力补齐基础设施短板，改善群众生产生活环境。坚持以脱贫攻坚统揽经济社会发展，实施以“神

2020年7月3日，山南市举办曲松经玉麦至件哲金哲边防公路改建工程通车仪式

圣国土守护者、幸福家园建设者”为主题的乡村振兴战略，聚焦“产业兴旺、生态宜居、乡风文明、治理有效、生活富裕”的总要求，完成一县一本规划和试点乡规划编制工作，规划投资131.5亿元。实施“十项提升工程”项目253个，累计完成投资272.32亿元，农村公路、安全饮水、农田水利、通信、人居环境综合整治等农村基础设施建设加快推进。截至年底，全市公路通车里程达8134公里，乡镇通畅率100%、村（居）通畅率分别为82%。全市农田灌溉保证率83%。农村集中供水率100%，水质达标率100%，自来水普及率90.08%。12个县（区）全部实现主电网供电、户通电率99.89%。通信网络广覆盖工程深入实施，实现广播电视全市范围内农牧区、各放牧点、寺庙全覆盖。行政村通邮率、通电话率、互联网覆盖率均达100%。建成银行基层营业所、分理处97个，设立县域保险服务点5个，设立助农取款点708个，有效利用率96.19%。

【民生保障】 住房和饮水安全保障。截至2020年年底，山南市累计对4类重点危房落实改造任务，投入资金6537.06万元，完成改造4423户。实施农村饮水安全巩固提升工程，累计投入资金4.67亿元建设季节性饮水安全点841处，全市农村集中供水人口达24.41万人，彻底解决农村饮水安全问题。全市集中供水水质达标率100%。各县（区）安排10万—15万元供水应急保障资金，保障极端天气条件下群众生活基本用水需求。

义务教育保障。山南市围绕“5个100%”目标，出台“四化19项工程”为主的深化教育改革意见，2017年在全区率先实现义务教育均衡发展国家评估认定。基本建成包括学前教育、小学教育、初中教育、高中教育、职业教育和特殊教育在内的比较完备的现代民族教育体系。五年来，全市教育投入累计35.16亿元，占市县两级上一年财政收入的20%以上。“三包”、“两免一补”、山南籍贫困大学生资助等政策全面落实，落实建档立卡和农村低保大学生免费教育补助资金6111.47万元、资助5971人次、资助政策资金26934.95万元、资助36049人次。全面开展百名教师“二下二上”支教交流活动。累计投入资金3.786亿元加强幼儿园建设、义务教育薄弱学校改造。投入7700万元实施森布日高海拔集中搬迁安置点配套学校建设项目5个。全市义务教育在校生36256人，小学入学率99.99%、初中毛入学率102.6%；九年义务教育巩固率99.98%，义务教育阶段残疾儿童少年入学率达85%以上。严格落实控辍保学要求，对138名适龄儿童开展送教上门，全市没有一个家庭因学致贫返贫，也没有一名学生因贫辍学失学。

基本医疗保障。山南市全面推行“先住院后结算”，设立1000万元大病救助基金，县（区）均设立50万元以上预借资金。实施健康扶贫“三个一批”行动和“1342”综合防治工程大病，建档立卡贫困户家庭医生签约率达100%。累计对59名先心病患儿进行免费手术救治，免费“两癌”筛查15858人。全民免费健康体检、先心病患儿救治、“两降一升”等工作走在全区前列。“乡编县管”“县管乡用”模式推行，医疗卫生人才按需交流有序推进，偏远高海拔地区医疗机构医务人员紧缺问题逐步解决。全市市直医疗机构5家，民营医院4家，各类诊所及医务室62个，县、乡、村医疗机构实现全覆盖，全市卫生专业技术人员3177人、村医1064人，达到全区基本医疗有保障的工作要求。

社会兜底保障。山南市创新实施“十大民心工程”，共落实资金29.4亿元，出台涉及一线边民、贫困大学生、环卫工人、低保对象、特困人员等群体的26项惠民政策，城乡医疗保险、大额医疗补充保险、城乡医疗救助制度及重特大疾病医疗救助实现全覆盖。全落实残疾人“两项补贴”和山南市“十大民心工程”生活补贴3755.43万元，惠及残疾人13342人，推动山南市残疾人创业帮扶实施方案、“十三五”期间残疾人就业培训工作方案落实，开设8个残疾人就业培训中心，收缴残疾人就业保障金1500余万元，全市1730名持证残疾人实现就业或创业。乃东区残疾人达娃创办昌珠镇卡多贡达缝衣合作社，安置24名残疾人就业。

【产业扶贫】 产业项目带脱贫。山南市立足当地资源，坚持宜农则农、宜林则林、宜牧则牧、宜商则商、宜游则游，全市“十三五”时期规划实施种植业、养殖业、加工业、商贸流通业、文化旅游业、资源开发利用六大类产业项目217个，总投资44.8亿元，辐射带动2.8万余人增收，实现16850人产业脱贫。按照自治区“五定三统一”工作要求，建立产业项目“公示公告牌”、产业脱贫群众“明白卡”，其中：产业分红脱贫10255人、就业脱贫3075人、资产收益脱贫1397人、其他方式脱贫2123人。建立产业脱贫项目资金分配进度、项目实施进度、项目贷款情况统计等台账，完善《山南市脱贫致富产业项目管理暂行办法》《山南市脱贫致富产业发展项目风险防控的意见（试行）》《关于建立山南市产业脱贫项目利益联结机制的指导意见（试行）》《扶贫产业项目资产管理工作的指导意见（试行）》，健全力量保障机制、工作推进机制、资金整合机制、金融信贷助力机制、监督管理机制，日常工作推动有力。

招商引资企业带脱贫。山南市成功引进三川集团等20家企业，吸引社会资本40余亿元，提供就业岗位超过4500个。拉康水电站作为雄曲干流开发建设的第一个干流电站，也是西藏自治区水电矿产资源开发资产收益扶贫改革试点项目之一，洛扎、措美、错那、桑日、隆子5个县入股资金3.82亿元，其中洛扎县入股资金1.02亿元，并实现固定年化收益率为9.33%的投资回报收益，辐射带动洛扎县937户2697人贫困群众稳定脱贫，拉康水电站开发建设征收征用的土地补偿费入股形成集体股权。隆子县的奶牛养殖、菜篮子等项目带贫益贫方面作用显著。

提升技能带脱贫。山南市坚持授之以渔，开展职业技能培训，提高贫困群众转移就业能力。开展劳动力“万人技能培训”工程，建立以种养殖技术、汽车驾驶、挖掘机操作、建筑施工、烹调等10项工种为重点的培训项目库，提高劳动力职业技能水平，促进转移就业。累计投入培训资金3472.99万元，培训贫困户劳动力16420人，培训合格率达95%以上，实现就业脱贫16149人次。五年来，劳务输出人数呈逐年上升趋势，技术工人中本地群众占比不断提高，务工人员实现从吃“力气饭”到吃“技术饭”的转变。按照“六有”要求规范组建扶贫民工联队（有组织，发挥党员干部和双联户的作用，由乡镇、村居干部、党员、双联户长任民工联队队长，有组织地开展劳务输出；有量化，30人左右成立一个联队，组织60%以上的劳动力务工；有目标，明确群众务工最低年收入要达到5000元；有收入，对群众务工收入进行有效管理，引导群众勤俭持家，杜绝乱花钱等问题；有台账，建立一套统计台账，随时掌握群众务工动态，确保有劳动能力群众通过务工实现增收；有技能，扶贫民工联队成员都要经过初级技能培训或技能提升培训），提升劳务输出组织化程度，以村、组、联户为单位，累计组建农牧民工联队432个，带动劳动力转移就业4.68万人，劳务创收4.08亿元。

【生态扶贫】山南市按照自治区党委“坚持把保护生态环境作为底线红线，着力构建国家生态安全屏障，努力建设美丽西藏”的部署要求，聚焦雅江流域沙化土地现状，坚持生态优先、绿色发展，结合幸福家园建设，累计投入资金近18亿元，实施生态扶贫产业项目30个、种植经果林等近4万亩，完成植树造林4.5万亩、防沙治沙面积达40万亩，同步实施灌区等配套水利设施，有效遏制“沙进人退”的局面。建设万亩苗圃基地、千亩经果林、千亩甘草基地、百亩车厘子基地等一批生态产业项目，形成生态种植、生态旅游多元生态产业扶贫体系，初步形成江北万亩林果经济带，打造贡嘎县至桑日县长160公里、宽1800米的雅江绿色生态走廊，影响飞机起降的沙尘天气由2003年最高纪录30天左右减少至2019年的10天左右。企业参与生态扶贫效益显著，如扎囊县干建明夫妇将家庭全部积蓄5000万元“砸”到扎囊县桑耶镇，踏踏实实做实业，创建西普农业，带动当地贫困户长期就业150人、短期就业400人，安排8名大学生就业，年人均收入在4万元以上。雅江两岸生态项目实施过程中，累计提供生态岗位近1.4万个，人年均增收3500元，提供护林员岗位1277个，每人年收入达1.2万元，真正做到把“黄沙荒漠”变成“宜居家园”，把“绿水青山”变成“金山银山”。

【宜居家园建设】山南市始终把易地扶贫搬迁作为打赢脱贫攻坚战的“头号工程”和重中之重，坚持屯兵与安民并举、固边与兴边并重，稳慎推进边境小康村、抵边搬迁建设工作。

易地扶贫搬迁。山南市落实“搬得出、稳得住、能致富”的要求，正确处理好扶贫搬迁向城镇聚集和向生产资料富裕、基础设施相对完善地区聚集的关

乃东区多颇章乡嘎东团结新村（易地扶贫搬迁安置点）

系，坚持“量力而行、保障基本”的原则，建成泽当城区、加查莫热坝、桑日追塘坝、扎囊桑耶4个市级易地搬迁集中安置点、24个县级易地搬迁集中安置点和5个分散安置点，8125人搬迁群众全部实现搬迁入住。根据各搬迁安置点的实际，按需建设村级组织活动场所、幼儿园、卫生室等公共服务设施和配套产业项目，累计投入12.8亿元实施苗圃、经果林、土地开发等配套产业项目，带动2660人增收、473人实现稳定就业；累计安排搬迁群众生态岗位6750人，人均年增收3500元；坚持就近就便原则，累计组织搬迁群众33966人次参与务工创收，创收金额1680余万元。贡嘎县昌果乡、森布日高海拔地区生态搬迁、昌都“三岩”片区搬迁进展顺利。研究制定易地扶贫搬迁后续扶持工作实施方案，促进后续扶持管理。

边境小康村建设。山南市坚决贯彻落实习近平总书记给隆子县卓嘎央宗姐妹的回信精神，严格按照“地市直接抓、县区全力抓、乡镇具体抓、村居落实到户”要求，扛实市县乡村四级工作责任，加大部门之间、政府与群众之间沟通衔接力度，形成强大联动效应和工作合力，强力推进小康村建设，截至2020年年底，全市96个小康村建设项目基本完工，搬迁入住9983户32736人，玉麦幸福美丽边境小康示范乡56户197人全部搬迁入住，边民获得感、幸福感不断增强。

抵边搬迁。山南市坚持抵边搬迁与脱贫攻坚相结合，设立维稳固边专项补助和奖励资金，建立边境防控奖励制度，鼓励边民抵边生产和居住，计划实施抵边搬迁44处，累计开工30处、完工12处，已搬迁入住324户990人。像错那的肖，为守好这片131.6平方公里的国土，动员41户127名群众抵边搬迁，把遗弃村建成阵地村。像洛扎的白玉地区，在杰罗布限期抵边搬迁10户群众基础上计划再搬迁46户群众。实施产业项目，将易地搬迁点、边境地区小康村、抵边搬迁点建设成为宜居宜业的幸福家园。

幸福家园建设

【概况】 山南市幸福家园建设管理局内设正科级机构7个，分别为办公室、综合协调科、产业发展科、开发建设科、经济合作科、投资服务科、社会事务科。局机关人员编制22名，部门领导职数5名，科级领导职数14名，工勤2名。内设事业单位为公共服务中心，核定编制3名，科级领导职数2名。“小组团”援藏人员10名。全局有干部职工41人，机关干部35人（湖南湖北“小组团”援藏干部10人、事业干部6人）、志愿者3人、公益性岗位3人。有副县级以上干部10人（小组团援藏干部2人，非领导职务3人），科级干部16人（正科级干部3人、副科级干部5人、小组团援藏干部8人）。其中汉族26人，藏族12人，其他少数民族3人；男性32人，女性9人，干部平均年龄34岁；本科以上学历30人，硕士研究生以上8人。

2020年，市幸福家园建设管理局与发改、水利、交通、住建、电力等部门精诚协作，建成经开区1—8号道路、24号道路和给排水主管网，建成森布日污水处理、堤路结合、森布日互通、吉纳大桥、一期市政道路等基础设施，配齐森布日一期学校、医院、警务站、农贸市场、商业、垃圾转运等公共配套服务设施，加快森布日110千伏变电站、水厂等基础设施项目进度，重点开发节点吸引企业投资、服务企业落地的能力不断增强。谋划启动经开区、新兴产业聚集区、牧业产品加工产业园等园区“水电路讯网、科教文卫保”的配套项目前期工作。全年完成固定资产投资19.98亿元，超额完成市政府下达的任务计划。

【极高海拔地区生态搬迁】 森布日安置区一期857户4058人于2019年12月成功搬迁入住，实现“搬得出”的目标；配齐完善群众搬迁后的“水电路讯网、科教文卫保”等基础设施和公共服务设施，开通森布日至贡嘎、森布日至拉萨公交线路，实现光纤电缆到户、电视卫星信号接收到户，全面提高群众生活水平和生活质量。搬迁群众思想稳定、安居乐业，基本实现群众“稳得住”的目标。谋划群众搬迁后的转移就业和持续稳定增收，安排公益性、环卫、护林员等岗位，加大群众技能培训，就近就地就便组织群众参与餐饮服务、工程建设、外出务工、产业发展等，基本实现“能致富”的目标。

森布日二期民房工程全面开工建设，1998栋民房中1865栋主体封顶，进行内装修；40栋进行主体工程建设；剩余93栋进行基础开挖。二期民房工程累计完成投资17.98亿元。森布日九年一贯制学校、幼儿园、周转房、养老院4个配套项目已开工，政务中心项目市政府已审议。安置区消防站、市政道路已下达概算批复；综合医院、卫生服务中心、派出所已完成可研、初设审查。

森布日堤路结合项目已完工。吉纳大桥通车，项目总投资2.27亿元，完成投资1.86亿元，占总投资的82%。森布日污水处理厂项目完成投资7365

2020年7月1日，市幸福家园建设管理局组织党员开展建党节主题党日活动

2020年9月12日，市幸福家园建设管理局与湖南湘江新区签约战略合作协议

万元，占总投资的93%。森布日自来水厂项目累计完成投资2952.57万元，工程进度33.41%。森布日110千伏变电站项目已开工建设，完成投资500万元，工程进度5%。森布日加气站项目已建设完毕，待专项验收后即可投入使用。三峡光伏项目已开工建设，第一批光伏组件及支架全部到位，并启动屋顶组件安装工作。面山绿化项目完成乔木种植3621亩、150291株，灌木246499株，完成1065亩固沙网安装、7600米网围栏安装，水利工程完成95%。

【招商引资】 2020年，市幸福家园建设管理局利用好“小组团”援藏优势，发挥小组团援藏队员主观能动性，借助藏博会、雅砻文化节等平台，加大政策宣传、项目推介，通过以商招商、网络招商、走出去招商、引进来招商等多渠道、宽领域招商，引进宁算科技、汉和生物、京东5G智慧物流园、阿尼朵、三峡集团等66家企业和项目落地山南，海思科药业、灵康药业等企业建成投产，三峡惠民光伏、皮革毛纺厂、现代牧业等产业项目加快推进。引导企业复产复工，在建招商引资复工项目2个，新开工项目5个，建成投产使用3个，实现实体化企业5家。全年完成招商引资固定资产投资3.96亿元，招商引资到位资金6.88亿元。兑现海思科药业、灵康药业等15家企业产业扶持资金4.77亿元，兑现招商代理费0.16亿元。引导企业履行社会义务，投身公益事业，面向全社会提供就业岗位838个，解决就业735人。

【“小组团”援藏】 2020年，市幸福家园建设管理局“小组团”援藏工作紧紧围绕区市小组团援藏工作会议精神，拟定《关于促进幸福家园区域快速发展的实施意见》，与湖南湘江新区、常德经济技术开发区、岳阳绿色化工产业园签订战略合作框架协议，共建共享幸福家园重点开发节点。“小组团”援藏工作队充分发挥组团援藏工作优势，借助藏博会、雅砻文化节等平台，用活用好山南市招商引资优惠政策，加强企业对接引进，全年共对接洽谈企业54家，签约16家。苏宁易购山南市实体店建成运营，西藏宏农藏鸡养殖项目基本建成，爱尔眼科医院完成主体工程，进行内装修工作，宁算科技、杭州博驰、山南市产业孵化中心等项目成功签约，山南普瑞康食品药品产业、远古氧业高原制供氧项目成功落地办理相关手续，山南德诺农林产业藏药材加工项目成功洽谈。

山南市第九批干部驻村工作情况

【概况】 2020年第九批干部驻村工作开展以来，山南市紧紧围绕决战脱贫攻坚、决胜全面小康、维护社会稳定工作，聚焦新时代干部驻村工作“七项重点任务”，统筹开展疫情防控和强基础惠民生工作，推动全市干部驻村工作持续深入开展。

【驻村队伍】 2020年，山南市选派1810名干部组成516个驻村工作队，覆盖全市554个村居。其中，对脱贫攻坚巩固提升任务重的210个村居按1队4人选派840名干部，其余非深度贫困村且基层党组织比较强、脱贫攻坚成效好、基础设施条件改善大的270个村居按1队3人选派810名干部，加查县继续作为新时代干部精准驻村试点县选派160名干部组成36个工作队。

【驻村保障】 2020年，山南市对高寒边境、条件艰苦的136个驻村工作队开展健康巡诊、“急救小药箱”发放等活动，对驻村期间因身体原因不能正常坚持工作的187名干部及时履行相关程序进行调换，适时看望慰问驻村工作队148次。及时拨付强基惠民工作经费11080万元，其中，文艺演出队经费1108万元，取暖费272.36万元。

【督导检查】 2020年，山南市落实《西藏自治区干部驻村工作精准考核暂行办法（试行）》和《西藏自治区驻村（居）工作队员召回工作办法（试行）》，强化督导检查工作，提升督导检查实效，推动干部驻村工作要求真正落到实处。坚持重要时段和重要时期巡回检查、日常抽查相结合，对全市12个县（区）294个驻村（居）工作队进行督导检查，对检查发现的问题及时下发整改通知单，提出整改意见，督促问题整改落实。配合自治区调研组开展对山南市抓党建促脱贫攻坚驻村领域实地调研检查工作。

【感党恩意识教育】 山南市第九批驻村工作队结合“四讲四爱”群众教育实践活动和农牧民群众身边的新发展新变化新生活，进村入户“面对面”“一对一”地向群众，深入讲解习近平新时代中国特色社会主义思想，宣讲中共十九大提出的新方位、新论断、新目标、新任务、新要求，宣讲中共十九届二中、三中、四中、五中全会精神，宣讲中央第七次西藏工作座谈会精神，习近平总书记和党中央为西藏制定的一系列特殊优惠政策和对西藏各族干部群众的关心关怀，特别是中共十八大以来，山南各项事业取得的历史性成就，发生的历史性变革，群众能过上幸福美好的生活，根本在于以习近平同志为核心的党中央坚强领导，根本在于习近平新时代中国特色社会主义思想的正确指引，根本在于习近平总书记对西藏工作的高度重视和对西藏各族人民的特殊关怀，教育引导广大群众将丰富的“物质基础成果”转化为感党恩、听党话、跟党走的思想自觉，更加紧密地团结在

2020年1月17日，山南市召开全市驻村工作队轮换暨综治工作表彰大会

以习近平同志为核心的党中央周围。全年共宣讲习近平新时代中国特色社会主义思想和中共十九大和十九届四中、五中全会精神8025场次，举办专题讲座2093次，宣讲中央第七次西藏工作座谈会精神和新时代党的治藏方略4943场次，宣讲自治区第九次党代会、区党委九届历次全会精神和市委一届五次、六次全会精神3716场次，受教育群众达195万余人次。驻措美县卓德村工作队依托国庆活动，重点围绕“十个必须”要求，向农牧民党员群众进行阐述，将中央第七次西藏工作座谈会讲深、讲透。驻洛扎县曲西村工作队充分利用微信平台、小喇叭、曲西月报等宣传阵地，开展“总书记，我想对您说”“我是党员我带头”“我心中的党”等活动，广泛向群众宣讲中共十九大精神以及习近平总书记重要讲话精神。

【脱贫攻坚巩固提升】 深化反馈问题整改。2020年，山南市第九批驻村工作队围绕全面建成小康社会和脱贫攻坚普查工作实际，针对2016年以来各级各类巡视巡查、督导检查、考核评估发现及反馈的问题，梳理涉及驻村领域问题清单16项，并对自治区强基办提出的22项整改问题和市大督战大排查发现反馈4项问题作出专门安排，形成整改台账印发各县区强基办和驻村工作队。

加大教育培训力度。2020年，山南市第九批驻村工作队巩固脱贫攻坚成果、推进乡村振兴战略、维护基层社会和谐稳定、强基础惠民生等工作，精心设计培训课程，采取集中办班、邀请有关单位负责人讲授政策、交流经验座谈等方法，选派34人参加全区驻村干部示范培训班，选派400名驻村干部参加全市新选派驻村干部和新任职乡村干部脱贫攻坚业务提升重点培训班。

落实脱贫攻坚举措。2020年，山南市第九批驻村工作队坚持认真谋划，强化措施，发挥传帮带作用，帮助村“两委”制订实施年度脱贫计划1407个，理清发展思路2291条，研究制定帮扶措施3736条，开展政策宣讲15168场次。衔接相关部门组织建档立卡贫困户开展技能培训607次，帮助群众转移就业4381人，增加现金收入514万余元，从各渠道争取资金帮助所驻村兴办符合产业政策、市场前景好、就业带动强的实体经济和专业合作经济组织614个，带动2348人稳定增收。联合第一书记和乡村振兴专干，对已脱贫不稳定户、边缘易致贫户以及因疫情或其他原因收入骤减或支出骤增户进行全面排查共385次，完善台账、实施动态管理。对接开展消费扶贫，各派驻单位驻村工作队开展消费扶贫工作，建立有效消费渠道98个，购买代销农畜产品207万余元。驻乃东区夏果村工作队协助村“两委”创建“党支部联系党员致富带头人、党员致富带头人联系农户”的“两联”工作模式，党员致富带头人通过传、帮、带、教，带动34名群众稳定就业，全年增收约45万元。驻扎囊县扎西林村工作队协助村“两委”班子采用“党支部+致富带头人+农牧民”模式，吸纳村里18个贫困户的20多名妇女成为合作社社员，通过规模化编织和销售藏族传统女式围裙邦典，使每户群众年均增收2—5万元。

【维护社会稳定】 2020年，山南市第九批驻村工作队结合“四讲四爱”群众教育实践和乡镇干部进村入户为民服务活动，协助村“两委”有针对性地向农牧民群众宣传宪法、民法典等法律法规知识，宣传《西藏自治区民族团结进步模范区创建条例》及其重要意义，提升民族团结进步创建工作的社会知晓率和群众参与率，全面深入持久开展民族团结进步模范区创建活动进社区、进村居活动，组织开展模范社区、模范村居创建活动。帮助驻点村居健全规章制度5233个，完善维稳方案预案4558个，建立健全维稳工作机制2997条，化解矛盾纠纷1273件，开展重点领域、人员管理9089人次，推动基层社会持续和谐稳定。驻错那县勒村工作队加强群防群治队伍建设，深入开展固边富民活动，发挥边境放牧群众守土固边作用，组织群众收集情报，开展边境巡逻，加强边境管理工作。驻曲松县增嘎村工作队紧紧围绕民族团结进步示范区创建工作，抓牢抓好经常性学习教育、民族团结教育月活动等载体，开展民族团结教育，促进民族交往交流交融。

【疫情防控】 2020年，山南市各驻村工作队协助村居“两委”组织党员群众及时成立联防联控队、义务宣传队、义务巡防排查队、卫生清洁队等，全面排查隐患、整治环境卫生，加大防控知识和公共卫生普法宣传，向农牧民群众宣传疫情防控等相关知识19280场次，开展环境卫生整治11402次。

概 况

自然地理

【地理位置】 山南市位于冈底斯山至念青唐古拉山以南，雅鲁藏布江干流中下游地区，地处北纬27°08′—29°47′、东经90°14′—94°22′，东连林芝，南与印度、不丹接壤，西邻日喀则，北靠拉萨。山南市总面积7.93万平方公里（含印控区3.13万平方公里），占西藏自治区总面积的1/15，边境线长634公里，边境通道44个，其中季节性通道40个、常年通道4个，战略地位十分重要。中共山南市委员会、山南市人民政府驻地为乃东区泽当镇，位于雅鲁藏布江中游的雅砻河谷平原，海拔3580米，距贡嘎机场97公里、拉萨135公里。

【历史沿革】 山南历史悠久、文化灿烂，是西藏古文明的发祥地之一。公元6世纪，吐蕃赞普囊日松赞主要以泽当为中心区进行活动。公元7世纪，赞普松赞干布统一西藏，建立吐蕃政权，泽当成为吐蕃政权的政治、经济、文化中心。1912年，西藏地方政府在这里设有洛喀基巧堪布（山南总管）。1956年8月，成立山南基巧办事处，驻地泽当。1959年12月，成立山南专员公署，属自治区人民政府的派出机构，驻地泽当，泽当成为山南政治、经济、文化中心。2016年1月，国务院批复同意撤销山南地区和乃东县，设立地级山南市，山南市设立乃东区，以原乃东县的行政区域为乃东区的行政区域。2016年5月27日，中共山南市委、市人大、市政府、市政协和市纪委举行揭牌仪式，标志着山南市正式成立。2016年8月14日，山南与尼泊尔巴德岗市建立友好城市关系。

【行政区划】 山南市辖1个区（乃东区）、11个县（琼结县、扎囊县、贡嘎县、浪卡子县、洛扎县、措美县、错那县、隆子县、曲松县、加查县、桑日县）、24个镇（含甲竹林镇）、59个乡、555个村（居）委会（其中居委会59个、村委会496个）。边境县4个，边境乡（镇）24个，边境村（居）委会97个。民族乡5个（麻麻、勒、贡日、吉巴4个门巴民族乡和斗玉珞巴民族乡）。

【人口】 截至2020年年底，山南总人口为375300人，其中乃东区83316人、琼结县18359人、扎囊县38763人、贡嘎县51934人、浪卡子县38566人、洛扎县20287人、措美县14988人、错那县15646人、隆子县36074人、曲松县16480人、加查县22797人、桑日县18090人。农业人口296788人，非农业人口78512人。有藏族、汉族、门巴族、珞巴族等16个民族，其中，藏族占96.3%，汉族占3.2%，其他少数民族占0.5%。门巴族529人、珞巴族214人。

自然资源

【气候资源】 山南具有较丰富的气候资源，有经向和纬向的地带性变化，属高原温带半干旱季风气候。全年干湿分明，年降水200—500毫米，主要集中在6—9月。太阳辐射较强，年平均日照数2600—3300小时。气温年差较小、日差较大，年平均气温5.6℃，极端最高气温为31℃、最低气温为零下27℃。冬季降水少，多大风，年平均大风数为70天左右。2020年，山南市总体天气气候特征为全市雨季明显提前，降水时空分布不均，极端性天气较多，汛期多局地短时强对流天气，强降雨时段集中，沿江中东段、南部边缘及东南部低海拔一带降水强度大，整体气温波动大，高海拔地区多大风，沿江河谷一带扬沙、浮尘天气较频繁。山南市于6月5日全面进入雨季，各县雨季偏早13—25天。

【土地资源】 截至2020年年底，山南市耕地面积为156.9万亩，园地面积0.3万亩，林地面积5421.15万亩，草地面积4503.9万亩，城镇村及工矿用地面积29.25万亩，交通用地面积11.4万亩，水域及水利设施用地面积为533.7万亩，其他土地面积1231.5万亩。

【水利资源】 山南市水利资源丰富，流域面积50平方公里以上河流355条，湖泊200余个。湖泊蓄水量170亿立方米，地下水约125亿立方米。境域河流年均径流量706亿立方米。雅鲁藏布江由西向东流经境内 7 个县（区），流程 337 千米，流域面积 1.69 万平方公里，天然水能理论蕴藏量 2389 万千瓦。截至 2020 年年底，雅鲁藏布江中游干流段共规划 6 个梯级水电站，总装机容量 336 万千瓦，其中藏木水电站 51 万千瓦、加查水电站 36 万千瓦、大古水电站 66 万千瓦、街需水电站 56 万千瓦、巴玉水电站 80 万千瓦、冷达水电站 47 万千瓦。藏木水电站已建成发电，加查、大古水电站正在建设，街需、巴玉、冷达水电站在做前期工作。

【矿产资源】 截至 2020 年年底，山南已探明的矿藏有 37 种，矿产地 108 处。优势矿产有铬铁、铅锌、岩金、铜，具有潜在优势的有石灰岩、水晶、大理岩、矿泉水、地热等矿产和资源。有大型铬铁矿基地——罗布莎铬铁矿产基地。山南有矿产资源勘察单位（企业）42 家，探矿权 94 个，整装勘查区 3 个（扎西康、山南铜多金属、米拉山整装勘查区）。

【林业资源】 山南市森林资源相对集中，主要分布在错那、隆子、洛扎、加查 4 个重点有林县。山南市森林面积 118.28 万公顷，森林覆盖率约 24.79%，活立木蓄积量 3463.29 万立方米。人工林面积 3.64 万公顷，林地面积为 130.7 万公顷。人工林以雅鲁藏布江两岸分布最多，树种主要以杨树、柳树、新疆杨、银白杨等为主，天然乔木林以加查、隆子、错那、洛扎四个有林县分布最多，树种以落叶松、云杉、冷杉、柏树、白桦等为主。

【植物资源】 主要包括饲用植物、花卉植物、药用植物、菌类。其中，饲用植物以菊科、禾本科、莎草科、豆科、蔷薇科、石竹科、玄参科、毛茛科、龙胆科、报春花科、百花科为主，约占全市植物总数的 78.2%。花卉植物主要有滇藏木兰、滇牡丹、大白杜鹃、绒毛杜鹃、高山毛叶杜鹃、芒刺杜鹃、山杜鹃、长毛杜鹃、羽叶粉花绣线菊、金露梅、锡金海棠、大叶蔷薇、西康蔷薇、线叶毛蔷薇、高茎绿绒蒿、白花绿绒蒿、藏蓝绿绒蒿、美丽绿绒蒿、西藏绿绒蒿、大花绿绒蒿、尼泊尔绿绒蒿、小丛红景天等。药用植物主要有刺绿绒蒿、船盔乌头、西藏狼牙刺、翼首花、杉木藻、虫草、贝母、雪莲花、天麻、红景天、三七、远志、爬地柏、银白杨、人参果、知母、当归、黄芪、黄檗、党参、狼毒等。菌类主要是虫草、茯苓及各类食用菌，珍贵食用菌有猴头、刷把菌、牛肝菌、黄木耳、黑木耳、松茸等。

【动物资源】 山南地域辽阔，地形复杂，江河、高山湖泊众多，植被类型多样，为动物生存提供较好的场所。境域内鸟类主要有普通秋沙鸭、斑嘴鸭、绿头鸭、赤麻鸭、雪鸽、岩鸽、石鸡、西藏毛腿沙鸡、山斑鸠、喜鹊、红嘴山鸦、大嘴乌鸦、大杜鹃、小杜鹃、斑啄木鸟、棕腹啄木鸟、大山雀、高山旋木雀、小山雀、褐翅雪雀等。兽类有狼、狐、藏狐、赤狐、艾虎、黄鼬、果子狸、豹猫、野猪、高原兔、岩羊、藏野驴、喜马拉雅旱獭等。有国家一级保护动物西藏野驴、黑颈鹤、雪豹、麝、白唇鹿等 23 种；有国家二级保护动物盘羊、藏原羚、猕猴、藏马鸡等 53 种。

【文化旅游资源】 山南是藏民族的摇篮，藏文化的发祥地。有西藏第一块农田索当、第一座村庄索卡、第一座宫殿雍布拉康、第一座寺庙桑耶寺等西藏历史上诸多“第一”。有西藏民主改革第一村、第一批农牧民党员、第一个农村党支部等民主改革后“八个第一”。截至 2020 年年底，山南市共有文物点 723 处，其中国家级文物保护单位 16 处 18 个点、自治区级文物保护单位 108 处、县级文物保护单位 185 处、其他文物保护单位 414 处；非物质文化遗产 205 项，其中国家级 15 项、传承人 11 名，自治区级 43 项、传承人 51 名，市级 34 项、传承人 44 名，县级 113 项、传承人 102 名。山南有西藏唯一的国家级风景名胜区——雅砻河风景名胜区，总面积 920 平方公里，共分七大景区，58 个景点，景区内有藏民族遗址 20 余处，藏传佛教文化遗址 30 余处。自治区级风景名胜区 4 个，即卡久风景名胜区、勒布沟风景名胜区、扎日风景名胜区、哲古风景名胜区。隆子玉麦自然人文景区、昌珠寺旅游景区为 AAAA 旅游景区，琼结吐蕃故都景区为 AAA 旅游景区。桑日雪巴村、错那勒村、乃东扎西曲登社区入选第二批全国乡村旅游重点村名录。浪卡子陇巴庄园酒店、香曲花园酒店、扎囊饭店被评定为三星级旅游酒店。

【湿地资源】 山南市范围内建有国家级自然保护区

1处，为雅鲁藏布江中游河谷黑颈鹤国家级自然保护区。国家级森林公园1处，为姐德秀国家森林公园。国家湿地公园4处，分别为加查拉姆拉措国家湿地公园、曲松下洛国家湿地公园、琼结琼果河国家湿地公园和错那拿日雍措国家湿地公园。

社会经济发展

【主要经济指标】 2020年，山南市实现地区生产总值(GDP)215.4亿元，增长7.9%，增速与林芝并列全区第二。其中，第一产业增加值8.14亿元，同比增长7.8%；第二产业增加值115.51亿元，同比增长17.1%；第三产业增加值91.75亿元，同比下降0.5%。三次产业比由2019年的4∶49.2∶46.8调整为2020年的3.8∶53.6∶42.6。全市居民消费价格同比上涨2.9%。从八大类商品及服务价格看，食品烟酒价格上涨7.4%、医疗保健上涨2.7%、生活用品及服务上涨2.7%、其他用品和服务上涨1.9%，衣着下降1%、居住下降0.2%；交通和通信下降2.3%、教育文化和娱乐下降0.3%。

【农牧业】 2020年，山南市实现农林牧渔业总产值14.88亿元，实现增加值8.14亿元，同比增长7.8%。其中农业产值6.77亿元，同比增长9.5%，林业产值0.24亿元，同比下降15.6%，牧业产值7.46亿元，同比增长10.4%。农作物总播种面积33219.47公顷，粮食作物面积24952.48公顷，其中，青稞、小麦、油菜籽、蔬菜、青饲料面积分别为17894.11公顷、6255.39公顷、2666.74公顷、2071.87公顷、3528.38公顷。粮食总产量16.45万吨，同比增长0.2%。其中小麦产量5.04万吨，下降3.1%；青稞产量11.04万吨，增长1.7%；油菜籽产量0.72万吨，下降15.3%；蔬菜产量6.18万吨，同比增长9.8%。年末牲畜存栏头数125.43万头(只、匹)，其中牛、羊、猪、马驴骡分别为47.35万头、72.97万只、3.79万头、1.33万匹(头)。全年总出栏头数45.13万头(只)，其中牛、羊、猪分别出栏14.1万头、28.74万只、2.29万头，出栏35.29%。肉类产量2.5万吨，同比增长0.4%，奶类产量6.19万吨，同比增长16.4%。

【工业和建筑业】 2020年，山南市工业企业完成总产值40.75亿元，实现增加值19.94亿元，同比增长5.4%。其中17家规上工业企业实现产值34.7亿元、实现增加值17.1亿元，同比增长2.1%，同比2019年回落11.7个百分点，位居全区第7。分行业门类看，制造业增加值同比增长14.7%，电力生产和供应业增加值同比下降8.4%，采矿业增加值同比下降2.9%。分产品产量看，水泥产量255.93万吨，同比增长2.1%，铬矿石原矿13.76万吨，同比增长75.5%，商品混凝土生产42.59万吨，同比增长16%，中成药生产18.6吨，同比下降1.7%。

【固定资产投资】 2020年，山南市固定资产投资同比增长7.2%，位居全区第2。持续优化营商环境，不断增强民间投资，全年民间投资同比增长6.2%。5000万元及以上完成投资同比增长1.1%，占总完成投资的72.1%。实现建筑业增加值95.57亿元，同比增长20.1%。房地产开发投资同比增长96.1%，商品房屋施工面积增长115.7%，销售面积26230平方米，同比下降80.9%。

【商业和贸易】 2020年，山南市完成社会消费品零售总额66.8亿元，同比下降5.1%，位居全区第5。其中，限额以上消费品实现零售额11.6亿元，同比下降6%。分城乡看，城镇市场完成零售额55.8亿元，同比下降5.5%；乡村实现零售额11亿元，同比下降2.9%。分类型看，实现商品零售额62.5亿元，同比下降4.1%；实现餐饮收入4.3亿元，同比下降17.1%。

【交通、邮电和旅游】 2020年，山南市客运量及客运周转量分别完成77.99万人、10679万人/公里，同比分别下降0.7%、47.5%；货运量及货运周转量分别完成553万吨、132725万吨/公里。全市年末公路通车里程9057.39公里，桥梁总数1166座、54394.7千米。全市完成邮电业务总量4.87亿元。其中邮政业务量0.46亿元，同比增长8.2%，电信业务量2.14亿元，同比增长5.2%，移动业务总量2.09亿元，同比增长20.3%，联通业务总量0.18亿元，同比增长12.7%。年末移动电话用户143353户，电信电话用户数147421户，移动、电信互联网上网用户分别达到30842户、60667户。全年共接待游客480.6万人次,同比下降2.5%,实现旅游收入19.25亿元,同比下降0.3%。

【财政和金融】2020年,山南市完成一般公共预算收入20.22亿元,同比增长4.9%。其中税收收入完成14.52亿元,同比增长7.7%,占一般公共预算收入的71.8%。增值税完成10.2亿元,同比增长10.9%,企业所得税完成0.82亿元,同比增长7.9%,个人所得税完成1.26亿元,同比下降17.6%。全年财政预算总支出218.62亿元,同比增长20.1%。年末金融机构存款余额410.64亿元,同比增长9%;贷款余额达到301.81亿元,同比增长1.7%,其中短期贷款余额28.01亿元,较年初增长58.4%;中长期贷款余额262.78亿元,较年初下降4.5%。

【教育、文化、卫生】2020年,山南市共有各类学校415所,在校生60362人,其中高中生7256人、中职在校生3993人、初中生11067人、小学生25552人、幼儿园12260人、特校生234人。全市各级各类学校在职正式教职工5543人。学前教育毛入园率达91.3%,小学入学率达100%,初中毛入学率达102.5%,高中阶段毛入学率达96.5%。全市共有专业艺术团体1个,从业人员34人,县(区)艺术团体13个,从业人员312人,县级综合文化活动中心12个,从业人员124人。广播电视人口覆盖率达到99%。全市共有卫生机构750家,其中:医院18所(含4家私立医院)、卫生院82个(含乡镇)、疾病预防控制中心13个、妇幼保健院(站)13个,各类诊所及医务室64个。实际开放床位1561张,其中市级705张、县级499张、乡镇级207张、私立医院150张。卫生技术人员3781人,其中市级公立医院942人、县级公立医院776人、乡镇级560人、村级卫生人员1153人、私立医院及诊所医务室技术人员115人、公共卫生机构技术人员235人。

【社会保障】2020年,山南市基本养老、基本医疗、失业、工伤、生育保险参保人数分别达到223712人、340973人、16847人、31650人和40821人,参保率均达97%以上,征缴各类保费10.87亿元。城镇新增就业6424人,免费职业指导2206人,免费职业介绍4727人、职业介绍成功2727人,开发就业岗位23561个,城镇登记失业率达到2.4%。实现劳务输出9.63万人,劳务创收8.01亿元。全市农村最低生活保障2077户5218人,全年落实资金1473.44万元;城镇最低生活保障634户965人,全年落实资金923.42万元。全市特困供养2868人,其中集中供养1473人,分散供养1395人。儿童福利院集中收养孤儿393名(那曲163名)有意愿收养率100%。

【安全生产】2019年,山南市共发生各类生产安全事故51起、死亡13人、受伤59人、直接经济损失112.91万元,同比分别上升15.9%、下降35%、上升7.3%、上升38.3%。道路交通方面:事故46起、死亡8人、受伤58人、直接经济损失92.91万元,同比分别上升31.4%、下降27.3%、上升9.4%、上升30.2%。工矿商贸方面:事故3起、死亡3人、受伤1人,同比分别持平、下降33.3%、持平。建筑施工方面:全市共发生建筑施工事故2起、死亡2人、无受伤,直接经济损失20万元,同比分别下降66.7%、下降66.7%、减少1人,上升100%。

大事记

ལྷོ་ཁའི་ལོ་རིམ་མེ་ལོང་།

山南年鉴

2021

1月

2019 年 12 月 30 日至 2020 年 1 月 1 日 中国人民政治协商会议第一届山南市委员会第六次会议在泽当召开。会议期间，市领导许成仓、普布顿珠、王德文、格桑、吴巨培、汪华东、李修武、龚兵、赫沛、王友华、燕红、张定成、拉巴加布等出席会议。会议听取并审议通过市政协主席巴珠代表政协第一届山南市委员会常务委员会所作的工作报告、市政协副主席加央所作的提案工作情况的报告，审议通过市政协一届六次会议提案审查情况的报告，补选王联为政协第一届山南市委员会常务委员。与会委员列席山南市第一届人民代表大会第五次会议，听取、讨论并赞同普布顿珠所作的政府工作报告，协商讨论并赞同计划报告、预算报告和市中级人民法院工作报告、市人民检察院工作报告。

2019 年 12 月 31 日至 2020 年 1 月 2 日 市一届人大五次会议召开，市领导普布顿珠、王德文、巴珠、格桑、吴巨培、汪华东、李修武、龚兵、王友华、丹增、燕红、张定成、拉巴加布主席台就座。大会应到代表 245 名，实到 212 名，出席人数符合法定人数。会议表决通过关于山南市人民政府工作报告的决议（草案）、关于山南市 2019 年国民经济和社会发展计划执行情况与 2020 年国民经济和社会发展计划的决议（草案）、关于山南市 2019 年财政预算执行情况和 2020 年财政预算的决议（草案）、关于山南市人大常委会工作报告的决议（草案）、关于山南市中级人民法院工作报告的决议（草案）、关于山南市人民检察院工作报告的决议（草案）。

3 日 市委副书记、市长普布顿珠率市政府班子成员到森布日调研高海拔生态搬迁安置区二期工程前期工作开展情况，并召开政府专题会议研究森布日调研高海拔生态搬迁安置区二期设计方案。市政府领导汪华东、李修武、王友华、黄金城、索朗曲巴、牟永文、王霞、江嘎、邓荃等出席。

10 日 出席自治区十一届人大三次会议山南代表团召开全体代表会议，自治区人大常委会副主任、市委书记许成仓，自治区副主席甲热·洛桑丹增、石谋军等出席会议。市人大常委会主任王德文主持会议。市领导普布顿珠、拉巴加布、索朗扎西、刘志刚等出席。自治区十一届三次会议的全体代表、列席人员参加会议。

15 日 山南市"不忘初心、牢记使命"主题教育活动总结大会在泽当召开，自治区人大常委会副主任、市委书记许成仓出席会议并讲话。自治区第三巡回指导组常务副组长叶银川出席会议并讲话，市委副书记、市长普布顿珠主持会议，市委领导格桑、龚兵、丹增、燕红、拉巴加布出席会议。自治区第三巡回指导组成员，市领导巴珠、贡觉多吉、索朗曲巴、江嘎、克珠、加央参加会议，会议以电视电话会议形式召开，各县（区）设分会场。

同日 山南市藏鸡产业发展政策推介会暨招商引资座谈会在湖北省畜牧兽医局举行。湖北省第九批援藏工作队总领队、市委副书记、常务副市长李修武出席会议并讲话。会上，李修武代表山南市政府与湖北省农科院签订藏鸡产业发展技术支持框架协议，并向省农科院杜金平研究员颁发聘书。

17 日 山南市创先争优强基础惠民生活动第八、九批驻村轮换工作部署暨平安建设（综治工作）、"先进双联户" 创建活动表彰大会在泽当召开。市委副书记、市长普布顿珠，政协主席巴珠出席。市委副书记格桑讲话，市委常委、政法委书记龚兵主持并宣读表彰决定。市领导拉巴加布、贡觉多吉、洛桑平措出席。

同日 山南市与西藏高驰公司签订智慧城市项目框架合作意向书。副市长江嘎出席并讲话。

同日 市委副书记、市长普布顿珠到琼结县、乃东区，调研扶贫产业项目和节日蔬菜供应保障情况。市人大常委会副主任、乃东区委书记尼玛次仁陪同调研。

30 日 自治区人大常委会副主任、市委书记许成仓深入贡嘎、扎囊、乃东等县（区）部分乡镇中心卫生院、留观点、检查站（点）、农贸市场，调研检查新型冠状病毒感染的肺炎疫情防控工作和物资供应情况，看望慰问坚守在一线的医务工作人员和干部职工。

同日 市委副书记、市长普布顿珠主持召开山南市新型冠状病毒感染的肺炎疫情联防联控工作推进会，传达学习习近平总书记重要指示、中共中央《通知》和区、市领导讲话精神。市领导龚兵、丹增、燕红、拉巴加布、尼玛次仁、江嘎出席并汇报有关工作。

2月

1日 市委副书记、市长、山南市应对新型冠状病毒感染的肺炎疫情工作领导小组组长普布顿珠深入市人民医院、市藏医院、市卫健委、市发改委、市粮食和物资储备局、惠好超市、香曲酒店、蓝天商务宾馆、山南宾馆调研督导山南市疫情防控和物资供应情况。看望慰问一线工作人员。市人大常委会副主任、乃东区委书记尼玛次仁，副市长王霞、江嘎陪同。

2日 自治区人大常委会副主任、市委书记许成仓深入基层一线和部分宗教活动场所，调研检查疫情防控工作，看望慰问基层群众、寺管会干部职工和寺庙僧人。

8日 市委副书记、市长、山南市应对新型冠状病毒感染的肺炎疫情工作领导小组组长普布顿珠到扎囊、桑日两县暗访疫情防控工作，调研重点项目开复工情况。

9日 自治区党委书记、自治区应对新型冠状病毒感染的肺炎疫情工作领导小组组长吴英杰，采取“不发通知、不打招呼、不听汇报、不用陪同接待、直奔基层、直插现场”的方式检查山南市道路沿线疫情防控措施落实情况，并代表自治区党委、政府向奋战在防控一线的执勤人员和医务工作者表示慰问。自治区党委常委、秘书长刘江一同检查调研。

11日 自治区人大常委会副主任、市委书记许成仓与各县（区）委书记视频连线，分析新冠肺炎疫情防控工作形势，安排部署疫情防控、维护稳定和经济社会发展各项工作。市委领导龚兵、丹增、燕红、拉巴加布出席。

11—21日 市委副书记格桑率市委办、市委政法委、市公安局等部门有关工作人员，深入12个县（区）、部分县直部门、乡镇、卫生院、寺管会、村（居）、检查卡点、集中隔离留观点，重点就贯彻落实党中央、区党委、市委关于疫情防控和维稳工作各项决策部署，开展疫情防控和维稳各项工作情况进行调研督导，详细了解存在的困难和问题，对整改存在问题进行具体指导，对解决存在的困难作出具体安排，对做好下一步工作具体要求，并代表市委和市政府、看望慰问基层一线干部群众特别是坚守奋战在防疫和维稳工作一线的医务人员、执勤人员。

19日 自治区党委副书记、自治区主席、自治区极高海拔生态搬迁工作领导小组组长齐扎拉到森布日极高海拔生态搬迁安置点，调研疫情防控和搬迁群众生活物资保供、配套产业等情况，并主持召开自治区极高海拔生态搬迁工作领导小组第18次会议。自治区党委常委、常务副主席姜杰，自治区副主席坚参、江白出席。市委副书记、市长普布顿珠参加。

19—20日 自治区人大常委会副主任、市委书记许成仓深入浪卡子县，调研检查疫情防控、经济社会发展、脱贫攻坚、维护稳定和基层党的建设等工作，看望慰问基层一线干部群众特别是坚守在防疫工作一线的医务工作者。

19—21日 山南市边境小康村建设推进现场调度会在隆子县召开。市委副书记、市长普布顿珠主持并讲话，副市长索朗曲巴出席。

3月

2日 市委副书记、市长普布顿珠赴贡嘎县岗堆镇、江塘镇、贡嘎机场等，实地调研疫情防控、重点项目开复工和经济社会发展情况。

3日 由西藏山南市向湖北省武汉市捐赠的2000吨天然饮用矿泉水、30吨鲜猪肉和40吨新鲜蔬菜，从泽当启运，驰援湖北。

同日 自治区副主席江白率调研组先后到贡嘎县、扎囊县，就江北高速沿线造林点、贡嘎机场造林点、2020年全民义务植树造林点和扶贫产业矮化苹果项目推进等情况进行实地调研。副市长索朗曲巴一同调研。

3—7日 自治区副主席多吉次珠率督导组到山南市看望慰问基层干部职工和公安干警、医护人员，检查指导疫情防控、维护稳定、复工复产、春耕备耕、村文艺队组建工作。督导组一行先后到市国安指挥部、乃东、贡嘎、扎囊、琼结、措美、桑日县（区）和部分乡（镇）村（居）、检查卡点等地，通过实地调研、听取汇报、查看资料等方式督导检查维稳工作和疫情防控工作等。

5日 市政府与中国农业发展银行西藏自治区分行进行座谈，就进一步加深在设施农业、扶贫产业等方面合作、实现互利互赢进行深入交流。市委副书记、市长普布顿珠，农发行西藏分行行长冯学出席座谈会并讲话。农发行西藏分行、市直相关部门、企业主要负责人参加座谈。

9日 市委副书记、市长普布顿珠主持召开森布日极高海拔地区生态搬迁安置区二期项目建设启动会议，听取项目推进情况，安排部署建设任务。副市长黄金城出席，并汇报幸福家园投资建设集团有限公司筹备工作情况。会上，西藏国有资本投资运营有限公司、西藏高争建材集团、山南城投公司、拉萨城投公司、那曲城投公司主要负责人汇报有关工作。

9—11日 自治区副主席多吉次珠率督导组到错那县、隆子县、香曲酒店集中隔离点、市人民医院，看望慰问基层干部职工和公安干警、医护人员，检查指导疫情防控、维护稳定、边境小康村建设、旅游产业等工作。督导组先后到错那县巴鲁边境小康村、国安指挥部，隆子县国安指挥部、桑玉村委会、五保集中供养中心等地，通过实地调研、听取汇报、查阅资料等方式督导检查各项工作。

11日 市委副书记、市长普布顿珠主持召开“三岩片区”搬迁安置点后续扶持和管理工作专题会议，听取扎囊、加查两县汇报，进一步研究部署搬迁点后续工作。市委副书记格桑、副市长江嘎出席。

12日 市委副书记、市长普布顿珠先后到曲松县堆随乡洛村和隆村等，调研脱贫攻坚工作。

12—14日 自治区副主席多吉次珠率督导组到拉萨泽当饭店、空港佰祥花园酒店和乃东、曲松、加查县（区），看望慰问基层干部群众和公安干警、医护人员，检查指导疫情防控、维护稳定、复工复产、文化旅游等工作。督导组一行先后到拉萨泽当饭店、空港佰祥花园酒店，乃东区国安指挥部、结莎社区，曲松县国安指挥部、拉加里王宫、琼嘎村藏药材种植加工合作社，加查县惹米村、共康村、县民间艺术团、加查电站等地，通过实地调研、听取汇报、查看资料等方式检查指导维护稳定和疫情防控等工作。

14日 山南市集中组织开展爱国卫生运动，巩固疫情防控成果，引导干部群众养成良好的生活习惯、形成文明健康的生活方式，切实保障人民群众身体健康。自治区人大常委会副主任、市委书记许成仓，市委副书记、市长普布顿珠等在泽当的地级领导走上街头，与市（区、中）直机关企事业单位、乃东区直各单位、社会团体的干部职工以及乃东辖区乡（镇）、村（居）委会工作人员一起参加义务劳动，对城区道路、公共区域、背街小巷、农贸市场等地进行大扫除和消毒杀菌，以实际行动倡导市民群众共建整洁家园，共同打好新冠肺炎疫情防控的人民战争、总体战、阻击战。

16日 市委副书记、市长普布顿珠主持召开雅鲁藏布江中游索朗嘎咕至桑日段生态综合整治工作推进会，听取有关汇报，研究分析当前面临的困难和问题。副市长黄金城出席。

同日 市委副书记格桑到扎囊县桑耶镇、桑耶居委三岩片区易地扶贫搬迁安置点，听取扎囊县、桑耶镇、桑耶居委会有关搬迁群众后续服务管理工作开展情况汇报，实地走访入户搬迁群众，详细询问了解群众搬迁入住后生产生活情况和存在的困难和问题，就做好搬迁安置点后续服务管理工作进行具体指导、提出明确要求，并代表市委、市政府看望慰问搬迁群众。

18日 市委副书记格桑率市委办、市发改委、市农业农村局、市扶贫办、市水利局、市自然资源局等部门和贡嘎县有关工作人员到贡嘎县昌果乡高海拔生态搬迁试点工程点实地调研产业项目建设情况并召开专题会议听取项目设计单位、建设单位、代建单位、监理单位、施工单位、贡嘎县、昌果乡、市直有关部门工作开展情况汇报和搬迁点群众意见建议认真分析存在的问题和困难研究部署相关工作。

19日 山南市新组建的市侨务办公室，粮食和物资储备局，自然资源局，旅游发展局，生态环境局；林业和草原局（自然保护区管理局），政府新闻办公室、新闻出版局、版权局，卫生健康委员会，山南广播电视台9家单位举行挂牌仪式。市委常委、常务副市长王友华出席粮食和物资储备局，自然资源局，旅游发展局挂牌仪式并讲话。

20日 2020年山南市重点项目集中开复工仪式在贡嘎县森布日举行，发出全面推进复工复产的“动员令”，吹响争资立项大干快干的“冲锋号”。市委副书记、市长普布顿珠出席并致辞，副市长索朗曲巴主持。

22日 市委副书记、常务副市长、湖北第九批援藏工作队总领队李修武一行赴湖北省黄石市考察调研湖北博大生物股份有限公司。湖北博大生物股份有限公司响应湖北省委省政府号召，在2019中国西藏雅砻文化节期间进藏洽谈合作项目，拟在山南市幸福家园投资2.3亿元，建设生物饲料及兽药厂，主要生产有机饲料（生物发酵）和兽药。

23日 自治区人大常委会副主任、市委书记许成仓到泽当城区调研疫情防控及餐饮行业复工复业情况。

24日 市委副书记、市长普布顿珠先后到东辉中学、市职业技术学校等学校，调研疫情防控、复学开课准备等工作，代表市委、市政府向广大教职员工表示慰问。副市长王霞，市教育局主要负责人陪同调研。

27日 山南市召开脱贫攻坚大督战大排查动员部署会议，对全市脱贫攻坚工作情况开展一次全面检查、系统梳理、补漏攻坚。市委副书记、市长普布顿珠出席并讲话，市委副书记刘志强主持。市领导巴珠、吴巨培、汪华东、赫沛、燕红、张定成、拉巴加布等出席。会上，副市长张福臣对《关于选派督战组驻县区督导脱贫攻坚嘎的方案》和《山南市脱贫攻坚大排查工作实施方案》作说明。

28日 市委副书记、常务副市长、湖北第九批援藏工作队总领队李修武率省援藏办相关负责人来到东湖风景区怡尚花园酒店，看望慰问因疫情滞留在武汉的武汉西藏中学学生家长，并送去一批生活物资。

28日—4月3日 市委副书记刘志强深入洛扎县督战脱贫攻坚工作，召开督战动员部署会、意见反馈会、排查碰头会，到扶贫产业项目点实地查证，与基层干部和贫困群众座谈交流，共同研究解决问题，推动洛扎高质量脱贫。

30日 自治区人大常委会副主任、市委书记许成仓深入曲松县罗布莎镇、曲松镇、下江乡、邱多江乡、堆随乡等地，实地调研脱贫攻坚、乡村振兴、人居环境整治、基层党建等工作。在罗布莎镇，许成仓详细了解产业扶贫项目经营运行、利益联结机制、贫困群众受益等情况，并到放牧点实地查看。

同日 市委副书记、常务副市长汪华东主持召开山南市住房公积金管理委员会会议，审议通过《关于调整充实山南市住房公积金管理委员会组成人员的请示》《山南市住房公积金2019年年度报告》及2020年度有关工作事项。

31日 自治区人大常委会副主任、市委书记许成仓深入加查县部分村（居）和易地扶贫搬迁安置点，实地调研疫情防控、脱贫攻坚、经济社会发展、维护稳定、党的建设等工作。

4月

1日 区党委副书记、自治区主席、自治区极高海拔生态搬迁工作领导小组组长齐扎拉，到贡嘎县吉纳村森布日极高海拔生态搬迁安置点，调研产业布局规划选址点及配套交通设施建设情况。自治区副主席坚参、汪海洲、江白一同调研。市委副书记、市长普布顿珠陪同。

同日 自治区人大常委会副主任、市委书记许成仓在桑日县调研重大项目复工复产工作，主持召开座谈会，听取加查、桑日两县和大古水电站、拉林铁路山南段、加查水电站等重大工程项目疫情防控、复工复产、安全生产、脱贫攻坚、维护稳定、党的建设、产业发展等相关工作情况汇报。

同日 市委副书记、市长普布顿珠先后到浪卡子县、贡嘎县，深入农村牧区，走进企业厂房，实地调研产业发展情况。在浪卡子县张达乡、伦布雪乡和多却乡等，普布顿珠详细听取饲草基地建设和脱贫攻坚巩固工作，了解农牧民群众生产生活情况。在索朗嘎咕水利枢纽及输水管道工程项目点和贡嘎县昌果乡祁连山水泥厂，普布顿珠详细了解工程进度和存在的困难情况。

3日 市委副书记刘志强到拉康水电站大坝施工现场，详细了解企业复工复产情况和存在问题。

7日 山南市组织乃东、扎囊、贡嘎3个县（区）及市直机关、企事业单位等71家单位，1万余人在贡嘎县森布日极高海拔地区生态搬迁安置点、扎囊大桥北侧开展“万人万亩”春季义务植树活动。

8日 市委副书记、市长普布顿珠先后到乃东区多颇章乡易地扶贫搬迁安置点、鲁琼易地扶贫搬迁安置点、市人民公园项目点等地，调研项目建设进度、农牧民就业增收等情况。市委副书记、常务副市长汪华东，副市长邓荃陪同调研。

9—10日 市委副书记吴巨培率督导组到乃东区检查安全生产工作。

12日 自治区人大常委会副主任、山南市委书记许成仓会见国家发改委经济研究所调研组一行。为做好山南"十四五"经济社会发展规划编制工作,调研组受山南市邀请进藏开展前期调研,市委副书记刘志强,市委常委、常务副市长王友华会见时在座。

13日 自治区党委书记、西藏军区党委第一书记吴英杰到山南市浪卡子县和洛扎县专题调研指导中央脱贫攻坚专项巡视"回头看"反馈问题整改、发展特色产业、巩固脱贫攻坚成果等工作情况。

13—15日 市委副书记刘志强深入贡嘎县易地搬迁集中安置点、扶贫产业项目基地、贫困群众家中,调研脱贫攻坚工作,并与贡嘎县召开座谈会,反馈意见,督促整改。

14日 自治区党委书记、西藏军区党委第一书记吴英杰深入山南市洛扎县边境村庄和执勤点等最前沿,就维护边境地区和谐稳定、边境小康村建设、边境地区基层组织建设等工作进行实地调研。自治区党委常委、秘书长刘江,自治区人大常委会副主任、山南市委书记许成仓,市委常委、秘书长赫沛陪同调研。

同日 自治区副主席石谋军赴隆子县调研脱贫攻坚、教育援藏、疫情防控等工作。市委副书记、湖南省第九批援藏工作队总领队吴巨培、副市长张福臣陪同调研。

同日 市委副书记、市长普布顿珠到桑日县暗访大督战大排查工作开展情况,调研扶贫产业发展和脱贫攻坚成果巩固等工作情况。

14—15日 自治区副主席罗梅率调研组先后到贡嘎机场、贡嘎县休闲采摘园、县脱贫攻坚指挥部、克西乡卫生院和杰德秀镇,琼结县行政审批和便民服务局、县疾病预防控制中心、县人民医院和拉玉乡强吉村等地,实地调研脱贫攻坚各项工作开展情况。

14—16日 自治区党委常委,区政协党组副书记、副主席,区党委统战部部长旦科在山南市督战调研脱贫攻坚工作,实地督战曲松县堆随乡隆村奶牛养殖繁育基地项目建设运营及专项巡视"回头看"反馈问题整改工作,调研了解浪卡子县道布龙牦牛养殖基地运营情况,指导山南市发展特色产业、巩固脱贫攻坚成果,看望慰问脱贫攻坚一线干部群众。市委常委、统战部部长丹增陪同调研。

15—16日 自治区党委书记、西藏军区党委第一书记吴英杰深入山南市错那县,通过"四不两直"方式深入开展调研。全面了解边境强边固防、边境小康示范村建设、兴边富民、巩固脱贫攻坚成果、基层党建等情况。自治区党委常委、秘书长刘江,自治区人大常委会副主任、山南市委书记许成仓,市委常委、秘书长赫沛陪同调研。

同日 自治区副主席甲热·洛桑丹增率调研组到山南市调研督战脱贫攻坚工作,了解市场监管和食品安全、体育基础设施建设、民营企业复工复产等情况。市委常委、统战部长丹增陪同调研。

15—17日 自治区人大常委会副主任李文汉率调研组,深入扎囊县、贡嘎县、乃东区以及市中级人民法院、市人民检察院,通过实地调研、听取汇报、交流探讨等方式,全面了解刑事审判、民事诉讼和执行活动法律监督工作开展情况。

17日 2020"西藏人游山南"主题旅游推介活动在拉萨市举行。自治区旅发厅党组副书记、厅长王松平,市委副书记、常务副市长汪华东出席推介会并致辞。全区近百名旅游业和媒体代表参加推介会。会上,市旅发局与旅行社签订合作协议,并代表市委、市政府向企业兑现125.8万元"冬游西藏"优惠政策补贴。

同日 市委副书记、常务副市长李修武带队到湖北省农业事业发展中心,考察中心工作情况,并邀请该中心组织湖北省内家禽养殖重点企业进藏考察洽谈。

21日 2020年度山南市"四讲四爱"群众教育实践活动在桑日县卓吉村启动。自治区党委常委、宣传部部长边巴扎西,区人大常委会副主任、山南市委书记许成仓出席会议。

22日 自治区人大常委会副主任、市委书记许成仓在贡嘎县调研产业扶贫项目建设、重大工程项目开复工、森布日极高海拔生态搬迁、易地扶贫搬迁、生态保护、党的建设等各项工作。市委常委、秘书长赫沛陪同调研。

23—24日 市委副书记刘志强深入措美县曼其食品、畜产品加工、雪菊种植、综合种养殖、苗圃、绵羊短期育肥、集中供暖等项目点调研,并召开座谈会。

23—25日 市委副书记格桑率市林草局有关负责人,深入加查县坝乡政府、坝乡擦日虫草采集集中搭建帐篷点,分别听取加查县、坝乡虫草采集管理工作开展情况及存在问题。重点了解异地扶贫搬迁群众虫草采集方面有关诉求，并对解决有关诉求进行研究部署。

24日 自治区人大常委会副主任、市委书记许成仓在乃东区调研脱贫攻坚、扶贫产业项目发展、城乡和产业园区建设等工作。市委常委、秘书长赫沛陪同调研。

5月

3—5日 市委副书记、市长普布顿珠先后赴错那县曲卓木乡、库局乡，洛扎县边巴乡、拉康镇、拉郊乡、色乡，浪卡子县打隆镇等地调研脱贫攻坚成果巩固、边境小康村建设情况。

6日 自治区党委常委、纪委书记、监委主任王卫东深入山南市调研中央专项巡视“回头看”反馈意见整改落实和纪检监察工作情况，检查乃东区扶贫产业项目。市委常委、纪委书记、监委主任拉巴加布陪同调研。

8日 山南市宗教界代表人士座谈会在泽当召开，自治区人大常委会副主任、市委书记许成仓出席并讲话。市委副书记、市长普布顿珠主持会议。市领导陈海清、索朗曲巴、普布多吉出席会议，市委统战部、市民宗局、各县（区）委统战部、部分寺管会主要负责人参加会议。

11日 南华大学附属一医院与市藏医医院签订“院包科”合作协议。湖南省政协副主席、农工党湖南省委主委、南华大学校长张灼华，市委副书记、湖南省第九批援藏工作队总领队吴巨培出席活动。

11—14日 市委副书记刘志强到隆子县产业项目点、集中安置点、贫困户家中，调研督导脱贫攻坚等工作。

12—14日 市委副书记格桑率相关部门深入隆子、错那、洛扎县调研督导边境山口通道管理和疫情防控工作。

13日 市委副书记、市长普布顿珠赴贡嘎县森布日极高海拔生态搬迁安置点、森布日堤路结合点、森布日水厂、吉那大桥、昌果乡高海拔生态搬迁安置点和扎囊县西藏戈壁田园农业科技股份有限公司等，实地调研项目建设推进情况。

同日 市委副书记、常务副市长汪华东率队到琼结县、乃东区调研，重点推进招商引资工作。汪华东一行先后深入琼结县绿色产业园、西藏山南雅拉香布实业有限公司、琼结县玉石加工厂、西藏哗叽服饰有限公司实地调研，听取有关企业负责人关于项目进度、管理运营现状、前景发展规划和产品销售盈利等情况介绍，详细了解产业项目生产资料来源、产品生产数量和质量、销售渠道及发展制约条件等情况。

13—14日 自治区副主席石谋军率调研组在山南市调研脱贫攻坚和教育工作等，看望慰问时代楷模央宗和基层一线干部群众。副市长王霞陪同调研。

同日 市委副书记吴巨培一行赴浪卡子县、洛扎县、措美县调研产业发展工作。

13—17日 受山南市委、市政府邀请，湖北省农业事业发展中心组织由湖北省家禽业协会、科研院所、重点龙头企业主要负责人组成的考察团，到山南市考察调研藏鸡养殖产业。市委副书记、常务副市长、湖北省第九批援藏工作队总领队李修武，副市长索朗曲巴参加调研考察活动并举行座谈会。

14—17日 市委常委、秘书长赫沛到浪卡子县检查基层扶贫力量脱贫政策掌握和维稳值班、疫情防控等情况。

15日 山南市召开2020年一季度全市经济运行情况通报暨经济工作部署电视电话会议，市委副书记、市长普布顿珠出席会议并讲话，市委副书记、常务副市长汪华东主持。市委副书记、常务副市长李修武、副市长张福臣、索朗曲巴、牟永文、王霞、江嘎、邓荃出席。

同日 山南市开展“与民同心为您守护”为主题的“5·15”打击防范经济犯罪宣传活动。市委常委、政法委书记、市公安局党委书记龚兵赴现场指导工作。活动期间，共发放各类宣传品3000余份，宣传材料和手册5000余份。

18日 自治区生态环境厅中部区域环境监察专员办公室和山南生态环境监测中心揭牌。自治区生态环境厅党组副书记、厅长罗杰，副市长王霞出席揭牌仪式，宣读自治区生态环境厅中部区域环境监察专员办公室和山南生态环境监测中心负责人任职文件。区生态环境厅调研组其他成员、市各相关部门主要负责人参加揭牌仪式。

19日 自治区人大常委会副主任、市委书记许成仓会见中铁二院集团公司副总工程师林世金率领的考察调研组一行，双方围绕川藏铁路复线山南段路线规划、贡嘎综合交通枢纽建设、泽当城区交通规划和叠沟整体规划设计等进行座谈。市委常委、秘书长赫沛一同会见。

20日 自治区副主席罗梅在贡嘎县调研县域综合医改和医保扶贫试点工作开展调研并召开座谈会，听取贡嘎县工作汇报。调研期间，罗梅一行深入贡嘎县昌果乡检查医疗报销工作开展情况；在昌果乡岗旦村村卫生室与村医交谈，了解基本医疗、公共卫生、服务人数、生活情况等；在祁连山水泥有限公司了解企业帮扶当地群众脱贫情况，希望该企业继续做好帮扶等工作。副市长王霞陪同调研。

同日 市委副书记、常务副市长李修武在加查督导脱贫攻坚大督战大排查问题整改工作。

20—23日 自治区党委常委、宣传部部长边巴扎西先后到扎囊县、隆子县、错那县，深入寺庙、检查站、边境一线督导维稳工作，并调研基层基础工作。

21日 自治区副主席多吉次珠率调研组到山南调研旅游文化相关工作。市委副书记、常务副市长汪华东陪同调研。

22日 自治区人大常委会到山南市开展土壤污染防治法、土地管理法及实施办法执法检查和扶贫工作暂行条例（草案）立法调研座谈会。执法检查和立法调研组组长、自治区人大常委会农环工委主任格桑仁青出席并讲话。

24日 市委副书记吴巨培一行到扎囊县就农牧产业发展情况进行调研。

26—30日 自治区党委常委、组织部部长陈永奇到山南市桑日、曲松、隆子、加查等县调研抓党建促决战决胜脱贫攻坚、全面建成小康社会、军地党建"五共五固"等工作，并就农牧区基层党建工作与县乡村三级党组织书记进行座谈。市委常委、组织部部长张定成陪同调研。

27日 西藏大学医学院妇幼保健实习基地在市妇幼保健院正式挂牌成立。双方签订实习基地合作协议和人才培养招聘合作协议。该基地是西藏大学医学院在全区首家挂牌的妇保院实习基地，标志着山南市医疗卫生人才培养事业迈上新的台阶。

28日 自治区人大常委会副主任、市委书记许成仓会见华能西藏雅鲁藏布江水电开发投资有限公司党委书记、执行董事杜灿勋一行，双方围绕加快项目建设，加强双方合作等相关事宜进行座谈。

31日 自治区人大常委会副主任、市委书记许成仓与武汉宏农农牧有限公司董事长张怀宏、总经理张宏林率领的考察团一行进行座谈。市委副书记、湖南省第九批援藏工作队总领队吴巨培，市委副书记、常务副市长、湖北省第九批援藏工作队总领队李修武出席座谈。

6月

1日 自治区人大常委会副主任、市委书记许成仓主持召开市委抵边搬迁工作专题会，听取市相关部门和错那、洛扎、隆子和浪卡子四县边境小康村和抵边搬迁相关工作推进情况，研究存在的困难和问题，安排部署下一步工作。市委副书记刘志强，市委常委、秘书长赫沛出席会议。

同日 市委副书记格桑赴桑耶洛村、桑耶社区检查指导搬迁安置点工作开展情况。

3日 市委副书记、市长普布顿珠先后到泽当火车站、乃东区鲁琼、多颇章易地扶贫搬迁安置点、扎囊县西普农业车厘子种植基地、森布日极高海拔生态搬迁安置点等地，实地调研项目建设进度、产业发展、农牧民就业增收情况，现场办公协调解决项目推进中出现的问题和困难。市人大常委会副主任、乃东区委书记尼玛次仁，副市长邓荃陪同调研。

同日 全区农村集体产权制度改革现场观摩会在山南市召开。自治区农业农村厅副厅长王冠杰，市委副书记、常务副市长李修武出席会议并讲话。

4日 市政府与西藏生命之水发展有限公司举行战略合作协议签约仪式。市委副书记、市长普布顿珠，西藏好水协会会长岳志强出席仪式。市委副书记、常务副市长李修武主持签约仪式。市政府副市长江嘎与西藏生命之水发展有限公司代表王斌代表政企双方签订战略合作协议。西藏福地天然饮品产业发展有限公司、西藏高原天然水有限公司、琼结县、市直相关部门主要负责人参加仪式。

5日 自治区人大常委会副主任、市委书记许成仓会见自治区税务局党委副书记、局长郭顺民一行，双方围绕落实减税降费政策、支持实体经济发展、水电项目建设税收在当地缴纳等问题进行座谈。市委副书记、常务副市长汪华东，市委常委、秘书长赫沛参加座谈。

6日 市委副书记、市长普布顿珠深入实地调研格桑路升级改造项目推进情况。市委副书记、常务副市长汪华东、李修武一同调研。

11日 自治区人大常委会副主任、市委书记许成仓深入贡嘎县，扎囊县、乃东区考察调研极高海拔地区生态搬迁、扶贫产业发展、城镇建设、环境整治等工作。市委常委、秘书长赫沛陪同调研。

同日 市委副书记、市长普布顿珠到扎囊县扎其乡，调研活畜交易市场和牛羊定点屠宰场项目推进情况，现场办公协调解决企业面临的困难和问题。调研中普布顿珠还到扎囊辉言气体生产有限责任公司，详细了解企业生产经营情况和安全生产责任落实情况。

同日 市委副书记、湖南省第九批援藏工作队总领队吴巨培一行到苏宁易购山南实体店实地考察调研。该店是湖南省第九批援藏队洽谈引进并落地的首个招商项目。

12日 自治区党委书记吴英杰采取"四不两直"的方式，深入山南市扎囊县易地扶贫安置点和寺庙，就脱贫攻坚和寺庙管理工作情况进行调研。区党委常委、秘书长刘江，自治区人大常委会副主任、市委书记许成仓，市委常委、秘书长赫沛陪同调研。

13—14日 自治区党委常务副书记、区政协党组书记丁业现到扎囊县、贡嘎县、乃东区重点就基层党组织建设、巩固脱贫攻坚成果、促进产业发展等进行调研。其间，丁业现还到山南市第三高级中学、敏珠林寺，就全面加强党的领导，落实立德树人根本任务，依法加强宗教事务管理、强化国家通用语言文字教育等工作提出具体要求。

14日 自治区党委副书记、自治区主席齐扎拉到拉萨贡嘎机场进场快速路项目和航站区改扩建工程建设现场，调研重点项目建设情况，看望一线工程建设者。市委副书记、市长普布顿珠陪同调研。

15日 山南市召开与安徽省工商联及民营企业对口帮扶座谈会。会上，安徽省工商联、山南市政府、安徽省第七批援藏工作队三方签订就业帮扶合作框架协议，合肥、芜湖、马鞍山市、黄山4个市与浪卡子、错那、措美3个县签订就业帮扶合作协议。市委副书记、常务副市长、安徽省第七批援藏工作队总领队汪华东，安徽省工商联副主席刘明平出席签约仪式并讲话，副市长牟永文、市政协副主席赤列央金出席签约仪式。

16日 自治区人大常委会副主任、市委书记许成仓采取"四不两直"的方式，深入措美县调研脱贫攻坚巩固提升、乡村振兴、生态文明建设、人居环境综合整治、基层党建等工作。市委常委、秘书长赫沛陪同调研。

同日 市委副书记格桑到贡嘎昌果乡高海拔易地扶贫搬迁安置点，对搬迁点群众饮水工程、灌溉工程、防洪堤工程建设推进情况进行督导检查。

同日 山南市在白日街开展以"消除事故隐患 筑牢安全隐患"为主题的"安全宣传一条街"宣传活动。市安委会组织交警支队、消防支队等77家成员单位300余人参加宣传，共向群众发放宣传资料460种、4万余份。

17日 自治区人大常委会副主任、市委书记许成仓深入洛扎县实地调研脱贫攻坚巩固提升、边境小康村建设、寺庙管理、基层党建等工作。市委常委、秘书长赫沛陪同调研。

同日 市委副书记、市长普布顿珠到乃东区多颇章乡易地扶贫搬迁安置点、鲁琼易地扶贫搬迁安置点，调研督战项目建设进度情况。市委副书记、常务副市长李修武陪同调研。

同日 市委副书记、市长普布顿珠到雅鲁藏布江贡嘎段应急防洪工程现场，调研水利设施项目建设进度和质量安全保障情况。调研中普布顿珠还对防汛抗旱工作进行安排部署。

18日 自治区人大常委会副主任、市委书记许成仓深入浪卡子县调研扶贫产业项目发展、基础设施建设等工作。市委常委、秘书长赫沛陪同调研。

同日 市委副书记、市长普布顿珠率相关部门负责人到森布日极高海拔地区生态搬迁拟规划产业区域（吉纳）、森布日二期安置点进行实地调研，并主持召开幸福家园建设现场指挥部第8次会议，传达学习有关会议精神，研究部署下一步有关工作。

20日 自治区人大常委会副主任、市委书记许成仓深入乃东区多颇章易地扶贫搬迁安置点、桑耶安置点二期、鲁琼安置点，实地督促检查易地扶贫搬迁安置点建设工作，看望慰问坚守岗位的施工人员。

市委常委、秘书长赫沛陪同督导。

同日 市委副书记、常务副市长李修武赴加查县检查指导脱贫攻坚大督战大排查发现问题整改工作和援藏项目建设情况。

同日 由西藏铁路建设有限公司建设、中铁广州工程局集团有限公司承建的国家重点工程川藏铁路拉萨至林芝段重点控制性工程——藏木雅鲁藏布江双线特大桥现浇主梁顺利合龙,标志着拉林铁路全线120座桥梁线下主体工程施工全部完成。藏木雅鲁藏布江双线特大桥位于山南市加查县安饶镇桑加峡谷内,桥梁全长525.1米,主梁采用跨径为430米的中承式提篮钢管混凝土拱,是世界上最大跨度最高海拔的铁路钢管混凝土拱桥。藏木雅鲁藏布江双线特大桥主材首次采用Q345qENH和Q420qENH免涂装耐候钢,是国内第一座免涂装耐候钢桥。

24日 中国共产党山南市第一届委员会第五次全体会议在泽当举行。自治区人大常委会副主任、市委书记许成仓代表市委常委会作讲话,并就《中共山南市委关于全面加强新时代党的建设的实施意见》起草情况作说明。市委领导格桑、刘志强、汪华东、李修武、龚兵、赫沛、丹增、燕红、张定成、拉巴加布出席会议。

25日 自治区人大常委会副主任、市委书记许成仓到乃东区鲁琼搬迁安置点小区、多颇章搬迁安置点,察看施工进度,慰问节日期间坚守施工一线的干部职工和施工人员。市委常委、秘书长赫沛陪同调研。

同日 自治区副主席、市委副书记、市长普布顿珠到乃东区多颇章嘎东团结新村和鲁琼社区,调研搬迁安置点项目收尾工作推进情况。

25—26日 市委副书记刘志强到洛扎县边境小康村各施工点,调研脱贫攻坚普查准备、边境小康村建设、基层党建等工作,督促工程建设进度。

26日 自治区副主席、市委副书记、市长普布顿珠到索朗嘎咕水利枢纽及输水管道工程和江热桥项目施工现场,实地调研工程推进情况。

28日 自治区副主席、市委副书记、市长普布顿珠主持召开山南市边境小康村建设指挥部会议,传达学习市委书记许成仓有关指示批示精神,听取浪卡子、洛扎、错那、隆子4个县边境小康村项目建设情况汇报。市委副书记、常务副市长汪华东,副市长张福臣、牟永文、邓荃出席。

7月

1日 自治区人大常委会副主任、市委书记许成仓深入基层一线,走访基层党组织,慰问基层党员干部。市委常委、秘书长赫沛,市委常委、组织部部长张定成陪同慰问。

同日 自治区副主席、市委副书记、市长普布顿珠到森布日堤路结合点、森布日水厂、吉那大桥、陇巴高速口等地,实地调研项目建设推进情况。

同日 市人民医院举行庆祝中国共产党建党99周年暨新院区正式运行启用仪式。全体医护人员重温入党宣誓并为市人民医院国家卒中中心和市骨与关节疾病诊疗中心揭牌。

2—4日 自治区人大常委会副主任、市委书记许成仓在隆子县调研抵边搬迁、产业发展、边境基础设施、党的建设等各项工作。市委常委、秘书长赫沛陪同调研。

同日 市委副书记刘志强来到错那县边境小康村建设项目点调研督导,宣讲市委一届五次全会精神,现场推进解决具体问题。

4日 由市人民医院、自治区医学会骨科分会,安徽省第五批医疗人才“组团式”援藏医疗队承办的第二届“雅砻医学论坛”暨“首届雅砻骨科论坛”学术交流会在市人民医院开幕。市委副书记、常务副市长、安徽省第七批援藏工作队总领队汪华东出席并讲话。

6日 自治区副主席多吉次珠率调研组到山南市调研旅游文化相关工作。

6—7日 市人大常委会主任王德文深入扎囊县及吉汝、扎其、桑耶等乡镇、村居和群众家中,到热正岗氆氇古法扎染基地和奶牛养殖、藏鸡养殖、易地搬迁、西普农业等项目点,详细了解脱贫攻坚宣传引导、环境保护、产业发展、群众参与、利益联结、增收致富等情况,实地督导问题整改,并与扎囊县和有关部门负责人座谈交流,就进一步加强问题整改和迎接督查普查工作提出要求。

13—15日 自治区副主席甲热·洛桑丹增率队到山南市,到扎囊县桑耶镇调研易地扶贫搬迁集中安置点(二期)、乃东区西区农贸市场和餐饮服务、食品加工等单位和企业开展调研,并到羊卓雍措巡湖。市委常委、组织部部长张定成，副市长王霞陪同。

13—16日 自治区民营经济领导小组副组长、政协副主席、工商联主席阿沛·晋源到山南市隆子、错那、措美、乃东实地调研工商联工作开展情况和11家民营企业生产经营情况，与市非公经济工作领导小组座谈交换意见。副市长邓荃主持座谈会。市政协副主席、工商联主席赤列央金汇报市非公经济工作开展情况。

14日 市委副书记刘志强沿着雅江桑日至加查段巡河检查，实地查看沿线砂石场开采、防汛准备等情况，对防汛救灾和雅江治理工作提出明确要求。

15日 自治区人大常委会副主任、市委书记许成仓会见安徽省发改委党组成员、省合作交流办主任侯锋平率领的调研组一行，双方围绕安徽省"十四五"援藏规划编制工作进行座谈。市委副书记、常务副市长、安徽省第七批援藏工作队领队汪华东，市委常委、秘书长赫沛出席会议。

同日 山南市召开文化旅游产业招商引资推介会。市委副书记、常务副市长、安徽省第七批援藏工作队总领队汪华东出席并致辞，安徽省发改委党组成员、省合作交流办主任侯锋平出席推进会。会上，市发改委介绍山南市招商引资政策、重点旅游招商项目和旅游优惠政策，乃东区、浪卡子、措美、错那县介绍县（区）文化旅游产业发展情况。市旅游发展局与安徽省合肥、芜湖、安徽中青旅行社，措美县与奇瑞瑞弗特种车辆技术有限公司签订合作协议。

同日 市委常委、宣传部部长燕红主持召开市委宣传部理论学习中心组（扩大）会议，专题学习讨论民法典。

同日 市委常委、宣传部部长燕红到曲松县对杰当浦河段入汛防汛工作开展情况进行检查，推动汛期河长制工作抓细抓实。

15—16日 市委副书记刘志强深入洛扎县柏日、美秀、木、曲吉麦、民久玛等边境小康村建设施工点，督查施工进度，现场解决问题，与洛扎县负责人召开碰头会，要求以最充分准备迎接国家普查验收。

16日 自治区副主席、市委副书记、市长普布顿珠先后到经开区主干道、鲁琼环线路、泽当大道东延伸段、贡布路扩宽工程等施工现场，实地调研工程进度。市委副书记、常务副市长汪华东，副市长邓荃在部分项目点一同陪同。

同日 市政协党组书记、主席巴珠到桑日县召开迎接脱贫攻坚普查工作会议，传达学习普布顿珠在山南市脱贫攻坚普查动员部署暨现场登记培训会议上的讲话精神，安排部署相关工作。

17日 市委副书记、常务副市长、湖北第九批援藏工作队总领队李修武在乃东区颇章乡布仁沟调研藏鸡产业项目推进情况。副市长索朗曲巴一同调研。

20日 自治区人大常委会副主任、市委书记许成仓主持召开市委理论学习中心组专题学习会，专题学习《习近平谈治国理政》第三卷。自治区副主席、市委副书记、市长普布顿珠，市委领导格桑、刘志强、吴巨培、汪华东、李修武分别发言。

同日 山南市召开"雪亮工程"建设工作视频推进会。市委常委、政法委书记龚兵出席并讲话。会议听取"雪亮工程"项目建设进展情况，各相关单位作交流发言，并就下一步工作做出安排部署。

21日 自治区副主席、市委副书记、市长普布顿珠深入泽当城区调研有关项目建设情况。

27日 山南市举办首届旅游商品大赛。市委副书记、常务副市长汪华东出席并为获奖选手颁奖。大赛以"文旅共创·山南有礼"为主题，以民族文化、人文历史、自然风景、绿色生态等山南特色文化为题材，以隆子黑青稞、加查木碗、勒布茶叶等山南特色物产为载体，通过文化艺术创意，打造特色鲜明、主题突出，艺术性与实用性于一体的游客喜爱、便于携带的旅游商品。大赛共收到60余种参赛作品，21件入选决赛圈。通过专家评审组现场评审，按照地域性、品牌性、创新性等评奖标准，现场产品陈述分+网络投票分各占80%和20%进行评选。共评选出1名金奖、4名银奖、5名铜奖、1名网络最佳人气奖、10名优秀组织奖。

28—29日 安徽省六安市企联会长、安徽迎驾集团股份有限公司董事长倪永培率队的六安市企业家一行来山南市考察交流。7月29日下午召开座谈会。市委副书记、常务副市长、安徽第七批援藏工作队总领队汪华东主持会议并讲话。会上，倪永培代表六安市企联，向措美县人民医院捐赠106万元资金。

30日 自治区副主席、市委副书记、市长普布顿珠在泽当城区调研老旧小区改造提升工作。市委副书记、常务副市长汪华东，副市长王霞、邓荃一同调研。

31日 2020年武汉协和医院对口帮扶山南市

妇保院暨“湖北援藏·武汉协和大爱医心—西藏儿童先心病免费救治行动”启动仪式在山南市举行。市委副书记、常务副市长、湖北第九批援藏工作队总领队李修武，武汉协和医院副院长张进祥出席并致辞。副市长王霞主持仪式。

8月

3日 副市长王霞在市人民医院调研新冠肺炎核酸检测实验室建设工作。王霞实地查看并听取检测实验室建设情况汇报。

4日 自治区人大常委会副主任、市委书记许成仓到浪卡子县和贡嘎县岗堆镇等地督导检查脱贫攻坚普查工作。市委常委、秘书长赫沛陪同督导检查。

同日 自治区人大常委会副主任、市委书记许成仓会见中国华电集团有限公司党组成员、副总经理王宏志一行。市委常委、秘书长赫沛陪同会见。双方就加强清洁能源开发、决胜脱贫攻坚、推动经济社会发展等方面进行深入交流。

5日 自治区人大常委会副主任、市委书记许成仓会见湖南建工集团党委书记、董事长蔡典维一行。市委副书记、湖南省第九批援藏工作队领队吴巨培一同会见。

6日 湖南省市场监督管理局局长向曙光率考察组一行到山南市考察并座谈，副市长江嘎出席座谈会。会上，市市场监管局负责人汇报工作开展情况，签订《湖南省市场监督管理局对口援助山南市市场监管局框架协议》。

同日 自治区人大常委会副主任、市委书记许成仓来到隆子县扎日乡，调研边境小康村建设、党的建设等工作，市委常委、秘书长赫沛陪同调研。

同日 自治区副主席、市委副书记、市长普布顿珠到市农业技术推广中心、乃东区昌珠镇克麦社区良种繁育基地、扎囊县扎其乡孟嘎荣村青饲玉米试种基地等地，调研“三秋”农牧业生产工作。副市长索朗曲巴陪同调研。

8日 山南市“情系湖北享购山南”消费券发放活动启动仪式在惠好超市举行。市委副书记、常务副市长、湖北第九批援藏工作队总领队李修武出席并宣布活动启动。

11日 市藏医医院举行湖南卫生援藏座谈会暨“院包科”签约仪式。湖南省卫生健康委副主任祝益民、湖南中医药大学党委书记秦裕辉、湖南省人民医院院长李小松、湖南省妇幼保健院院长刘景诗、湖南中医药大学第二附属医院院长李木清等出席。市委副书记、湖南省第九批援藏工作队领队吴巨培主持会议。座谈会上，湖南省人民医院、湖南中医院大学第一附属医院、湖南中医院大学第二附属医院分别与山南市藏医医院签订急重症医学科、口腔科、治未病科、心脑科、外治科的“院包科”协议，湖南省人民医院向市卫健委捐赠现金20万元。

13日 自治区副主席、市委副书记、市长普布顿珠在琼结县调研学校布局优化调整和扶贫产业发展情况。

14日 自治区人大常委会副主任、市委书记许成仓深入索朗嘎古水利枢纽工程、森布日极高海拔生态搬迁二期工程、祁连山水泥厂和山南火车站站前广场等地，调研重点项目建设情况。市委常委、秘书长赫沛陪同调研。市委副书记、常务副市长、安徽省第七批援藏工作队领队汪华东参加山南火车站站前广场调研。

15日 自治区人大常委会副主任、市委书记许成仓会见中国科学院青藏高原研究所副所长安宝晟一行，双方围绕加强合作进行座谈。市委常委、宣传部部长燕红陪同会见。

16日 自治区人大常委会副主任、市委书记许成仓会见西藏银行党委副书记、行长李瑞冬一行。市委副书记、常务副市长汪华东，市委常委、秘书长赫沛参加会见。

17日 “营养匠心·让格桑花美丽绽放——2020澳优U基金格桑花西藏母婴营养提升公益计划之定点授牌暨爱心捐赠仪式”在山南市举行。市委副书记、湖南省第九批援藏工作队总领队吴巨培出席活动并讲话。此次活动，澳优U基金向西藏自治区红十字会捐赠20万元现金和价值100万元悠蓝有机婴儿配方奶粉，向比龙村、果琼村、昌庆村等捐赠20万元物资。

17—19日 自治区人大常委会副主任、市委书记许成仓在错那县调研抵边搬迁、边境小康村建设、脱贫攻坚、产业建设、巡视整改、党的建设等各项工作。市委常委、秘书长赫沛陪同调研。

18日 自治区人大常委会副主任、市委书记许成仓会见系列纪录片《未知的中国》拍摄组一行。市委常委、宣传部部长燕红陪同会见。

19日 山南市举办2020年就业援藏安徽省企业专场招聘会。市委副书记、常务副市长李修武出席招聘会。本次安徽省专场招聘会,共有23家企业,提供493个就业岗位。

20日 自治区人大常委会副主任、市委书记许成仓深入乃东区克松居委会、多颇章乡,扎囊县桑耶社区等地的青饲玉米、俄罗斯饲料菜、巨菌草、紫花苜蓿种植基地和试验田,实地察看调研饲草种植和试种情况。市委常委、秘书长赫沛陪同调研。

22日 自治区人大常委会副主任、市委书记许成仓在加查县调研巡视整改、脱贫攻坚、产业建设、寺庙管理、党的建设等各项工作。市委常委、秘书长赫沛陪同调研。

同日 自治区副主席、市委副书记、市长普布顿珠到扎囊县桑耶镇松卡居委会,调研防汛救灾和产业发展工作情况。

同日 自治区副主席、市委副书记、市长普布顿珠再次来到森布日极高海拔生态搬迁安置区,实地调研森布日生态涵养区项目规划、游步道建设、水厂建设、二期项目建设、综合管廊项目规划等情况。

25日 由山南市冠名的"藏美之行源起山南"高铁列车在上海虹桥站正式运行,市委副书记、常务副市长、安徽省第七批援藏工作队总领队汪华东出席首发仪式。

同日 市委常委、宣传部部长燕红采取"四不两直"方式先后深入曲松县曲松镇措堆村、县国安指挥部、县公安检查站、县中学和桑日县增期寺等地,督导检查维稳工作安排部署和落实情况,查看《习近平谈治国理政》第三卷学习情况。

26日 市委常委、秘书长赫沛先后深入琼结县次仁炯寺、东嘎村、雪康社区等地,督导检查维稳工作安排部署和落实情况,查看《习近平谈治国理政》第三卷学习情况。

26—27日 自治区副主席江白率调研组在山南市贡嘎、扎囊、桑日、乃东等地调研2021年植树造林点、矮化苹果种植项目、先建后补项目选址、山体绿化等相关工作情况。副市长张福臣、索朗曲巴陪同调研。

27—30日 西藏自治区第七次全国人口普查综合业务培训会在山南市举行。国家统计局人口和就业统计司二级巡视员贾毓慧出席,自治区第七次全国人口普查领导小组组长、统计局局长索朗扎西讲话,市委副书记刘志强致辞,自治区统计局副局长多吉战都主持。此次培训会来自全区各地市74个县(区)各级普查办的110名工作人员参加为期3天半的综合业务培训。

27日 西藏自治区第四次全国经济普查表彰会在山南市举行。自治区统计局党组副书记、局长索朗扎西,自治区统计局副局长多吉战都出席表彰会并为受表彰的32个先进集体和133位先进个人进行颁奖。

28日 市委副书记、常务副市长李修武到桑日县,就华新水泥窑协同处置生活垃圾项目、华新水泥厂物流大厅项目选址点等进行实地调研并召开现场办公会。

28—29日 中央第七次西藏工作座谈会在北京召开,中共中央总书记、国家主席、中央军委主席习近平出席会议并发表重要讲话。自治区人大常委会副主任、市委书记许成仓,自治区副主席、市委副书记、市长普布顿珠赴京参会。山南市党员干部通过新闻联播等各种形式集中收看座谈会。

29日 自治区副主席罗梅率调研组在山南市调研医疗信息化工作开展情况,副市长张福臣陪同调研。

9月

4日 自治区人大常委会副主任、市委书记许成仓会见湖南第一师范学院党委书记彭小奇一行,双方围绕办好西藏山南师范班进行座谈。市委副书记、湖南省第九批援藏工作队总领队吴巨培一同会见。

6—7日 自治区人大常委会副主任其美仁增率队的"中华环保世纪行——西藏行"检查组先后深入乃东区昌珠镇乃东白荣养殖基地、西区农贸市场、金鲁沟生猪定点屠宰场,加查县农贸市场蔬菜、肉类、海鲜等日常农产品交易区检查指导环境整治、生态环保工作,并与山南市召开座谈会。市人大常委会党组书记、主任王德文出席座谈会并汇报市人大常委会关于加强生态环保法治建设的情况。

7日 自治区人大常委会副主任、市委书记许成仓在措美县调研脱贫攻坚工作，看望开展国家脱贫攻坚普查事后质量抽查工作的工作人员。市委常委、秘书长赫沛陪同调研。

同日 自治区副主席、市委副书记、市长普布顿珠在泽当城区调研重点项目建设。

同日 由湖北省粮油（集团）有限责任公司、山南藏禾粮油产业发展有限公司、湖北省生态农业有限公司共同投资3亿元，成立的国有控股西藏长投农业科技发展有限公司在江北新区乃东武汉产业援藏园挂牌成立。市委副书记、常务副市长、湖北省第九批援藏工作队总领队李修武为公司揭牌。

7—8日 自治区人大常委会副主任、市委书记许成仓深入洛扎县边境一线，宣讲中央第七次西藏工作座谈会精神。市委常委、秘书长赫沛陪同调研。

8日 自治区副主席、市委副书记、市长普布顿珠深入大古、加查、冷达水电站调研项目建设，助力脱贫攻坚、带动就业等工作。

同日 山南市与湖北省人社厅代表团座谈。市委副书记、常务副市长、湖北省第九批援藏工作队总领队李修武代表市委、市政府向代表团一行表示热烈欢迎，向湖北省委、省政府和省人社厅长期以来对山南市人社工作的关心支持表示感谢。会上，湖北省人社厅向市人社局捐赠100万元援助资金。

同日 政协第一届山南市委员会第七次会议召开。市政协主席巴珠参加会议，市委副书记、常务副市长刘志强出席党员大会并对选举工作提出要求。

8—12日 湖南省委副书记乌兰率领湖南省党政代表团就进一步做好对口支援西藏工作进行实地考察调研。并与区党委副书记、自治区人大常委会主任洛桑江村在拉萨召开座谈会。区党委常务副书记、自治区政协党组书记丁业现，区党委副书记、自治区常务副主席庄严，区党委副书记严金海，区党委常委、秘书长刘江，自治区人大常委会副主任、山南市委书记许成仓，自治区副主席、山南市委副书记、市长普布顿珠出席座谈或陪同考察。

9日 自治区人大常委会副主任、市委书记许成仓赴党建工作联系点浪卡子县多却乡堆日村，看望慰问基层干部群众，调研党的建设、乡村振兴、人居环境整治和精神文明建设等各项工作。市委常委、秘书长赫沛陪同调研。

同日 山南市2020年第1期《雅砻讲坛》开讲，为全市干部职工和各族群众代表举办题为《认真学习民族团结进步法规全面推进民族团结进步创建工作》专题讲座。市人大常委会主任王德文出席，市委常委、纪委书记、监委主任拉巴加布主持。

同日 2020雅砻文化旅游节系列活动之一“2020环羊卓雍措自行车公开赛”在浪卡子县羊卓雍措岗巴拉观景台正式开幕。市委副书记、常务副市长汪华东出席并致辞。本次公开赛从9月8日开始至13日结束，正式比赛日为9月10日至12日，赛事起点设在扎玛龙村，终点设在浪卡子县城，赛段平均海拔4400米，85名参赛骑手将在3个比赛日内完成环湖赛程207.8公里。

10日 以“藏源·藏缘——不忘初心再创辉煌”为主题的2020雅砻文化旅游节开幕式在市体育场隆重举行。湖南省委副书记乌兰，自治区党委副书记严金海，自治区人大常委会副主任、市委书记许成仓共同启动开幕式。自治区副主席、市委副书记、市长普布顿珠，自治区党委组织部副部长、第九批援藏干部人才总领队杨晓林，市领导王德文、巴珠、格桑、汪华东、李修武、赫沛、燕红、张定成出席开幕式。市委副书记、常务副市长刘志强，湖南省委宣传部副部长刘学分别致辞；市委副书记、湖南省第九批援藏工作队总领队吴巨培主持。本届雅砻文化旅游节包括开幕式文艺演出、招商引资推介会、山南市博物馆开馆仪式暨传统工艺美术展、高原特色产品展销会、旅游交流推广活动、山南特色藏品入湘展销活动等内容，促进湖南山南两地文化交流交融。

同日 2020雅砻文化旅游节招商引资推介会在泽当举行，40家企业共计96人参会，共签约项目34个，协议资金达136.6亿元。市委副书记、常务副市长刘志强出席并致辞，副市长牟永文主持。

11日 自治区副主席、市委副书记、市长普布顿珠主持召开山南市深化“放管服”改革优化营商环境电视电话会议。市领导汪华东、李修武、黄金城、张福臣、索朗曲巴、牟永文、江嘎、邓荃、罗天华出席。

同日 山南博物馆举行开馆仪式。市委副书记、常务副市长汪华东出席并讲话，自治区文物局副局长曲珍致辞。山南博物馆馆藏考古出土的金银器、陶器、石器，古籍文献档案、传统造像艺术（造像类、唐卡类）及民俗用品、墓葬随葬品等4000余件，文物数量是全区市（地）级博物馆之最。馆内设有山南历史陈列展、民俗民风展、传统艺术展、文档文书展4个常设展和1个临时展。

13日 自治区人大常委会副主任、市委书记许成仓到乃东区藏鸡养殖基地和琼结县蔬菜种植基地调研产业援藏工作。市委副书记、常务副市长、安徽省第七批援藏工作队总领队汪华东，市委副书记、常务副市长、湖北省第九批援藏工作队总领队李修武参加部分调研点调研。

同日 自治区人大常委会副主任、市委书记许成仓到山南博物馆考察调研。市委副书记、常务副市长、安徽省第七批援藏工作队总领队汪华东陪同调研。

14日 以“网络安全为人民，网络安全靠人民”为主题的2020年山南市国家网络安全宣传周活动在白日街启动。市委副书记吴巨培参加启动日活动。本次宣传活动共设置宣传展板286个，发放124种宣传品、12000余份宣传资料。

16日 山南市开展以“中华民族一家亲同心共筑中国梦”为主题的集中宣传活动暨“民族团结进步日”启动仪式，宣读《市人大常委会关于设立山南市“民族团结进步日”的决定》。市委副书记格桑、市人大常委会副主任沈百存、市政协副主席普布出席，副市长索朗曲巴主持启动仪式并致辞。

18日 市委副书记、常务副市长刘志强到市发改委调研，详细了解各职能科室运行情况，并与干部职工座谈，共同学习中央第七次西藏工作座谈会精神。

同日 市委政法委组织相关成员单位在白日街开展以“加强民族团结共建平安山南”为主题的平安建设宣传活动。市委常委、政法委书记、公安局党委书记龚兵到集中宣传点了解活动开展情况。此次活动共向群众发放宣传资料3万余份，受教育群众达1万余人次。

19日 自治区人大常委会副主任、市委书记许成仓与水利部总规划师汪安南率领的工作组一行座谈，市委常委、秘书长赫沛陪同座谈。

21日 全国政协人口资环境委员会副主任杨松率湖北省建藏援藏工作者协会考察组到山南市考察调研对口援藏工作，并与山南市座谈。市政协主席巴珠，市委副书记常务副市长刘志强，市政府副市长、乃东区委书记尼玛次仁出席座谈会并陪同考察。市委副书记、常务副市长、湖北省第九批援藏工作队总领队李修武陪同考察并主持座谈会。

同日 山南市启动市场监管领域生活美容服务行业部门联合“双随机、一公开”监管工作。副市长江嘎出席启动仪式并讲话。

21—23日 市委常委、组织部部长张定成先后深入党支部联系点桑日县绒乡吉荣村、浪卡子县伦布雪乡松拉村和普玛江塘乡萨藏村、措果村，向基层党员干部宣讲中央第七次西藏工作座谈会精神，调研基层党组织建设情况，指导解决党支部重难点问题。

22日 中国工商银行落户山南。自治区副主席、市委副书记、市长普布顿珠，中国工商银行党委书记、董事长陈四清分别致辞，并为中国工商银行山南分行揭牌。工商银行西藏分行党委书记、行长毕晓宏介绍山南分行筹建情况。区党委副秘书长、区党委改革办常务副主任次仁平措，市人大常委会副主任贡觉多吉、市政协副主席赤列央金出席。中国工商银行、区银保监局、中国人民银行拉萨中心支行、工商银行西藏分行、西藏幸福集团公司、乃东区、市直相关部门主要负责人参加活动。

同日 市委副书记、常务副市长刘志强到市自然资源局，传达学习中央第七次西藏工作座谈会精神，调研自然资源系统重点工作和党风廉政建设工作。

同日 市委常委、秘书长、市直机关工委书记赫沛在市便民服务局机关党支部调研指导党建工作，并座谈。

24日 自治区人大常委会副主任、市委书记许成仓与农行西藏自治区分行党委书记、行长林庆一行座谈。市委常委、秘书长赫沛参加座谈。

同日 自治区人大常委会副主任、市委书记许成仓主持召开各界代表人士座谈会，听取各界代表对山南市“十四五”规划的意见建议。市委副书记、常务副市长李修武，市委常委、秘书长赫沛出席座谈会。

25日 山南市在森布日极高海拔搬迁点举行民族团结进步“进村居”集中宣传暨中国少数民族特色村寨、第七批全国民族团结进步示范区（单位）集中授牌仪式。乃东区扎西曲登居委会、错那县麻麻门巴民族乡麻麻村、隆子县斗玉珞巴民族乡斗玉村荣获“中国少数民族特色村寨”称号；错那县勒门巴民族乡、森布日极高海拔搬迁点荣获“第七批全国民族团结进步示范区（单位）”称号。自治区民委党组成员、副主任黄云素出席授牌仪式。市委副书记格桑出席并讲话。

27日　市委副书记、常务副市长刘志强到市统计局和国调队，传达学习中央第七次西藏工作座谈会精神，调研市统计局和国调队重点工作和党风廉政建设工作。

同日　山南市举行“皖藏两地一家亲 同心共筑中国梦”为主题的2020年庆国庆·迎中秋文化活动。市领导王德文、巴珠、丹增、张定成、拉巴加布等出席活动。市委副书记、常务副市长、安徽省第七批援藏工作队总领队汪华东致辞。

同日　山南市召开第一期藏胞（胞眷）“铸牢中华民族共同体意识”主题区情教育总结座谈会。市委常委、统战部部长丹增出席并讲话。

同日　市委副书记、常务副市长刘志强到市应急管理局，传达学习中央第七次西藏工作座谈会精神，调研市应急管理局各项工作开展情况。

30日　山南市举行烈士纪念日向烈士敬献花篮仪式。区党委副书记、自治区人大常委会主任洛桑江村，自治区人大常委会副主任、市委书记许成仓，市领导王德文、巴珠、格桑、刘志强、汪华东、刘建勋、秦万明、龚兵、丹增、燕红、拉巴加布等参加敬献花篮仪式。市人大、政府、政协领导班子成员，烈士遗属代表，市（中、区）直单位干部职工代表，乃东区干部职工和农牧民群众代表，驻山南解放军、武警、消防救援人员代表，学生代表等900余人参加活动。

10月

2日　自治区人大常委会副主任、市委书记许成仓一行深入乃东区、加查县、桑日县，调研项目建设和易地搬迁工作。市委常委、秘书长赫沛陪同调研。

3日　中央政治局委员、中央书记处书记，中央纪律检查委员会副书记、国家监察委员会主任杨晓渡一行在山南市召开座谈会，自治区人大常委会副主任、市委书记许成仓，自治区副主席、市委副书记、市长普布顿珠，市领导格桑、刘志强、龚兵、丹增、赫沛、燕红、张定成、拉巴加布参加座谈会。

9—10日　自治区副主席、市委副书记、市长普布顿珠深入措美县哲古镇、措美镇、古堆乡，了解中央第七次西藏工作座谈会精神宣讲落实情况，调研脱贫攻坚、村容村貌整治、乡村振兴和旅游产业发展等情况。

11日　自治区副主席江白率调研组先后到山南市贡嘎县森布日矮化苹果项目建设点、森布日村林卡叠叠点、刘琼村班典桑珠点等地，实地调研植树造林和2021年扶贫产业矮化苹果种植项目选址等相关工作。副市长张福臣陪同调研。

12日　自治区人大常委会副主任、市委书记许成仓到森布日极高海拔生态搬迁安置点，宣讲中央第七次西藏工作座谈会精神。市委常委、秘书长赫沛陪同。

同日　自治区人大常委会副主任、市委书记许成仓到措美县，向当地各族干部群众宣讲中央第七次西藏工作座谈会精神。市委常委、秘书长赫沛陪同。

同日　自治区副主席、市委副书记、市长普布顿珠深入曲松县邛多江乡、堆随乡、下江乡、曲松镇、罗布莎镇了解中央第七次西藏工作座谈会精神宣讲落实情况，调研脱贫攻坚、乡村振兴、扶贫产业发展和生态保护等情况。市政协副主席、市政府秘书长罗天华陪同调研。

14日　中央第七次西藏工作座谈会精神自治区宣讲团在山南市集中宣讲。区监委委员、区纪委副秘书长次仁旺堆作宣讲报告。市委常委、宣传部部长燕红主持会议。

16日　市委副书记吴巨培赴加查县、桑日县暗访生态环境“六大”专项整治工作情况。

18日　自治区副主席、市委副书记、市长普布顿珠到S5拉萨至山南快速通道项目（山南段）进行实地调研。市政协副主席、市政府秘书长罗天华和扎囊县、市交通局有关负责人参加调研。

19日　自治区副主席、市委副书记、市长普布顿珠来到隆子县，向干部群众宣讲中央第七次西藏工作座谈会精神。市政协副主席、市政府秘书长罗天华出席。

同日　市委副书记、湖南省第九批援藏工作队总领队吴巨培先后赴隆子县隆子镇忙措村实地察看“藏香猪标准化养殖基地”项目建设推进情况，到隆子县列麦乡向干部群众宣讲中央第七次西藏工作座谈会精神。隆子县“藏香猪标准化养殖基地”项目总投资3.5亿元，占地10.93公顷，2020年8月施工建设。项目集养殖、屠宰、冷链、物流于一体，打造成为西藏海拔最高、规模最大的藏香猪养殖全产业链。

19—23 日 湖北省副省长赵海山率湖北省援藏工作代表团深入山南市考察调研对口支援工作，并召开湖北省援藏工作座谈会。自治区人大常委会副主任、市委书记许成仓主持座谈会，自治区副主席、市委副书记、市长普布顿珠陪同调研并出席座谈会。调研期间，湖北省代表团先后深入西藏宏农农业发展有限公司藏鸡项目、昌珠镇扎西曲登社区、市妇女保健院、华新水泥（西藏）有限公司、东辉中学、市博物馆等进行考察，看望慰问援藏干部人才，并为市妇保院捐赠1000万元援助资金。市委副书记、常务副市长、湖北省第九批援藏工作队总领队李修武陪同调研并汇报援藏工作情况。湖北省援藏工作代表团成员，市领导赫沛、张定成、扎西、王霞、尼玛次仁、普布、罗天华出席座谈会。

20—22 日 市政协党组书记、主席巴珠先后到隆子县扎日乡和洛扎县，向当地干部群众宣讲中央第七次西藏工作座谈会精神。

21 日 自治区人大常委会副主任、市委书记许成仓来到市第二高级中学调研，宣讲中央第七次西藏工作座谈会精神，与师生员工和教育系统干部职工代表座谈，交流学习体会。市委常委、秘书长赫沛陪同调研。

同日 自治区人大常委会副主任王峻到浪卡子县，以“党的光辉照边疆　边疆人民心向党”为主题，向干部群众宣讲中央第七次西藏工作座谈会精神。

同日 自治区政协副主席卓嘎带队的自治区政协视察团一行在山南市调研特色种养殖业合作社发展工作。视察团一行先后到贡嘎县森布日极高海拔生态搬迁安置点、矮化苹果种植园、扎囊县桑耶镇扎西平措山羊养殖农民专业合作社和桑耶社区农民专业藏鸡养殖合作社、桑日县旭日千亩苗圃果园基地等实地调研、听取情况汇报，详细了解当地特色种养业发展、硬件设施配备、项目建设内容，以及项目后期经济效益、生态效益和社会效益。

22 日 自治区人大常委会副主任、市委书记许成仓到桑耶寺调研，与部分驻寺干部、僧尼代表座谈，宣讲中央第七次西藏工作座谈会精神，与大家一起交流学习体会。市委常委、秘书长赫沛，市委常委、统战部部长丹增出席会议。

同日 市政协党组书记、主席巴珠在洛扎县调研边境小康村建设和河长制等工作。

同日 2020“冬游西藏”山南旅游启动仪式暨“藏美之行源起山南”旅游推介会在辽宁省沈阳市拉开序幕。市委副书记、常务副市长汪华东、辽宁省文化和旅游厅副巡视员王以东出席并致辞，东三省西藏专线旅行社和辽宁省各大媒体代表共200余人参加推介会。此次推介会是山南市首次到东三省开展旅游推介。

22—23 日 市人大常委会主任王德文来到隆子县玉麦乡，宣讲中央第七次西藏工作座谈会精神。

26 日 市委副书记、常务副市长刘志强赴贡嘎县宣讲中央第七次西藏工作座谈会精神。

同日 自治区党委常委、纪委书记、监委主任王卫东深入山南市乃东区琼嘎顶社区宣讲中央第七次西藏工作座谈会精神。

27 日 自治区人大常委会副主任、市委书记许成仓与中国移动集团党组组织部副部长马力一行座谈。市委副书记卓锋，市委常委、秘书长赫沛，市委常委、组织部部长张定成出席座谈会。

同日 市委常委、纪委书记、监委主任拉巴加布深入浪卡子县伦布雪乡宣讲中央第七次西藏工作座谈会精神。

28 日 自治区副主席、市委副书记、市长普布顿珠再次来到森布日极高海拔生态搬迁安置区调研，副市长张福臣、牟永文和市政协副主席罗天华参加调研。

同日 “初心赞家国情”第六届“感动山南十大人物”颁奖晚会在雅砻剧院隆重举行。自治区党委宣传部副部长嘎玛旦巴，市党政军领导巴珠、吴巨培、燕红、拉巴加布、姚仕成等出席晚会。

28—29 日 市委常委、组织部部长张定成先后深入浪卡子县城、县中学、浪卡子镇、白地乡分四场次宣讲中央第七次西藏工作座谈会精神。

29 日 自治区副主席、市委副书记、市长普布顿珠先后来到昌果新兴产业集聚区、经开区、实地调研园区建设进展情况。副市长牟永文、市政协副主席罗天华参加调研。

30 日 “安徽援藏进山南号”列车首发式30日在合肥地铁1号线珠江路车辆段运用库举行。山南市委副书记、常务副市长汪华东出席并致辞。

11月

1日　山南市第七次全国人口普查进入入户登记阶段。自治区人大常委会副主任、市委书记许成仓,自治区副主席、市委副书记、市长普布顿珠,市委副书记、常务副市长刘志强等市委领导以普通公民的身份接受人口普查现场登记。

同日　以"关注消防,生命至上"为主题的2020年"119消防宣传月"暨移动式消防文化主题乐园启动仪式在市三小举行。市委副书记、常务副市长刘志强出席并致辞。

3日　中国共产党山南市第一届委员会第六次全体会议在泽当召开。全会由市委常委会主持。自治区人大常委会副主任、市委书记许成仓代表市委常委会向全会作报告。全会讨论并审议通过《中共山南市委员会关于贯彻落实中央第七次西藏工作座谈会精神进一步推进山南长治久安和高质量发展的实施意见》。自治区副主席、市委副书记、市长普布顿珠和市领导卓锋、格桑、刘志强、汪华东、李修武、秦万明、龚兵、赫沛、丹增、燕红、张定成、拉巴加布出席会议。

4日　自治区人大常委会副主任、市委书记许成仓与华电集团有限公司西藏分公司党委书记、执行董事蒋晓明一行座谈,双方围绕项目建设、进一步加强合作等相关事宜进行交流。自治区副主席、市委副书记、市长普布顿珠,市委常委、秘书长赫沛出席会议。

同日　市委副书记卓锋在乃东区克松社区为党员干部群众宣讲中央第七次西藏工作座谈会精神。

6日　自治区副主席、市委副书记、市长普布顿珠深入泽当城区调研市政重点项目。市委副书记、常务副市长汪华东陪同调研。

7日　自治区人大常委会副主任、市委书记许成仓与北大荒食品集团党委副书记、总经理孙鹏率领的考察组座谈。市委副书记卓锋,市委副书记、常务副市长、湖北省第九批援藏工作队领队李修武出席会议。

9日　市委常委、政法委书记龚兵到隆子县雪沙乡,向当地干部职工宣讲中央第七次西藏工作座谈会精神。

9—13日　市委副书记卓锋深入隆子、错那、洛扎县,调研脱贫攻坚、产业发展、边境小康村建设、基层教育等情况,宣讲中共十九届五中全会、中央第七次西藏工作座谈会精神,看望基层干部群众和部队官兵。

10日　自治区副主席、市委副书记、市长普布顿珠深入贡嘎县岗堆镇森布日牧业产品加工产业园调研。

同日　市人大常委会主任王德文到乃东区"人大代表之家"、昌珠寺管会、泽当街道办事处,宣讲中央第七次西藏工作座谈会精神。

12日　自治区人大常委会副主任、市委书记许成仓一行到错那县卡达乡康格多地区,实地考察边境小康村、抵边搬迁点选址,听取错那县边境地区村镇建设规划相关情况汇报。

同日　市委副书记、常务副市长、湖北省第九批援藏工作队总领队李修武主持召开与湖北省"十四五"援藏规划编制调研组见面会。

13日　自治区人大常委会副主任、市委书记许成仓到隆子机场建设现场、华钰矿业扎西康矿山,实地听取相关情况汇报,帮助解决存在的问题和困难。

15日　自治区人大常委会副主任、市委书记许成仓与国家发改委城市和小城镇发展中心规划院综合所所长、教授级规划师顾永涛一行座谈,双方围绕边境小康村、抵边搬迁和新型城镇化建设规划、乡村振兴、区域协调发展等进行交流。

16日　山南市举办题为《奋进新时代迈向新征程——党的十九届五中全会精神解读》的2020年第二期雅砻讲坛专题讲座。此次讲座由浙江大学教授陈印昌讲授。市委常委、组织部部长张定成主持。市委领导卓锋、龚兵聆听讲座。

20日　自治区地方志编纂委员会在拉萨组织召开《山南地区志(2001—2015)》验收会。区党委副秘书长宫士友出席会议并讲话。《山南地区志(2001—2015)》全志采用篇、章、节、目结构,除凡例、序言、概述、大事记、附录、编后记外,共设25篇94章419节,164万字,较全面、系统、详细地记述山南各行各业15年间的发展历程。与会领导、专家从政治、体例、史料、专业、保密、版式等方面对志稿进行严格评审。会议原则同意《山南地区志(2001—2015)》通过自治区地方志编纂委员会验收。

24—27日　市委副书记卓锋深入琼结、措美、浪卡子、曲松县,调研脱贫攻坚、产业发展、小康村建设、人居环境整治、政务服务、集中供养、教育教学等情况,宣讲中共十九届五中全会、中央第七次西藏工作座谈会精神，看望基层干部群众，了解相关情况。

26日 自治区宣讲团在山南市举行中共十九届五中全会精神宣讲报告会。自治区宣讲团成员、区党委统战部副部长黄志辉作宣讲报告。市委常委、组织部部长张定成主持宣讲会、市委常委、统战部部长丹增出席。

12月

1日 山南市2020·第40届雅砻物资交流会在乃东区泽当街道鲁琼物交会市场盛大开幕。自治区商务厅党组成员、副厅长嘎松美郎，市委副书记、常务副市长李修武出席开幕式。物交会共分为12个展区，主要包括各县（区）展区、特色产品展区、餐饮区、游乐场区等，参展商户2965户，上市商品品种650余种，上市商品总额9280万元。

同日 自治区副主席、市委副书记、市长普布顿珠深入泽当城区调研招商引资项目推进情况。市委副书记、常务副市长汪华东参加调研。

3日 青海汉和生物科技股份有限公司董事长邬剑一行来山南市考察对接3万吨黑青稞精深加工合作项目，并与山南市座谈。市委副书记、常务副市长、湖北省第九批援藏工作队总领队李修武、副市长牟永文出席会议。

4日 自治区平安建设（综治工作）检查考评组反馈意见会暨汇报会在泽当召开。市委副书记、常务副市长汪华东主持会议。市委常委、政法委书记、市公安局党委书记龚兵汇报山南市2020年平安建设（综治工作）开展情况。市人大常委会副主任扎西，市政协副主席赤列央金，市中级人民法院党组书记、代理院长卓玛央宗出席。

5—6日 自治区党委常委、自治区常务副主席姜杰先后到隆子县考察边境小康村建设情况，错那县调研边境管理情况、考察抵边搬迁情况、调研边境管理情况，全程由市委常委、秘书长赫沛陪同。

7日 自治区党委书记吴英杰深入浪卡子县调研，自治区副主席、市委副书记、市长普布顿珠，市委常委、秘书长赫沛陪同。

14日 自治区副主席、市委副书记、市长普布顿珠深入市疾控中心、市公安局人民警察训练基地隔离点、市人民医院和乃东区人民医院调研疫情防控工作，看望慰问一线工作人员。市领导龚兵、牟永文、罗天华一同调研。

15日 山南市举行“筑梦幸福家园，共建美丽乡村”网络采风活动。市委常委、秘书长赫沛致辞。

16日 自治区副主席、市委副书记、市长普布顿珠来到贡嘎县森布日极高海拔生态搬迁项目点调研。

21—23日 自治区副主席多吉次珠率调研组先后到山南市隆子县扎日乡曲桑村、玉麦乡、斗玉乡等地调研旅游文化相关工作。市委副书记、常务副市长汪华东陪同调研。调研组一行详细了解G219国道沿线旅游基础设施建设、观景台、游客补给站、文物保护、乡村旅游发展等情况。

24日 山南市召开中国G219西藏段旅游推广暨2021年度“冬游西藏”政策发布活动，拉萨、山南、日喀则、林芝和阿里五地市在山南市共同成立“中国G219西藏段旅游推广联盟”。市委副书记、常务副市长汪华东出席活动并致辞。

24—25日 市委常委、宣传部部长燕红采取“四不两直”方式先后到隆子县日当镇、列麦乡、玉麦乡，检查指导意识形态工作，宣讲中共十九届五中全会、中央第七次西藏工作座谈会精神。

25日 市公安局与拉萨铁路公安处共同签订《路地警务协作机制框架协议》，标志着双方警务协作工作进入全面深化的崭新阶段。市委常委、政法委书记龚兵出席。

27日 自治区人大常委会副主任、市委书记许成仓先后到贡嘎县吉雄镇吉雄社区、杰德秀镇，扎囊县扎唐镇嘎杂村、扎其乡，乃东区金鲁社区等地，向基层党员干部和农牧民群众宣讲中共十九届五中全会精神、区党委九届九次全会精神，并就村（社区）“两委”换届选举工作进行调研。市委常委、秘书长赫沛陪同调研。

30日 农行山南分行与市自来水公司签订“智慧水务”协议。副市长张福臣，农行西藏分行副行长王洪出席签约仪式。

同日 农行山南分行与市人民医院签订“银医”战略合作协议。副市长张福臣，农行西藏分行副行长王洪出席签订仪式。

ལྷོ་ཁའི་ལོ་རིམ་མེ་ལོང་།

山南年鉴

2021

中国共产党山南市委员会

综述

【概况】2020年，中共山南市委员会（以下简称山南市委）在习近平总书记的亲切关怀下，在党中央和区党委的坚强领导下，在援藏省市、企业的大力援助下，市委团结带领全市各族干部群众，坚持以习近平新时代中国特色社会主义思想为指导，深入贯彻落实中共十九大和十九届二中、三中、四中、五中全会以及中央第六次、第七次西藏工作座谈会精神，全面贯彻习近平总书记关于西藏工作的重要论述和新时代党的治藏方略，增强"四个意识"、坚定"四个自信"、做到"两个维护"，全面贯彻落实区党委九届五次、六次全会、七次全会暨区党委经济工作会议、八次全会精神，统筹推进"五位一体"总体布局、协调推进"四个全面"战略布局，坚持稳中求进工作总基调，着力抓好稳定、发展、生态、强边四件大事，加强党的组织和政权建设，"十三五"规划目标即将完成，决胜全面建成小康社会取得决定性成就。

【贯彻落实党中央和区党委决策部署】坚持用习近平新时代中国特色社会主义思想武装头脑。2020年，山南市委召开市委常委会会议28次、理论学习中心组学习会议17次，及时跟进学习习近平总书记在中央政治局历次集体学习会、中央政治局常委会会议、中央经济工作会议、决战决胜脱贫攻坚座谈会、统筹推进新冠肺炎疫情防控和经济社会发展工作部署会等一系列会议上的重要讲话精神，学习习近平总书记在云南、北京、湖北、浙江、陕西、山西、宁夏、吉林、安徽、湖南、广东、江苏考察调研时的重要讲话精神，学习贯彻中共十九届五中全会、中央第七次西藏工作座谈会精神，认真研究贯彻落实意见。市委常委会专题学习《习近平谈治国理政》第三卷及《习近平新时代中国特色社会主义思想学习问答》《中国制度十五讲》等，开展理论研讨5次，带动全市各级党组织广泛开展新思想诵读活动，进一步坚定各级党员干部的理想信念。

坚决做到"两个维护"。2020年，山南市委坚持以更高的政治标准、更严的党性要求、更强的组织纪律性，始终做到"两个维护"，一切工作都按总书记和党中央号令办，一切事情都按总书记和党中央部署要求去落实，对"国之大者做到心中有数"，时刻关注总书记和党中央在关心什么、强调什么，自觉对标对表，对总书记重要指示要求、党中央决策部署，坚决贯彻、全面落实，自觉在思想上政治上行动上同以习近平同志为核心的党中央保持高度一致。认真开展习近平总书记指示批示精神贯彻落实情况"回头看"工作，全面梳理中共十八大以来总书记重要指示批示精神，建立台账55条，完善地级干部牵头抓落实机制，压实牵头部门、责任人责任，加大督促检查力度，推动总书记指示批示贯彻落实。

深入学习贯彻中共十九届五中全会和中央第七次西藏工作座

2020年3月24日，自治区人大常委会副主任、市委书记许成仓主持召开市委常委会（扩大）会议，传达学习中共中央政治局常务委员会会议精神、习近平总书记在湖北省考察新冠肺炎防控工作时的重要讲话精神和给北京大学援鄂医疗队全体"90后"党员的重要回信精神，传达学习九届区党委第129、130次常委会会议和全区维稳视频调度会议精神，研究山南市贯彻意见，安排部署疫情防控、经济发展、安全生产等工作

谈会精神。2020年,山南市委把学习宣传、贯彻落实中共十九届五中全会和中央第七次西藏工作座谈会精神特别是习近平总书记重要讲话精神作为首要政治任务。召开学习宣传贯彻中央第七次西藏工作座谈会精神党员干部大会、市委常委会(扩大)会议、市委专题学习会等,认真传达学习党的十九届五中全会和“七次会”精神特别是习近平总书记重要讲话精神,制定出台“七次会”精神学习教育培训计划、学习督导计划,研究部署学习宣传贯彻落实相关工作。市委常委会班子成员带头原原本本、逐字逐句学习,深研细读、用心学习领会会议精神,班子成员通过书面交流、会议发言,深刻领会精神实质,完整理解、准确把握、长期坚持、全面落实新时代党的治藏方略。组织全市广大党员干部集中聆听中央宣讲团关于中共十九届五中全会精神的宣讲报告和自治区党委书记吴英杰、自治区人大常委会主任洛桑江村等自治区领导关于“七次会”的宣讲报告,认真学习区党委九届八次全会精神,以上率下带动全体党员干部学深悟透会议精神。制订宣传计划和方案,采取地级干部包县(区)、包部门、包行业宣讲。市委主要领导带头到措美县、隆子县、错那县等边境一线偏远高寒地区,深入边境执勤点、检查站和森布日极高海拔搬迁点、学校、村居、寺庙等宣讲中央第七次西藏工作座谈会精神。组成24个市(县)宣讲团,发挥基层党组织和驻村驻寺干部作用,精心组织开展主题鲜明、形式多样、丰富多彩的宣传宣讲活动,在全社会迅速掀起学习宣传“七次会”精神的热潮。中共十九届五中全会宣传宣讲工作正在进行中。召开市委一届六次全会,专题部署学习宣传贯彻落实“七次会”和区党委九届八次全会精神相关工作,重点围绕稳定、发展、生态、强边四件大事,研究制定《中共山南市委员会关于贯彻落实中央第七次西藏工作座谈会精神 进一步推进山南长治久安和高质量发展的实施意见》,推动党中央和区党委决策部署落地落实。

*坚持把讲政治体现在贯彻落实党中央和区党委决策部署上。*2020年,山南市委召开市委扶贫开发领导小组、深改委、财经委、审计委、国安委、外事委、网信委、生态环境保护工作领导小组会议,研究部署深化人才发展体制机制改革、国有企业改革、边境管理、疫情防控、编制“十四五”规划、网络安全、生态文明建设等工作,调整充实议事协调机构领导小组7个,新组建市边防应急处置领导小组,出台实施《加强新时代山南人才工作的实施意见》《进一步加强和改进新时代群众宣传教育工作的意见》等文件13个,以贯彻落实党中央决策部署的实际行动坚决践行“两个维护”。认真贯彻落实自治区党委九届七次全会暨经济工作会议、九届八次全会精神,召开市委常委会(扩大)会议、边境小康村建设推进会、统一战线工作领导小组会议等,全力做好抵边搬迁、边境小康村建设、极高海拔生态搬迁、淡化宗教消极影响等工作,推动工作落实落地。认真贯彻落实吴英杰书记在山南市边境调研时的讲话精神,及时召开市委专题会,研究部署贯彻落实措施,制订任务分解方案,对5个方面19个具体任务,明确责任清单、完成时限和工作要求。

*自觉把服务大局作为讲政治的实际行动。*2020年,山南市委坚持把山南工作放到全国全区的大局中去考虑、去谋划、去推动。服务外事和边境工作大局。积极配合外交部、发改委、水利部开展中印边境调研,完成中央媒体赴藏采风山南行活动。坚持“外事无小事”,及时向区党委报告境外人员和牲畜越境处置情况。服务脱贫攻坚工作大局。全力保障2020年西藏自治区深度贫困地区脱贫攻坚现场推进暨深化援藏扶贫工作会议在山南市顺利召开。配合做好全区极高海拔生态搬迁、那曲双湖、昌都三岩片区扶贫搬迁工作。

【疫情防控】 2020年,山南市委按照习近平总书记“坚定信心、同舟共济、科学防治、精准施策”的总要求,坚持把人民生命安全和身体健康放在第一位,贯彻党中央和区党委的决策部署,统筹抓好疫情防控和复工复产,实现疫情零输入、零感染。

*严格落实疫情防控责任。*2020年,山南市委及时成立由市委书记、市长任双组长的疫情防控工作领导小组,统一领导指挥、统一调度行动,提出“最严的责任、最严的措施、最严的纪律”精准防控工作要求,及时启动重大突发公共卫生事件Ⅱ级响应。前后召开市委常委会会议、疫情防控领导小组会议9次,学习贯彻习近平总书记和

党中央、区党委关于疫情防控的重要指示精神，落实“两个坚决”“四早”“四集中”要求，准确把握形势，精准调整策略，一个节点、一个节点推动疫情防控工作落实。向各级党组织、广大党员干部、人大代表、政协委员和企业、商户、寺庙等发出倡议，动员号召全社会参与疫情防控。

严防境外输入。2020年，山南市坚持关口前移，突出贡嘎机场、泽贡高速、加查县、浪卡子县等进出山南重点方向，采取超常规举措，确保疫情零输入。突出抓好边境地区疫情防控工作，精准制定管理防范方案和应急处置预案，对所有通外山口拉出警戒线、建立隔离带，全面管理、严防死守，坚决防止境外疫情输入。做好稳价保供工作，满足群众需求、维护正常秩序。12个由地级领导带队的督战组下沉一线督导，各级纪委监委受理疫情防控不力、不遵守防控纪律等问题线索13件，给予党纪处分5人、组织处理6人、移交相关部门处分3人。

推进复工复产。2020年，山南市委及时研究制定《山南市企业复工复产工作实施方案》，设立专用通道、特殊通道，优先支持华能、华电、拉林铁路等央企、自治区重大项目工程复工复产。有序组织交通运输、餐饮商超、文化旅游等各行各业恢复经营。支持湖北、扩大内需、刺激消费，向市场投放“情系湖北·享购山南”代金券1500万元。落实企业稳岗纾困帮扶措施，给予财税、免租、补贴等支持政策。积极拓销扶贫产品，采取机关企事业单位优先购买、结对帮扶干部“以买带帮”的方式，严防因疫返贫致贫，全市党政机关和社会团体购买贫困地区农畜产品达607.84万元，完成消费扶贫产品营业额217.49万元，有效解决贫困地区产品滞销问题。开展“感恩湖北、驰援武汉”行动，组织党员干部群众、企业向武汉捐款6000多万元、赠送防疫物资价值1789.83万元，尽最大努力支持湖北打赢武汉保卫战。全力以赴配合自治区做好贡嘎机场疫情防控工作，为全区疫情防控做出积极贡献。

【维护稳定】 反分裂斗争。2020年，山南市委坚持对十四世达赖和达赖集团的定性不动摇，严禁出境参加达赖集团“法会”，严禁摆放十四世达赖像，严禁以任何形式向达赖集团提供资金。抓好扫黑除恶专项斗争，成功打掉一批危害国家安全的非法组织，依法处置犯罪分子，牢牢掌握反分裂斗争全局主动性。

提高社会治理水平。2020年，山南市委完善党委领导、政府负责、民主协商、社会协同、公众参与、法治保障、科技支撑的社会治理体系，坚持专群结合、群防群治，完善社区服务管理机制，突出全国“两会”、中央第七次西藏工作座谈会等重要节点，加强社会面管理。实行管住油、管住人、管住社会面三管齐下的防自焚工作机制，防止发生个人极端事件。排查化解矛盾纠纷，学习推广新时代“枫桥经验”，按照重点问题要防、难点问题要盯、热点问题要疏、一般问题要复的社会矛盾多元预防调处化解综合机制，认真落实领导包案和“四级信访”接待日制度，累计接访644件、办结615件。坚持人民群众生命安全至上，深化重点行业领域安全生产专项治理，深入开展安全生产排查整治专项行动，安全生产形势持续向好。

【民族团结】 2020年，山南市委坚持把铸牢中华民族共同体意识作为民族工作的主线和战略性任务，多谋长久之策、多行固本之举，共同团结奋斗、共同繁荣发展，不断巩固发展民族团结。

党的民族政策落实。民族区域自治制度、《自治区民族团结进步模范区创建条例》全面落实。传统文化得到继承和保护，各民族合法权益得到保障。

民族团结进步示范创建。2020年，山南市委深入开展民族团结示范市创建活动。深化拓展民族团结教育和民族团结进步创建活动，广泛深入开展“中华民族一家亲、同心共筑中国梦”主题教育活动，把党史、新中国史、改革开放史、社会主义发展史以及西藏地方和祖国关系史教育融入其中。

促进民族交往交流交融。2020年，山南市全面推广普及国家通用语言文字教学，支持少数民族语言文字的学习和使用，广泛开展藏汉互学活动，大力推进相互嵌入式的社区结构和社区环境。组织全市统战对象赴安徽参加交往交流交融活动。充分发挥对口支援优势，制定支持高校毕业生“组团式”区外市场就业的实施意见，鼓励少数民族群众到内地接受教育、就业创业、经商务工，63名山南籍高校毕业生到内地就业；从内地引进种养大户13户、致富能手50余人与本地群众结成对子。

意识形态工作。2020年，山南市委坚持马克思主义在意识形态领域的指导地位，认真贯彻党中央《党委（党组）意识形态工作责任制实施办法》，严格落实意识形态工作责任制，召开市委意识形态工作领导小组会议，研究部署意识形态工作，牢牢把握意识形态工作领导权、话语权、主动权。深入开展铸牢中华民族共同体意识教育、爱国主义教育，加强社会主义核心价值观教育、文化包容教育，不断增进对伟大祖国、中华民族、中华文化、中国共产党、中国特色社会主义的认同。广泛深入开展感党恩教育，大力宣讲西藏各项事业取得的全方位进步和历史性成就，大力宣讲习近平总书记和党中央对西藏各族人民的似海恩情和特殊关怀，各族干部群众更加心向核心、心向党、心向祖国。推进新时代文明实践中心建设，县、乡、村实现全覆盖。开展第六届"感动山南十大人物"评选活动，挖掘树立一批各条战线先进典型，生动展现人民群众拼搏奋斗和幸福生活。

【经济社会建设水平】 2020年，山南市委坚定不移贯彻新发展理念，紧紧围绕改善民生、凝聚人心这个经济社会发展的出发点和落脚点，坚持所有发展都要赋予民族团结进步的意义，都要赋予维护统一、反对分裂的意义，都要赋予改善民生、凝聚人心的意义，都要有利于提升各族群众的获得感幸福感安全感，继续把本级财政70%以上资金投向民生领域，让群众更好共享改革发展成果。截对10月底，完成地区生产总值142.22亿元，同比增长6.3%，全社会固定资产投资增长12.8%，一般公共预算收入14.48亿元，同比增长1.29%，社会消费品零售总额52.45亿元，城镇居民人均可支配收入28820元，同比增长10%，农村居民人均可支配收入10230元，同比增长11.7%。"十三五"规划目标任务即将完成，全面建成小康胜利在望。

巩固脱贫成果。在2019年所有县（区）摘帽、贫困群众全部脱贫的基础上，继续严格落实"五级书记抓扶贫""四不摘"要求，制定《防返贫工作制度》等巩固提升脱贫成效10项制度，构建"四位一体"脱贫成果巩固机制，设立用好400万元防返贫应急专项资金，做到没有一户一人返贫。建成多颇章、桑耶、江塘、昌果等搬迁安置点，入住贫困群众2333户、8125人。"十三五"时期规划的217个产业扶贫项目全部开工建设。由24名地级干部任组长的12个督战组，深入开展督战排查，推动各级各类巡视巡察、督察、检查反馈问题整改。全市326处季节性饮水点改造提升工程全部完成。配合完成国家脱贫攻坚普查和事后质量抽查工作。

改善人民生活品质。严格落实市县乡村党组织书记抓群众增收工作责任制，有组织、有纪律、有保障组织9.2万名群众外出务工，劳务创收7.19亿元。把就业作为民生之本，千方百计稳定和扩大就业，引导高校毕业生转变就业观念、多渠道就业，应届高校毕业生实名制就业率达98.71%。优先发展教育事业，15年免费教育补助等政策全面落实，持续巩固"五个100%"成果，教育教学质量明显提高，累计落实"三包"经费2.1亿元，教育医疗人才"组团式"援藏深入推进，森布日搬迁点幸福家园配套学校、市第四幼儿园等重点工程加快建设。覆盖城乡居民的社会保险体系和救助体系不断完善，养老保险参保23.82万人，参保率95%以上；医疗保险参保30.095万人，参保率99%以上。成立山南市根治拖欠农民工工资工作领导小组，重点解决"双拖欠"问题，全市共受理拖欠农民工工资纠纷102起，兑现资金2733.2万元。加快发展医疗卫生事业，市县乡村四级医疗体系逐步健全，市人民医院整体搬迁全面完成，贡嘎县县域综合医改顺利启动。文化事业繁荣发展，公共文化服务体系不断健全，山南博物馆正式开馆，非遗传承、文物保护力度不断加大。

经济高质量发展。坚持以推动高质量发展为主题，以深化供给侧结构性改革为主线，以改革创新为根本动力，以满足人民日益增长的美好生活需要为根本目的，坚决贯彻新发展理念，以正确处理好"十三对关系"为工作方法，按照"完善基础、产业立市、统筹城乡、新区引领"的经济工作思路，认真做好"六稳"工作、落实"六保"任务，统筹抓好疫情防控和经济社会发展。

坚持完善基础。745个"十三五"规划项目开工建设740个、完工687个，累计完成投资646亿元。完善综合运输大通道、综合交通枢纽和物流网络，贡嘎机场改扩建、索朗嘎古水利枢纽、雅江中游干流治理等项目加快建设。

坚持产业立市。坚持把经济着力点放在实体经济上,大力发展现代牧业和设施农业、能源、建材、旅游等产业。规模化藏鸡、藏香猪养殖项目落地开工。加查电站首台机组正式发电。中材祁连山水泥项目基本建成。聚力发展旅游业,"安徽援藏走进山南号"主题列车在合肥首发,实现山南旅游媒体宣传立体化全覆盖。成功举办2020环羊湖自行车赛、首届全市旅游商品大赛活动和第三届"一措再措"徒步大会,预计全市接待国内外游客449.5万人次,实现收入18.17亿元。

坚持统筹城乡。泽当城区补短板工程全面启动,泽当大道综合管廊、市政道路提质改造等项目加快建设,952户棚户区改造基本完成,部分老旧小区改造工程全面启动,城市"蜘蛛网"、停车难、背街小巷脏乱差问题正在持续解决。国家新型城镇化试点、卫生城市等示范创建有序推进。落实乡村建设行动,大力推动乡村振兴与巩固拓展脱贫攻坚成果、人居环境整治、边境小康村建设工作有效衔接,谋划储备一批乡村振兴战略项目,建成一批特色小城镇。

坚持新区引领。统筹推进森布日极高海拔生态搬迁二期安置房和配套设施建设,6486套民居及附属工程加快建设。堤路结合、卫生院等配套公共基础设施建成并投入使用。森布日牧业产品加工产业园、昌果新兴产业聚集区、桑耶文化旅游创意区整体推进,经济开发区附属工程加快建设,累计入驻企业23家。

深化改革开放。减税降费2.6亿元。召开国有企业座谈会,深化国有企业改革,出台国企管理人员薪酬改革等制度。举办雅砻文化旅游节招商引资推介会,招商引资项目开复工59个、完成投资45.3亿元。积极做好受援工作,聚焦民生领域实施援藏项目65个,完成投资3.56亿元。

【生态保护】 筑牢生态安全屏障。2020年,山南市委统筹山水林田湖草沙系统治理,大力实施"国土绿化"行动,落实自治区"两江四河"流域造林绿化工程,坚持每年开展"万人万亩"义务植树活动,在公路、铁路、沿江岸线和荒滩荒地沙地种树造绿,新增绿化面积6.42万亩。打造雅江中游"百里生态走廊",坚持每年开展"万人万亩"义务植树活动,义务植树1.74万亩,巩固消除"无树村""无树户"成果。易地扶贫搬迁搬出地累计复垦复绿2556.5亩。启动实施林草间种,加强湿地、林地、自然保护区保护,7.55万亩隆子河谷沙棘林,错那曲卓木2000亩千年古沙棘林得到有效保护。山南市成功创建全国生态文明示范市。隆子县被生态环境部命名为"绿水青山就是金山银山"实践创新基地,成为全区首个全国"两山基地"。

加强环境综合治理。2020年,山南市委坚持共抓大保护、不搞大开发、推进大治理,深入打好污染防治攻坚战。大力实施雅鲁藏布江中游生态综合整治工程,索朗嘎古、雅江防洪堤等一批工程性防沙治沙治水举措有效落地。下决心关停雅江两岸采砂采石场,同步做好生态修复工作。深入开展生态环境"六大专项整治"行动。大力推进人居环境整治工作,召开全市农村人居环境整治工作推进会,垃圾分类处理、生活污水治理、"厕所革命"工作加快推进;重点乡镇、村庄、交通干线、旅游景区环境综合整治工作成效显著。安排脱贫生态岗位、城镇保洁员、村级环境监督员1194人,让群众吃上"生态饭"。

【边防巩固和边境安全】 守护好边境。2020年,山南市委落实好党政军警民联防联控措施。开展外事巡边员试点工作,鼓励更多群众参与守边护边。加快边境小康村建设,自治区、市两级投入45.74亿元,96个边境小康村已完工80个,其余16个将于年内全部建成。不断壮大守边力量,正在规划建设抵边搬迁点44个、计划搬迁14070人,持续吸引人口向边境地区聚集。

改善边民生产生活条件。继续落实好边民补助提高标准。投资5.54亿元的玉麦公路建成通车,结束以往每年大雪封山达半年的历史。边民生活实现从水桶到水管、从油灯到电灯、从土路到油路的进步,"互联网时代"进入偏远乡村,边民也能够像城市居民一样网上购物、扫码支付,边境群众腰包鼓起来、生活富起来、爱国守边的意识强起来。

【党的建设】 2020年,山南市委全面落实新时代党的建设总要求和组织路线,坚持"三个牢固树立",召开一届市委五次全会,专门研究

2020年7月3日，自治区人大常委会副主任、市委书记许成仓（右三）在隆子县调研抵边搬迁、产业发展、边境基础设施、党的建设等各项工作

党的建设，制定出台《中共山南市委员会关于全面加强新时代党的建设的实施意见》，市委班子带头联系26个党支部，推动从严管党治党走深走实。

加强党的绝对领导。多次听取市人大、政协请示报告。支持人大开展重点领域立法，审议通过《山南市城乡绿化条例》《山南市砂石料开采管理条例》《山南市文明行为促进条例》。召开山南市中部区域发展专题议政性常委会会议，针对中部区域发展规划、政策扶持、产业建设、社会治理等方面的短板和弱项，积极协商议政、建言献策。加强党对统一战线工作的领导，积极组织各界党外人士召开迎新春座谈会，对9名爱国统战人士、宗教界爱国进步人士作出适当安排，鼓励发挥作用。加快法治山南建设。“七五”普法圆满收官，“八五”普法正式启动。充分发挥“山南普法”微信公众号等新兴媒体作用，深入开展《中华人民共和国民法典》宣讲活动，加快推进依法治市工作进程。充分发挥749个人民调解组织作用，成功依法调解矛盾纠纷427件。

坚持把党的政治建设摆在首位。按照政治标准要更高，党性要求要更严，组织纪律性要更强的要求，严格执行准则和条例，严明政治纪律和政治规矩，坚决同一切违反政治纪律和政治规矩的言行作斗争，严格执行党员不得信仰宗教、更不得传播发展宗教的规定，处理信仰宗教的党员1人。始终把理想信念教育、思想政治教育作为党员干部教育培训的主要内容，培训党员干部1.2万余人次，举办4期县处级干部和2期乡镇党政正职学习贯彻中共十九届四中全会精神轮训班。

加强干部人才队伍建设。坚持好干部标准和民族地区干部“三个特别”要求，注重从改革发展一线、脱贫攻坚主战场、反分裂斗争最前沿培养选拔使用干部。认真落实职务职级并行制度，2020年向区党委推荐提拔调整地级干部（企业领导干部）7名、晋升一二级巡视员13名，提拔使用县处级干部68名；大力选拔优秀年轻干部，提拔使用一批80后正县级、85后副县级党员干部。持续优化各级领导班子和干部队伍、民族专业等结构。制定出台《山南市人才引进办法（试行）》，协调对口支援省市选派“组团式”医疗、教育人才84人，培养一批本土农牧林专业技术人员。

全面夯实基层基础。按照“把基层党组织建成听党话、跟党走，善团结、会发展，能致富、保稳定，遇事不糊涂、关键时刻起作用的反分裂斗争桥头堡、民族团结工作队、群众致富带头人”要求，规范设置县（区）直单位党组349个，创建评选“八星党支部”，基层党组织标准化建设全部完成，所有搬迁安置点实现党组织全覆盖。整顿软弱涣散基层党组织103个（村居57个，社区1个，机关领域27个，寺管会领域3个，学校领域9个，国企领域1个，退休领域1个，两新领域4个）。国有企业和“两新”组织党组织建设全面加强，推动党的组织向企业班组、生产线全覆盖。沿江、中部、边境“党建长廊”建设不断深化。举办村居“两委”正职区外轮训班8期，实现任期内全覆盖；举办村干部学历提升和国家通用语言培训班14期，培养村（居）后备干部5500多名，为换届储备优秀人才。开展党员“三包五带五促”活动，实现全覆盖，充分发挥先锋模范作用。

持续加强作风建设。市委常委会班子成员带头发扬“老西藏精神”“两路精神”，坚持缺氧不缺精神，艰苦不怕吃苦，海拔高境界更高，大力弘扬“一线工作法”，采取“四不两直”方式，主动到艰苦偏远、边境一线、情况复杂地区下乡调研，做给群众看、带着群众干。截至11月16日，市委主要领导下乡46次、71天，市委班子成员平均下乡36次、58天。落实为基层减负要求，市委文件会议同比减少5%。研究制定干部干事创业、担当作为实绩考核办法，鼓励干部担当作为。坚决纠治“四风”，严肃查处违反中央八项规定精神问题13件23人，给予党纪政务处分9件11人，组织处理4件12人。配合自治区党委完成中央第十巡视组开展的巡视工作。完成一届市委第十一轮巡察，对16家党组织开展巡察和“回头看”，实现一届市委巡察全覆盖，反馈问题386个、立行立改问题50个，移交问题线索6件1人。与自治区党委巡视同步开展第十二轮巡察，12个县（区）对110家党组织开展巡察，反馈问题1227个、立行立改588个，移交问题线索9件5人。

深入推进党的纪律建设和反腐败斗争。坚决把“严”的主基调长期坚持下去，坚持无禁区、全覆盖、零容忍，严肃查处对党中央、区党委决策部署不敬畏、不在乎、不知止，喊口号、装样子的问题，重点查处中共十九大以来仍不收敛、不收手，严重损害党的理论和路线方针政策贯彻执行、严重损害党的执政根基和侵害群众利益的腐败问题，全市各级纪检监察机关立案113件，给予党纪政务处分119人，采取留置措施2人，保持惩治腐败的高压态势，政治生态海晏河清。

办公室工作

【概况】 2020年，山南市委办公室紧紧围绕全市稳定、发展、生态、强边四件大事和市委中心工作，充分发挥参谋辅政、统筹协调、办文办会、督查信息、服务保障等职能作用，全力提升“三服务”水平，有力保障各项工作高效有序运转。

【文秘服务】 2020年，山南市委办公室坚持吃透上情、研究下情、掌握实情、做好结合，精益求精起草好每一篇重要文稿，力争每篇文稿充分体现市委领导的新理念、新部署、新要求。主动加强和改进调查研究，积极谋划维护稳定、经济发展、生态保护、边境工作、党的建设、脱贫攻坚等各项具体举措。2020年，起草文稿500余篇，其中起草修改领导各类讲话、汇报、理论文章、调研报告等420余篇、编发《党办通报》23期、起草其他文稿50余篇。

【文电办理服务】 2020年，山南市委办公室严把文件起草关、审核校对关、格式标准关，从严控制发文数量，办文质量有较大提升。2020年共起草各类公文49件，核发公文252件，办理各类公文9928件，直送市委主要领导文件3257件，党政内网收发文5656件，印发纸质类文件50余万页。严格执行《中国共产党党内法规和规范性文件备案审查规定》，向区党委备案党内法规和规范性文件36件，报备率达100%，完成12个县（区）党内法规和规范性文件集中清理工作。

【沟通协调】 2020年，山南市委办公室高标准高质量地完成汪洋主席、胡春华总理、杨晓渡书记、王毅部长等中央领导赴西藏调研，中央第十巡视组赴山南巡视、全区深度贫困地区脱贫攻坚现场推进暨深化援藏扶贫工作会议、三省一公司党政代表团赴山南视察，吴英杰书记、洛桑江村主任、齐扎拉主席、姜杰常委、何文浩常委等自治区领导

2020年12月1—7日，中共山南市委员会办公室韶山党性教育培训班在韶山开班。图为学员在毛泽东广场现场教育活动后合影

赴山南调研期间的服务保障工作。组织协调各类会议170场次，编发市委常委会会议纪要25期，市委专题会会议纪要7期，秘书长办公会会议纪要12期。开展会风会纪监督36次，编发《会风会纪督查专报》6期，下发会风会纪情况通报2期。

【督查督办】 2020年，山南市委办公室紧紧围绕市委重要工作部署、市委主要领导批示指示、各阶段重点任务，跟踪督办重要决策和重点工作197项，实地督查55次，文稿督查11次，维稳暗访督查145次，发现和督促整改问题87件。向区党委督查室上报《督查专报》19期、重大项目进展情况报告11期，下发转办《领导批示》201期、督查通报、通知28件。

【信息报送】 2020年，山南市委办公室聚焦市委中心工作和阶段性重点工作，突出"快、准、精、严"，挖掘形成一批具有深层次的综合性信息、反映稳定发展生态强边成果经验的典型信息，为区党委、市委领导了解情况、指导工作提供有价值的参考。全年共上报《山南信息》1631期，综合信息180余期。其中，3篇具有山南特色的典型信息在全区进行情况交流；2篇被自治区党委办公厅信息处作为头条信息采用，获得自治区主要领导批示。

【机要工作】 2020年，山南市委办公室完成密码电报收发13219份，传输办理文件19327份，提供加密视频会议服务保障215场次，组织全市系统演练18次，参演人数达460人次，开办1期机要秘书培训班，培训87人，办理网民留言62份。加强密码、密码设备安全管理，开展全市密码安全保密检查5次。投资576万元用于密码安全环境一期项目建设，投资3300余万用于山南市电子政务内网分级保护项目建设，组织开展密码安全知识系列宣传活动，发放《中华人民共和国密码法》《中华人民共和国密码法释义》及密码法宣传彩页4000余份。有序推进安可全面替代工作，新建市委3004会议室"520"加密视频会议系统，协助市政府建设开通"520"加密视频会议系统政府终端。加强机要密码干部培训，选派40名机要密码干部参加各类培训，审批调整2名机要密码干部。

【保密工作】 2020年，山南市委办公室强化定密规范管理，加大定密工作监管检查力度，完成全市涉密人员审查确定工作。开展保密法制宣传教育活动2次，发放各种宣传手册2000余册、传单2500余份、悬挂横幅2条、张贴挂图25幅。开展保密讲座1次、保密培训3次、12个县（区）专兼职保密干部跟班轮训6次，1500余名涉密人员参训。落实财政资金230万元，购买安装检测设备，不断提高全市保密工作技防水平。

【地方志工作】 2020年，山南市委办公室加快推进志鉴编修进度，成立山南市二轮修志集中攻坚工作专班，《山南地区志（2001—2015）》先后通过复审、终审、验收，10部县志已经完成终审。完成《山南大事记（2019）》编撰印发工作，收集整理《山南大事记》49期50万余字。审改市、县（区）志稿2000余万字。参加初审会评审5场，组织召开复审会12场，参加终审会评审10场。全年参加区内外业务培训14批52人次。12个县（区）全面完成2020年年鉴编纂工作。稳步推进《克松村志》《昌珠镇志》《玉麦乡志》3部特色乡村志编修工作。2020年11月，市地方志办公室被推荐为全国地方志系统先进集体。

【后勤保障服务】 2020年，山南市委办公室认真做好预决算及执行，严格"三公"经费支出和政府采购管理，加强项目管理资金监管和固定资产登记管理。制定《关于市委大院地厅级领导干部生活保障服务管理办法（暂行）》《市委办公室机关食堂服务运行管理办法》《食堂监督员职责》，修改完善"三公"经费管理、定点采购管理办法、车辆管理制度、公务接待管理办法、固定资产管理5项制度，确保日常事务有规可依、有章可循。做细做实办公服务、车辆保障等工作。完成市委、市政府大小公务接待127场次，接待人员达1505人次。

组织 编办

【概况】 中共山南市委组织部（市委机构编制委员会办公室）（以下简称市委组织部）核定编制总数40名，其中行政编制34名，机关其他编制6名，工勤编制3名；内设科室14个，设置所属事业单位

3个，事业编制12个。实有人员共63人。

2020年，山南市共发展党员1299名，其中发展农牧民党员564名，占发展党员总数的43.41%；发展妇女党员474名，占发展党员总数的36.48%。截至年底，全市共有党员53263名。

【干部队伍建设】 截至2020年年底，全市县级干部总数1089名[不含援藏干部、挂职干部、各县（区）人武部政委；含相应职级人员]，其中：正县级领导151名、副县级领导503名，一级调研员51人（不担任领导职务8人），二级调研员95人（不担任领导职务23人），三级调研员58人（不担任领导职务5人），四级调研员368人（担任正科级领导职务286人），公检法系统担任县级相应序列职务人员共70人（含同时担任正县级领导职务人员3名，同时担任副县级领导职务人员33人，同时担任正科级领导职务19人）。男869人，占79.8%；女220人，占20.2%。藏族636人，占58.4%；汉族431人，占39.6%；其他少数民族22人（门巴族7人、回族2人、珞巴族2人、蒙古族1人、瑶族1人、土家族4人、苗族1人、壮族1人、土族1人、侗族1人，彝族1人），占2%。博士2人，占0.2%，研究生114人，占10.5%；大学654人，占60.1%；大专259人，占23.7%；中专49人，占4.5%；高中以下11人，占1%。35岁及以下的8人，占0.7%；36—40岁的167人，占15.3%；41—45岁的347人，占31.9%；46—50岁的372人，占34.2%；51—55岁151人，占13.9%；56岁及以上44人，占4%。最小年龄33岁，最大年龄59岁，平均年龄45.8岁。80后179人。县区党政领导班子成员平均年龄44.4岁，其中80后40人。

2020年，向自治区党委组织部推荐提拔调整地级干部19名，其中提任正厅级领导职务1人、副地级领导职务6人，交流任职2人、晋升二巡10名。县区党政正职提任副地级领导职务1人、晋升二巡7人。市委调整县级干部86人（含双开免职、兼任），其中：提拔24人（正县5、副县19人）、进一步使用13人（调任1人）、转任正县级领导职务2人、转任副县级领导职务3人、平职调整24人，明确职务1人，兼任职务1人，各类情形免职18人（健康原因2人）。具有基层工作经历的59名、具有乡镇党政正职经历的13名，来自维护稳定第一线的干部27名，脱贫攻坚领域的23名。提拔调整80后县级干部26名，其中提拔80后正县4名、85后副县5名。提任的24名县级干部中，具有乡镇党政正职经历的5名、占20.8%；具有驻村驻寺工作经历的12名、占50%。乡镇党政正职提职不离岗3名，晋升一至四级调研员职级39人，其中县区干部23人，高寒边境县干部8人。县区党政正职晋升一级调研员4人。全年县级干部市县之间交流25人，县与县之间交流9人；高低海拔之间交流11人（高到低8人、低到高3人）。从市直机关提拔使用5名优秀年轻干部到县乡基层任职。按照能上能下规定，因身体健康或不适宜担任现职免去实职的县级干部13人、双开2人。选派2批11名科级以2019年轻干部到中央统战部、山东、重庆以及对口支援的湖南湖北省市挂职锻炼。对影响期已过、表现优秀的干部提拔使用2名、晋升职级8名；与2批17名受处分的市管干部谈心谈话。11名县级干部按《公务员法》有关规定提前退休。截至年底，全市共有80后正县级干部（含二级调研员）8人，40岁左右的正县级干部30人，85后副县级干部8人，35岁左右的副县级干部69人，90后正科级干部（含二级主

2020年5月26日，市委组织部举办专家国情人才研修班，图为开班仪式

任科员）18 人，30 岁左右的正科级干部 208 人。提拔调整扶贫领域优秀县级干部 21 名，向区党委组织部推荐在疫情防控一线表现突出的干部 6 名。12 县区提拔调整科级干部 599 名，其中，汉族干部 220 名、占 36.7%；晋升一至四级主任科员 578 名，其中，汉族干部 183 名、占 31.7%。掌握发现 85 后正科实职人员 225 名、90 后副科实职人员 517 名。下发《关于严格按照要求清退规范乡镇干部借调工作的通知》，全力督促各县（区）按照应退尽退要求，坚决做好清退工作，累计清退借调乡镇干部 254 人，占借调总人数的 76%，其中清退乡镇领导班子成员 18 人，清退借调到区直单位 2 人，清退借调到市直单位 16 人，清退借调到县（区）直单位 236 人。印发《关于进一步规范县区法院、检察院科级干部选拔任用工作的通知》，明确县区法院、检察院干部管理权限、选任程序等规定。

【干部教育培训】 2020 年，市委组织部结合常态化疫情防控和全市干部队伍建设实际，制定印发《山南市干部教育培训“135”工程实施方案》，围绕干部教育培训“135”工程中心任务，整合各类资金 1600 余万元，举办习近平新时代中国特色社会主义思想、对党忠诚教育、“一把手”政治能力提升和“治边稳藏”专业化能力锻炼等 4 类、80 个班次自主培训，举办 4 期《雅砻讲坛》并继续推进《雅砻讲坛》进基层，全年累计培训干部 1.2 万余人次。严格遵守《西藏自治区干部调训工作原则（试行）》，完成 23

2020年6月30日，市委组织部集中收看《重温党史国史》讲座

个班次、210 名领干部上级调训任务。配合做好西藏干部教育网、西藏公务员培训网 2020 年在线培训工作，组织全市 1222 名县级及以上干部完成信息统计、注册报名、线上培训工作。

【干部监督管理】 执行领导干部报告个人有关事项。2020 年，市委组织部按照《领导干部个人有关事项报告办法》《领导干部个人有关事项报告抽查核实结果处理办法》要求，于 5 月，组织全市 687 名领导干部认真填报领导干部个人有关事项报告表，并及时上报自治区党委组织部。根据干部工作需要，对 60 名领导干部个人有关事项报告进行重点查核，并严肃处理 4 名未如实填报人员。按照 10% 的比例，对 71 名领导干部个人有关事项报告进行随机抽查，对未如实报告的 13 名干部进行函询，对 4 名进行诫勉谈话。

实施“一报告两评议”工作。2020 年，市委组织部完成各县（区）、市直各单位“一报告两评议”工作。1 月，组织召开市委 2019 年度干部选拔任用工作“一报告两评议”会议，对市委 2019 年度干部选拔任用工作进行民主评议。同时组织各县（区）、市直各单位对本部门干部选拔任用工作进行民主评议。6—7 月，将 2019 年度民主评议结果向各县（区）、各单位反馈。根据区党委组织部的要求，对排名靠后的三个县区委书记进行约谈。

执行审计制度。2020 年，市委组织部根据《党政主要领导干部和国有企业领导人员经济责任审计规定》，务实扎实开展经济责任审计工作。将经济责任审计作为领导干部监督的重要措施，按照涉及资金项目较多、任职时间较长、即将离任人员优先的原则，共委托市审计局对 34 名领导干部开展经济责任审计。

开展个人事项报告专项整治工作。2020 年，市委组织部全面查找梳理 2019 年以来抽查核实的相关表格和数据。对认定处理的问题再进行一次复核。经对未如实填报的 31 名领导干部的原始纸质个人事项报告表和查核情况再次进行比对分析，结合未如实报告的具体情形，逐一对照《领导干部个人有关事项报告查核结果处理办法》要求，进行重新认定处理，对7名领导干部重新给予处理。

受理举报查核工作。2020年，市委组织部畅通监督渠道，认真做好干部群众来电来信来访受理，做到及时查核办理。截至年底，共收到群众来信1件，已转市纪委。自治区转办1件，已办结。

出国（境）人员政治审查工作。2020年，市委组织部严把出国（境）人员政治关，严格按程序办理干部因公出国（境）政审工作，不断规范政审程序，使政审工作更严谨。

领导干部外出报批报备工作。2020年，市委组织部按照区市两级党委的规定，严格执行报批报备各项规章制度，制定下发《关于进一步加强领导干部外出报批报备管理的十条措施》，指导各县（区）、市直各单位严格执行领导干部外出报批、报备有关事项规定。进一步强化对干部的日常管理，在维稳高危期加强对领导干部在岗情况的督促检查，保证干部关键时期的在岗率。

自治区巡视反馈问题线索核查处理。2020年，市委组织部按照区党委组织部统一部署，对自治区巡视组移交的问题线索进行查核并处理，共涉及1件2人。

选人用人专项检查和巡视反馈问题整改工作。2020年，市委组织部根据区党委组织部的安排部署，结合被巡视的县区，对12县区和市直单位选人用人工作开展专项检查。截至年底，已完成9个县区和部分市直单位的专项检查。督促指导加查县、错那县、桑日县、隆子县认真开展巡视反馈选人用人问题整改工作，及时上报相关材料，确保整改落实到位。精心举办巡视巡察问题整改专题研讨班，邀请区党委组织相关处室的领导为市直各单位、12个县（区）、各乡镇主要领导和政工负责人开展专题授课，为进一步抓好巡视巡察和专项检查中发现的干部选拔任用、管理监督和基层党组织建设存在问题的整改工作指明方向，提供遵循。

【基层组织建设】 截至2020年年底，山南市共有地方委员会13个［市委1个，县（区）委12个］，党组468个［市直党组54个，县（区）党组414个］，地方党委派出工委31个［市直4个，县（区）委派出27个］，基层党组织2751个，其中，党委144个（市直党委14个，县直党委13个，乡镇党委76个，寺管会党委0个，村社区党委41个）、党总支352个（含民族乡党总支4个，社区党总支21个、建制村党总支157个、寺管会党总支0个、退休党总支24个）、党支部2255个（含隆子县玉麦乡党支部、寺管会党支部83个）。

【援藏工作】 2020年7月，根据中组部要求和区党委组织部部署，配合“三省一公司”（安徽省、湖南省、湖北省、中粮集团）完成援藏干部人才进藏满1年考核工作，完成27名县处级以上援藏干部人才任职工作。累计印发12期援藏干部人才工作动态。全年“三省”选派105名专业技术人才进藏开展短期援藏工作。这批人才均为医疗卫生、国土、农牧、建设、交通、水利、环保、广电、林业、教育等领域紧缺型人才，分别对口支援山南市12个县（区）和部分市直单位。组织召开欢迎、欢送湖南省、安徽省第八批短期援藏专业技术人才座谈会。及时发现、宣传组团式援藏医疗人才在疫情防控工作中的先进事迹，上报宣传信息3篇。扎实开展援藏干部人才系统专项（特指中组部计划外）援藏工作，掌握系统专项援藏干部人才401名。

2020年，聚焦改革发展重点领域，率先提出以“党政+专技”“长援+短援”的模式，在幸福家园、农业农村领域实施“小组团”援藏，重点打造新区发展和农业产业化2个品牌，辐射带动经信局、公安局、自然资源局、住建局、水利局、交通局、旅发局、审计局、执法局等9家“小组团”受援单位。开展8次专题调研、11次专题座谈会、1次工作推进会，全面分析形势任务、研究对策措施、推进工作开展。制定出台《关于深入推进“小组团”援藏工作的实施意见》（山党组〔2020〕28号），明确“小组团”援藏工作“路线图”。组织11名“小组团”援藏工作组组长赴林芝市开展“小组团”援藏工作交流观摩活动。

【公务员队伍建设】 截至2020年年底，山南市公务员总数10245人（行政单位9822人，参照管理群团198人，参照管理事业单位225人），比2019年10180人增长65人，增幅0.64%。行政单位中市级2037人，占

20.74%，县区5979人，占60.87%，乡镇、街道1806人，占18.39%。

性别结构。全市公务员中，男性6763人，占总数的66.01%，女性3482人，占总数的33.99%。

民族结构。全市公务员中，藏族干部6617人，占干部总数的64.59%，汉族干部3427人，占干部总数的33.45%，其他少数民族干部201人，占干部总数的1.96%。

学历结构。全市公务员中博士研究生学历1人；硕士研究生230人，占干部总数的2.24%；本科学历6184人，占干部总数的60.36%；专科学历3073人，占干部总数30%；中专及以下学历758人，占干部总数的7.4%。

年龄结构。全市公务员队伍中，30岁以下2197人，占干部总数的21.44%；30岁至34岁3476人，占干部总数的33.93%；35岁至39岁2057人，占干部总数的20.08%；40岁至44岁1176人，占干部总数的11.48%；45岁至49岁819人，占干部总数的7.99%；50岁至54岁361人，占干部总数的3.52%；55岁至59岁139人，占干部总数的1.36%；60岁至64岁17人，占干部总数的0.17%；65岁至69岁3人，占干部总数的0.03%；70岁以上0人。

职务、职级结构。行政单位公务员队伍中，合计总数9822人，领导职务合计4605人，其中，厅局级正职3人，厅局级副职32人，县处级正职140人，县处级副职443人，乡科级正职1444人，乡科级副职2543人；综合管理类职级合计2989人，其中，二级巡视员2人，一级调研员8人，二级调研员22人，三级调研员4人，四级调研员93人，一级主任科员61人，二级主任科员267人，三级主任科员102人，四级主任科员756人，一级科员630人，二级科员44人；试用期人员148人，其他（正在接受调查等）11人；入额法官、检察官合计212人，其中，二级高级法官、检察官2人，三级高级法官、检察官21人，四级高级法官、检察官49人，一级法官、检察官94人，二级法官、检察官33人，三级法官、检察官11人，四级法官、检察官2人；执法勤务职级合计1731人，其中，一级高级警长1人，二级高级警长4人，四级高级警长23人，一级警长46人，二级警长78人，三级警长134人，四级警长1198人，一级警员222人，二级警员25人；警务技术职级合计126人，其中，警务技术四级主任1人，警务技术一级主管5人，警务技术二级主管3人，警务技术三级主管9人，警务技术四级主管94人，警务技术员14人。

参照公务员法管理的事业单位工作人员队伍中，合计总数225人，领导职务合计82人，其中，县处级正职3人，县处级副职9人，乡科级正职38人，乡科级副职32人；综合管理类职级合计143人，其中，四级调研员1人，二级主任科员9人，三级主任科员3人，四级主任科员42人，一级科员87人，二级科员1人。

参照公务员法管理的群团机关工作人员队伍中，合计总数198人，领导职务合计115人，其中，县处级正职4人，县处级副职8人，乡科级正职51人，乡科级副职52人；综合管理类职级合计83人，其中，二级调研员1人，三级调研员1人，四级调研员5人，一级主任科员5人，二级主任科员15人，三级主任科员9人，四级主任科员16人，一级科员30人，二级科员1人。

【编制总体情况】 截至2020年年底，全市核定总编制19684名，其中行政编制5089名，政法专项编制1723名，事业编制12872名；全市实有在编人员22684人，总超编3000人，其中使用行政编制6634人，超编1545人；使用政法专项编制3361人，超编1638人；使用事业编制12689人，空编183名。2020年年底全市编制总量比2019年年底减少365名。

【综合行政执法改革】 2020年，山南市深化交通运输等六大领域综合行政执法改革，分别在市交通运输局、市市场监管局、市生态环境局、市文化局、市旅游发展局、市农业农村局，挂牌设立山南市交通运输综合行政执法队、山南市市场监管综合行政执法队、山南市生态环境保护综合行政执法队、山南市文化市场综合行政执法队、山南市旅游市场综合行政执法队、山南市农业综合行政执法队，实行“局队合一”体制。扎囊县等11个县，同步设立交通运输等六大领域综合行政执法机构，乃东区不设六大领域综合行政执法机构。

【机构改革和体制机制调整】 2020年，山南市推进调整规范事业单位工作，撤销调整“小散弱”事业单位17家，新设立事业单位12家，进一步推动事业单位机构精简、布局优化、职责整合，为全面深化事业单位改革做好准备。

【机构编制管理监督和服务保障】2020年，山南市开展机构改革“回头看”，对涉改部门改革工作进行检查与评估，督促改革任务收尾落实。执行《事业单位登记管理暂行条例》及其配套法规，完成全市162家事业单位法人年度报告公示，依法强化事业单位监管。合理配置使用编制资源，为玉麦乡等边境地区落实强边固边工作编制23名，分配森林草原防火行政编制12名，配置乡镇行政专招人员周转编制262名，挖潜核准毕业生公开考录、市直单位遴选等岗位用编200余名，把有限的编制资源用在紧要处，服务保障全市中心工作。

【主题教育】2020年，山南市开展“不忘初心、牢记使命”主题教育，牢牢把握主题教育总要求和目标任务，坚持“四个注重”“四个到位”，成立市委主题教育领导小组，组建工作专班和11个巡回指导组。各县（区）、各单位、各部门严格按照市委部署，成立主题教育领导小组，组建工作专班和巡回指导组。

学习教育。坚持把学习教育、调查研究、检视问题、整改落实贯穿始终，聚焦主题主线，组织举办十八军后代重走父辈路报告会、参观西藏民主改革第一村克松陈列馆、党风廉政警示教育展览，观看《农奴泪》《次仁拉姆》舞台剧和《我的喜马拉雅》电影，全市各级党组织集中学习16488次、受众达15.64万人次，全市党员守初心、担使命的思想自觉和行动自觉进一步提升。

调查研究。全市各级领导干部积极践行一线工作法，通过采取“四不两直”“走下去、请上来”“面对面、心贴心”等方式，开展调研5416次、形成调研报告2835篇，调研成果转化为制度成果2036个，切实做到寻策问道、破解难题，实现转变作风、践行宗旨、密切党群干群关系的目标。

检视问题。全市各级党组织和党员领导干部严格按照“不隐瞒、不回避、不护短、不遮掩”的原则，以正视问题的自觉和刀刃向内的勇气，深入查摆各种违背初心和使命的问题，各级领导班子、班子成员检视问题8749条、47243条，真正推动检视问题往深里走、往根源走。

整改落实。坚持把“改”字贯穿始终，做到边学边改、立行立改、即知即改，扎实推动作风问题与工作问题、共性问题与个性问题、显性问题与深层次问题得到及时有效的整改，12个专项整治任务68个具体问题，已完成整改59个，其余9个问题需要长期坚持整改，做到消除一批维稳隐患、办好一批民生实事、解决一批群众困难、化解一批信访积案、建强一批基层组织，达到理论学习有收获、思想政治受洗礼、干事创业敢担当、为民服务解难题、清正廉洁作表率的目的。

2020年，山南市各级党组织持续深入开展“四讲四爱”“做合格党员、当先锋模范”等教育活动，宣传西藏和平解放以来特别是中共十八大以来取得的巨大成就，宣传习近平总书记和党中央的亲切关心、特殊关怀，宣传全区各族群众享受到全国其他地方没有享受到的优惠政策，教育引导党员干部增强“四个意识”、坚定“四个自信”、做到“两个维护”。

【党建工作】突出示范引领。2020年，山南市委坚决扛起管党治党政治责任，专门召开市委一届五次全会，专题研究党建工作，审议通过《中共山南市委员会关于全面加强新时代党的建设的实施意见》，明确围绕中心、担当作为、统筹推进、

2020年7月1日，市委组织部党总支组织全体党员参观乃东区结巴乡朗生互助组爱国主义展厅，并重温入党誓词活动

提升水平的党的建设工作任务，为全市党建工作勾勒行军图、描绘作战书。自治区人大常委会副主任、市委书记许成仓认真落实第一责任人责任，重要工作亲自部署、重大问题亲自过问、困难问题亲自解决，带头联系浪卡子县多却乡堆日村党支部、西藏雅砻工矿党支部，经常实地督导，帮助解决问题。在市委的示范带动下，全市各级党委班子成员建立党支部联系点238个，帮助解决问题236个；各县（区）委及时召开全委会议，专题研究党建工作，制定出台关于加强党的建设系列文件。市委组织部始终把基层党建工作摆在更加突出位置，建立部务会班子成员分片督导基层党建工作机制，分领域召开农牧区、边境、教育、国有企业、寺管会等基层党建现场推进会，树立齐抓共管推党建的鲜明导向。

*步调一致，始终对党忠诚。*2020年，山南市委把坚决做到“两个维护”作为最高政治原则和根本政治规矩，深入开展对党忠诚教育，教育引导全市党员干部不断增强“四个意识”、坚定“四个自信”、做到“两个维护”。扎实开展反分裂斗争教育，组织党员开展不信仰宗教、与十四世达赖和达赖集团划清界限公开承诺活动2386场次，处置信仰宗教党员1名，教育党员严守政治纪律和政治规矩。大力开展党员政治教育，举办党员政治教育集中培训班38期、培训党员5689人，各基层党组织通过“三会一课”、主题党日等方式，培训党员2.5万多人次，全市党员干部的政治意识明显增强。

*凝心聚力。*2020年，山南市委筑牢信念之基。坚持把学习习近平新时代中国特色社会主义思想作为首要政治任务，编印《习近平总书记关于党的建设的重要论述》《中国共产党重要法规汇编》等学习资料，采取理论学习中心组、“三会一课”、举办培训班等方式，推动学习往深里走、往心里走、往实里走。深入开展理想信念教育，组织党员干部参观山南烈士陵园、克松民主改革第一村展览馆、张国华将军前线指挥所旧址等红色教育基地，观看爱国主义电影等，邀请革命先辈及后代、时代楷模、先进人物讲述英雄故事，推动“老西藏精神”“两路精神”“列麦精神”“爱国守边精神”代代相传，不断坚定理想信念。

*强基固本，铸造战斗堡垒。*2020年，山南市委以党的组织覆盖为重点，组建搬迁点村级党组织5个，优化设置两新党支部150个，全面完成349个符合条件的县直单位、寺管会新设党组工作。以八星党支部创建为目标，以“六个基本”建设为载体，大力实施先进党支部“红旗工程”，打造示范点56个；实施一般党支部“赶超工程”，提升“中不溜”基层党组织397个；实施后进党支部“整顿工程”，整顿软弱涣散基层党组织103个，全市基层党组织组织力显著提升。以隆子县玉麦乡为重点，全面推广军（警）地基层党组织结对共建“五共五固”活动，推动共学党的理论固信仰信念、共建基层组织固一线堡垒、共促民生改善固脱贫成果、共树文明新风固民族团结、共守神圣国土固边境安宁。建好管好用好村级活动场所541个，推广“群众活动日”，开展升国旗唱国歌、文艺演出、感党恩教育等活动，有效发挥村级组织活动场所凝聚党心民心作用。

*严管厚爱，激励担当作为。*2020年，山南市委落实村级党组织书记县级党委组织部门备案管理制度，完善村干部管理考核办法，以严的机制推动村干部履职尽责。实施村干部文化素质提升工程，组织开展藏汉“双语”学习角、夜校学习8300多场次，举办村干部能力素质提升班5期，实现村级党组书记、主任区外轮训全覆盖，全面提升村干部能力素质和国家通用语言水平。加强“三培养”工作，建立完善村级后备干部库，培养村居后备干部5500多名。坚持把政治标准放在首位，把用藏汉双语宣誓、与十四世达赖和达赖集团划清界限公开宣誓承诺作为农牧民党员入党的规定动作，发展党员1118名，党员结构得到不断优化。在桑日县开展违规违纪发展党员排查处置试点工作，排查问题线索128条，不断纯洁党员队伍。

*党建引领，围绕中心大局。*2020年，山南市各级党组织、广大党员干部在疫情防控期间有力组织、英勇奋战，开展各种疫情防控工作，全市5.1万名党员捐款1474.9万多元，683名党员自愿多缴党费16.4万多元，让党旗在抗疫斗争中高高飘扬。坚持抓党建促决战决胜脱贫攻坚，制定抓党建促决战决胜脱贫攻坚工作任务清单，招录568名乡镇振兴专干、选派1810名驻村干部和554名第一书记开展村居脱贫攻坚工作，采取“党支部＋企业＋贫困户”等发展模式，开展“空壳村”清零和“薄弱村”提升工作，带动贫困群众增收致富，不断巩固脱

贫成果。全市广大党员干部做给群众看、带着群众干，深入开展乡镇干部进村入户为民服务、党员"三包五带五促"、城市社区"七彩志愿服务"活动，联系服务群众40万多人次，为群众办实事解难事2.3万多件，密切党群干群关系。

宣传工作

【概况】 2020年，中共山南市委员会宣传部（以下简称市委宣传部）内设正科级行政科室9个，分别是办公室（舆情信息科、规划财务科）、干部科、宣传教育科（市国防动员委员会国防教育办公室）、理论科（市委讲师团）、文艺科（文化体制改革和文化产业发展办公室）、新闻出版科（印刷发行科）、对外传播与交流科（电影科）、文化安全监管科（市"扫黄打非"办公室）、精神文明建设委员会办公室；归口管理单位3个，分别是市融媒体中心、市电影发行放映站、市新华书店，均无内设科室。市委宣传部核定编制24名，其中行政22名，工勤2名。市融媒体中心核定事业编制23名，市电影发行放映站核定事业编制12名，市新华书店核定事业编制5名。全年实有人数共65人。

【理论学习】 2020年，市委宣传部始终把学习贯彻习近平新时代中国特色社会主义思想作为首要政治任务，以加强各级党委（党组）理论学习中心组学习为引领，不断深化理论学习，提升党员干部特别是党员领导干部的理论水平，服务市委理论学习中心组开展集体学习20次，12个县（区）委和市（中、区）直各单位党组（党委）理论学习中心组共组织学习1400余次。围绕决胜全面建成小康社会、决战脱贫攻坚主题，编印《习近平总书记在关于打赢脱贫攻坚战七次专题会议上的重要讲话摘编》，为市委理论学习中心组成员人手配发一册。建立健全理论中心组学习巡听旁听制度，对桑日、扎囊、琼结、贡嘎4个县和4家市直单位开展巡听旁听。进一步加强"学习强国"学习平台的再普及再推广工作，建立覆盖12个县区和市直有关单位的供稿员队伍，加大山南新闻稿件的推送力度，充分发挥作用。

【理论宣讲】 2020年，市委宣传部坚持在精讲深学上下功夫，加大宣讲员培训力度，适当扩大宣讲员队伍，已成立并建档在册的农牧民骨干宣讲员1270余名。结合"四讲四爱"群众教育实践活动，举办全市决胜全面小康、决战脱贫攻坚百名"四讲四爱"宣讲骨干培训班。结合脱贫攻坚大督战、大排查，由市委宣传部班子成员率队深入重点村居与农牧民群众面对面宣讲，增强各族群众感党恩、听党话、跟党走的信心和决心。开展《习近平谈治国理政》第三卷的学习宣传工作，创新开展党组书记领学《习近平谈治国理政》第三卷活动，邀请市直各单位党组书记领学诵读并录制音频在微山南官方等新媒体刊播，共刊播50余期，平均每条阅读量在1000，在全市掀起学习热潮。深入开展中共十九届五中全会精神、中央第七次西藏工作座谈会精神宣讲工作，采取领导干部带头讲、各级书记示范讲、自治区宣讲团集中讲、驻村驻寺干部驻点讲、农牧民宣讲员广泛讲等形式多样的宣讲。全市共开展中共十九届五中全会精神宣讲3600余场次，受众人数30余万人次；开展中央第七次西藏工作座谈会精神宣讲2300余场次，受众人数20余万人次，推动党的创新理论更好"飞入寻常百姓家"。

【理论调研】 2020年，市委宣传部紧紧围绕市委、市政府中心工作，聚焦解决意识形态领域最直接、最现实的问题深入基层一线开展调研，在调查研究的基础上，积极推动理论武装工作。重点理论文章《履职尽责担当作为 齐心协力夺取山南脱贫攻坚全面胜利》《坚持"四学四促"着力提质增效 为山南高质量发展注入强劲新动能》分别在人民日报客户端、中宣部主办的形势政策网、《西藏日报》等中央、自治区主要媒体刊发，《凝聚起争做"神圣国土守护者、幸福家园建设者"的强大精神力量》一文在"学习强国"平台、《新西藏》杂志刊发。协助中宣部派出的西藏农村地区社会发展状况调研组、中国藏学研究中心赴西藏调研组等完成相关课题调研，协助自治区社科院完成在山南市的有关调研工作。征集习近平总书记治边稳藏重要论述和党的治藏方略在西藏成功实践理论文章24篇，向自治区社科院推荐报送4篇。开展全面建成小康社会"百城千县万村"调研活动，扎囊、贡嘎、浪卡子、隆子、桑日、加查6个县形成调研报告21篇，向自治区党委宣传部推荐报送8篇优秀调研报告。

【意识形态工作】 2020年,市委宣传部及时向市委常委会汇报全市意识形态工作情况,制定印发通知要求全市各级党委(党组)深入学习贯彻《党委(党组)意识形态工作责任制实施办法》,适时开展专项督查,推动意识形态工作责任制全面落实。召开全市宣传文化系统意识形态工作安排部署会,贯彻落实《党委(党组)意识形态工作责任制实施办法》和区党委、市委关于意识形态工作的部署要求,进一步统一思想、明确责任、完善措施、抓好落实,确保意识形态各项工作落地落实。积极配合市委巡察组开展关于意识形态工作责任制落实情况各项工作,根据一届市委第十一轮巡察发现部分单位存在意识形态工作责任制落实不力等问题,第一时间组织召开落实整改工作会议,督促相关单位紧盯问题清单,坚持问题导向,推动整改落实到位。

【宣传教育】 贯彻落实西藏自治区成立55周年相关工作。2020年,市委宣传部收集能体现在中国共产党的坚强领导下,山南各族人民解放思想、改革创新、励精图治、艰苦奋斗、共创历史伟业的精选图片共计512张。其中新旧西藏对比篇19张、亲切关怀篇34张、成功实践篇89张(党建34张、经济发展39张、维护稳定16张)、坚决打赢脱贫攻坚战篇58张、迈进全面小康篇312张(安居乐业119张、保障有力100张、家园秀美78张、民族团结15张)。选派平措卓嘎、索朗美朵2名优秀讲解员利用3个月时间在自治区承担西藏自治区成立55周年成就展讲解任务。

贯彻落实中共十九届五中全会和中央第七次西藏工作座谈会精神社会面氛围营造工作。2020年,山南市各县(区)、各单位下发《关于营造学习宣传贯彻中央第七次西藏工作座谈会精神浓厚社会氛围的通知》《关于进一步营造学习宣传贯彻党的十九届五中全会精神和中央第七次西藏工作座谈会精神浓厚社会氛围的通知》。全市共制作发布大型户外广告宣传标语267幅,张贴墙体广告526条、公交站台广告627条,滚动播放LED显示屏560余条,连续发布95天,横幅364条,建筑围挡285条,出租车顶灯82条等。

媒体宣传。2020年,市委宣传部发挥《山南报》、山南广播电视台、山南网、微山南官方等市主流媒体作用,及时转载转播转发中央、自治区主流媒体刊发的关于中共十九届五中全会和中央第七次西藏工作座谈会精神相关新闻报道和评论员文章。开设专题专栏,全面报道中共十九届五中全会和七次会精神的主要内容、丰富内容,跟踪报道广大干部群众学习贯彻的主要做法、典型经验和社会反响。

【爱国主义思想教育】 2020年,市委宣传部转发《关于规范使用爱国主义教育基地红色景点展陈讲解词和旅游景点解说词的通知》的通知。结合"四讲四爱"群众教育实践活动,开展形势教育、爱国主义教育、民族团结教育和国防教育,进一步激发各族群众的爱国热情。撰写的《让爱国主义旗帜在雪域高原高高飘扬——西藏自治区山南市弘扬爱国守边精神的实践与探索》作为西藏唯一的案例被列入全国新时代爱国主义教育创新实践案例。先后2次对《山南市博物馆展陈大纲》内容进行审阅,主要从政治性、导向性、文字性层面进行审核,并提出修改意见。10月16日,在扎囊县桑耶社区举行全市"决胜小康奋斗有我"脱贫攻坚百姓故事汇活动。

2020年8月21日,市委宣传部开展"制止餐饮浪费、培养节约习惯"签名承诺活动

【文化产业项目】 2020年，市委宣传部向自治区申报10个文化产业项目。自治区党委宣传部下达《玉麦桑杰曲巴旧居展馆项目》《列麦精神纪念馆升级改造项目》扶持资金250万，截至年底，2个项目基本完成，已到展陈布展阶段。向区党委宣传部和市发改委报送"十四五"期间宣传思想文化推荐项目28个。其中，山南广播电视台1项、市广电局5项、市文化局22项。

【文艺作品】 2020年，山南市创作《风雨过后是阳光》等17首歌曲，《坚决打赢疫情防控阻击战》等6条公益宣传微视频，《疫情防控我们前进》等16部小品。中央宣传部"学习强国"学习平台、西藏学习平台连续采用山南市创作的3首《风雨过后是阳光》《最可爱的人》《当疫情袭来的时候》歌曲。在藏历新年期间，针对疫情防控策划1台特别节目在2月24日晚（大年初一）先后3次播出。为巩固"四讲四爱"群众教育实践活动成果，创作小品《探亲》、折嘎《脱贫之路》、表演唱《奔小康》3部"四讲四爱"文艺作品。紧紧围绕"脱贫攻坚"主题，创作表演唱《农村新气象》、小品《土豆老爷的脱贫之路》、歌曲《变样》等11部文艺作品，新创作42部关于中央第七次西藏工作座谈会精神文艺作品，开展文艺下乡565场，受众17.83万人次。舞蹈《大爱永恒》荣获西藏自治区第七届精神文明建设"五个一工程"优秀作品奖。

【文化惠民】 2020年，市委宣传部联合市委组织部、强基办、市财政局、文化局制定下发《关于全市组建行政村文艺演出队的实施方案》。截至年底，全市560个行政村（包括空港新区6个行政村）完成组建行政村文艺演出队，共有队员9206人。市艺术团、群艺馆和琼结县、乃东区等12个县（区）已开展文艺演出队培训工作，培训19余场次6000人次。协调西藏自治区歌舞团赴山南市开展"决战决胜脱贫攻坚、百乡千村惠民演出"活动25场次，受众17500余人次。全市76支电影放映队开展电影"六进"活动，全年共放映2473场次，受众人数138485人次。通过播放《英雄儿女》《焦裕禄》《农民理财》等爱国主义影片、纪录片、科教片等，丰富农牧民群众业余文化生活，营造浓厚的爱党爱国氛围。

【新闻出版】 2020年，中央媒体刊播有关山南市新闻2620余篇条，自治区媒体刊播2800余篇条。山南市新闻在央媒、省媒刊播条数同全区七地市相比均保持在前两名。下发《山南市新型冠状病毒感染的肺炎疫情防控宣传引导工作方案》，《感恩湖北 驰援武汉 山南市驰援湖北的首批生活物资从泽当启运》《山南市基层党员群众为湖北武汉捐款》2条新闻在中央新闻联播播出。起草下发《2020年山南市脱贫攻坚宣传报道方案》《关于进一步做好脱贫攻坚宣传工作的通知》，制定《"决胜全面小康 决战脱贫攻坚"深入基层蹲点采访活动方案》，扎西班旦种树记《决胜全面小康·小家看小康》在人民日报四版头条刊发。央视"五一"连续2天3次对羊湖旅游及旅游促进群众增收进行报道。起草下发《"讲党恩爱核心、讲团结爱祖国、讲贡献爱家园、讲文明爱生活"群众教育实践活动新闻宣传工作方案》，策划拍摄山南市"四讲四爱"宣讲走入脱贫攻坚易地扶贫搬迁点、以隆子县日当镇扶贫党支部书记加央曲扎为缩影展现"四讲四爱"群众教育实践活动成果转化等新闻。制定《2020中国西藏雅砻文化旅游节宣传报道方案》，邀请中央广播电视总台驻西藏记者站、新华社、中新社等媒体对活动进行报道，《山南博物馆开馆 多件吐蕃时期文物亮相》在cctv13新闻直播间播出。策划拍摄的《这里是西藏山南》宣传片在人民日报客户端、新华社客户端等媒体播出，总点击量达4000余万次。制定完善《山南新闻阅评制度（试行）》《山南市舆情分析研判制度（试行）》。顺利完成2020年度出版物发行单位年度核验工作和2020年印刷企业年度核验工作，完成2019年度农家书屋、寺庙书屋书籍配送工作，配合自治区新闻出版局完成玉麦国门书屋的读书配送及全市各村居、寺庙农家书屋书籍配送工作。组织开展2020年"绿书签行动"，制作绿书签宣传海报和绿书签各4500份。办理一次性内部资料性出版物准印证6份。

【精神文明建设】 2020年4月24日，召开全市新时代文明实践中心试点建设推进会，部署新时代文明实践工作。5月，联系指导市第二高级中学创建思想政治教育示范学校。7月，联合市教育局督促市第一小学和市完中完成学校德育室规范化试点建设工作。10月28日，举办第六届"感动山南十大人物”学习宣传活动颁奖晚会。阿旺西若、慕育军、苏万飞、伍国强、扎西央宗、久米多吉、巴珠、索朗大杰、卓玛、达瓦顿珠获第六届“感动山南十大人物”称号。11月，推荐上报第六届全国文明单位、文明村镇，第二届全国文明家庭、文明校园以及第六届全国未成年人思想道德建设工作先进城市和第五届先进单位、先进工作者。中国人民银行山南市中心支行、山南市桑日县人民法院、国家税务总局山南市税务局、山南市烟草专卖局、国家税务总局加查县税务局获第六届全国文明单位称号；措美县哲古镇卓德村、隆子县雪沙乡米西村、错那县勒门巴民族乡勒村获第六届全国文明村镇称号；浪卡子县浪卡子镇浪卡子社区顿珠家庭获第二届全国文明家庭称号；山南市第三实验幼儿园获第五届全国未成年人思想道德建设工作先进单位称号。11月1日，《山南市文明行为促进条例》正式颁布实施。

【对外宣传采访点建设】 2020年，市委宣传部制定印发《关于进一步加强外宣采访点建设的通知》，确定首批重点建设对外宣传采访点20处。其中，民主政治与民族团结方面有乃东区克松社区、乃东区琼嘎顶社区、贡嘎县岗堆镇岗堆村3处对外宣传采访点；经济发展与民生改善方面有乃东雅砻现代休闲农业园区、山南市雅砻惠民乳业有限责任公司、乃东区功德糌粑加工厂、贡嘎县吉雄社区德吉新村小康示范点、山南市藏医医院、山南市特殊教育学校6处对外宣传采访点；雅砻文化传承方面有贡嘎杰德秀格桑围裙农民专业合作社、乃东区民族哗叽手工编织专业合作社、琼结县“久河卓舞”传习所、扎囊县氆雕工艺农民专业合作社4处对外宣传采访点；宗教信仰自由方面有雍布拉康、昌珠寺、桑耶寺、敏珠林寺4处对外宣传采访点；美丽山南建设方面有扎囊边久苗圃基地、山南市防沙治沙综合示范区、羊卓雍措景区3处对外宣传采访点。

【新闻发布】 2020年，市委宣传部完善新闻发布工作制度，制定印发《山南市人民政府新闻办公室新闻发布工作制度》。组织召开新闻发布会，以自治区新闻办名义在拉萨召开山南市脱贫攻坚情况新闻发布会，以市政府新闻办名义在泽当召开知识产权保护与品牌建设、服务民营企业工作、城乡居民基本医疗保险制度整合、依法治市、法治政府建设相关情况、贯彻落实中共山南市纪委一届五次全会精神情况、公益诉讼检察工作、重点项目推进情况、全市社会福利事业发展情况、全市污染防治攻坚战工作开展情况、全市卫生健康工作开展情况、全市妇女儿童发展规划（2016—2020）实施情况等11场新闻发布会。

【媒体接访】 2020年，市委宣传部开展北京周报社、中央广播电视总台英语环球节目中心、“外交部西藏全球推介活动”宣传片摄制组、中央电视台《西藏这五年》摄制组、中央电视台外语频道纪录片《未知的中国》摄制组赴山南拍摄协调服务管理工作。通过在山南采访拍摄，北京周报社推出涵盖高原现代农业、易地搬迁、农村电商、民族手工艺发展等，从不同角度讲述西藏历史性消除绝对贫困，巩固脱贫攻坚成果的故事，《保护民族手工业，助力藏族老百姓增收》《山南易地搬迁》等多篇文章通过《北京周报》英文版发往美国、印度以及东南亚研究中心等，起到对外传播的效果。中央广播电视总台英语环球节目中心在中央广播电视总台CGTN官方抖音号发布《跟网红

2020年11月12日，市宣传文化系统宣讲组到乃东区昌珠镇克麦社区开展新时代文明实践活动之中央第七次西藏工作座谈会精神宣讲会

拉姆学习制作西藏传统早餐糌粑》《你知道一个西藏农民有多少亩地吗?》《一起看看网红拉姆家害羞小藏牛吧!》《记忆:少女成人礼的彩色围裙:邦典》《网红拉姆赠送的牧羊礼物》《羊卓雍措湖畔的家庭旅馆》《羊卓雍措:航拍下“最孤独的寺庙”》《如何成为百万网红》《在西藏民主改革第一村,听亲历时代变革的老人讲述当年的故事》《与CGTN一起走进山南——西藏文化发祥地》《西藏第一座宫殿——雍布拉康》等多篇抖音视频。

【电影放映】 2020年,市委宣传部指导城市院线有序恢复开放,严格落实《国家电影局关于疫情防控常态化条件下推进电影放映有序恢复的通知》要求,山南市农村电影和城市院线电影放映工作于7月底正式恢复放映,并严格落实观影人员隔排隔座、戴口罩、测量体温、消毒、通风等疫情防控相关措施。从消防安全、贯彻落实疫情防控措施等方面,加大对市雅砻数字影院开业前后的督促检查力度,切实保障观影群众的生命财产安全。7月28日晚上8点,雅砻数字影城上映影片《第一次的离别》,标志着山南市电影院恢复开放。组织开展优秀影片展映活动,自9月20日起全市12个县(区)78支电影放映队伍深入基层一线,有序开展“决战脱贫攻坚、决胜全面小康”优秀影片展映展播活动。精心挑选《十八洞村》《第一书记》《天上的菊美》《脱贫路上好支书》等20部反应脱贫攻坚、乡村振兴等方面内容的优秀汉语、藏语影片。主题展映活动开展以来,全市共放映416场次,观影人数达29916人次,超额完成放映任务。

【文化市场管理】 2020年,市委宣传部以“扫黄打非”净化专项行动和“扫黄打非”“新风·正道”集中行动为总目标,以“清源2020”“固边2020”“护苗2020”“净网2020”“秋风2020”五个专项行动为抓手,净化文化市场,净化网络空间,净化新闻出版物领域、净化歌舞娱乐场所、净化舆论环境。截至年底,全市文化市场综合执法部门共检查各类文化经营场所1300家次,现场责令整改31件,办理案件2件,罚款处罚2家,罚款金额5200元。组织开展2020年印刷企业年度核验工作。完成中小学生的教材发行工作和政治理论读物的发行工作。配合完成自治区新闻出版局玉麦国门书屋的读书配送及全市各村居、寺庙农家书屋书籍配送工作。组织开展2020年“绿书签行动”,制作宣传海报和绿书签各4500份,并将其作为购书优惠券使用。

统一战线

【概况】 2020年,中共山南市委员会统一战线工作部(以下简称市委统战部)内设6个行政机构(办公室、政策研究室、民族宗教工作科、党外知识分子和新的社会阶层人士工作科、侨务工作科、非公有制经济工作科)和1个事业机构(归国藏胞接待办公室)。市委统战部人员编制24名,部门领导职数5名(不含兼职),科级领导职数7名,实有工作人员24人,其中副地级领导1名,正县级领导5名(含非领导职数),副县级领导4名(含非领导职数),正科级(含非领导职数)人员8名。

【民族团结宣传教育】 2020年1月21日,山南市召开全国民族团结进步创建活动示范市工作推进会,开展“《西藏自治区民族团结进步模范区创建条例》正式施行有话说”微视频活动,全市开展《西藏自治区民族团结进步模范区创建条例》为主的党的民族理论政策宣传宣讲达400场次,累计发放藏、汉语版《西藏自治区民族团结进步模范区创建条例》2万余册,受众人数达15万余人次。制定印发《关于营造学习贯彻〈西藏自治区民族团结进步模范区创建条例〉浓厚社会氛围的通知》和宣传标语口号,发放《西藏自治区民族团结进步模范区创建条例(藏汉双语)》400余册,宣传活页资料4000余份,民族团结宣传品400余个。开展以《西藏自治区民族团结进步模范区创建条例》内容为主的“共学民族团结政策知识、争做民族团结的石榴籽”主题民族团结进步网上知识竞赛活动,参与人数8800余人。梳理27项创建示范市重点工作,结合全国民族团结进步示范州(地、市、盟)测评指标要求,对新的测评指标体系进行认真研究,形成任务分解表,明确责任单位和完成时限。

【民族团结月】 2020年,市委统战部在森布日搬迁点开展民族团结宣传月启动仪式,联合市委组织部开展民族团结进步政策“进雅砻讲坛”活动,组织开展民族团结进步集中宣传暨"9·16"设立为山南市民族团结进步日启动仪式，组织市、乃东区民族团结创建工作领导小组成员单位共60家，开展集中街面宣传活动。联合教育部门在东辉中学开展民族团结进步宣传教育"进学校"活动。在桑耶寺开展民族团结"进寺庙"集中宣传活动。在泽当社区开展民族团结"进社区"宣传宣讲活动，向社区群众宣讲党的民族政策和创建《西藏自治区民族团结进步模范区创建条例》。

2020年2月1日，山南市举行党外人士"迎新春·藏历新年茶话会"

【推进民族地区经济发展】 2020年，市委统战部申报深入实施兴边富民行动，加大边境地区转移支付力度，完善边民补助机制，改善边境地区贫困人口生产生活条件的相关材料和申报山南市"十四五"规划储备项目情况（兴边富民项目申报资金为4亿元，主要用于4个边境县村道、基本农田、"五小"水利工程、特色优势产业、村容村貌、环境整治、特色村寨建设）。

【城市民族工作】 2020年，市委统战部开展民族领域统计工作，对全市民族成分、流动经商少数民族、较少民族干部等基本情况进行摸底，为推进民族工作奠定基础。对全市各级党政机关、企事业单位、乡（镇）、村（居）以及县城街道商铺商户民族通婚情况进行统计核实，全市民族通婚家庭1832户，6227人。落实民贸民品政策，确定"十三五"期间全国民族特需商品定点生产企业，切实满足群众生产生活的特殊需求。

【宗教工作】 2020年，市委统战部制定下发《山南市进一步加强和改进寺庙管理的实施意见（试行）》，对全市宗教活动场所试行"五级管理"，进一步压实属地管理责任，切实提升寺庙管理科学化、规范化水平。落实"三个不增加"要求，加强敏珠林寺"珠巴嘎杰"、桑耶寺"朵底节"佛事活动的指导督导，确保宗教活动依法安全有序。完成"十四五"宗教活动场所规划编制工作，申报项目20个，总投资1408万元，项目编制工作已完成，开始办理项目前置手续。落实新吸收补充僧尼颁证工作，完成2013—2017年新吸收僧尼信息采集补充工作。组织专班驻点开展财税监管工作，先后开展宣传教育10场次，入舍走访20人次，受教人数700余人次。在山南市第一高级中学召开主题班会，完成学校德育室建设，校园宣传栏创办等工作。

【寺管会基层党建工作】 2020年8月13日，召开寺管会基层党建工作现场推进会。11月1日，召开全市寺管会党建工作会议，举办驻寺干部对党忠诚教育培训班，制定下发《关于全面加强新时代寺管会党的建设的实施意见》。

【教育活动】 2020年，市委统战部紧扣主体，深入开展政策理论宣讲，全市政策法规宣讲1471场次，活佛转世政策宣讲474场次，印发各类宣传资料10850份。开展宗教领域"争做先进僧尼 共筑和谐寺庙"系列活动（开展"四条标准""四讲四爱"知识竞赛活动、举办"四条标准"书画展、组织僧尼参观西藏民主改革第一村陈列馆、组织僧尼参观藏传佛教活佛转世专题展）。为扩大受教育面，建设藏传佛教活佛转世专题展厅，广泛普及藏传佛教活佛转世相关政策法规。全年共开展各级各类实践活动658场次。组织参观藏传佛教活佛转世专题展厅共31场次。形成《山南市宗教领域应建必建制度清单》，统一制定下发《山南市寺庙僧尼个人档案》，规范寺庙僧尼个人档案。制定下发《关于在全市宗教领域开展"四条标准"教育实践活动"回头看"暨深化整改工作的实施方案》，针对全市寺庙在编僧尼开展为期2个月的“回头讲”活动,针对佛学院分院、寺庙学经班、寺管会管辖有修行区的寺庙僧尼开展为期3个月的“回头讲”活动,确保教育实践活动不留盲区、不留死角。

【党外人士工作】 2020年,市委统战部召开党外人士迎新春座谈会,先后走访、慰问136名党外人士、政协委员、回国定居藏胞以及已故爱国人士家属及子女。完成各县届中增补党外政协委员生活补助申报工作,落实正县级寺管会常务副主任待遇和佛协副秘书长待遇,协调解决佛协会长和副会长的有关待遇。通过调研形成《关于加强新形势下党外代表人士队伍建设的实施意见》《关于进一步加强藏传佛教代表人士教育培养管理工作的意见》。向自治区推荐30名党外各民族代表人士。确定列入自治区“234”培养工程的自治区级培养对象20名、市级培养对象106名、县(区)级培养对象181名。向市委组织部推荐6名党外干部、9名宗教界代表人士、6名非公经济代表人士作为培养使用对象。

【经济统战】 2020年,市委统战部完成民营经济代表人士信息登记表、民营经济代表人士综合评价体系表、民营经济代表人士综合评价部门评价表、民营经济代表人士综合评价个人总评表、民营经济代表人士综合评价汇总和信息录入登记工作,汇编造册25本基础数据信息资料。开展山南市非公企业“两新”基层党组织花名册和“两新”组织优秀人才库名单统计工作。制定《关于山南市开展同民营经济代表人士谈心活动的方案》和谈心记录表,对谈心的主题、内容、方法等作具体安排。7月15日,组织召开山南市民营经济代表人士谈心座谈会,听取民营经济代表人士的心声,并协调解决反映的困难和问题。11月5日,山南市召开工商业联合会一届三次执委会,回顾总结一届二次执委会以来的工作,安排部署2021年工作。

【侨务工作】 2020年,为进一步学习宣传和贯彻落实《中华人民共和国归侨侨眷权益保护法》及其实施办法等涉侨法律法规,市委统战部利用3月综治宣传月开展涉侨法律法规宣传,制作涉侨法律法规资料汇编,加大涉侨法律的学习宣传力度。利用山南统战微信公众号平台宣传侨务知识、涉侨政策,在办公楼电子显示屏中播放涉侨要点,在统战(侨务)干部职工中营造知“侨法”、懂“侨法”、贯彻“侨法”的良好氛围。8月31日至9月6日,接待安徽省侨联同中国科学技术大学附属第一医院“桥爱心——送温暖医疗队”山南行义诊团,与安徽省侨联召开座谈会,加强两地之间的沟通交流,共同谋划和探索新形势下侨务援藏工作长效机制。

【藏胞工作】 2020年,市委统战部对全市18名定居藏胞开展节前慰问活动,协助自治区藏胞接待委员会对山南市5名定居藏胞和9名境外友好藏胞境内亲属进行走访慰问。对12个县(区)境外藏胞基本信息进行调查,完成11个县(区)809名境外藏胞基本信息录入工作。9月20—28日,开展区情教育活动。

市委政策研究室

【概况】 中共山南市委员会政策研究室(以下简称市委政研室),为正县级单位,下设中共山南市委员会全面深化改革委员会办公室、中共山南市委员会财经工作委员会办公室总编制17个,行政编制14名,事业编制3名,部门领导职数5名,科级领导职数9名。

2020年,市委政研室坚持问题导向,紧紧围绕影响山南长治久安和高质量发展的战略性、前瞻性、全局性问题,围绕稳定发展生态强边四件大事和全面深化改革的重点领域、关键环节、主攻方向,围绕农牧民增收工作和群众关切的热点难点问题,精心选定治理体系和治理能力现代化、乡村振兴、制度创新等调研课题,深入市、县(区)、机关单位、企业、乡村基层一线,开展调查研究,全面了解情况,形成调研报告,为市委科学决策提供服务。

【文稿起草】 2020年,市委政研室以调查研究、工作服务为载体,围绕全市发展稳定大局,超前谋划、统筹安排,不断完善、精益求精承担市委主要领导的文稿起草任务,协助市委统筹推进疫情防控和稳定发展生态强边四件大事以及各项中心工作。全年共完成文字材料650余篇,其中起草修改领导各类讲话、汇报、理论文章、调研报告等500余篇,编发《党办通报》24期,起草其他文稿100余篇。

【经济体制改革】 2020年，市委政研室充分发挥市委改革办、财经办职能，协助市委开展经济体制改革工作，制定出台《山南市企业复工复产工作实施方案》《山南市关于进一步提高审批效率加快推进项目前期工作的意见》《山南市行政审批事项限时办结制度》《山南市关于进一步深化国资国企改革的意见》《山南市国有企业负责人经营业绩考核办法》《山南市国有企业负责人薪酬管理办法》《山南市市属国有企业违规经营投资责任追究实施细则》《山南市财政资金扶持奖励产业发展的具体办法》，出台招商引资政策若干规定、招商引资综合考核激励办法、幸福家园建设招商引资管理办法等优惠政策和领导干部联系招商企业制度，深化行政审批、国有企业、财税金融体制、“放管服”改革，推行三十三证合一、证照分离，建立健全科技创新体制机制，开展农村集体产权制度改革试点。

【民主法治和社会治理体制改革】 2020年，市委政研室协助市委推进民主法治和社会治理体制改革工作，制定各级政府重大决策出台前向本级人大报告的实施办法，建立各级人民政府向同级人大报告国有资产管理情况制度、各级人大任命干部向同级人大常委会述职制度，制定《山南市城乡绿化条例》《山南市砂石料开采管理条例》《山南市文明行为促进条例》《山南市关于推行党政机关法律顾问制度的实施意见》《全面依法治市委员会关于制定完善行政执法裁量权基准制度的通知》《山南市行政执法公示实施办法》《山南市重大行政执法决定法制审核实施办法》《山南市市人民政府2020年度政府规章立法计划》《山南市法治山南建设考评办法》《山南市关于深入推进县（区）乡镇（街道）村居（社区）三级综治中心规范化建设实体化运行的实施意见》《山南市关于统筹推进全市农牧区网格化服务管理的实施意见》《山南市信访突出问题及涉访矛盾纠纷“六定”化解调处工作制度》，不断健全人民代表大会制度、人民政协工作制度，加快推进法治山南建设。完善城乡基层治理体制机制，深化政法领域改革、重点行业领域安全生产专项治理，提高社会治理水平。

2020年5月14日，市委政研室利用“周四学习日”开展理论学习

【民生领域改革】 2020年，市委政研室协助市委推进民生领域改革工作，制定《山南市防返贫工作制度》等巩固提升脱贫成效10项制度；制定《山南市加快卫生计生事业发展推进健康山南建设的意见》《山南市全市医疗卫生人才“县管乡用”工作实施方案》《山南市爱国卫生运动长效管理实施意见》《山南市关于鼓励高校毕业生返乡就业创业试点工作实施方案》《山南市关于促进高校毕业生就业创业的实施意见》《山南市关于支持高校毕业生区外市场就业的实施意见》《山南市中小学德育工作评价指标体系（试行）》《山南市提升数理化教学质量实施方案》《山南市城乡居民基本养老保险待遇领取公示制度》，健全巩固脱贫攻坚成果、卫生计生、教育等民生领域体制机制。

【文化体制改革】 2020年，市委政研室协助市委推进文化体制改革工作，制定《山南市网络舆情应急响应预案》《山南市重大网络舆情处置协调联动机制》《山南市互联网领域党建工作考核评价细则》，建立健全网络舆情应急响应、重大网络舆情处置协调联动机制；制定《山南市行政村文艺演出队管理办法》《山南市基层文化干部“县管乡用”实施细则》，建立民间艺术团演职人员生活补助机制。

【党的建设制度改革】 2020年，市

2020年10月29日，市委政研室组织干部职工到山南市博物馆开展主题党日活动

委政研室协助市委推进党的建设体制改革工作，制定出台《山南市人才引进办法（试行）》《中共山南市委员会关于全面加强新时代党的建设的实施意见》《山南市关于贯彻落实中央第七次西藏工作座谈会精神进一步推进山南长治久安和高质量发展的实施意见》。

【纪律监察体制改革】 2020年，市委政研室协助市委推进纪律监察体制改革工作，制定《山南市监督执纪工作程序暂行规定》《山南市谈话函询和诫勉谈话暂行办法》《山南市纪委监委关于严肃查处诬告陷害行为 为党员干部澄清正名的实施办法》《西藏山南市领导干部廉政档案管理办法（试行）》，健全完善领导干部监督管理机制。

党校 行政学校

【概况】 中共山南市委党校（市行政学校）（以下简称市委党校）有47年历史。1973年10月，山南地委根据区党委的指示，将原名“山南干部学校”更名为“中共山南地委党校”，校址选为泽当镇生格塘（现为安徽大道9号）。2020年，市委党校内设科室9个，分别是办公室、教务处、总务处、函授处（学员管理科）、综合教研室、理研室、信息科、党史党建研究室和马列研究室。核定编制55人，实有人员45人（含第一支部书记1人）。

2020年，市委党校学习贯彻落实习近平总书记关于党校工作的重要论述和《中国共产党党校（行政学院）工作条例》，完善教学、科研、管理工作。

【干部教育培训】 2020年，市委党校紧紧围绕习近平新时代中国特色社会主义思想、十九届五中全会及中央第七次西藏工作座谈会精神和体现山南特色的“专家讲学+现场考察+互动交流”的“三三制”新模式，不断调整教学布局和培训结构，增强党校教学的实用性和针对性，通过加大与内地兄弟省市党校异地交流、合作办学的方式，实现教学内容及教学形式的不断创新。全年共举办各类培训班次48个，培训学员4073人次，其中主体班次6个，培训学员311人次，计划外班次42个，培训学员3762人次。

【创新教学模式】 2020年，市委党校坚持教学立校，探索创新教学举措，深化教学方式改革，不断提升教学质量和水平。组织专兼职教

2020年8月14日，市委党校举办全市县处级领导干部学习贯彻党的十九届四中全会精神轮训班结业测试

师根据时政热点内容开发完善教学专题，并在各类班次培训中，采取理论研讨、结构化研讨、学员微论坛等形式创新教学形式，提高教学质量。在各类培训班次中组织开展理论研讨8次，开展结构化研讨1次，开展学员微论坛3次，受到学员的一致好评。结合学校实际情况、市委相关培训要求、十九届四中五中全会、中央第七次西藏工作座谈会等重大会议精神，组织开展新专题试讲评审工作5次，开发完善教学专题51个。

【科研成果】 2020年，市委党校坚持政治引领科研，努力用政治提升科研成果质量，共组织专兼职教师申报3个自治区级科研项目，6个校级课题，有4个自治区级科研项目参加评选，其中《山南市实施乡村振兴战略的挑战与对策》获得优秀科研一等奖，《山南市发展全域旅游的对策思考》获得优秀科研二等奖，《打造西藏具有中国边疆特色的党性教育基地》《习近平总书记关于扶贫工作重要论述在山南市实践探索》获得优秀科研三等奖。依托《雅砻论刊》为"练兵场"，以权威刊物为"主战场"撰写理论文章，共在省级刊物上发表论文11篇，校刊收录理论文章15篇。

【对外交流】 2020年，市委党校与兄弟省市党校开展教学科研交流工作，充分利用援藏资源，组织专兼职教师到安徽、湖南、湖北省委党校开展教学培训及交流活动16人，全面推动市委党校教学科研改革新局面。

【学校建设】 2020年，由市住建局承建的改扩建项目综合教学楼、教职工周转房、食堂及学术报告厅、学员宿舍及附属工程已全部竣工，投入使用。

【教师队伍建设】 2020年，市委党校坚持人才兴校理念，不断通过理论中心学习组学习，使全体教职工树牢"四个意识"、增强"四个自信"、做到"两个维护"。坚持以"用学术讲政治"为要求，要求全体专兼职教师对党中央、区党委、市委作出的决策部署迅速贯彻，关注的问题深入研究，交办的任务认真完成，做到学术研究无禁区、课堂讲授有纪律、公开言论守规矩，带头维护党中央权威。实施"学科带头人培养计划"，注重发挥援藏教师和老教师的"传帮带"作用，用1名援藏教师指导几名专兼职教师备课"一带多"的形式，重点培养高职称、高技能的专业人才。坚持以制度体制为保障，严格按照《关于加强科研管理工作的实施办法》《校级课题审定程序办法》《教学新专题开发实施办法(试行)》《专兼职教师教学工作量考核办法(试行)》《教师外出授课暂行管理办法》的各项要求开展教学科研咨政工作，用制度规范行为，确保各项工作有序有规有责开展。

2020年7月9日，第十六期中青年干部培训班学员开展克松村爱国主义教育基地现场教学活动

【驻村扶贫】 2020年，市委党校严格按照山南市关于开展强基惠民活动工作要求，组织45名干部职工，投入结对帮扶资金23800元开展结对帮扶4次。校委班子成员先后16次带队下沉到结对帮扶贫困户驻浪卡子县恩色村工作队，了解扶贫工作开展情况及贫困户生活困难，宣讲中央第七次西藏工作座谈会精神及十九届四中五中全会精神。校驻村工作队协调市妇联为驻村点积极申报妇女集体茶馆项目，已开业经营，并于年底分红1万余元，有效解决驻村点妇女就近就业创业问题。

市直机关工委

【概况】 2020年,中共山南市直机关工作委员会(以下简称市直机关工委)研究制定《关于规范发展党员程序和基层党组织换届(改选、成立、撤销、合并)工作的通知》,坚持把政治素质考察、政治把关作为发展党员工作的首位,严格按照发展党员5个阶段25个步骤发展党员,共培养发展对象75人,吸收预备党员77人、正式党员113人。按照党章和条例规定,及时组建、调整和充实51个机关党委、党总支、党支部,配齐配强党委、党总支、支委成员197人。严格落实《党员教育管理工作条例》《党员教育培训工作规划》,加强和改进党员教育管理工作,坚持党员标准,提高党员素质,增强党员党性修养,增强党员教育管理的针对性实效性。锻造过硬党务干部队伍,配强专职、激活兼职,建设高素质专业化党务干部队伍,认真落实《中国共产党党员教育管理工作条例》,探索建立党支部委员履职培训制度,切实把党务干部培养成政治上的明白人、党建工作的内行人、干部职工的贴心人。认真抓好党员及党务干部 培训教育,全年组织发展对象培训班2期,培训100余人;组织基层党组织书记培训班2期,实现市(中、区)直各单位全覆盖。制定印发《关于进一步规范基层党组织活动场所标准化建设的通知》、《关于推进标准化"八星党支部"创建工作的通知》,加大基层党组织标准化建设力度。认真贯彻落实《关于在全市党员中开展"三包五带五促"活动推进党员包片包户包人工作常态长效的通知》精神,把开展好"三包五带五促"活动作为一项重大政治任务,切实抓紧、抓好、抓出成效。

【从严治党】 2020年,市直机关工委通过理论中心组学习、支部学习和个人自学,深化领导班子特别是主要领导全面从严治党的主体责任意识,增强全面从严治党的责任感和使命感,截至年底,共组织理论中心组学习4次,重点学习《党委(党组)落实全面从严治党主体责任规定》《中国共产党基层组织选举工作条例》《中国共产党党和国家机关基层组织工作条例》及习近平总书记系列重要讲话、中央第七次西藏工作座谈会、区党委九届八次全会、市委一届五次和六次全会精神等。截至年底,共组织支部集中学习20余次。严格履行党委在全面从严治党中的集体领导责任、党委书记的责任、班子其他成员职责范围内的领导责任,坚持把党风廉政建设与工委中心工作同部署、同落实、同检查、同考核、同推进,年初制定党风廉政建设要点,明确风险点,主要领导与班子成员、班子成员与分管科室负责人分别签订党风廉政建设责任书,层层传导责任压力,每季度研究党风廉政建设工作。深化党员教育,领导班子成员带头讲党课、带头参加组织生活会、带头执行党风廉政建设规定和中央八项规定,以身作则、率先垂范,特别是对《关于新形势下党内政治生活的若干准则》《中国共产党党内监督条例》,领导班子坚持先学一步、学深一层,进一步深化全面从严治党的意识和责任。始终坚持民主集中制,在干部调整、经费开支、党费使用等"三重一大"事项上,坚持按照工委委员会议事原则,集体研究决定,做到公平、公正、公开。

【政治建设】 2020年,市直机关工委深入贯彻《中共中央关于加强党的政治建设的意见》,坚持把严明政治纪律、政治规矩落实到行动上,把带头做到"两个维护"作为加强机关党的建设的首要任务,牢固树立西藏氧气少气压低但坚定理想信念、执行党的纪律标准不能降低的思想,严格遵守党章党规党纪。利用集中学习、专题辅导等教育形式引导广大党员严格遵守政治纪律和政治规矩,严肃党内政治生活,切实增强"四个意识",坚定"四个自信",做到"两个维护",保证对党绝对忠诚,不折不扣地贯彻落实党的路线方针政策和上级重大决策部署。把党章和党规党纪、《中国共产党基层组织选举工作暂行条例》《中国共产党党和国家机关基层组织工作条例》作为理论学习中心组、党支部学习的重要内容,加大规章制度学习力度,严格执行《中国共产党纪律处分条例》,通过严明政治纪律带动党的其他纪律严肃起来。

【理论武装】 2020年,市直机关工委坚持思想建设不放松,深入学习习近平新时代中国特色社会主义思想,系统学习习近平总书记关于西藏工作的系列重要论述,及时跟进学习习近平总书记最新重要讲话精神,用党的创新理论武装党员干部、推动各项工作。制定印发《关于学习贯彻〈习近平谈治国理政〉第三卷、中央第七次西藏工作座谈会精神的方案》《关于加强“学习强国”学习平台有关内部材料管理的紧急通知》，推进学习教育常态化制度化，推动读原著学原文悟原理，推动落实学习的具体载体抓手，推动深思细悟、融会贯通，推动学思用贯通、知信行统一。举办百名党员谈感悟“学习分享会”活动，进一步丰富市(中、区)直单位党员的理论学习形式、检验学习效果、促进共同提高。坚持把不忘初心、牢记使命作为加强党的建设的永恒课题和全体党员干部的终身课题，常抓不懈。扎实开展“主题党日+”活动，把主题党日打造成政治学习日、民主议事日、志愿服务日、组织生活日。

2020年11月13日，市直属机关工委举办“百名党员谈感悟”第四期学习分享会

【意识形态工作】 2020年，市直机关工委落实意识形态工作责任制，成立市直机关工委意识形态领域领导小组，加强对所属基层党组织意识形态阵地建设和管理，积极稳妥做好重大突发事件和热点问题的舆论引导，围绕党中央重大决策部署和社会普遍关心的热点问题，深入了解干部职工思想状态，做深做实思想政治工作，深刻把握机关党建特点规律，探索信息化条件下有效开展学习方式方法和机制创新。印发《坚决贯彻习近平总书记重要指示精神，在厉行节约反对浪费上走在前、作表率—致市直机关党员干部的倡议书》《关于做好推荐上报新型冠状病毒感染的肺炎疫情防控工作先进典型事迹材料的通知》《关于划拨党费用于支持新型冠状病毒感染的肺炎疫情防控工作的通知》《关于在维护稳定工作中发挥基层党组织战斗堡垒作用、党员先锋模范作用的通知》等。深化“互联网+党建”模式，在“山南机关党建”微信公众号推送习近平新时代中国特色社会主义思想，推送党建业务知识，创办山南机关党建工作周报，及时总结推广市(中、区)直机关单位党建工作特色亮点。深入开展理想信念教育工作，自觉抓好中共十九届四中全会精神学习。组织开展庆祝中国共产党建党99周年“牢记誓言 不忘初心”演讲比赛和网上知识竞赛系列活动，引导市(中、区)直机关党组织开展中国共产党史、新中国史、改革开放史和社会主义发展史教育，深化爱国主义教育，提振党员干部精气神，激发正能量。

【作风改进】 2020年，市直机关工委牢固树立宗旨意识，持续深化纠正“四风”工作，力戒形式主义、官僚主义，弘扬密切联系群众的优良作风，强化立党为公、执政为民的意识，形成求真务实、清正廉洁的新风正气。建立“党员示范窗”“党员示范岗”，大力推进一站式服务，让群众切身感受到新变化新气象。完善落实党员直接联系群众制度，继续开展“走亲连心”活动，积极配合乃东区委，开展驻地单位“双报到”活动。开展半年党建督导检查党建督导考核，把解决“灯下黑”“两张皮”等突出问题纳入市(中、区)直机关专项督查、基层党建工作述职评议考核内容。加大软弱涣散基层党组织整顿工作力度，深入软弱涣散机关党组织开展督导调研，组织召开市(中、区)直机关软弱涣散党组织整顿工作座谈会，专题研究整改工作。在机关，认真学习贯彻习近平总书记在中央和国家机关党的建设工作会议上的重要讲话精神，全面履行《中国共产党和国家机关基层组织工作条例》规定的9项基本职责，推动党建工作与业务工作深度融合、相互促进，解决“灯下黑”“两张皮”问题。在国有企业，按照《中国共产党国有企业基层党组织工作条例(试行)》的规定，压实管党治党责任，抓好40项重点任务落实，充分发挥国有企业党委把方向、管大局、保落实的作用。在寺管会，落实好《关于在全市寺管会党组织中推行“1带7”工作模式实施方案》，牢牢掌握宗教事务管理主动权。针对党建和业务“两张皮”问题，研究制定推动党建和业务深度融合、相互促进的有效措施。

老干部工作

【概况】 中共山南市委老干部局（以下简称市委老干部局）内设综合科、党建科、离退休干部服务科。行政编制8名，机关其他编制8名，工勤编制1名，实有5人；局领导职数3名，实有2名；科级领导职数3名，实有2名。市委老干部局下设泽当老干部服务站，是参照公务员管理的正科级事业机构，编制10名，实有7人。

截至2020年年底，山南市共有离退休干部4071人，其中：离休干部9人，退休干部4062人；区内安置3926人，区外安置145人；党员2868人。全市共有离退休党总支24个、党支部79个，建有离退休党支部活动中心6个，活动室65个。

【离退休干部“三项建设”】 政策理论教育。2020年，市委老干部局先后在泽当和拉萨离退休干部相对集中的安置点，分别组织召开离退休干部深入学习贯彻党的十九届五中全会和中央第七次西藏工作座谈会宣讲会，并充分利用订阅《西藏日报》《山南报》《西藏老干部》等报纸杂志，每月编发《山南市离退休党总支（支部）学习资料汇编》，每日推送微信公众号等形式，抓好学习宣传，确保会议精神传达到每一个离退休党支部和每一名离退休党员中。以退休党员集中学习日、支委集中学习日为抓手，深入开展习近平新时代中国特色社会主义思想和《习近平谈治国理政》第一、二、三卷内容学习，并做到每个专题都有计划、有研讨、有心得。

理想信念教育。2020年，市委老干部局组织88名离退休党组织书记举办全市离退休党支部书记暨党员政治教育重点培训班，重点学习马克思主义“五观两论”和习近平新时代中国特色社会主义思想。疫情期间，创新开展爱国主义影片走进老干部主题党日活动，通过开辟微信云党课，在云平台上播放《小平您好》《古田军号》《中国机长》等10部爱国主义教育影片，确保学习不间断，思想不滑坡。

感党恩教育。2020年，市委老干部局依托“3·28”百万农奴解放日等重大活动，先后组织1000余名离退休干部参观西藏民主改革第一村克松村陈列馆、烈士陵园，提高离退休干部的党性修养，增强他们对伟大祖国、中华民族、中华文化、中国共产党、中国特色社会主义的认同。

老干部宣讲教育。2020年，市委老干部局在泽当、拉萨、成都3个安置点，组织30名老干部宣讲员，结合老干部实际，在各离退休党支部中深入开展新旧西藏对比、反分裂斗争、法律法规教育等宣讲50次，参与人数达3600余人。

【离退休干部精准化服务】 建立老干部诉求排查机制。2020年，市委老干部局畅通诉求渠道，实行分类办、限时办、责任到人办等举措，建立老干部诉求排查工作机制，各县（区）、各单位和离退休党支部每季度对老干部的诉求进行排查，进行分类办理，能及时处理的及时处理，不能及时处理的，上报上一级部门处理，科学合理处理好老干部提出的诉求。全年老干部提出诉求问题94件、完成94件，做到事事有回音，件件有着落。

2020年10月10日，山南市第21届离退休干部工人运动会开幕

慰问和帮扶工作。2020年，山南市投入600余万元，在全市范围内开展“三大节日”普遍性慰问，并对100余名生病住院的离退休老干部和病故老干部遗属进行慰问。投入18.5万元对家庭困难的27名离退休干部及遗属进行帮扶，让老干部充分感受到社会主义制度的优越性，坚定永远跟党走的信心和决心。同时，为进一步提高老干部健康疗养的数量和质量，组织2批104名离退休干部赴海南健康疗养，县（区）一级组织区外健康疗养6批165人。

【离退休干部文化体育活动】 开展全民健身强体魄。2020年，市委老干部局组织1000余名离退休干部职工举办山南市第21届离退休干部工人运动会，组织300余名离退休干部参加全市“推动全民健身 助力全面小康”全民健身日活动，充分展示离退休干部老有所为、昂扬向上的精神面貌。

举办讲党课活动增信念。2020年，市委老干部局在拉萨和泽当老干部集中安置点分别邀请自治区党校副教授达宝次仁和拉萨离退休党支部书记丹增为离退休干部职工党员讲专题党课，其他各支部采取“书记讲”措施，开展讲党课活动，让老干部全面了解西藏的发展变化，接受一次深刻的新旧西藏对比教育和党性教育。

【正能量发挥】 2020年，市委老干部局开展老干部建言献策行动，通过召开座谈会、登门拜访、发放征求意见表等方式，组织400余名离退休干部为市、县两级党委、政府建言献策200余条。开展老干部参与社会事业行动，在全市范围组建15个离退休干部宣讲队伍，重点围绕党的宗教理论与政策、感党恩教育、反分裂斗争形势教育、共产党员不得信仰宗教的政治纪律、脱贫攻坚政策知识等内容，在农牧区和部分学校开展宣讲10余次。疫情期间，倡导老干部协助社区做好返藏人员信息核实和跟踪管理的同时，号召他们为新冠疫情灾区捐款。全市离退休干部职工捐款共计190余万元。开展老干部日常监督行动，全市6名老干部担任市委督查专员，130名老干部担任维稳督导员、监督员和信息员，35名老干部担任居住地双联户户长。

档案管理

【概况】 2020年，山南市档案馆（以下简称市档案馆）共接收进馆21家单位的文书档案。其中2000年以前的档案（旧标准）永久共计252卷，长期共计276卷。2000年以后的档案（新标准）永久共计1323盒，30464件，定期30年共计929盒，22978件。加强对各县（区）、市（区、中）直、企事业单位档案工作的业务指导力度；市档案局共开展业务指导工作116人次，其中，进馆前立卷归档指导89人次、依法管理档案检查指导6人次、执法检查21人次；12个县（区）档案局开展档案业务指导97余人次。共选派8名基层档案局、馆长赴雅安参加档案业务培训，赴各县（区）、各市直单位进行业务培训3次。选派1名工作人员赴贵阳参加档案业务培训。按照《西藏自治区档案局关于开展2019年度全国档案统计调查工作安排的通知》规定，分工协作，采用电话、网络视频、一对一、面对面等方式，确保每一份报表无错填、漏填。山南市在七地市中率先完成2019年度档案统计调查工作。

【发挥爱国主义教育基地教育功能】 2020年，市档案“爱国主义教育基地”展厅共接待9家单位共9批/465人参观；协助市委办公室在展厅开展以“参观爱国主义教育基地、重温入党誓词”为主题的“七一”全体党员宣誓活动。

【档案宣传】 2020年，市委办档案管理科开展信息报送工作，共向自治区档案局报送工作信息12期，向“微山南官方”投稿工作信息1期，被采用。在“6·9”第13个国际档案日来临之际，以“档案见证小康路 聚焦扶贫决胜期”为主题，营造脱贫攻坚决战决胜之年的浓厚氛围。在“微山南官方”即时发布国际档案日宣传信息；6月初，协调市直各单位、各县区在单位门外LED显示屏上档案法宣传标语，为“6·9”国际档案日预热；6月9日，市委办档案管理科、市档案馆及乃东区档案局（馆）联动，到市繁华街道设点，发放购物袋，彩色宣传单、档案法规宣传册，设立咨询台等形式进行档案及档案法宣传，共发放彩色宣传单1560余份、购物袋350个，《中华人民共和国档案法》宣传册200余册，接收群众咨询500余人次。各县也纷纷开展国际档案日档案宣传活动。

【档案工作服务农村基层社会治理试点工作】 2020年，市委办档案管理科推荐的山南市乃东区昌珠镇克松居委会和错那县勒乡勒村被国家档案局确定为档案工作服务基层社会治理第二批试点工作。按照《国家档案局办公室关于确定档案工作服务农村基层社会治理第二批试点地区的通知》要求，充分发挥组织协调作用，监督和指导错那县、乃东（区）档案部门和村（居）围绕各自申报的试点类型和试点范围，制订切实可行的实施方案，明确试点任务、进度安排和保障措施，组织开展试点工作，确保试点经费使用合规，按时完成试点任务。9月，市档案局与国家档案局签订《档案工作服务农村基层社会治理试点项目委托协议书》，国家档案局向山南市档案局拨付经费1万元，市档案局已及时向乃东区克松居委会、错那县勒乡勒村各拨付5000元用于档案工作服务农村基层社会治理试点项目经费；每季度及时向国家档案局上报试点项目进展情况报告。

【档案收集归档】 新型冠状病毒感染肺炎疫情防控工作文件材料收集归档。2020年，为做好山南市疫情防控工作材料收集归档工作，市档案馆向各县（区）及相关部门转发《西藏自治区档案局关于做好新型冠状病毒感染肺炎疫情防控文件材料收集归档工作的通知》，截至年底，市委办档案管理科工作人员到市卫生防疫部门开展业务指导3次，山南市疫情防控文件材料相关部门已做到全面收集，应收尽收，并整理归档。

国有企事业退休人员人事档案整理和移交。2020年，为做好中央企业驻藏机构和区属各级国有企业退休人员人事档案整理和移交进馆有关工作，由山南市档案局牵头、联合山南市国资委联合转发《西藏自治区档案局 西藏自治区人民政府国有资产监督管理委员会关于印发国有企业退休人员人事档案整理和移交工作的通知》后，市、县（区）档案部门立即启动该项工作，截至年底，共接收到各国有企业退休人事档案62卷（一人一卷），并已进馆入库。

精准扶贫档案工作。2020年，为认真落实好《西藏自治区档案局 西藏自治区扶贫开发办公室关于切实加强精准扶贫开发办公室关于切实加强精准扶贫档案工作的通知》（以下简称《通知》），市档案局、市扶贫开发办公室联合行文向12个县（区）档案局及相关部门转发该《通知》，要求以加强领导、分级负责、组织培训等方式，严格执行相关标准，做到应归尽归，有序推进精准扶贫档案工作。截至年底，市委办档案管理科、市档案馆工作人员已协助市脱贫攻坚指挥部完成定期30年、永久等文书档案的整理工作。

配合市委办公室完成档案整理。2020年，对主责办自成立以来至撤销期间形成的文书档案进行整理、编目、归档、入库工作。共计65盒1725件。

【档案信息化建设】 截至2020年年底，市档案馆完成山南市馆藏量的1/3共计275页档案数字录入工作，完成数字化扫描以及图片处理215.91万张、目录23.32万条、纠错页码约186万页。

【档案提供利用】 2020年，市委办档案管理科、市档案馆在加强资源整合，丰富档案馆藏，注重提升档案服务社会、服务民生的能力和水平，把文明服务、主动服务、高效服务提上议事日程，在提供利用服务工作中加深和提高社会公众对档案工作的认知度，截至年底，共接待现场查阅文书档案、科技档案、婚姻档案、基建档案、干部死亡档案及各种资料利用者共1256人次，提供利用2760卷（件、册），复印档案2760份/22131页。接收补办的婚姻档案资料82件，完成1—10月的《文摘报》《参考消息》《中国档案报》《西藏日报》剪辑，《山南报》《人民日报》等各类资料档案的整理归档入库工作。

ལྷོ་ཁའི་ལོ་རིམ་མེ་ལོང་།

山南年鉴

2021

山南市人民代表大会

综述

【概况】 2020年,山南市人民代表大会内设4个专门委员分别是法制委员会、财政经济和农牧城建环境资源委员会、教育科学文化卫生和社会建设委员会、民族宗教和监察司法委员会,各专委会各设1个办公室(正科级)。山南市人民代表大会常务委员会设1个正县级办事机构,为山南市人民代表大会常务委员会办公室。市人大常委会办公室设下列内设机构(正科级):秘书一科(督查科)、秘书二科(研究科)、综合科、选联科(信访科)及1个正科级事业单位(机关后勤服务中心)。山南市下辖12个县区、82个乡镇,569个村居,各级人大代表4700余名,现有市、县、乡“人大代表之家”95个、村(居)“代表小组活动室”305个。截至年底,全市82个乡镇均设立人大主席团并配备专职人大主席,部分乡镇已配备人大副主席。全市各乡镇普遍配备1—2名兼职人大专干。全市现有全国人大代表2名,自治区人大代表43名,市级人大代表237名,县级人大代表1189名,乡镇人大代表3178名。全年共召开7次常务会议、18次主任会议。

【人大代表意见建议】 山南市一届人大五次会议期间,与会代表向大会提交建议44件,其中:农牧林水类6件、城乡建设类5件、劳动人事类5件、财经计划类7件、政策管理类5件、生态环保类4件、工业交通类10件、教科文卫类1件、旅游发展类1件。经过各承办单位的不懈努力,代表对各承办单位的办理工作情况表示满意或基本满意,答复率和满意率均达到100%。截至2020年12月31日,代表所提问题已经解决或在本年度内能够及时解决,以及所提问题已有规定,承办单位明确说明有关情况的建议(A类)有12件,占代表建议总数的27%;所提问题从闭会之日起三年内能够基本解决,承办单位已制定解决措施或已列入改进计划,并向代表明确答复办理时限的建议(B类)有28件,占代表建议总数的64%;所提问题因条件限制或其他原因从闭会之日起三年内难以解决,以及所提问题留作参考的建议(C类)有4件,占代表建议总数的9%。

【队伍交流】 2020年12月4—13日,山南市人大常委会副主任陈海清带队,率部分市县两级人大代表及基层人大干部共计20人先后赴合肥市、滁州市、蚌埠市、淮南市及有关县乡、街道考察学习,深入了解安徽省地方各级人大工作开展情况。

重要会议

【山南市第一届人民代表大会第六次会议】 2021年1月9日,山南市第一届人民代表大会第六次会议在泽当召开。本次会议应到代表238人,因事因病请假17人,实到221人,出席人数符合法定人数。大会共安排9项议程。根据议程安排,共举行4次全体会议、4次主席团会议、1次预备会议、5次代表团会议、5次大会秘书处会议。经过审议并表决,会议通过关于市人民政府工作报告的决议,批准政府工作报告;通过关于市国民经济和社会发展第十四个五年规划和2035年远景目标纲要的决议,批准市国民经济和社会发展第十四个五年规划和2035年远景目标纲要;通过关于市2020年国民经济和社会发展计划执行情况与2021年国民经济和社会发展计划的决议,批准市2021年国民经济和社会发展计划;通过关于市2020年财政预算执行情况与市2021年财政预算的决议,批准市2021年财政预算;通过关于市人大常委会工作报告和市中级人民法院、市人民检察院工作报告的决议,批准市人大常委会工作报告、市中级人民法院工作报告、市人民检察院工作报告。会议还依法补选市中级人民法院院长1名、市一届人大常委会委员3名;通过市一届人大法制委员会、财政经济和农牧城建环境资源委员会主任委员,并依法举行宪法宣誓仪式。

【山南市人大常委会会议】 第27次会议。2019年12月28—29日,市一届人大常委会第27次会议于在泽当饭店二楼会议举行,会议的主传达学习自治区十一届人大常委会第十五次会议精神,审议《山南市人民代表大会常务委员会工作报告(稿)》、山南市人民代表大会常务委员会主任会议关于提请审议《山南市第一届人民代表大会第五次会议议程(草案)》的议案、山南市人民代表大会常务委员会主任会议关于提请审议《山南市第一届人民代表大会第五次会议主席团和秘书长名单（草案）》的议案、山南市人民代表大会常务委员会主任会议关于提请审议《山南市第一届人民代表大会第五次会议列席人员名单（草案）》的议案、山南市人民政府关于山南市本级2019年财政预算调整方案的报告，审查、批准山南市本级2019年财政预算调整方案的决议草案、山南市第一届人民代表大会常务委员会代表资格审查委员会关于个别代表的代表资格的报告及公告（稿）、关于接受洛桑辞去山南市第一届人民代表大会常务委员会委员职务请求的决定草案和任免案，并举行宪法宣誓仪式。

第28次会议。2020年4月9—10日，市一届人大常委会第28次会议在泽当召开。会议传达学习《西藏自治区人民代表大会常务委员会关于贯彻〈全国人民代表大会常务委员会关于全面禁止非法野生动物交易、革除滥食野生动物陋习、切实保障人民群众生命健康安全的决定〉的实施意见》和《西藏自治区民族团结进步模范区创建条例》和西藏自治区十一届人大常委会第十六、十七次会议精神以及洛桑江村主任讲话精神。会议审议通过《山南市城乡绿化条例》，市人大常委会代表资格审查委员会关于个别代表的代表资格的报告和公告以及有关人事免职事项，听取审议市人民政府关于法治政府建设情况的专项工作报告、市人大常委会关于法治政府建设情况的专题调研报告和市直相关部门学习宣传贯彻实施《山南市城市建设管理条例》《山南市实施河长制湖长制条例》《山南市羊卓雍错保护条例》情况的报告，首次开展对法治政府建设和山南市地方性法规贯彻执行情况的监督工作。

第29次会议。2020年5月11日，市一届人大常委会第29次会议在泽当举行。会议共7项议程，举行2次全体会议、1次分组审议，共审议1件条例草案，依法作出1项决定，补选1名山南市出席西藏自治区第十一届人民代表大会代表。

第30次会议。2020年6月30日至7月1日市一届人大常委会第30次会议在泽当举行。会议共15项议程，举行2次全体会议、1次分组审议，共审议1件法规草案、3个执法检查报告、1个跟踪检查报告、2个专项工作报告，依法作出1项决定，还对市人大常委会任命的5人进行履职评议，表决通过有关人事任职事项。

第31次会议。2020年7月22日市一届人大常委会第31次会议在泽当举行。会议共两项议程，举行1次主任会议、1次全体会议，依法补选山南市出席西藏自治区第十一届人民代表大会代表1名。

第32次会议。2020年9月7—8日，市一届人大常委会第32次会议在泽当举行。会议共20项议程，举行2次全体会议、1次分组审议、1次联组会议。共审议9个监督工作方面的报告，表决通过2件地方性法规、2个决议、2个决定、人事任免事项和个别代表资格的公告，对全市就业创业工作情况的报告进行满意度测评，对市人大常委会拟任命的4进行任前法律知识考试，听取4的任职表态发言，颁发任命书并举行宪法宣誓仪式。

第33次会议。2020年10月29—30日，市一届人大常委会第33次会议在泽当举行。会议共14项议程，举行2次全体会议、1次分组审议、1次主任会议。共审议9个监督工作方面的报告，表决通过2个决定和人事任免事项，对全市就业创业工作情况的报告进行满意度测评，对市人大常委会拟任命的4人进行任前法律知识考试，听取4人的任职表态发言，颁发任命书并举行宪法宣誓仪式。

第34次会议。2020年11月30日，市一届人大常委会第34次会议在泽当举行。会议共8项议程，举行2次全体会议、1次分组审议。

【主任会议】 第55五次主任会议。2019年12月29日在泽当饭店一楼新小会议室召开市一届人大常委会第55五次主任会议。会议主要听取山南市人民政府关于山南市本级2019年财政预算调整方案的报告，山南市人大财政经济委员会关于山南市本级2019年财政预算调整方案审查结果的报告和任前法律知识考试情况。各组召集人汇报分组审议时的审议情况。会上，市政府作了关于人事任免事项的说明。会议还研究拟提请二十七次常委会闭幕会表决的有关事项。

第56次主任会议。2020年1月2日，在科技文化中心410会议室由市人大常委会主任王德文主持召开市一届人大常委会第56次主任会议。会议学习中华人民共和国地方各级人民代表大会和地方各级人民政府组织法；研究关于调整市一届人大常委会主任、副主任、秘书长工作分工（稿）；研究市人大常委会2020年工作要点（稿）及“四计划”。

第57次主任会议。2020年4月7日，在市人大常委会机关会议室由市人大常委会主任王德文主持召开市一届人大常委会第57次主任会议。会议传达学习西藏自治区人民代表大会常务委员会关于贯彻《全国人民代表大会常务委员会关于全面禁止非法野生动物交易、革除滥食野生动物陋习、切实保障人民群众生命健康安全的决定》的实施意见、《西藏自治区民族团结进步模范区创建条例》、西藏自治区十一届人大常委会第十六和十七次会议精神；传达学习洛桑江村在自治区十一届人大常委会第十七次会议闭幕会议上的讲话。审查人事免职事项；研究山南市第一届人民代表大会常务委员会第二十八次会议议程、日程草案；研究山南市人大法制委员会关于《山南市城乡绿化条例（草案三审稿）》审议结果的报告；听取山南市人民政府关于法治政府建设情况的专项工作报告；听取山南市人大常委会关于法治政府建设情况的专题调研报告；听取市直相关部门关于学习宣传贯彻实施《山南市城市建设管理条例》《山南市实施河长制湖长制条例》《山南市羊卓雍错保护条例》情况的报告；研究山南市人大常委会代表资格审查（人事任免工作）委员会关于个别代表的代表资格的报告及公告（稿）；研究山南市人大常委会办公室关于开展民生实事项目票决制试点工作的方案；研究关于解决市人大机关10千伏配电改造工程费用的请示；研究关于人大预算联网监督系统建设工作相关事宜。

第58次主任会议。2020年4月10日，市人大常委会主任王德文主持召开市一届人大常委会第58次主任会议，听取各小组召集人汇报分组审议情况，研究拟提请市一届人大常委会第28次会议闭幕会表决的有关事项。

第59次主任会议。2020年5月9日，在市人大常委会机关会议室由市人大常委会主任王德文主持召开市一届人大常委会第59次主任会议。会议传达学习十三届全国人大常委会第十七次会议、西藏自治区十一届人大常委会第十八次会议精神和中华人民共和国保守国家秘密法；审查人事免职事项；研究山南市第一届人民代表大会常务委员会第二十九次会议议程、日程草案；研究山南市人大常委会关于《山南市砂石料开采管理条例（草案）》修改情况的报告；研究山南市人大常委会关于市直相关部门学习宣传贯彻实施《山南市实施河长制湖长制条例》《山南市羊卓雍错保护条例》情况报告的审议意见；研究山南市人大常委会关于法治政府建设情况的专项工作报告的审议意见；听取山南市人民政府关于延迟报告山南市行政事业单位国有资产管理情况的说明；听取山南市人民政府关于撤回新制定《山南市非机动车辆管理条例》地方法规项目的情况说明；研究山南市人大常委会关于推进市“一府一委两院”组织各自任命的国家工作人员进行宪法宣誓的函；研究关于调整山南市第一届人民代表大会常务委员会代表资格审查委员会组成人员的决定（草案）；研究山南市第一届人民代表大会常务委员会代表资格审查委员会关于个别代表的代表资格的报告及公告（稿）；研究补选山南市出席西藏自治区第十一届人民代表大会代表相关事宜。

第60次主任会议。2020年5月11日，市人大常委会副主任陈海清主持召开山南市第一届人民代表大会常务委员会第60次主任会议。听取各小组召集人汇报分组审议情况，研究拟提请市一届人大常委会第29次会议闭幕会表决的有关事项，推选监票人并指定计票人。

第61次主任会议。2020年6月28日，在市人大常委会机关会议室由市人大常委会主任王德文主持召开市一届人大常委会第61次主任会议。会议传达学习习近平总书记在全国“两会”期间重要讲话精神和十三届全国人大三次会议主要精神；传达学习西藏自治区十一届人大常委会第十九次、第二十次会议精神；传达学习《中华人民共和国公职人员政务处分法》；研究山南市第一届人民代表大会常务委员会第三十次会议议程、日程草案；审查人事任职事项；研究山南市人民政府关于提请审议《山南市文明行为促进条例（草案）》的议案；听取市人大教育科学文化卫生和社会建设委员会关于《山南市文明行为促进条例（草案）》审议意见的报告；研究山南市人大常委会关于全面推动地方性法规进入执法融入司法列入普法工作的决定（草案）；研究山南市人大常委会执法检查组关于检查《中华人民共和国土壤污染防治法》实施情况的报告；研究山南市人大常委会执法检查组关于检查《中华人民共和国道路交通安全法》及《西藏自治区道路交通安全条例》实施情况的报告；研究山南市人大常委会执法检查组关于检查《山南市城市建设管理条例》实施情况的报告；研究山南市人大常委会跟踪检查组关于检查《中华人民共和国村民委员会组织法》及西藏自治区实施办法执法检查报告审议意见落实情况的跟踪检查报告；研究山南市中级人民法院关于刑事审判工作情况的报告；研究山南市人民检察院关于民事检察监督工作情况的报告；研究山南市人大常委会立法调研组关于开展《山南市村居社区管理条例（草案）》立法工作的调研报告；研究山南市人大常委会关于对市人大常委会有关任命人员进行履职评议的方案。

第62次主任会议。2020年7月1日，市人大常委会主任王德文主持召开市一届人大常委会第62次主任会议，听取各小组召集人汇报分组审议情况，研究市人大常委会对5名任命人员履职情况的评议意见和拟提请常委会会议闭幕会表决的有关事项，推选监票人并指定计票人。

第63次主任会议。2020年7月22日，在市人大常委会机关会议室由市人大常委会主任王德文主持召开市一届人大常委会第63次主任会议。会议研究市一届人大常委会第三十一次会议议程草案、日程草案；研究补选山南市出席西藏自治区第十一届人民代表大会代表相关事宜；研究拟提请常委会会议表决的有关事项；指定总计票人、计票人。

第64次主任会议。2020年7月31日，在市人大常委会机关会议室由市人大常委会主任王德文主持召开市一届人大常委会第64次主任会议。会议传达学习《中华人民共和国香港特别行政区维护国家安全法》主要内容；研究山南市人大常委会关于《山南市城市建设管理条例》执法检查报告的审议意见；研究山南市人大常委会关于《中华人民共和国土壤污染防治法》执法检查报告的审议意见；研究山南市人大常委会关于《中华人民共和国道路交通安全法》和《西藏自治区道路交通安全条例》执法检查报告的审议意见；研究山南市人大常委会对《关于刑事审判工作情况的报告》的审议意见；研究山南市人大常委会对《关于民事检察监督工作情况的报告》的审议意见；研究山南市人大教育科学文化卫生和社会建设委员会关于调整监督工作计划的情况说明；研究山南市人大常委会关于对全市就业创业工作情况开展专题询问的工作方案（稿）；研究山南市人大常委会关于对全市就业创业工作情况报告进行满意度测评的工作方案（稿）；研究山南市人大常委会执法检查组关于检查《中华人民共和国公共文化服务保障法》实施情况的报告；研究山南市人民政府关于提请审议设立"民族团结进步日"的议案；研究山南市人大常委会关于设立山南市"民族团结进步日"的决定（草案）；研究山南市人大常委会听取和审议"一府两院"专项工作报告规定（草案）；研究山南市人大常委会审议意见办理工作规定（草案）；研究山南市人大常委会办公室关于及时全面报送规范性文件备案审查工作的通知；研究山南市人大常委会办公室关于机关各部门协调配合、形成合力的规定（稿）；研究山南市人大常委会办公室关于加强考核考勤和量化评比的工作办法（稿）；研究山南市人大常委会关于2020年上半年工作总结暨下半年工作安排；研究山南市人大各专委会关于2020年上半年工作总结暨下半年工作安排；研究关于山南市部分四级人大代表赴林芝市参加西藏自治区2020年度四级基层人大代表培训班情况的报告。

第65次主任会议。2020年8月27日，在市人大常委会机关会议室由市人大常委会主任王德文主持召开市一届人大常委会第65次主任会议。会议传达学习全国人大常委会《关于进一步加强各级人大常委会对审计查出突出问题整改情况监督的意见》、《中华人民共和国全国人民代表大会和地方各级人民代表大会选举法》、西藏自治区十一届人大常委会第二十一次会议精神；研究山南市第一届人民代表大会常务委员会第三十二次会议议程、日程草案；研究山南市人大法制委员会关于《山南市砂石料开采管理条例（草案）》审议结果的报告；研究山南市人大法制委员会关于《山南市文明行为促进条例（草案）》审议结果的报告；研究山南市人民政府关于2020年上半年国民经济和社会发展计划执行情况的报告（草案）；研究山南市人民政府关于山南市2020年上半年财政预算执行情况的报告（草案）；研究山南市人民政府关于2019年山南市本级财政决算（草案）的报告；研究山南市人大财政经济和农牧城建环境资源委员会关于2019年山南市本级财政决算（草案）审查结果的报告；研究山南市人民代表大会常务委员会关于批准2019年山南市本级财政决算的决议（草案）；研究山南市人民政府关于2019年度市本级预算执行和其他财政收支审计工作的报告(草案);研究山南市人大财政经济和农牧城建环境资源委员会关于山南市人民政府关于2019年度山南市本级预算执行和其他财政收支审计工作的报告的审查结果报告;研究山南市人民政府关于山南市本级2020年财政预算调整方案的报告(草案);研究山南市人大财政经济和农牧城建环境资源委员会关于山南市本级2020年财政预算调整方案的审查结果报告;研究山南市人民代表大会常务委员会关于批准山南市本级2020年财政预算调整方案的决议(草案);研究山南市人民政府关于全市就业创业工作情况的报告;研究山南市人大常委会专题调研组关于全市就业创业工作情况的调研报告;研究山南市人民政府关于2019年行政事业单位国有资产管理情况的报告;研究山南市人大常委会专题调研组关于市本级2019年行政事业性国有资产管理情况的调研报告;研究山南市人大常委会专题调研组关于全市民营经济发展情况的调研报告;研究山南市人大常委会关于院内维修改造项目实施情况报告;研究《山南市人大常委会关于进一步完善市本级地方立法工作机制的若干意见(草案)》《山南市人大常委会地方性法规草案起草工作若干规定(草案)》《山南市人大常委会工作评议暂行办法(草案)》《山南市人大常委会关于加强对县(区)人大联系和指导的若干规定(草案)》《山南市人大专门委员会关于加强同市直对口部门工作联系的若干意见(草案)》《山南市人大常委会组织开展执法检查的七个步骤(草案)》《关于市政府提请审议的法规案和市"一府一委两院"提请审议的专项工作报告、人事任免案的规范格式》。

第66次主任会议。2020年9月7日,在泽当饭店一楼新小会议室由市人大常委会主任王德文主持召开市一届人大常委会第66次主任会议。会议传达学习《中华人民共和国全国人民代表大会和地方各级人民代表大会选举法》;审查人事任免事项;研究山南市人民代表大会常务委员会关于接受尼玛次仁辞去山南市第一届人民代表大会常务委员会副主任职务请求的决定(草案);研究山南市第一届人民代表大会常务委员会代表资格审查委员会关于个别代表的代表资格的报告及公告(稿)。

第67次主任会议。2020年9月8日,市人大常委会主任王德文主持召开市一届人大常委会第67次主任会议,听取各小组召集人汇报分组审议情况,研究拟提请市一届人大常委会第32次会议闭幕会表决的有关事项,推选满意度测评监票人并指定计票人。

第68次主任会议。2020年9月21日,在市人大常委会机关会议室由市人大常委会主任王德文主持召开市一届人大常委会第68次主任会议。会议传达学习《中华人民共和国全国人民代表大会和各级人民代表大会代表法》;研究山南市人大常委会专题调研组关于山南市经济社会发展工作的综合调研报告;研究山南市人大常委会关于《山南市人民政府关于2020年上半年国民经济和社会发展计划执行情况的报告》的审议意见;研究山南市人大常委会关于《山南市人民政府关于山南市2020年上半年财政预算执行情况的报告》的审议意见;研究山南市人大常委会关于《山南市人民政府关于2019年度山南市本级预算执行和其他财政收支审计工作的报告》的审议意见;研究山南市人大常委会关于《山南市人民政府关于2019年行政事业单位国有资产管理情况的报告》的审议意见;研究山南市人大常委会关于《山南市人民政府关于全市就业创业工作情况的报告》的审议意见;研究山南市人大常委会关于《中华人民共和国公共文化服务保障法》执法检查报告的审议意见;研究山南市人大常委会关于《山南市人大常委会专题调研组关于全市民营经济发展情况的调研报告》的审议意见;研究关于院内维修改造后续项目建设事宜。

第69次主任会议。2020年10月26日,在市人大常委会机关会议室由市人大常委会主任王德文主持召开市一届人大常委会第69次主任会议。会议传达学习全国人大常委会关于修改《中华人民共和国国旗法》的决定、全国人大常委会关于修改《中华人民共和国国徽法》的决定、全国人大常委会关于修改《中华人民共和国全国人民代表大会和地方各级人民代表大会选举法》的决定和西藏自治区十一届人大常委会第二十二次会议精神;研究山南市第一届人民代表大会常务委员会第三十三次会议议程、日程草案;审查人事任免事项;研究山南市人民政府关于精准扶贫精准脱贫工作情况的报告;研究山南市人民政府关于2019年度环境状况和环境保护目标完成情况的报告;研究山南市人大常委会执法检查组关于检查《中华人民共和国妇女权益保障法》《西藏自治区实施〈中华人民共和国妇女权益保障法〉办法》《中华人民共和国反家庭暴力法》实施情况的报告；研究山南市人大常委会执法检查组关于检查《中华人民共和国工会法》《西藏自治区实施〈中华人民共和国工会法〉办法》实施情况的报告；研究山南市人大常委会关于“十四五”规划编制相关问题的专题调研报告；研究关于全市县乡人大工作和建设情况的综合调研报告；研究山南市人大常委会关于精准扶贫精准脱贫的专题调研报告；研究山南市人大常委会关于开展“雅砻环保行”活动情况的报告；研究山南市人大常委会关于对市一届人大一次会议至五次会议代表所提部分建议进行重点督办的建议；听取关于对山南市人大常委会评议意见的整改情况报告；听取山南市部分人大干部赴自治区人大参加2020年度人大干部综合培训班情况的报告；听取山南市人大财政经济和农牧城建环境资源委员会关于参加全区人大农环工委干部培训学习情况的报告。

第70次主任会议。2020年10月30日，市人大常委会主任王德文主持召开市一届人大常委会第70次主任会议，听取各小组召集人汇报分组审议情况，研究拟提请市一届人大常委会第33次会议闭幕会表决的有关事项。

第71次主任会议。2020年11月24日，在市人大机关会议室由市人大常委会主任王德文主持召开市一届人大常委会第71次主任会议。会议传达学习《中华人民共和国审计法》；研究山南市第一届人民代表大会常务委员会第三十四次会议议程（草案）、日程（草案）；审查人事免职事项；研究山南市2019年度本级预算执行和其他财政收支审计查出问题整改落实情况的报告，以及市民政局关于2019年度经济责任审计查出问题整改情况的报告、错那县关于自然资源审计查出问题整改情况的报告；研究山南市人大常委会调研组关于开展2019年度本级预算执行和其他财政收支审计查出问题整改落实情况的调研报告；研究山南市人大常委会关于全市基层文化队伍建设和管理情况的调研报告；研究山南市人大法制委员会关于2020年规范性文件备案审查工作情况的报告；研究山南市人民政府关于政府系统办理市一届人大五次会议代表建议情况的报告；研究山南市人大常委会关于对市一届人大一次至五次会议代表所提部分建议进行重点督办情况的报告；研究《山南市人民代表大会常务委员会关于召开山南市第一届人民代表大会第六次会议的决定（草案）》的议案；研究山南市人大常委会关于《山南市人民政府关于山南市2019年度环境质量状况和生态环境保护目标完成情况报告》的审议意见；研究山南市人大常委会关于《山南市人民政府关于山南市精准扶贫精准脱贫工作情况报告》的审议意见；研究山南市人大常委会关于《市人大常委会执法检查组关于检查〈中华人民共和国工会法〉和西藏自治区实施〈中华人民共和国工会法〉办法贯彻实施情况的报告》的审议意见；研究山南市人大常委会关于《市人大常委会执法检查组关于检查〈中华人民共和国妇女权益保障法〉和西藏自治区实施〈中华人民共和国妇女权益保障法〉办法及〈中华人民共和国反家庭暴力法〉贯彻实施情况的报告》的审议意见；研究关于市“一府一委两院”负责人列席市人大常委会会议相关事宜的通知；研究山南市人大常委会关于对山南市2019年度本级预算执行和其他财政收支审计查出问题整改落实情况、市民政局关于2019年度经济责任审计查出问题整改情况、错那县关于自然资源审计查出问题整改情况的报告进行工作评议的方案及满意度测评的相关材料；研究山南市人大常委会办公室关于进一步开展民生实事项目人大代表票决制试点工作的方案；研究山南市人大法制委员会2020年工作总结暨2021年工作要点；研究山南市人大财政经济和农牧城建环境资源委员会2020年工作总结暨2021年工作要点；研究山南市人大教育科学文化卫生和社会建设委员会2020年工作总结暨2021年工作要点；研究山南市人大民族宗教和监察司法委员会2020年工作总结暨2021年工作要点。

第72次主任会议。2020年11月30日，市人大常委会主任王德文主持召开市一届人大常委会第72次主任会议，听取各小组召集人汇报分组审议情况，研究拟提请市一届人大常委会第34次会议闭幕会表决的有关事项。

第73次主任会议。2020年12月24日，在市人大常委会机关会议室由市人大常委会主任王德文主持召开市一届人大常委会第73次主任会议。会议传达学习《西藏自治区反间谍安全防范条例》《西藏自治区预算审查监督条例》和西藏自治区十一届人大常委会第二十四次会议精神；研究山南市第一届人民代表大会常务委员会第三十五次会议议程、日程草案；研究山南市人大常委会关于《山南市人大常委会关于全市基层文化队伍建设和管理情况的调研报告》的审议意见；研究山南市人民代表大会常务委员会工作报告（稿）；研究山南市人大常委会2021年工作要点及立法、监督、决定、代表工作计划（稿）；听取市人大常委会赴安徽省学习考察情况的报告。

立法工作

【概况】 2020年，市人大常委会坚持科学立法、民主立法、依法立法，注重发挥人大在立法工作中的主导作用，召开立法工作专题会、论证会各1次和若干次征求意见会，促进地方立法更充分体现党委决策和群众关切，以良法促发展保善治，更好发挥法规制度在地方治理中的作用。全年共审议通过并报请自治区人大常委会审查批准地方性法规3件，作出具有法规性质的决议决定5件。

【生态环保和经济立法】 2020年，市人大常委会制定《山南市城乡绿化条例》，对规划建设、保护管理、保障支持、法律责任等进行规定，有利于城乡绿化工作的规范、可持续开展，保护和改善城乡生态环境，推动生态文明建设。制定《山南市砂石料开采管理条例》，对山南市从事非河道砂石料矿产资源开采和管理活动进行规范，加强非河道砂石料采矿权审批登记和矿权出让、转让、出租、抵押以及采矿监督管理、相关法律责任等作出规定，有利于促进资源合理开发利用和可持续发展。常委会还依法就2019年财政决算和2020年预算调整作出决定。

【文明养成和民族团结立法】 2020年，市人大常委会制定《山南市文明行为促进条例》，对文明行为规范特别是应遵守的文明行为、所鼓励、倡导的文明行为和禁止的不文明行为等作详尽规定，有利于引导和促进公共文明行为，推进精神文明建设，提升公民文明素质和社会文明程度，以法促文明，让城市更美丽。常委会作出决定，每年9月16日为山南市"民族团结进步日"。

【学法用法】 新的法规实施前，市人大常委会召开法规宣传工作座谈会，相关职能部门和各县（区）同步开展活动，印制藏汉双语法规手册，提高全社会的知晓度，促进所制定法规落实落地、发挥作用。市人大常委会作出《关于全面推动地方性法规进入执法融入司法列入普法工作的决定》，相关部门对每部法规的实施制订具体方案。听取审议对《山南市城市建设管理条例》《山南市实施河长制湖长制条例》《山南市羊卓雍错保护条例》学习宣传和贯彻执行情况的报告。

监督工作

【概况】 紧紧围绕全市中心大局，坚持正确监督、依法监督、有效监督，突出问题导向，多措并举发力，听取审议专项工作报告14个，开展执法检查7次，进行满意度测评3次、工作评议1次、专题询问1次、专题调研11次，监督实效不断增强。

【经济发展和国资管理监督】 2020年，市人大常委会听取审议关于2020年上半年计划执行、预算执行、预算调整和2019年财政决算、审计工作以及行政事业性国有资产管理情况等报告，首次对审计查出问题整改落实情况进行工作评议和满意

2020年12月4日，市人大常委会办公室在白日街新华书店门口开展以"深入学习宣传习近平法治思想 大力弘扬宪法精神"为主题的"12·4"国家宪法日宣传活动

度测评，依法促进政府及有关部门进一步坚持稳中求进工作总基调，更好统筹疫情防控和经济社会发展，开展“六稳”“六保”工作，努力完成全年经济社会发展目标任务。实施预算绩效管理，开源节流、精打细算，抓好审计查出问题整改，确保每一分钱都用在刀刃上。推动政府及有关部门更好履行职责，完善制度机制，确保国有资产保值增值，更好发挥国有资产在推动经济发展、维护和谐稳定、增进民生福祉方面的重要作用。

【社会建设和民生改善监督】 2020年，市人大常委会对道路交通安全法、公共文化服务保障法、工会法、妇女权益保障法、反家庭暴力法及自治区相关实施办法、条例在山南市的实施情况进行执法检查，特别是紧扣法律法规的主要条款有针对性地开展检查，把握法律法规实施的真实情况，找准问题症结，提出意见建议。对精准扶贫精准脱贫工作进行监督，助力决战决胜脱贫攻坚。对基层文化队伍建设管理情况进行监督，提出改进意见和建议。听取审议关于全市就业创业工作情况的报告，进行专题询问，并对就业创业方面的政策落实、工作举措、资金保障等内容进行满意度测评。

【生态环保和绿色发展监督】 2020年，市人大常委会听取审议关于2019年度环境状况和环境保护目标完成情况的报告，围绕生态环保法律法规贯彻实施、生态环境建设保护治理和《关于全面加强生态环境保护、依法推进美丽山南建设的决定》贯彻落实等情况，持续深入开展“雅砻环保行”活动，推进政府和全社会全面贯彻落实新发展理念，坚定不移走生态优先、绿色发展新路子，依法科学抓好生态环保，努力建设美丽山南。

【依法行政和公正司法监督】 2020年，市人大常委会听取审议关于法治政府建设情况的报告，推进政府及其部门履行好法治政府建设主体责任，更加重视法治素养和法治能力建设，自觉运用法治思维和法治方式推动各项工作，不断把法治政府建设向纵深推进。听取审议关于刑事审判、民事检察监督工作情况的报告，推动相关工作依法开展，努力使人民群众在每一个司法案件中感受到公平正义。

【问题整改和建议办理监督】 2020年，市人大常委会综合运用听取审议专项工作报告、进行执法检查和开展专题询问、工作评议、满意度测评等方式方法，不断加大监督力度，增强监督实效。实行问题清单制和审议意见交办制，全年共向“一府两院”交办审议意见18件，其中意见建议118条、发现问题99个。“一府两院”认真办理，及时向市人大常委会报告落实情况。根据自治区人大常委会安排，积极推进全市人大系统预算联网审查监督系统建设，市级监督系统已通过验收并正式上线。

决议决定

【山南市第一届人民代表大会第六次会议决议决定】 2021年1月9—11日，召开的山南市第一届人民代表大会第六次会议通过《关于山南市人民政府工作报告的决议》《关于山南市国民经济和社会发展第十四个五年规划和2035年远景目标纲要的决议》《关于山南市2020年国民经济和社会发展计划执行情况与2021年国民经济和社会发展计划的决议》《关于山南市人大常委会工作报告的决议》《关于山南市中级人民法院工作报告的决议》《关于山南市人民检察院工作报告的决议》。

【山南市第一届人大常委会决议决定】 2020年5月11日，山南市第一届人民代表大会常务委员会第二十九次会议通过山南市人大常委会关于调整山南市第一届人民代表大会常务委员会代表资格审查委员会组成人员的决定。2020年9月8日，山南市第一届人民代表大会常务委员会第三十二次会议通过山南市人民代表大会常务委员会关于批准山南市本级2020年财政预算调整方案的决议、山南市人民代表大会常务委员会关于批准2019年山南市本级财政决算的决议、山南市人民代表大会常务委员会关于设立山南市“民族团结进步日”的决定、山南市人民代表大会常务委员会关于接受尼玛次仁辞去山南市第一届人民代表大会常务委员会副主任职务请求的决定。2020年10月30日，山南市第一届人民代表大会常务委员会第三十三次会议通过山南市人民代表大会常务委员会关于卓玛央宗代理山南市中级人民法院院长职务的决定和山南市人民代表大会常务委员会关于接受索朗扎西辞去山南市中级人民法院院长职务请求的决定。2020年11月30日，山南市第一届人民代表大会常务委员会第三十四次会议通过山南市人民代表大会常务委员会关于召开山南市第一届人民代表大会第六次会议的决定。

人事任免

【依法任免】 2020年，市人大常委会不断完善任前法律知识考试、拟任职表态发言和颁发任命书、向宪法宣誓等工作，使党组织推荐的人选通过人大法定程序成为国家政权机关领导人员。全年依法任免国家机关工作人员31人次，包括常务副市长、代理院长在内的6名拟任命人员参加法律知识考试和任职表态发言，举行宪法宣誓仪式3次。

【任后监督】 2020年，市人大常委会开展被任命人员的履职监督工作，安排“一府两院”5向常委会报告工作、进行履职评议，并督促抓好评议意见整改落实，提升常委会任命人员的责任意识和公仆观念。

代表工作

【代表主题活动】 2020年，市人大常委会落实“三聚”“八个一”要求，扎实开展代表活动，充分发挥闭会期间代表作用。以学习宣传、贯彻实施《西藏自治区民族团结进步模范区创建条例》为主题，在全市人大系统和代表中集中开展“民族团结、从我做起”活动。全市各级人大共开展活动964场次，发放资料10万余份，3300余名各级代表积极参与，参与群众达12万余人次。为推动民生事项决策民主化、科学化、法治化，在琼结县、加查县及部分乡（镇）开展民生实事项目人大代表票决制试点工作，取得初步成效，并召开试点工作推进会。

【扩大代表参与力度】 2020年，市人大常委会开展立法、执法检查、调研等活动，邀请相关领域代表参加，充分吸纳代表意见建议，使人大工作更聚民意、更接地气、更有活力。各专门委员会明确各自联系代表名单，主动邀请代表参与专委会活动，不断扩大代表参与人大工作力度。每次常委会会议均邀请10名市级人大代表列席会议、4名不是各级人大代表的公民旁听会议，让人民群众近距离感受民主政治就在身边。31名常委会组成人员每人联系2—3名人大代表，宣传政策法律，倾听群众诉求，广聚民心民智。常委会有序组织市人大代表回原选举单位进行述职评议，主动听取群众意见，自觉接受人民监督。

自身建设

【思想指导】 2020年，市人大常委会党组认真履行党建工作主体责任，召开党建和党风廉政建设工作会议，班子成员认真履行“一岗双责”，加强对机关党组工作领导。坚持党建工作与依法履职“双加强、两促进”，加强人大机关干部职工创新理论学习贯彻，做到学思用贯通、知信行统一，自觉用以武装头脑、指导实践、推动工作。加强机关党组织标准化建设，创新党组织活动载体，不断健全党内监督管理和激励机制，党组织的引领力、凝聚力、战斗力得到增强。

【理论学习】 2020年，市人大常委会加强学习型常委会及学习型机关建设，坚持理论武装和业务学习并重，认真学习掌握人民代表大会制度和民主法治建设理论，认真学习运用法律法规和人大业务知识，每次常委会会议和主任会议均安排学习1—2部法律法规，每次执法检查和专题调研等都要专门安排相关法律法规和政策规定的学习。继续深化开展“五查五增、质效提升”活动，并督导各县乡认真抓好落实，做到知行合一、学以致用，努力成为与时俱进做好人大工作的行家里手。常委会与“一府一委两院”召开联系会议，统筹协调聚合力。

【风纪建设】 2020年，市人大常委会深入贯彻落实中央八项规定及其实施细则精神和区党委实施办法、市委实施意见，主动对标对表，狠抓落实落地，轻车简从，“四不两直”，全面了解所开展工作的真实情况。开展违反中央八项规定精神问题自查清理纠治工作，成立工作专班、逐项排查清理、主动纠治整改。继续建立健全规章制度，继编发《立法工作手册》后，又编印《监督工作手册》，并有机体现到工作质量提升和机关管理上来。坚持严管与厚爱相结合，召开集体廉政谈话会议，压紧压实责任链条，建立健全激励机制，大力倡导担当作为，狠抓机关作风建设，努力营造风清气正的良好环境。

ལྷོ་ཁའི་ལོ་རིམ་མེ་ལོང་།

山南年鉴

2021

山南市人民政府

综述

【概况】 2020年是极不平凡的一年。山南市面对“五期叠加”的严峻复杂形势，砥砺奋进、攻坚克难，在危机中育先机、于变局中开新局，较好完成全年目标任务，统筹疫情防控和经济社会发展取得重大成果。全年山南市地区生产总值、城乡居民人均可支配收入分别完成215.4亿元、38100元、15874元，分别是2015年的1.9倍、1.59倍、1.77倍。完成一般公共预算收入20.22亿元，是2015年的1.74倍。“十三五”时期四大类35项指标顺利完成，实现完美收官，全面建成小康社会取得决定性成就。

【思想引领】 2020年，山南市始终坚持党的绝对领导，坚定把做到“两个维护”作为最高政治准则和根本政治规矩，持续用习近平新时代中国特色社会主义思想、习近平总书记治边稳藏战略思想和新时代党的治藏方略武装头脑、指导实践，坚决维护总书记和党中央一锤定音、定于一尊的权威。看齐落实党中央决策部署，对标落实自治区党委、政府和市委工作要求，以“四件大事”为重点，以“四个确保”为目标，正确处理好“十三对关系”，坚持“完善基础、产业立市、统筹城乡、新区引领”经济工作思路，先后召开9次全体会议、68次常务会议、84次党组会议抓学习、推贯彻、促落地，推行“两清一限”制度，做到令行禁止、政令畅通。

2020年2月1日，自治区副主席、山南市市长普布顿珠（右二）率队到泽当城区调研疫情防控工作

【疫情防控】 2020年，面对突如其来的新冠肺炎疫情，山南市坚持人民至上、生命至上，全面落实“外防输入、内防反弹”防控策略，强化人与物同防，阶段性落实“十个一律”“十个进一步抓实抓细”防控机制，全市未出现确诊或疑似病例。全面加强核酸检测能力建设，建成核酸检测实验室11个，平均每天能够检测样本1.35万份。在这场严峻斗争中，广大党员干部、村居社区工作者闻令而动、各司其职，构建群防群控的安全网。公安干警、医务人员忠诚履职、坚守一线，守住输入防线。乃东区嘎玛庆社区党支部被评为“全国抗击新冠肺炎疫情先进集体”。开展“我们与湖北患难与共、守望相助”捐款活动，共捐赠物资3158万元。

【复工复产】 2020年，山南市严格落实中央“六稳”“六保”措施，财政预算收支有力，财政收支分别突破20亿元、200亿元大关，在保就业、保基本民生、保基层运转方面发挥重要作用。减税降费惠企有力，新增减税降费资金3.3亿元帮助企业纾困解难，惠及各类市场主体3836户。精准制定复工复产工作实施方案，4月以来各行业复工复产、复商复市逐月好转。举行重点项目集中开复工仪式，采取包机进藏等方式组织2.4万名务工人员返藏，推行网上不见面审批，强化复工要素保障。

【经济发展】 2020年，山南市把稳投资作为稳增长的关键举措，加查水电站3台机组投产发电，川藏铁路拉萨至山南段轨道全面铺通，拉萨贡嘎机场完成改扩建，隆子支线机场土石方试验段工程开工，固定资产投资同比增长6.5%。举办“情系湖北·享购山南”活动，发放1500万元消费券带动消费3365万元，拉动效应达2.24倍。全年完成社会消费品零售总额62亿元，同比增长4.9%。依托援藏精准招商，玉麦湘万头藏香猪养殖、宏农百万羽藏鸡养殖、琼结千亩设施蔬菜种植等项目落地建设，完成招商投资63.5亿元，创历史新高。创新加强旅游宣传推介，在全区首创飞机、高铁、地铁三维立体旅游宣传模式，乃东扎西曲登、琼结强钦民俗旅游蓬勃兴起。全市接待游客460万人次、旅游收入18.5亿元，接近2019年水平。通过实施一系列抗疫对冲措施，顶住经济下行压力，全年地区生产总值同比增长6.8%。

【脱贫攻坚战】 2020年，山南市坚持精准扶贫、精准脱贫，12县区全部脱贫摘帽，动态调整后45256名建档立卡群众全部脱贫，贫困发生率从19.3%降为零，如期完成新时代脱贫攻坚目标任务，彻底摆脱束缚千百年的绝对贫困问题。易地扶贫搬迁安置点全部建成，8125名贫困群众喜迁新居。217个产业扶贫项目基本建成，带动16850人脱贫。高质量开展脱贫攻坚大排查大督战，实施安全饮水工程326处、解决9.06万人的季节性饮水安全问题，住房安全问题实现动态清零。城乡居民人均可支配收入分别增长10%、13%，总量分别占全国平均水平的84.1%、93.8%，较2015年分别增加7.3个、15.1个百分点，与全国平均水平差距不断缩小。农牧民工资性收入占比达到34.4%，较2015年增加12.1个百分点。

【民生保障】 2020年，山南市持续加大民生投入，一年财政民生领域支出172亿元，占一般公共预算支出的75%以上。实施积极的就业政策，山南籍高校毕业生就业率99.7%，城镇登记失业率为2.4%。创新开展组团式区外就业，开发援藏就业岗位3632个。首批28名高校毕业生到湖北黄石就业，这是全区首次组织高校毕业生赴区外组团式市场化就业的有益尝试，将对转变高校毕业生就业观念起到引领示范作用。加大劳务输出力度，全年转移就业9.6万人次、创收8亿元，分别完成全年任务的107%和143%。深化教育改革，教育质量稳步上升。深入推进健康山南建设，免费开展产前无创基因筛查，出生缺陷筛查项目达到内地同等水平。

2020年4月8日，自治区副主席、山南市市长普布顿珠（右五）率队到多颇章鲁琼调研易地扶贫搬迁安置点项目

【群众生活水平提升】 2020年，山南市“十大民心工程”深受各族群众好评并获得国务院通报表扬，脱贫攻坚工作连续四年被自治区评为“综合评价好”和“成效显著”。教育“五个100%”目标全面完成，农牧民大学生资助全覆盖，实现从“有学上”到“上好学”的转变。健康山南深入推进，市县公立医院全部创建二级以上等级医院，1428例包虫病患者实现应治尽治，累计筛查宫颈癌4.68万人、乳腺癌4.75万人。成功创建国家公共文化服务体系示范区，广播电视人口综合覆盖率达到99%，雅砻文化旅游节品牌效应不断提升。社保体系更加健全，五大保险参保率保持在97%以上，建立大病救助机制，特困人员和孤儿供养工作成效良好。电视、冰箱、洗衣机进入寻常百姓家，不少群众购买轿车、卡车、挖掘机，网购、用微信、刷抖音成为热门时尚。

重要会议

【市政府党组会议】 2020年1月14日，市委副书记、市政府党组书记、市长普布顿珠主持召开市政府党组会议暨理论学习中心组学习会议，传达学习习近平总书记在中央政治局第十八次集体学习时的重要讲话精神、对科技特派员制度推行20周年作出的重要指示和科技特派员制度推行20周年总结会议精神、习近平总书记致首届可持续发展论坛的贺信和致中国法治国际论坛的贺信精神、在中共中央政治局会议审议《中国共产党党和国家机关基层组织工作条例》和《中国共产党国有企业基层组织工作条例(试行)》时的重要讲话精神、在上海考察时和第二届中国国际进口博览会开幕式上的重要讲话精神、在中央全面深化改革委员会第十一次会议上的重要讲话精神、在中央政治局"不忘初心、牢记使命"专题民主生活会上的重要讲话精神、习近平总书记2020年新年贺词及自治区党委书记吴英杰、自治区主席齐扎拉2020年新年献辞,传达学习九届区党委第常委会会议精神和一届市委第95、97、98、102、103次常委会(扩大)会议精神,安排部署贯彻落实事宜。

2020年2月11日,市委副书记、市政府党组书记、市长普布顿珠主持召开市政府党组会议暨理论学习中心组学习会议,传达学习习近平总书记对新型冠状病毒感染的肺炎疫情作出的重要指示和李克强总理批示精神,传达学习习近平总书记在中央政治局常务委员会会议上的重要讲话精神、在中央全面依法治国委员会第三次会议上的重要讲话精神、在北京市调研指导新型冠状病毒肺炎疫情防控工作时的重要指示精神,传达学习李克强总理在近期中央应对新型冠状病毒感染的肺炎疫情工作领导小组会议上的重要讲话精神、在国务院常务会议上的重要讲话精神,传达学习《中共中央关于加强党的领导、为打赢疫情防控阻击战提供坚强政治保证的通知》《国务院应对新型冠状病毒感染的肺炎疫情联防联控机制关于印发近期防控新型冠状病毒感染的肺炎工作方案的通知》《国务院办公厅印发关于组织做好疫情防控重点物资生产企业复工复产和调度安排工作的紧急通知》《国务院应对新型冠状病毒感染的肺炎疫情联防联控机制关于进一步强化责任落实做好防治工作的通知》精神,传达学习自治区党委书记吴英杰在九届区党委第119、120、122次常委会会议上的讲话精神、在全区应对新型冠状病毒感染的肺炎疫情工作领导小组会议上的讲话精神、在山南调研时的指示精神、在与国务院联防联控机制工作指导组进行座谈时的讲话精神和自治区主席齐扎拉在全区应对新型冠状病毒感染的肺炎疫情联防联控工作专题会议上的讲话精神、在机场建设工作协调领导小组会议上的讲话精神以及市委书记许成仓在市委第105、106、108次常委会会议上的讲话精神,对持续压实责任、毫不松懈地做好全市疫情防控工作进行再动员、再部署。

2020年3月10日,市委副书记、市政府党组书记、市长普布顿珠主持召开市政府党组会议暨理论学习中心组学习会议,传达学习习近平总书记在中共中央政治局常务委员会会议上的重要讲话精神、在统筹推进新冠肺炎疫情防控和经济社会发展工作部署会议上的重要讲话精神、给在首钢医院实习的西藏大学医学院学生的重要回信精神、在湖北省考察新冠肺炎疫情防控工作时的重要讲话精神、对全国春季农业生产工作作出的重要指示和李克强总理批示以及全国春季农业生产工作会议精神,传达学习李克强总理在中央应对新冠肺炎疫情工作领导小组会议上的讲话精神、在国务院常务会议上的讲话精神,传达学习国务院办公厅印发《关于组织做好疫情防控重点物资生产企业复工复产和调度安排工作的紧急通知》和国务院联防联控机制印发《关于切实加强疫情科学防控、有序做好企业复工复产工作的通知》《企事业单位复工复产疫情防控措施指南》,传达学习自治区党委书记吴英杰在九届区党委第125次、127次、128次常委会(扩大)会上的讲话精神、在中央统筹推进新冠肺炎疫情防控和经济社会发展工作部署会议西藏分会场会议结束后作的讲话精神和自治区人民政府办公厅《关于组织做好重点民生领域企事业单位复工复产的紧急通知》,传达学习市委书记许成仓在一届市委第108次、110次、111次常委会(扩大)会议上的讲话精神、在与企业座谈时的讲话精神,听取全市重点项目和企业复工复产情况、脱贫攻坚工作及春季农牧业生产工作情况、疫情防控工作情况汇报,就统筹抓好疫情防控和全面推动复工复产进行再调度、再安排、再部署.

2020年4月9日,市委副书记、市政府党组书记、市长普布顿珠主持召开市政府党组会议暨理论学习中心组学习会议,传达学习习近平总书记在决战决胜脱贫攻坚座谈会上的重要讲话精神、在中央政治局会议上的重要讲话精神和全国政协主席汪洋在国务院扶贫办调研座谈时的重要讲话精神、脱贫攻坚成效考核和专项巡视“回头看”发现问题整改工作电视电话会议精神、《国务院扶贫开发领导小组关于学习贯彻习近平总书记在决战决胜脱贫攻坚座谈会上的重要讲话精神的通知》精神、中共西藏自治区委员会关于印发中央巡视工作领导小组《印发〈中央第三巡视组关于对西藏自治区开展脱贫攻坚专项巡视“回头看”的反馈意见〉的通知》和《中共西藏自治区委员会关于落实中央第三巡视组脱贫攻坚专项巡视“回头看”反馈意见的整改方案》的通知精神，传达学习自治区党委书记吴英杰在全区脱贫攻坚工作会议上的讲话精神、在决战决胜脱贫攻坚座谈会西藏分会场会议上的讲话精神、在区党委常委会会议暨自治区扶贫开发工作领导小组会议上的讲话精神和自治区主席齐扎拉在自治区人民政府党组（扩大）会议上的讲话精神、自治区党委副书记庄严在自治区脱贫攻坚专项巡视整改工作领导小组办公室第八次会议上的讲话精神、自治区党委常委罗布顿珠在自治区脱贫攻坚指挥部会议上的讲话精神以及市委书记许成仓在全市扶贫开发工作领导小组会议上的讲话精神、在市委常委会（扩大）会议上的讲话精神，研究部署贯彻落实事宜。

4 月 21 日，市委副书记、市政府党组书记、市长普布顿珠主持召开市政府党组会议暨理论学习中心组学习会议，传达学习 4 月 17 日习近平总书记在中共中央政治局会议上的重要讲话精神和给武汉东湖新城社区全体社区工作者的回信精神，国务院副总理胡春华在推进国家经济技术开发区创新提升现场会上的讲话精神，吴英杰书记在山南边境地区调研时的讲话精神，《中央纪委国家监委关于安徽省高级人民法院原党组书记、院长张坚严重违纪违法案的通报》精神，自治区党委第 130 次常委会会议精神，王卫东在全区纪检监察系统中央专项巡视“回头看”反馈意见整改暨脱贫攻坚监督检查工作动员部署会上的讲话精神，《西藏自治区人民政府办公厅关于深入贯彻习近平总书记“7·8”重要讲话精神做好自治区水电项目审批核准的意见》《关于四起扶贫领域腐败和作风问题典型案例的通报》《关于三起漠视侵害群众利益问题典型案例的通报》，研究《中共山南市人民政府党组 2020 年度理论学习中心组学习计划》，安排部署贯彻事宜。

2020 年 4 月 30 日，市委副书记、市政府党组书记、市长普布顿珠主持召开市政府党组会议暨理论学习中心组学习会议，会议传达学习十九届中央纪委四次全会精神和《〈中共中央办公厅印发关于 2019 年中央政治局贯彻执行中央八项规定情况的报告〉和〈关于解决形式主义突出问题为基层减负工作情况的报告〉的通知》《中共中央办公厅关于持续解决困扰基层的形式主义问题为决胜全面建成小康社会提供坚强作风保证的通知》《关于贯彻习近平总书记重要批示精神深入落实中央八项规定精神的工作意见的通知》，自治区党委书记吴英杰在自治区纪委九届五次全会上的讲话精神和自治区纪委监委《关于三起吃苦精神不强、作风“慵懒散”“中梗阻”、一旦有权威风八面高高在上脱离群众等问题典型案例的通报》《关于五起共产党员和国家工作人员参与网络赌博典型案例的通报》《关于五起扶贫领域腐败和作风问题典型案例的通报》《关于四起违反中央八项规定精神典型问题的通报》，自治区人民政府第 45 次常务会议精神，自治区党委常委王卫东在 2019 年第二次扶贫领域和作风问题专项治理工作例会上的讲话精神，市委书记许成仓在一届市纪委五次全会上的讲话精神。研究部署有关工作。

2020 年 5 月 14 日，市委副书记、市政府党组书记、市长普布顿珠主持召开市政府党组会议暨理论学习中心组学习会议，传达学习习近平总书记在中央财经委员会第六次会议上的重要讲话精神、在参加首都义务植树活动时的重要指示精神、在陕西考察秦岭生态保护情况时的重要指示精神以及在云南、浙江、山西考察调研时的重要指示精神，传达学习中共中央办公厅、国务院办公厅印发《关于构建现代环境治理体系的指导意见》、生态环境部《关于统筹做好疫情防控和经济社会发展生态环保工作的指导意见》《国家生态文明建设示范市县管理规程》、生态环境部、水利部《关于建立跨省流域上下游突发水污染事件联防联控机制的指导意见》、国家发改委等 15 个部委《关于印发〈关于促进砂石行业健康有序发展的指导意见〉的通知》精神，传达学习自治区党委书记吴英杰在区党委常委会（扩大）会议上的讲话精神、在参加山南春季义务植树造林活动时的指示精神、在拉萨市调研生态环境保护工作时的指示精神、自治区主席齐扎拉在自治区政府专题会议上的讲话精神以及市委书记许成仓在市委常委会（扩大）会议上的讲话精神，听取全市污染防治、环保督察整改、生态环境保护与创建等重点工作推进情况，研究部署当前全市生态文明建设和生态环境保护各项工作。

2020年6月5日，市委副书记、市政府党组书记、市长普布顿珠主持召开市政府党组会议暨理论学习中心组学习会议，传达学习习近平总书记在4月29日、5月6日、5月14日中央政治局常务委员会会议上的重要讲话精神、在第73届世界卫生大会视频会议开幕式上的致辞精神、对毛南族实现整族脱贫作出的重要指示精神、在中共中央政治局第二十次集体学习时的重要讲话精神，给袁隆平、钟南山、叶培建等25位科技工作者代表的重要回信精神，对少年儿童的节日寄语精神，传达学习十三届全国人大三次会议精神和九届区党委常委会会议、一届市委常委会会议精神，听取近期工作情况汇报，研究部署下步相关工作。

2020年6月16日，市委副书记、市政府党组书记、市长普布顿珠主持召开市政府党组会议暨理论学习中心组学习会议，传达学习《习近平新时代中国特色社会主义思想学习纲要》关于新时代坚持和发展中国特色社会主义的根本动力——将全面深化改革进行到底，习近平总书记在中央全面深化改革委员会第十二次、第十三次会议上的重要讲话精神，传达学习李克强总理对全国安全生产电视电话会议作出的重要批示精神、对全国森林草原防灭火和防汛抗旱工作电视电话会议作出的重要批示精神以及韩正副总理在深入学习贯彻习近平总书记为国家综合性消防救援队伍授旗训词精神座谈会上的重要讲话精神，传达学习自治区党委书记吴英杰在2月17日、4月3日自治区党委全面深化改革委员会会议上的讲话精神和九届区党委第136次常委会（扩大）会议上的讲话精神，听取全市迎接国务院安委会2019年度省级政府安全生产和消防考核巡查工作准备情况汇报，研究部署政府系统贯彻落实中央、自治区关于全面深化改革各项决策部署和扎实做好迎接国务院安委会2019年度省级政府安全生产以及消防考核巡查相关准备工作事宜。

2020年6月29日，自治区副主席、市委副书记、市政府党组书记、市长普布顿珠主持召开市政府党组会议暨理论学习中心组学习会议，传达学习《论坚持党对一切工作的领导》主要篇目介绍，传达学习《中共中央关于加强党的政治建设的意见》《中共中央关于加强和改进中央和国家机关党的建设的意见》《中国共产党党组工作条例》《中国共产党党内法规执行责任制规定（试行）》《关于加强和改进城市基层党的建设工作的意见》《中共西藏自治区委员会关于加强和改进机关党的建设的实施意见》，传达学习许成仓书记在市委一届五次全会上的讲话精神、《中共山南市委员会关于全面加强新时代党的建设的实施意见》，安排部署政府系统党的建设工作。

2020年7月7日，自治区副主席、市委副书记、市政府党组书记、市长普布顿珠主持召开市政府党组会议暨理论学习中心组学习会议，传达学习习近平总书记在6月29日中央政治局会议上的重要讲话精神、在中央政治局第二十一次集体学习会上的重要讲话精神、在中央全面深化改革委员会第十四次会议上的重要讲话精神、对禁毒工作作出的重要指示精神及全国禁毒工作先进集体和先进个人表彰会议精神、对金沙江乌东德水电站首批机组投产发电作出的重要指示精神和给复旦大学《共产党宣言》展示馆党员志愿服务队全体队员的重要回信精神，全国教育对口支援西藏工作会议精神，中共中央办公厅《关于党委（党组）落实全面从严治党主体责任规定》，九届区党委第140次、142次常委会会议精神，中共西藏自治区委员会办公厅《关于持续解决困扰基层的形式主义问题深化拓展为基层减负工作的通知》、自治区纪委《关于自治区党委办公厅原巡视员洛桑南杰严重违纪违法案的通报》，一届市委第118次、119次、120次常委会（扩大）会议精神，研究部署贯彻落实事宜。

2020年7月21日，自治区副主席、市委副书记、市政府党组书记、市长普布顿珠主持召开市政府党组会议暨理论学习中心组学习

2020年11月9日，市政府机关党组理论学习中心组学习会议暨《习近平谈治国理政》第三卷第6次专题研讨会

会议，传达学习《习近平谈治国理政》（第三卷）和《谱写新时代中国特色社会主义新篇章》《坚持和加强党的全面领导》，中共中央办公厅转发《中央宣传部 中央组织部关于认真组织学习〈习近平谈治国理政〉第三卷的通知》和《自治区党委宣传部关于全区各级党委（党组）理论学习中心组通读精学〈习近平谈治国理政〉第三卷的通知》精神，区党委、市委理论学习中心组专题学习《习近平谈治国理政》第三卷会议精神，市政府党组班子相关成员和市发改委、教育局、扶贫办负责人作发言。

2020 年 8 月 4 日，自治区副主席、市委副书记、市政府党组书记、市长普布顿珠主持召开市政府党组会议暨理论学习中心组学习会议，传达学习习近平总书记给中国石油大学（北京）克拉玛依校区毕业生的重要回信精神、对中国少年先锋队第八次全国代表大会召开的贺信精神、在企业家座谈会上的重要讲话精神、对进一步做好防汛救灾工作作出的重要指示精神、在中央政治局常务委员会研究部署防汛救灾工作时的重要讲话精神、在吉林省考察时的重要讲话精神、在党外人士座谈会议上的重要讲话精神，李克强总理对全国安全生产电视电话会议作出的重要批示精神和全国安全生产电视电话会议精神，汪洋主席在藏调研时的重要讲话精神，《中共中央办公厅 国务院办公厅关于做好当前信访工作的通知》《中共中央办公厅关于印发〈党委（党组）意识形态工作责任制实施办法〉的通知》《中共中央办公厅印发〈关于当前意识形态领域情况的通报〉的通知》精神，九届区党委第 143、144、145、146 次常委会（扩大）会议精神，《西藏自治区财政厅转发〈财政部关于转请依法处理个别地区违法违规举债融资行为的函〉等文件的通知》精神，自治区纪委《关于三起扶贫领域腐败和作风问题典型案例的通报》《关于四起公款私存问题典型案例的通报》，一届市委第 122 次常委会（扩大）会议精神，研究部署贯彻落实工作。

2020 年 8 月 11 日，自治区副主席、市委副书记、市政府党组书记、市长普布顿珠主持召开市政府党组会议暨理论学习中心组学习会议，传达学习《习近平谈治国理政（第三卷）》《坚持和发展我国国家制度和治理体系》，市政府党组班子相关成员和市司法局、行政审批和便民服务局、城市管理和综合执法局负责人作发言。

2020 年 8 月 21 日，自治区副主席、市委副书记、市政府党组书记、市长普布顿珠主持召开市政府党组会议暨理论学习中心组学习会议，宣布刘志强、尼玛次仁 2 人的任职，传达学习习近平总书记对“十四五”规划编制工作作出的重要指示精神、对制止餐饮浪费行为作出的重要指示精神、对全国青联十三届全委会全国学联二十七大召开的贺信精神、向全国广大医务工作者的节日祝贺和慰问精神，《求是》杂志发表习近平总书记重要文章——《贯彻落实新时代党的组织路线，不断把党建设得更加坚强有力》和《不断开拓当代中国马克思主义政治经济学新境界》精神，李克强总理对 2020 年中国医师节作出重要批示精神，国务院副总理胡春华在西藏考察脱贫攻坚普查工作时的讲话精神，自治区党委书记吴英杰 7 月 23 日对做好为基层减负工作的批示精神，自治区纪委《关于三起违规设立使用“小金库”问题典型案例的通报》，九届区党委第 147、148 次常委会（扩大）会议、自治区人民政府党组（扩大）会议精神，一届市委第 123 次常委会（扩大）会议精神，研究部署贯彻落实工作。

2020年9月4日，自治区副主席、市委副书记、市政府党组书记、市长普布顿珠主持召开市政府党组会议暨中央第七次西藏工作座谈会精神专题学习会议，传达学习中央第七次西藏工作座谈会议精神、人民日报评论员文章——《全面贯彻新时代党的治藏方略》《加快推进西藏经济社会高质量发展》《加强党的建设 弘扬“老西藏精神”》、自治区党委书记吴英杰在省级党员领导干部会议和在区党委第149次常委会（扩大）会议上的讲话精神、自治区主席齐扎拉在2020年第10次自治区政府党组（扩大）会议上的讲话精神、市委书记许成仓在市委第125次常委会（扩大）会议暨中央第七次西藏工作座谈会精神专题学习会议上的讲话精神，研究部署政府系统学习宣传贯彻中央第七次西藏工作座谈会精神工作。

2020年9月15日，自治区副主席、市委副书记、市政府党组书记、市长普布顿珠主持召开市政府党组会议暨理论学习中心组学习会议，传达学习习近平总书记在中央财经委员会第八次会议上的重要讲话精神、向全国广大教师和教育工作者致以节日祝贺和诚挚慰问精神、在全国抗击新冠肺炎疫情表彰大会上的重要讲话精神、在中央全面深化改革委员会第十五次会议上的重要讲话精神、在中央政治局会议上的重要讲话精神研究部署贯彻落实工作。

2020年10月12日，自治区副主席、市委副书记、市政府党组书记、市长普布顿珠主持召开市政府党组理论学习中心组学习会议，传达学习自治区党委书记吴英杰在自治区党委理论学习中心组专题学习会议上的讲话精神、在学习宣传贯彻中央第七次西藏工作座谈会精神干部大会上的讲话精神，区党委九届八次全会精神，齐扎拉主席在自治区政府党组理论学习中心组学习会上的讲话精神，市委书记许成仓在市委常委会（扩大）会议暨理论学习中心组学习会议上的讲话精神，市政府班子成员联系自身和分管工作实际、围绕深入学习贯彻落实中央第七次西藏工作座谈会精神逐一进行发言。

2020年10月26日，自治区副主席、市委副书记、市政府党组书记、市长普布顿珠主持召开市政府党组会议暨理论学习中心组学习会议，传达学习习近平总书记在科学家座谈会上的重要讲话精神、在基层代表座谈会上的重要讲话精神、在湖南考察时的重要讲话精神、向全国广大农民和工作在“三农”战线上的同志们致以节日祝贺和诚挚慰问精神、在教育文化卫生体育领域专家代表座谈会上的重要讲话精神、对“十四五”规划编制工作网上意见征求活动作出的重要指示精神、在中共中央政治局会议上的重要讲话精神、在中共中央政治局常务委员会会议上的重要讲话精神，习近平总书记和李克强总理对供销合作社工作作出的重要指示精神，九届区党委第151次、152次常委会（扩大）会议精神和一届市委第126次常委会（扩大）会议精神，研究部署贯彻落实工作。

2020年11月3日，自治区副主席、市委副书记、市政府党组书记、市长普布顿珠主持召开市政府党组会议暨理论学习中心组学习会议，传达学习中共十九届五中全会精神，习近平总书记关于《中共中央关于制定国民经济和社会发展第十四个五年规划和2035年远景目标的建议》的说明，中共中央关于制定国民经济和社会发展第十四个五年规划和2035年远景目标的建议，自治区党委书记吴英杰在九届区党委第155次常委会（扩大）会议上的讲话精神，市委一届六次全会精神和许成仓书记在第129次常委会（扩大）会议上传达学习中共十九届五中全会精神时的讲话精神，研究《山南市人民政府关于落实〈中共山南市委员会关于贯彻落实中央第七次西藏工作座谈会精神进一步推进山南长治久安和高质量发展的实施意见〉的责任分解方案》，安排部署贯彻落实工作。

2020年11月12日，自治区副主席、市委副书记、市政府党组书记、市长普布顿珠主持召开市政府党组会议暨理论学习中心组学习会议，传达学习习近平总书记致中国延安精神研究会第六次会员大会的贺信精神、对新时代民营经济统战工作作出的重要指示精神、在联合国成立75周年纪念峰会上的重要讲话精神、在第三次中央新疆工作座谈会上的重要讲话精神、在中央政治局第二十三次集体学习时的重要讲话精神、在中央党校（国家行政学院）中青年干部培训班开班式上的重要讲话精神、在广东考察时的重要讲话精神、在深圳经济特区建立40周年庆祝大会上的重要讲话精神、在参加第七次全国人口普查登记时作出的重要指示精神，习近平总书记在第七个国家扶贫日到来之际对脱贫攻坚工作作出的重要指示精神和李克强总理的重要批示精神，传达学习杨晓渡书记在西藏调研时的讲话精神、在山南座谈会上的讲话精神，苗庆旺组长在西藏巡视指导督导专题培训会上的讲话精神和自治区纪委《关于四起扶贫领域形式主义、官僚主义问题典型案例通报》《关于三起违反中央八项规定精神典型问题的通报》《关于2020年中秋国庆期间落实中央八项规定精神及制止餐饮浪费工作监督检查情况的通报》《关于四起履职不力导致国有资产流失问题典型案例的通报》，传达学习九届区党委第153次、154次常委会（扩大）会议精神，一届市委第127次、128次常委会（扩大）会议精神，研究部署贯彻落实工作。

2020年11月20日，自治区副主席、市委副书记、市政府党组书记、市长普布顿珠主持召开市政府党组会议暨理论学习中心组学习会议，传达学习习近平总书记在党外人士座谈会上的重要讲话精神、在纪念中国人民志愿军抗美援朝出国作战70周年大会上的重要讲话精神、给四川省革命伤残军人休养院全体同志的回信精神、给中国戏曲学院师生的回信精神、在中央全面依法治国工作会议上的重要讲话精神、对平安中国建设的重要指示和平安中国建设工作会议精神，中共中央政治局会议、中共中央政治局第二十四次集体学习会、中共中央政治局常务委员会会议精神，习近平总书记对推进农村土地制度改革、做好农村承包地管理工作作出的重要指示和李克强总理批示以及全国农村承包地确权登记颁证工作总结暨表彰电视电话会议精神，习近平总书记对川藏铁路开工建设作出的重要指示和李克强总理批示精神，传达学习《中共中央关于加强党的政治建设的意见》以及《中共西藏自治区委员会关于加强党的政治建设的实施意见》，九届区党委第155次、156次常委会（扩大）会议精神，一届市委第129次常委会（扩大）会议精神，研究部署贯彻落实工作。

2020年11月30日，自治区副主席、市委副书记、市政府党组书记、市长普布顿珠主持召开市政府党组会议暨理论学习中心组学习会议，传达学习习近平总书记在中央全面深化改革委员会第十六次会议上的重要讲话精神、在浦东开发开放30周年庆祝大会上的重要讲话精神、在江苏考察时的重要讲话精神、在全面推动长江经济带发展座谈会上的重要讲话精神、向2020年"读懂中国"国际会议（广州）的贺信精神、向2020中国5G+工业互联网大会的贺信精神、向世界互联网大会·互联网发展论坛的贺信精神、向中国法治国际论坛（2020）的致信精神、在纪念中国关心下一代工作委员会成立30周年暨全国关心下一代工作表彰大会上的重要讲话精神、在全国劳动模范和先进工作者表彰大会上的重要讲话精神，传达学习九届区党委第157次常委会（扩大）会议精神和一届市委第130次常委（扩大）会议精神，研究部署贯彻落实工作。

2020年12月17日，自治区副主席、市委副书记、市政府党组书记、市长普布顿珠主持召开市政府党组会议暨理论学习中心组学习会议，传达学习习近平总书记在中共中央政治局常务委员会会议上的重要讲话精神、在中共中央政治局会议上的重要讲话精神、在十九届中央政治局第二十五次、第二十六次集体学习时的重要讲话精神、在党外人士座谈会上的重要讲话精神，习近平总书记致首届全国职业技能大赛的重要贺信和李克强总理批示精神，习近平总书记致信尼泊尔总统班达里共同宣布珠穆朗玛峰高程精神、给人民教育出版社老职工的重要回信精神、致"奋斗者"号全海深载人潜水器成功完成万米海试并胜利返航的重要贺信精神，自治区强边工作会议精神，自治区党委书记吴英杰在《区脱贫攻坚指挥部关于审定〈关于配合2020年省级党委政府脱贫攻坚成效省际间交叉考核总体方案（送审稿）〉的请示》上的批示精神、在《中共山南市委员会办公室关于贯彻落实吴英杰书记调研时指示精神的情况报告》上的批示精神，区党委第158、159次常委会（扩大）会议精神，十一届自治区人民政府第56次常务会议精神，一届市委第131次常委会（扩大）会议精神，通报2020年国家脱贫攻坚成效省际交叉考核组反馈的《桑日县立行立改问题清单》，听取《政府工作报告》起草情况汇报，研究部署有关工作。

【市政府常务会】 第58次常务会议。2020年2月11日，市委副书记、市长普布顿珠主持召开市一届人民政府第58次常务会议，听取各县（区）、各相关部门当前重点工作推进情况汇报和重点企业项目复工复产中存在的困难问题；对统筹抓好当前全市疫情防控和发展生产工作进行研究部署。

第59次常务会议。2020年4月10日，市委副书记、市长普布顿珠主持召开市一届人民政府第59次常务会议，传达学习《习近平总书记和李克强总理对四川凉山州西昌市经久乡森林火灾作出的重要指示精神和重要批示精神》《习近平总书记和李克强总理对当前安全生产工作作出的重要指示和重要批示精神》《全国安全生产电视电话会议精神》《吴英杰书记在自治区党委常委会（扩大）会议上的讲话精神》《齐扎拉主席在全区安全生产工作电视电话会议上的讲话精神》，就进一步抓实抓细抓好安全生产各项工作进行研究部署。

第60次常务会议。2020年4月20日，市委副书记、市长普布顿珠主持召开市一届人民政府第60次常务会议，传达学习《李克强总理在研究部署"十四五"规划编制专题会议上的重要讲话精神》《听取市发改委关于赴自治区发改委衔接项目情况汇报，研究贯彻落实意见》及《中共中央办公厅 国务院办公厅印发〈关于防范化解和妥善处置群体性事件的意见〉的通知》精神，研究贯彻落实意见；研究《全市2020年一季度经济运行情况》《市司法局关于报请审定〈山南市文明行为促进条例（草案）〉的请示》《市医疗保障局关于拟出台〈山南市城乡居民基本医疗保险实施办法（试行）〉的请示》《市财政局关于通过国库库款超调解决西藏幸福家园投资建设集团有限公司资本金的请示》等事宜。

第61次常务会议。2020年5月14日，市委副书记、市长普布顿珠主持召开市一届人民政府第61次常务会议，传达学习《许成仓书记批示精神》《吴英杰书记、齐扎拉主席等自治区领导在〈关于召开专题会议研究巨龙铜业、华钰矿业、西藏珠峰资源风险隐患问题及纾困事宜的情况报告〉上的批示精神》《中共中央办公厅 国务院办公厅印发〈关于推动基础设施高质量发展的意见〉的通知精神》；研究《关于审定2020年市本级财政对教育投入资金分配方案的请示》《市财政局关于实施供氧工程建设试点工作的请示》《西藏华钰矿业股份有限公司纾困的请示》《自治区地方金融监督管理局关于征求〈关于华钰矿业和道衡投资风险隐患情况及下步工作建议报告〉意见建议的函》。

第62次常务会议。2020年6月9日，市委副书记、市长普布顿珠主持召开市一届人民政府第62次常务会议，传达学习《习近平总书记对毛南族实现整族脱贫作出的重要指示精神》《关于全面建成小康社会补短板问题的重要文章》《罗布顿珠常委在自治区脱贫攻坚指挥部2020年第二季度工作调度会议上的讲话精神》《许成仓书记近期关于脱贫攻坚工作的指示批示精神》；听取市政府班子成员推动所包县区、牵头领域脱贫攻坚大督战大排查发现问题整改工作情况汇报，研究部署下步相关工作。

第63次常务会议。2020年6月15日，市委副书记、市长普布顿珠主持召开市一届人民政府第63次常务会议，传达学习《中共中央办公厅 国务院办公厅印发〈关于进一步推进服务业改革开放发展的指导意见〉的通知》《中共西藏自治区委员会办公厅 西藏自治区人民政府关于全面深化改革促进国有企业做强做优做大的实施意见，研究市国资国企改革发展大会相关事宜的请示》；研究市安委办《关于提请研究审核〈山南市安全生产专项整治三年行动工作方案〉的请示》《市应急管理局关于提请市政府审议印发〈山南市突发事件总体应急预案（试行）〉的请示》《市全国民族团结进步创建活动示范市工作领导小组办公室关于拟推荐第八批全国民族团结进步示范区示范单位的请示》《市卫健委关于市人民医院旧院区相关资产划转移交市藏医医院使用的请示》《市自然资源局关于隆子县日当镇萨琼村才木齐山采石场批准新立采矿权的请示》等事宜。

第64次常务会议。2020年7月27日，自治区副主席、市委副书记、市长普布顿珠主持召开市一届人民政府第64次常务会议，传达学习《中共西藏自治区委员会 西藏自治区人民政府关于抓好"三农"领域重点工作确保如期实现全面小康的实施意见》和《中共西藏自治区委员会办公厅关于印发〈习近平总书记对西藏工作重要指示批示精神学习贯彻督查工作规范（试行）〉的通知》精神，研究贯彻落实意见；研究《市发改委关于报送山南市2020年上半年国民经济和社会发展计划执行情况报告的请示》《市商务局关于提请研究〈山南市发放消费券促进消费实施方案〉的请示》《市财政局关于呈报山南市本级2019年财政决算（草案）的报告》《山南市2019年国有资产管理情况的综合报告》《市直行政事业单位国有资产管理情况报告》《山南市2020年上半年财政预算执行情况的报告》《山南市2020年本级财政预算调整方案的报告的请示》等事宜。

第65次常务会议。2020年8月14日，自治区副主席、市委副书记、市长普布顿珠主持召开市一届人民政府第65次常务会议，传达学习《李克强总理关于做好新增财政资金直达市县基层直接惠企利民工作的重要讲话精神》和《中共西藏自治区委员会 西藏自治区人民政府关于贯彻落实中共中央、国务院关于新时代推进西部大开发形成新格局的指导意见的实施意见研究贯彻落实意见》，研究贯彻落实意见；听取《拉林铁路山南段建设有关工作情况汇报》《关于开展生态环境保护领域执法检查情况》，研究部署相关事宜；研究市人社局《关于提请研究审定高校毕业生就业创业和农牧民转移就业相关政策的请示》《市卫健委关于印发〈山南市医疗卫生体制改革暨紧密型县域医疗卫生共同体建设（县乡村一体化管理）工作实施方案〉》的请示》等事宜。

第66次常务会议。2020年10月27日，自治区副主席、市委副书记、市长普布顿珠主持召开市一届人民政府第66次常务会议，传达学习李克强总理在研究分析当前经济形势和部署下一步经济工作时的重要讲话精神；听取《全市2020年前三季度经济运行情况报告》《全市生态环境保护督察反馈问题整改工作推进情况》《全市河湖长制工作推进情况》《全市法治政府建设工作推进情况》研究部署相关工作；研究《关于请求批准由乃东区对泽雍路东侧、雅砻湾花园北侧用地收储出让的请示》《关于解决山南市人防指挥中心用地的请示》《关于确定金牛加油站、藏源加油站选址的请示》《关于农行山南分行置换土地的意见》《关于市疾病预防控制中心搬迁事宜的意见》等事宜。

第67次常务会议。2020年12月29日，市委副书记、常务副市长刘志强主持召开市一届人民政府第67次常务会议，传达学习《国务院关于编制2021年中央预算和地方预算的通知精神》研究贯彻落实事宜；研究《政府工作报告》《关于提请审定2021年主要经济指标的说明》《关于报送〈山南市2020年国民经济和社会发展计划执行情况与2021年国民经济和社会发展计划草案的报告〉的请示》市民宗局《关于提请研究召开2020年民族团结进步表彰大会暨拟推荐表彰民族团结进步模范名单的请示》《市司法局关于提请审定〈山南市行政执法公示实施办法〉〈山南市行政执法全过程记录实施办法〉〈山南市重大行政执法决定法制审核实施办法〉〈山南市行政执法音像记录设备配备办法〉的请示》《市住建局关于2020年市直公租房建设项目选址等有关事宜的请示》《市财政局关于审定〈山南市2020年预算执行情况和2021年财政预算草案的报告〉的请示》《关于将错那县汤乌（一期）、多塘、聚塘抵边搬迁小康村纳入固边富民工程（一线哨点）的请示》《关于将错那县次麦朵、聚塘沃、聚塘贡抵边搬迁小康村纳入固边富民工程的请示》《关于对〈隆子县人民政府关于解决固边富民工程追加补助资金的请示〉的拟办意见》《关于解决护边员补助资金的拟办意见》《关于解决边境地区饮水工程建设资金的拟办意见》《关于解决消防救援支队属地化补贴所需经费的拟办意见》等事宜。

【市政府专题会议】 2020年1月3日，市委副书记、市长普布顿珠主持召开市政府专题会议，传达学习自治区党委书记吴英杰、自治区主席齐扎拉到森布日调研时的重要指示精神，研究森布日安置区二期概念建筑设计方案，就加快推动下一步各项工作进行安排部署。

2020年1月23日，市委副书记、市长普布顿珠主持召开健康山南建设领导小组第1次全体会议，传达学习习近平总书记对新型冠状病毒感染的肺炎疫情作出的重要指示和李克强总理重要批示精神，传达学习自治区党委书记吴英杰批示精神和在九届区党委第119次常委会会议上的讲话精神、自治区主席齐扎拉在十一届自治区人民政府健康西藏建设领导小组第1次全体会议上的讲话精神，结合山南实际对全市新型冠状病毒感染的肺炎疫情防控工作进行周密安排和详细部署。

2020年1月26日,市委副书记、市长普布顿珠主持召开健康山南建设领导小组第2次全体会议,传达学习习近平总书记在中共中央政治局常务委员会会议上的重要讲话精神和自治区主席齐扎拉在全区新型冠状病毒感染的肺炎疫情联防联控领导小组视频会议上的讲话精神,对全市新型冠状病毒感染的肺炎疫情防控工作进行再部署、再动员。

2020年1月26日,市委副书记、市长普布顿珠主持召开山南市新型冠状病毒感染的肺炎疫情防控工作会议,听取相关工作推进情况汇报,分析研究全市防控工作形势,调度部署新型冠状病毒感染的肺炎疫情联防联控工作。

2020年1月27日,受市委副书记、市长普布顿珠委托,市政府副市长江嘎主持召开市政府专题会议,听取市新型冠状病毒感染的肺炎疫情防控物资储备和供应情况汇报,就下一步做好疫情防控物资储备和供应工作进行研究部署。

2020年2月14—15日,市委副书记、市长普布顿珠先后主持召开市政府专题会议,就认真学习贯彻习近平总书记在中央政治局常务委员会会议上的重要讲话精神和自治区党委书记吴英杰在九届区党委第123次常委会会议上的讲话精神、自治区主席齐扎拉在十一届自治区人民政府第42次常务会议上的讲话精神以及许成仓书记与各县(区)委书记视频连线部署当前工作时的讲话精神,统筹抓好疫情防控和发展生产工作进行再调度、再安排、再部署。

2020年2月29日、3月3日,市委副书记、市长普布顿珠先后主持召开统筹推进疫情防控和复工复产专题会议,就统筹抓好疫情防控和复工复产工作进行研究部署。

2020年3月8日,市委副书记、市长普布顿珠主持召开市政府专题会议,研究《关于进一步精准落实疫情防控措施的通知》和优化调整隔离留观防控措施事宜。

2020年3月16日,市委副书记、市长普布顿珠主持召开索朗嘎咕至桑日河段生态综合整治工程推进会,听取《雅鲁藏布江中游索朗嘎咕至桑日河段生态综合整治工程建设总体方案》修改情况及工作进展情况汇报,就加快推动下一步各项工作进行研究部署。

2020年3月11日,市委副书记、市长普布顿珠主持召开山南市三岩片区易地扶贫搬迁后续扶持和管理工作专题会议,听取扎囊县、加查县关于三岩片区易地扶贫搬迁后续管理工作中存在的困难问题,就进一步加强安置点后续扶持管理各项工作进行研究部署。

2020年3月26日,市政府副市长江嘎主持召开市政府专题会议,传达《西藏及邻区近期地震活动趋势及风险评估报告》以及自治区党委书记吴英杰、市委书记许成仓和市长普布顿珠的有关批示精神,听取市应急管理局、发改委、地震局工作汇报,就进一步做好应急预案编制、应急物资储备和风险防范应对等工作进行研究部署。

2020年4月17日,市委副书记、市长普布顿珠主持召开创建国家卫生城市工作推进会议,以视频形式通报全国爱卫办暗访组发现的问题,宣读《山南市创建国家卫生城市国家暗访结果反馈问题的整改落实方案》,听取市创卫办工作推进情况及存在的主要困难问题、对策建议汇报,就切实抓好暗访组反馈问题整改、扎实推进山南国家卫生城市创建各项工作进行研究部署。

2020年4月21日,市委副书记、市政府常务副市长汪华东主持召开城区重点项目建设征地拆迁协调会议,听取市住建局关于城区重点建设项目征地拆迁涉及问题的情况汇报,就进一步做好相关征地拆迁工作进行研究部署。

2020年4月22日,市委副书记、市长普布顿珠主持召开市政府专题会议,听取中国电建集团成都勘测设计研究院有限公司关于山南水力资源开发价值评估,西巴霞曲流域综合规划、水电规划和河湖管理范围划定,小水电现状调查,风能资源普查等情况汇报,研究部署下步相关事宜。

2020年5月12日,市委副书记、市长普布顿珠主持召开创建国家卫生城市工作推进会议,听取乃东区和市创卫办、公安局、住建局、市场监督管理局、城市管理和综合执法局工作推进情况及存在的主要困难问题、对策建议汇报,就进一步打好打赢创卫攻坚战进行研究部署。

2020年5月14日,市委副书记、市长普布顿珠主持召开市政府专题会议,听取全市自然保护地整合优化工作开展情况及《山南市自然保护地整合优化方案》等情况汇报,研究部署下步相关事宜。

2020年5月30日,市政府副

市长牟永文主持召开市政府专题会议，就新增出租汽车投放运营相关事宜进行安排部署。

2020年6月9日，市委副书记、市长普布顿珠主持召开创建国家卫生城市工作推进会议，听取市创卫办和乃东区、市公安局、市住建局、市市场监督管理局、市城市管理和综合执法局工作推进情况及存在的主要困难问题、对策建议汇报，研究部署近期创卫攻坚各项任务。

2020年7月2日，受自治区副主席，市委副书记、市长普布顿珠委托，市政府副市长江嘎主持召开市政府专题会议，会议听取关于达古景区资产移交工作相关情况，并就下一步工作进行研究部署。

2020年7月2日，市政府副市长索朗曲巴召集市自然资源局、农业农村局、扶贫办、雅投公司、产业组以及琼结县政府相关负责人召开专题会议，研究琼结县“菜篮子”二期工程建设有关事宜。

2020年7月6日，自治区副主席、市委副书记、市长普布顿珠主持召开市政府专题会议，传达学习习近平总书记等中央领导关于农村乱占耕地建房问题的重要批示精神和7月3日全国农村乱占耕地建房问题整治工作电视电话会议精神，自治区党委书记吴英杰批示精神和区党委常委会会议精神，自治区主席齐扎拉在全区清理整治违法违规用地事宜电视电话会议上的讲话精神，研究部署下一步有关工作。

2020年7月6日，受自治区副主席、市委副书记、市长普布顿珠委托，市政府副市长江嘎主持召开市政府专题会议，研究分析山南市5G基站建设准入难和转供电违规加价相关问题，并就下一步工作进行研究部署。

2020年7月7日，自治区副主席、市委副书记、市长普布顿珠主持召开市政府专题会议，就山南市区域性军民融合粮食及应急物资储备物流中心建设项目方案和森布日牧业产品加工产业园高效牛羊养殖基地建设项目方案进行研究。

2020年7月23日，市政府副市长王霞主持召开市政府专题会议，听取山南爱尔眼科医院筹建工作情况，专项研究相关事宜。

2020年8月7日，市政府副市长邓荃主持召开市政府专题会议，对《雅江流域山水林田湖草生态保护修复项目实施方案》的内容涵盖完整性、项目设置合理性、资金安排科学性等方面进行审查。

2020年8月20日，自治区副主席、市委副书记、市长普布顿珠主持召开市政府专题会议，传达学习市委书记许成仓调研重点项目建设情况时的讲话精神，研究《山南市经开区乳制品加工厂项目规划方案（西藏山南市年产10万吨液态奶及冷饮项目规划设计方案）》《西藏自治区森布日牧业产品加工园区总体规划（2020—2035年）》《西藏极高海拔生态搬迁森布日安置区二期建设区域综合管廊建设方案》《西藏极高海拔生态搬迁森布日安置区二期（西区）工程设计方案》《森布日园区道路命名方案》和《西藏山南市森布日高海拔地区生态搬迁安置区生态涵养区项目设计方案》，安排部署森布日安置区规划建设管理相关工作。

2020年8月22日，自治区副主席、市委副书记、市长普布顿珠率相关部门和规划编制单位再次到森布日安置区实地现场踏勘，并召开现场办公会，对进一步优化完善相关规划事宜进行安排部署。

2020年9月18日，自治区副主席、市委副书记、市长普布顿珠主持召开市三岩片区易地扶贫搬迁安置点后续服务管理工作推进会议，传达学习自治区党委常委罗布顿珠在自治区三岩片区跨市整体易地扶贫搬迁领导小组专题会议上的讲话精神、市委书记许成仓关于做好三岩片区易地扶贫搬迁工作批示精神，听取扎囊、加查、乃东、贡嘎四县和桑耶镇、加查镇以及驻点昌都工作专班有关工作情况汇报，研究《关于支持三岩片区跨市整体易地扶贫搬迁政策保障措施》，就扎实做好三岩片区易地扶贫搬迁安置后续服务管理工作进行安排部署。

2020年11月12日，自治区副主席、市委副书记、市长普布顿珠主持召开市政府专题会议，研究部署制定征收农用地区片综合地价工作有关事宜。

2020年11月17日，自治区副主席、市委副书记、市长普布顿珠主持召开市政府专题会议，研究乃东区乃东居委会片区棚户区（城中村）改造项目、“五馆一中心”项目、滨江路项目、泽当大道提质改造方案。

2020年11月19日，市政府副市长邓荃主持召开市政府专题会议，就新华书店地块拆迁事宜进行研究部署。

2020年11月28日，市政府

副市长牟永文主持召开市政府专题会议，就交通贷款实施脱贫攻坚5个农村公路项目用地赔偿事宜进行研究部署。会议听取市交通运输局关于交通贷款实施脱贫攻坚5个农村公路项目用地手续办理存在的主要困难和问题等情况汇报，征求相关县和部门的意见建议，并对下一步工作提出具体要求和解决措施。

2020年12月22日，市委副书记、常务副市长刘志强主持召开政府系统近期重点工作安排部署会，传达学习一届市委第132次常委会（扩大）会议精神，就保证政府系统工作连续性、扎实做好当前重点工作进行安排部署。

办公室政务工作

【概况】 山南市人民政府办公室（以下简称市政府办公室）内设正科级行政科室17个，分别为研究室、政府督查室、市长办、综合科、秘书一科、秘书二科、秘书三科、秘书四科、秘书五科、政务办公室（总值班室）、政工人事科、信息科、接待办、财务科、保卫科、市驻拉萨办事处、市驻成都办事处。市政府办公室内设正科级事业科室2个，分别为机关后勤服务中心、信息技术中心。2020年，市政府办公室实有103人，其中地级干部14人（含3名援藏干部、1名市政协副主席），县级干部17人（含1名离岗休养人员、2名援藏干部，2名挂职干部）；行政科级领导职务27人，事业科级领导职务4人；一级主任科员7个，二级主任科员5个，三级主任科员8个，四级主任科员4个；专技人员1人，工勤人员24人。市政府机关党组始终围绕中心、服务大局，团结带领班子成员和办公室全体干部职工，紧紧围绕打造学习型、服务型、务实型、创新型、和谐型、合力型、廉洁型“七型”机关，争做“机关中的表率机关”目标要求，坚定不移、尽心竭力推动中央、自治区大政方针和市委、市政府各项决策部署落地落实。

【服务重大活动】 2020年，市政府办公室始终把“服务发展、服务决策、服务落实”作为主责主业，无条件选派精干力量参与新冠肺炎疫情防控工作、市政府系统脱贫攻坚大督战大排查活动、迎接国家脱贫攻坚督查验收工作、深化对口援藏扶贫工作现场推进会议、创建国家卫生城市、老政协片区征地拆迁、雅砻文化节等全市重大活动，全力配合全市经济社会发展中心工作，全力为全市重大活动提供优质的服务保障。狠抓信息服务，全年向自治区上报《山南信息》1893条，上报《放管服信息》20篇，上报《山南专报》20篇。下发《山南政务信息》25期、《信息报送及采用情况通报》3期；向各县（区）、各单位约稿信息500余篇。

【以文辅政】 2020年，市政府办公室狠抓以文辅政、参谋助手，带领办公室干部职工紧紧围绕全市经济社会发展和市委、市政府领导关心关注的问题，提前深入实地调研、主动召集部门协商、注重归纳典型经验，组织起草政府工作报告、经济工作会议讲话、季度经济运行分析会讲话、市政府全体会议讲话等领导讲话，起草《关于深入学习贯彻习近平总书记重要讲话精神　决战脱贫攻坚决胜全面小康的实施意见》《山南市疫情防控“十个一律”工作机制》《山南市企业复工复产工作实施方案》《山南市疫情防控“十个一律”工作机制细化方案》等一批意见和方案，努力把各种可能的情况想全想透，把各

2020年11月27日，市政府机关党组理论学习中心组学习会议暨《习近平谈治国理政》第三卷第9次专题研讨会

2020年12月31日，市政府机关党组邀请律师秦康作民法典专题讲座

项措施制定得更周详完善，真正为全市统筹好经济发展和疫情防控发挥重要作用。

【督查督办】 2020年，市政府办公室树立以落实决策为导向，实行市政府秘书长班子成员跟踪督办、各副市长对口服务科室常态督办、督查室重点督办，对全市5000万元以上项目、资金到位未开工项目等重点项目进行督查督办，对46个全市重点项目实行半月一督办、一月一汇总，确保中央、自治区和对市委、市政府作出的决策、部署的工作、定下的事情紧抓快办、督出成效。全年共开展实地督查36次，下发督办通知12期、督查专报15期、督查报告单87期、任务交办单112期；办理自治区“两会”建议提案9件，办理市“两会”建议43件、提案127件，办复率、满意度均达100%；“12345”市长热线共受理来电377件，已办结372件，办结率达99%。

【“服务型”机关建设】 2020年，市政府办公室坚持低调不张扬、果敢不傲慢，重点培养办公室上下服从力、服务力、执行力、落实力，无条件服从落实市委及市委办交办的任务，用心服务市“四大班子”，加强对上衔接、主动横向沟通、积极请示汇报，高效统筹政务、会务、事务、公务，完成外交部、中央纪委监委、驻华使节团、文旅部、国家安全生产督察组、湖南省党政代表团、湖北援藏工作代表团和自治区领导赴山南市调研活动的衔接落实工作，全力打造超前服务、精细服务、准确服务、品牌服务的“服务型”机关。2020年，共接待各类来宾280批、3390人次。

外事工作

【概况】 山南市外事办公室（以下简称市外事办）内设科室5个，分别为综合科、礼宾接待科、边境管理科、出国境管理科、侨务科（涉外项目科），核定总编制14名。实有干部职工16人，其中干部13人（办领导4人，正科4人，副科3人，副主任科员1名、科员1人）。2020年，市外事办以“立足新发展阶段、贯彻新发展理念、构建新发展格局、推动外事工作高质量发展”为主题，以不出事、不添乱为底线，坚持“打牢基础、提质增效、促进发展、强化队伍”的工作思路，统筹推进涉外接待、境外疫情输入防控、对外交流合作、因公出国（境）管理等工作，全年共接待外宾1批14人次。

【涉外接待】 2020年10月28日，乌拉圭等10个国家驻华使节团一行14人到山南市参访。山南市委副书记、常务副市长刘志强和山南市外事办公室党组书记、副主任何才康全程陪同并宴请驻华使节团一行。驻华使节团先后参访桑耶寺、山南博物馆。刘志强向驻华使节团介绍山南市自然风光和特色资源，宣传在党中央、国务院的亲切关怀和全国人民特别是湖南、湖北、安徽三省和中粮公司的大力支援和无私帮助下，山南经济社会发展取得的历史性成就和全方位进步，展现藏源文化的独特魅力和山南深厚的历史、文化底蕴，让驻华使节团进一步了解山南、认识山南。

【民间对外交流】 2020年4月13日，市外事办通过发送电子邮件方式了解尼泊尔巴德岗市新冠肺炎疫情防控形势和急需防疫医疗物资需求，表达山南市人民对尼泊尔巴德岗市新冠肺炎疫情防控的关切和愿在力所能及的范围内提供抗疫物资援助的愿望。尼泊尔巴德岗市政府市长苏尼尔·帕拉加帕蒂于4月16日亲自回复表示该市口罩、医疗设备等抗疫物资供应

2020年10月28日，乌拉圭等10个国家驻华使节团在山南博物馆参访

充足，日后有需要将积极联系。

【因公出（境）管理】 2020年5月25日，市外事办协调市财政局解决105000元，购置并安装完成1套因公电子护照指纹采集设备。

【调研工作】 2020年6月1—4日，市外事办选派工作人员协助山南市人大常委会调研组开展《中华人民共和国出入境管理法》《中华人民共和国外国人入境出境管理条例》专题调研。9月14—18日，配合自治区党委党校调研组到洛扎、错那县开展边境党建课题调研。

行政审批　便民服务

【概况】 2020年，山南市行政审批和便民服务局是山南市人民政府工作部门，为正县级。下设办公室、综合审批服务科（政务服务科）、督查运行管理科、公共资源交易管理科4个正科级科室及政务服务中心（正科级事业单位）。机关人员编制为12名，事业单位人员编制为5名。部门领导职数5名，科级领导职数7名。实有人员17名。

【政务服务和便民服务】 2020年，市政务服务大厅进驻部门32个（其中市直19个，乃东区8个，第三方服务机构5个），服务窗口58个，行政审批及公务服务事项299项，可集中办理户籍、婚姻、社保、医保、刻章、快递、不动产、准生证、企业登记注册、边境通行证、车辆违章缴款、缴纳水电费等政务服务事项。市政务服务中心建立以通用基础标准、服务保障标准、服务提供标准相配套的服务标准体系，梳理汇编各项标准规范500多项，基本满足58个服务窗口299项政务服务事项及服务中心运行管理的工作要求，基本实现各个管理和服务环节有标准可依，标准覆盖率达到95%以上。

【行政审批许可事项】 2020年，市政务服务中心受理行政审批及公共服务事项109075件，办结103637件，咨询50144件，办结率95%。

2020年，山南市共认领、编制和发布实施清单9674个。以上9674个事项都可以通过“一网通办”平台上查询受理条件、办理材料、收费标准、办理时限、办理环节等信息。

【互联网+政务服务】 2020年，山南市在政务服务一体化平台数据归集汇聚办件总量370400件。电子证照采集总量656020个，签发

2020年9月16日，市纪委监委、派驻纪检组到市行政审批和便民服务局指导巡查整改工作

总量300542个。注册用户总量173205个,其中个人162039个、法人11166个。

信访工作

【概况】 山南市信访局(以下简称市信访局)属市人民政府工作部门,负责全市信访工作,正县级单位。局机关编制为14名。部门领导职数5名,科级领导职数4名。实有人员共17人(包括公益性岗位3名)。内设机构(正科级)有办公室、督查科、办信接访科、联合接访中心。2020年,全市信访形势总体平稳可控,未发生越级访、进京访。全市12个县(区)均被评定为全国"三无"县(区),2020年度信访考核综合成绩为81.41分,排名全区第二。完成化解中央信访工作联席会议交办的12件重复信访事项。

【来信来访】 2020年,山南市共受理群众来信来访791批(件)次1473人次,与2019年同期相比,分别下降16.1%、17.9%(2019年同期为943件1839人次)。17项信访内容分类中,前6位信访类别占比情况分别为劳动保障类385件,占比51.4%;城乡建设类242件,占比32.31%;政法类26件,占比3.5%;交通运输类18件,占比2.4%;自然资源类14件,占比1.9%;农业农村类7件,占比0.9%。从数据统计分析和群众信访实际情况看,2020年,工程建设领域"双拖欠"信访问题较2019年呈下降趋势,但占比量仍然最大,是全市信访矛盾集中区。

2020年7月10日，市信访局开展《信访条例》修订实施15周年宣传日活动

【"三率"指标统计】 2020年,市、县(区)两级信访部门及时受理率平均值为99.7%。市直、县(区)直部门及时受理率平均值为54.9%,全市信访事项按期办结率平均值为93.6%,全市信访事项办理群众满意率平均值达到79.3%。

【队伍建设】 2020年,全市信访机构建设、干部队伍建设、接待场所建设方面得到显著加强和改进。市联席办成立联查小组,到12个县(区)开展为期20天的专项工作实地督导检查,现场指导信访工作。举办全市信访干部综合能力素质提升专题培训班,组织48名信访工作人员赴浙江学习先进工作经验。通过开展实地督查、现场指导、业务培训等措施,促进全市信访干部观念大转变、能力素质大提升、服务效能大优化。

【健全信访工作制度】 2020年,市信访工作联席会议出台《山南市信访突出问题及涉访矛盾纠纷"六定"化解调处工作制度》,健全完善《信访督查工作制度》《山南市信访工作联席会议工作规则》,明确每季度至少召开1次全体会议,每季度全体会议原则上由各召集人轮流主持召开。

藏语言文字工作

【概况】 2020年,山南市藏语文工作委员会办公室(市编译局)(以下简称市编译局)内设4个正科级机构,分别是办公室、综合科、语管科和编译科。实有干部21名,其中藏族19名,汉族2名。核定领导职数5名,实有正县2名、副县3名、副调研员1名,内设机构领导职数8名,内设机构领导实有正科3名、副科3名、副科级干部1名。全年开展社会用字检查整改行动6次,翻译近38万字。

【学习使用藏语文】 2020年,藏汉翻译系列初级职称评审委员会按期完成换届,并严格按照《西藏自治区藏汉翻译系列初、中级专业技术职务任职资格评审细则》要求，完成2019年度藏汉翻译专业职称评审工作，4人通过综合评审。为进一步统一、规范全市地名，分管领导带队到各县（区）开展地名搜集工作，截至年底，全市已完成地名搜集工作。整合各科室办公用房，完善资料图书室等，优化机关服务配置和功能，为图书资料室配备6000余元的桌椅，整理相关图书资料，规范资料图书室。支出41650元制作《2020年编译局翻译成果汇编》《山南市地名名录汇编》，为全市翻译工作及相关单位提供指导和参考依据。

2020年5月27日，市编译局向群众了解地名历史文化

【社会用字】 2020年，市编译局加大社会用字检查整改力度，市县两级共开展社会用字检查整改行动6次，共对72处景区景点、6576家经营主体、382个路牌、18家服务性窗口以及公安（边防）检查站开展社会用字规范情况检查，其中汉文使用不规范1处、藏文使用不规范593处，其他不规范问题23处，下发整改通知书162份、整改不规范用字570个。及时发现和整治全市范围内社会用字不规范问题，消除社会用字不规范造成的网络舆情，促进社会用字规范化、标准化，办（局）创新举措，加大社会用字监督力度，出台《关于聘任社会用字义务监督员工作的实施方案》，全年聘请5名社会用字监督员，在泽当城区范围内开展义务监督。

【藏汉翻译】 2020年，市编译局继续发扬翻译人员不讲条件、不提要求，默默奉献的精神，本着标准不减、质量不降的原则，圆满完成市“两会”、疫情防控、创卫、脱贫攻坚、扫黑除恶打非治乱、《许成仓书记在藏传佛教活佛转世工作座谈会上的讲话》《山南市城市绿化条例》以及市四大班子日常文稿近38万多字的翻译任务，其中政务服务中心窗口翻译8万余字。

【藏语文工作宣传】 2020年，市县两级藏语文部门以丰富多彩的形式开展“四月藏语文工作宣传周”活动，共发放藏语和汉语宣传手册5000余份、发放软件500套，为构建全民共同推动藏语文工作营造浓厚的社会氛围。

【业务培训】 2020年，市编译局组织全市各县（区）41名业务人员进行翻译骨干培训，选派1名业务工作人员到区藏语委办（编译局）进行为期2个月的跟班学习，选派7名干部参加2020年藏语文工作者国家通用语言文字素养培训班，选派6名干部参加2020年西藏藏语文信息化培训班，通过跟班学习和其他培训，提升全市干部业务素养和业务技能。

中国人民政治协商会议
山南市委员会

综述

【概况】 中国人民政治协商会议第一届山南市委员会(以下简称市政协)下设办公室、提案委员会、经济人口资源环境和农业农村委员会、社会法制外事教科卫体委员会和文化文史学习和民族宗教委员会5个正县级机构。市政协办公室内设秘书一科、秘书二科、研究室、联络科、机关后勤服务中心,4个专委会各设1个办公室(正科级)。市政协机关人员编制36名(含市政协领导编制),县级领导职数12名(其中秘书长1名、副秘书长2名,4个专门委员会共设主任4名、副主任5名),行政科级领导职数9名。2020年,市政协机关共有在职干部职工47名,其中主席班子成员10名,秘书长班子成员3名,办公室一至四级调研员6名,专委会主任、副主任9名,科级干部11名,工人8名。

【提案工作】 2020年,市政协深入各县(区)和市直有关部门进行调研督办,推动提案办理落实,市政协一届六次会议以来立案的135件提案办理质量得到进一步提高,办复率达100%。制订重点提案督办方案,对6件重点提案实行政协领导领衔督办,发挥重点提案办理的示范引领作用。召开提案工作表彰会,对优秀提案和提案办理先进单位进行大力表彰,切实激发政协委员和承办单位做好提案工作的积极性。驻山南市的全国、自治区政协委员参加"两会"期间,积极反映山南实际困难并提出意见建议,共提交提案56件,助推解决一批群众关注的重大项目、基础设施建设、改善民生等问题。

【文史资料工作】 2020年,市政协积极收集资料,补充完善《山南市民族传统手工业简介(藏文版)》有关内容,完成政协年鉴编撰工作,向上级政协报送脱贫攻坚征文13篇、重大事件"三亲"资料6篇。山南政协文史馆作用充分发挥,各级考察团前来参观达300多人次。

【交流合作】 2020年,市政协协助全国政协和青海、陕西、湖南、重庆、四川及西藏自治区有关市地、县政协等20余个考察团在山南市调研考察,扩大山南的影响力。

【政协宣传工作】 2020年,市政协以山南政协微信公众号为抓手,加大宣传报道力度,宣传市、县(区)政协工作的好经验、好做法。特别是山南市贡觉曲珍委员在全国"两会"的亮点——"委员通道"接受采访,向全国人民讲述家乡的脱贫攻坚工作,受到各级领导和委员们的高度赞扬。

重要会议

【全体会议】 政协第一届山南市委员会第七次会议于2020年9月8日在泽当召开,会议应到委员192人,实到165人,符合政协章程规定。会议由市政协党组书记、主席巴珠主持。大会听取和审议通过《政协第一届山南市委员会第七次会议议程》;对接受克珠和加央辞去市政协副主席职务进行确认;选举邓建军、罗天华、安兴国、达娃次仁4人为政协第一届山南市委员会副主席。

【常务委员会会议】 第十八次会议。政协第一届山南市委员会常务委员会第十八次会议于2020年8月11日在泽当召开,会议应到常委

2020年8月12日，市政协召开山南市中部区域发展专题议政性常委会会议

会组成人员35人，实到26人，符合政协章程规定。会议由市政协党组书记、主席巴珠主持。审议通过《政协第一届山南市委员会常务委员会第十八次会议议程（草案）》；审议通过关于接受加央辞去市政协副主席、委员职务的决定（草案）；审议通过关于接受史华军辞去市政协委员职务的决定（草案）；审议通过关于接受央金卓嘎辞去市政协提案委员会副主任职务的决定（草案）。

第十九次会议。政协第一届山南市委员会常务委员会第十九次会议于2020年8月12日在泽当召开，会议应到常委会组成人员34人，实到27人，符合政协章程规定。会议由市政协党组书记、主席巴珠主持。驻泽当的自治区政协委员和市政协委员，浪卡子、措美、曲松三县县长，各县（区）政协主席，市政协副秘书长、各专委会副主任、调研员，市（中、区）直有关部门主要负责人，以及市政协机关科级以下干部参加会议。会议听取市政府关于山南市中部区域经济社会发展情况的通报、市政协关于山南市中部区域发展的专题调研情况；市发展改革委、生态环境局、农业农村局、旅游发展局、扶贫办5个单位和浪卡子、措美、曲松三县负责人作发言，针对山南市中部区域发展和当地县域经济社会发展存在的突出困难和问题，提出各自的意见建议；市委副书记、市政府常务副市长汪华东作讲话。

第二十次会议。政协第一届山南市委员会常务委员会第二十次会议于2020年9月8日在泽当召开，会议应到常委会组成人员34人，实到27人，符合政协章程规定。会议由市政协党组书记、主席巴珠主持。会议审议通过市政协一届二十次常委会会议议程（草案）；审议通过关于召开市政协一届七次会议的决定（草案）；审议通过市政协一届七次会议议程（草案）；审议通过市政协一届七次会议日程（草案）；听取市委组织部负责人作人事事项说明；接受克珠辞去市政协委员、副主席职务；接受高永国辞去市政协委员职务；接受罗忠辞去市政协委员职务；增补3名市政协委员；审议通过市政协4名副主席建议人选名单（草案）。

第二十一次会议。政协第一届山南市委员会常务委员会第二十一次会议于2020年9月8日在泽当召开，会议应到常委会组成人员36人，实到27人，符合政协章程规定。会议由市政协党组书记、主席巴珠主持。会议审议通过政协第一届山南市委员会常务委员会第21次会议议程（草案）、市政协4名副主席候选人名单（草案）、选举办法（草案）、总监票人、监票人名单（草案）。

【主席会议】 第十六次主席会议。2020年5月13日，政协第一届山南市委员会召开第十六次主席会议，市政协党组书记、主席巴珠主持会议，市政协副主席克珠、普布多吉、普布、洛桑扎西，秘书长郭建军出席会议，全体县级干部列席会议。会议研究“山南市中部区域发展”专题调研事宜，审议通过调研工作总体方案和调研提纲。

第十七次主席会议。2020年7月27日，政协第一届山南市委员会召开第十七次主席会议，市政协党组书记、主席巴珠主持会议，市政协副主席克珠、普布多吉、普布、洛桑扎西、蒋明浩、赤列央金，秘书长郭建军出席会议。会议研究山南市中部区域发展专题调研报告；研究山南市中部区域发展专题议政性常委会会议方案；审议加央辞去市政协副主席、委员职务的申请和史华军辞去市政协委员职务的申请；研究《关于落实市委政协工作会议主要任务分工方案》。

第十八次主席会议。2020年9月7日，政协第一届山南市委员会召开第十八次主席会议，市政协党组书记、主席巴珠主持会议，市政协副主席普布、洛桑扎西、赤列央金，秘书长郭建军出席会议。会议听取各小组分组讨论情况；审议通过市政协4名副主席候选人名单（草案）和选举办法（草案）、总监票人、监票人名单（草案）。

参政议政

【为编制“十四五”规划建言】 2020年，市政协积极征求政协委员的意见建议，就山南市“十四五”规划和2035年远景目标纲要（征求意见稿）提出许多有分量、有价值的修改意见。

【为区域协调发展建言】 2020年，市政协为助推解决区域发展不平衡不充分问题，组织市县政协委员深入浪卡子、措美、曲松3个中部县和贡嘎、琼结2个沿江县的19个乡（镇）、21个村（居）、23个经济实体和公共服务部门开展专题调研，成功召开山南市中部区域发展专题议政性常委会会议，首次对中部区域发展规划、政策扶持、产业建设、基础设施、公共服务、民生保障、人才支撑、社会治理等方面提出意见建议。

【为脱贫攻坚建言】 2020年，按照市委统一部署，5名市政协主席班子成员及有关政协干部赴桑日、琼结、贡嘎、隆子、加查等县开展为期4个多月的脱贫攻坚大督战大排查和绩效考核工作，切实用心用情用力把脱贫攻坚工作中存在的问题挖深找全、把工作做实做细，做到较真碰硬、严督实导，推动具体问题整改。协助上级政协完成“精准扶贫产业项目后续发展”“消除绝对贫困后构建相对贫困治理长效机制”等调研视察任务，引导各级政协委员投身脱贫攻坚主战场，为坚决打赢脱贫攻坚战作出政协贡献。

【为绿色发展建言】 2020年，市政协坚决服从市委、市政府重大决策，参与山南市生态环境“六大”专项整治督导工作。组织委员赴阿里考察人口布局与生态环保工作，到日喀则考察科技引领生态农业发展，学习借鉴兄弟地市贯彻新发展理念的有益做法和改革思路，结合山南市实际，聚焦正确处理生态旅游与生态环保关系，加快发展生态农业，提出务实管用的意见建议，为市委、市政府决策提供有效参考。协助上级政协开展“做大做强天然饮用水产业”“加强基层文化建设”等调研考察工作，呼吁解决山南市的实际困难，争取上级政策扶持。

【为基层公共卫生保障体系建设建言】 2020年，市政协组织委员赴扎囊、错那、贡嘎、洛扎、曲松5个县，实地调研15个乡（镇）和20家医疗卫生单位，围绕加强公共卫生服务体系建设、医疗队伍建设、完善配套政策、强化硬件保障、提高服务水平、树立新的公共卫生理念等方面提出许多针对性强的意见建议。

民主监督

【重要工作监督】 2020年，市政协组织区市两级政协委员63人次参加各类征求意见会、评议会、审判会和各类考试监督等，重点对涉及群众切身利益、社会各界关注度高的问题进行民主监督。结合有关调研视察活动，加强对脱贫攻坚、惠民政策落实、教育卫生就业等工作的监督。

【社情民意工作】 2020年，市政协及时通报采纳情况，做好约稿采编工作，向市委、市政府报送10篇社情民意信息，《关于实施全市党费“微支付”的建议》《工程留“尾巴”、通行有隐患》《关于加快发展以养殖牦牛、绵羊为主的高山畜牧业的思考》《推动雅江水电资源开发、辐射加查经济提质增效》《关于久河卓舞、宾堆白面具藏戏的传承与保护的几点思考》等得到市委、政府领导批示交办。山南市政协在全区地市政协主席座谈会上就社情民意信息工作作了大会交流发言。

自身建设

【夯实基层基础】 2020年，市政协召开全市基层政协工作推进会，推动各县（区）党委加强对政协工作的领导，落实具体举措，普遍组建县（区）政协正科级综合委员会，健全乡（镇）政协委员联络办公室。

【机关作风建设】 2020年，市政协坚持问题导向，深入开展作风整顿活动，抓好日常提醒谈话，加大督促检查力度，从严教育管理干部职工，解决团结干事、工作效能等方面存在的突出问题。

【教育培训】 2020年，市政协安排100余名政协干部、政协委员参加全国和自治区政协、区市党校等学习培训。首次联合西藏社会主义学院举办加强和改进人民政协工作专题培训班，对52名政协委员、机关干部和乡（镇）政协委员联络员进行专题培训，切实增强履职本领。

【委员服务管理】 2020年，市政协实施委员履职工作规则，健全完善委员履职档案，组织基层委员参加履职活动，推动“荣誉委员”向“责任委员”转变。及时通报委员分组讨论期间所提建议的落实情况，切实调动委员参政议政的积极性。

【联系服务群众】 2020年，市政协主席班子成员及机关县级干部主动深入联系点、边境一线和高寒乡村开展调研，加强对基层政协工作的指导。机关干部职工认真开展结对帮扶活动，改善群众生产生活条件，为驻村点投入办实事资金30余万元，在履职为民的实践中展示新时代政协干部的风采。

ལྷོ་ཁའི་ལོ་རིམ་མེ་ལོང་།

山南年鉴

2021

纪律检查（监察）

综述

【概况】 山南市纪委监委机关内设机构14个，共有人员编制62名（其中，行政编制56名、事业编制3名、机关后勤事业编制3名），实有干部职工59名（干部57名、工人2名），其中班子成员8名（含2名援藏干部）、副县级室主任11名、四级调研员2名、正科级干部19名、副科级干部16名、科员1名、工人2名。班子成员中2名援藏干部不占职数。2020年，空缺监委委员1名，空缺室主任3名（办公室〈政策法规研究室〉、案件监督管理室、第五审查调查室），空缺科级及以下干部3名、工人1名。山南市纪委监委设8个综合派驻纪检监察组和1个单独派驻纪检监察组，核定编制49名，实有干部34名，空缺科级及以下干部15名。山南市委巡察工作领导小组下设1个办公室、3个巡察组，核定编制26名（其中事业编制3名），实有干部24名。

2020年，山南市纪委监委始终紧跟自治区纪委监委和市委节奏步伐，切实把双重领导体制落实到具体工作中，确保党风廉政建设和反腐败斗争始终沿着正确的政治方向前进。全面贯彻落实党中央、自治区党委、市委关于疫情防控和做好"六稳"工作、落实"六保"任务总体要求，强化疫情防控责任落实情况监督检查。开展宗教活动场所"未批先建""批小建大"问题排查督查，对9起问题进行督促拆除整改，追责问责党组织6个、党员干部54名。处置涉及政治纪律问题3件，组织处理3人。加强对农村乱占耕地建房、冒名顶替上大学、制止餐饮浪费、长期借用公款不还等专项监督检查，发现落实制止餐饮浪费工作措施不力问题26件，现场督办19件，通报批评2家单位，推动完善30项制度，在保障中心服务大局中践行"两个维护"。

【重大纪检工作会议】 2020年3月19日，中国共产党山南市第一届纪律检查委员会第五次全体会议在泽当举行。市纪委委员16人出席全会，市（中、区）直各单位党政主要负责人等156人列席。自治区人大常委会副主任、市委书记许成仓出席全会并作讲话。普布顿珠、格桑、丹增、燕红、拉巴加布及有关地级领导出席会议。全会由山南市纪律检查委员会常务委员会主持。会议回顾2019年纪检监察工作，部署2020年任务，审议通过市委常委、市纪委书记、市监委主任拉巴加布代表市纪委常委会所作的《一以贯之坚定不移纵深推进全面从严治党 为决胜全面建成小康山南提供坚强保障》工作报告。

【政治建设】 2020年，市纪委常委会始终坚持党的全面领导、绝对领导，持续在深学笃信力行习近平新时代中国特色社会主义思想上下功夫，共召开15次常委会（扩大）会议、18次理论学习中心组学习会，持续跟进学习习近平总书记最新重要讲话、重要指示批示精神，赵乐际、杨晓渡等中央纪委国家监委领导讲话精神以及王卫东在山南调研时的讲话和专题党课精神，结合实际研究具体贯彻落实措施。组织全系统干部深入学习《习近平谈治国理政》第三卷、十九届四中五中全会精神、中央第七次西藏工

2020年8月13日，市纪委监委召开山南市决战脱贫攻坚突出问题整改督促会暨扶贫领域腐败和作风问题专项治理工作例会

2020年8月20日，市纪委举行第二期跟班（跟案）学习干部第一次经验交流座谈会

作座谈会精神、十九届中央纪委四次全会精神以及自治区纪委监委和市委重大会议、重要文件精神，在担当尽责中巩固深化“不忘初心、牢记使命”主题教育成果，始终做到对国之大者心中有数。细化落实《向市委请示报告工作清单》和《向自治区纪委监委请示报告工作清单》，严格执行民主集中制和“两为主一报告”，自觉主动向自治区纪委监委和市委请示报告重要问题线索、重要案件查办、重要工作推进情况40余次、60余次。

【体制机制改革】 2020年，山南市纪委监委全面清理规范市县乡纪检监察机关参与的议事协调机构。完善上级纪委监委对下级纪委监委领导的具体措施，开展落实“三个提名考察办法”自查工作，持续深化“两为主一报告”制度。从各界代表中选聘13名特约监察员，主动接受社会监督。在贡嘎县、浪卡子县试点开展县乡纪检监察力量整合工作，以改革的实际成效构建协同高效的监督机制。优化市一级党和国家机关派驻机构设置，形成派驻纪检监察组由9个优化为7个、平均7名行政编制的机构改革方案。建立副书记（副主任）分管、常委（委员）协管工作体制，推动纪委监委内设机构与派驻机构职能对接，加强对派驻机构的直接领导和统一管理。稳步推进市属国有企业纪检监察体制改革，提出设立市属国有企业派出纪检监察组，综合监督市属国有企业初步方案。

【自身建设】 2020年，山南市纪委监委开展全市纪检监察系统“大学习、大提升”暨“从实战中来、到实战中去”活动，认真学习《习近平谈治国理政》第三卷、《监督执纪工作规则》和《监督执法工作规定》。整理汇编《习近平关于党风廉政建设和反腐败斗争重要论述摘编》，收录习近平总书记1982年8月至2020年8月期间对党风廉政建设和反腐败斗争的重要指示、重要论述554条，增强政治学习针对性、实效性。安排113名县（区）、乡镇纪检监察干部到市纪委监委跟班（跟案）学习，选派干部参加上级业务培训和跟班（跟案）学习260人次。落实“三会一课”制度，举办“迎国庆、庆中秋”文艺晚会，丰富党内活动，活跃机关氛围。组织党员自愿捐款助力疫情防控，筹集捐款14.23万元，彰显纪检监察和巡察干部的大局担当。完善《市纪委监委机关审查调查文书模本》，修订《市纪委监委机关保密工作及公文处理指导手册》，落实《打听案情登记备案制度》，健全内控机制，规范工作流程。全年受理纪检监察干部问题线索5件，函询2件，给予党纪政务处分2人，展示正人先正己的鲜明态度。

反腐败与党风廉政建设

【概况】 2020年，山南市纪委监委发挥市委反腐败工作协调小组职能，加大反腐败斗争力度。全市纪检监察机关共处置问题线索363件，立案审查调查148件、给予党纪政务处分186人，采取留置措施3人，谈话提醒、诫勉谈话等201人，收缴违纪违法资金338.56万元。党员和公职人员因酒驾醉驾受到党纪政务处分43人，其中开除党籍处分22人、留党察看处分3人，开除公职处分7人，释放越往后执纪执法越严的强烈信号。聚焦脱贫攻坚巡视巡察、专项检查及“回头看”反馈意见整改，开展监督检查，发现立行立改问题76件，移交问题线索8件，确保整改任务全部完成。

【制度建设】 2020年,山南市纪委监委出台《党纪政务处分决定书"五层审核"制度》,制定《党纪政务处分决定执行工作规程(试行)》,强化处分决定执行情况监督检查,优化"县案市审""随案审理",提升案件质量。制定《市纪委监委关于严肃查处诬告陷害行为、为党员干部澄清正名实施办法》,贡嘎、加查分别为2人澄清正名。经自治区纪委研究,并报中央纪委批准,对错那县3名领导干部给予纪律处分条例本条规定幅度以外的减轻处分,体现严管厚爱结合、激励约束并重,实现政治、纪法和社会效果有机统一。

【扶贫领域监督】 2020年,山南市纪委监委对市直单位问题线索"零报送"负有监督责任的5名派驻纪检监察组组长进行约谈,督促职能部门移交扶贫领域问题7件。对扶贫领域"零立案"的2名县(区)纪委监委负责人进行谈话提醒。受理扶贫领域问题线索55件,立案审查调查28件,给予党纪政务处分40人、组织处理39人、移送司法机关1人、通报曝光26人,为打赢脱贫攻坚战提供坚强纪法保障。

【扫黑除恶问题整改落实】 2020年,山南市纪委监委抓实中央扫黑除恶督导组反馈意见整改落实,对9起涉黑涉恶案件开展"一案三查",对29件已办结问题线索逐一复核,对18件查否问题线索签字背书。督促行业部门围绕社会治安等11个重点领域开展行业乱象专项整治,督促公安机关移交党员公职人员"黄赌毒"问题68件。处置涉黑涉恶腐败和"保护伞"、党员公职人员参与"黄赌毒"等问题线索21件,给予党纪政务处分15人、组织处理12人、问责领导干部5人,拓展扫黑除恶打非治乱专项斗争成效。

2020年9月2日,市纪委监委在市第一高级中学监督"三包"经费落实情况

【专项整治】 2020年,山南市纪委监委巩固漠视侵害群众利益问题专项整治成果,组织15家职能部门推进专项整治工作,督促对适龄儿童辍学、家庭医生签约、农村低保等重点问题进行排查和整治。精准监督"保基本民生",发现民生资金兑现不及时、残疾儿童送教上门措施不精准、惠民项目发挥效益不明显等民生领域问题24件,现场督办21件、调查处置3件。受理群众身边"微腐败"问题线索78件,立案审查调查32件,给予党纪政务处分51人、组织处理40人、通报曝光47人,切实增强群众获得感幸福感安全感。

【党风廉政建设宣传教育】 2020年,山南市纪委监委深入开展党风廉政建设宣传教育月活动,组织全市党员干部开展党规党纪宣讲和廉政知识考试,在桑日等10个县(区)和市直单位深入开展"以案促改"警示教育,压实主体责任,堵塞制度漏洞。录制《自毁前程的教育局长》警示片,用"身边事"警醒"身边人"。2名领导干部主动投案,多名党员干部主动交代问题,体现政策感召力。

作风建设

【概况】 2020年,山南市纪委监委坚持节前喊话不松劲,利用山南纪检监察网、"清廉山南"微信公众号等新媒体平台,在节庆假日前发布廉洁提醒和公告80余次,发送廉政短信32批次。全年共查处违反中央八项规定精神问题25件,其中形式主义、官僚主义问题11件,享乐主义、奢靡之风问题14件,给予党纪政务处分24人、组织处理18人、通报曝光12人,切实推动纠治“四风”工作向纵深发展。

【监督检查】 2020年，山南市纪委监委加强对贯彻执行中央八项规定及其实施细则精神情况监督检查，每周安排人员围绕公车私用、公款吃喝、大操大办婚丧喜庆等问题进行明察暗访、随机抽查，扎实推动监督检查常态化、长效化。

【制度落实】 2020年，山南市纪委监委印发《关于重申纪律作风建设、持之以恒贯彻落实中央八项规定及其实施细则精神的通知》，明确整治重点和处置原则，对不收敛不收手的，从严从重处理。

【自查清理纠治】 2020年，山南市纪委监委严格落实自治区党委《关于在全区集中开展违反中央八项规定精神问题自查清理纠治通知》精神，协助市委落实违反中央八项规定精神问题自查清理纠治工作，组织指导12个县（区）委和66家市直单位党组（党委）检视问题5883条，提醒谈话相关责任人472名，清退违规资金1814.22万元。

【作风整治】 2020年，山南市纪委监委深入开展不作为慢作为、文山会海等形式主义、官僚主义突出问题集中整治，解决落实上级决策部署表态多调门高、行动少落实差等突出问题，通过纠治歪风邪气，引领社会新风尚。

巡察工作

【概况】 2020年，市委坚持把深化政治巡察作为落实全面从严治党主体责任的重要抓手，专题学习巡视巡察重要内容6次，审定巡察计划和有关制度3次。市委书记许成仓听取市委巡察工作汇报3次，对巡察工作作出指示批示8次。市委巡察工作领导小组落实直接组织实施责任，召开领导小组会议6次。领导小组有关负责人参加巡察进驻动员会和反馈会，传导责任压力，推动巡察工作有序有力深入开展。

【巡察监督】 2020年，山南市纪委监委紧紧围绕“三个聚焦”，先后对市委政法委等12家党组织开展常规巡察，对市自然资源局等4家党组织开展生态领域专项巡察，对乃东区泽当街道党工委等2家基层党组织开展提级巡察，对市妇联机关等5家党组织开展“回头看”。发现并反馈突出问题552件、立行立改问题78件，移交问题线索7件。截至年底，一届市委共巡察172家党组织，按照15%的要求完成对14家党组织“回头看”。

2020年4月24日，市纪委监委在市人民医院检查疫情防控工作

【交叉巡察】 2020年，山南市纪委监委统筹市县巡察力量，组建18个巡察组，对36个党组织开展交叉巡察，发现突出问题508件、立行立改问题361件，移交问题线索1件。强化巡中指导，落实组办会商和巡察底稿制度，提升巡察工作质效。

【巡察制度建设】 2020年，山南市纪委监委出台《市委巡察整改工作暂行办法》，落实“一反、两压、三抄、四管”整改措施，用制度利器推动巡察整改责任落实。

监督检查

【概况】 2020年，山南市纪委监委贯彻落实《党委（党组）落实全面从严治党主体责任规定》，协助市委研究制定责任清单。对易地扶贫搬迁、扶贫产业项目、泽当城区格桑路提质改造、边境小康示范村建设等重点项目和学习宣传贯彻中央第七次西藏工作座谈会精神、常态化疫情防控等重点工作开展专项监督检查。

【追责问责】 2020年，山南市纪委监委履行追责问责制度，对全面从严治党主体责任不力领导干部34名（包括市管干部15名）进行追责问责。制定《市纪委监委党风廉政意见回复工作办法》，回复廉政意见950余人次，对21人提出暂缓使用或不予评优评先意见。建立健全派驻机构与监督单位会商机制，理顺工作关系，强化监督职责，9个派驻纪检监察组共处置问题线索25件，立案审查调查9件，给予党纪政务处分14人。派员参加党委（党组）专题民主生活会90人次，责令160余名党员领导干部在民主生活会就相关问题作出说明。下发纪律检查建议书4份、监察建议书7份。

2020年11月5日，市纪委监委在市妇幼保健医院检查防疫物资情况

【运用“四种形态”】 2020年，山南市纪委监委运用“四种形态”处置488人次，其中第一种形态处置301人次，占61.7%，第二种形态处置135人次，占27.7%，第三种形态处置21人次，占4.3%，第四种形态处置31人次，占6.3%，做实做细监督基本职责。

【畅通检举控告渠道】 2020年，山南市纪委监委贯彻《纪检监察机关处理检举控告工作规则》，深化“制度、平台、队伍”三项建设，坚持“聚焦、精准、规范、有效”四条标准，接收信访举报158件次，同比上升12.9%，其中来信举报39件次，占24.7%，来访举报32件次，占20.3%，网络举报77件次，占48.7%，来电举报10件次，占6.3%，发挥处理检举控告在全面从严治党中的基础性作用。

对口援藏

安徽援藏

【概况】 安徽省第七批援藏工作队统筹抓好援藏工作推进和援藏干部管理，各项工作都取得积极进展。在2020年国家发展改革委对口援藏工作绩效考核中，安徽省综合考核和智力支持等3个单项考核等次为优秀，工作队和干部人才共获得省部级表彰9次、市级表彰30余次，11人考核优秀得到提拔任用。

【援藏规划】 “十三五”期间，安徽省共安排援藏项目47个、资金6.36亿元，围绕项目顺利实施，工作队严格落实项目审批、组织实施、质量监管和竣工验收等要求，全面加强施工进度和质量管理，截至2020年年底，完工46个、占项目总数的97.9%。第七批次援藏恰逢两个五年规划的过渡期，确保“十三五”圆满收官同时，工作队把精准谋划“十四五”作为重中之重，2020年年初就成立规划工作组，多次到3个受援县对接，加强项目谋划储备。按照精准聚焦、契合实际、切实可行，更加突出民生改善，更加突出产业发展，更加突出交往交流交融的原则，梳理出50个规划项目，并向省援藏援疆办对接汇报，确保规划符合山南实际、切合群众需求。

【产业援藏】 安徽省第七批援藏工作队坚持一手抓援藏产业项目实施，一手抓区外企业招商引资，通过产业合理布局，增强受援地发展内生动力。截至2020年年底，措美现代农业科技示范园已种植精品蔬菜40多种、花卉水果70多种，各类有机蔬菜已经端上当地群众餐桌。哲古镇高原旅游特色小镇项目已经开工建设，通过援藏资金撬动，政府和社会资金投入1.5亿元，2020年7月建成投入运营。错那县高原茶产业基地引进2万株“黄山大叶种翠绿1号”优质茶苗，1100亩茶园正在规划建设。浪卡子县打隆镇边境小康村一期已经建设完成，农牧民已经全部搬迁入住。山南市千亩蔬菜基地项目已开工建设，品种筛选和试种已完成，将有效缓解本地群众吃菜难、吃菜贵问题。同时，切实抓好招商引资工作，成立招商专班，围绕现代农业、旅游产业、文化展演、电子商务4个方向，梳理重点招商项目20个，个性化编制项目策划书和招商手册，已签约和洽谈项目13个、总投资12.65亿元，部分项目已开工建设。特别在旅游产业发展方面，工作队协调开通“藏源山南号”航班、“西藏山南号”高铁、“安徽援藏号”地铁，在黄山景区展示90幅山南宣传照片，构建山南旅游的立体宣传格局。

【教育援藏】 安徽省第七批援藏工作队推动山南二高内涵式发展，探索“高考加油站”“名师讲堂”等教学模式，建设“皖藏课堂”信息化教学平台，与合肥168中学、巢湖二中等开展常态化结对共建活动，指导当地教师参与教学创新和各类竞赛活动，教育教学水平明显提高，2020年高考重本率同比提升3个百分点，在自治区示范高中位列第5位。创新德育教育模式，制定山南二高德育教育体系建设方案，命名5个德育教育基地，开展10个主题教育月活动，创新巢湖名歌与锅庄舞结合的特色课

2020年10月30日下午，“安徽援藏走进山南号”主题列车首发仪式在合肥地铁1号线珠江路车辆段运用库举行

间操，首次将黄梅戏带进藏族学生课堂，并聘请市委领导、援藏干部和12所高校思政教师担任课外辅导员，全方位、多层次、常态化推进爱国主义和民族团结教育，组织开展的“开学第一课”“我和我的祖国”“粽驶千万里·皖藏一家亲”“皖藏两地一家亲·同心共筑中国梦”等活动，得到人民日报、新华社、中央电视台等中央主流媒体的广泛宣传，2020年山南二高还获得自治区首届“两融杯”教育成果一等奖。

【医疗援藏】 安徽省第七批援藏工作队坚持把人民医院作为医疗援藏的主战场，完成新院区搬迁，建成自治区首家高级卒中中心、国家消化道早癌防治中心，开通5G移动急救信息平台，开展新技术、新项目70余项，患者满意率达98.5%，在2020年国家卫生健康委全国三级医院考核中取得全区第一的好成绩。疫情期间，援藏医疗队员从正月初三开始陆续提前返岗，参与疫情防控工作，筹建市核酸检验实验室，落实100余万元的防控物资。推动医疗资源下沉，建立市县医联体，常态化开展送医下乡、师带徒培训、健康扶贫等活动，在对口支援3个县推广“智医助理”，帮助浪卡子和错那2个县卫生服务中心成功创建“二级医院”。援藏医疗队利用节假日，开展“先心病”、骨关节病、多血症筛查等义诊活动，共开展义诊35次、惠及农牧民群众7000多名。

【交流交融】 安徽省第七批援藏工作队制定《手拉手“情感十进”工作方案》，重点推动青少年学生、专技人才、致富带头人、农牧民代表等赴安徽省交流学习，让西藏干部群众亲身感受祖国的强大、增强中华民族的认同感。截至2020年年底，工作队已经组织30余批、600多人到安徽开展各类交流活动。措美县艺术团在合肥市连续演出6场，观众人数超过1万人。错那县农民合作社到黄山市学习茶叶生产、乡村旅游、文化展演，已经连续举办3期培训班、培训40余人。浪卡子县安排28名党政干部到芜湖市进行为期一个月的挂职锻炼，另外还安排64人到相关领域开展跟班学习。山南市30名青少年学生到安徽访学交流，与对口援藏市青少年学生开展各类交流活动。为推动更多力量参与援藏工作，工作队积极对接，邀请省内相关单位组织专业团队到山南开展帮扶。2020年，安徽省委组织部、省委宣传部、省教育厅、省发展改革委、省卫生健康委、省自然资源厅、省审计厅和合肥、芜湖、马鞍山、黄山等20多个单位派出专项工作组、媒体采访团、产业考察团到山南帮助工作，推动工作交流、情感交融。同时，针对山南相对薄弱的工作，协调省内相关单位成立农业关键技术攻关、专项债券申报、开发区建设管理、道路交通、审计等10余个柔性组团进藏工作，帮助山南市完成一批急难险重任务。

【就业援藏】 安徽省第七批援藏工作队协调安徽省委组织部、省人力资源社会保障厅、省国资委增加岗位供给，提高岗位适配性，确保更多藏族高校毕业生在安徽顺利就业。2020年，落实426个企业单位岗位、40个事业单位岗位和16个公务员岗位，招聘录用工作已经完成。引进企业特别是劳动密集型企业，逐步增加就业岗位，通过完善技能培训制度、考核薪酬制度，让群众顺利就近就业、实现脱贫。措美现代农业科技示范园、山南千亩蔬菜基地项目已经解决100多名群众的就业问题。探索就业模式创新，协调山南市与对口援藏4个市工商联签订就业合作协议，每年面向山南提供200个民企就业岗位。从受援县选派有创业意愿的高校毕业生到其他省市民营企业跟班学习，在返藏后提供创业政策支持，以创业带就业，有18名高校毕业生到企业跟班培训。工作队获得2020年自治区就业工作先进集体称号。

湖南援藏

【概况】 湖南省第九批援藏工作队坚持以人民为中心，把脱贫攻坚与乡村振兴充分结合起来，提高人民群众获得感幸福感安全感；坚持贯彻新发展理念，把援藏力量与市场力量充分结合起来，提升山南高质量发展内生动力；坚持以铸牢中华民族共同体意识为主线，把开展“三交”与促进“三共”充分结合起来，加强民族团结；坚持以维护稳定为第一任务，把强边富民与基层治理充分结合起来，提升山南社会治理能力和治理体系现代化。

【改善基础设施】 湖南省第九批援藏工作队聚焦改善农牧民生产生活条件，安排资金1.3亿元，在湖南对口支援的4个县实施“五个一批”惠民工程。投资2000多万元的扎囊卓普村易地搬迁项目全面完工。一批安全饮水工程在4县全面竣工，共投入资金1000多万元。改造一批薄弱医疗教育机构，分别向隆子县卫生服务中心、桑日县卫生服务中心、隆子县完小桑日县中学投入1500万元、2150万元、2060万元、1350万元用于新建或提质改造。改善一批便民利民公共设施，分别向隆子县常德路、株洲路投入500万元，向隆子县青少年活动中心投入260万元。投入资金近5000万元，选择贡嘎刘琼村、扎囊洛村、桑日塔木村、隆子玉麦乡和扎日乡开展美丽乡村建设试点，集中资源解决一批集体经济偏弱、饮水安全、人居环境、易地搬迁、教育医疗设施薄弱等影响群众生产生活“最后一公里”问题。“十三五”援藏项目全部建成完工，“十四五”援藏规划初步完成。截至年底，玉麦乡面貌焕然一新，刘琼村综合文旅项目将由湖南湘江集团投资开发建设，已进入实地规划阶段；洛村群众生态文化广场投入计划外援藏资金100万元，已竣工验收，该村200余名农牧民群众就此专门向援藏队赠送锦旗。

2020年9月，山南市党政代表团赴湖南考察。图为代表团在中车株洲机车间参观学习

【就业增收】 湖南省第九批援藏工作队把高校毕业生和农牧民就业工作摆在突出位置，2019年协调促成17名高校毕业生在湖南走上新岗位。2020年，举办山南市就业援藏专场招聘会，提供20个公务员、40个事业单位、1521个国企和上市企业岗位。截至2020年年底，20个公务员岗位正在招考，已录取21个事业编岗位，招录40多个国有企业岗位。在长沙市宁乡经开区建立西藏籍高校毕业生就业创业基地，每年可安排150名毕业生到湖南省就业创业。加快发展乡村集体经济，引导贫困群众在家门口就业，高原蜂蜜、青稞深加工、藏香猪养殖、蔬菜大棚等扶贫产业可提供就业岗位440多个，推动粉垄栽培青稞增产扩面，每亩增产63.6公斤、增收200余元，2021年将扩大至2000亩以上；同时支持农牧民以就业、承建、供货等方式参与援藏项目和产业建设，扩宽增收渠道。

【公共保障】 湖南省第九批援藏工作队把提高教育医疗技术水平作为突破口，引进141名教育医疗专业技术人才开展对口支援，投入1.89亿元，建设10所学校和6所医院，促成5所湖南优质中学、4所湖南重点医院开展对口支援，探索实施“三全”教育模式在全国教育对口支援西藏工作会上作典型推介。截至年底，湖南对口支援的6所学校46名援藏教师共结对本地年轻教师90人，带教指导614次；上示范课134次，开展家访400余次，修订完善学校内部管理和教育教学规章制度52项。为湖南对口支援的6所学校共争取项目经费2315.6万元，学校的教学、生活及运动设施建设、校园文化建设、信息化建设等取得明显进展。围绕“一联盟、两基地、三提升”目标，推行“以院包科”模式，实现小病不出县、大病能救治；安排400万元用于包虫病、口腔疾病、先心病防治，促成湖南省政协副主席、南华大学校长张灼华带领团队在山南建立实验室，启动实施包虫病临床诊治与早期诊断技术研发。免费为20名困难群众开展换齿诊治，受到老百姓的广泛好评。促成贡嘎县人民医院获批自治区首批县级医改试点单位。截至年底，医疗援藏队员共参与门急诊21600余人次，手术及检查2491台次，麻醉

847 余例，疑难病例讨论 71 次，报告审核 11027 人次；开展多学科会诊 102 次、科间会诊 363 多次、院外会诊 7 次；13 名援藏专家与 18 名医护人员结成带教对子，开展全院学术讲座 40 次、科内小讲课 285 次、操作带教培训 332 次。

【建立健全招商机制】 湖南省第九批援藏工作队坚持招商安商并重，建立领队主抓、队委包片、市县联动、全员参与、挂图作战的工作机制，实施精准招商、务实招商，建立工作组与县区对口联系工作机制，成立招商小分队，编印湖南援藏招商手册，储备招商引资项目 30 多个。举办 3 场招商引资推介会和企业家恳谈会。建立落户企业精准帮扶机制，明确每个落户企业由 2 名处级干部全程帮扶，指导帮扶“洛珠”“帕哲”两家本土众创空间打造西藏自治区级众创空间，入驻孵化创新创业团队企业 62 家。指导服务晏子青稞、戈壁田园等技术含量较高的企业申报国家高新技术企业和科技型中小企业，贡嘎青稞产业园新入驻两家食品加工企业已形成 3000 万元工程实物量。支持已落户企业做大做强，扎囊辉言气体项目二期投资 6000 万元，已于 2019 年年底建成投产，三期工程投资 2000 万元开展前期工作。扎囊江平生物 2020 年投入 4000 万元，扩建玫瑰园和奶牛养殖项目，还将投入 1000 万元新增设施设备。桑日帕竹荣顺公司投资 3100 万元新建高标准葡萄酒庄，桑日投资 7000 万元扩建葡萄基地，打造万亩葡萄基地。协调解决一批企业融资、项目建设、产品创新、市场销售等方面的难题；建立招商人才服务机制，为产业招商提供智力支撑。

【精准招商】 湖南省第九批援藏工作队立足山南资源禀赋、产业基础，重点围绕现代农牧业、生物医药业、文化旅游业、清洁能源业、商贸物流业等五大特色产业精准招商，截至 2020 年年底，三一集团、湖南建工集团、新五丰、湘江集团、爱尔眼科、湖南鲲鹏集团、苏宁易购、爱敬堂药业、山水检测、长城电子、浙江商会、西安秦昆医药等 40 余家企业相继到山南实地考察，建成和正在建设项目 12 个，总投资 19.3 亿元。其中隆子藏香猪养殖基地总投资 3.5 亿元，已完成 29 栋猪舍及办公宿舍楼建设，扎囊戈壁田园、绿之源分别投资 1.2 亿元、2 亿元，一期建成投产，贡嘎巅峰贡蜜总投入 8000 万元，蜂巢一号基地正式投产，藏湘韵味食品已于 9 月中旬生产出西藏第一碗自发热藏面。苏宁易购山南首家门店开业运营，年销售额超过 1200 万元，投资 9200 万元的刘琼村综合文旅项目和投资 3000 万元的爱尔眼科医院开工建设，贡嘎空铁物流园引进湖南普瑞康制药，投资 1.8 亿元生产高原医疗耗材、饮片加工等，泰瑞医疗投资 5000 万元建设制氧设备生产基地。正在开展前期工作即将落地的 12 个，正在洽谈并达成初步意向的 11 个。投资 60 亿元的三一重能风电开发已签约，投资 5 亿元的中慧旅达古景区开发已签订合作协议，浙江商会与扎囊达成开发桑耶田园康养项目意向，山南市旅发局与长沙橘子洲景区达成共建协议、与长沙精彩旅游签署旅游对外联络战略合作项目。

【招商双向发力】 湖南省第九批援藏工作队以市场需求为导向，发挥援藏队桥梁纽带作用，利用雅砻文化旅游节、中国中部农博会等湖南分会场活动，推动湘藏经贸中心落户长沙，促进企业特色产品向优质商品转变，走入湖南、辐射其他省市。充分发挥消费援藏的拉动作用，协调长沙市和株洲市国资系统采购援藏引进企业产品，同时

湖南省岳阳市援建项目——桑日县卫生服务中心

发挥援藏资金撬动和引导作用，每年安排1000万元产业扶持资金，采取贷款贴息、物流补贴贴息、基础配套等方式，支持新引进项目和已落地项目，收到加快落地实施、促进健康成长发展的良好效应。

【人才交往】 湖南省第九批援藏工作队促成湖南党政代表团和山南党政代表团互访，组织湘藏两地互访1500多人次，探索实施柔性人才援藏机制，湖南69名干部人才先后19批次进藏开展点对点支援，推动山南市受援单位派出人员赴其他省市开展交流考察等活动，累计40多次500余人。组织纪法援藏、科技援藏、智力援藏等方面干部人才培训交流300多人次，形成援藏干部与本地干部共同维护稳定、推动发展、治理社会的格局。

湖南省第九批援藏工作队在新冠疫情暴发最严峻时候，组织5名医疗队员提前进藏，先后募集25万个口罩、370套防护服、121个测温仪、8吨消毒液和2000份核酸检测试剂等物资支持山南，通过共抗疫情彰显湘藏深情。开展“三个一”结对帮扶活动，58名队员牵手65名小学生；组织全体党员开展志愿服务活动，为山南市特殊学校137名学生捐赠保暖防寒物资。促成湖南澳优U基金为山南市学校、医院、村居捐款捐物100多万元；开展“三交三走”行动，在桑日县洛村打造民族团结示范点，按照走近走心走亲理念结交“藏族亲戚”，50名干部人才对口50户藏族群众，对群众提出的32条需求事项实行挂号销号，唱响共创民族团结进步的主旋律。

【文化交融】 湖南省第九批援藏工作队成功举办2020年雅砻文化旅游节，湘藏文化得到充分交流交融，建设和改造桑日洛村生态文化广场和贡嘎民族广场，在对口支援学校推行“爱党爱国红色基因”教育工程，深入开展红色教育，建设红色校园、培育红色标兵、打造红色课堂，让“从娃娃抓起”的爱国文化教育，潜移默化感染各族群众增强“五个认同”。在习近平总书记给守边固边群众回信的玉麦乡，投入援藏资金1200万元，加快推进“三示范一基地”建设进度，推动玉麦村与十八洞村结对。

【兴边富民】 湖南省第九批援藏工作队开展兴边富民行动，协调推动湖南建工集团投资1.49亿元完成玉麦边境小康村建设，并大力发展富民产业，藏香猪养殖基地年存栏藏香猪1万头，玉麦生态养殖基地投资700余万元，年存栏藏香猪1000头，安排1200万元打造玉麦乡“三示范一基地”，截至年底，玉麦乡已由以前的3人乡扩大到67户234人。投入600多万元，建成198亩湖南援藏生态林，实施对口支援4个县援藏生态林管护扩面。

【提升现代治理水平】 住建、城管、旅游、园区建设4个“小组团”，充分发挥内地优势，参与移动电子政务和政府APP开发等政务网络建设等智慧城市平台建设，助推智慧教育、远程医疗、警务大数据发展，推动山南社会治理信息化进程。同时引进湖南城市规划、建筑设计、工程管理、企业咨询等方面的人才和企业，在完善交通规划、生态红线规划、产业规划以及规划保障机制等方面发挥重要作用。

【智力援助】 湖南省第九批援藏工作队坚持“授人以鱼不如授人以渔”，充分发挥湖南在园区发展、旅游文化、城市建设、城市管理等方面的“传帮带”作用，开办纪检、旅游、环保、科技、水利、林草、城管等专题培训班13次，探索实施“1+x”援藏模式，即1人纳入湖南短援计划作为牵头人，其他列入部门对口支援人才，切实增强本地干部人才科学、系统、高效治理社会的内生动力。

湖北援藏

【概况】 湖北省委、省政府先后调整充实援藏工作领导小组，召开援藏工作领导小组专题会议，在全国17个援藏省市率先出台《关于全面加强湖北产业援藏工作的实施意见》《关于加强援藏干部人才健康保障暂行办法》两个重要文件，并下发《关于调整省援藏工作队员工作经费标准的通知》。湖北省第九批援藏工作队突出产业援藏，巩固民生援藏，推动就业援藏，深化鄂藏两地交往交流交融，促进山南长治久安和高质量发展，开创新时代湖北援藏工作新局面。截至2020年年底，共表彰优秀个人123人次、先进集体10个，树立鲜明的干事创业导向。

【援藏规划】 湖北省第九批援藏工作队推进69个“十三五”湖北援藏项目加快落地，完善项目手续资料，确保按时保质完成“十三五”援藏任务。精心谋划“十四五”援藏规划，按照整合资金办大事、集中力量办大事的原则，减少项目数量提高项目质量，初步谋划“十四五”援藏项目55个，资金规模7.1185亿元，较“十三五”援藏规划项目数量减少20.3%，资金规模增长15.1%。

2020年10月19日至23日，湖北省援藏工作代表团在山南市考察

【产业援藏】 湖北省第九批援藏工作队组建招商专班，克服疫情困难，立足湖北、放眼全国，开展招商引资，掀起产业援藏的高潮。2020年湖北援藏招引项目已落地开工10个、总投资16.48亿元；已签约11个、预计投资51.98亿元；在谈项目6个、预计投资30.05亿元。

藏鸡产业。湖北省第九批援藏工作队面向国内省内龙头企业开展定向招商，量身定制专项政策，藏鸡产业发展取得重大突破。2020年6月13日，湖北省蛋鸡龙头企业武汉宏农农牧有限公司与山南市人民政府在全国深化对口援藏扶贫工作会上正式签约，投资8.5亿元建设200万羽规模化、数字化、现代化藏鸡养殖企业。企业主要设备从德国、日本、荷兰等全球行业龙头企业成套进口，代表着国际一流先进水平。项目已于2020年6月29日破土动工，已完成主体结构工程，转入设备安装阶段。西藏自治区党委书记吴英杰、自治区主席齐扎拉在区党委经济工作会议上肯定西藏宏农藏鸡项目是全区高质量发展的典范，要求各省援藏工作队向湖北学习。

青稞产业。按照8月28日国务院扶贫办与湖北省委、省政府会商意见，湖北省第九批援藏工作队将谋划发展西藏山南青稞产业作为头等大事，先后与其他省市多家食品加工企业尤其是大麦（燕麦）领域龙头企业进行多轮洽谈，截至2020年年底，湖北省长投集团已落户山南，北大荒集团（黑龙江）、青海汉和生物有限公司与山南市政府签订框架协议。

启动新项目。按照湖北省委常委会年前启动新一批产业援藏项目的工作要求，湖北省第九批援藏工作队倒排工期、挂图作战，推动湖北安琪、湖北清诺、通达电梯等一批优质企业和重大项目落地山南，华新水泥垃圾处置项目2020年内实现顺利开工，北大荒、青海汉和青稞加工项目正在开展前期工作。

【教育援藏】 湖北省第九批援藏工作队对接华中师范大学、省教育协会支援山南东辉中学教育事业发展，武汉西藏中学、山南东辉中学教育质量取得明显提升，东辉中学2020年中考成绩名列全市第一，湖北文理学院格桑花支教团先后2次获国家级表彰，援藏教师马丹先后获得全国模范教师、全国先进工作者荣誉称号。

【医疗援藏】 湖北省第九批援藏工作队启动“巩固二甲、争创三甲”创建活动，先后建立自治区首家两癌筛查中心、出生缺陷筛查中心、5G远程医疗服务平台等，启动总投资1.2亿元的山南妇幼保健业务综合大楼项目建设，打造西藏一流妇保院。

【就业援藏】 湖北省第九批援藏工作队探索“组团式市场化就业援藏”试点，率先在黄石市建立西藏高校毕业生就业示范基地，推动山南和黄石两地分别出台山南大学生到黄石就业的相关政策，启动首批28名西藏山南籍高校毕业生到湖北黄石东贝集团、华鑫钢铁等企业进行组团式市场化就业，实现西藏大学生区外市场化就业的历史性突破。自治区常务副书记丁业现要求及时总结经验、全面推广，山南市委、市政府专程向黄石市委、市政府致感谢信，人民日报、新华社等中央媒体纷纷予以宣传报道。

【交流交融】 湖北省第九批援藏工作队推动交往交流交融向基层群众拓展，乃东区农牧民群众赴湖北开展蛋鸡养殖技术培训、宜昌市与加查县开展“创业手拉手、宜加一家亲”活动、襄阳市和琼结县开展村支部结对共建等活动得到群众广泛认可。

中粮集团援藏

【概况】 2020年，中粮集团拨付援藏资金3300万元，包括1200万元常规援助资金，2100万元洛扎边境小康村专项建设资金。截至年底，累计使用资金2884万元。其中，2020年常规援助资金使用884万元，约占74%；洛扎边境小康村专项建设资金使用2000万元，约占50%。

2020年援藏资金使用情况表

表1 单位：万元

资金类别	项目类别	项目名称	建设内容	投入资金	备注
援藏资金1200万元	产业援藏	藏鸡养殖	硬件建设	192	鸡舍改造、修建办公楼和场区大门、硬化路面
			设备安装	44	监控系统、污水处理
			运营保障	89	购买鸡苗、饲料、工具、保险，报销员工路费，包装设计
			人工工资	32	包括支援省市汉族员工、当地藏族员工
			小计	357	—
		黄粉虫养殖	运营保障	78	购买饲料、工具，缴纳电费
			人工工资	68	包括支援省市汉族员工、当地藏族员工
			小计	146	—
		蔬菜种植	硬件建设	16	修建灌溉沟渠，维修大棚
			运营保障	4	购买种子，缴纳电费等
			人工工资	60	包括支援省市汉族员工、当地藏族员工
			小计	80	—
			合计	583	—
	文旅援藏		拍摄宣传片	30	拍摄《秘境洛扎》宣传片
			写生活动	1	组织支援省市画家走进洛扎采风
			小计	31	—
	民生援藏	环境整治	排污治理	158	县城部分排污管道改造、地面整治（洛扎要求）
	其他	疫情防控	购置物资	71	购买呼吸机、口罩、防护服、药品等（集团要求）
		改善办公	购置设备	10	县直机关购置办公设备
		基层建设	订阅报刊	2	为全县26个村居订阅报刊，传统援藏项目
		援藏费用	办公经费	6	差旅住宿、通信费、交通费、电费、办公用品等
			车辆费用	23	保险、维修、油料、专职驾驶员补助
			小计	29	—

续表 1

资金类别	项目类别	项目名称	建设内容	投入资金	备注
援藏资金 1200 万元	累计使用			884	
	目前结余			300	相关项目转为 2021 年执行
专项资金 4000 万元	边境建设	小康村一期	住房重建	2000	
		小康村二期	住房重建	—	
	累计使用			2000	
	目前结余			2000	一期工程尾款和二期工程款转为 2021 年结算
共计	—			2884	常规援助资金 + 专项资金

【产业援藏】 藏鸡养殖项目。2020 年，全年售出藏鸡蛋 14 万枚、藏鸡 8000 多只，收入近 120 万元创新高，连续第二年销售过百万元。从 2014 年始建项目以来，藏鸡养殖项目逐步减少对援藏资金的依赖，已开始自行购买鸡苗和饲料。2020 年，藏鸡养殖项目给 43 户入股村民和 7 户建档立卡贫困户发放分红及扶持资金共计 10 万元，自 2016 年以来，藏鸡养殖项目用于分红和扶持建档立卡贫困户的资金累计发放 49 万元。

蔬菜种植项目。2020 年，中粮集团第七批援藏工作队继续开展设施完善改造，改进大棚门窗，改善通风条件，重砌引水灌溉沟渠。调整种植策略，主要种植饲用胡萝卜，全年收获喂虫喂鸡饲用胡萝卜和各类蔬菜 10.5 万公斤。

黄粉虫项目。2020 年，中粮集团第七批援藏工作队供应藏鸡养殖项目黄粉虫鲜虫 3 万公斤。4 月，自治区党委书记吴英杰到洛扎县考察工作，专程调研种养殖循环农业项目。

【边境建设】 由中粮集团负责建设的洛扎镇嘎波社区协其村边境小康村项目一期工程共有 72 户村民住房，已竣工交付使用。集团伊力扎提副总裁在洛扎调研期间，亲自登门慰问喜迁新居的建档立卡贫困户，并就房屋工期、结构、用材、质量、满意度等问题征询村委会意见。协其村小康村二期 26 户村民住房于 2020 年 7 月底动工，截至 2020 年 12 月底，完成工程总量的 20%。

【支持洛扎抗疫工作】 2020 年新冠肺炎疫情暴发后，中粮集团第七批援藏工作队联络相关部门筹措防疫物资，为洛扎筹措到 17450 个口罩、324 套防护服和 1080 盒连花清瘟胶囊，为县医院购置 2 台呼吸机，有力地支援洛扎的抗疫工作。

【文旅援藏】 洛扎水彩写生基地项目是根据五中全会和中央第七次西藏工作座谈会精神，紧密结合实际，专为衔接洛扎脱贫攻坚与乡村振兴战略而设，是“十四五”期间中粮援藏工作的主线。自启动以来，相继推出“其他省市画家走进洛扎”采风活动、“洛扎—西藏题材线上画作”征集活动、“秘境洛扎”专题片等系列举措。

【“十四五”援藏项目规划编制】 2020 年，中粮集团第七批援藏工作队“十三五”援藏项目规划的执行情况，做认真梳理和总结，完成集团十四五援藏项目规划编制工作，已分别提交集团、山南市和洛扎县审批。

【其他援藏项目建设】 2020 年，中粮集团第七批援藏工作队接待蒙牛乳业、现代牧业、中粮营养健康研究院、北京东石北美牧场有限公司和内蒙古冰山设计院，研究推进蒙牛—净土双品牌合作项目、山南森布日牧场项目、洛扎藏鸡高效养殖项目和山南乳制品加工厂项目等。在蒙牛—净土双品牌合作项目中，援藏工作队创造性地提出“反向使用援藏资金、曲线扶持西藏产业”的构想，以援藏产业资金开拓其他省份市场再反哺西藏产业发展，实现理念上的突破，得到合作各方高度认同。在筹划山南乳制品加工厂项目时，援藏工作队根据山南产业发展实际，提出高起点引入战略合作者、“攀附”式高水平运营管理、“搭船出海”解决产品渠道的三步走方案。在森布日牧场项目推进过程中，援藏工作队主动发挥中粮牵头作用，积极建言献策，协调四方、消除误解、推进合作，主持召开森布日四方建设会议，消除现代牧业、蒙牛乳业合作顾虑，实地踏勘现场、陪同调研，最终终于确定设计方案，使该项目在2020年得以顺利开工。另外，援藏工作队还协调中粮可口可乐公司入藏开展企业专场招聘活动，下乡调研洛扎县拉郊乡木耳种植和拉康镇林下产品加工企业，为中粮产业援藏下一阶段任务做好基础性工作。

【集团代表团赴藏慰问】 2020年7月18—22日，由集团伊力扎提副总裁率领的代表团赴藏对洛扎县开展慰问、对中粮产业援藏项目进行调研。伊力扎提对中粮参与的边境小康村建设情况进行实地查看，亲自入户慰问搬迁入住的建档立卡贫困户，详细了解藏鸡养殖、蔬菜种植、黄粉虫养殖情况，查看中粮医疗援藏项目建设，对援藏工作提出具体要求。

群众团体

工商联

【概况】 山南市工商业联合会(以下简称市工商联)为正县级群团机关,内设办公室、组织会员科、经济联络科3个正科级科室,总编制10个,其中,行政编制5个、事业编制5个;核定县级领导职数3个,科级领导职数3个。机关实有干部职工10个(县级干部4名)。

截至2020年底,全市民营经济市场主体达到37268个,注册资金1078.81亿元,同比分别增长11.52%、137.75%。其中,登记注册私营企业47640户、注册资金1025.63亿元,同比分别增长24.78%、155.23%。民营企业入库税收35.20万元,同比增长35.20%,占全市税收总量的96.51%。

2020年山南市重点民营企业情况表

表2

企业名称	注册资金(万元)	营业额(万元)	年利润(万元)	资产总额(万元)	纳税额(万元)	就业人数(人)
西藏华钰矿业股份有限公司山南分公司	52591.63	44741.32	13565.46	178341.97	5495.11	209
西藏海思科药业集团股份有限公司	107447.96	310269.73	29616.99	480015.01	29616.99	1011
西藏山南康达实业发展有限公司	8000	560	136	22780	29	54
弘树建设有限公司	5200	34689.98	2775	27261.6	1195.8	1125
西藏山南羊湖建设集团有限公司	16000	66722.2	4211.14	86800.76	2023.77	5986
西藏山南隆子县日当镇宗那建筑有限公司	5000	20918.54	370.07	9559.69	1287.4266	531
山南市永创发展建设有限公司	5000	36000	2880	16000	2700	1600
西藏雅砻文化旅游产业开发有限公司	5000	1050	53	6459	5.5	12
山南市月光建筑有限责任公司	3700	5343.93	470	15174.14	207.77	230

【履行社会责任】 自2020年新冠疫情发生以来,根据全国工商联、自治区工商联关于要求动员民营企业积极支持、配合做好疫情防控工作的通知精神,全市广大民营企业家迅速响应、主动作为,以多种方式参与疫情防控工作。2月,市工商联(总商会)举行山南市民营企业疫情防控资金捐赠仪式,市工商联8家副主席企业、副会长企业及会员企业出席捐赠仪式,传递共同抗击疫情的正能量。其中,西藏羊湖建设集团捐赠250万元,月光建筑有限责任公司捐赠250万元现金及价值49万元的物资,永创发展建设有限公司捐赠250万元,隆子县日当镇宗那建筑有限责任公司捐赠200万元,康达实业有限公司减免房租和捐赠现金95万余元,西藏雅砻文化旅游产业开发有限公司捐赠50万元。全市广大民营企业通过开展公益捐赠、送温暖、献爱心等实际行动,捐款捐物累计1445万元。

【精准扶贫】 截至2020年年底,全市参与"百企帮百村"精准扶贫行动的民营企业数达239家,企业投资额18347.27万元,带动贫困人口就业20003人,解决就业人口数10539人,开展技能培训人数1655人。2名民营经济人士分别获全国脱贫攻坚奉献奖、西藏自治区脱贫攻坚奉献奖,1家民营企业获山南市脱贫攻坚组织创新先进单位。

【教育引导】 2020年,市工商联注重政策宣传。在全区工商联系统中首次创新开展5次以"政策支持篇""法律护航篇""金融助力篇""复工复产篇""《中华人民共和国民法典》进企业"为主题的民营经济大讲堂系列活动。先后开展"不忘初心、牢记使命"主题教育及"不忘合作初心、继续携手前进""年青一代民营经济人士理想

2020年8月11日，市工商联组织召开民营企业家座谈会

信念工作座谈会”“庆祝建党 99 周年”“庆祝建国 70 周年和西藏民主改革 60 周年”等系列红色主题活动。先后选派 73 名市县（区）工商联干部和民营经济人士到北京、安徽、深圳、江苏、拉萨、市委党校等地参加培训提升民营企业家政策理论水平，拓展业务技能覆盖面。围绕开展民族团结示范市创建，在民营企业中广泛宣传，开展次民族团结示范市创建集中学习研讨，通报民族团结创建进展情况，曲松县、隆子县、错那县 3 家民营企业分别获得自治区、山南市民族团结先进集体表彰。

【非公党建】 2020 年，从市工商联干部中筛选从事过党务工作的 4 名党员作为企业党建指导员，对已建支部党员活动室上墙的入党誓词、党员权利和义务、党内组织生活制度等进行检查，对未组建党组织的企业进行组建党支部前期筹备工作指导，并新组建雅砻河非公企业党支部，进一步规范党组织活动场所，扩大组织建设覆盖面。为持续开展“四好”商会创建，推动商协会改革，提高商协会工作整体水平，在全市范围内推动总商会成立规范化建设程序。截至年底，除山南市总商会外，全市 12 个县（区）已有 11 个县级工商联实现总商会规范化建设及党支部同步覆盖。注重吸收政治坚定、代表性强、成长性好、热心工商联工作的企业入会，为民营企业提供教育培训、信息宣传、法律维权、沟通联络、人才技术等方面的支持，加大政策宣传力度，提升贷款贴息、技术培训等覆盖面，把工商联建成“民营企业之家”，截至年底，全市会员民营企业数达 574 家，其中市直会员企业 50 家。

【合作交流】 2020 年，市工商联对接湘、鄂、皖三省工商联系统，组织动员当地民营企业赴山南市实地开展 4 次帮扶行动，通过慰问敬老院、购买教学设备、捐赠收割机和磨面机等方式，共计援助资金 122.4 万元。先后 2 次到安徽省工商联，就进一步落实安徽省对口援藏工作协议进行深入对接，签订《安徽省工商联系统援藏援疆工作计划（2020—2022）》。组织召开 2020 年安徽省对口援藏招商引资推介会，并在现场签约 2 个项目，意向投资 11 亿元。

工会

【概况】 山南市总工会（以下简称市总工会）内设 4 个科室，分别是办公室、组织宣传和网络工作部、法律民管和权益保障部、困难帮扶中心（事业）。有党组书记、主席各 1 名，副主席 1 名，二级调研员 1 名，三级调研员 1 名，四级调研员 2 名。2 名干部职工在乃东区琼嘎顶社区长期驻村，1 名干部在乃东区琼嘎顶社区长期驻村并任第一支部书记。全市 12 个县（区）总工会，都是单设的正科级机构，人员编制 2—3 人，实有人员 3—5 人不等。

【困难帮扶】 2020 年，中央专项帮扶资金已完成分配资金 196.2841 万元，自治区总工会配套资金已完成分配资金 32 万元。帮扶困难职工 576 户次，帮扶资金 196.2841 万元（其中生活救助 542 户次，救助资金 162.332 万元；助学救助 24 户次，救助资金 24.7324 万元；医疗救助 10 户次，救助资金 9.2197 万元）。“三大节日”期间，市总工会在全市范围内开展送温暖活动，1 月 17 日，由山南市副市长江嘎、政协副主席加央带队，总工会、人社、财政、民政、商务局、国资委等单位联合组成的“三大节日”慰问团，在市总工会院内为 44 名困难职工按每人 1000 元标准，共发放 4.4 万元的慰问金，并提前向他们送上节日的祝福。先后深入祁连

2020年11月29日，市总工会举行山南市总工会厨师技能培训班典礼

山水泥厂、隆子县日当养护段、乃东哗叽编织厂开展“决胜全面小康 工会服务基层”“尊法守法、携手筑梦、服务农牧民工公益法律行动”为主题的五送活动，为职工群众免费义诊，免费发放价值4.5万元药品，赠送毛巾等价值1.5万余元的日用品，活动受益职工群众近400人，发放法律法规、安全生产、职业病防治等宣传手册、宣传袋共计500余份。

【职工维权】 2020年，市总工会根据《西藏自治区总工会办公室关于组织一线干部职工到拉萨工人疗养院开展疗休养活动的通知》精神，8月23日至9月6日，组织第一批共26名一线干部职工去拉萨疗休养，总费用15.6822万元。11月3—17日，组织第二批25名一线干部职工去拉萨疗休养，总费用15.0750万元。11月16—30日，组织30名一线干部职工去区外疗休养，总费用20.16万元。开展服务与维护女工工作，拓展“女职工关爱行动”，围绕关心关爱女职工身心健康，投入9.09万元组织全市企事业单位女职工219人开展“两癌”筛查工作。在西藏雅砻律师事务所成立山南职工维权法律服务站，对劳动权益受到侵害的职工提供法律咨询、代书、代理劳动争议仲裁、诉讼等各类法律服务。

【业务培训】 2020年8月27日至9月2日，市总工会组织14人到林芝市参加全国总工会“送教到基层”暨全区新任工会主席、工会干部培训班。9月3日，组织130人举办全国总工会“送教到基层”暨山南市工会干部培训班。自10月15日开始，对33名建档立卡困难职工、一线职工、就业困难人员进行为期45天的厨师培训。

【劳模评选】 2020年，市总工会根据《中共西藏自治区委员会办公厅、西藏自治区人民政府办公厅关于做好2020年全国劳动模范和先进工作者推荐评选工作的通知》精神的评选范围、评选条件、分配名额等工作要求，按照自下而上、层层把关、逐级审核的程序，2020年推荐评选2名全国劳动模范。

【基层工会建设】 2020年，市总工会对2019年已达标县（区）“六有”和乡镇（街道）“八有”规范化建设单位进行提质增效，派出专职工会干部先后深入12个县（区）82个乡（镇）开展“八有”规范化建设督导。根据《西藏自治区总工会基层组织建设工作规划（2019—2023年）》要求，配合市“两新”工委，开展“两新”组织建会培训2次，为新建两新组织工会提供启动资金80余万元，推动两新组织建会工作稳步推进。全年完成“两新”组织建会136家、“八大群体”建会5家，实现货车司机、保安人员、网约送餐员、快递员等400余人入会，实现农民工入会2743人。

共青团

【概况】 共青团山南市委员会（以下简称团市委）为正县级行政单位，内设正科级行政机构3个（办公室、组织和青年发展部、学少部），副科级事业机构1个（青少年活动中心）。共有编制12人，其中：行政8人，事业3人，工勤1人。2020年，团市委实有人员16人，其中：县级干部5人，正科级干部4人，副科级干部3人（含1名事业副科级干部），科员1人，事业3人，工勤2人。截至2020年年底，山南市团组织数共有1303个，其中基层团委80个，团总支37个，团支部950个；专职团干部50人，基层团干部1839人；14—35周岁青年101894人，团员16207人，团青比例为15.9%。团组织、团干部、团员智慧团建录入率均达到

100%，“学社衔接”97.2%，“升学衔接”率99.1%。团组织、团员和团青比例均比基层团组织规范化建设工作开展前有所精减。

【基层组织建设工作】 巩固传统领域团建工作。截至2020年年底，山南12个县（区）均单独设立团委，为正科级行政单位，编制2—3人，实际配备人数2—4人，12个县（区）团委完成换届，其余3个县团委换届工作正在筹备中。全市各级团组织共找回流失团员1775人，均已补录至“智慧团建”系统内。各县区团委，市直各学校团委调整、撤销团支部共30个，登记失联团员在册共106人，清退违规团员99人。

拓宽新型领域团建工作。截至2020年年底，山南非公有制企业有26家企业建立22个团组织，其中包括7家企业建立3个联合团组织。8家企业因不满足团员3人的建团条件而成立青年工作委员。剩余17家企业均不满足建立团组织与青年工作委员会条件。按照所辖区域开展两新组织团建工作，市直部门管理“三有”非公有制企业两新组织团建覆盖率53%，青工委覆盖率34%，完成市直部门管理“三有”非公有制企业两新组织团建覆盖率不低于30%的目标任务。2020年，山南市成立金融团工委。

推动扭转团的基层薄弱状况。为落实“全团大抓基层、全团大抓学校”的工作要求，2020年8月11日，结合山南市实际情况，团市委正式印发《关于印发〈关于在全市基层团组织开展专项提升工作实施方案〉的通知》，同时团市委成立“团组织建设专项提升工作”领导小组，由团市委书记担任领导小组组长、副书记担任成员，实行片区包干督办制度，分级分类明确“团组织建设专项提升工作”各阶段各项任务完成的时间、责任主体等。截至2020年9月1日，全市12个县区均制订下发本地区基层团组织的工作方案，并参照市级工作机制抽调骨干力量，成立各县区的攻坚办公室，扎实推进提升工作，压实工作责任。

【青年引导工作】 志愿服务。2020年，团市委组织志愿者服务学雷锋主题活动、“暖冬行动”和2020中国西藏雅砻文化节等各类活动200余次，参与人数1.5万余人次、服务时长2000余小时。

西部计划。2020年，山南市共有173名西部计划志愿者在医疗、卫生、教育、扶贫等领域进行志愿服务，其中13名西部计划志愿者通过考取基层公务员扎根西藏。成立山南市西部计划志愿者自管会。

就业创业。2020年，山南市青年就业见习基地开发就业岗位44个，为14名未就业大学生提供灵活就业。对山南市建档立卡家庭毕业生进行摸底，并组织山南市28名团干与29名2020届建档立卡毕业生结对。山南市辖12个县（区）均创立县级青年创业就业联盟，招募会员132人。组织会员注册青春云平台，12个县（区）开展培训11场次，受益青年389人。

抗疫动员。各级团组织共成立103支疫情防控青年突击队和青年志愿服务队，共9477人次参加疫情防控志愿服务，发放疫情知识宣传单98391份，争取一次性口罩12938个、手套1万双、84消毒液3641瓶，投入经费6.6万元慰问一线防疫工作人员。

【青少年服务工作】 爱心助学。2020年，团市委共争取希望工程“芙蓉学子”“国酒茅台”“国务院国资委党费专项助学金”等助学金为山南市家庭贫困品学兼优的

2020年9月4日，市青年志愿者协会组织召开学习贯彻中央第七次西藏工作座谈会精神暨2020中国西藏雅砻文化旅游节志愿者岗前培训会

197名大学生和210名中、小学生提供帮助,金额125余万元。

受援推动。2020年,团市委共落实受援项目9个,落实受援资金395.76万元。

帮教重点青少年群体。2020年,团市委组织西部计划志愿者深入各初中、高中以“克服疫情影响·决胜人生考场”为主题开展中高考减压心理活动,全市受益学生达5600余名。开展各类禁毒知识、扫黑除恶专项斗争知识宣传,提高青少年群众识毒、防毒、拒毒意识。发放各类宣传资料3000余份。

关爱留守儿童。2020年,团市委组织志愿者深入乃东区多颇章易地扶贫搬迁点开展“迎中秋 庆国庆 民族团结一家亲”志愿服务活动。易地扶贫搬迁点青少年学生、留守儿童76名、西部计划志愿者50名、团市委13名党员参加活动。共送去书包、文具、日用品、零食等价值4000元的慰问品,并为10户家庭困难的孩子带去书包、笔、笔记本等各种学习用品。

【网络舆论引导】 2020年,团市委组织团员青年参与“青年大学习”网上主题团课37期,累计参与人数18.2万人次;微信公众号“青春雅砻”累计推送1500余条。

【爱国主义教育】 2020年,团市委抓住建党99周年、“五四”运动101周年、“六一”儿童节等重要节点开展“青春心向党 建功新时代”“红领巾心向党 争做新时代好队员”、拍摄“五四精神 传承有我”视频、观看“让红领巾更加鲜艳”网上主题队日直播等活动,3000余名学生光荣地加入中国少年先锋队,参与活动青少年1万余人次。在全市范围内开展“十万雅砻青少年 同唱一首民族团结歌”活动,116000名雅砻青年、20000名少年儿童参加活动。

【推报优秀个人与集体】 2020年,山南市2人获全区“五四青年奖章”荣誉,4名个人、3个集体获全国、全区“两红两优”荣誉,4人获全区“向上向善好青年”荣誉,1人获全国优秀少先队员荣誉,2人获全国优秀少先队辅导员荣誉,1个集体获全国优秀少先队中队荣誉,1人获全区优秀少先队员荣誉,1人获全区优秀少先队辅导员荣誉,1个集体获全区优秀少先队中队荣誉,3人获第20届全国青年岗位能手荣誉,1人被推选为中国少年先锋队第八次全国代表大会队员代表,1家单位被评选为自治区级青年安全生产示范岗。

【民族团结交流活动】 2020年,团市委开展“恩从何来、恩向谁报”新旧西藏对比群众自我教育活动,引导广大青年旗帜鲜明维护祖国统一和民族团结,感党恩、爱核心、听党话、跟党走;深入开展“中国梦—青春行”“与人生对话与信仰对话”“小手拉大手”等活动,在高校青年学生中深入实施“青年马克思主义者培养工程”,引导青年把个人理想融入国家民族的伟大梦想,学习覆盖达2万多名团员青年,学习次数330余次。开展民族团结代代传及青少年万人交流计划,9月30日至10月7日,安徽省第七批援藏工作队与团市委共同组织的36名山南中学生青少年民族团结交流代表团赴安徽省开展两地青少年民族团结交往交流交融活动。开展“学雷锋、树新风”“弘扬雷锋精神、共建和谐山南”等形式多样、内容丰富的主题活动,1万余人次参与活动。组织20名图书馆志愿者为“世界读书日”开展“书香山南 全民阅读”志愿服务活动。组织120名志愿者在乃东路、格桑路和湖南路、泽当城区主街道等路段开展创卫宣传活动及中国成立71周年环境整治志愿服务活动。组织50余名志愿者开展“保护母亲河”生态环保志愿者服务活动。组织20名西部志愿者在乃东区五保集中供养中心开展学雷锋志愿活动,向集中供养老人送去价值900余元的慰问品、并进行大扫除活动。组织山南各界青少年开展“十万雅砻青少年 同唱一首民族团结歌”主题活动。开展“民族团结——有你有我”书信交流比赛活动。

【青年讲师团】 2020年,团市委先后深入学校、乡村开展“青春心向党、建功新时代”活动,面向青少年群体讲解习近平新时代中国特色社会主义思想、党史国史团史等相关理论知识,受教育人数5000余人。

妇联

【概况】 山南市妇女联合会(以下简称市妇联)下设办公室、宣传与权益部、组织发展部及妇女儿童活动中心(事业编制)4个部室。核定编制14名,其中行政编制7名、事业编制6名、后勤编制1名,现实有干部职工19人，其中行政编制人员8名，事业编制人员5名，后勤编制人员1名，志愿者1名，公益性岗位3名，临时工1名。全地区共有12个县级妇女联合会，83个乡（镇）级妇女联合会，595个村妇代会，69个地（中）直妇委会。

【妇女活动】 2020年，市妇联向自治区妇联申报培训计划，争取培训经费66.9万元，对乃东、桑日、洛扎、浪卡子、加查5个县（区）农牧民妇女群众进行编织、民族手工艺、家政等进行培训，共培训145人。兑现2019年28名"两癌"贫困母亲救助金每人1万元。救助"两癌"贫困母亲36人，发放救助资金3.6万元，各县（区）妇联筹措资金，慰问"两癌"妇女21人，发放慰问金4.795万元。组织乃东区、洛扎县妇女致富带头人，在浪卡子、扎囊县开展贫困妇女和困难家庭慰问活动，发放价值14.82万元的衣物、被子、毛毯、冰箱、轮椅等慰问品。到深入桑日县增期乡真措村走访慰问4户亚青寺回流妇女，联合桑日县妇联慰问每人500元，到扎囊、贡嘎、浪卡子等地慰问6座尼姑寺，分别送上慰问金1000元，共计6000元。

【乡村振兴】 2020年7月5—10日，市妇联组织7个县（区）的12名农牧民妇女致富带头人赴林芝市巴宜区、米林县等开展参观交流联谊活动。5月15日，区、市、县三级妇联组织利用国际家庭日为契机，在森布日极高海拔生态搬迁安置点举行以"五美"为标准的"美丽家园 幸福人家"活动启动仪式。表彰26户"美丽家园、幸福人家"示范户并为每户颁发荣誉证书和价值300元的奖品。自治区妇联党组成员、巡视员张莉蓉，市妇联党组成员、副主席杨拼兰为4个乡"妇女儿童之家"授牌，并发放"妇女儿童之家"标准化建设经费11万元，其中市妇联从扶持巾帼基地预算经费10万元中支出4万元；为22名困难妇女代表发放"母亲邮包"；为11名刚出生婴儿父母代表发放婴儿用品；"美丽家园 幸福人家"活动启动仪式期间，共发放"母亲邮包"100个，婴儿包21个，区、市、县三级妇联为现场的群众发放《中华人民共和国妇女权益保障法》《中华人民共和国婚姻法》及儿童维权知识、西藏妇女、宣传袋、手电筒各类资料1500余份。

【母亲邮包】 2020年，市妇联联合中国邮政集团山南分公司，在全市范围内开展两次"母亲邮包"捐赠活动。市人大、市委组织部、市委党校、市教育（体育）局、市公安局、市农业农村局、市商务局、市移动分公司、市税务局、市民宗局等18个单位妇委会参加募捐活动，共募集爱心捐款94350元。2月，第一次形成爱心包裹160个，每个包裹价值400元的标准共计6.4万余元，为全市160名贫困母亲捐赠电饭锅、烧水壶、抽纸、毛巾等生活用品。4月，第二次形成爱心包裹101个，每个包裹价值300元的标准共计3.035万余元，为全市101名贫困母亲捐赠电饭锅、抽纸、毛巾等生活用品，两次活动共惠及山南市261名贫困母亲。

【妇女儿童权益维护】 2020年，山南市各级妇联组织开展宣传活动556场次，发放《中华人民共和国妇女权益保障法》《中华人民共和国婚姻法》《中华人民共和国反家庭暴力法》等宣传资料15856份，受教育40303人次，共接待婚姻家庭纠纷15件30人次。认真贯彻落实区、市两级禁毒工作会议精神，安排部署2020年禁毒工作，开展全民禁毒宣传教育活动。邀请山南市家教讲师团成员、市第三小学高级教师卓玛老师为森布日生态搬迁安置点开展婚姻家庭法律知识讲座、开展《中华人民共和国妇女权益保障法》宣传活动；市妇联邀请市中级人民法院民一庭四级高级法官索朗边久到隆子县列麦乡开展典型母爱法律讲座，扎囊县阿扎乡妇联邀请乡派出所宣讲员开展日常生活息息相关的道路交通安全、消防安全、反对校园欺凌等知识讲座。市委党校妇委会开展"看见幸福'阅'出梦想"亲子阅读活动。市司法、公安、税务局等部门开展法律宣传活动，保护儿童的政策、法律、法规的宣传资料3000余份，受益人数1480人次。在春节、藏历新年来临之际，到东辉中学便民警务站妇女儿童维权岗和香曲西路三小便民警务站妇女儿童维权岗听取各警务站2019年妇女儿童维权岗工作开展情况。9月，协助自治区妇联到森布日极高海拔地区生态搬迁点、加查县冷达乡共康村开展"法律·家教大讲堂"宣传讲座，受益人数达400余人次。

【"六一"活动】 2020年，市妇联与空军拉萨基地、区妇联赴洛扎县拉郊乡、边巴乡开展"蓝天春蕾"小学

“六一”送温暖活动。空军拉萨基地为两所学校各发放慰问金1万元，区、市两级妇联为两所学校送去书包、文具、鞋子、书等价值3万余元学习用品。“六一”期间，市妇联深入浪卡子县多却乡尼玛龙村“儿童快乐家园”，向驻村点的儿童们送去书包、彩笔、篮球等价值10546元学习用品。全市各级妇联组织开展形式多样，内容丰富的庆“六一”献爱心活动，共发放慰问金及慰问品，价值361251元，慰问3262名儿童。

【妇联改革】 2020年，浪卡子、乃东、措美、隆子完成妇联改革工作，加查、桑日、琼结、曲松下发改革方案，错那、洛扎、扎囊、贡嘎4个县正在审核改革方案。琼结县妇联改革预算经费57万元，落实29万元，其中县妇联改革工作经费5万元，4个乡（镇）妇联改革工作经费各1万元，20个行政村妇联改革工作经费各1万元。隆子县落实56万元妇联改革经费，其中县妇联改革工作经费5万元，11个乡（镇）妇联改革工作经费各1万元，80个行政村妇联改革工作经费各5000元。措美县解决改革经费6万元。

【民族团结】 2020年，市妇联按照《山南市9月民族团结进步宣传活动月工作方案》的通知要求，把民族团结宣传教育与庆祝西藏自治区妇女联合会成立60周年结合起来，9月21日，邀请市民创办宣讲员阿旺次仁，在泽当社区开展民族团结进步宣传“进社区”活动，为现场群众发放民族团结一家亲知识手册、妇女小额信贷知识、健康知识手册、《中华人民共和国妇女权益保障法》等宣传资料和宣传品各100余份。

【妇女儿童“两规”工作】 2020年，市妇联根据各县（区）上报的“两规”目标任务完成情况统计表，各县（区）目标任务完成情况势头良好，绝大多数硬性、软性指标能够按时达标，未达标的硬性指标大多集中在教育和卫生领域，其中很多本地习俗、传统观念、地理分布、外出打工等原因加大指标完成的难度。市政府妇儿工委办充分利用各类宣传节点在全市范围内开展妇幼卫生知识宣教活动，重点宣传孕产妇规范管理对降低孕产妇死亡率和提高出生人口素质的重要性。4月和12月，市妇联到12个县（区）和部分成员单位对“两规”目标落实情况进行督促检查，了解“两规”实施情况，同时把“两规”的推动落实和妇女儿童工作作为政府的一项重要工作，纳入政府议事日程。及时制定山南市《关于开展“两规”实施情况督查方案》，为顺利完成“两规”终期验收工作顺利达标。联合市妇幼保健院开展全市城镇妇女妇科疾病普查普治工作。

【巡察整改】 2020年，市妇联针对市委巡察二组反馈的三大方面11项22个问题，先后主持召开机关党组会议、巡察“回头看”反馈意见整改工作领导小组会议、工作例会等9次，两次审核修改《中共山南市妇女联合会机关党组关于落实市委巡察二组反馈意见的整改方案》，制定63条整改措施。坚持带头认领问题，带头落实整改任务，起草党组工作规则、党组理论学习中心组学习制度、党组民主生活会制度等，带头落实与班子成员、部室负责人等开展谈心谈话，开展结对帮扶，参加党支部主题党日活动等整改措施，带动市妇联机关全体党员干部积极参与巡察整改，形成整改合力。

【巾帼荣誉】 2020年5月，加查县人民医院索朗央金家庭被授予全国“抗疫最美家庭”称号；11月，山南市桑日县妇联、琼结县妇联、隆子县隆子镇妇联被授予西藏自治区“最美基层妇联组织”称号；扎囊县扎唐镇任建梅、曲松县邱多江乡桑旦曲珍、隆子县达瓦卓嘎、浪卡子县多却云旦白姆、贡嘎县克西乡平措卓玛分别被授予西藏自治区“最美妇联人”称号；12月，琼结县下水乡唐布齐村扎西央宗家庭、措美县扎西松多村玉珍家庭被授予全国“最美家庭”称号，错那县觉拉乡觉拉村尼玛次仁家庭、乃东中学次旺多吉家庭被授予第十二届全国“五好家庭”称号，乃东区昌珠镇门中岗社区央金卓嘎被授予全国“家庭工作先进个人”称号；加查县藏木富民农民合作社松觉拉姆被授予全国“三八红旗手”称号。根据自治区妇联《关于开展“荣誉送到家”活动的通知》要求，市妇联及时与荣获自治区级“三八红旗手标兵”“三八红旗手”“三八红旗集体”称号的代表联系，将荣誉亲自送到基层。

残联

【概况】 山南市残疾人联合会机关（以下简称市残联）是中共山南市委员会领导下的人民团体，内设办公室、教育就业与康复科、组织联络与维权部(宣传文体部)3个正科级行政科室。下属残疾人康复中心和残疾人托养服务中心2个正科级全额拨款事业单位。核定行政编制8名、事业编制5名。核定部门领导职数3名,科级领导职数5名。事业单位科级领导职数4名。实有正式干部职工17名,公益性岗位10名,共27名。为解决山南市听力和精神智力残疾鉴定困难的问题,市残联协调市卫健委分别由市人民医院和市藏医院对各县(区)疑似听力残疾进行集中鉴定,扎囊、桑日、加查、琼结四县共鉴定疑似残疾人1266人,符合条件办理残疾证的人数为607人,其余各县(区)将陆续开展此项工作。组织协调市精神类医疗专业医生分组到11县对疑似精神智力残疾进行集中鉴定,共鉴定疑似精神智力残疾人78人,符合条件办理残疾证的为44人。2020年,全市办理残疾证共15707人。

【残疾人脱贫攻坚工作】 2020年,市残联指导各县(区)残联对建档立卡残疾人享受生态岗位情况进行核查。经核查,山南市享受生态岗位的残疾人为1787人,其中建档立卡人数为1336人。并与各县(区)扶贫办协调,将符合生态岗位条件的残疾人及时安排生态岗位。于6月底,市教育局牵头同卫健委、残联组成三个工作组对各县(区)义务教育阶段的147名残疾儿童送教上门服务对象(城镇6—16岁、农村7—17岁)进行入户核查,核查内容包括:送教上门是否达到每月2次的要求、是否办理残疾证、落实残疾人“两项补贴”情况、残疾人康复需求等七项工作,在此基础上形成3篇调研报告。落实好各项惠残资金。为扎囊、隆子两县共80户享受无障碍设施改造项目的残疾人拨付资金28万元。为洛扎、乃东、隆子、贡嘎4县(区)100名享受“阳光家园”计划补贴的残疾人拨付资金15万元。开展残疾人无障碍设施改造、残疾人燃油补贴资金排查等工作,对2017—2020年下拨给各县(区)的残疾人无障碍设施改造项目资金使用情况进行逐一核查,改造完成276户,落实资金96.6万元;未改造35户,资金为15.75万元。2017—2019年为乃东区241名残疾人拨付燃油补贴资金8.13万元;为措美县58名残疾人拨付燃油补贴资金2.204万元;为曲松县156名残疾人拨付燃油补贴资金5.928万元。配合市民政局开展残疾人“两项补贴”录入系统审核工作,不定期下县(区)督促资金落实情况,做到按一人一证落实资金。开展残疾人危房改造工作,对建档立卡贫困户4类重点对象的住房问题隐患进行全面排查,并对8个县(区)贫困残疾人危房改造情况进行排查。山南市22户残疾人危房中已改造的18户,未改造的4户,新增的32户,36户已全部改造完成,已实施危房改造的残疾人房屋没有出现新的安全隐患。开展干部职工结对帮扶活动,深入沙布夏村5户结对帮扶户家中开展帮扶5次,向帮扶对象宣传党的政策、了解疫情防控和生产生活情况,通过购买土特产、给予资金等方式帮扶,共投入7730元。

【残疾人就业培训】 2020年,市残联通过开展技能培训、安排就业等形式共实现就业的残疾人31人。其中,市残联依托市民族藏贴尔手工业残疾人福利有限公司等4家残疾人技能培训基地,共举办缝纫、保安培训班4期,培训残疾人57人,就业26人,发放资金15.12万元。安排残疾人就业5人(大学生4人,建档立卡1人)。为符合条件的29名自主创业残疾人发放扶持资金49.5万元。选派7名残疾人到自治区残疾人就业培训中心参加缝纫、盲人按摩培训。开展征收残疾人就业保障金划转工作,成立由市财政牵头,税务、残联等相关部门参加的残保金征收职责划转工作领导小组,明确各领域的职责。组织市县两级财政、税务、残联部门参加全区残疾人就业保障金征管职责划转工作推进暨业务培训会,为征收残疾人就业保障金工作奠定基础。

【残疾人康复】 2020年,市残联根据《山南市人民政府关于建立残疾儿童康复救助制度实施方案》精神,市残联向各县(区)及市直各职能部门下发《关于收集山南市残疾儿童康复救助工作联席会议(第一次会议)审议事项的通知》,要求各县(区)对2021年度残疾儿童康复救助资金进行预算,各县(区)已全部完成资金测算及上报工作,经市残联与市财政局审核后于9月30日分别向自治区残联和财政厅上报山南市2021年度残疾儿童康复救助自治区配套资金。全年共争取残疾人康复资金298.1万元。其中:残疾人基本辅助器具采购资金215万元,残疾儿童康复救助资金67.9万元,残疾人基本服务资金15.2万

2020年9月28日，市残联工作人员在田间地头为残疾人适配辅助器具

元。开展做好残疾人康复服务工作，投入258.6万元采购残疾人基本辅助器具。向各县（区）残联发放残疾人辅助器具3069件。深入12个县（区）开展残疾人基本辅助器具适配服务，共筛查残疾人1585名，为符合条件的残疾人适配各类辅助器具1428件，12个县（区）建档立卡贫困残疾人有基本辅助器具需求的适配服务率达95%以上；在市残疾人康复中心筛查残疾人共计47人，适配辅助器具47件。推进残疾人家庭医生签约服务，为实施“人人享有康复服务”的目标，依托辖区卫生院及村卫生室与残疾人签约“基本康复服务卡”，在错那县、隆子县、乃东区开展残疾人基本康复服务家庭医生签约试点工作。隆子县家庭医生签约率100%，实现全覆盖；错那县和乃东区已完成对五保、贫困、边缘的残疾人签约工作；邀请自治区残联康复中心专家于8月10日至13日在山南市举办由101名县、乡、村三级医生参加的家庭医生签约残疾人基本康复服务培训班，为推动山南市残疾人家庭医生基本康复服务签约工作奠定基础。湖北省残联为市残联下达20万元援藏资金用于康复中心项目建设缺口。完成市残疾人康复中心道路、给排水工程，总投资7万余元。开展扎囊、曲松残疾人康复中心建设项目和隆子县残疾人综合服务中心项目监督检查工作，项目总投资2260万元，曲松、扎囊两县已于7月底开工建设，隆子县已于8月底开工建设。

【残疾人托养】 2020年，市残联为16名0岁—8岁脑瘫儿童提供集运动治疗、作业治疗、推拿按摩和日常生活能力训练等康复训练为一体的免费集中托养服务。为加强管理，向托养的残疾儿童及其监护人发放入住须知书，签订康复知情同意书和病人家属相关责任书，为托养儿童及家属和治疗师提供良好的康复环境。通过开展康复服务，改善残疾人的身体功能。2019年，自治区残联为残疾人托养服务中心下拨20万元资金，用于购买残疾人托养服务中心家具、安装防护栏、伸缩门、车辆识别系统等，确保托养的残疾儿童安全。

【残疾人文体工作】 2019年，选送11名残疾运动员参加全国第十届残疾人奥运会暨第七届特殊奥林匹克运动会，取得金牌6枚、银牌2枚、铜牌2枚的好成绩。得到自治区残联的一致赞誉。奖励资金90.5万元。

【扶残助残】 2020年，市残联开展第三十次全国“助残日”活动。活动期间，自治区残联党组成员、副理事长拉姆卓玛带队一行5人，以走村入户的形式到扎囊、加查、错那、隆子四县八乡两镇，对70户建档立卡中的贫困重度残疾人、自主创业残疾人进行慰问，并送去慰问金5.9万元；各县（区）残联为53名残疾人发放辅助器具84件，为3户重度残疾人送去面粉、糌粑、衣裤等日常用品，对221户建档立卡贫困重度残疾人进行慰问，发放慰问金12.388万元。开展“三大节日”慰问活动，发放慰问金6万元，其中深入扎囊等三县为15户残疾人家庭发放慰问金各0.1万元，为2名自主创业贫困残疾人发放慰问金各1万元，为市残疾人托养服务中心受托养的15名0—6岁脑瘫儿童残疾人发放慰问金各0.1万元，慰问市残疾人康复托养服务中心1万元。

【基层组织建设】 2020年，乃东区残联在12个县（区）率先建立基层残协建设工作，成立残协组织机构人员、经费，为基层残协工作奠定组织保障。乃东区已完成7个乡（镇）、53各村（居）残联、残协，任命乡（镇）残联主席、理事长共7名，村（居）残协主席53人，残疾人专职委员68人。将服务送到基层、送到残疾人身边。

法治

政法 综治

【概况】 2020年，中共山南市委员会政法委员会（以下简称市委政法委）不断巩固深化平安建设成果为目标，统筹推进常态化疫情防控和经济社会发展、维护稳定各项工作，扎实开展市域社会治理、扫黑除恶专项斗争、“先进双联户”创建活动，深入推进平安山南、法治山南建设，为全市经济社会长足发展和长治久安奠定坚实基础。

【社会矛盾化解】 2020年，市委政法委认真对重大活动、重大项目逐一进行社会稳定风险评估备案审查，源头防范、控制和降低社会稳定风险。全年共完成74个项目和15个重大活动的审查，提出促进维护稳定、疫情防控和经济发展的要求，确保不出问题。坚持和发展新时代“枫桥经验”，持续深化矛盾纠纷排查调处工作，充分发挥三调联动、第三方组织、基层干部等力量优势，围绕工资拖欠、地材运输、征地拆迁、疫情防控、婚姻家庭等行业领域，开展矛盾纠纷排查调处专项行动，全市共排查矛盾纠纷2368次，化解各类矛盾纠纷2148件。针对易地扶贫搬迁治安环境，围绕搬迁群众人口结构、思想动态、社会治理、风俗习惯等情况开展专题调研，对突出问题和重大隐患，研究制定针对性治理措施，形成加查县“三岩片区”、贡嘎县森布日搬迁安置点专题调研报告，得到自治区党委常委、政法委书记何文浩的充分肯定。特别是针对“三岩”搬迁群众的2个采集点，成立3个工作专班，组成联合宣讲组，向32户搬迁群众开展法制宣传教育，为搬迁群众办理虫草采集证116张，签订虫草采集协议28份。建立由一名县级干部坐镇指挥、工作组直接负责、武警公安联勤配合的领导指挥体系，强化社会面管理。山南市乃东区获国家信访局信访工作“三无县（市、区）”称号；桑日县劳资纠纷人民调解委员会获全国模范人民调解委员会称号，边久、洛桑达娃、扎西次仁获全国模范人民调解员称号。

【社会治理创新】 2020年，山南市加强同步推进市域社会治理现代化试点工作，市委、市政府召开动员部署会议，起草市域社会治理现代化实施方案、实施意见、区域指引等，全面启动山南市市域治理各项工作。根据自治区的总体部署，研究制定《关于深入推进市、县（区）乡镇（街道）村居（社区）四级综治中心规范化建设的实施意见》《关于统筹推进全市农牧区网格化服务管理的实施意见》，以网格化管理、社会化服务为方向，健全基层综合服务管理平台。深入泽当街道8个社区开展调研，制定《泽当城区出租房屋门牌智能化管理试点工作实施方案》，开展门牌智能化管理试点工作，规范标准地址编制、搭建管理平台、采集实有人口信息，堵塞出租房屋管理漏洞，实现以图管房、以房管人，以信息化手段创新推动山南市出租房屋和流动人口服务管理，提升管理质效。全年共登记出租房屋15830间，登记暂住人员54526人，办理居住证27842张。加快推进“雪亮工程”建设，制定项目建设工作实施方案，顺利完成招投标、深化设计等工作，工程完成投资4281万元。完成前端工程总量的85.5%、光缆传输点位685个（共973个）、市电布点位540个、基础开挖758个、地笼浇筑758个、立杆686根，监控设备安装309个点位，市机房装修已完成，整体进度完成60%。

【公正廉洁执法】 2020年，市委政法委严格执行《关于党委山南市委对山南市部门执法活动进行监督的规定》，共组织召开案件协调会4次，统一执法思想、明确办案原则和方向。畅通行政执法投诉举报渠道，公布监督举报方式，办结电话投诉举报3件。全面落实法律顾问制度，全力推行刑事案件由法制部门“统一审核、统一出口”工作机制，成立案件管理中心，切实加强与检察机关的对接和沟通协作，有效提高刑事案件诉讼质量和效率。严格落实《公安机关人民警察执法过错责任追究规定》，明确案件承办人、审核人、审批人责任，落实主办侦查员制度，实行办案质量终身负责制和责任倒查问责制。健全接报案登记制度，严管警情源头，严防案件流失，加大对上门报案“三个当场”刚性要求的监督力度，不断强化对涉疫情类案件的执法监督。

2020年4月26日、29日，市委政法委开展油气、汽修、民爆等安全工作督导检查

【社会面管理】 2020年，市委政法委落实公安武警联勤联动和派出所、警务站排查清查等措施，加大重点部位和人员密集场所巡逻防控力度，特别在全国“两会”期间和重要时期，在重点区域前置警力，加强对可疑人员和物品检查，累计出动警力54.88万余人次。持续深化反暴恐工作，组织精干力量加强对实名加油加气、汽车修理等行业领域专项检查526家次，发现整改安全隐患30处，收缴零散汽油30公升、柴油10公升。加强出租房屋管理，开展摸排整治行动。加强虫草采挖点治安防控，安排警力248人，有效减少各类案事件发生。加强民爆物品管理，按照“晓来源，清底数，知去向”要求，共检查民爆仓库256家次，限期完成安全隐患整改32处。加强道路交通管理，实施“平安交通·百日会战”“减量控大”“一盔一带”“酒（毒）驾异地交叉执法检查”等专项行动，全年累计接报交通事故36起，死亡7人，处理各类交通违法行为13.1万余起，排查安全隐患444处，已完成治理68处。加强群防群治工作，协调公安、民政等部门开展群防群治调研，不断强化群防群治组织建设，充分发挥各级各类专（兼）职群防群治队伍作用，结合疫情防控，在城市乡村全方位开展治安巡逻。

【疫情防控】 2020年，市委政法委深入学习领会习近平总书记关于疫情防控的系列指示批示精神，认真贯彻落实党中央、区党委、市委的工作要求，有效利用新媒体正面引导群众不信谣、不传谣，积极督导协调山南市各部门配合做好疫情防控工作。充分调动各级综治工作人员、网格员、村“两委”、驻村队、联户长等群防群治力量宣传疫情防护知识，协助排查辖区实有人口，配合开展疫情监测预警等工作，全市11713名联户长、4998支群防群治队伍、35824人踊跃投身疫情防控工作，为持续巩固疫情防控成果、维护社会和谐稳定奠定坚实基础。

【边境巡防管理】 2020年，市委政法委强化军警民联防联控机制，对通外山口和主要通道实行24小时巡查管理，加强重要时段、重要时期边境一线前置兵力和警力。实施固边富民工程，推进抵边村居建设，群策群力确保边境和谐稳定。加强边境一线督导工作，民兵、护边员、“双联户”积极投身边境小康村建设，全力协助做好群众工作，提高边民群众参与维稳的积极性和主动性。

【“先进双联户”创建活动】 2020年，市委政法委结合乡村振兴战略、固边富民工程和城镇网格化管理，突出农牧区、边境和城镇，实施侧重点不同的双联户分类管理模式。充分发挥联户长作用，组织联户群众认真开展矛盾化解、隐患排查、治安巡逻、互帮互助、增收致富、环境整治、助力脱贫等工作。全年联户单位内共化解矛盾纠纷377起，消除安全隐患2132起，组织治安巡逻9.8万人次，协助有关部门教育管理帮扶人员2694人次，收集社情民意307条，开展环境卫生整治18.8万次。帮助困难家庭解决生产生活问题7250次，邻里间义务投工投劳4.38万人次，捐助扶贫、救灾、助学和安居建设房建设折合人民币67.25万元，帮助照顾孤寡老人、重病患者及儿童3479人次。全年，市县（区）两级联户增收扶持项目实现经济效益761.95万元，纯利润323.83万元，解决就业人数457人次，累计发放工资217.47万元。解决建档立卡贫困对象就业90人次，累计发放工资32.78万元。投入经费15.6万元，建设使用联网版“双联户”数据管理软件。结合“先进双联户”创建活

2020年4月15日，山南市开展国家安全专题宣传活动

动“四个一”工作法，完成县（区）、乡（镇）、村（居）三级“先进双联户”和先进集体的评选表彰和市级推荐工作。2020年，山南市、曲松县分别获全国平安医院工作表现突出地区和表现突出集体称号。

【法治宣传】 2020年，市委政法委制定普法工作要点、实施方案、责任清单，组织全市干部职工参与“防控疫情、法治同行”线上答题活动，联合市民宗局组织寺庙僧尼参与“法律进宗教场所”线上互动答题普法活动，推进玉麦乡“边境民主法治示范村”创建活动，深入易地扶贫搬迁点讲法释法，强化《中华人民共和国民法典》普法宣传，累计发放各类宣传资料10万余份、受众人数20余万人次。

【法治建设】 2020年，市委政法委研究制定《山南市行政执法公示实施办法》《山南市重大行政执法决定法制审核实施办法》。全面摸底清理行政执法主体、行政执法职权依据和行政执法人员，全市具有行政执法主体资格的单位254个、法律法规规章授权组织39个、依法受委托的组织21个，持有行政执法证件1645人，现行行政执法职权15530项，依法办理行政执法监督证、更换行政执法证428余件。

【地方立法】 2020年，山南市制定下发2020年度政府规章立法计划，通过线上线下征集立法项目8件。审修《山南市文明行为促进条例》，汇编成册《山南市人民政府起草地方性法规草案和制定政府规章程序规定》《山南市公共安全视频图像信息系统管理办法》等2部政府规章。全面审查《山南市城乡居民基本医疗保险实施办法（试行）》《山南市非物质文化遗产保护管理办法》《一级行政权力和责任清单调整送审稿》等6部规范性文件，提出审查意见35条，组织开展山南市2020年行政规范性文件清理工作。

公安

【概况】 山南市公安局（以下简称市公安局）为正县级单位，内设1个副县级行政机构25个正科级行政机构；13个二级内设行政机构，其中2个正科级行政机构，11个副科级行政机构。核定政法专项编制303名。2020年，山南市公安机关共立刑事案件418起，破156起，抓获犯罪嫌疑人233人；八大类案件立22起，破20起；盗窃立119起，破56起；诈骗立226起，破46起，其中电信诈骗立201起，破22起；经济案件立10起，破4起；其他案件立41起，破30起。挽回经济损失213万元。全市公安机关共受理治安案件321起，查处321起，调解56起，查处违法人员935人。与2019年同期451起相比减少130起，下降28.8%。

【打击黄赌毒】 2020年，市公安局共查处涉黄行政案件10起，查处违法人员20人；共查处赌博行政案件91起，查处违法行为人471人，收缴赌资共计338336元；查破涉赌刑事案件3起，刑事处罚10人，涉及涉案金额74400元整；查处涉毒行政案件16起，查处吸毒违法人员25人，破获毒品刑事案件3起，抓获嫌疑人7人，缴获毒品2004.84克、麻古17粒。

【社会治安治理】 便民警务站工作。2020年，全市89个便民警务，盘查车辆24.2万台次，服务救助群众4163起。

检查站工作。2020年，全市18个检查站、治安卡点构成的“护城河”“安保圈”，在日常工作中将管理与服务相结合，累计检查人员7005160人次，检查车辆2753962

台次，检查物品59.2万件，劝返各类证件不齐人员3700余人次。

强化社会面重点领域排查。2020年，市公安局强化矛盾纠纷排查化。摸排走访村居1830次，企事业单位2355家次次，工地617家次，排查矛盾纠纷1177起，已化解821起，移交356起，共排查出426起因拖欠农民工工资引发的纠纷，共涉及人员4760人，已成功调处化解。其中公安机关为农民工追回工资金额共计4769.5万元。检查中小学、幼儿园1718所次，发现整改安全隐患87处。全年共开展26次治安大清查行动，检查各类娱乐场所562家次，洗浴中心238家次，旅店业1570家次，出租房屋2382家，暂住人员17950余人次，排查各类安全隐患383处。

【执法规范化建设】 创新工作模式。2020年2月22日，在市公安局执法办案中心和市看守所提讯室建立远程视频提讯会见系统，制定《山南市公安机关关于在新型冠状病毒感染的肺炎疫情防控期间加强执法办案场所安全管理的紧急通知》。

规范场所设置。2020年11月23日，市公安局决定投入200多万元用于执法办案管理中心升级改造。

加强执法培训。2020年，市公安局分别对反恐特侦和边境管理支队开展基本级执法资格考试专题辅导培训，组织445名民警（含边防、反恐）参加2020年度公安机关人民警察基本级执法资格考试。聘请西藏雅砻律师事务所2名律师为市公安局法律顾问，针对全局民警开展《中华人民共和国民法典》法律讲座。组织两级公安机关民警职工在“法治西藏”微信公众号开展“疫情防控法治同行”和“全民国家安全教育日”线上统一考试答题活动，共2300余人参加答题活动，及格率均为99%。

制度建设。2020年，市公安局制定《山南市公安局关于办理刑事案件预防和排除非法证据的实施意见》和《山南市公安局关于建立执法管理委员会机制的意见》2个制度。

法律宣传。2020年，市公安局在“110”宣传日、“5·15”经侦宣传日、“6·26”禁毒宣传日、“12·4”宪法宣传日等法宣日走上街头向人民群众宣传法律知识。利用“山南公安”微信公众号进行发布普法宣传，特别是在疫情期间专门推出“涉疫情类案件法律知识宣传篇”。

2020年5月16日，市公安局在加查县虫草采挖现场进行安全保卫工作

【队伍建设】 2020年，市公安局严格落实“三会一课”、主题党日等制度，开展学习教育活动400余次。强化爱国主义和反分裂斗争教育，教育引导600余名党员干部接受思想洗礼。开展“七彩志愿服务”活动和在职党员进社区报到活动301人次，为群众办好事解难事18件。12个党支部已完成场所标准化设置，初步建成“八星党支部”2个。组织492名党员深入开展“三包五带五促”活动30余次。开展疫情防控、“七一”慰问困难党员和一线执勤民警活动，发放慰问金5.3万元，处理发展不规范党员4人。全市两级公安机关开展集中学习357场次、交流发言1249人，撰写心得体会4955份；举办专题讲座、讲党课87场次，印发《应知应会手册》3500本，组织民辅警开展理论测试20余次。组织观看警示教育片和参观廉政教育基地90余次；结合巡察整改工作，以洛桑次仁为案例，组织召开专题民主生活会和组织生活会，拍摄典型案例警示教育片1部，收集以案释法相关执法案例18个。评选出全国公安系统抗击新冠肺炎疫情先进个人1人、“全区人民满意公务员集体”1个，表彰疫情防控、抢险救灾、扫黑除恶等工作中表现突出的

2020年11月23—24日，在市公安局院内举行全警实战大练兵活动

先进集体15个、先进个人186名，年度优秀公务员131名。开展集中学习59次，培训民警1030人次，警务实战练兵19次，培训民警409人次，岗位练兵60余次，培训民警600人次。举办小教官培训班，培训53人；举办公安院校公安专业毕业人员入警训练班，培训59人；举办政治轮训暨公共科目实战练兵集训培训班，培训2503人；承办2020年西藏自治区级公安心理健康服务骨干人才库成员能力提升培训班，培训民警26人。组织开展2020年全区公安机关实战大练兵现场推进会科目演示集中训练，培训民（辅）警166人，承办全市公安机关国保业务培训班培训民警79人。

检察

【概况】 2020年，山南市人民检察院（以下简称市检察院）编制71名，实有人数65名，配1正3副领导职数。内设有办公室、政治部、监察室、侦查监督一处、侦查监督二处、公诉一处、公诉二处、民事行政检察处、刑事执行检察局、案件管理处、控告申诉检察处、法律政策研究室、法警支队、检察技术处、计划财务装备处。

【刑事检察】 2020年，市检察院共批捕危害国家安全犯罪案件4件6人，起诉4件7人。共受理提请批准逮捕各类案件96件182人，件数同比下降24.4%，人数同比下降14.2%；审查后批捕71件107人，件数同比下降16.5%，人数同比下降20.7%；移送审查起诉各类案件291件398人，件数同比上升26.5%，人数同比上升14%；审查后起诉189件268人，件数同比上升8%，人数同比上升9.8%。依法严惩严重影响人民群众获得感、幸福感、安全感的犯罪，起诉故意杀人、强奸、抢劫、绑架等严重暴力犯罪6人；起诉抢夺、盗窃、诈骗等多发性侵财犯罪78人。严格落实监察机关与检察机关办案互相配合、互相制约的规定，依法决定逮捕3人，提起公诉4人，同比分别下降50%和60%。对冯某某、扎某某等2名原正厅级干部依法提起公诉。认真履行新修订的《中华人民共和国刑事诉讼法》赋予检察机关对司法工作人员利用职权实施的非法拘禁、刑讯逼供、非法搜查等14项职务犯罪的侦查权，受理或发现案件线索4件，初查2件4人，立案1件3人，3件转交相关部门处理。提前介入刑事案件17件。纠正漏捕后起诉5人，同比下降44.4%；纠正漏捕后不起诉5人。提出抗诉4件，同比下降20%。撤回抗诉3件。纠正起诉遗漏罪6人，同比下降57.1%，纠正遗漏同案犯3人，同比上升50%。书面提出纠正4件次。全面贯彻宽严相济刑事政策，适用认罪认罚从宽制度案件225件274人。依法办理超期羁押案件1件2人；审查民营企业家羁押必要性审查案件1件1人。决定指定居所监视居住6人；受理在押人员及其近亲属、法定代理人、辩护人举报、控告、申诉案件线索3件，转交相关部门处理3件。建立在押人员台账130人次，约见在押人员25人次，建立交付执行档案18件。在看守所内对在押人员适用认罪认罚从宽制度法律宣讲2次。审查暂予监外执行案件1件1人，对存在问题提出纠正意见。针对看守所存在问题，提出口头纠正意见20次，拟发出检察建议1份。在册社区矫正人员87人；联合市司法局对全市社区矫正人员进行排查，走访重点矫正对象5名，未发现脱管漏管情况。对未向看守所送达法律文书，向涉及单位提出口头纠正意见2次。开展市县（区）法院判决财产刑案件专项检查，共审查财产刑案件21人，涉

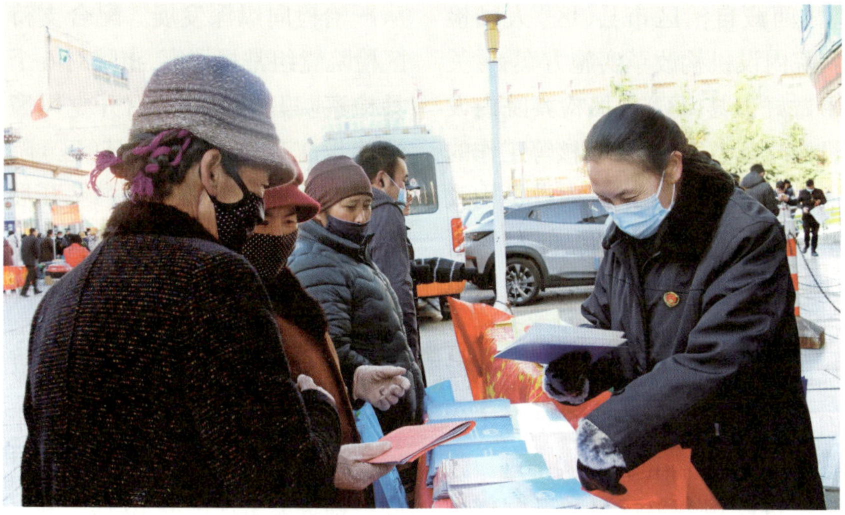

2020年12月4日，市人民检察院开展“宪法宣传周”活动

及金额 627.8 万元，执行 314.6 万元；提出检察建议 1 件；反馈情况 1 件；采纳建议 1 件。

【扫黑除恶】 2020 年，市检察院提前介入 1 件；受理审查逮捕 1 件 2 人，批准逮捕 2 件 2 人；受理审查起诉 1 件 2 人，审结起诉 13 人。提前介入打非治乱案件 1 件 2 人，受理打非治乱案件 3 件 4 人，起诉 2 件 3 人。依法对达某等 6 人涉嫌恶势力团伙犯罪案提起公诉，6 名被告人均获有罪判决。

【未成年人检察】 2020 年，市检察院受理未成年人案件 4 件 5 人，批准逮捕案件 2 件 2 人，不批捕 2 件 3 人；受理移送起诉案件 5 件 6 人，起诉 2 件 2 人，不起诉 2 件 2 人。深入开展法治进校园活动，在中小学开展学校复学疫情防控督导和“青春与法同行”法律进校园宣传活动，教育青少年和教师学法、懂法、守法、知法。两级检察院共邀请 628 人参加“同舟共济、检护明天”检察开放日活动。全年 20 名检察长、副检察长任法治副校长。开展送法进校园活动 51 场次，覆盖未成年人 7220 人次。

【服务民营经济】 2020 年，市检察院与市工商联会签《关于加强检察机关与工商联沟通联系共同服务保障民营经济高质量发展的工作意见》。举行“服务‘六稳’‘六保’护航民企发展”检察开放日活动，邀请 52 名民营企业家参加检察开放日活动，民营企业家提出 13 条意见建议。

【普法宣传】 2020 年，市检察院加大普法宣传，扩大普法覆盖面，将宪法、民法典、自治区民族团结进步模范区创建条例、民族区域自治法、扫黑除恶、平安山南建设等知识作为宣传重点，开展法治宣传活动，提升法治宣传的影响力和渗透力，充分释放出人民群众办事依法、遇事找法、解决问题用法、化解矛盾靠法的普法效应。全年两级检察院开展各类法治宣传活动 157 场次，发放各类普法宣传资料 22250 份，累计受教育群众达 33590 人次。

【民事检察】 2020 年，市检察院办理民事检察监督案件 61 件，同比上升 120%，其中民事执行监督案件 14 件，支持起诉案件 5 件，向法院发出检察建议 6 份，提请区检院抗诉 1 件。两级院依法审查法院生效裁判文书、民事调解书 527 余份，提出检察建议 4 份。审查市中级人民法院卷宗 10 本，排查虚假诉讼线索。分析研判法院网上公布的生效裁判文书和执行案件，增强发现审判程序和审判人员违法线索能力。

【行政检察】 2020 年，市检察院调取审查法院 2018—2020 年行政诉讼、行政非诉执行案件卷宗，两级院共审查法院行政诉讼案件 4 件，行政非诉执行案件 4 件，未发现线索。调取审查行政机关行政处罚类卷宗 125 份，发现案件线索 13 件，按照地域管辖原则，已交县院办理。分别向自然资源、市场监管、生态环境、林草等行政执法部门提出类案检察建议和改进社会治理检察建议 13 件。

【公益诉讼】 2020 年，山南市两级检察院共受理行政公益诉讼监督案件线索 395 件，立案 383 件，同比分别上升 255.9% 和 245%。诉前磋商 21 次 111 件，发出检察建议 80 份，终结审查 49 件。生态环境和资源保护领域立案 202 件，食品药品安全领域 76 件，国有土地使用权出让领域 79 件，国有财产保护领域 5 件，其他领域 33 件。行政公益诉讼 395 件，民事公益诉讼 3 件。提起公益诉讼 2 件，1 件为民事公益诉讼，1 件为刑事附带民事公益诉讼，诉讼请求获法院全部支持。公益诉讼案件诉前保护被污染土地22.8亩，督促清除处理违法堆放生活垃圾45.2吨，清理违法堆放的生活垃圾占地面积43亩，督促清理固体废物2265吨，查出销售伪劣食品重达11.54千克。应邀在市政府新闻办召开2020年第六次新闻发布会上介绍全市检察机关公益诉讼工作成效，引起社会强烈反响。

【涉检信访】 2020年，两级院共接待群众来信来访7件7人。受理、办理涉法涉诉案件4件4人，其中办理不服检察机关处理刑事申诉案件1件1人，立案复查1件1人；受理民事申诉3件3人，分流民行处3件3人。摸排司法救助线索3件4人，受理司法救助案件1件2人，发放司法救助金18万元。

【案件管理】 2020年，市检察院制作电子卷宗4件29卷。开展流程监控案件16件，发现指出问题57条。开展公安、监委移送案件的涉案款物和业务部门出库涉案财物的登记造册工作，接受涉案财物56件，出库涉案财物45件。开展积案核查工作，核查积案508件，清理积极案409件，删除11件。提供统计查询13次。发布案件程序信息457件，发布法律文书173件，发布重要案件信息2件。注重保障律师执业权利，疫情期间倡导诉讼参与人访问“12309”中国检察网诉讼申请，共接待辩护人、诉讼代理人申请阅卷24人次。

【检察改革】 2020年，市检察院遵循《西藏自治区市县（区）人民检察院内设机构改革实施方案》《关于做好市县（区）人民检察院内设机构改革方案起草、审核等工作的通知》要求，组建市院内设机构改革领导小组，征求组织部门和县（区）院的意见建议，研究解决改革过程中存在的问题。呈报《市检察院内设机构改革方案》报告，检察内设机构职能人员整合、业务工作融合、机制流程正在扎实推进。强力推进聘用制书记员招录制度改革，招录14名书记员全部配置到办案一线岗位。完善领导干部办案机制和列席审委会制度，全市检察长和班子成员带头办案；检察长或受委托的副检察长列席市中级法院审判委员会7次，同比上升166.7%。

【队伍建设】 2020年，市检察院调整基层检察院检察长4人。提请人大任免5人，提请晋升检察官等级3人、法警警衔4人。选派干警参加市委、上级院举办的各类网络培训103人次。切实履行好“两个责任”，推动全面从严治党、全面从严治检向纵深发展。配合支持区检院党组常规巡察，市院对6个县检察院开展巡察。召开党风廉政建设工作会议，与各县（区）院签订党风廉政建设责任书。开展第6个党风廉政建设宣传教育月活动。开展廉政谈话10人次、廉政警示10余次；建立领导干部廉政档案2人。推动“三个规定”及实施办法学习培训，认真执行记录报告制度，填报“三个规定”及过问干预重大事项记录10件。开展案件评查和个案督查，初核了结5件6人。关心关爱老干部。召开老干部座谈会3次，组织24名老干部赴内地参观学习，接受红色教育。关心老干部身体健康及生活，为老干部办实事、做好事、解难事。

【检察受援】 2020年，市检察院落实《2019年至2021年援藏工作规划》，三省检察机关考察团共9批44人赴藏考察援藏工作，两级检察院30名干警赴三省检察机关开展受援回访10次，协调干部人才、资金项目等检察受援工作。湖南、安徽省检察机关共选派“双百计

2020年10月22日，市检察院举行司法救助金发放仪式

2020年12月9日，市检察院举行“学习习近平法治思想，强化新时代法律监督”检察开放日活动，图为参观山南检察史陈列馆

划”援藏干部共23名进藏开展为期半年的援藏。三省检察机关共捐赠资金358万元。

【检察文化建设】 2020年，市检察院建成全区检察机关首个新媒体工作中心，打通“网、端、微、屏”各种资源，实现新媒体矩阵传播全程发展，讲述检察好故事，传播法治正能量，增强山南检察机关影响力、公信力。两级院“两微一端”平台发布信息总数6361条，粉丝总数11705人。市检察院开通官方抖音号，播放量150万人次，粉丝总数6500人。建设设计科学、布局精巧、图文并茂、光影结合的多角度、立体式的山南检察史陈列馆，共200余人参观学习，传承检察文化、弘扬检察精神、缅怀先辈功绩。加强检察文化长廊、党建工作长廊建设，融合雅砻文化、传统文化、检察发展史、党建等内容，接待自治区机关单位、地市单位、全市县（区）机关单位参观初心教育厅共104批5014人次。

【综治维稳】 2020年，山南市两级检察院出动6600人维稳值班巡逻，完成重要时段维稳任务。开展矛盾纠纷排查129次，参与调处农民工工资问题，为农民工讨回工资66余万元。

【检察研究】 2020年，市检察院召开检委会9次，审议案件5次，审议事项4次。统计上报2020年典型案例5件，区检院选中1件并报高检院。审查12个县（区）检察院检委会会议纪要12份。起草上报山南检察机关认罪认罚从宽制度调研报告、检察建议分析报告。

【检务保障】 2020年，市检察院推进“12309”检察服务中心建设，配备执法记录仪，加强检察专线网建设，建成智能化、信息化办案区和远程提讯室，完成办公大楼监控系统安装调试，引进科大讯飞智能移动检务办公系统，建成模拟法庭，开展实战演练，助力人才强检战略。

法院

【概况】 2020年，山南市中级人民法院（以下简称市中法）共受理案件3249件、审执结2979件，同比分别上升21.78%、25.27%，收、结案均创历史新高，综合结案率达91.69%，审限内结案率达99.26%。市中级人民法院受理案件274件、审执结243件，综合结案率88.69%。

【刑事审判】 2020年，市中法坚决维护国家政治安全，严惩煽动分裂国家、为境外窃取、刺探、非法提供国家秘密等危害国家安全犯罪。深入推进禁毒人民战争，审结毒品犯罪案件5件，判处17人，其中判处十年以上有期徒刑4人；依法严惩侵害生命财产安全犯罪，审结故意杀人、抢劫、强奸、故意伤害等犯罪案件16件26人，审结盗窃、诈骗、抢夺等犯罪案件57件99人，审结危险驾驶、交通肇事等多发性犯罪案件112件112人，不断增强人民群众的安全感和满意度；坚定不移惩治腐败，依法审结贪污贿赂等职务犯罪案件6件8人，原厅局级1人、县处级3人。深入推进扫黑除恶专项斗争。统筹开展疫情防控和扫黑除恶专项斗争工作，依法从严惩处，突出快速高效，开展专项斗争以来，全市法院一审审结恶势力团伙犯罪案件3件19人，重刑率10.53%，审结九类涉恶案件23件177人。紧盯大案要案，力求打深打透，孙某某等12人恶势力集团在羊湖景区为非作歹、强迫交易、销售伪劣产品、非法收购、出售珍贵濒危野生动物，严重侵害游客人身、财产安全，对西藏旅游业和经济社会造成严重破坏，2名主犯被判处有期徒刑十六年，并处罚金44万元，其余10人被判处有期徒刑且均并处罚金。坚决“打财断血”，铲除黑恶势力滋生土壤，对4起恶势力犯罪案件的24名被告人并处罚金，财产刑覆盖比例达96%，执行标的额达145.8万元。加强人权司法保障。坚持宽严相济刑事政策，对具备从轻情节或认罪认罚的依法从宽，判处缓刑、管制、免于刑事处罚132人。持续深化刑事庭审实质化改革，为222名被告人指定辩护，刑事案件律师辩护率连续三年达95%以上。

【民事审判】 2020年，市中法依法审结合同案件1299件，审结公司、股权等案件3件，审结民间借贷案件219件，审结金融案件16件，审结民营企业民商事案件342件。服务保障创新驱动发展。进行审判资源再配置，优化知识产权司法保护格局，审结侵犯商标权、作品放映权等知识产权案件8件，严格落实惩罚性赔偿制度，为实施创新发展战略保驾护航。市中法集中审理中国音像著作权集体管理协会提起诉讼的8起侵害作品放映权系列纠纷，判令山南市雅砻河会所等7家娱乐场所赔付侵权损失费430208元。服务保障绿色生态优先发展，深入贯彻“两山”理念，依法审结涉环境资源案件9件，以最严密法治守护高原的生灵草木、万水千山，市中级人民法院审理的全区首例无证采伐国家公益林民事公益诉讼案，4名村民不仅承担刑事责任，还承担补植复绿、公开赔礼道歉民事责任。助推法治政府建设。

【行政审判】 2020年，市中法持续深化“三项机制”，审结行政案件6件；严格审查行政行为合法性，依法保护行政相对人合法权益，原告胜诉或协调解决的占66.67%；推动行政机关负责人出庭应诉，应诉率33.33%。全力兑现胜诉权益。

【执行工作】 2020年，市中法巩固“基本解决执行难”成果，开展发挥执行职能、做好“六稳”工作落实“六保”任务专项执行行动，执结案件892件，执行到位标的额1.54亿元，有财产可供执行案件法定期限内实际执结率100%；发布失信名单143例，限制乘飞机、高消费、出境261人、拘留7人、罚款0.3万元，提升信用惩戒威慑力，让背德失信者处处受限；高度关注终本案件，对有新的财产线索的案件及时恢复执行37件；持续开展“涉民生案件集中执行”“刑事涉财产刑案件集中执行”“赴区外集中执行”等专项行动，为农民工追偿薪金289.29万元，赴区外执行“骨头案”69件，执结标的达1032.45万元。市中级人民法院被评为全区“基本解决执行难”工作先进单位。

【诉讼服务】 2020年，市中法坚持走出去，服务基层社会治理现代化，紧紧依靠党委领导，推进“点线面”相结合、全覆盖司法服务网络提档升级，将司法、综治、信访、妇联、双联户、人民调解等外部解纷力量纳入矛盾纠纷多元化解体系，琼结县人民法院扎实开展“依法治村”试点工作，取得良好成效；坚持引进来，促进矛盾纠纷实质化解，把最好场所、最优服务提供给群众，将人民陪审员、人民调解员、律师等力量汇集到诉讼服务中心，进驻调解组织2个，吸纳专、兼职调解员11名，全市5家法院建成诉讼服务中心，5家实现标准化运作，集诉讼引导、立案登记、调解速裁、信访接待等功能于一体，

2020年6月，青海省高院副院长李晓光（中）一行到山南市中院专题调研刑事审判工作

共接待群众 3.2 万人次，“12368”诉讼服务热线提供服务 438 人次，调处各类纠纷 221 件，办结司法确认案件 8 件，助力市域社会治理现代化，乃东区人民法院“一站式”多元解纷和诉讼服务体系现代化建设迈出坚实步伐；探索“分调裁审”机制，一审民商事案件适用简易、速裁程序审结案件 932 件，调撤率 72.44%；坚持巡回服务，打造“流动的诉讼服务中心”特色品牌，以车载科技流动法庭为载体，把巡回办案作为重要办案方式，充分发挥主动调处纠纷、调研社情民意、法治宣传教育职能，深入田间地头、草原牧场，形成调研报告 20 份，调处各类矛盾纠纷 293 件，努力实现“小事不出村、大事不出乡（镇）、矛盾不上交”，切实增强人民群众的幸福感、安全感和获得感，被群众亲切地称为“家门口的人民法院”。

【队伍建设】 2020 年，市中法组织党组理论学习中心组学习会、支部学习、专题辅导、主题党课、集中学习等 110 余次，信仰之基进一步筑牢、精神之钙进一步补足、思想之舵进一步把稳。始终把党的政治建设摆在首位，吸收入党积极分子 2 人，为推动党的建设高质量发展积蓄人才；坚持“三个牢固树立”，坚持新时代好干部标准和民族地区“三个特别”要求，树牢能者上、优者奖、庸者下、劣者汰的选人用人导向，试用期满正式任职 13 人。突出实战实用实效，加强岗位练兵、技能竞赛和传帮带，参加政治理论教育、审判业务、藏汉双语骨干法官等培训 20 批 122 人次，加强与对口援助法院的培训交流，选派干警挂职锻炼、交流学习 14 人次，赴湖南法官学院接受培训 4 批 18 人次，不断提升硬核能力；广泛开展向卓嘎、央宗姐妹和胡国运等先进模范人物学习活动，让见贤思齐蔚然成风。桑日县人民法院荣获“全国文明单位”称号。切实夯实基层基础。牢固树立过紧日子思想，认真编制“十四五”规划需求，确保把 90% 以上的经费、装备投入到基层和一线，把每一分钱花在刀刃上，基层办公办案条件进一步改善；积极与对口援助法院对接，引进湖南、安徽审判业务及信息技术挂职人才 6 人，通过网络视频形式参加远程培训 32 次。落实市委巡察整改。认真接受市委巡察，对巡察反馈意见中指出的 2 个方面 9 项问题，召开党组专题会议 8 次，部署和推进整改工作；列出“问题”清单，建立整改台账，明确完成时限，采取对账销号，确保件件有落实、事事有回音。

【司法改革】 2020 年，市中法优化文书前置检索、全覆盖案件质量评查制度，强化审判委员会、专业法官会议作用，推行类案检索报告制度，促进类案裁判标准统一、适用法律统一；落实院庭长办案要求，健全院庭长办理重大疑难复杂案件机制，完善办案情况考核和通报制度，全市法院院庭长结案 2106 件，占 70.62%；开展案件大评查，严格区分审判质量瑕疵与违法审判责任，倒逼案件质效提升。深化司法体制综合配套改革。推进以审判为中心的刑事诉讼制度改革，落实关键证人、鉴定人、侦查人员出庭作证制度，努力确保关键证人作证达到“应出尽出”要求；有序推进认罪认罚从宽制度改革，审结认罪认罚案件 152 件，占一审审结刑事案件的 71.03%；完善刑事速裁程序，适用速裁程序审结案件 46 件；积极构建科学合理的业绩考评和奖惩激励机制，进一步激发内生动力，员额法官年人均结案 23.47 件，结案率、服判息诉率等主要指标稳中向好。深化智慧法院建设。疫情防控期间，智慧法院“大显身手”，依托移动微法院、跨域立案、集约送达等线上系统，网上立案 46 件、网上开庭 300 余次、网上调解 34 件、跨域立案 145 件，实现诉讼服务“不打烊”，公平正义“不打折”，市中级人民法院首次运用互联网法庭跨境远程成功审结一起当事人在日本的民商事案件；持续深化阳光司法，网上公开裁判文书 1575 份、审判流程信息 1777 条、执行信息 950 条，直播庭审 710 件、点击量达 561.51 万人次，让公平正义经得起围观，让办案全过程成为全民共享的法治公开课；大力推广文书智能纠错、“法信”智能推送等应用，为法官办案、群众诉讼提供智能辅助，建设成果进一步转化为司法为民、公正司法的实际成效。

【接受监督】 2020 年，市中法主动接受人大监督，向市人大常委会专项报告刑事审判工作，把审议意见建议办理作为推动工作发展的重要途径，针对 53 条意见建议，逐条梳理、逐件督办、逐项反馈，做到事事有回音、件件有着落；邀请人大代表、政协委员视察法院工作 11

次，旁听案件审理58人（次），代表委员们走近法院、感受司法，提出诸多宝贵意见和建议，给予最大理解和支持。加强与检察机关的联系，检察长列席审判委员会会议10次，审结抗诉案件4件（其中3件撤回抗诉），改判1件，共同维护公平正义。全面落实人民陪审制度，全市455名人民陪审员参审案件435件，保障群众了解司法、参与司法、监督司法的权利。

【普法宣传】 2020年，市中法落实“谁执法谁普法”责任制，利用藏汉双语，采取公开庭审、网上直播、巡回审判、以案释法、文艺作品会演等群众喜闻乐见、喜闻乐学的方式，开展法治宣传56场次，受教育群众5万余人次，在全社会培育办事依法、遇事找法、解决问题用法、化解矛盾靠法的法治环境。琼结县人民法院用“青稞田里的法治课”主动服务和助力乡村法治建设。

司法行政

【概况】 山南市司法局（以下简称司法局）内设办公室、法治督察科、立法科、行政复议与应诉科、行政执法协调监督科、普法与依法治理科、人民参与和促进法治科、公共法律服务管理科、律师工作科、政治部和社区矫正科11个行政科室，以及山南市公证处和西藏雅砻律师事务所2个事业单位。市司法局机关核定行政编制37人，实有43人（含公证处5人），党员35人。在编人员中有女性16人，男性27人；藏族28人，汉族15人；研究生学历1人，大专及本科学历38人；局领导班子4人，平均年龄43岁。2020年，市司法局制定印发《山南市法治宣传教育第七个五年规划考核评估指标体系》，完成市级、自治区级“七五”普法总结验收考核工作。市县两级普法办共发放各类宣传资料18万余份、受教育人数25万余人。

【普法依法治理】 2020年，市司法局根据“七五”普法规划，深入扎实推进全市普法依法治理工作。制定下发《山南市2020年山南市普法依法治理工作要点》《山南市全面推进“谁执法谁普法 谁主管谁普法”普法责任制工作实施方案》《山南市法治宣传教育重点单位普法责任清单》。利用“山南普法”和“网信山南”微信公众号，采取普法宣传车流动宣传和“悬挂宣传横幅”等方式，广泛开展新冠肺炎防疫健康常识和法律法规知识宣传。组织全市干部职工参与“防控疫情、法治同行”法律知识线上答题活动，联合市民宗局组织寺庙僧尼参与全区“三月法律进宗教场所”线上H5互动答题普法活动。协助市委国安办开展“坚持总体国家安全观、统筹传统安全和非传统安全，为决胜全面建成小康社会提供坚强保障”主题宣传活动，深入“三岩片区”为易地扶贫变迁点群众开展专题法治讲座及《中华人民共和国民法典》宣传学习活动。制定下发《山南市民法典普法宣传活动实施方案》，以视频会议形式全面安排部署全市《中华人民共和国民法典》学习宣传活动。组织普法宣讲团成员、律师深入机关、企业、军营、农牧区开展民法典专题法治讲座。投入经费10万元制作民法典学习笔记本及藏汉双语漫画形式的民法典相关内容宣传折页等宣传资料。

【律师管理及律师工作】 2020年，市司法局始终把提高律师思想素质、业务水平和职业道德教育作为重点，扎实开展法律服务保障工作。西藏雅砻律师事务所、西藏兰卓律师事务所和湖北今天（山南）律师事务所积极发挥律师队伍作用，严格依法办事，依法履行职责，自觉维护社会公平正义，为解决关乎社会稳定、经济安全发展的问题出谋划策。统筹安排山南市执业律师、援藏律师、公职律师、法援律师担任村（居）法律顾问，扎实开展村（居）法律顾问工作，实现全市村（居）法律顾问全覆盖。积极请示汇报，成立山南市首个律师行业党支部，结合实际开展律师党建工作。组织山南市律师事务所和律师为湖北捐款12500元。组织律师主动参与民营企业“法治体检”、村居法律顾问工作，推进刑事案件律师辩护全覆盖和律师调解工作。雅砻、兰卓和湖北今天（山南）3家律师事务所共办理案件69件。

【矛盾纠纷化解】 2020年，市司法局围绕全市中心工作，结合疫情防控工作要求，充分发扬“枫桥经验”，按照属地原则，开展矛盾纠纷排查化解工作。全市共排查矛盾纠纷2290件，受理调处矛盾纠纷503件，成功调处489件，调解成功率97.2%。

【法律服务】 2020年，市司法局为给农牧民工、退役军人及军属等优抚对象提供优质的法律服务，在市人力资源和社会保障局、市退役军人事务局挂牌成立法律援助工作站。在法律援助、公证领域广泛开展扫黑除恶，以案释法活动。开展“法援惠民生 扶贫奔小康”品牌活动，对疫情防控一线的医务人员、军人、人民警察等提出的法律援助申请，免予审查经济困难状况。全年，市司法局法律援助中心共办理民事法律援助案件17件，刑事案件94件，行政案件1件，值班律师参与认罪认罚从宽案件11件，为受援人挽回经济损失18.6万元。

【特殊人群管理服务】 2020年，全市共有在册安置帮教人员462人（其中，监所刑满释放265人，解除矫正197人）。市司法局紧紧围绕把社区服刑人员改造成为守法公民这一中心任务，以加强监督管理为基础，以提高教育矫正质量为核心，开展社区矫正各项工作。根据疫情防控工作相关要求，制定完善应急处置预案，做到“日见其人、日闻其声、日知其事”，筑牢社区矫正安全稳定防线。通过手机短信、微信、电话等方式，及时推送疫情防控和安全稳定相关知识。深入开展疫情防控期间社区矫正安全隐患大排查活动，确保疫情防控和全国“两会”、“西藏雅砻文化节”等重要节点期间社区矫正对象不脱管漏管。联合市检察院分2批（次）深入12个县（区）司法局、部分乡（镇）及村居对社区矫正档案及执法工作进行督导检查，对扫黑除恶专项整治工作进行摸排；开展摸排889人次，集中教育96场次，发放宣传资料2800份，社会适应性帮扶10人次。

【国家统一司法考试】 2020年，市司法局根据司法部、区司法厅统一安排部署，组织完成山南市国家统一法律职业资格客观题考试工作。共设置2个考点（山南市第二高级中学、山南市第二职业学校）、8个考场，客观题应考244人，实考166人，合格71人。

【基层基础工作】 2020年，市司法局根据“十三五”规划，新建11个乡镇司法所项目，总投资1749万元，于2020年11月15日完成建设任务及投资计划。与区司法厅沟通衔接，完成山南市司法行政系统“十四五”规划项目编制申报工作。

【公证事项办理】 2020年，市公证处共办理各类公证事项725件，为边远县弱势群体上门服务47件，减免公证费6件，上缴国库公证费412742元。

【行政执法监督】 2020年，市司法局根据区司法厅通知要求，通过“微山南官方网”和“山南普法”微信公众号向社会公示山南市行政执法监督举报方式，并印发《关于各级行政执法部门明确公示行政执法投诉举报渠道和方式的通知》，共受理3次电话投诉举报并已办结。对全市行政执法主体、行政执法职权依据和行政执法人员进行摸底清理。全市具有行政执法主体资格的单位共254个，法律法规规章授权的组织39个，依法受委托的组织21个，现行行政执法职权共15530项；依法办理行政执法监督证、更换行政执法证共428余件。根据《西藏自治区规范行政执法裁量权规定》要求，制定印发《全面依法治市委员会关于制定完善行政执法裁量权基准制度的通知》；起草《山南市行政执法公示实施办法》《行政执法全过程记录实施办法》《山南市重大行政执法决定法制审核实施办法》及《山南市行政执法音像记录设备配备办法》，提请市政府常务会议审定。5月26—28日，市司法局到

2020年11月3日，市司法局安排部署公证辅助人员招聘工作

浪卡子县开展行政执法业务培训，并进行行政执法资格考试。6月中旬，对市场监管、生态环境和交通安全等重点领域开展行政执法监督检查。

2020年6月4日，市司法局召开学习《中华人民共和国民法典》专题党课

【法治政府建设】 2020年，山南市制定印发《〈中共山南市委员会全面依法治市委员会工作规则〉〈中共山南市委员会全面依法治市委员会协调小组工作规则〉〈中共山南市委员会全面依法治市委员会办公室工作细则〉》《中共山南市委员会全面依法治市委员会2020年工作要点》《山南市法治山南建设考评办法（试行）》《山南市2020年法治政府建设工作要点》《关于推行党政机关法律顾问制度的实施意见》等文件，召开市委全面依法治市委员会办公室工作推进会。开展"全区法治政府建设示范创建"申报工作，琼结县入围全区第一批法治政府示范县名录。开展党政主要负责人履行推进法治建设第一责任人职责及法治政府建设工作情况专项督查；深入开展全面依法治市督导及四个协调小组督导工作。

【立法工作】 2020年，根据《山南市人民政府关于征集2020年度政府规章立法建议项目的通知》要求，通过线上线下广泛征集立法建议项目8件。结合山南市五年立法规划，拟定并由市政府制定印发《山南市人民政府2020年度政府规章立法计划》。根据市人大地方性法规立法计划，《山南市文明行为促进条例》已经审修完毕，并通过市政府常务会议。《山南市砂石料开采管理条例》已提请市人大审定。根据《山南市人民政府起草地方性法规草案和制定政府规章程序规定》要求，将《山南市人民政府起草地方性法规草案和制定政府规章程序规定》《山南市公共安全视频图像信息系统管理办法》两部政府规章汇编成册。

【合法性审查和监督管理】 2020年，市司法局对《山南市城乡居民基本医疗保险实施办法（试行）》《山南市非物质文化遗产保护管理办法（送审稿）》等6部规范性文件进行审查，提出审查意见35条。下发《山南市司法局关于进行行政规范性文件清理工作的通知》，开展山南市2020年行政规范性文件清理工作。向自治区人民政府、市人大常委会备案《山南市城乡居民基本医疗保险实施办法（试行）》。对《关于征求〈山南市工程建设领域农民工工资保证金第三方担保机构资金监督管理协议（草拟稿）〉意见的函》《山南市藏医院与爱尔眼科医院集团之紧密型医联体合作协议书》进行审查，提出修改意见建议7条。对《西藏自治区山南市危险化学品安全管理条例》等7件自治区涉法文件进行审查，提出修改意见建议10条。对《关于深入推进县（区）乡镇（街道）村居（社区）三级综治中心规范化建设实体化运行的实施意见》等13件市级涉法文件进行审查，提出意见建议19条。对山南市1990—2019年发布并现行有效的行政规范性文件进行清理，继续有效77件、失效15件、废止50件、拟修改18件。

【扫黑除恶打非治乱专项斗争】 2020年，山南市司法局结合工作职能，层层压实责任，多次开展深入细致的摸排走访工作，充分利用山南普法网，采取法律知识讲座、法治微电影、法治漫画展播等形式，开展扫黑除恶法治宣传活动；在社区服刑人员、刑满释放人员中深入开展涉黑涉恶线索摸排工作，律师参与代理涉恶案件2件8人。

ལྷོ་ཁའི་ལོ་རིམ་མེ་ལོང་།
山南年鉴
2021

经济综合管理

发展与改革

【概况】山南市发展和改革委员会(以下简称市发改委)是市政府宏观经济管理部门,内设行政科室16个。核定总编制41个,其中领导职数5名,科级领导职数32名。事业单位编制工作有序推进。2020年,市发改委实有干部职工61名(不含公益性岗位、大学生志愿者、"三支一扶"人员、借调抽调人员)。其中:干部48名,工勤人员13名。

2020年,山南市全面开展经济运行调度工作,特别是加强疫情对经济运行的影响分析力度,开展实地调查研究,主动加强与市直各部门之间沟通衔接,充分发挥参谋助手作用,形成《全市1—2月经济运行分析报告》《2020年一季度经济运行情况报告》《2020年上半年国民经济和社会发展计划执行情况的报告》《山南市2020年前三季度经济运行情况报告》《2020年国民经济和社会发展计划执行情况与2021年国民经济和社会发展计划(草案)的报告》等一批工作报告,为市委市政府决策提供重要参考。扎实推进疫情防治防控、产业发展、重点项目建设、民生改善、改革开放、生态文明建设等各项工作,主要经济指标较好完成目标任务全市实现"十三五"圆满收官和与全国一道建成小康社会的百年奋斗目标。

2020年山南市主要经济指标完成情况表

表3

指标名称	单位	2019年		2020年完成		全区增速排名
		完成数	增速(%)	完成数	增速(%)	
一、地区生产总值	亿元	187.77	8.3	215.4	7.9	2
二、全社会固定资产投资	亿元	—	-7.4	—	7.2	2
其中:国家投资	亿元	—	-16.4	—	7.3	—
三、税收收入	亿元	32.83	-2.9	37.5	14.3	—
四、一般公共预算收入	亿元	19.28	2.14	20.22	4.9	3
五、规模以上工业增加值	亿元	16.95	13.8	17.05	2.1	7
六、社会消费品零售总额	亿元	70.4	5.9	66.81	-5.1	—
七、城镇居民人均可支配收入	元	34650	10.6	38110	10	5
八、农村居民人均可支配收入	元	14116	13	15874	12.5	4
九、居民消费价格指数	%	2.5	2.9	—	—	—
十、国内外接待游客人次	万人次	493	20.2	480.6	-2.5	—
十一、旅游总收入	亿元	19.3	14.9	19.25	-0.3	—
十二、金融机构贷款	亿元	296.8	-8.8	301.8	1.7	—
十三、城镇登记失业率	%	2.2	2.42	—	—	—

【规划编制】 2020年,山南市全面启动山南市"十四五"规划编制工作,协助编制单位深入基层开展规划调研及前期研究工作,形成《山南市经济社会发展现状分析》《"十四五"时期山南市经济社会发展环境、发展趋势、发展思路和发展目标研究》《"十四五"时期山南市对接重大战略的思路和路径研究》《"十四五"时期山南市产业发展的思路和路径研究》等专题研究报告。按照根据《中共山南市委员会关于制定国民经济和社会发展第十四个五年规划和2035年远景目标的建议》起草编制《山南市国民经济和社会发展第十四个五年规划和2035年远景目标纲要》,并组织开展征求意见建议工作。梳理完成全市"十四五"时期各专项规划编制目录清单。

【项目建设】 "十三五"规划项目开工91项(其中:已完工59项),大项开工率为97%,开工子项目739个(其中:已完工子项目687个),子项完工率92%,累计完成投资716亿元。坚持"委主要领导每半月跑办一次、业务科室每周跑办一次、拉萨专班每天跟进"项目跑办机制,抢抓国家扩投资政策机遇,围绕中央新增投资的公共卫生、市政基础、环境基础、老旧小区改造、物资储备体系等领域和地方政府专项债券领域,申报项目计划,2020年度落实国家投资项目138个,到位资金41.1亿元,到位资金较上一年增加24.5亿元。2020年,实施重点项目370个,全社会固定资产投资同比增长7.2%,增速位居全区第二,拉林铁路完成全线铺轨,加查水电站三台机组实现发电,G560建成通车,迁建后的人民医院正式启用,建档立卡易地扶贫搬迁群众实现全面搬迁入住,泽当大道综合管廊、格桑路提质改造、贡布路提质拓宽基本建成,缓解基础设施瓶颈制约,改善各族群众的生产生活条件。招商引资项目已开复工70个,协议投资171.9亿元,累计到位资金64.18亿元,同比增长17.26%,完成固定资产投资64.08亿元,同比增长23.5%,完成自治区年度目标任务的133.5%。实施援藏项目70个,全年完成投资4.09亿元,其中投入基层项目、民生领域项目分别占年度计划投资的86%、90%,桑日县卫生服务中心、桑日县规范化学校、乃东昌珠镇扎西曲登居委会人居环境整治、乃东区规范化学校、琼结镇完全小学、加查县中学改造、加查县学前教育等一批项目建成投用。

大古电站施工现场一角

【能源建设】 2020年,山南市按照"两基地一核心"的发展定位,全力打造以水电为主,太阳能、风能、地热能发电为辅的藏中清洁能源基地,全市水电站总装机容量达到133.89万千瓦。

雅江中游水电开发。2020年8月,加查水电站首台机投产发电,9月第二台机组发电,12月实现3台机组全部投产发电。大古水电站累计完成投资73.57亿元。5月18日,冷达水电站可行性研究报告通过审查。9月,街需水电站可研报告上报国家发改委;巴玉水电站预可研报告已通过审查(一级开发方案),并取得预可研报告审查意见,9月,西藏雅江巴玉水电站可行性研究阶段正常蓄水位选择专题报告审查会议召开。

小流域水电开发。雄曲流域综合规划已通过水规总院审查并将审查意见上报水利部待批复,环评报告已编制完成。编制完成西巴霞曲流域综合规划(含规划环评)和流域水电规划(含规划环评)。

新能源开发。2020年,山南市落实"控沿江腹心集约土地,推边境高寒连片开发"要求,建成曲松协信、浪卡子大有、曲松科能、隆子中伏源、措美协合、扎囊国光发、扎囊民信、措美中汇等16家光伏发电站，全年光伏电站累计发电量3.62亿千瓦时，实现产值3.49亿元。协同中国电建集团成都勘测设计研究院有限公司开展山南市风能资源普查工作，7月3日，山南市风能资源普查报告于通过审查。

【易地扶贫搬迁】 2020年，山南市全面完成“十三五”时期易地扶贫搬迁任务，累计建成33个易地扶贫搬迁安置点，2333户8125人建档立卡贫困人口实现搬迁入住。配套建设幼儿园5个、卫生室4个、村级活动室12个，安置点配套基础设施和公共服务设施基本满足搬迁群众生活需求，搬迁群众住房安全得到有效保障，安全饮水、出行、用电、通信等基本生活需求得到基本满足，享有便利可及的教育、医疗等基本公共服务，搬迁群众生产生活水平得到明显改善，搬迁群众全部实现脱贫。

【边境小康村建设】 2020年4月26日，市委副书记、市长普布顿珠在浪卡子县组织召开山南市边境小康村建设现场推进会议。全市边境小康村规划总投资48.99亿元，涉及群众17547户55073人。96个边境小康村已建成81个、在建15个，竣工率84.4%。其中：浪卡子县17个村、隆子县28个村已全部完工，错那县建成16个村、在建8个村，洛扎县建成20个村、在建7个村。

2020年10月23日，乃东区农副产品交易中心项目通过竣工验收，项目总投资3241万元

【抵边搬迁】 2020年，山南市坚持屯兵和安民并举、固边和兴边并重，稳慎推进抵边搬迁，已开工项目35个，涉及群众1197户4132人，其中：抵边搬迁安置点已完工22个，在建13个。开展抵边搬迁动员，全年累计动员意愿抵边搬迁群众4806人。全力加强资金保障，自治区共下达抵边搬迁建设投资1.73亿元，已全部分解下达至各县。

【价格监测】 2020年，山南市制定《山南市关于做好重要民生商品价格保供稳价重点工作实施方案》。在春节、藏历新年期间，设立农产品平价专柜6个，为群众直供蔬菜瓜果和肉类等38个农产品。推动价格守信机制，严厉打击不执行调控措施、捏造散布涨价信息、哄抬物价、囤积居奇、相互串通操作市场价格等违法行为。拟定《山南市泽当城区居民生活用水阶梯价格实施方案》和《山南市泽当城区污水处理收费实施方案》；严格落实电价降价政策措施，对工商业电价降低10%。设立价格监测工作点19个，不断加强价格监测预警。

山南市2020年城市供水供电价格情况表

表4

收费项目	2020年收费标准
生活用水	2.00/立方米
生产用水	4.00/立方米
居民用水	1.20/立方米
特种行业用水	5.00/立方米
市政用水	1.50/立方米

续表 4

收费项目	2020 年收费标准
城镇低保生活用水	0.50/ 立方米
居民生活用电	0.49 元 / 千瓦时
农牧业生产用电	0.20 元 / 千瓦时
商业用电	0.675 元 / 千瓦时

【粮食安全】 2020 年，山南市粮食种植面积达到 36 万亩以上，其中青稞种植面积达 27 万亩以上，全市粮食总产量 16.5 万吨，连续实现 11 年丰产丰收。

仓储基础设施建设。2020 年，山南市建设隆子、贡嘎、浪卡子储备库、洛扎、错那县粮食局 5 个库点，完成投资 512.77 万元。

地方储备粮管理。2020 年，山南市严格落实《西藏自治区储备粮管理办法》，中央、自治区储备数量到位和质量达标，全年拨付自治区储备粮和动态应急储备粮保管费、轮换费 213.55 万元。

粮油流通。2020 年，山南市充分发挥各代储库点作用，加强粮食市场价格和动态监测工作，积极组织适销对路的粮油品种投放市场，有力保障疫情期间城乡居民的粮食消费需求。合理调配补充粮食品种和数量，从区外购入粮食 1972 吨，累计销售粮食 2330 吨，全市 4 家粮油加工企业及时复工复产，紧急生产糌粑 10 吨，全年全市粮食市场和价格基本稳定。

粮食安全宣传。2020 年，山南市组织开展粮食科技宣传周、食品安全宣传周、世界粮食日、全国粮食安全宣传周活动，发放食品安全、爱粮节粮知识宣传资料 900 余册。

粮食收购。2020 年，山南市按照《关于切实做好 2020 年秋粮收购工作的通知》要求，全区实行青稞最低收购价 3.9 元 / 公斤政策，落实青稞价补分离政策，在种粮农民向政府委托收购企业每交售一公斤国标三等以上当年当地产青稞，财政补贴种粮农民 0.2 元，调动种粮农民积极性和促进群众增收。落实粮食收购市场化协调机制，采取预约收购、上门收购、兑换收购、流动收购等形式，全年收购农民余粮 6209.3 吨，其中青稞 5940.8 吨，较 2019 年提高 21.5%，促进农民增收 2384 万元。

2020年山南市粮油企业购销情况表

表 5 单位：吨

名称	购入		销售	
	国有粮食经营企业	非国有粮食经营企业	国有粮食经营企业	非国有粮食经营企业
大米	3415	8116	3785	8586
面粉	1513	7280	1628	7593
青稞	226.4	204.9	5967	75.4
小麦	—	—	697.1	129.2
糌粑	34	147.8	697.1	129.2
食用油	433.9	3512	33	134.6

2020年山南市粮油收购情况表

表 6 单位：吨

名称	青稞	小麦
国有粮油粮食经营企业	5941	268.5
非国有粮食经营企业	917.1	——

【救灾物资】 2020年，山南市开展全市救灾物资移交工作，全面落实《自治区救灾物资储备库管理暂行办法》《关于全区2020年度应急救援物资代储方案》《山南市应急救灾物资调拨流程》《物资保管制度》，做好实施重要物资和应急储备物资的收储、轮换和日常管理职责承接工作。建立完善各县（区）应急物资储备体系，自治区级、市级、县级及乡镇级储备基本建立，做到应储即储，品种较齐全。

【招商引资】 2020年，山南市举办各类招商引资专场推介会3场次，巴山农牧、武汉宏农藏鸡养殖、隆子藏香猪养殖、绿之源现代农业、都市田园现代农业、福地天然饮用水、雪域冰川山泉水、雅砻圣泉天然矿泉水、玉麦天然饮用水、神力时代广场、祁连山水泥生产、西卡学村20兆瓦光伏发电等项目落地山南。招商企业共解决转移就业1758人、20043人次，其中：解决农牧民转移就业1523人、17044人次，大学生就业235人，创造劳务收入1.2亿元。招商企业缴纳税金占全市税收总额的52.8%，其中税收上亿企业有海思科医药集团股份有限公司、西藏诺迪康药业股份有限公司、灵康药业集团股份有限公司、西藏百浩体育发展有限公司等。入驻幸福家园园区企业66家，涵盖生物制药、民族手工、文化旅游、建筑建材、清洁能源、商贸物流、高新数字业、生态农牧和绿色食品业等八大产业。成立招商引资服务专班，组织开展产业扶持资金会审，全面落实招商引资优惠政策，全年兑现招商引资扶持资金47718.7万元，支付代理费1577.3万元。起草完成《山南市社会信用体系建设三年行动计划》，坚持“一年打基础、二年促提升、三年抓创建”，建立健全与现代社会治理体系、国家治藏方略、全面建成小康社会相适应的社会信用体系。

【受援合作】 2020年，山南市顺利完成三省“十三五”援藏规划总结评估工作。做好“十四五”对口援藏规划编制工作，梳理项目168个，总投资23.01亿元。其中：湖北省51个，计划投资7.11亿元；湖南省56个，计划投资6.64亿元；安徽省52个，计划投资8.26亿元；中粮集团9个，投资1亿元。顺利完成第八（六）批对口援藏项目审计工作。

财政

【概况】 山南市财政局（以下简称市财政局）内设17个科室，含12个行政科室和5个所属事业单位。12个行政科室分别是办公室、综合科（政策法规科、金融科）、预算科（债务管理科）、国库科（市政府采购管理办公室）、经济建设科、行政政法科、科教和文化科、社会保障科、自然资源和生态环境科、农业农村科、资产管理科、监督评价科（会计科）。5个所属事业单位分别是山南市财政局国库集中支付中心（国库集中支付局）、山南市财政投资评审中心、山南市政府采购中心、山南市财政网络管理办公室、山南市资产评估事务所（藏南资产评估事务所）。市财政局机关和所属事业单位核定编制数44名。其中：行政编制30名，事业编制10名，后勤事业编制4名。核定局领导职数5名，内设行政机构科级领导职数24名，所属事业单位科级领导职数10名。2020年，实有干部职工48人（含1名援藏干部），其中少数民族29人，汉族19人；男25人，女23人；正县级2人，副县级5人（含1名援藏干部），正科级15人，副科级15人，科办员5人，工人6人。

2020年。山南市为对冲疫情影响，实施更大规模减税降费政策情况下，全市完成一般公共预算收入首次突破20亿元，总量保持全区第二，超额完成年度目标任务。坚持开源节流，盘活存量，用好增量，全市一般公共预算支出首次突破200亿元，脱贫攻坚、乡村振兴、边境建设、生态环保、疫情防控等重点领域支出得到有效保障。

【财政收支】 2020年，山南市完成一般公共预算收入202164万元，同比增收9344万元，增长4.8%。其中，税收收入145236万元，同比增长7.7%，占一般公共预算收入的71.8%。分级次看，市本级实现财政收入102953万元，完成年初目标任务数的90.3%，同比减收7797万元，下降7%；县区级实现财政收入99211万元，完成年初目标任务数的117.4%，同比增收17141万元，增长20.9%。全市一般公共预算支出完成2186180万元，同比增加366105万元，增长20.1%。分级次看，市本级完成财政支出738345万元，同比增加122298万元，增长19.9%；县区级完成财政支出1447835万元，同比增加243807万元，增长20.2%。

【中央直达资金】 2020年，山南市共到位直达资金27.81亿元，其中：市本级10.83亿元，县（区）级16.98亿元；全市直达资金支出23.09亿元，支出进度83.1%，其中：市本级支出8.92亿元，支出进度82.4%；县级支出14.17亿元，支出进度83.5%。

【推进经济高质量发展】 2020年，市财政局以全市重大项目建设为抓手，全力以赴抢抓机遇，稳投资保增长，推进经济高质量发展。安排产业发展资金5.5亿元、非公企业扶持项目资金500万元、中小企业扶持资金500万元，集中支持一批入库税收较多、税收增速较快、发展来势较好的产业和企业，为全市经济高质量发展蓄能。认真落实减税降费、惠企纾困、优化营商环境各项政策，帮助企业渡过难关，支持企业复工复产。市本级通过预算安排、盘活存量等筹措资金12.48亿元、争取自治区专项债券资金18.9亿元，推动鲁琼大道、格桑路、贡布路提质改造、泽当火车站站前广场及车站道路工程、雅砻河综合整治、综合管廊等重点项目建设。

【支持脱贫攻坚】 2020年，市财政局按照各级关于脱贫攻坚工作资金保障要求，采取有力措施，统筹整合各方资金，落实脱贫攻坚资金共计17.26亿元，巩固提升脱贫攻坚工作成效，全力支持决战决胜脱贫攻坚。

【支持边境地区发展】 2020年，市财政局下达洛扎、浪卡子、错那、隆子四县边境小康村建设资金15.84亿元、边境转移支付和固边富民资金3.26亿元，有力促进边境地区发展。

【支持民生改善】 2020年，市财政局牢固树立“政府过紧日子，人民过好日子”思想，压减一般性支出，严控“三公”经费，把有限财力真正用到发展和民生急需领域。落实民生政策65项，全市财政民生领域支出超过172亿元，占一般公共预算支出的75%以上，基本养老、基本医疗、城乡低保等保障水平持续提升。

【支持企业复工复产】 2020年，市财政局认真落实“六稳”“六保”要求，积极争取自治区财政相关贴息支持。同时，发放1500万元的消费券，参与企业和商户3014家，广泛涵盖山南辖区注册的餐饮、家电、百货、服装、文化、酒店、超市等行业，为企业有序复工复产、稳定扩大就业奠定坚实基础。通过雅投公司平台，由市、县（区）两级财政为有关企业解决纾困资金1亿元，帮助企业渡过难关，支持企业复工复产。

【财税体制改革】 2020年，市财政局预算管理更加科学规范，绩效管理改革全面实施，政府债务管理不断规范，财政风险有效防范，直达资金有序高效运转，“三保”底线切实兜牢。完成政府性投资概预算审核项目396个，送审资金67.66亿元，审减资金7.01亿元，审减率10.36%；完成市本级政府采购项目186宗，实际采购规模达到2.83亿元，节约资金780万元，节约率为2.75%。

【“放管服”工作】 2020年，市财政局坚持“依法行政、群众满意”的工作标准，不断强化简政放权、放管结合、优化服务，减少审批环节，主动为企业服务，更好地激发市场活力，增添发展动力。2020年，形成涵盖49项行政事项的权责清单；及时废止《山南市财政局2018—2019年度政府采购协议供应商有关事项的通知》，重新公开确定34家政府采购代理机构；严格按照有关程序组织2020—2021年工程造价咨询企业采购工作。通过一系列措施，进

2020年9月1日，市人大常委会到市财政局调研财政政策落实、预算执行、中央直达资金监管等工作

2020年8月9日，财政部四川监管局三处处长李云河带队到山南市检查所得税有关工作，并于10日在财政局召集各相关部门召开座谈会

一步有效促进全市政府采购领域的公平竞争，切实优化营商环境。

【政府债务管理】 截至2020年12月31日，山南市政府债券余额21.89亿元，其中：一般债券7.21亿元、专项债券14.68亿元，风险总体可控。同时，进一步遏制隐性债务增量，妥善处置隐性债务存量，确保政府隐性债务规模"只减不增"，全市地方政府隐性债务由2018年核定的20亿元减少到3.02亿元。

审计

【概况】 山南市审计局（以下简称市审计局）设有办公室、综合计划科、法规和审理科、电子数据审计科（派出审计一科）、财政审计科、行政事业审计科（派出审计二科）、农业农村审计科、固定资产投资审计科、自然资源和生境环境审计科、企业审计科、社会保障审计科、经济责任审计科、审计委员会办公室秘书科；审计信息中心（事业机构）。机关行政编制33名，后勤事业编制3人，事业编制3人，实有在职干部职工34人（不含3名援藏干部）。2020年，市审计局共完结19个项目的审计，完成年初计划的127%（年初拟定项目计划15个），查出主要问题资金857915.36万元，其中，管理不规范资金852780.28万元，上缴市县两级国库资金5100.02万元，损失浪费资金35.06万元，提出审计建议36条。上报审计要情1份，移送有关部门问题线索1起。市委市政府主要领导就审计工作亲自作出批示指示19次，听取审计工作汇报10余次。

【财政支审计】 2020年，市审计局对市本级及2个部门预算执行部门进行审计，查出主要问题资金654426.67万元，其中，管理不规范资金650755.48万元，上缴市县两级国库资金3636.13万元，损失浪费金额35.06万元。针对存在的问题，提出审计建议11条。

【经济责任审计】 2020年，市审计局完结3个单位的审计，查出主要问题资金7096.48万元（未含交叉审计数据，相关资料已上报区审计厅），管理不规范资金7088.36万元，上缴市国库资金8.12万元，针对存在的问题，提出审计建议6条。

【民生审计】 2020年，市审计局完结8个项目17个单位的审计。查出主要问题资金194969.84万元，其中，管理不规范资金194246.09万元，应上缴市县两级国库资金723.75万元。针对存在的问题提出审计建议11条。

【固定资产投资审计】 2020年，市审计局完结2个单位的审计，查出主要问题资金1422.37万元，其中，管理不规范资金690.35万元，上缴市国库资金732.02万元，针对存在的问题，提出审计建议8条。

【审计整改】 2020年，市审计局将整改任务落实到各科室、具体责任人，由各科室相关负责人对照问题清单，督促被审计单位建立整改台账，逐条跟踪检查整改情况，督促有关单位整改到位，增强整改工作的实效性。《审计工作报告》所附清单共337个具体问题，涉及金额69.05亿元，截至2020年10月底，329个问题已整改到位，6个问题正在整改，2个问题无法整改。已整改问题金额68.15亿元，问题金额整改率达98.7%。已上缴市县两级国库8301.96万元，上缴财政专户资金2262万元，上缴财政代管专户资金28.08万元。6人受到诫勉谈话或作书面检查。

【交办配合任务】 2020年，市审计局根据市纪委的统一安排，抽调5人次配合自治区巡视组开展区党委第七轮、第八轮、第九轮巡视工作，抽调1人配合市纪委监委开展案件调查工作。根据市委的统一安排，组成工作专班对局2013—2019年度违反中央八项规定精神问题进行自查，共查出违规公款吃喝、违规配备使用公车、违规购买礼品、公款国内旅游、违规发放津贴补贴或福利问题5类223条问题，涉及金额1762563.3元。并于2020年11月30日前将最终清退资金954913.02元全部上缴至市纪委监委指定账号。

统计

【概况】 山南市统计局（以下简称市统计局）为山南市政府工作部门，正县级，内设5个行政机构和1个事业单位（正科级）。分别为办公室、综合科、社会统计科（农牧业统计科）、专业统计科、统计执法监督科，事业单位即计算中心。合署办公事业机构1个，即社会经济调查队。核定编制总数25名，其中，行政编制7名，事业编制17名，后勤事业编制1名，实有人员22名。

2020年，市统计局贯彻落实全市经济工作会议精神，全面客观反映全市经济社会发展成绩，高质量推进国民经济核算、工业、贸易、投资等专业3150个经济指标常规统计和临时性调查工作，做到应统尽统、不重不漏。全年组成2个执法检查组对4家单位进行执法，均严格执行“双随机”监管机制。对拟入库企业进行走访调研，优化净化统计环境，确保统计数据真实准确。

【普查监测】 第七次全国人口普查工作。2020年，山南市成立县级普查机构12个、乡级83个、村级559个，选聘普查两员1568人，上报普查区562个、普查小区1553个、建筑物111925个，共登记人口44.73万人，其中现有人口（普查时点居住人口）33.81万人，户籍人口35.67万人。

国家脱贫攻坚普查。2020年，山南市统计系统严格落实脱贫攻坚普查方案，按照市脱贫攻坚普查领导小组及其办公室的统一部署，配合开展国家脱贫攻坚普查各项工作，推动脱贫普查圆满成功。

贫困监测工作。2020年，市统计局为深入贯彻落实党中央关于打好精准扶贫攻坚的重大决定，全区仅有山南统计以抽样调查的方式对全市12个县（区）120户建档立卡贫困户收入进行监测。同时开展各项满意度调查、妇女儿童发展规划监测、企业复工复产监测等工作。

【统计服务】 2020年，市统计局为市委、市政府、各部门及社会公众提供统计咨询服务，完成统计数据信息、分析达70余篇，较好地发挥统计“晴雨表”“温度计”的职能作用，发布编印《2019年山南统计年鉴》和季度、年度统计手册。主动出击，积极协调，全年新增投资项目、房地产开发项目356个、3个，新增建筑业企业、规上工业企业、限上消费企业3家、1家、6家。每月与相关部门召开不同形式的协调会，及时发现存在的困难和问题，提出针对性、操作性强的对策建议。

【统计改革】 2020年，市统计局严格按照《季度地区生产总值统一核算方案》要求，实施地区生产总值统一核算，核算过程总体顺利，改革成效显著。开展劳动工资统计改革，改革后非营利性服务业增加值数据来源由原来的财政八项支出增长速度调为劳动工资总额增速，占第三产业权重30%以上，占GDP比重20%左右。2020年一季度起，劳

2020年6月23日，第七次全国人口普查员到克松社区开展人口普查试点入户登记工作

2020年11月18日，国家统计局山南调查队住户科人员在贡嘎克西村收集住户报表，向老百姓核实收入情况

动工资数据已正式纳入季度GDP核算。投资500万—5000万元项目联网直报制度改革进展顺利，实现新旧报送方式的平稳过渡。

调查

【概况】 国家统计局山南调查队（以下简称山南调查队）是国家统计局派出机构，正处级，由国家统计局西藏调查总队直接管理，与山南市统计局设一个党组，合署办公。内设5个职能科室，分别是办公室、综合科、住户调查科、价格调查科、产业调查科，均为正科级；人员编制核定16名（中直参公事业编制16名），其中队领导职数3名（队长1名，副队长1名，纪检组长1名）。科长5名，副科长2名；1名正科级领导职数（专职党建工作）。实有工作人员16人，其中党组书记、队长1人（书记、队长实行“一肩挑”），副队长兼纪检组长1人。2020年，山南调查队开展农村住户收支调查、城镇住户收支调查、农牧业生产调查、采购经理指数调查等调查工作，同时进行物价监测、统计分析等工作，并承担国家脱贫攻坚普查山南区域的普查任务。

【农村住户收支调查】 农村住户收支调查主要包括农村住户收支、农民工监测、畜禽监测、农产品价格调查等，2020年，山南市共有20个农村住户调查点，200个调查户，2020年山南市农村居民人均可支配收入为15874元，同比增长12.5%。

【城镇住户收支调查】 2020年，山南市共有10个城镇住户调查点，100个调查户，2020年山南市城镇居民人均可支配收入为34650元，同比增长10%。

【物价监测】 2020年，山南市总采价点数量50个，总规格品数量986个，每月采价笔数1936笔。居民消费价格指数（CPI）累计上涨2.9%，同比上涨0.2%，全年居民消费价格呈稳定上涨态势。

【农牧业生产调查】 2020年，山南市粮食播种面积24952.48公顷，同比增长0.03%；粮食产量164491.39吨，增长0.17%。畜牧业肉类产量达到25025.94吨，增长0.49%；奶类产量达到61860.26吨，增长16.32%。

【采购经理指数调查】 2020年，山南调查队对辖区内4家服务业企业进行月度监测，并通过联网直报平台上报。

【统计分析】 2020年，山南调查队结合实际撰写调查分析和专题分析共计28篇，其中自治区调查总队内网采用26篇，国家统计局内网采用2篇。

【专项调查】 2020年，在脱贫攻坚普查工作中，山南调查队积极谋划，统筹协调，组织市县乡三级成立普查机构，督促落实两级普查经费650万，抽调普查人员1040人，完成脱贫攻坚普查清查摸底工作和入户普查工作，协助国家脱贫攻坚普查事后质量抽查组完成事后质量抽查工作。开展疫情影响下民办幼儿园经营状况快速调查、采购经理调查企业疫情期间经营发展状况等各类专项调查。

【调查服务】 2020年，山南调查队定期向当地党委、政府提供和向社会公布城乡居民收入、价格等信息，每月在政府网站定期发布调查数据。全年山南市人民政府网共采用信息16篇。

扶贫开发

【概况】 山南市扶贫开发办公室（以下简称市扶贫办）是山南市人民政府工作部门，为正县级，编制为45名，部门领导职数名，科级领导职数15名，内设机构7个，分别为综合科、政策法规科、计划财务科、开发指导科、社会扶贫科、数据统计科、监督考评科，现有干部职工43人，干部28人，工人15人。

2020年，市扶贫办根据自治区脱贫攻坚指挥部办公室《关于对山南市贫困县2020年财政涉农资金统筹整合使用方案的审核意见》工作要求，制定并严格落实《山南市企业复工复产工作实施实施方案》，稳妥有序推进扶贫项目复工复产，全年234个统筹整合项目全部开工建设，全年完工184个、完工率达到78.6%，完成投资16.52亿元、资金支出进度达93%。全市易地扶贫搬迁2333户8125人，涉及集中安置点25个，2217户7728人，占搬迁计划户数人数的95%；分散安置8个，116户397人，占搬迁计划户数人数的5%。截至年底，已全面完成“十三五”时期易地扶贫搬迁任务，2333户8125人建档立卡人口全部实现搬迁入住。

【长效机制建立】 2020年，市扶贫办紧扣巩固提升脱贫摘帽成效、实现高质量脱贫，制定《防返贫工作制度》《稳定脱贫长效制度》《防止摘帽后松劲懈怠工作制度》《农村饮水工程管护制度》《脱贫攻坚健康扶贫成效巩固提升工作制度》《农村住房安全保障制度》《关于开展县级送教上门工作的制度》《扶贫开发信息系统管理制度》《统筹整合脱贫攻坚财政涉农资金支出管理制度》《财政扶贫资金动态监控平台运行制度》10项制度，确保用制度巩固脱贫摘帽成果。各县（区）建立防止返贫预警机制，设立返贫应急专项资金。强化动态监测，精准落实农村低保、生态岗位脱贫、大学生资助、残疾人补贴等兜底政策。全市共有边缘易致贫户80户274人、脱贫不稳定户109户337人，通过对应采取干预帮扶措施，截至12月底，消除边缘致贫户43户150人、脱贫不稳定户81户256人，剩余边缘易致贫户37户134人、脱贫不稳定户28户81人。

【大排查大督战】 2020年，市扶贫办坚持最严的要求、最高的标准、最实的举措，制定《山南市脱贫攻坚大排查工作实施方案》《山南市选派督战组驻县区督导脱贫攻坚工作方案》，在全市范围内开展脱贫攻坚大排查、大督战工作。抽调20名地级领导任组长、12名县级干部任副组长和12个县区的173名精干人员组成10个排查组，下沉12个县（区）、82个乡镇、549个贫困村（社区）开展排查工作，累计排查13820户建档立卡贫困户、54户边缘户和2758户非建档立卡贫困户；抽调24名地级领导任组长和副组长、24名县级干部和12名工作人员，成立12个督战组，分赴12县区驻点围绕八个方面的内容开展督战，坚持既“督”又“战”，既发现问题又帮助解决问题。

【消费扶贫】 2020年，市扶贫办制定出台《山南市关于开展消费扶贫活动的实施方案》，采取机关企事业单位优先采购、结对帮扶干部“以买代帮”、搭建消费扶贫平台等方式，帮助扶贫企业、合作社、贫困群众逐步解决扶贫产品滞销的问题。同时，探索“网红＋社交平台”“微商＋社交平台”“县长带货”“地摊经济”等模式，参与百名县长“文旅助农”等直播形式进行扶贫产品营销，促进扶贫产品销售。全市通过以买代帮、机关食堂采购、采购工会福利等方式，2020

脱贫户室内一角——家具家电

年完成牛肉、羊肉、蔬菜、青油、酥油、奶渣等农畜产品采购1021.5万元。完成消费扶贫产品营业额354.4万元,有效解决贫困地区产业滞销问题,带动贫困群众增收致富。

【劳务输出】 2020年,山南市组建专班、各县(区)确定1县级干部、各乡镇确定1名领导干部专门负责劳务输出和增收工作。贯彻落实自治区“将政府投资400万元以下、技术含量不高、施工难度不大的小型扶贫项目,交给有资质的农牧民施工企业(队)实施,促进贫困群众就业增收”的政策举措,精准对接复工复产企业和重点项目工程用工需求和劳务输出。市、县两级财政新增投入2000余万元资金,采取以奖代补、以工代赈等方式,组织当地贫困劳力参与小型农田水利设施维修、低产田改造,促进贫困群众就业增收。全市统筹整合项目400万元以下的有96个,其中有82个技术含量不高、施工难度不大的项目交给有资质的农牧民施工企业(队)实施。研究制定《山南市农牧民工联队认定管理暂行办法》,以村、组、联户为单位,累计组建农牧民工联队432个,带动劳动力转移就业4.68万人,劳务创收4.08亿元。同时,注重加强技能培训,2020年以来全市投入培训资金2557.5万元,培训各类劳动力11257人。

【“三保障”成果巩固】 义务教育保障。2020年,山南市义务教育在校生36256人,小学入学率99.99%、初中毛入学率102.6%。全市义务教育巩固率达99.98%。2017年在全区率先实现义务教育均衡发展

“藏南圣品”扶贫超市一角

国家评估认定。基本建成包括学前教育、小学教育、初中教育、高中教育、职业教育和特殊教育在内的比较完备的现代民族教育体系,人人都能平等享受教育的机会。全市没有一个家庭因学致贫,也没有一个学生因贫辍学失学。

基本医疗保障。2020年,山南市“先就诊、后结算”全面推行,建档立卡贫困人口参保率100%。深入开展全民免费健康体检、先心病患儿救治、“两降一升”等工作。落实包虫病治疗“零支付”政策,所有患者实现应治尽治。广泛推进家庭医生签约服务,建档立卡贫困户签约率达100%。严格落实包虫病治疗“零支付”政策,累计投入包虫病防治资金2.26亿元,筛查率达100%,确诊阳性病例1428例,完成手术治疗440例、药物治疗214例。各县(区)均设立50万元以上预借资金,帮助解决家庭困难农牧民无力承担先期治疗费用问题。

住房安全保障。2020年,市扶贫办对全市疑似住房安全问题进行拉网式核查,对个别存在住房安全隐患的由县(区)财政安排资金逐一解决,做到住房安全有保障。

安全饮水保障。2020年,市扶贫办实施农村饮水安全巩固提升工程,建设季节性饮水安全点326处,彻底解决农村饮水安全问题。各县(区)安排10万—15万元供水应急保障资金,保障极端天气条件下群众生活基本用水需求。

【发挥产业效益】 2020年,山南市立足当地资源,坚持宜农则农、宜林则林、宜牧则牧、宜商则商、宜游则游,全市“十三五”时期规划实施种植业、养殖业、加工业、商贸流通业、文化旅游业、资源开发利用等六大类产业项目217个,总投资44.8亿元,辐射带动2.8万余人增收,实现16850人产业脱贫。同时,按照自治区“五定三统一”工作要求,对产业项目建立“公示公告牌”,对产业脱贫群众建立“明白卡”。建立产业脱贫项目资金分配进度、项目实施进度、项目贷款情况统计等台账制度,规范产业脱贫工作。根据市委主要领导的批示要求,各县(区)委书记对辖区内每一个扶贫产业进行调研,亲自

到现场了解掌握真实情况，分析问题、研究对策，拿出解决办法，不断提升项目带动增收能力，确保国有资产保值增值。

【激发内生动力】 2020年，山南市依托“新时代文明实践站志愿服务队”“巾帼志愿者”“民嘴讲堂”“女子联防宣讲队”“流动宣传车”“小喇叭”广播、“小讲座”宣讲队等方式，以入户宣讲、轮番播放音频宣讲等形式，加强习近平总书记关于扶贫工作的重要论述、脱贫攻坚政策的宣讲。组建有一定政策理论水平和作风过硬的农牧民党员、致富带头人、大学生村官等参加志愿服务队伍，将脱贫攻坚宣传教育融入“四讲四爱”，融入新冠肺炎疫情防控宣传引导工作，融入“遵行四条标准、争做先进僧尼”教育实践活动。寓教于乐，让群众知晓惠从何来、惠在何处，摒弃“等靠要”思想，教育群众不忘党恩、珍惜幸福，自力更生、勤劳致富。

【问题整改】 2020年，市扶贫办主动把整改工作作为一项政治任务，抓在手上、扛在肩上，强力推动落实。针对中央脱贫攻坚专项巡视“回头看”反馈的10个问题、2019年省级党委政府脱贫攻坚成效考核反馈的19个问题，制定并严格落实《关于落实中央第三巡视组脱贫攻坚专项巡视“回头看”及各级各类监督检查考核评估反馈问题的整改方案》，扎实推进整改，截至6月28日，19个问题已全部完成整改。针对自治区纪委办公厅《关于全区脱贫攻坚监督检查发现问题反馈意见的函》反馈的五大类49个方面问题，市直有关部门、有关县区主动认领，扎实推进整改，已全部整改。国家2020年脱贫攻坚省际交叉考核组在桑日县考核反馈的8个方面12个立行立改问题全部整改到位，自治区2020年脱贫攻坚成效考核反馈的3个方面8个问题全面整改完成。第三方扶贫资金绩效评估组对错那县2016年以来实施的68个扶贫项目进行绩效评价，反馈的问题全部整改完成。

桑日县追塘坝易地搬迁集中安置点

【易地扶贫】 *补齐搬迁点基础设施薄弱短板。*2020年，市扶贫办结合各搬迁安置点实际，全市25个集中安置点和8个分散安置点均配套建设基础设施和公共服务设施，其中新建幼儿园5个、卫生室4个、村级活动室12个，安置点配套基础设施和公共服务设施基本满足搬迁群众生活需求，其他安置点与原村（居）共享，全市搬迁群众住房安全得到有效保障，安全饮水、出行、用电、通信等基本生活需求得到基本满足，享有便利可及的教育、医疗等基本公共服务，搬迁群众生产生活水平得到明显改善，搬迁群众全部实现脱贫。

*实施产业项目带动增收。*2020年，市扶贫办聚焦“搬得出、稳得住、有就业、逐步能致富”目标，坚持以产定搬、以岗定搬，结合搬迁点实际，为搬迁安置点配套建设产业项目，带动搬迁群众就近就便增收，投资约8.5亿元，共为21个搬迁点配套建设产业项目29个。实施苗圃、经果林、土地开发等易地搬迁集中安置点配套产业项目，带动搬迁群众2660人增收、473人实现稳定就业；累计安排搬迁群众生态岗位6750人，人均年增收3500元。

市场监督管理

【概况】 山南市市场监督管理局（以下简称市市场监管局）是山南市人民政府工作部门，为正县级，加挂山南市知识产权局、山南市市场监管综合行政执法队牌子。内设3个正科级机构，分别为执法一大队、执法二大队、执法三大队。核定事业编制15名，专门用于行政执法，实行单列管理；机关内设17个正科级科室,分别为办公室、政策法规科、政工人事科、财务装备科、登记注册科、信用监督管理科、网络交易监督管理科、质量发展和监督抽查科、特种设备安全监察科、食品安全协调科、食品生产安全监督管理科、食品经营安全监督管理科、医疗器械监督管理科、标准计量和认证认可监督管理科、知识产权科、反垄断反不正当竞争和价格监督检查科、药品和化妆品监督管理科。核定行政编制57名,领导职数5名,科级领导职数40名;所属2个正科级事业单位,分别为山南市市场监管检验测试中心,山南市市场监管执法保障和调度中心。核定事业编制各8名,科级领导职数各2名。2020年,共有干部职工106人,其中,行政人员63人、参公人员7人、事业人员19人、工勤人员17人。

2020年,山南市市场主体总量38039户,同比增长10.57%,其中非公经济市场主体37268户,占市场主体总量的97.97%。

【商事制度改革】 2020年,市市场监管局依托自治区"一网通办"平台,再造业务流程、简化业务环节,创新发放营业执照、公章、发票等,提供企业开办业务"一网通办"服务,实现线上"一表填报"申请,后台并联审批服务模式,大幅缩减办理时间和流程,将企业开办时间压缩至4个工作日以内。实施"证照分离""多证合一"改革,推行注册登记全程电子化和电子营业执照。推进市场主体注销便利化,深化简易注销登记改革,实现企业注销"一网通办"。推行业务办理"零接触"服务,为服务市场主体提供更加快捷的便利化服务。新办企业营业执照办结时限1个工作日,药品经营许可证核发时限缩短至13个工作日,医疗器械经营许可证审批时限由45个工作日缩短至10个工作日,医疗器械经营备案凭证审批时限由30个工作日缩短到7个工作日。实现特种设备登记互联网线上审批,取消部分特种设备作业人员项目行政审批。

2020年,全市共申报6家基层藏药制剂配制单位,其中4家已获得自治区基层藏药制剂配制登记批件,2家正在公示当中。124个制剂品种获得西藏自治区基层藏药制剂备案件,申报通过率位列全区第一。全市共调剂医疗机构藏药制剂166个品种。

【食品安全监管】 2020年,市市场监管局开展问题猪肉、婴幼儿食用奶粉、保健品、防护产品、野生动物产品、边销茶、固体饮料、压片糖果、代用茶等重点产品专项整治,开展学校周边市场及食堂、大型工程工人食堂、各类小作坊、食品生产企业、农贸市场、网络订餐平台、城乡接合部和农村等重点区域专项整治,实施食品安全监管"回头看"和"12315"投诉举报"诉转案"工作制,食品安全问题即现即改,严惩不贷,全年规范违法行为105处,办理各类违法案件77起,罚没款17.03万元。完成700批次的食品安全抽检,合格率达94%,对不合格产品进行下架召回,依法查处相关市场主体,核查处置率达100%。启动全市已获生产许可证食品生产企业产品风险监督抽检工作,有效倒逼市场主体依法规范经营。西区农贸市场蔬菜农药残留快速检测工作持续推进,累计检测5899个批次,均合格。食品销售领域实施静态风险分级管理3056家,覆盖率达73%,本辖区食用农产品批发市场入场销售者建档覆盖率达到100%。组织12家企业参加食安员抽考,抽考率达100%。85%的餐饮单位完成"明厨亮灶"工程,评定放心肉菜示范超市创建店1家。

【药品、化妆品和医疗器械安全监管】 2020年,市市场监管局强化对"两品一械"生产经营企业生产经营现场的检查。集中开展疫苗、血液制品、特殊药品等专项整治行动。突出对互联网销售药品、化妆品、医疗器械等新业态的监管。深入疾病预防控制机构13家,疫苗接种单位108家,开展疫苗流通环节隐患排查,开展全面监督检查工作,检查覆盖率达100%。与全市各疾病预防控制中心、人民医院、乡镇卫生院等签订《山南市疫苗质量安全责任书》108份。对12个县(区)疫苗质量安全专项检查情况进行全覆盖督导检查,下达监督检查记录表26份。全年药品不良反应报告57例,医疗器械不良事件报告2例,化妆品不良反应报告11例。查办药品案件2起,罚没款0.7万元,查办化妆品案件1起,罚款0.2万元。

【特种设备安全监管】 2020年,市市场监管局开展特种设备安全检查,排查各类特种设备1500台次,发现安全隐患100条,整改完毕。评估10年以上老旧电梯60台,发

2020年4月，市场监督管理局执法人员在西区农贸市场创卫检查工作

现一般问题14台，重大问题46台，均整改完毕。抽查在用电梯32台，抽查率达5.8%，抽查情况良好。监督检查650台（件）民生计量器具，合格率达98%。检验特种设备720台，均合格。探索推广“电梯保险＋服务”模式，参保电梯545台，参保率为64%。

【工业产品质量安全监管】 2020年，市市场监管局加强2019年度重点工业产品监督抽查后处理工作，集中约谈不合格产品生产企业、销售店负责人15人，对不合格产品生产企业和销售商进行公示，将不合格产品纳入本年度重点工业产品质量监督抽查中计划范围。加强重点工业产品生产许可证后监管，对辖区内4家饮用水生产企业开展食品相关产品生产情况摸底排查。加强重点工业产品监督抽查工作，累计抽样120批次流通（生产）领域产品，抽查合格率80%，查办质量违法案件8起，罚没款3.38万元。

【网络和广告市场监管】 2020年，市市场监管局重点查处软色情、低俗媚俗等违法广告，重点关注金融、农资、网络直播等领域，抓住节假日、高考等重要节点，结合当下疫情形势，开展各类广告专项整治行动，搜集违法广告线索，整治假借疫情发布传播虚假广告和信息行为，排查涉“传”、虚假、欺诈类金融广告资讯，打击绝对化用语行为，打击网上虚假宣传、销售假冒伪劣商品、不正当有奖销售行为。开展各类专项行动百余次，检查各类经营主体3750家次，检查网页信息2900余条，检查街头广告100余条，全力净化广告市场环境。

【事中事后监管】 2020年，市市场监管局开展市场监管领域“双随机、一公开”监管工作45批次，抽查各类市场主体1954户，检查结果及时公示率达100%。依法吊销企业营业执照281户，引导企业守法诚信经营，净化市场环境。2034户市场主体因不同情形被列入至经营异常名录，4户市场主体被列入严重失信违法企业名单，实施联合惩戒，在行业准入、项目审批、承揽业务、办理信贷、发票领用、授予嘉奖等方面依法对其予以限制。441户市场主体通过纠正违法违规行为，履行公示义务，移除经营异常名录。稳步推进公平竞争审查工作，共审查存量政策措施文件56份，组织清理妨碍统一市场和公平竞争文件8份。

【消费维权】 2020年，市市场监管局强力推进“12315”“12365”“12331”“12358”“12330”的“五线合一”改革，实现“12315”一号受理，消费维权覆盖面不断扩大。推进12315“五进”工程，延伸消费维权触角，累计建立消费维权服务站113个。全年共受理处理消费投诉举报164起，办结率100%，诉转案7件，为消费者挽回经济损失31.3万元。开创投诉举报新局面，山南美团发展为ODR企业，实现美团消费者“24小时在线维权”。

【知识产权保护】 2020年，市市场监管局强化知识产权侵权行为监督检查，严厉打击流通领域假冒违法行为，结合重要节点，开展打击侵犯知识产权和制售假冒伪劣商品行为专项行动，营造良好的市场环境。联合“牛栏山”等驰名商标所有者开展打假专项整治40余次，没收侵权假冒产品20余种，价值5.8万元，查办涉及侵权假冒案件16起，罚没款4.65万元。

【质量强市】 2020年，市市场监管局持续推进创建全国质量强市示范城市，督促指导各县（区）开展质量强县（区）工作。积极推进“加快实施质量振兴战略”和“推进开展质量提升行动”。配合开展2020年自治区产品质量监督抽查工作，累计抽样176批次流通（生产）领域产品，产品质量监督抽查合格率80%。推进第六批国家社会管理和公共服务综合标准化试点工作，指导山南市儿童福利院引用国家标准、行业标准54项，梳理、制定儿童福利相关企业标准204项，指导贡嘎县特困人员集中供养中心引用国家标准、行业标准61项，梳理、制定养老服务企业标准188项。

2020年4月1日，市税务局举行全国第29个税务宣传月启动仪式

【知识产权保护】 截至2020年年底，山南市有效注册商标3221件，地理标志商标15件，分别是"十二五"期末的5.7倍、7.5倍，获批6个国家地理标志保护产品，拥有有效专利101件，"泽帖尔"连续三年荣获国际商标金奖，"藏源山南"公共品牌异议成功并已申请注册保护，"地球第三极"品牌产品和服务调研融会工作持续推进。

税务

【概况】 2020年，国家税务总局山南市税务局（以下简称市税务局）坚持稳中求进总基调，深入贯彻新发展理念，落实高质量发展要求，自觉扛牢主责、聚焦主题、抓实主业、突出主线，服务"六稳""六保"大局。全市组织收入52.58亿元（含社保基金），同比增收6.68亿元，增长14.55%，增收、增速均列全区第二。其中：税收收入完成36.47亿元，同比增收4.57亿元，增长14.34%；非税收入完成1.03亿元，同比增收0.1亿元，增长11.14%；社保费和其他收入完成15.08亿元。

【征管改革】 2020年，市税务局完成各类社会保险费征管职责划转工作。截至年底，全市各类社会保险费征管职责全部划转完成，全市税务系统全年完成社保费及非税收入15.08亿元。同时，主动协调财政、残联、水利、人防等部门做好残保金、水土保持补偿费、防控地下室异地建设费三项非税收入划转前期准备工作，为三项非税收入征管职责顺利划转税务部门奠定基础。

【纳税服务】 2020年，市税务局推广"一窗通办"和"最多跑一次"服务，纳税人业务办税事项减少50%，资料报送压缩48%，表证单书精简26%，取消95%以上的税收优惠备案事项。落实税务总局等13个部门联合出台的推进纳税缴费便利化改革、优化税收营商环境若干措施，围绕纳税人缴费人需求，提升纳税缴费事项办理便利度，优化税务执法方式，支持市场主体发展。发票领用实现网上申请、线下配送。

【网上办税】 2020年，市税务局拓展"非接触式"办税缴费渠道，实现"网上办税为主、自助办税为辅、办税服务厅兜底"工作格局，做到"涉税事、网上办、非必须、不窗口"。全面推行电子税务局，截至年底，电子税务局注册用户9619户，电子申报率98.98%，电子缴库率99.77%。6类76项业务办税缴费事项实现"全程网上办"。实现单位扣缴人网上申报全覆盖。

【减税降费】 2020年，市税务局落实总局18条政策、自治区局10条措施，确保纳税人缴费人应知快享。全年共减免各项税款13.83亿元，减税降费3.7亿元。其中：2019年年中出台政策在2020年翘尾新增减税降费2.22亿元；2020年出台的支持疫情防控和经济社会发展税费优惠政策新增减税降费1.48亿元。减税降费政策共惠及3836户市场主体，共享受17401次。其中，个体1159户，享受3474次；企业2677户（含小微企业），享受13927次。

山南年鉴

ལྷོ་ཁའི་ལོ་རིམ་མེ་ལོང་།

山南年鉴

2021

农牧业·水利·林业·电力

农业 农村

【概况】 山南市农业农村局（乡村产业发展局）（以下简称市农业农村局）内设正科级行政科室11个，分别是办公室、政策法规与改革科、计划财务科、乡村产业发展科（发展规划科）、农村社会事业促进科、农村合作经济指导科（宅基地管理科）、农产品质量安全监管科（科技教育科）、种植业管理科（农业机械化管理科）、畜牧水产兽医科（屠宰管理办公室）、农田建设管理科（防灾减灾指导科）、政工人事科；1个所属事业单位（正科级）为畜禽良种繁育中心；下辖5个单位，分别是市农业技术推广中心为副县级事业单位，市畜牧兽医总站（市动物疫病预防控制中心）为正科级建制事业单位，市草原工作站（草原监理站）为正科级建制参照公务员法管理事业单位，市动物卫生及植物检疫监督所为正科级建制参照公务员法管理事业单位，市农产品质量安全检验检测中心。农牧系统共有干部职工162人。其中局机关36人（编制35个），所属事业单位畜禽良种繁育中心2人（编制2个）。市农业技术推广中心56人（编制60个），市畜牧兽医总站45人（编制35个），市草原工作站（市草原监理站）4人（编制8个），市动物卫生及植物检疫监督所6人（编制8个），市农产品质量安全检验检测中心13人（编制10个），全系统有县级干部14人（含援藏干部1名、二级调研员3名、三级调研员1名、四级调研员5名），实际在岗县级干部14人、局机关县级干部13人（二级调研员3名、三级调研员1名、四调研员5名），市农业技术推广中心（1人），党组成员由7人组成。市农牧系统共有专业技术人员102人，其中推广研究员2人，副高级职称10人，中级职称36人，初级职39人，技术员15人。

2020年，山南市依托自治区“一区两园”森布日园区，以“一县一业”为方向，全市“十大基地”项目33个，其中养殖业19个、种植业13个、加工业1个，计划总投资26.24亿元，到位资金16.16亿元，开复工项目27个，开复工率81.82%，完成投资13.98亿元。实施农业农村领域项目127个，总投资24.25亿元。全年完成投资17.24亿元，固定资产统计入库8.2亿元，完成年度固投任务（4.98亿元）的165%。成立“十四五”时期农业农村规划编制专班，共储备筛选21类265个项目，拟列入自治区规划盘子的项目8类82个项目，估算投资3.18亿元。藏鸡藏猪奶牛产业稳步推进，西藏宏农农业发展有限公司藏鸡产业项目规划投资达5亿元，养殖规模100万羽，年底完成土建工程的80%。隆子县万头藏香猪产业项目已开工建设，项目建成后计划年出栏1万头；引进安徽和县绿源温室科技有限公司入驻山南市种植设施蔬菜；森布日现代牧业奶牛养殖项目已开工建设，森布日人工种草项目已完成评审。

2020年11月13日，市农村集体产权制度改革工作现场会在乃东区召开

【种植业生产】 2020年，山南市总播面积50.91万亩（含复种面积3.31万亩），其中：粮食作物面积36.2万亩（其中青稞播种面积27.1万亩）、经济作物面积6.26万亩（油菜2.63万亩、蔬菜3.63万亩）、饲草作物面积8.45万亩（含青饲玉米1.44万亩），粮食（青稞）、蔬菜、油菜总产量分别为16.5万吨（青稞11.04万吨）、6.18万吨、7.16万吨。青稞良种覆盖率91.5%，青稞

主推产品有“藏青2000”“冬青18号”“喜马拉22号”“山青9号”，小麦高产品种有“山冬7号”，油菜品种有“山油2号”“山油4号”“京华165”。实施绿色高质高效创建面积27万亩、耕地地力测土配方施肥面积28万亩，青稞作物优良品种25万亩，建立良种繁育田1.7万亩。2020年，扎囊县获全区种粮大县称号，落实奖励资金1000万元。

【畜牧业生产】 2020年，山南市年末牲畜存栏125.99万头(只、匹)，其中，牛46.55万头、羊74.69万只，猪3.51万头，马属1.24万匹。禽类存栏22.12万羽。牲畜出栏45.41万头(只、匹)，其中，牛13.61万头、羊29.59万只、猪2.21万头。肉产量2.7万吨、奶产量8.6万吨、蛋产量794吨。犏牛经济杂交、畜禽良种繁育及推广(黄牛改良)分别完成1201头、53816头，完成率120.1%、112%。农牧民补助奖励政策(草奖)工作顺利通过自治区级终验，兑现资金0.9亿元。全年实现牧业总产7.46亿元，占农林牧渔业总产值的50.13%。

【重大动物疫病防控】 2020年，“春防”牛A—O型口蹄疫灭活疫苗应免533571头，实免527880头，免疫率98.9%；羊A—O型口蹄疫灭活疫苗应免807645只，实免803640只，免疫率99.5%；猪O型口蹄疫灭活疫苗应免6792头，实免6751头，免疫率99.4%；猪瘟应免6792万头，实免6751万头，免疫率99.4%；鸡禽流感应免135935万羽，实免135935万羽，免疫率100%。“秋防”牛A—O型口蹄疫灭活疫苗应免53209头，实免53135头，免疫率99.9%。羊A—O型口蹄疫灭活疫苗应免841161只，实免839597只，免疫率99.8%。猪O型口蹄疫灭活疫苗应免30780头，实免30738头，免疫率达到99.9%。猪瘟应免30780头，实免30738头，免疫率达到99.9%。鸡禽流感应免221180万羽，实免221096万羽，免疫率达到99.9%。全面完成“春秋两季”重大动物疫病防控工作，补免后免疫密度100%，全年未发生区域性重大动物疫情。

【农业机械化】 2020年，山南市农机总动力达到80万千瓦，新增各类农业机械5462余台(套)，其中，拖拉机526余台(不包含农用运输机械)。耕、耙、播、收机具3238余台(部)，其中，畜牧养殖机械、农产品加工机械、田间管理机械等1117余台(部)。落实农机购置补贴资金2090.5万元。实施农机深松整地作业2.93万亩，并按照每亩55元的标准兑付补助资金161.5万元。配合自治区农牧厅在乃区东实施青稞全程机械化一万亩示范工作，全市机耕36万亩，机播33.9万亩，机收34万亩，三项作业综合水平达到73%。全年未发生农机安全生产死亡事故。

【高标准农田建设】 2020年，山南市落实高标准农田建设9万亩，其中洛扎0.5万亩、浪卡子0.7万亩、乃东1.2万亩、扎囊2万亩、桑日0.5218万亩、隆子1.5万亩、错那0.19万亩、贡嘎1.076万亩、措美0.3亩、曲松0.5622万亩、加查0.45万亩。项目落实总投资27000万元，其中中央财政补助资金18270.44万元，自治区财政补助资金3493万元，市级财政配套资金2530万元，县级自筹资金2706.56万元，实配资金5340.933769万元。8月，全面完成全市“十二五”以来高标准农田建设项目上图入库工作，全市“十二五”以来高标准农田建设项目共85个，涉及11个县(区)，项目批复建设规模62.1531万亩，项目总投资144885万元。

2020年建设中的隆子县藏香猪猪场

【农村改革】 2020年,山南市开展第二轮土地承包到期后再延长30年先行试点,累计培育各级合作社示范社51家(其中国家级12家、自治区级23家、市级16家),超额完成"十三五"时期农牧业规划合作社示范社建设目标,成功引进内地13家企业落地山南,共承包流转土地26969.61亩,承包流转价格区间在750—850元之间,实现创收1960余万元。累计培育龙头企业11家,家庭农(牧)场20家。12个县(区)清产核资工作顺利通过自治区级验收,共清理农村集体资产53.43亿元,资源性资产集体土地94.35万亩(含拉萨空港新区)。乃东区作为农村集体产权制度改革中央整县试点县(区),全面完成改革各项任务,47个村居均成立股份经济合作社,其余11个县相关工作有序推进。乃东区农业农村局获"全国农村承包地确权登记颁证工作先进集体"称号,扎囊县获"全国农村承包地确权登记颁证工作典型地区"称号。2020年乃东区确定为西藏第二个农村宅基地制度改革试点县,已完成方案编制等相关前期工作。

【农畜产品质量安全监管】 2020年,市农业农村局开展"农资打假"行动24次,监测抽样农畜产品192批次,抽样合格率为100%;市级抽样255批次,所检参数合格率为100%,监测覆盖乃东、扎囊、贡嘎、桑日、加查、琼结、隆子、曲松7个县区规模蔬菜基地,配合国家、自治区开展每季度例行农畜产品抽样监测工作。落实"一减两控三基本",减少化肥、农药使用量,全年农药总量41.944吨,较2019年减少0.36吨,调减0.85%,实现"零增长"。化肥总量7650吨,较2019年调减850吨,调减10%,实现"零增长"。乃东区5万亩绿色食品原料(青稞)标准生产基地,通过国家验收,成为西藏自治区首个全国绿色食品原料基地,实现自治区该类国家基地零的突破。农产品质量安全"双认证"通过自治区考核。制定出台《山南市畜禽废弃物资源化利用实施方案(2018—2020年)》,落实粪污资源化利用项目,全市粪污资源化利用率达75%,规模养殖场粪污处理设施装备配套率达到96%以上。

【防灾保畜】 2020年,山南市发放防抗灾饲草料1350吨、落实防灾减灾资金1266余万元,市级储备抗灾饲(草)料2765吨,全年未发生重大灾害事件。

【农牧民增收】 2020年,山南市农村居民人均可支配收入15874元,比2019年增加1748元,增幅12.5%,总量居全区第3和增速均居全区第4。工资性收入5378元,增幅18.1%,占总收入的33.9%;经营性净收入6288元,增幅8.8%,占总收入的39.6%;财产净收入268元,增幅24.1%,占总收入的1.7%;转移性收入3940元,增幅10.6%,占总收入的24.8%。全市农村居民人均经营性收入仍是主要组成部分,工资性收入成为增长亮点,财政性收入潜力巨大,转移性收入是稳定收入的重要手段。

【农村人居环境整治】 2020年,市农业农村局统筹相关成员部门,开展村庄清洁行动,组织实施"四清两改"农村环境整治行动,先后开展春节·藏历年战役、春季战役"3·28"行动和夏季战役。截至年底,全市拥有卫生户厕57344户,户厕普及率为80%。乃东区、琼结县(二类)户厕普及率分别为96.89%和98.06%。按照先行先试、逐步推广的思路,选取10个基础条件较好的村居,开展美丽宜居乡村创建工作,形成《山南市农村人居环境整治美丽宜居示范村建设实施方案》。全市开展垃圾分类村庄17个、建立垃圾兑换超市5个、有垃圾集中收集点的村庄469个、配置运转车辆279辆、配置清扫工具2026套、建立收运体系的村庄366个、纳入城镇污水管网的村庄34个、建有集中式分散式等农村生活污水治理设施的村庄35个、全市18个乡镇建设垃圾填埋场,23个乡镇建设垃圾转运站。

【脱贫攻坚产业项目】 2020年,市农业农村始终把产业扶贫作为推动脱贫攻坚的根本出路,立足贫困地区资源禀赋和现有产业基础,明确特色种植、畜牧养殖、特色加工、乡村旅游、商贸物流、建筑建材、光伏发电、天然饮用水、藏药材、民族手工十类扶贫产业选择方向,全力推进产业扶贫项目。全市产业扶贫217个项目已全部开工、开工率100%,其中:完工216个,累计完成投资40.99亿元,受益人口达2.8万余人,实现产业脱贫16850人。2020年,9个涉农统筹整合资金项目,全部开工,已完工4个,在建5个。全市规划实施42个边境小康产业项目,已完工27个,在建15个,累计完成投资4.3亿元。建立"一名牵头领导、一名产业指导员、一名业务专干"的项目管理机制,优化完善《关于山南市产业脱贫利益联结机制的指导意见(试行)》,推进利益联结、产权清晰、基础资料、竣工验收"四个100%"工作任务。其中利益联结情况完成率100%。产权清晰情况完成率为100%。截至年底,12个县(区)217个产业扶贫项目已全部明确产权归属,其中产权归国家和村集体121个、市场经营主体38个、国家和企业共有43个、到户项目1个、入股项目14个。项目资料齐全率为99%。2个项目仍待齐全,其中琼结县1兆瓦光伏扶贫项目待自治区批复;隆子县洋兄石锅加工厂项目正在等市自然资源局批复。竣工验收已完工216个,其中已完成竣工验收212个,竣工验收完成率为99%。认真梳理产业扶贫项目经营主体、管理团队相关工作,其中:经营主体为公司(企业)的113家、合作社的58个、村集体的26个、农牧民施工队的2个、政府投资公司的15个。

扎囊县测土配方施肥"3414"田间试验是按照市推广中心在扎其乡藏仲村进行冬小麦山冬7号田间肥效试验和校正试验,通过试验数据分析总结,为山南市建立测土配方施肥技术。指标体系、测算土壤供肥能力、肥料利用率等基本参数和肥料配方提供科学依据图为扎囊县冬小麦3414试验田一角

农技推广

【概况】 山南市农业技术推广中心(以下简称市农技推广中心)有事业编制60名,领导职数12名,其中,中心领导3名(副县级1名,正科2名),站所科室领导9名(土肥站、推广站、农科所各1正2副)。实有人员56名。2020年,市农技推广中心加强粮食单产提高,测土配方整建制推进、种子工程建设、重大农作物病虫草害防治、高产栽培集成技术培训、现代新型配套农机具示范推广、高温高效堆肥与复种绿肥地力提升等技术指导与服务。全年共派出21名专业技术人员,覆盖全市12个县(区)。

【科研工作】 2020年,市农技推广中心科研主要以"青稞、小麦、油菜"三大作物育种为主,还承担国家燕荞麦体系建设任务。在乃东昌珠克麦社区连片种植青稞(喜拉22号)面积400亩,在乃东卡多社区种植青储玉米120亩,经第三方机构现场测产,增幅分别达到20%和10%。初步形成一套青稞、玉米粉垄耕作技术规范和标准化生产流程。农科所联合自治区农科所、日喀则农科所,选定6个当前主栽的甘蓝性油菜品种和19个对比品种,分别在乃东区颇章乡和中心试验园区集中展示,全年引进彩色油菜品种6个。开展观赏牡丹和药用牡丹的露地种植工作,种植面积8亩,长势较好。加查、措美、浪卡子及区外推广种植燕麦面积3万亩,亩均产鲜草2000公斤,折干草300公斤。

【病虫草害监测防控】 2020年,市农技推广中心在全市4个存在草地贪夜蛾入侵风险较高的县设立254个草地贪夜蛾监测点。在贡嘎、扎囊、加查、洛扎、隆子重点县划定25个蝗虫常发区监测点。在隆子、错那、洛扎建立3个沙漠蝗虫监测点,并组建3支防控应急队伍。

【病虫害统防统治】 2020年,市农技推广中心通过新型农药统防统治新技术推广运用,精准施药、合理施肥等技术利用率平均达32%、绿色防控达25%。在扎囊和乃东两县开展无人机防治病虫害的示范工作。

【种子田建设】 2020年,山南市共建原种、一级、二级种子田3750亩,其中原种、一级、二级种子田验

有机硅有机肥试验田

收合格率达100%。

【技术培训】 2020年，市农技推广中心结合测土配方整建制推进、种子工程建设、重大农作物病虫草害防治、高产栽培集成技术培训、现代新型配套农机具示范推广、高温堆肥与复种绿肥地力提升等方面，累计开展各类培训110余场，受训人数12500余人次，发放宣传资料5000余份。

【土肥工作】 2020年，市农技推广中心重点围绕减肥增效，促进耕地质量提升进行测土配方施肥技术指导和培训，在6个粮食主产县推广测土配方施肥面积28万亩（青稞18.39万亩、小麦6.31万亩、油菜3.3万亩），与2019年持平。其中：乃东县5.38万亩、贡嘎县7.61万亩、扎囊县6.21万亩、隆子县4.59万亩、桑日县1.93万亩、琼结县2.27万亩。在乃东、桑日县各安排3414肥效试验1个，品种“喜拉22号”。在隆子县安排黑青稞钾肥试验1个。在乃东、扎囊各安排商品有机肥试验1个，品种“喜拉22号”。在乃东区安排有机硅有机肥试验示范1个，品种“山青9号”。充分发挥监测结果对耕地质量建设保护的基础支撑作用，在贡嘎县和扎囊县各建设1个自治区级耕地质量监测点。按照《西藏自治区耕地质量等级变更调查评价与统计工作方案》要求，构建耕地质量数据平台，完善耕地质量管理信息系统。在建成6个项目县域耕地资源管理信息系统（评价系统）基础上，重点完善各县评价成果和县域耕地资源管理信息系统。通过开展田间肥效试验、商品有机肥增施及替代试验、商品有机肥示范试验、主要粮食作物化肥利用率田间试验、春青稞不同施肥量对比试验等共计22个田间肥效试验。对主要粮油作物施肥指标体系进行修正。

水利

【概况】 山南市水利局（以下简称市水利局）内设正科级行政科室8个，分别为办公室、规划计划科、财务科、水资源管理科（市节约用水办公室）、河湖管理科（市河湖长制办公室）、农村水利水电水保科、水旱灾害防御科，建设与管理科；内设正科级事业科5个，分别为灌区管理局（参公管理）、重点水利水电项目管理办公室（参公管理）、水利工程建设质量与安全监督站（参公管理）、山南市水土保持监测中心、水利行政执法队；下属自收自支事业单位1个，为山南市水利电力勘测设计研究院。机关编制总数20名，所属事业单位、执法机构编制13名。实有干部职工42人。2020年8月，整合山南市水利局执法职能，设立山南市水利行政执法队，为山南市水利局正科级内设机构。为山南市水利局核增事业编制3名、科级领导职数2名，专门用于执法，实行单列管理。

2020年，山南市续建水利项共69项，完成投资10.47亿元，与2019年完成投资持平；年初市政府下达任务入库投资为6.43亿元，实际年底入库投资为6.53亿元。

【重点水利工程】 2020年，结巴水库建成，雅鲁藏布江干流河道治理工程（山南段）、雅鲁藏布江干流山南森布日段防洪工程完工，卓于水库主体工程完工，工程进度达87%；森布日水厂于5月开工建设。

【民生水利工程】 2020年，山南市投入资金1.625亿元，用于农村饮水安全工作。326处存在问题人饮点全部实现通水，涉及贫困人口88699人。投资220万元完成枯水期和丰水期所有工程点的水质检

2020年12月6日，举办松辽委对口援藏山南市水利系统专业技术培训开班仪式

测工作。全市集中供水率100%，水质达标率100%，自来水普及率93%，供水保证率达95%。推进农村供水工程水价制度，收缴水费125.15万元，征收率达97%。山南市昌果乡高海拔生态搬迁安置区防洪工程完工，总投资1000万元。贡嘎县昌果乡高海拔生态搬迁耕地开发配套工程及人饮工程于3月开工建设，总投资1137.71万元。

【水旱灾害防御】 2020年，山南市共发生灾害64起，受灾人数达14282人，造成直接经济损失5948.44万元。3月25日，市水利局启动雅江重要河段清淤工作，清淤280万立方米，5月22日起落实24小时值班制度，6月30日起开展超标准洪水防御演练、山洪灾害防御实战演练工作。完成冷达等4座水库大坝安全鉴定、阿涡多等5座水库除险加固、阿扎等15座水库雨水监测信息平台建设工作，汛前修复重点水毁工程4处。入汛以来，先后组织18个工作组，对全市82个乡镇、130余个重点行政村进行督导检查和地质灾害隐患排查36次，检查各类工程、项目营区、工区、企业单位共130家（项），排查安全隐患16处，下发整改通知3份。召开市级防汛抗旱工作会议5次，组织气象、水文等部门会商研判4次。市县（区）共落实防汛资金645.51万元，储备铁丝124.58吨、铅丝笼3337卷、防汛袋77.57万条、铁锹450把、十字镐600把、对讲机66部、旱地龙600箱、冲锋舟2艘等物资。出动救灾人员2875人次，投入机械设备90台班、防汛编织袋9.85万条，砂石料1.3万立方米、铅丝笼、铁丝203.68吨。成功转移人员350人、解救洪水围困群众120人、减淹耕地3.1万亩、避免粮食减收2.28万吨、减少受灾人口0.42万人、减灾经济效益约1230万元。

【水资源管理】 2020，市水利局开展取水许可和节水监督检查5次，下发取水许可证8个，下发取水计划批复21份，开展水资源技术论证评审19次，关闭自备水井1处。开展河道采砂监督检查10余次，现场下发整改通知书14份，关停通知书7份。审批生产建设项目水土保持方案41份，报备水土保持方案报告表24份。开展水土保持监督检查一轮次，涉及项目20项，配合自治区水保局完成1轮次监管，涉及项目7个。全年水资源费征收超1000万元，基坑降排水项目水资源费征收实现零突破。水土保持补偿费819.3万元。市级节水型机关建设顺利通过自治区水利厅验收，2020年度实行最严格水资源管理制度考核获得优秀等次。

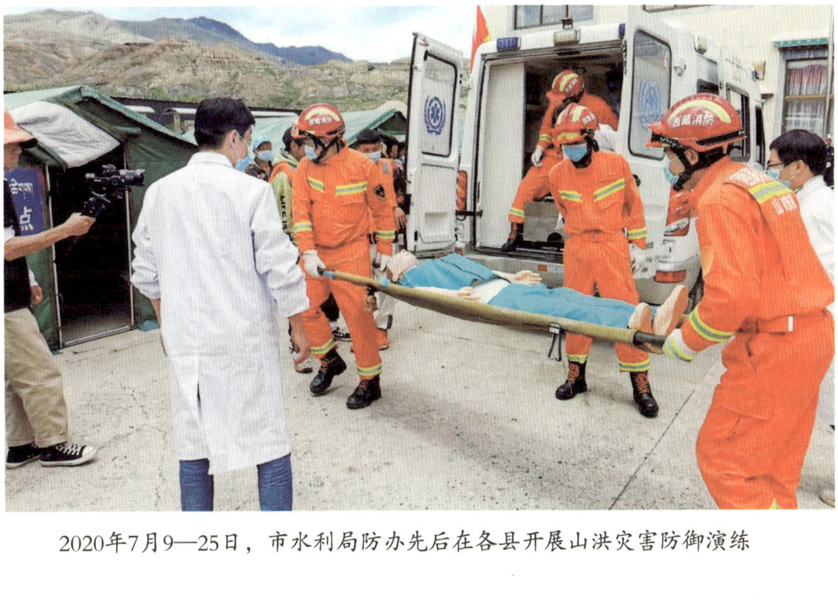
2020年7月9—25日，市水利局防办先后在各县开展山洪灾害防御演练

【河湖管理】 2020年,山南市共有36名市级河湖长、247名县级河湖长、529名乡级河湖长、989名村级河湖长。市级河湖长累计巡河湖84人次,县级河湖长累计巡河湖988人次、乡级河湖长累计巡河湖6396人次,更新完成河湖长公示牌80块。督促整改销号遥感监测发现四乱问题1处,整改长江委暗访发现问题2处,整改雅江森布日段乱建问题1处,关停乃东区布麦砂石场及利民砂石场。市级河湖的管理范围划定工作完成图上作业工作。9月27—29日,在山南举行河湖长制暨最严格水资源管理培训班,各县区河长制和水资源管理工作人员共计40人参加培训。全年市县两级开展水利行业政策法规宣传活动50余次,发放宣传资料25000余份,发送手机宣传短信11万条,取得良好的宣传效果。

【水利规划】 2020年,山南市纳入全区边境重大水利(“7·18”)项目库的项目共132项,总投资30.22亿元,2020年已概批57项,待概批39项,初设及可研阶段36项。《“十四五”水安全保障规划报告》已编制完成初稿,西巴霞曲流域综合规划已完成初稿编写,已完成市直部门征求意见。SS项目《总体方案》(报批稿)最终审查意见于2020年9月报水利部,待正式下达。《可行性研究报告》于2020年8月17—19日召开技术讨论会,根据讨论意见正在修改完善。SS项目《总体方案环境影响评价报告(咨询稿)》和《项目环境影响评价报告书(初稿)》已完成。

【水利工程质量与安全管理】 2020年,市水利局与各县区水利局及重点项目建设单位签订《山南市水利行业安全生产责任书》及《质量终身责任书》。全年办理26个项目的质量监督手续,核查审批项目划分26个。自3月以来,市水利局对各建设项目各参建单位质量体系建设情况、质量行为落实情况和工程实体质量进行定期监督检查,共检查项目31个,开展监督检查74次,下发限期整改通知单19份。9月9日,召开“强监管、促整改、治乱象”专题会议,对6家参建企业进行约谈。6月,采用“请进来”方式,邀请松辽水利委员会、湖南水利厅水利建设和质量管理专家至山南市10个县,检查抽查10个具有代表性的水利项目,进行现场指导,对6个重点项目开展“飞行检测”,提高全市水利行业质量监管水平。7月,顺利通过自治区水利厅质量考核督导组的考核。

【中小河流治理】 2020年,山南市新续建错那县觉拉乡德吉村防洪堤、隆子县热荣乡加绕村防洪堤等乡村防洪工程18个,总投资2.22亿元,治理河道94公里,新建堤防及护岸105.4公里,已累计完成投资2.07亿元。

【水土流失治理】 2020年,山南市新续建扎囊县阿扎乡水土流失综合治理工程、隆子县热荣乡沃塘流域水土保持综合治理工程等水保项目7个,总投资0.73亿元,治理水土流失面积200平方公里,已累计完成投资0.62亿元。

【农田水利建设】 2020年,山南市新续建乃东区颇章乡达当水库灌区配套及节水改造工程、琼结干渠工程、哲古水库等项目7个,总投资1.74亿元;新建水塘(库)3座,库容61.3万立方米;新建及改造渠道78.1公里,已累计完成投资1.53亿元;争取市级财政资金800万元,对江北灌区、隆子灌区、雅砻灌区三大重点灌区开展维修养护工作。

林业 草原

【概况】 山南市林业和草原局(以下简称市林草局)设7个内设机构(正科级),分别是办公室、生态保护修复科[市绿化委员会办公室、退耕(牧)还林还草办公室]、森林资源管理科(野生动植物保护办公室)、草原管理科、自然保护地管理科、森林公安局、行政执法队。核定总编制数28名(其中:行政编制16名、参公编制6名、事业6名含行政执法队4名)。实有人员47名。其中:行政人员24人、事业人员9人、工勤人员13人、援藏干部1人;县处级干部9名、科级干部15名、科员1名,中级职称人员4人、初级职称人员3人、未聘人员2人,高级工10人、中级工3人、初级工0人。全市12个县(区)均设有正科级林业和草原局。

2020年,市林草局牢固树立山水林田湖草沙生命共同体和绿色发展理念,围绕建设“生态美好模范区”和“美丽山南”的工作目标,推动山南林草事业持续健康发展,为实施乡村振兴战略和建设生态文明做出贡献。

【国土绿化工程】 造林绿化工作。2020年,山南市工程造林项目共7个,计划实施工程造林4.68万亩,计划完成投资2.8亿元。实际完成工程造林面积4万余亩,完成年度任务的85.63%;实际完成投资2.2亿元,完成年度任务的79.26%。全市完成义务植树1.74万亩,栽植各类苗木111.3万株。

先造后补试点。2020年,市林草局为落实自治区绿化委员会专题会议精神,市林草局主动对接上级业务部门,以形式可推广、可复制经验做法为出发点和落脚点,开展先造后补试点工作。全市实施先造后补6336.7亩,其中:扎囊县阿扎乡章达村2640.7亩,贡嘎县5个点共3696亩。

城市园林工作。2020年,市林草局开展森林围城建设,完善项目相关设施,全面提高山南主城区城市绿化水平,森林城市创建工作取得新成效。完成树穴美化工作,为市区全部17个路段,6244个树穴安装树篦、透水管。推进乃东区道路绿化设计工作,开展市区170554平方米绿化日常维护和各路段的绿化苗木补植补栽,加强相关工作的监督考核。

【湿地保护】 2020年,山南市完成西藏雅鲁藏布江中游河谷黑颈鹤国家级自然保护区三期工程山南项目,总投资673.57万元。完成投资600万元的浪卡子县2019年退牧还草工程项目和投资900万元的隆子县2019年退牧还草工程项目。落实姐德秀国家森林公园以及曲松下洛等4个国家湿地公园恢复和保护制度。完成投资250万元的2018年错那县拿日雍措国家湿地公园湿地保护与恢复补助项目;完成投资200万元的2018年加查县拉姆拉错国家湿地公园湿地保护与恢复补助项目;完成投资180万元的2019年西藏琼结琼果河国家湿地公园湿地保护与恢复补助项目;完成投资200万元的2019年西藏曲松下洛国家湿地公园湿地保护与恢复补助项目;完成投资200万元的2020年西藏错那拿日雍措国家湿地公园湿地保护与恢复补助项目;完成投资2509万元的西藏琼结琼果河国家湿地公园湿地保护与恢复项目。

2020年4月7日,山南市组织全市干部职工在江北开展义务植树造林活动,驻防森林消防分队积极组织官兵参与植树造林活动

【生态领域风险防控】 2020年,市林草局按照自治区林草局对境外沙漠蝗虫防控工作要求和部署,完成300万元的草原有害生物防控应急所需的药剂、药械物等资储备工作。持续加强苗木调运检疫等工作,办理从自治区外调入应施检疫的森林植物及其产品审批818份,开具省(区)内植物检疫证书55份。全市共开展执法行动20余次,对运输、加工、经营和使用疫木及其制品的行为进行全面检查,消除疫情传播扩散隐患,共查出6起违规调运案件,处理完成5起,罚款数额达5500元,下发督办紧急通知5起。继续加强森林草原病虫害防治工作,重点加强雅江沿线春尺蠖、隆子小叶杜鹃、森林属兔害等防治。全市完成防治面积13.5243万余亩,防治率达90%以上,使用各类药剂510余箱,组织防治人员2300人次,出动手扶拖拉机、车辆200余次,各类机械820余台次。

【生态资源监管】 2020年,市林草局结合疫情防控工作,每日配合市场监管部门开展市区非法野生动物交易专项检查工作。在全市范围内对各野生动物养殖点进行排查,重点查处无证驯养、非法驯养

2020年8月，市林草局在扎囊、贡嘎、浪卡子、隆子、错那、乃东6个县（区）推广俄罗斯饲草和紫花苜蓿林草间作试种两项工作

等情况。严格建设项目征占用林（草）地和各类保护地的监督管理，通过市林草局审核转报的建设项目使用林地38宗，涉及林地面积2301.3855亩；审核转报使用草地申请43宗，涉及面积3555.33亩。协助监督指导保险公司完成2019年度野生动物肇事补偿资金兑现工作，共赔付822.33万元。开展野生动物救助工作，救护受伤、迷途或群众救送的野生动物，全年共救助鸟类22只，其他动物7只（头）。

【风景名胜区管理】 2020年，市林草局继续加快推进雅砻风景名胜区调规工作。自治区人民政府已将《雅砻河风景名胜区总体规划（2019—2035年）》最终成果上报至国务院，待批复。依据《风景名胜区条例》和国务院批准的雅砻风景名胜区总体规划，严格雅砻河风景名胜区内项目选址核准工作，未经批准的，严禁在风景名胜区内进行各类建设活动。

【生态增收】 造林绿化项目带动群众增收。2020年，农牧民群众参与生态建设项目人数较多。造林工程带动当地农牧民增收约3967.9万元，参与群众10万人次，人均增收约3000元。

扩大林业产业规模促进农牧民增收。2020年，山南市发展特色经济林，坚持林、果、苗多业并举，加快发展庭院经济，推进加查核桃、桑日葡萄、隆子沙棘等经济林基地建设，促进资源优势向经济优势转化。全市经济林保有量5万余亩，加查县有核桃林3.5万余亩，年产核桃1020余吨，产值2040万元。重点扶持加查、隆子、错那、洛扎四县发展核桃加工和松茸、蕨菜、天麻等林下经济资源产业，产值500万元左右，农牧民可实现增收200万元以上。配合市旅游部门，鼓励和引导农牧民参与森林生态旅游，发展家庭旅馆、藏家乐、家庭林卡等经济实体。

加强种苗基地建设促进农牧民增收。2020年，山南市中心苗圃雇佣临时民工14580人次，群众务工收入达180万元以上。各县（区）共有72个苗圃基地，解决当地群众长期或临时就业岗位80150人次，工资收入1603万元以上，人均增收约1856元，实现当地群众“双增”。

落实森林生态效益补偿资金和林业生态岗位。2020年，山南市落实森林生态效益补偿资金7373.84万元（基本为护林员工作）。安排林业生态岗位共16475人，每人每年工资为3500元，共兑现生态岗位资金5766.25万元。以上两项共带动农牧民群众增收13140.09万元。

【虫草采挖管理】 2020年，山南市6个虫草产区县共设置采集点144个、采集人数15634人、发放采集证15234本，设立采集点136个、设立工作组103个、工作组人员739名。虫草总产量2014.35公斤，较2019年减少85.91公斤，总产值16740.55万元，较2019年减少2161.79万元。

电力

【概况】 国网西藏电力有限公司山南供电公司（以下简称国网山南供电公司）是国网西藏电力有限公司的下属分公司，正处级建制，设立19个职能部门，代管县供电公司11个。2020年，国网山南供电公司全口径用工470人，同比增加159人；全口径人事费用率20.27%，同比降低33.79%；全员劳动生产率93.19万元/人·年，同比降低39.2%；人才当量密度

0.9013，同比降低3.2%。

山南电网是西藏电网的重要组成部分之一，电网联结西藏主网及林芝朗县局域电网，供电范围覆盖山南市1个区11个县。截至2020年年底，山南电网形成以乃东区110千伏泽当变为中心，通过110千伏雄扎线、山泽双线、山康/墨康线、沃山线、羊浪线与西藏主网联结，通过110千伏加塔双线与林芝朗县局域电网联结，电网与西藏主网联系紧密，依赖性较强。

截至2020年年底，山南市发电装机容量123.698万千瓦，其中水电装机装机容量93.598万千瓦，光伏装机容量28.6万千瓦，余热装机容量1.5万千瓦。与2019年（87.698万千瓦）相比，2020年山南电网新增装机容量36万千瓦（增长率41%），其中220千伏加查电站36万千瓦。

2020年，国网山南供电公司完成固定资产投资6.08亿元，完成售电量7.35亿千瓦时。综合线损率8.31%。城市供电可靠率99.35%。实现营业收入4.14亿元。资产总额31.88亿元。全年未发生人身安全事件，未发生七级及以上电网、设备事件，未发生交通、消防和信息安全事件。完成农电体制改革全市11个县公司上划协议签订，接收划转职工302人。

【抗疫保电】 2020年，国网山南供电公司服务地方疫情防控工作要求，加强重要输电线路、设备巡视，科学制定一户一方案保电措施，实现市域医疗机构、重要用户及隔离场所“零闪动”。助力复工复产，帮助企业渡难关，实行“欠费不停供、不收滞纳金”政策，惠及用户2314户，降低企业用电成本700余万元。齐心聚力共抗疫情，100余名职工提前返岗共抗疫情。积极向山南日报、电网头条等媒体平台投稿70余篇。

【电网建设】 2020年，国网山南供电公司新建、续建110千伏变电站4座、输电线路145公里，新建、改造35千伏变电站6座、输电线路98公里。110千伏刘琼变电站建成投产。110千伏森布日输变电工程建设积极推进。主电网覆盖全市域所有行政村，9个县实现110千伏双线双变运行，配电网供电半径缩短1倍以上，户均容量达3.74千伏安为全国户均水平的1.5倍。在全区率先完成“三区三州”项目建设任务，获得深度贫困地区电网建设先进单位称号。“十三五”期间累计完成投资27.4亿元，完成农网改造升级、“三区三州”、抵边村寨、边防部队通大网电工程，全市域100%行政村实现主电网覆盖，82%县域实现110千伏电压等级延伸，配电网供电半径缩短1倍以上，电网供电人口达38.26万人，改善5.49万户12万人的电能质量，供电可靠率、电压合格率显著提升。

【经营增效】 2020年，国网山南供电公司加强营销稽查，查处违约用电窃电案件11件，追补电量20.7万千瓦时，追回违约损失47万元。完成高损台区治理19个。推进电能替代，实现替代电量1582万千瓦时。加快推进权证办理、结决算、档案归档等历史遗留问题整改，完成29座变电站、30宗房屋权证办理。推进“两金”压降，处置退库物资3000余万元。

【安全生产】 2020年，国网山南供电公司严格落实安全生产主体责任，强化安全责任清单执行，细化18个方面103项安全生产重点任务。召开市县两级安全风险管理会议40次，发布风险预警23份，

2020年6月12—14日，自治区深度贫困地区脱贫攻坚现场推进暨深化对口援藏扶贫工作会议在山南市召开，国网山南供电公司完成供电任务

开展督查348次，督查现场933处，查出隐患203条，一般及以上隐患全部整改。110千伏、35千伏线路跳闸分别降低0.4次/百公里和0.17次/百公里，主城区电网绝缘率达到99.08%。

【电力服务】 2020年，国网山南供电公司推行“三零”（零上门、零审批、零投资）服务，高、低压办电环节由7个和4个压减至3个和2个，平均节点时间压减至39天和3.2天。开展频繁停电整治，接派单及时率达到99.2%，同比上升1.4个百分点。持续优化营商环境，打造全区转供电治理典范，完成8075户用户终端改造，节约用户电费支出95.8万元，1.2万余人享受到降价红利。全年累计完成特别重要保电35次、重要保电70次，一般保电97次，累计投入车辆317台次，累计投入人员超过1500人次。积极推进电能替代，实现替代电量1582万千瓦时，有力支撑山南市绿色低碳发展需求。

【改革发展】 2020年，国网山南供电公司完成11家县公司农电体制改革任务。公司资产总额由11.48亿元增长到31.88亿元，售电量由4.2亿千瓦时增长到7.4亿千瓦时，营业收入由10.45亿元增长到13.91亿元。

工业·商贸·旅游

经济和信息化

【概况】 山南市经济和信息化局（山南市人民政府国有资产监督管理委员会、山南市大数据管理局）（以下简称市经信局）是山南市政府工作部门，为正县级单位，内设10个行政机构（正科级），即办公室、政工人事科、规划发展科（政策法规科）、经济运行科（财务监管与统计评价科、考核分配科）、产权管理科、企业改革科、中小企业科、工业科、信息化科，市盐务管理局，有人员编制26个。2020年，山南市工业企业实现产值38.51亿元，增加值19.54亿元，其中规模以上工业实现产值34.7亿元，增加值17.1亿元，同比增长2.1%。

【工业发展】 2020年，山南市有规模以上工业17家，按行业划分主要分为矿产业、电力业、建材业、藏药业、食品业；有国资委监管企业5家，2020年资产总额91.9亿元，同比增长30.9%；实现营业收入17.1亿元，同比增长47.4%；实现利润9322万元，同比增长29.5%。其中，雅砻投资有限公司实现营业收入22042万元，同比增长28.9%；实现利润756.8万元，同比增长1858.1%；城市建设投资有限公司实现营业收入126507.6万元，同比增长56.2%；实现利润87007万元，同比增长31.7%；旅游文化投资有限公司实现营业收入5886.4万元，同比减少24.2%；实现利润-383.8万元，同比增亏212.2%；江南矿业股份有限公司实现营业收入15012.7万元，同比增长55.8%；实现利润110万元，同比增长18%；客运公司实现营业收入1194.1万元，同比增长26%；实现利润54.4万元，同比减少73.8%。

【重点项目建设】 2020年，市经信局协调祁连山新型干法水泥生产线项目，完成投资10.63亿元，占计划投资额的84%。协调隆子县玉麦乡年产5万吨天然饮用水项目。前期所有手续已完成，主厂房建设完成。会同市幸福家园局调整“一区两园”桑布日片区农畜产品加工产业园规划布局。推进华新水泥日处置250吨市政垃圾项目，于11月8日开工。与赴山南市开展中医药产业的湖北省经信厅代表团对接，国药控股湖北有限公司与山南市雅投公司、湖北健民药业集团与山南金珠雅砻藏药公司、湖北国药集团中联药业有限公司与山南市乃东区人民政府分别签署框架合作协议。

【重点项目申报】 2020年，市经信局按照《关于印发〈西藏自治区中小企业发展专项资金管理办法〉的通知》工作的要求，县（区）市、两级经信部门会同财政部门认真开展2020年第一批西藏自治区中小企业发展专项资金项目申报工作，审查通过山南市帕哲农业科技众创空间管理有限公司申报的公共服务示范平台专项资金项目和华新水泥（西藏）有限公司申报的自治区绿色发展工业专项资金项目。江南矿业、西藏矿业山南分公司、贡嘎县晏子青稞食品科技有限公司列入自治区2020年工业节能诊断企业名单。

【民族手工业】 为促进产业发展，跟踪了解山南市民族饰品、工艺品

2020年7月20日，市（经信局）国资委在徽韵科技中心四楼会议室，召开市属监管企业中层以上干部大会

企业产品滞销问题，全面掌握扎囊县金丝帽、残疾人创业基地、氆氇古法扎染基地等产品库存情况和项目扶持情况，合同发改、文化、旅游、商务等部门，制定山南市民族手工业产品销售工作措施，协调解决企业产品滞销问题。起草《关于加快推进民族手工业产业发展实施方案》。2020年，山南市共有民族手工业企业（合作社）193家，其中企业24家，农牧民专业合作社169家，实现产值8232万元，带动农牧民就业达2351人。

2020年11月20日，市经信局党组副书记、局长顾国爱在雅砻天然饮品公司调研

【工业信息化建设】 加快推进信息化项目建设。2020年，市经信局根据《西藏自治区政务信息化项目管理暂行办法》，组织山南市信息化项目专家评审及验收，开展项目技术性论证和符合性审查工作。制定出台《山南市信息化建设项目管理办法》。成立山南市信息化专家咨询委员会，确立19人入山南市数字经济领域（信息化）专家库。

消除信息化项目短板。2020年，市经信局协同移动公司对江南、江北及格桑路改造段通话质量不佳问题进行整改。起草《山南市2020年度电信普遍服务试点实施方案》，提高偏远地区网络覆盖率。推进抵边守边点的通信问题，2020年抵边沿线通信基站共计有50座，其中洛扎县13座、隆子县19座、错那县18座，本年度建设30座。联系市第三小学开展小学生信息化素质提升“五个一”活动。

完善信息化基础设施。2020年，市经信局核实第五批电信普遍服务（边疆）4G信号覆盖情况，起草《山南市2020年度电信普遍服务试点实施方案》。草拟《山南市人民政府关于推进“5G+智慧城市”发展的实施意见（征求意见稿）》。落实国家战略，推进5G新基建在山南全面铺开，2020年全市规划建设完成5G基站共计200余座。在政务服务大厅建立信息化建设共建共享审核台位。

【行业管理】 加强对重点企业经济运行监测协调。2020年，市经信局制定《关于建立重点工业企业与重点项目服务专员工作机制的工作方案》。针对16家规模以上工业企业、3个重点项目建设、7家计划纳入升规培育企业，建立“一对一”的精准对接服务，全力协调解决工业企业具体问题和实际困难。

不断改善企业营商环境。2020年，市经信局清理政府部门及国有企业拖欠民营中小企业账款按时上报清欠台账。2020年全市清欠款总额8487.98万元，已清偿7937.98万元，清偿率93.5%。起草《山南市关于应对新型冠状病毒肺炎疫情影响促进中小微企业持续健康发展若干措施》代拟稿；建立中小企业微信群、开展线上培训、提供政策咨询等服务。

开展工业企业升规入库工作。2020年，市经信局加强对潜力型小规模企业的培育，西藏福地天然饮品有限责任公司已升规入统，力争贡嘎县甲竹林平众混凝土建筑工程有限公司、华能加查水电有限责任公司、西藏中材祁连山水泥有限公司3家企业入规。

推荐山南市优质企业申报工作。2020年，市经信局成功申报华新水泥公司为自治区级绿色工厂，山南市帕哲农业科技众创空间管理有限公司被评为2020年度西藏自治区中小企业公共服务示范平台。

盐务管理工作。2020年，市经信局加强食盐配送，确保全市人民足额吃上“放心盐”。下发《关于做好2020年农牧区碘盐配送工作的通知》，并结合各县（区）实际对各县配送时间作了规定，明确各县（区）经信局的任务和职责。开展食盐储备工作检查，敦促食盐储备企业按期更换轮储库存。联合市场监管部门开展食盐质量安全专项检查3次，在“3·15”消费者权益日、“5·15”食盐加碘日，开展户外摆台宣传，普及食盐安全和科学补碘知识。

【国有资产监管】 筹备全市国有企业座谈会。2020年，市经信局起草《关于进一步深化国资国企改革的意见》《山南市国有企业负责人经营业绩考核试行办法》《山南市国有企业负责人薪酬管理试行办法》《山南市市属国有企业违规经营投资责任追究实施细则》等“1+N”制度文件，并编制成册下发机关和各监管企业。

强化企业人才队伍建设。2020年，市经信局坚持以稳定、交流、优化、配强为原则，配齐配强市属国有企业班子成员22名，为促进国有资产保值增值、推动国有企业高质量发展提供坚强的领导保障。

推进国有企业退休人员社会化管理工作。2020年，市经信局起草下发《山南市推进国有企业退休人员社会化管理工作实施方案》《关于成立山南市推进国有企业退休人员社会化管理工作领导小组的通知》。

规范国资监管程序。2020年，市经信局严格按照《企业国有资产法》《国有资产监督条例》对监管企业资产处置，实施全过程监督，杜绝国有资产流失。

协助开展山南市农电体制改革工作。2020年，山南市在全区率先完成对11个县农电体制改革录入并发放国家出资企业产权登记证工作。

2020年规模以上企业产值完成情况表

表5

企业名称	产品产量			产值		
	本月止累计（万千瓦时、吨、立方米）	2019年同月止累计	同比%	本月止累计（万元）	2019年同月止累计（万元）	同比%
羊湖电厂（万千瓦时）	30.56	167.11	–81.7	2600.9	2426.6	6.7
沃卡电厂（万千瓦时）	11103	11523.8	–3.7	2672.9	4873.1	–46.1
国家电网山南分公司（万千瓦时）	—	—	—	10810	9746.3	10.9
华能藏木水电站（万千瓦时）	221952	230609	–3.8	56700.3	59364.1	–4.5
中广核桑日分公司（万千瓦时）	3949.18	3042.31	29.8	2535.9	2694.7	31.2
中电投桑日分公司（万千瓦时）	2878.57	2966.49	–3	2771.8	2980.2	–7
乃东协和太阳能（万千瓦时）	2839.77	3035.34	–6.4	2497	2556.3	–2.3
曲松协信太阳能（万千瓦时）	4233.7	4399.7	–3.8	4233.7	4265.1	–0.7
浪卡子大有（万千瓦时）	7023.84	7477.42	–6.1	6329.4	6662.1	–5
华钰矿业山南分公司（吨）	23874	28123.69	–15.1	51940	64611.9	–19.7
江南矿业股份有限公司（吨）	74800.18	46492.97	60.9	11466	7690	49.1
西藏矿业山南分公司（吨）（吨）	62788.4	31897.9	96.8	9019.1	4725.3	90.9
博盛矿业（吨）	72158.6	—	—	2148.1	1306	64.5
华新水泥（吨）	2559289.65	2506146.25	2.1	143979	134430.3	7.1
锦泽商品混凝土有限公司（立方米）	425953	367182	16	21297.7	17643.7	20.7
金珠雅砻藏药有限责任公司（吨）	18.58	18.9	–1.7	6439.9	6280.1	2.5
雅拉香布实业有限公司（吨）	33777.9	4992.9	576.5	8852.7	898.7	885.1

商务

【概况】 2020年,山南市完成社会消费品零售总额66.8亿元,同比增长4.6%。全年成品油销售共计12.08万吨。实现进出口总额840.3万元,完成边贸交易额77.7万元。

【外贸工作】 支持外贸企业。2020年,市商务局组织山南市6家外贸企业参加第127届中国进出口商品交易会,积极应对办展方式的调整,开展参展企业的宣传引导和政策对接服务工作,确保网上参展成效。组织山南市12家外贸企业协同外汇管理局召开专场对接会议,精准对接外贸企业需求,对申报外经贸发展专项资金内容进行深入讲解。

合理利用外经贸发展专项资金。2020年,市商务局将外经贸发展资金15万元用于支持山南市外贸企业(贡嘎晏子青稞食品有限公司)国际市场宣传推介及境外经贸促进活动项目类;193万元用于解决浪卡子县边贸市场附属设施项目建设缺口资金。

【国内消费】 为加速疫情后的经济复苏,服务保障山南市商贸流通企业复工开业,进一步做好促消费工作,2020年8—11月,市商务局携手湖北产品举办"情系湖北·享购山南"惠民消费券发放活动,向全市居民和外来人员发放1500万元消费券,活动共分8期,参加商户3014户,兑付补贴资1499.96万元,直接带动山南市消费3365.3万元。

【电子商务】 2020年,加查县顺利完成绩效考评评价反馈问题"回头看"工作,乃东区、浪卡子、错那县、隆子县成功通过电子商务进农村综合示范项目的国家验收。截至年底,各电商示范县(区)新建改造县域电商中心6个、建成乡镇电商服务中心53个、村级电商服务站点143个,正在建设村级站点5个;带动1023余户贫困群众脱贫增收207.32万元,实现增收额97.74万元;带动大学生就业72人,全年完成电商网络交易额7454.1万元,开设网店、微店214家。

【市场体系建设】 2020年,市商务局积极掌握经济普查列入的商贸领域32家企业注册经营情况,分批召开调度会,入统限额以上企业6家。打造天马商贸有限公司标准化、综合化,引领建设民族团结

2020年10月29日,市商务局组织特色企业参加第二十二届中国中部(湖南)农业博览会

2020年12月1日至7日,第40届雅砻物资交流会在乃东区泽当街道鲁琼物交会市场举办

进步综合商贸市场的融创电子科技有限公司已实现统一收银。

【行业监管】 2020年，市商务局完成加油站建设的规划布局和督促检查督导工作，召开加油站建设专题会议，明确2020年加油站建设目标，截至年底，山南市开工建设加油站9座。恢复成立商务行政执法队伍，开展新冠肺炎疫情期间的成品油保供工作及“两节”、日常商贸领域安全检查工作，共开展商贸领域检查12次，出动检查人员40余人次。参与全市安全生产大检查工作及成品油领域大检查工作，完成国务院安全生产督导检查迎检各项工作。

【供销综合改革】 2020年7月30日，成立西藏首个边境基层供销合作社——隆子县玉麦基层供销社；以乃东克松“菜篮子”基地为基础，持续推进“菜篮子”工程；组织筛选20家优质企业入选；推进供销合作社现代化流通网络建设。依托电子商务、抖音直播等平台，带动农产品进行线上销售。对接援藏省市、供销社属企业，与山南市农产品合作社达成合作意向。引进西藏领峰田舍益家公司与克松基层社菜篮子工程。

旅游

【概况】 山南市旅游发展局（以下简称市旅发局）下设5个科室，分别为办公室、产业发展和规划科、市场促进科、科教与公共服务科、市场管理科，机关编制17名，部门领导职数5名，科级领导职数9名。实有干部职工21名，湖南短期援藏干部1名，公益性岗位8名，西部计划志愿者2名。山南市旅游市场综合行政执法队为山南市旅游市场综合行政执法机构，实行“局队合一”体制，在山南市旅游发展局加挂牌子，下设1个内设执法机构，为执法大队。执法队核定事业编制5名，其中科级领导职数2名，实有人员1名。

2020年，山南市共接待国内外旅游者480万人次，比2019年同期减少2.5%。实现旅游总收入18.5亿元，减少4%。隆子玉麦自然人文景区、昌珠寺旅游景区被列为AAAA旅游景区，琼结吐蕃故都景区被列为AAA旅游景区。桑日雪巴村、错那勒村、乃东扎西曲登社区入选第二批全国乡村旅游重点村名录。浪卡子陇巴庄园酒店、香曲花园酒店、扎囊饭店被评定为三星级旅游酒店。

【节日旅游】 端午节。2020年“端午节”期间，山南市共接待国内外旅游者43099人次，同比减少31.68%；实现旅游收入1328.31万元，同比减少8.16%。

“五一”国际劳动节。2020年“五一”期间，山南市共接待国内外旅游者45443人次；实现旅游总收入1494.35万元。

国庆节。2020年“十一”长假期间，全市共接待国内外旅游者200049人次，同比增长101.6%；实现旅游总收入4938.2万元，同比增长88.7%。

雅砻文化旅游节。2020年雅砻文化旅游节期间，山南市共接待国内外游客110264人次，同比增长22%；实现旅游收入2715万元，同比增长18%。

【旅游信息化建设】 2020年，市旅发局在市政府门户网站更新信息116条，在山南旅游政务网更新信息218条，新浪微博信息1462条，微信公众号发布文章664篇（原创234篇），微信公众号粉丝总数达到30593人，较2019年增长40.67%；新浪微博粉丝达到497626人，增长58.02%。

【编制旅游规划】 2020年，市旅发局完成《山南市“十四五”旅游产

雅砻河谷风光

业发展规划》《羊湖景区旅游总体策划及修建性详规(初稿)》,编制完成《山南市边境旅游规划》《山南市红色旅游规划》。

【旅游项目建设】 2020年实施各类旅游基础设施建设项目共28个,完成固定资产投资任务1.81亿元。开工建设玉麦景区、哲古景区、琼结东嘎景区、桑日鲁定颇章景区、加查崔久沟景区等旅游基础设施和改造提升项目。

【旅游宣传促销】 2020年4月17日,市旅发局在拉萨举办"最美人间四月天·五月勒布杜鹃妍"2020西藏人游山南专场推介会。精选90幅旅游宣传照片在安徽黄山景区、徽商故里全国连锁酒店展示。冠名"藏美之行 源起山南"沪汉蓉—京广高铁列车、冠名"安徽援藏走进山南号"合肥轨道交通1号线主题地铁,继续开展"藏源山南号"飞机冠名宣传。在安徽省黄山景区举办山南旅游风光摄影作品展活动。组织招募50名游客及徒步爱好者在山南市哲古景区、羊卓雍措景区举办西藏山南第三届"一措再措"徒步大会。组织招募区内外85名自行车参赛选手在羊卓雍措湖畔举办2020年环羊卓雍措自行车公开赛活动。

【旅游招商引资】 2020年9月25日,市旅发局在长沙湖南宾馆举办2020雅砻文化旅游节湖南分会场启动仪式暨山南文化旅游和招商引资推介会,湖南省委常委、常务副省长谢建辉出席推介会。会上湘藏两地共签约13个合作项目,涉及投资意向共计58.5亿元,其中包含5个文旅方面合作项目,分别是哈达围裙围巾生产项目、藏文化康养产品孵化基地项目、达古景区开发项目、山南旅游驻外联络处战略合作项目、景区援藏合作项目等。

【乡村旅游】 自2020年5月4日首批游客入住强吉村以来,全年强吉村共接待过夜游客达3000余人次,旅游创收达45万元。自2020年6月下旬面向游客开放扎西曲登社区后,累计接待游客数达6000余人,实现旅游收入50余万元。

烟草专卖

【概况】 西藏自治区烟草公司山南市公司(以下简称市烟草公司)设有办公室、人事科、财务管理科、专卖监督管理科、党建工作科、综合管理监督科、安全管理科、卷烟营销中心、卷烟物流配送中心、信息中心10个职能科室,卷烟营销中心下辖贡嘎、加查、洛扎、浪卡子、隆子5个县营销网点及1个卷烟珠峰品牌直营店。有在岗职工共98人(含内退7人),其中局领导4人、在职员工87人。

2020年,市烟草公司共销售卷烟12018.25箱,同比增长1.47%,全年完成区局(公司)下达任务的100.01%;实现卷烟销售收入55035.2万元,同比增长3.48%,完成全年任务(5.5亿元)的100%;单箱销售均价45793元,同比增加889元,增长1.98%,全年销售量与单箱任务进度都与全区行业保持一致;实现税利8559.98万元,同比增加878.36万元,增幅11.43%。

【卷烟营销】 重点品牌培育效果明显。2020年,山南市在销品牌28个,其中重点品牌22个,全年重点品牌销售10866.38箱,占比90.42%,同比提高2.66个百分点。

品牌进退有序。2020年,市烟草公司坚决实施"进一退一、进一退二"政策,全市在销卷烟规格149个,符合区局(公司)将卷烟规格严格控制在210个以内的要求。

大户治理巩固工作。2020年,山南市烟草市场大户占比从2019年年末的2.14%降低至2020年

2020年9月25日,自治区烟草专卖局到扎囊县现代农牧业产业示范园调研

年末的0.73%，大户的销量占比从2019年年末的12.60%降低至2020年年末的3.84%。

网建基础逐步夯实。2020年，山南市烟草市场网上订货率达到100%，占比较2019年年末提高43.37个百分点；电子结算资金交易比重继续保持在100%；跨行结算户数达到186户，同比提高45.31%；诚信互助小组达到66个，覆盖率达到51.69%，覆盖率较2019年年末提高18.57个百分点。

【专卖打假】 2020年，市烟草公司共发放宣传单900余份，出动执法人员765人次，执法车辆195台次，检查各类卷烟零售店1900余户；共查获各类涉烟案件42起（包括5万元以上案件3起，其中1起为物流邮寄环节案件），共计涉案卷烟53.784万支，案值84.4万元，共结案36起、移送市场监管局8起，上缴罚没款6.47万元。深化推行"互联网+证件办理""许可证办理告知承诺制"等服务新模式。全年，持证户共计1926户，县城以上845户，乡镇1081户，其中4户在新办烟草专卖零售许可证时，采用签订行政许可承诺制办理。

【基础建设】 建章立制。2020年，市烟草公司全面做好制度"废、改、立"工作，共清理（废止）49项制度，新建26项制度，修改完善36项制度。

"十四五"规划编制工作。2020年，市烟草公司制定"十四五"规划编制工作方案，明9项课题，提出"八项工作原则"，各阶段工作任务均按要求完成，"十四五"规划初稿编制工作有序推进。

质量管理体系转版升级。2020年，市烟草公司定期组织召开内审员碰头会议，商讨体系文件在执行过程中存在的问题，并提出解决措施，不断完善、细化西藏烟草行业QHSE体系文件。

信息化建设。2020年，市烟草公司召开网络安全与信息化学习会议，组织网络安全知识培训，定期开展网评员会议。制定《山南市烟草专卖局（公司）网络攻防演习工作方案》，圆满完成攻防演习期间的各项任务。全年共检查计算机设备48次，维护信息化设备57次，累计投入网络信息设备及耗材经费为315210元。

提升物流配送水平。2020年，市烟草公司坚持优化线路轮换制度，城区及城区周边线路已完全实现"T+1"配送模式，县城区域内完全实现"T+2"配送模式，县城周边乡镇线路配送时间"T+2"到"T+4"不等；逐步推广手工分拣到户配送模式，以市城区内的5条配送线路为试点。

【教育培训】 2020年，市烟草公司坚持开展业务、职业技能、网络学院培训工作，从而多方位、全领域提升干部员工队伍素质。制定教育培训方案和学习培训评估管理办法。全年共组织开展业务培训、考试21次；网络学院人均总学时为82.95个学时。

【脱贫攻坚工作】 2020年，局（公司）召开脱贫攻坚专题会议2次，要求驻村工作队充分发挥纽带桥梁作用，认真巩固"两不愁三保障"取得的成果，助力决战决胜脱贫攻坚；党支部扎实开展结对帮扶、党员"双报到"和"三包五带五促"工作，全体党员自筹资金2.72万元，用于消费扶贫工作。

石油销售

【概况】 中国石油西藏山南销售分公司（以下简称中国石油山南分公司）下设业务营运部、投资建设与安全环保部、财务部、综合办公室共4个部门，以及辐射各县、乡的24座加油站。有员工166人（其中藏族员工140人，汉族员工26人），员工平均年龄36岁；高中以上学历113人，占员工总数的68%；班子成员5人（其中藏族干部2人），科级干部22人（其中藏族干部16人）。

2020年，中国石油山南分公司共供应各类成品油12.38万吨，同比增加2.2万吨，增长率20.74%，其中纯枪9.9万吨，同比增加4630吨，同比增加5.73%；直销2.48万吨，缴纳地方税收1176万元。

【网络开发】 2020年，中国石油山南分公司坚持攻守并重原则，牢固树立"渠道为王""终端致胜"理念，按照速度与质量并重、加大销售网络开发。实行"两手抓"思路，一方面协调地方政府取得建站许可，另一方面推进与个体站的合资合作和收购谈判。推进一体化改造工作，完成8座加油站的一体化改造。截至年底，中国石油山南分公司6项"央企入藏"项目已成熟的项目抓紧时间进行落实，与相关职能部门对接，按照新开发项目程序，办理规划征地选址等相关手续。

ལྷོ་ཁའི་ལོ་རིམ་མེ་ལོང་།
山南年鉴
2021

国土·环保·住建

自然资源管理

【概况】 山南市自然资源局(以下简称市自然资源局)内设8个行政机构,分别是办公室、自然资源调查监测科、自然资源确权登记科、国土空间规划科、国土空间用途管制科、国土空间生态修复科、矿产管理与地质勘查科、自然资源行政执法队。管理土地储备中心、信息技术中心2个事业机构。市自然资源局机关人员编制27名,部门领导职数5名,科级领导职数14名。2020年,实有干部职工40人(含援藏干部、人才3人)。其中:县级干部8人,科级领导职务13人,其他干部及专业技术人员10人,工人9人。重点开展生态文明建设、土地管理、矿产资源管理、耕地保护、国土空间规划、地质灾害防治、确权登记等工作。

【生态文明建设】 2020年,山南雅江流域山水林田湖草生态保护修复项目获得国家投入奖补资金10亿元,分5年下达,每年2亿元,第一批2亿元已下达。以整改中央、自治区环保督察反馈问题和市委生态环境保护专项巡察为契机,关闭采砂、采石场102家,推进资源环境保护、系统修复治理等领域内生态文明建设工作上台阶。

【土地管理】 2020年,市自然资源局共征收泽当规划区1017.54亩土地,出让15宗(其中4宗首次在全区探索带方案招标方式)、366.19亩经营性建设用地,上交出让金2.97多亿元(不含缓交)。实现城乡建设用地增减挂钩年度节余指标2403.51亩、调剂资金7.21亿元。督促推进拆旧复垦,2018年任务完成复垦1248.41亩、复垦率63.42%;2019年任务完成复垦1382.18亩、复垦率36.13%。

【矿产资源管理】 2020年,市自然资源局推进优势矿产地质找矿和开发,在乃东区索珠乡发现1处具潜力的矽卡岩型铜矿体及斑岩型铜矿体异常;在错那县铍锡多金属矿续作调查基础上优化市财政配套资金200万元。铬铁、铅锌、岩金分别实现产量13.76万吨、60万吨和2.93万吨,产值2.52亿元、4.32亿元和0.09亿元,金属矿业总产值6.93亿元。《山南市砂石料开采管理条例》得到审批发布。隆子华钰扎西康铅锌矿、曲松西藏矿业罗布莎矿、华新水泥石灰石矿山被遴选入全国绿色矿山名录。

【耕地保护】 2020年,市自然资源局严格保护全市85万亩耕地和72万亩(均不含争议区)永久基本农田,坚守耕地保护红线。保障建设项目用地,加快用地预(初)审、选址“多审合一”前置手续,上报建设用地报批材料27个批次、2929.14亩、其中耕地580.36亩。征收农用地区片综合地价成果已取得自治区政府批复。开展公建项目违法用地“七月清零”行动,整改率排在全区前列。开展农村乱占耕地建房整治专项行动,填报共2977.43亩、1965个图斑数据,“零容忍”推进处置7月3日后新增的4起违法用地。

【国土空间规划】 2020年,市自然资源局全面启动国土空间规划编制,落实市级国土空间规划编制经费,完成资源环境承载力和国土空间开发适宜性评价、现行空间规划实施评估四项专题研究,市直部门和12个县(区)资料收集、实地调研等前期工作。先后3次上报生

2020年6月17日,召开山南市规划委员会第2次会议

态保护红线评估调整意见，参与自然保护地整合优化工作。12个县（区）均已落实规划编制经费，9个县确定国土空间规划编制单位，申报贡嘎县刘琼村等8个村参加多规合一实用性村庄规划试点遴选。

【地质灾害防治】 2020年，市自然资源局加大地质灾害防治力度，发布地灾气象风险预警预报信息4期，对重点隐患点落实专人监测、应急预案和演练等。实施12个（续建1个、新建11个），总投资7372.26万元地灾治理项目。投入资金300万元，开展汛前排查、汛中巡查、汛后复查；投入资金895.83万元，将隆子县加玉乡庞村滑坡、洛扎县拉康镇滑坡等13个隐患点纳入专业监测和群专结合体系；投入资金532.5万元，实施隆子县庞村和桑日县普巴村71户群众因灾搬迁安置。

【确权登记】 2020年，山南市共颁发不动产权证4574本、证明1096份。推进农村房地一体确权登记颁证，错那县试点、森布日极高海拔生态搬迁点和隆子、加查、琼结、措美、桑日、洛扎等县取得较好进展，共颁证591本，其中易地搬迁点房地一体确权登记发证248本。稳慎推进扎囊县桑耶寺财税监管试点不动产登记工作。以政府名义印发方案、成立领导小组，推进自然资源统一确权登记工作。

生态环境

【概况】 山南市生态环境局（以下简称市生态环境局）设8个行政科室，核定编制24名（其中领导职数5名、科级领导职数12名）；12个县（区）分局核定编制49名（其中科级领导职数47名）。2020年6月，成立市生态环境保护综合行政执法队，在市生态环境局加挂牌子，实行“局队合一”体制，内设正科级行政机构2个、派出正科级执法机构1个，核定编制15名，同时成立除乃东区外11个县生态环境综合行政执法队（实行“局队合一”体制）。8月，成立市生态环境监测一站、二站、三站、四站，站点分别设在乃东区、桑日县、隆子县、贡嘎县，核定编制21名。

2020年，山南市生态环境质量持续保持良好，空气质量优良率达99.4%，主要江河湖泊和市级以上集中式饮用水水源地水环境质量达标率100%。成功创建“国家生态文明建设示范市”。截至年底，全市累计创建自治区级生态县（区）7个、生态乡（镇）73个、生态村（居）518个。

【生态创建】 2020年，市生态环境局加大生态环境保护与建设力度，加快规划编制，《山南市生态文明建设规划（2020年—2025年规划）》编制完成并发布实施，编制完成全市声功能区规划、隆子河水污染防治规划、哲古湖生态保护规划等，编制水、气、土“十四五”规划，储备“十四五”项目104个，估算投资50亿元。实施生态环境保护与修复项目，完成羊湖生态保护修复项目，组织实施隆子河、雅砻河、哲古湖和乃东区亚堆乡支那村水污染防治和土壤污染治理与修复项目。

【生态环境保护】 2020年，市生态环境局推进环保督察整改，年初，12个市政府党组成员包县（区）督导组和5个专项检查组赴各县（区）开展现场督导检查。市政府组织4个执法检查组深入各县（区）开展执法检查，市生态环境保护督察整改领导小组又深入12个县（区）开展全面督导检查，针对部分环境违法行为进行立案处罚，对检查发现的问题及时反馈督办各县（区）政府和市直相关部门整改落实。市政府第65次、66次常

雅江生态防护林

务会议和市政府专题会议专门听取并研究部署环保督察整改工作。

【环评审批】 2020年，市生态环境局强化事中事后监管，严厉打击环评机构弄虚作假行为。以环评审批改革为契机，进一步规范环评审批管理，优化审批流程，缩短审批时限，提高审批效率，共审查规划环评报告书1个，建设项目环评报告书4个，报告表97个，登记备案表982个，核发排污许可证50个。

【执法监管】 2020年，市生态环境局建立完善执法监管长效机制，坚持开展“月巡查”“四不两直”执法检查工作，5—6月，围绕重点领域、重大项目、重点企业环保措施落实情况和环境综合整治情况，组织开展两轮专项执法检查。8—12月，牵头开展生态环境“六大”专项整治行动，市县两级生态环境局开展专项执法417次、联合执法164次，检查企业332家（次），立案处罚27家，罚款金额229.46万元。受理“12369”环境投诉举报电话56个，办结率和回复率100%。举办生态环境保护执法大练兵暨生态环境保护领域执法检查业务培训会，提升全市环境执法人员执法能力和监管水平。

住房和城乡建设

【概况】 山南市住房和城乡建设局（市人民防空办公室）（以下简称市住建局）内设8个行政科室，分别是办公室（政工人事科）、住房保障与公积金监督管理科（市住房制度改革办公室）、城市建设科、工程质量安全管理与建筑节能科、建筑市场管理科、人民防空建设管理与指挥通信科、公有房屋管理与房地产市场监督科、村镇建设科；4个事业科室，分别是山南市住房资金管理中心、山南市工程质量监督站（市工程质量检测中心）、山南市建筑工程抗震中心、山南市工程交易中心。下属有2个自收自支的正科级事业单位（即市建筑规划设计院和市自来水总公司）。市住建局机关行政编制23名，事业编制10名，后勤事业编制2名。编制总数33名。

2020年，山南市住建领域列入发改委投资项目计划的重点项目共53个，项目总投资35.2亿元，完成固定资产投资18.7亿元。格桑路改造、泽当大道东延伸段、金珠南路主路建成通车，城区排水防涝泵站、泽当大道综合管廊建成投入使用。站前四条路、贡布路扩宽、老旧小区、城市绿心公园有序建设。湖北大道综合管廊、雅砻河综合整治、萨热路北延伸、雅砻林卡西路、泽当城区水源地整改、城区垃圾中转站等项目开工建设，推进城区路网和功能完善。

【建筑业】 2020年，山南市有本地注册的施工总承包企业221家，专业承包企业15家，劳务分包企业13家，勘察设计企业4家，监理企业3家，工程质量检测机构5家，施工图审查机构2家，外地企业在山南市登记备案72家。根据《建设类企业吸纳高校毕业生就业招投标环节激励办法（试行）》规定，21家本地注册企业享受加分政策，共吸纳高校毕业生261名。并开展建筑业民营企业高校毕业生需求调查，各民营企业需求造价、工民建、水电、公路、文秘等相关专业毕业生100余名。7月，组织开展“以工代训”“师傅带徒弟”等形式建筑使用技能培训工作，共培训629人。

【房地产业】 2020年，山南市房地产开发在建项目有15个，开发总

乃东区泽当琼嘎顶易地扶贫搬迁集中安置点项目总投资11214.2万元，安置200户426人（2020年3月18日摄）

建筑面积为86.74万平方米，开发住宅套数为3799套，项目总投资30.7亿元。房地产行业2020年完成投资130033万元。新办房地产开发资质3件。全市备案房地产开发企业22家，其中3家二级资质，1家三级资质，4家四级资质，14家暂定资质。

【保障性住房建设】 截至2020年年底，杜鹃苑小区（2015—2016年市直保障性住房建设项目）718套周转房建成投入使用。2018—2019年市直新建公租房4784套，建成并投入使用108套，剩余4676套正在建设中。市直2020年公租房建设计划4684套，整合2019年度剩余建设计划1270套，合计5953套，于12月开工建设。2020年公租房乃东区108套、桑日县56套、隆子县88套、措美县32套，正在建设中。同时会同建行建成并运行山南市公租房信息系统，居民通过APP实现网上公租房申请、排队、分房，实现便捷化、公开化、透明化。

【棚户区改造】 截至2020年年底，各县（区）棚户区计划改造共6636户，总投资93991万元。其中：2018年棚户区改造续建项目2个，改造户数728户，乃东区已建成并投入使用72套，加查县369户全部建成，剩余287套开工建设；2017年棚户区改造续建项目共12个，计划改造3696户，已全部改造完成。2018年棚户区改造续建项目共5个，计划改造1383户，正在建设中。乃东区2020年棚户区改造计划为825户，正在开展项目前期。

【公积金服务】 2020年，山南市推行公积金银行网点业务，同农行、建行、藏行衔接，全市共开设推行住房公积金银行网点16个，并实行“互联网+公积金”服务，方便业务办理、缩短办理时间。

城市管理

【概况】 山南市城市管理和综合执法局（以下简称市执法局）内设办公室、考核协调科（政策法规科）、市政管理科、市容管理科4个行政机构（正科级），局机关人员编制为11名，部门领导职数5名，科级领导职数5名；综合执法支队（所属正科级事业单位），核定事业编制10名，核定科级领导职数2名。实有干部职工42名（含援藏干部3名）。

2020年，市执法局狠抓执法队伍建设，公开遴选招录执法人员7名，组织开展全市城管执法干部业务培训，培训一线执法人员和业务骨干60名。推行城市管理执法“721”工作法，通过联合执法、专项执法、常规执法相结合的方式，整治城市乱象。全年共劝导整治出店（占道）经营1120起、流动商贩563起、非机动车乱停乱放3520起、装修不规范64起，整治乱泼乱倒、乱堆乱放、乱拉乱挂等门前“五包”责任落实不力问题1266起。处罚屡次占道经营、张贴小广告等问题14起，罚款5200元，没收小广告2500余张。

【市政设施管理维护】 2020年，市执法局坚持市政设施每日巡查制度，及时发现和维修受损公共设施，共维修市政道路2万平方米、破损井盖69个、雨水篦68个、受损和缺失路灯868个。投入29万元实施白日街改造工程，投入25万余元定制市政污水井盖和雨水篦。申请政府债券资金1.2亿元，实施中心城区停车场建设项目，其中站前广场停车场已开工实施。开展废旧、破损和违规设置设施占用市政公用空间问题排查治理，督促通信企业拆除废弃IC电话亭12座，督促旅投公司维修破损路牌6块，发现和移交处理违法建筑1处。规范市政审批，依法审批道路挖掘事项22项、临时占道26项。强化市政设施领域安全生产隐患排查整治，特别是在雨季开展路面积水等问题排查53次，掏挖检查井43座次、泄水井12座次。强化城市污水管理，全市污水集中处理率65.21%，其中泽当城区污水集中处理率达100%、收集率95%。

【市容环境卫生监管】 2020年，市执法局督促环卫保洁运营企业清理垃圾死角312处，处理生活垃圾4.3万吨；开展城乡接合部环境卫生整治，排查突出问题18处，出动环卫工人164人次，共清理垃圾14吨。开展生态环境“六大”专项整治行动，开展集中宣传教育2次，组织协调各成员单位现场核实发现问题107个，召开现场办公会13次，下发整改通知书20份，排查问题共84项。开展农贸市场环境整治百日攻坚行动，查处门店占道、出店经营166次，督促整改非机动车停放不规范问题11起，拆除违规广告5处，督促整改破旧招牌3处,清理小广告1200余处。加强管线入地工作,入地线缆21341米,拆除电杆42根、配电箱16座。推进门前“五包”责任落实,与各业主单位(个人)签订责任书,业主单位(个人)与4027余个商户签订责任书,为3741个单位和商户上墙门前“五包”责任标识牌。建立完善建筑垃圾、渣土运输、处置管理审批许可制度。规范管理泽当城区渣土运输和处置行为,深入各施工企业和渣土运输行业进行摸底统计工作,建立基础数据库。联合住建、公安交警部门开展执法检查3次,检查施工工地19处、砂石场4家,发放现场检查登记台账7份,回访检查7次,整改率95%以上。

2020年8月,市城市管理局开展“地摊经济”摊位抽签活动

【生活垃圾分类】 2020年,市执法局制定生活垃圾分类工作操作指南等宣传手册,组织4次集中宣传活动。在深入其他省市和区内相关地市调研的基础上,细化生活垃圾分类工作方案。制定《泽当城区果皮箱设置方案》,乃东区完成城区主干道果皮箱(分类)采购安装工作。起草《山南市生活垃圾分类工作五年行动计划》,争取到自治区生活垃圾分类工作专项资金1300万元。加强生活垃圾无害化处理工作,全市生活垃圾无害化处理率96.41%,其中泽当城区生活垃圾无害化处理率99%。

【户外广告招牌管理】 2020年,市执法局建立完善户外广告行政审批、门店招牌备案登记程序,依法受理广告、招牌设置申请104件,其中已审批通过99件、正在审批5件。开展户外广告、门店招牌专项整治,对泽当城区2687家商户门店招牌和户外广告设置情况进行排查,集中整治破旧招牌78块、破旧广告113块、不规范指示牌23块,查处违规设置门店招牌30块、超高超长门店招牌11个,拆除未经审批设置户外广告21处、违规设置楼顶广告113块、街道龙门架广告7块,查处张贴“牛皮癣”小广告行为3起。

【城市管理立法】 2020年,市执法局组织法规起草、审查和立法机构相关人员到上海、湖南等地开展调研,加快《山南市城市管理综合执法办法》《山南市市容和环境卫生管理办法》立法进程,截至年底,两项法规已进入法制审修程序。经过前期调研、污水处理成本核算和价格听证,《山南市污水处理费征收使用管理细则》已进入合法性审查阶段。

交通·邮政·通信

交通运输

【概况】 山南市交通运输局(以下简称市交通局)内设8个科室;所属正科级事业单位2个,分别公路建设项目管理中心、公路工程试验检测中心;独立正科级事业单位2个,分别交通规划公路勘察设计院、道路运输管理局(地方海事局)。2020年,设立山南市交通运输综合行政执法队,实行"局队合一"体制。局属事业编制50名,实有人员34名。

2020年,山南市形成以泽当为中心,以1条高等级公路、3条普通国道、8条普通省道为主动脉,其他县道和边防公路为支脉,乡村道路为毛细血管,连接山南市内外的区域公路运输网络。全市公路总里程达到9043.303公里,12个县(区)、82个乡(镇)、550个建制村通达率均达到100%;县(区)、乡(镇)、建制村通畅率分别达到100%、100%、82.18%。全市共有客运企业18家,拥有客运车辆378辆;12个县(区)中具备通客车条件的74个乡镇和304个建制村通客车率均达到100%、100%。

【项目建设】 2020年,市交通局坚持服务于民生改善和国防建设,突出国省干线、联网拓网、农村公路通硬化路拓展延伸等建设重点,全年完成固定资产投资19亿元(除掉S5完成投资1.85亿元,全年完成投资17.15亿元),占全年计划投资的165.86%。国道560、国道219等重点公路建设项目建成通车。47个农村公路续建项目顺利完工,解决24个建制村的通畅问题。

【交通管理】 2020年,市交通局依托国道349、省道509等重点路段设置流动监控点,与辖区人民政府、交通、公安交警部门的协调,全面实施治超检查。全年共出动路政执法人员1670人次、办理大件运输通行证360张、检测车辆9499台、查获超载货车515台、卸载货物5380吨、劝返车辆422台,清理非公路标志牌94块、堆积物2686立方米、垃圾450立方米。对客运站周边及城乡接合部等重点部位开展非法营运专项打击治理行动,共出动交通执法人员1549人次,出动执法车辆632台次,共检查车辆9501台次、受理投诉32起、查扣车辆33台、处罚26.8万元。

2020年10月,安徽交通专家到山南市开展公路养护管理及行政执法培训

【公路养护】 2020年,市交通局实施大中修工程1个、灾毁工程1个、危桥改造工程7个、服务区项目4个、农村公路生命安全防护工程1个。对12个县(区)农村公路生态岗位政策落实情况进行专项调研1次,全年共拨付1022人的生态岗位资金357.7万元。推动出台《深化农村公路管理养护体制改革实施方案》《山南市全面推行农村公路路长制方案》,为明确农村养护主体责任和事权打下坚实的基础。

【运输工作】 2020年,市交通局完成交通运输部下达的具备条件的4个乡镇12个建制村通客车任务。全年客运量77.99万人,客运周转量为10679万人公里,货运量553万吨,货运周转量132725万吨公里。

邮政管理

【概况】 2020年,山南市邮政企业和规模以上快递服务企业业务量累计完成4622.59万元，同比增长8.15%；业务收入（不包括邮政储蓄银行直接营业收入）累计完5587.46万元，同比增长12.21%。全市规模以上快递企业快递业务量累计完成43.77万件，同比增长77.35%。其中，同城业务量累计完成13.65万件，同比增长1270.50%；异地业务量累计完成30.12万件，同比增长27.19%；国际及港澳台业务量累计完成2件。全市规模以上快递企业快递业务收入累计完成1625.74万元，同比增长38.69%。其中，同城业务收入累计完成244.61万元，同比增长1020.01%；异地业务收入累计完成907.8万元，同比增长8.13%；国际及港澳台业务收入累计完成0.000014万元，同比增长1300.00%；其他业务收入累计完成473.19万元，同比增长52.23%。

【邮政服务】 2020年，市邮政局通过给全市投递员和驾驶员集中培训和面对面指导，每日通报建制村打卡情况，截至年底，大部分投递员均已熟练掌握APP使用，山南市的建制村直接通邮打卡率90%左右。为贯彻落实好《关于做好落实习近平总书记重要指示精神推进邮快合作下乡进村的通知》文件精神，组织山南市邮政分公司、快递企业负责人召开邮快合作下乡进村工作推进会。市邮政分公司和顺丰、中通、圆通、申通、韵达、百世和京东7家快递企业签订《邮政快递合作下乡进村合作协议》，邮快合作后，全市快递覆盖乡镇共83个，占比100%，覆盖村数量494个，占比100%。

【邮政基础设置建设】 2020年，市邮政局对新成立的贡嘎县克西乡、森布日无邮政网点的情况，多次与地方政府相关部门沟通，设立贡嘎县克西乡乡镇邮政网点1个，设立森布日高海拔搬迁点邮政服务站1个，并推动2个网点全部正常营业，满足当地群众用邮需求。深入推进快递“三进”工作。快递末端公共服务站点数累计达到16个，主要快递企业城区自营网点标准化率达到100%，智能快件箱107组，格口数6000个，覆盖95%以上的单位、学校和社区，同期增长3%。制定《山南市“快递进村”三年行动方案》，协商乃东商务局、四川阳光绿源农业发展有限公司与申通、韵达、百世汇通3家快递企业进行《乃东区“快递进村”合作协议签订仪式》，快递进村可以覆盖7个乡镇29个村委会，乃东区快递进村通达率达到100%。完成2020年“快递进村”工作目标任务。

2020年8月28日，山南市快递行业联合基层工会委员会第一届代表大会召开

【邮政市场秩序】 2020年，市邮政局继续开展服务质量提升行动，针对违规操作、邮件时限测试、三项制度落实、乡镇邮政网点业务开办能力和普特服各项满意度调查等侵害消费者合法权益行为进行专项治理。采取批量发送短信的方式宣传“诚信快递你我同行‘3·15’”活动，取得良好效果。经常性开展普遍服务监督检查，重点检查法定业务办理、服务设施、安防设施、服务水平、工作人员业务熟悉度和三项制度落实情况。

【邮政服务保障】 2020年，市邮政局开展邮政机要通信网点检查24处，未发现安全隐患。开展邮票专项检查开展纪特邮票专项检查35处，出动70人次。各邮票销售网点能够做到销售前一天向社会公示销售数量、种类等基本信息。开展双随机执法检查。通过“双随机”机制（随机抽取检查对象、随机选派检查人员），抽取执法人员组成检查小组，对列入名录库的邮政、快递企业开展执法检查20次，出动40人次，检查内容涉及安全生产、扫黄打非，服务质量、邮政普遍服务等。

【邮政行业安全保障】 2020年,市邮政局组织邮政、快递企业从业人员开展统计专项培训1次,消防安全知识培训1次,邮政通信机要培训1次,邮政普遍服务专项培训1次,快递从业人员职业技能提升培训1次,开展消防应急演练1次,提升从业人员各方面能力。与企业签订邮政业安全保障建设承诺书8份、消防安全承诺书8份;寄递安全承诺书8份;扫黄打非责任书186份;实行寄递安全综合治理。全年共开展日常安全生产执法检查68次,出动130人次;经西藏自治区邮政管理局向自治区政府和财政厅申请为山南市寄递企业新增安检机14台,费用由财政补贴(平均每台控制在6万元),为山南市所有进出口邮件“三项制度”落实到位提供基础条件。

【快递公司】 截至2020年年底,辖内共有8个快递品牌,包括EMS、圆通、申通、韵达、中通、百世快递、京东和顺丰,共有25个经营网点(包括许可企业、分支机构和末端网点)。许可企业共4家,分支机构共12家,末端网点共9家。

邮政

【概况】 中国邮政集团公司山南市分公司(以下简称中国邮政山南分公司)下设综合办公室(党委党建工作部、纪检监察、安全保卫科)、人力资源部(党委组织部)、计划财务部、工会、市场营销部、金融业务部、服务质量部(寄递事业部服务质量部)、寄递事业部运营管理部、寄递事业部网路运营中心、寄递事业部市场部、渠道平台部、机要通信分局12个部室;辖乃东区、贡嘎县、扎囊县、桑日县、曲松县、加查县、隆子县、错那县、琼结县、措美县、浪卡子县、洛扎县12个县(区)分公司;管理90个普遍服务网点。实有员工总人数为238人。其中合同工198人,劳务工40人,乡邮人员177人。

2020年,中国邮政山南分公司完成主营业务收入4063.43万元,同比增长10.91%。其中:代理金融业务累计完成1255.64万元,同比增幅9.75%,占业务总收入比重的30.9%;寄递类业务累计完成1052.31万元,同比增长25.27%,占业务总收入比重的25.9%;非寄递业务累计完成1755.48万元,同比增长4.86%,占业务总收入比重的43.2%。

【代理金融】 2020年,中国邮政山南分公司狠抓网点转型、项目营销、案防合规等工作,保障业务高质量发展。截至年底,储蓄余额71878.84万元,新增5574.84万元,同比增幅8.41%,全市12个网点实现余额正增长,10个网点完成全年摘标目标。新增期缴保费62万元,净值型理财月日均保有量新增894万元,新增非货币基金销量505万元,新增偏股型基金定投55笔。狠抓部队客户开发,成功开办退役军人服务卡350张,新增部队代发工资月均1000万元。

【寄递业务】 2020年,中国邮政山南分公司特快专递业务完成收入500.53万元,同比增长70.18%;快递包裹业务完成收入414.35万元,同比增长3.59%;物流业务完成收入137.43万元,同比减少5.82%。邮快合作已签约合作协议7份,收寄量10.26万件,产生收入46.49万元。

【非寄递业务】 2020年,中国邮政山南分公司抓住报刊业务大收订有利时机,实现流转额1316.93万元;有效捕捉市场信息,针对乡镇、行政村公共图书配送项目开展精准营销,实现收入244.1万元;以《习近平谈治国理政》第三卷为抓手,拓展政务图书市场,全年形成政务图书收入87.5万元;持续稳定校园图书市场,实现春、秋季教辅图书收入43.68万元。集邮业务持续推进形式创新,融合函件、报刊文创产品开展生肖贺岁产品品鉴会,实现收入16万元。函件业务持续推进传统定制型业务发展,全年共计开发各类函件项目59个,实现业务收入191.75万元。尝试新媒体函件业务发展,实现新媒体函件项目的突破,乃东区支局以地方政府大力宣传推介旅游和脱贫攻坚为载体,成功开发“美丽家乡 邮我出力”媒体项目,实现收入60万元,为西藏中邮传媒智融平台开发首例,2020年全国首单。分销业务利用客户答谢会、产品订货会等模式加强营销,实现收入437.84万元。

【绿色邮政建设】 2020年,中国邮政山南分公司实现寄递电子面单、邮政绿色包装材料全覆盖,45毫米以下“瘦身胶带”封装比例100%,电商快件不再二次包装率100%,

2020年10月20日，乃东支局向辖区内小学生宣传邮政知识

循环中转袋使用率100%，包装废弃物回收箱/筒配置39个。全市在用电动投递三轮车27辆，并投入10台新能源汽车替代现有燃油汽车。开展植树造林活动，义务植树300余棵。

【金融风险防范】 2020年，中国邮政山南分公司不断加强案防风控委员会的管理力度，定期召开委员会会议，对案防风控工作进行安排；严格执行案防风控措施，认真开展金融从业人员行为排查、重点岗位人员轮岗、安防设施巡检维护等工作，实现全年无金融资金案件、无系统性风险、无重大舆情事件、无重大监管处罚的目标。

【脱贫攻坚】 2020年，中国邮政山南分公司建设扶贫馆12处，培育扶贫能手4人，全年实现农特产品线上交易3020笔，共计销售125052.08元。帮助驻点村拓宽致富门路，派专人帮助驻点村销售农副产品10余万元，并向结对帮扶对象捐款3.3万余元。

【邮政服务】 2020年，中国邮政山南分公司对标普遍服务标准，紧紧围绕普遍服务“5221”工作目标，提升普遍服务能力。完成克西乡、森布日邮政所补建工作，营业服务达标率100%，乡镇网点覆盖率100%，建制村通邮率100%。严格执行新普服标准，实行对标管理，全面开展普服“四项业务”达标提升工作和专项治理工作，确保基层普服标准达标。强化乡邮队伍建设，利用集中培训、送教下乡等模式，对乡邮人员开展“四项基本业务”、画像法等知识的培训，提升乡邮人员的服务意识和业务能力。强化投递管理，严格落实投递打卡工作要求，加大党报党刊及各类邮件的投递管理，切实提升投递末端服务质量。严格落实机要业务规章制度，确保国家秘密载体和渠道安全。

【改善客户体验】 2020年，中国邮政山南分公司坚持向社会各界提供“四不中断、四免费办”的邮政服务，加大检查整改力度，强化服务质量对标管理，举办投递管理规范、服务规范、质量规范、操作规范等系列的培训。优化邮运频次、压缩运行、内部处理时长、强化衔接，缩短邮件运输时限。为乡邮运输配备车辆21台，提升县到乡邮件运输能力。持续规范客服工单及邮件赔偿处理流程，客户体验改善，服务水平和服务能力得到提升。

电信

【概况】 2020年，中国电信山南分公司主营业务收入持续增长。全年主营业务收入完成2.18亿元，超收617万元，较2019年增长8.8%，其中政企渠道收入占收比实现过半。

【网络建设】 2020年，第五批国家普遍服务试点项目26座基站如期建成并实现工信部平台点亮，76局、78局、昌珠镇、江北开发区4个综合业务接入区、森布日极高海拔生态搬迁点综合接入业务点基础能力建成。4G基站小区2541个，利用率大于70%的小区占47.2%。FTTH端口新增0.7万个，累计12.8万个。区公司专项建设5G基站74座，实现市区、森布日极高海拔搬迁点5G基本连续覆盖，“5G+智慧工地”率先在森布日应用。

【网信安全】 2020年，中国电信山南分公司坚决落实网信安全工作，网站备案率100%，实名制率100%，骚扰电话、垃圾短信及电信网络诈骗得到有效整治，携号转网工作严格依法依规承接落实。

2020年8月27日，召开中国电信山南分公司第六批援藏干部援藏届满座谈会

【社会责任】 2020年，中国电信山南分公司共投资820.9万元用于实施第五批国家普遍服务试点项目和边境小康村、抵边村、搬迁安置点的通信覆盖；编制边境通信专项规划，并逐步推进实施。在接到市委、市政府边境通信覆盖需求任务后，分公司党委立即响应，完成德玛隆、老虎嘴、雍布、土伦等特殊区域4G无线网络覆盖任务。支出600余万元配合城市道路改造，推进城市光缆入地，美化城市面貌。

移动

【概况】 中国移动西藏公司山南分公司（以下简称中国移动山南分公司）下设综合部、党委办公室（党群工作部）（纪委办公室）、人力资源部、市场部、政企客户中心、网络部6个三级机构，12个县（区）分公司。分公司有员工181人，其中：劳动合同制员工175人，劳务派遣制员工6人。

2020年，中国移动山南分公司始终坚持以客户为本，市场发展能力稳步提升，完成各项目标任务，整体收入为2.1亿元，同比增长18.2%，家宽规模快速增长，家宽客户数达3.85万户，同比增长15.8%；4G服务快速提升，4G客户数达13.8万户，5G发展起步良好，5G客户数达3.2万户。

【网络建设】 2020年，中国移动山南分公司始终履行央企社会责任，统筹网络建设，以网扶贫，不断缩小城乡网络差距，共计投入资金27443.1万元，建设完成本地网传输线路1335余皮长公里，新建355个基站，城区、县城、乡镇、行政村信号覆盖率100%，行政村以上家宽覆盖率87%以上，电普工程建设446个点位，改善897个村庄信号覆盖，完成小康示范村、易地扶贫搬迁村的通信覆盖工作，消除边缘村居通信覆盖问题，解决偏远老百姓通信上网问题。发挥职能优势，开发设置扶贫资费、扶贫语音优惠包和扶贫流量优惠包减轻建档立卡贫困群众通信支出负担。

【边境网络建设】 2020年，中国移动山南分公司深入贯彻落实新时代党的治藏方略，明确边境网络建设需求，精准定位目标，投资1020万元，完善边境网络质量。

【信息化建设】 2020年，中国移动山南分公司充分通过移动通信信息化优势，在重点行业搭建畅通的

2020年6月18日，中国移动山南分公司结合“总经理客户接待日”活动同步开展“社会责任沟通日”活动

信息化沟通渠道。成功将5G+智慧医疗项目引入山南市，该项目可利用远程教学提高医护人员技术水平，实现优质资源共享，有效解决医疗短板。

联通

【概况】 中国联合网络通信有限公司山南市分公司（以下简称中国联通山南市分公司）有编制69人，实有66人。公司设置三级部门4个，分别办公室（工会）、市场部、政企BU、网络部。下辖5个网格，分别乃桑琼美划小单元、贡扎划小单元、加曲划小单元、隆错划小单元、浪洛划小单元。

2020年，中国联通山南市分公司完成主营业务收入1826.26万元。全市新增用户9660户，净增用户230户。

【移动网建设】 2020年，山南市在网运行的物理站点594个，逻辑站点803个。完成山南市1区11县及S101/S202/S306道路沿线信号覆盖，行政村覆盖率54.27%。

【传输网建设】 2020年，山南市光缆总长度1960千米，其中二干光缆长度654千米，本地网干线光缆长度1306千米。

【固网建设】 2020年，山南市（数据＋语音）FTTH端口为5688个，累计端口占用1123个，端口占用率为19.74%。

【4G网络建设】 2020年，中国联通山南市分公司替换建设GL900M基站128个，完成各县城新建4G基站88个，基站开通率100%，县政府所在地均完成4G网络覆盖。

【传输网优化改造】 2020年，中国联通山南市分公司启动县城传输改造工作，完成全市97%的SDH设备替换工作，共计替换180个点位。

【维护群众利益】 2020年，中国联通山南市分公司组织对农牧区119个基站的重点整治工作，通过持续整治与监督，保障农牧区的基站运行。

中国铁塔股份有限公司山南市分公司

【概况】 2020年，中国铁塔有限公司山南市分公司（以下简称中国铁塔山南市分公司）设立综合部、人力资源部、财务部、业务支撑部、通信发展部、运营维护部、行业拓展部（两翼业务专项办公室）、物业中心，编制52人，实有49人。

2020年，中国铁塔山南市分公司投资2083.54万元，其中4G投资1494.2万元，5G投资482.94万元，边境无需求项目投资106.4万元。运营成本7508.9万元，同比上升1.2%。

【区域赋能】 2020年，中国铁塔山南市分公司为理清区域职责定位，提升区域运营管理能力，制定《山南市分公司区域优化管理实施方案》，成立四大区域，开展区域定点帮扶，制定部门人员一对一定点帮扶区域，帮扶解决合同续签、疑难站址协调、站址故障判断等11类问题，区域能力得到提升，各项工作逐步走向正轨。

【5G支撑保障】 2020年，中国铁塔山南市分公司以乃东主城区、森布日高海拔搬迁区、重要场景为重点规划并建设5G需求204个，全区率先交付5G一期。

【降本增效】 2020年，中国铁塔山南市分公司建针对太阳能＋市

2020年2月15日，中国铁塔山南市分公司建设市人民医院铁塔应急站

电站，全量完成太阳能优先设置，年化节约 200 万元。完成电费单价降价站点 108 个，年化节约成本 50.45 万元，降幅达到 18.43%。场租降价站点 7 个，年化节约成本 4.29 万元，场租降幅达到 41.32%，为 5G 发展助力。

【社会责任】 2020 年，中国铁塔山南市分公司构建完善的协同配合保障体系，从地市到区域与运营商紧密协同，配合运营商完成乃东、桑日、措美、隆子、洛扎等县的网络优化方案推介，承接 6 个宏站和拉远需求并配合电信开通，保证电信投诉用户的安抚工作，确保拆站订单复建。践行“治国必治边，治边先稳藏”，扎实履行国企责任，完成 6 个抵边守边应急通信保障建设，承接并解决 26 个涉边县、偏远村庄、沿路、牧区信号疏盲工作。

【两翼业务】 2020 年，中国铁塔山南市分公司立足资源优势，聚焦重点行业，深入开展两翼业务营销活动，提供差异化、多元化的服务，提升市场竞争力，成功落地布达拉宫无接触体温监测项目、文物局桑耶寺智慧用电项目、宣传部高炮亮化项目等，向业务多元化迈进。

金融

中国人民银行山南市中心支行

【概况】 中国人民银行山南市中心支行(以下简称人行山南市中心支行)内设办公室、货币信贷统计科、会计业务科、科技科、货币金银科、国库科、人事科、征信管理科、保卫科、宣传群工部、纪委监察室共11个科室,有职工112人,其中在册行员94人(干部91人、工人3人),聘用制员工13人。

2020年,人行山南市中心支行强化窗口指导作用,切实督促引导商业银行落实中央对西藏优惠金融政策。截至年底,山南市各项存款余额410.65亿元。各项贷款余额301.82亿元,较年初增加4.98亿元,增长1.68%。其中,小微企业贷款余额15.71亿元;民营企业贷款余额22.67亿元,增长27.13%;普惠口径小微贷款余额11.27亿元,增长86.86%;双创贷款余额4.17亿元,增长72.87%;绿色贷款余额62.29亿元,增长19.37%;重点项目贷款114.27亿元,下降2.63 %。“6+1”清单中山南共涉及404家企业,其中已对接219家,69家企业成功获得贷款,累计放贷96.75亿元,2020年新增贷款18.6亿元。山南市“十三五”规划产业项目217个中已融资产业项目51个,余额为5.53亿元;产业项目库外已融资产业项目12个,余额为0.13亿元。扶贫项目类贷款已融资15个,余额为34.65亿元。

【银企对接】 2020年,人行山南市中心支行制定《山南市金融支持稳保工作实施方案》,成立直达金融机构基层一线的“稳保”工作领导小组。摸清市场主体底数,建立金融支持稳企业保就业融资对接清单推送机制和按季通报制度,对全市3.49万个市场主体完成数据清分,金融助力“六保”工作数据库初步完成。截至年底,建立山南市重点首贷企业培育库,入库企业1576家。建立山南市后备企业库,入库企业2389家。组织召开专场政策宣讲会3场,开展市级大型对接会11场,覆盖496家企业,共对接成功38家企业,投放贷款1.43亿元。设立“融资服务会客厅”,组织银行对企业开展融资指导,帮助2家民营企业获得银行贷款430万元。制定山南市金融支持“稳企业保就业”融资需求表,推送至商业银行进行融资诊断,限期督办对接。编辑《山南市金融支持企业复工复产优惠政策与信贷产品汇编》,开展线上金融助力稳保工作系列之扶企纾困行动,针对企业融资痛点难点堵点开展“一对一”解剖式宣传30余次。举办“非公经济大讲堂”复工复产专项培训会、“民营企业财务人员大讲堂”培训会,为民营经济提供更多金融“活水”。以“贷款+贴息”模式加大对本地非公企业贷款扶持,山南市25家非公企业获得政府贷款贴息99.65万元。持续加大金融产品创新,指导各商业银行推出“藏鸡贷”“氆氇贷”等信贷创新产品。山南市特色信贷产品共发放96笔、991万。其中:氆氇贷76笔、金额757万元;藏鸡贷3笔、90万元;幸福贷17笔、144万元。持续推动应收账款融资,全市经济实体在应收账款融资服务平台注册用户59家,累计融资11.32亿元。持续推进西藏自治区小微客户融资服务平台线上融资,全市金融机构通过

2020年3月12日,人行山南中支组织召开金融助力幸福家园建设项目融资对接会

2020年3月31日，人行山南市中支到洛扎县、浪卡子县验收金融综合服务站

小微企业融资平台系统发放贷款4笔、金额490万元。

【脱贫攻坚成果巩固】 2020年，人行山南市中心支行推动金融机构与产业扶贫项目通过“654321”模式开展合作，全力推进产业对扶贫的带动效应。加大扶贫产品支持力度，以“金融电商惠民服务站”为依托，全力打造工业品下乡、农产品出山的双向通道，为农牧民在防疫期间创收工作创造良好条件。开展脱贫攻坚普查迎检工作，截至年底，12个县区均已督导完毕。扩大扶贫产业融资覆盖面，根据自治区2020年产业项目清单，组织多种形式的对接活动，确保对接率100%。清单内167个扶贫产业项目及新型农业经营主体均完成对接，79个扶贫产业项目及新型农业经营主体获得银行贷款1.96亿元。开展强基惠民活动，抽调8名青年干部派驻村居开展第九批驻村工作，自驻村扶贫工作开展以来，全行累计用于驻村工作经费达800多万元，驻村扶贫得到自治区政府肯定，荣获2019年度自治区驻村工作优秀组织单位。截至2020年12月末，山南市金融精准扶贫贷款余额为44.04亿元，其中建档立卡贫困户贷款余额达3.73亿元。

【推进幸福家园建设】 截至2020年年底，山南市商业银行已对接幸福家园入库企业64家，授信6.56亿元。为其中7家企业发放贷款7175.6万元。协助国开行、农发行等金融机构共同制定森布日二期项目复工复产400亿元融资授信方案；协调金融机构为山南市城投公司、雅砻投资有限公司授信16亿元，已发放贷款10亿元用于项目前期备工备料。

【金融风险整治】 截至2020年年末，山南市银行业不良贷款额2102万元，不良贷款率0.0696%，远低于全国和自治区平均水平，金融运行平稳，风险可控。密切关注疫情期间辖区金融运行情况，向辖区金融机构发出业务提示20期。协助公安机关破获“3·22”达某恶势力团伙违法犯罪案，开展打击跨境赌博、电信网络诈骗，涉黑、涉恶、涉恐、涉腐、涉毒、涉税等违法犯罪的资金监测工作全面增强。推动建立由市政府相关部门、人民银行及各金融机构组成的山南市金融工作联系机制，加强对金融工作的信息沟通和工作协调。推进反洗钱资金监测工作，配合纪检监察部门和政法部门开展重大案件协查工作。加强日常监测、评估，防范和化解各类金融风险，牢牢守住不发生系统性金融风险的底线。深入推进存款保险制度实施工作，全面启用存款保险标识，有效提升公众预期和信心。

【普惠金融】 2020年，人行山南市中心支行全面落实《山南市普惠金融发展规划》，扩大普惠金融覆盖面，推动移动支付和非现金支付环境建设。持续推进加查县移动支付便民示范工程示范县建设，持续完善加查县县域商圈、街区移动支付场景搭建，并向周边街道拓展。截至年底，加查县范围内共拓展特约商户326户，年内新增188户，云闪付APP用户拓展数量为1732户，全县共建成运营88座金融惠农服务站。加大现金服务示范区建设，贡嘎县杰德秀镇农村现金服务示范区已通过上级单位验收。继续进行农村和中小企业信用体系建设。截至年底，山南市共有8个信用县、77个信用乡镇、554个信用村，农村信用体系建设对建档立卡贫困户实现100%覆盖。全面推进“边境小康示范村”建设。山南市4个边境县金融精准扶贫贷款余额达4.27亿元，其中项目贷款余额2.83亿元，小额信用贷款余额1.44亿元。全市共投放发行基金23.89亿元,回笼9.75亿元,净投放为14.14亿元,保障辖区现金供应。办理各级财政预算资金退库9916.33万元。完成清理社会保险费征缴入库工作,上划省级社保资金14.12亿元,市级入库社保资金9601.26万元。协助开展山南市1500万元消费券发放工作,促进居民消费。

【"放管服"改革】 2020年,人行山南市中心支行全面增强账户服务。在2019年6月10日全面取消企业银行账户行政许可的基础上,按照上级行账户服务"两个不减、两个加强"的原则,加强监督管理,确保账户管理放而不乱。截至年底,山南市新增企业银行账户1891个,较2019年同期增长36.14%。引导金融机构精简办贷资料,实现客户办理贷款"只跑一次"。优化信贷审批流程,缩短贷款落地时间。拓宽征信查询渠道,满足征信服务需求。全市已布放21台自助查询机,实现征信查询服务县域全覆盖。截至年底,全市信用报告累计查询14771笔,较2019年同期增长47.78%,满足信用报告查询需求。全面提升人民币服务水平,定期向辖区各银行业金融机构开展人民币集中缴库工作,帮助各金融机构解决残损人民币压库问题,提高全市人民币整洁度。全面助力减税降费政策落地,严格落实中央减税降费决策部署,及时办理各项收支退业务,提高退税效率,确保纳税人及时、足额享受减税降费政策红利。截至年底,山南市办理退税业务11457笔、9916.33万元。开展本市新设银行业、保险业等金融机构开业管理与服务相关工作,中国人民人寿保险股份有限公司山南市中心支公司于2020年1月顺利开业,工商银行山南分行于9月顺利开业。

2020年,国家外汇管理局山南市中心支局积极贯彻落实外汇管理各项规章制度和政策,合理、规范办理各项业务,及时、准确上报银行结售汇旬、月报以及各类监测分析报告。截至年底,全市涉外收支总额972.34万美元,同比下降37.9%,其中,涉外收入79.85万美元,同比增长36.54%,涉外支出892.49万美元,同比下降40.79%。截至年底,全市银行结售汇总额923.71万美元,同比下降40%,其中,结汇8.02万美元,同比下降49.72%,售汇915.69万美元,下降39.9%。全市名录企业共14家。

【金融知识宣传】 2020年,人行山南市中心支行继续推进"金融知识纳入国民教育体系"工作,定期组织辖内各商业银行开展防范电信网络诈骗、征信知识等宣传活动,多方位开展存款保险宣传,培养金融藏汉双语讲师,制作播放金融知识宣传视频,精准培养"金融明白人",多维提升老百姓金融意识,纵深推进金融宣传"山南模式"。共开展宣传80余次,发放反诈宣传资料5万余份。已培养持证藏汉金融讲师66名,制作金融知识宣传光碟3期,培养"金融明白人"365名,覆盖山南市12个县(区)。

中国农业银行股份有限公司山南分行

【概况】 中国农业银行股份有限公司山南分行(以下简称农行山南分行)是山南市网点遍布城乡、服务功能齐全、支持经济发展、坚持服务"三农"的区域主流银行。截至2020年年底,全行各项存款时点余额200.65亿元(各项存款时点余额不含理财16亿元),较年初增加7.81亿元,增长4.05%,其中个人存款时点余额83.99亿元,增加8.01亿元,增长10.55%,对公存款时点余额116.66亿元,下降0.2亿元,下降0.17%。各项贷款余额113.64亿元(各项贷款余额不含票据11.02亿元),较年初增加3.51亿元,增长3.19%,其中个人贷款余额68.91亿元,增加7.23亿元,增长11.73%,对公贷款余额44.73亿元,下降3.72亿元,下降7.68%。实现中间业务收入4508万元,同比增加800万元。

【金融市场】 截至2020年年底,农行山南分行拥有各类机构78个,其中分行本部机关1个,1个营业部,12个一级支行,2个二级支行,3个分理处,59个营业所。网点覆盖全市所有县(市)和大部分乡镇,直接服务"三农"的营业机构占机构总数的94.7%。全辖在职员工680人,其中,党员360人,占比52.94%;35周岁及以下员工415人,占比61.03%;全日制大学本科及以上学历327人,占比48.09%。直接为"三农"服务的员工占总人数的80%。在全山南市城乡分布着自助网点39个，ATM等自助（智能）机具295台，同时在农牧区设立649个“三农”金融服务点，覆盖全市100%的乡镇和91.7%行政村。特别是占全行85.53%的机构、75.45%的人员常年坚守在西藏自然环境最恶劣、基础设施最落后、经济基础最薄弱、生产生活条件最艰苦的县域和广大农牧区，通过组建摩托车银行、汽车银行等不同形式，提供流动金融服务。

【金融服务】 2020年，农行山南分行坚决提高政治站位，持续建强金融扶贫的工作机制，金融扶贫成效显著。截至年底，全行5个深度贫困县贷款余额62.34亿元，较年初净增7.36亿元。向28家扶贫企业发放产业扶贫贷款2.31亿元，全行金融精准扶贫贷款余额达到45.47亿元，较年初净增0.83亿元。线上、线下协同发力，消费扶贫向纵深推进。“线上”积极与当地商务局沟通，摸清辖内特色产业商户信息，逐户调研主动对接商户，完成12个县域40多种高原特色产品入驻农行扶贫商城，并于6月18日、7月25日、9月10日分别开展线上扶贫商城“雅砻珍品特惠展销会”，12个县域商户特色产品线上销售实现80万元。截至年底，通过农牧户“四卡”贷款证累计发放农牧户贷款18.41亿元，较2019年同期增加1.23亿元，增长7.12%，其中边境小康示范村建设贷款余额达1.9亿元，惠及农牧户4003户；向建档立卡贫困户发放贷款53603万元，其中通过精准扶贫贷款证发放27027笔，5744万元，涉及贫困户8710户；发放产业扶贫贷款5笔，金额共计3637万元。

【支持实体经济发展】 2020年，农行山南分行紧紧把握山南市经济发展脉动，始终坚持金融服务实体的初心和本源，支持地方经济发展，支持实体企业转型升级。精准支持企业转型升级，组织召开“稳企业 保就业”银企对接会，充分利用“微捷贷”等线上产品，加大产品宣传推广力度，促成“白名单”客户成功办理“微捷贷”业务，并以此为契机，进一步做好、做实小微企业线上产品客户基础，年末普惠型小微企业法人贷款户数123户，较年初增加36户。推进“三农”金融业务。开展农牧区产权制度改革金融服务，时刻关注政府部门对农村集体产权改革和集体经济组织发展的相关政策及举措。创新农牧区信贷方式，立足山南分行实际，推出“雪域惠农e贷—藏鸡贷”“雪域惠农e贷—氆氇贷”。

2020年11月28日，农行山南分行举行存款保险标识揭牌仪式

【金融风险监测】 2020年，农行山南分行开展各项风险监测工作。实时掌控全行资产质量变动状况，加强季度不良贷款变动预测工作。通过定期或不定期系统监测，提取风险线索，分析、挖掘、总结规律，向各行下发各类风险提示，为各行有效识别、控制信用风险及提前采取防控措施提供有力的保障。运用“企查查”“天眼”等外部查询系统，甄别客户行为真实性，切实提高信贷业务资料的可靠性，有效夯实信贷管理基础。截至年底，资产质量稳定，各类单项风险保持稳定可控，未发生重大风险事件或案件。强化不良贷款考核，定期不定期对各行（部）不良贷款绝对额增减、不良贷款占比、每月新发生不良贷款情况进行通报，狠抓贷款贷后管理工作，多管齐下、控新降旧，将不良贷款控制在区分行目标值以内。截至年底，全行不良贷款余额749万元，较年初减少49万元，不良率0.06%，较年初减少0.01个百分点，实现双降。

【金融改革】 2020年，农行山南分行推进数字化转型，推进“渠道+

场景”“线上+线下”各项工作，努力提升基层网点的服务速度、服务深度和服务温度。加大“掌银村”建设力度。截至年底，全行建设“掌银村”497个，覆盖率达100%。围绕政务民生、消费零售大力推进线上缴费业务，成功开通全区农行首例行政党费缴费业务，实现新业务拓市场、抓客户目的。党费线上缴费业务已全覆盖。深入打造智慧医院、智慧停车、智慧食堂、智慧法院项目，智慧停车系统已全部落地成功，隆子县支行人民医院智慧食堂成功上线，乃东区、琼结、贡嘎法院实现线上诉讼缴费，与山南市人民医院签订“智慧医院”战略合作协议，并指定为唯一合作银行，与山南市自来水总公司签订“智慧水务”战略合作协议，全面推进“智缴费”业务，为互联场景建设打下良好的基础。开展网点转型工作，将渠道转型作为农行山南分行党委的核心工作之一，统筹推进线上、线下、远程三大渠道转型。全面上线新一代超柜，推广网点智能化。按照“减柜员、减成本、促营销、增效能”的总体原则，多渠道释放人力资源潜能、多维度实施角色换位管理，最大限度地盘活人力、饱和劳动、创造价值。

【外汇管理】 2020年3月，在农行山南分行营业部开通国际外汇业务，截至年底，汇款一笔6800美元；售汇一笔2200美元。

【银行业经营监管】 2020年，农行山南分行按月下发到期贷款在线监控提示函，及时发现风险、防范债务逾期风险。通过定期或不定期系统监测，提取风险线索、分析、挖掘、总结规律，向各行（部）下发各类风险提示，为各行（部）有效识别、控制信用风险及提前采取防控措施提供有力的保障。按季通过内部邮箱、电话等方式对经营行法人客户评级、结息等情况进行事前提示、事中监测、事后监督，防范因评级过期或形态下调导致信贷资产质量下滑和影响客户信用的问题发生。按月对各行（部）下发关注及不良贷款清单，对不良贷款绝对额增减、不良贷款占比、每月新发生不良贷款情况进行通报，狠抓贷款贷后管理工作，多管齐下、控新降旧，将不良贷款控制在西藏自治区分行下达的目标值以内。为掌握客户的各类风险指标，如实反映真实资产质量，及时调整风险等级相对应的分类形态。按季做好非信贷资产风险分类，提高分类准确性。按月核实非零售客户的各项风险指标的真实性，审慎执行定性指标评分依据，按月向区分行报送“负面展望清单”“模型评级AA—级（含）以上客户3个月内到期债务逾期风险排查表”。对新非零售评级系统进行业务指导，组织各经营行开展2020年度非零售客户年度评级更新、重检工作，更新率达100%。为加大零售评分的管理力度，督导经营行认真核实个人贷款的基础信息，确保申请评分结果的真实性、准确性。组织各行（部）开展普华永道非现场审阅工作，并提供相关资料。全年共发出到期提示函12份、贷后管理提示函4份，处置各类风险预警84条，处置率达100%。

【民间融资监管】 2020年，农行山南分行在员工范围继续开展“员工参与经商办企业、民间借贷和非法集资专项治理活动”，按照“有责必究，违规必处”的原则在员工中开展调查和自查，未发现员工参与经商办企业、民间借贷、民间融资和非法集资行为。

中国银行股份有限公司山南分行

【概况】 中国银行股份有限公司山南分行（以下简称中国银行山南分行）下辖2个网点，分别为分行营业部和贡嘎县支行。有正式员工44人，其中山南分行本部33人，贡嘎县支行11人。截至2020年年底，各项人民币存款余额30.49亿元，较年初下降6.47亿元，下降17.5%。其中公司存款25.98亿元，较年初下降5.99亿元，下降18.74%；储蓄存款4.51亿元，较年初下降0.48亿元，下降9.62%。各项人民币贷款余额51.71亿元，较年初下降1.9亿元，下降3.5%；其中公司贷款48.04亿元，较年初下降1.75亿元，下降3.52%；个人贷款3.67亿元，较年初下降0.15亿元，下降3.93%。实现营业收入7753.94万元，较同期减少2465.05万元，下降24.12%；实现营业利润3784.30万元，较同期减少2811.31万元，下降42.71%，人均利润86万元。公司贷款从开业至今持续保持零不良，个人信贷不良余额282.05万元，较年初增加117.61万元，信贷资产不良率为1.7%，较年初上升1.3%。

2020年2月，中国银行山南分行营业网点新装修开业

【信贷投放】 2020年，中国银行山南分行支持重点建设项目和重点行业发展，全年发放近7亿元贷款资金，分别为运输业放款0.91亿元、水利水电行业0.64亿元、服装制造0.5亿元、交通施工业1.7亿元、医药制造2.5亿元、水泥行业0.7亿元、批发零售业0.05亿元，有力支持企业复工复产。

【金融服务】 2020年，中国银行山南分行营业网点依据最新要求进行装修，并正式投入使用，借助最新硬件设施，强化金融科技应用，全面提升金融科技应用水平，逐步向数字化转型，将金融科技打造成为金融高质量的"新引擎"。金融服务提质增效，合理运用金融科技手段丰富服务渠道、完善产品供给、降低服务成本，优化融资服务，提升金融服务质量与效率，推动构建覆盖交易、担保、债权、贷款、投资和评估等方面的创新型金融服务体系，使金融科技创新成果更好地惠及百姓民生，推动实体经济健康发展。在开展网点服务工作的同时，注重金融对民生的促进工作，开展新旧人民币兑换及小面额钞票兑换工作，开展残损人民币上门收缴工作，对寺庙开展小面额收缴及兑换活动，净化市场流通人民币的整洁度和干净度。加强对特殊客户群的服务能力，为偏远地区公路项目指挥部和农民工提供上门服务，通过移动终端对该类客户提供金融服务。

【支持实体经济发展】 2020年，中国银行山南分行多措并举，助力普惠金融，将信贷资源优先投放至小微企业，依托"中银信贷工厂"模式，通过端对端、流水线和标准化的规范操作，有效提高小微企业的服务效率与水平。持续优化业务结构，围绕国家供给侧结构性改革，主动实施客户结构调整，重点推进科技金融、民生服务及高新技术产业领域客户，将信贷资源向民营企业、小微企业倾斜。全年共为运输业、商业服务业、扶贫企业、医药企业、牲畜饲养业、服饰批发业等不同行业的小微企业投放3636.47万元贷款资金，全年累计发放17000万元扶贫贷款，支持山南市经济发展。

【金融风险监测】 2020年，中国银行山南分行在开展日常金融服务和金融稳定工作同时，围绕"持续稳定、长期稳定、全面稳定"的总目标，强化维稳意识，与员工签订维稳工作责任状，明确职责；重要时期实行24小时行领导带班、员工值班制度，巡逻制度，确保分行安全。

中国建设银行股份有限公司山南分行

【概况】 中国建设银行股份有限公司山南分行（以下简称建行山南分行）内设部（室）6个，分别是办公室、风险管理部、财务会计部、纪检监察部、业务部（批发业务部、零售业务部合署办公）和安全保卫部；管理营业网点3个，分别营业部、雅江支行和三湘支行。领导班子配备党委书记、行长1人，党委委员、副行长2人，党委委员、派驻纪检组组长1人。全行有员工63人。在山南市设立自助银行服务区7处，投入存取款一体机12台，取款机5台。其中附行式自助银行服务区3处，分别位于营业部、雅江支行和藏木支行；离行式自助银行服务区4处，分别位于民族路、泽当花园、白日街、结沙居委会。

截至2020年年底，建行山南分行一般性存款时点余额35.53亿元，比年初新增1.52亿元。各项贷款时点余额68.47亿元，较年初新增0.26万元；全行不良贷款余额为93.37万元贷款不良率0.01%，资产质量持续保持优良；实现中间业务收入780.09万元，完成全年计划的68.73%。移动金融交易量占比70.11%，手机银行活跃客户数、企业网银本年净新增客、新开账户电子银行同步率均排名地区行第一。

【普惠金融】 2020年，建行山南分行持续深化与税务局、工商局、工商联的走访对接，拓展客户源头并多次组织或参与推介会介绍相关产品，将小微系列产品发展与商户、个人高端客户有机结合起来，实现“惠懂你”APP在微山南官方公众号成功出海。截至年底，全行小微快贷余额2.96亿元，较年初新增1.36亿元。

【住房租赁】 2020年，建行山南分行与山南市住建部门对接，联合区分行、市住建局举办公租房系统培训班。山南市市辖区和12个区县的房源信息已全部导入生产系统，实现公租房业务全流程网上办理。

【金融科技】 2020年，建行山南分行推进山南市藏医院银医项目，已完成软硬件测试。推进安心养老、农村三资、智慧政务、党群综合等平台，与乃东区农村农业局、山南市行政审批和便民服务局、人行山南中支达成平台初步合作意向。

【零售贷款】 2020年，建行山南分行加大与山南泰安、乃东宏图、星龙、锦东等房地产公司合作，新发放个人住房贷款1775万元。以“快贷”为抓手开展名单制营销，深挖客户消费信贷需求，发放个人消费贷款1038万元，地区行排名第一。

【对公贷款】 2020年，建行山南分行支持域内重大项目建设融资。累计为华能、华电投放信贷资金31.18亿元，为华能、华电、中国水利水电第九工程局、水电基础局西藏分公司投放6.52亿元。加大对民营企业支持力度，为海思科医药投放流动资金贷款2亿元，为华新水泥投放流动资金贷款5000万元，为西藏十方营销管理有限公司提供网络供应链融资2000万元。

2020年5月，山南分行营业部开展小微企业客户产品推介会

【风险管理】 2020年，建行山南分行按照内控管理实施方案要求，贯彻落实总分行“全面管”“主动管”的风险管理理念，共下发风险提示书4份，风险文化宣讲2期，定期召开山南分行营运主管联席会议，按季开展案防联席会议，通过案例及存在的实际风险点出发，确定议题，有效讲解，防控案件风险的发生。每季度对全行各部门（网点）开展内控基础检查，不定期开展监控调阅、突击检查等专项检查，以现场检查与非现场检查相结合的方式，发现问题，防范风险。通过参加人民银行组织的现场宣传、各网点日常宣传和员工入社区及微信等多渠道、多形式的宣传，提升群众防电信网络诈骗的意识。其次认真做好基层网点关键风险点监控检查工作，定期完成操作风险数据采集、录入工作及每月关键指标和非信贷数据核对、系统录入工作。

【监管工作】 2020年，建行山南分行持续开展反洗钱工作，进行宣传8次，培训5次，年度考核结果为A级。持续开展消保工作，进行培训5期，组织“征信宣传进收区”“消保在行动”“金融知识普及月”等宣传活动12次，共发放宣传折页2000份。持续开展征信工作，进行集中宣传5次，依托网点LED、发放宣传折页、线上宣传片等方式营造关注征信的氛围，因地制宜深入学校、企业、驻村点等开展征信知识宣传工作，各项工作推进良好。

西藏银行股份有限公司山南分行

【概况】 西藏银行股份有限公司山南分行(以下简称藏行山南分行)配备党委书记、行长1人,党委委员、副行长1人,党委委员、行长助理1人。正式员工28人,平均年龄27岁。其中党员5人,占比17.8%;少数民族合计15人,占比53.5%。内设部门4个。

截至2020年年底,藏行山南分行各项存款余额2338084.18万元,其中对公存款221683.15万元(幸福家园集团存款180072.28万元,与总行公司部各占50%,财政非税收入专户8446.32万元),储蓄存款16401.03万元;各项贷款余额17507.05万元,其中个人贷款余额12507.05万元("藏E贷"贷款7557.35万元,其他个人消费贷款4805.70万元,农户贷款144万元),对公贷款余额5000.00万元;开立对公账户650户,其中农民工工资代发户512户,其他户138户;手机银行签约14747户,手机号码支付签约1002户,有效客户3248户。

【营销工作】 2020年,藏行山南分行为加大营销力度、拓展市场。按照总行统一部署,举行一系列的营销活动,以"惠动全城,最红五月""贷动全城、尊享一夏""藏e贷""扶贫有你,藏行同行"等营销活动为切入点,深入挖潜,稳定存量基础,并采取主动出击营销新的目标客户,在"惠动全城,最红五月"和"藏e贷"活动中,山南分行分别获得单项单位一等奖和个人二等奖。

【建筑工人实名制管理】 2020年,藏行山南分行认真贯彻习近平总书记关于根治欠薪的重要批示指示精神,按照自治区住建厅的各项决策部署,切实打好打赢山南市建筑工人实名制管理"歼灭战",确保山南市2020年如期完成建筑工人实名制工作,分行成立"建筑工人实名制工作小组",截至年底,全市已落实实名制项目总数579户(包括已完工项目),发放藏建卡1.2万余张,覆盖率为92%;全市在建项目204个,已落实实名制202个,覆盖率为98.06%,全市已在实名制系统进行工资代发项目数141个,代发工资为3.1亿元左右,农民工专户余额3.1亿元。

2020年5月30日,市政府、乃东区政府召开湖北援藏招商引资政企座谈会,西藏银行山南分行作为唯一银行机构代表参会

【加强合规管理】 2020年,藏行山南分行不断完善各项规章制度,健全内部管理体制,以服务当地经济为前提,以合规经营为核心,积极开展业务工作,主动对接当地中、小微企业,宣传讲解西藏银行特殊的优惠金融政策。落实风险管理各项任务,强化各部门风险责任意识,促进全行合规经营、规范操作。加大内部检查监督和风险排查,严格责任追究和查缺补漏,切实提高监管发现问题的整改和纠正工作。坚决落实"两个加强、两个遏制"等一系列监管检查工作要求,持续开展业务风险及员工异常行为排查。加强合规和反洗钱风险管理,守住合规经营底线。严格把控放款和贷后管理环节,加强受托支付监控管理力度,开展各类风险预案演练和风险排查监测工作。

【反洗钱工作】 2020年,藏行山南分行持续完善反洗钱工作制度,明确反洗钱工作责任,落实发行权工作措施,强化反洗钱工作意识,严格履行反洗钱以为,开展客户身份补录、员工反洗钱培训、反洗钱宣传及防范电信网络诈骗专项宣传活动等,全年处理受益人排查444

户，排查可疑交易817笔，开展反洗钱宣传、学习23次，反洗钱内部自查3次，接受上级监管机构对本机构现场检查2次。

【优化贷款结构】 2020年，藏行山南分行在新冠疫情防控常态化的背景下，坚决贯彻党中央、国务院决策部署，扎实做好“六稳”工作和“六保”任务，切实帮助小微企业解困、纾困，克服疫情带来的不利影响，搭建融资平台，拓宽融资渠道，同时进一步保障和促进农民工工资权益。9月25日，召开“稳企业、保就业”暨保障农民工工资银政企对接会。并发放应收账款质押贷款5000万元，有效缓解企业在当前经济形势下产生的多方面压力，响应“六稳”“六保”号召，体现藏行的社会责任担当。

【履行社会责任】 2020年，藏行山南分行响应政府号召，积极参与高海拔搬迁点金融环境建设。在森布日极高海拔搬迁点设立临时金融服务点宣传金融知识、宣传西藏银行业务、试点推行“幸福贷”大力推行“三农”金融服务。依据西藏银行《农户贷款管理办法》和相关信贷制度，针对“幸福家园”建设中的高海拔搬迁群众以及参与幸福家园建设的农牧民群众，发放用于支持自身及家庭生活消费，以及医疗、学习等融资需求，截至年底，共发放幸福贷贷款17笔，余额1144万元。在没有设立网点的情况下，临时服务点共开立个人账户400多户、开立对公基本账户2户。

人保财险山南分公司

【概况】 中国人民财产保险有限股份公司山南分公司（以下简称人保财险山南分公司）有员工136人。2020年，人保财险山南分公司保费收入15784.8万元（含政策性农业保险），累计赔付支出8564.07万元，其中车险赔付支出2413.33万元，政策性农业保险赔付支出3290.33万元，大病保险赔付支出2597.23万元，商业非车险赔付支出263.18万元。在已开办的机动车辆保险、家财险、货运险、意外伤害险、企业财产保险、工程险、承运人责任保险、雇主责任保险、火灾公众责任保险、公众责任保险、政策性农业保险、野生动物肇事保险、大病医疗补充保险等保险产品的基础上，结合山南市社会经济发展需要，创新产品，开发政府扶贫救助保险、产业保险、环境污染责任保险、自然灾害公众责任保险、安全生产责任保险、食品安全责任保险、农民工工资履约责任保险、电梯责任保险、旅游景区责任保险、“人人安康”住院补充医疗保险、酒店保险、西藏脱贫收入保险等。

【网点建设】 2020年，人保财险山南分公司为向基层群众提供方便、快捷的保险服务，投入资金建设基层“三农”网点。截至年底，完成12个县82个乡镇“三农”网点建设及11个县域营销服务部、1个支公司的前期筹建工作。为强化网点服务职能，增强县域市场核心竞争力，组建农网专职农保员队伍，实现乡镇“三农”网点专职农保员全部到位，将保险服务下沉到基层最后一公里。

【金融服务】 2020年，人保财险山南分公司启动旨在以“人民保险，服务人民”厚重初心使命为内涵、以“做有温度的人民保险”为目标的“温暖工程”活动，力争用变革创新、务实高效、便民为民的实际行动让社会各界和广大客户在保险服务中真切感受到人民保险“创新提质、变革提效、服务提升”的服务温度。做优理赔服务，完善理赔服务标准，优化服务流程，持续强

2020年1月20日，向措美县“11·30”火灾受灾群众赔付4.22万元

化“警保联动”,继续落实好南京模式推广工作即理赔夜市、搭建心服务站、智能体检等心服务活动。拓展线上理赔服务功能,深化理赔移动平台的使用,开展及落实好理赔线上化服务,优化客户服务体验。加强县域网点基础设施建设,加大县域网点资源投入力度,构建好县域网点服务平台,为提升县域服务能力打好基础。围绕精准扶贫工作重点,与乃东区人民医院、5家市级医保定点医院(2家民营医保定点医院)及12家县级医保定点医院签订《定点医疗机构2020年大病保险理赔资金垫付协议》,通过发挥人保体制机构优势,减轻广大城乡居民特别是贫困群众的就医负担。

【履行社会责任】 2020年,人保财险山南分公司时刻谨记国有企业是履行社会责任“主心骨”的使命,积极承担社会责任,履行国企义务。截至年底,累计交税7794.44万元,代收车船税4059.78万元;强基惠民和结对帮扶工作中为群众办实事投入资金约37.75万元;为曲松县五保集中供养中心建设捐资2500万元;开展中国人保集团“国学希望教室”公益活动,先后为多所小学捐赠衣服、图书和体育用品(折合人民币10万元)。先后解决山南籍大学生就业37名(其中贫困户子女24名),占新招录员工65%。

中国人寿山南市分公司

【概况】 中国人寿保险股份有限公司山南市分公司(以下简称中国人寿山南市分公司)设总经理室,下辖综合管理部、营销发展部、营销收展部、团体业务部、银行保险部和客户服务中心6个部门。共有员工及销售人员263人。公司经营业务有寿险、重疾险、医疗险、教育险、意外险、理财险、扶贫险以及代理车险、责任险等财产保险。2020年,中国人寿山南市分公司先后为23.85万人次、597家企事业单位提供保险保障服务,保费收入8241.71万元,同比增长8.04%。全年给付及理赔类支出3746.73万元,各类理赔案件共受理2347件。

2020年1月,中国人寿山南市分公司业务召开启动会

【基础管理和风险控制】 2020年,中国人寿山南市分公司先后接受并积极配合各类检查4次,均未发现突出问题,未受到监管处罚,反洗钱工作成效突出。常规风险管理形成常态,严控公司单证、印章及销售渠道佣金等风险点,突出公司对关键岗位人员的监督,杜绝岗位风险及公司损失。通过每月培训制度加强员工日常培训,组织员工学习业务知识、基础管理制度及学习内控等规定。按照各职能部门及人民银行的要求,积极开展反洗钱、反集资诈骗、扫黑除恶、维稳值班等社会综合治理等工作。

【创新服务】 2020年,中国人寿山南市分公司始终坚持“以客户为中心,以市场为导向”的原则,把服务客户放在第一位,运用科技创新,从服务态度、服务能力、增值服务三个方面进一步提高服务水平。全年客户临柜业务平均时效低于8分钟,理赔申请到支付平均时效低于1.4天。

为更好地服务客户,公司在加强员工培训、改善服务环境的同时,还致力于寿险APP等应用的推广,至2020年年底,银行转账率达到98%,保全e化率达到94%,减少客户的临柜次数,节约时间成本,提高资金安全保障。不断征求客户意见、了解客户需求,先后推出“节日慰问”和“温情探视”等增值服务。

【脱贫攻坚】 2020年,中国人寿山

南市分公司大力推广农牧民意外伤害保险。为助力西藏广大农牧民群众脱贫，推出费率低、保障高的农牧民意外伤害保险。通过下乡驻村、逐村逐户的宣讲，提高广大农牧民的风险意识，很好地解决因意外返贫的问题。全年累计销售12336户，覆盖人群5.47万人，全年共计理赔379人次，赔付金额476.58万元。

为更好地解决山南当地就业问题，公司在招聘中优先考虑本地区户籍贫困户，并酌情适当放宽招聘条件。对应聘人员先由公司出资先统一组织在拉萨开展7天入职培训，后在山南继续开展为期15天的岗前培训，人均培训费用约5000元。达到促就业、稳就业目的。全年合计发放工资1709.38万元，人均7.26万元，较好地解决部分人员的就业问题。

ལྷོ་ཁའི་ལོ་རིམ་མེ་ལོང་།

山南年鉴

2021

教育·科技·气象

教育

【概况】 2020年,山南市共有各级各类学校415所。其中中等职业技术学校2所、中学19所(九年一贯制学校1所、高级中学3所、完全中学1所、初级中学14所);小学91所;特殊学校1所;幼儿园302所。

全市各级各类学校在校学生人数60362人。其中中等职业技术学校在校生3993人;普通高中生7256人;初中生11067人;小学生25552人;特校生234人;幼儿园在园人数12260人。

全市教育系统教职工6996人。其中在职5780人,离退休1216人。在职教职工中中等职业技术学校374人,普通高中711人,初中1296人,小学2361人,特校48人,幼儿园957人,其他事业人员33人。在职专任教师5543人。其中中等职业学校355人,普通高中644人,初中1243人,小学2412人,特校45人,幼儿园844人。全市各级各类学校临时聘用人员1784人。

小学入学率100%,初中毛入学率102.45%,高中阶段毛入学率96.5%,学前教育毛入园率91.3%。

【学前教育】 2020年,山南市共有302所幼儿园,一类幼儿园33所、二类43所、三类30所、达标7所。出台《关于加强学前双语师资队伍建设的意见》,以补足配齐和规范办学行为重点,多渠道补充合格教师。截至年底,全市学前专任教师共有844人,新增保教人员277名,其中通过公招新增专任教师99人,临时招聘178名保育员,缓解乡村幼儿园教师不足现状。实施转岗培训培养,根据中小学教师队伍特别是小学教师相对富余的现状,推行小学教师特别是双语能力强的青年教师通过转岗培训进行转岗。加大学前双语师资培养培训,重点加强师德师风全员培训、非学前教育专业教师专业等培训,开展乡村幼儿园骨干教师到市直属3所幼儿园跟岗培训,强化专业学习与跟岗实践相结合,增强培训针对性和实效性,切实提高教师专业水平和科学保教能力。全年共选派140人次学前骨干教师参加国培计划,共有277名新入职教师开展岗前培训。

【基础教育】 2020年,市教育局加强教学常规管理,全面取消“大周制”、全面实行“小周制”,在落实“三科”教材改革基础上普及统编数学教材,开展幼儿园分类定级评估、义务教育优质均衡发展摸底调研、援藏教师示范课听评议课指导、校际联盟专题联合教研等活动,完成全市秋季招生特别是其他省市西藏初中班(校)、代培班的录取和购房入户学生统计,制定《受援学校三年援藏发展规划》,深入推进“百校手拉手”活动,聘任山南市第三届督学,提升教学规范化管理程度。实施薄弱学科攻坚行动,制定数理化等薄弱学科提升方案,组织高中教育教学质量专项调研,实施薄弱学科教师“同课异构”教学比武活动,开展“五个100%”成效回头看,建立高中五校联盟命运共同体,加强国家通用语言文字教育,努力补齐教学质量上的短板。组织小学数学青年教师助力培训班、对口支援省市送教线上培训、第六届中小学教师电子白板大赛、第五届中小学教师“信息技术实践与创新”论文比赛,评选55名第二届学科带头人和273名第三届骨干教师,补充聘任26名兼职教研员,选派19名骨干教师和管理人员赴三省跟岗学习。2020年,全市中考总均分在七地市排名第三,其中藏语文平均成绩排名第一,数理化等薄弱学科均位列第三;全市高考上线率达到84.52%,高于全区总录取率,其中市二高、一高、三高总上线率分别达到96.78%、76.98%、73.35%。顺利完成2020年初中、高中代培班录取工作,共招收初中40人,高中120人。完成2020年山南市其他省市西藏班学生、代培班学生的接送及购票工作,共计进藏2020人,出藏1375人,安排护送教师共计46人。

【职业教育】 2020年,山南市有中等职业技术学校2所、县级职校中心3所。中等职业学校在校生有3993人;共有教职工374人,其中专任教师355人、行政人员10人、工勤人员9人;专任教师中硕士研究生18人、本科学历323人,本科及以上学历96%。市教育局出台《山南市人民政府关于加快发展现代职业教育的实施办法》,每年从本级投入中安排职业教育专项经费资金用于支持职业教育发展,2017—2020年共安排资金3921万元。完善办学模式，紧紧围绕市场需求和就业导向，坚持市职业技术学校以农林牧和旅游服务为主重点专业、第二中等职业技术学校以电商、民服、建筑装饰为重点专业设置，推行校企合作、工学结合、“订单”式人才培养等方式，组织师生广泛参加各类职业技能大赛，提高人才培养水平。积极转变县级职教中心办学方向，将县级职教中心作为各县（区）级农牧民、待业青年和在职人员的培训基地。加强学校基础设施健身，充分整合国家职业教育质量提升计划资金、本级投入资金、援藏资金等，重点加强学校实训基地建设，配齐配全实训仪器设备，一年投入资金3267万元。

【特殊教育】 2020年，山南市有1所特殊教育学校，在编教师48人，其中有专任教师45人。共有在校生234人（其中女生100人），送教上门学生93人。该校注重学生全面发展，在全国第十届残疾人运动会上取得6金2银2铜的骄人成绩。学校现已成为一所集盲、聋、培智三类残疾少年儿童康复教育、义务教育、职业教育为一体的综合性特殊教育学校。

【民办教育】 2020年，山南市共民办学校7所，其中：幼儿园3所，教育培训机构4所。共有教职工94人，在校学生979人（不含培训机构），其中小班有315人、中班有290人、大班有374人，形成政府主导、社会参与、办学主体多元的民办教育格局。

【教育经费投入】 2020年，山南市开展全市“三包”经费管理使用专项检查，对2017—2019年市级财政对教育投入资金进行第三方审计，接受自治区审计厅对2018—2020小学阶段“三包”、营养改善计划资金专项审计调查，开展全市教育系统财务培训及市、县教育年报统计集中专题培训及学生资助系统操作培训等工作。从2016年起，市县财政收入的20%用于教育的比例提高到25%。2020年市本级财政对教育投入资金23662万元，市教育局将预算分解为四部分，刚性支出部分12979.5776万元，占54.86%，主要用于保障教师基本待遇、推进十大民心工程、教学管理与质量提升、乡村教师学前岗位开发及相关配套等方面；提升、促进教育综合能力部分854.4484万元，占3.61%，主要用于教研教改、校园安全保障、师资队伍建设、思想政治建设、督学督政、职教工作等资金；项目支出部分8914.6万元，占37.67%，主要用于标准化学校建设，资金安排重点考虑办学基础条件较差的县（区）、学校，着力解决市直学校灯下黑的问题；其他支出部分913.374万元，占3.86%，主要是用于解决不可抗力、不可预测的各种应急事项经费，弥补部分项目实际发生额不足部分，解决新建学校开办运转经费等。

【教育均衡】 2020年，山南市专任教师学历合格率99%；九年义务教育巩固率达99.98%。自2013年教育均衡实施以来，各县区本级财政对教育投入达12.354亿元，新建学校3所、改扩建学校235所，新增学位人数3432人，新增校舍面积306778.44平方米，新增体育运动场馆面积43565.42平方米，新增实验室、功能室311间，教学仪器设备投入6383.1083万元，新增图书296562册、新增计算机3573台。补充新教师达1328人，其中音体美科学信息教师163人；交流教师及校长1950人，其中音体美科学信息教师113人。加大财政对教育的投入，明确每年本级财政对教育投入的比

2020年3月25日，春季开学投入使用的乃东区新建实验小学，该校投资7399万元，总建筑面积13863平方米

例不低于25%,援藏资金投入教育的比例不低于30%。2013—2020年,市本级财政对教育投入12.661亿元,各县(区)本级财政对教育投入达12.354亿元。2013年以来,从市本级投入中向各县(区)专项安排启动资金累计7770万元(乃东100万元、琼结1100万元、扎囊500万元、措美1000万元、贡嘎470万元、浪卡子2000万元、洛扎900万元、隆子150万元、曲松150万元、错那1000万元、加查县150万元、桑日县250万元),改善薄弱学校和高寒边远学校办学条件,提升办学综合能力水平,推进城乡教育协同发展。严格落实各项惠民政策,做好乡镇教师生活补贴、资助农牧民子女上大学等资金管理、兑现,做到账目明确,资金发放及时。2013年以来,累计落实教育"三包"经费9.55亿元,免费教育经费2.33亿元;自治区乡村教师生活补助资金1.06亿元,市本级教师生活补助资金9764.64万元;落实建档立卡贫困户大学生资助资金0.81亿元,兑现大学生资助资金3.88亿元,资助大学生60347人次,确保各项资金管理使用科学规范。摸清适龄"三类残疾"儿童情况,更新0—15周岁适龄儿童少年数据,精准掌握适龄儿童少年入学情况,建立送教工作档案,制订个性化教学计划,开展"送教上门"活动,保证送教上门教学课时,完善学籍档案,加强专业指导,提高送教质量。全市没有一个家庭因学致贫返贫,也没有一名学生因贫辍学失学。

【教育"三包"】 2020年,山南市"三包"、15年免费教育、学生营养改善计划等政策全面落实,全年下达"三包"资金2.1亿元、营养改善计划资金0.27亿元。

【师资队伍建设】 *师德建设*。2020年,市教育局始终把师德师风建设摆在首要位置,作为评价教师队伍素质的第一标准,全面贯穿教师资格准入、招聘考核、职称评定、推优评先、表彰奖励等各环节,突出师德把关,严格执行师德师风"一票否决制",制定师德负面清单,实施"一考三评",建立教师理论学习中心组制度,开展作风专项整治、全员教师思政培训,制定师德负面清单,执行师德"一票否决制",树立为人师表的良好形象。全年共有4773名教师参加"一考三评",占专任教师总数的92%,覆盖12个县区,其中中职校271人、高中500人、初中914人、小学2451人、学前598人、特校39人,考核合格率99%。

师资建设。2020年,市教育局始终坚持师资向基层和高寒边远地区流动的导向,出台《山南市新一批"二下二上"组团式支教交流计划实施方案》等文件,建立市、县、乡三级教师"二下二上"支教交流制度。各县(区)均按照不低于教师总数5%支教交流要求,在县域内开展职称、学科、管理等交流活动,增强教师教书育人能力和水平。通过引进人才、公开招聘、政府购买服务等方式,全年新增保教人员277名,其中通过公招新增专任教师99人,临时招聘178名保育员,有效缓解乡村幼儿园教师不足现状。

教师培训。2020年,市教育局始终把教师培训纳入中小学教师国培、区培、市培、县培范畴,扩大教师培训规模,坚持专业学习与跟岗实践相结合,开展教师教学技能大练兵、教师经验交流,新入职教师岗前培训、学术研讨等活动,增强培训的针对性和实效性,提高中小学校长管理和专任教师业务水平能力。加强教师普通话能力培训,全年共有903名教师参加培训并获得相应等级证书。

示范引领。2020年,市教育局始终把示范引领作为激励教师展现新担当新作为的重要手段,每三年开展名教师、骨干带头人、学科带头人培养评选活动,实行动态管理。全年共培养和评选自治区级名师20名,自治区级骨干教师20人,市级名师60名,市级学科带头人55名,市级骨干教师273名,并通过采取"师徒结对、送教下乡、上示范课、教研教改、课题研究"等方式,定目标、给待遇、压担子,充分发挥骨干教师示范引领作用,带动广大教师的专业发展。先后有多名教师受到中央、自治区的表彰,市东辉中学教师马丹被党中央、国务院授予"全国先进工作者"称号。

【教育精准扶贫】 2020年,山南市成立教育扶贫工作领导小组,出台扶贫政策方案,落实2019—2020年建档立卡大学生免费教育补助资金2138.27万元,资助建档立卡大学生1838人。下达山南市大学生资助资金7477.7万元,资助大学生10275人。

【教育信息化】 2020年,市教育局实施信息资源共享工程,推进"互联网+教育",2016—2019年累计投入资金3300万元,建成山南市教育数据中心模块化机房及三级等级保护评测项目、市教育城域网、3

所数字化校园试点学校、市教育系统市县(区)两级维稳应急指挥平台等。教育组团式援藏专项资金1.13亿元支持建设的18所学校信息化项目有序实施。西藏教育珠峰旗云平台正式上线后,根据自治区教育厅和自治区电教馆相关要求,组织全市各级教育行政部门、学校管理人员、教师进行全员注册。每年组织开展涵盖珠峰旗云平台功能应用的市级教育信息化应用能力提升培训,提升市、县区管理员对平台的熟练度和应用水平,形成从市、县、校逐级开展应用推广培训模式。立足教师"人人会""堂堂用"的目标,坚持立足课堂、立足学生、立足学科的原则,通过远程在线互动每年对不少于500名骨干教师进行教育信息化专题培训。

【招生考试】 2020年,市教育局完成其他省市西藏初中班(校)的报名、审查、考试、体检、录取、公示、出藏等工作。全市小考报名总人数为1500人。其中,进藏干部职工子女类别考生75人;区内藏族及其他少数民族农村类别考生1138人;区内藏族及其他少数民族城镇类别考生287人。顺利完成2020年初中、高中代培班录取工作,共招收初中40人,高中120人。完成全区普通中专(高中)招生考试工作,共有4274人报考,其中汉族及区外少数民族88人,藏族及区内少数民族4186人。2020年西藏自治区普通中专(高中)山南籍新生录取总人数4058人(其中:其他省市西藏高中班237人,重点高中录取908人,普通高中录取1697人,其他省市中职录取63人,区内职业高中录取1130人,湖南一师录取23人)。

体育

【群众体育】 2020年,山南市先后组织开展2020年全民健身日广场舞大赛、山南市第九届"体彩杯"足球赛、山南市第七届全民健身篮球赛等群众性体育活动,全年共举办市级大型赛事3次,1000余人参与赛事活动。广泛深入开展社会体育指导员培训,地市级培训班1次,全年参与培训的社会体育指导员共750人。举办全民健身科普知识宣传讲座1次,群众体育健身组织网络基本形成。

【竞技体育】 2020年,山南市建立"以运动员为主体、教练员为核心、责任人为关键"的制度体系,提高核心竞争力。完成第三届跨喜马拉雅国际自行车极限赛参赛任务。研究制定《山南市"苗圃计划"青少年体育人才培养实施方案》,提出从2020—2030年,山南市每年安排2名竞技体育后备人才赴援藏三省体育训练学习直至大学毕业,推动山南市竞技人才储备。

【青少年体育】 2020年,山南市在市直学校内开展青少年校园足球特色学校复核工作,有6所学校通过。组织山南市300多名中小学生参加由国家体育总局主办,中体产业集团有限公司运营,西藏自治区体育局和山南市教育局协办,西藏自治区网球协会承办"全民健身 活力中国"国家体育锻炼标准达标测试赛。

【学校体育】 2020年,山南市加强体教结合深入贯彻落实《关于加强青少年体育 增强青少年体质的意见》《学校体育工作条例》,全面提高学生身体素质。不定期举办体育教研、业务培训班,不断提高体育教师队伍的整体素质和教学水平。坚持"两课、两操、一活动"制度,确保在校学生每天一小时的体育活动。组织全市各级各类学校开展"亿万学生阳光体育活动",鼓励学生走向操场、走进大自然、走到阳光下。全面贯彻落实《关于加快发展青少年校园足球的实施意

2020年11月28—30日,在扎囊体育公园举办首届农民运动会

见》，紧紧围绕青少年校园足球教学、竞赛体系及师资培训积极探索校园足球三级联赛制度，9月，举办山南市“U—14”“U—17”青少年足球、篮球赛，参赛人数200余人、比赛场次50余场，提高“校园足球、篮球”普及力度和推广力度。截至年底，山南市共有1个“全国校园足球示范县”、6所“全国校园足球示范校”，《国家学生体质健康标准》达标率超过90%。

【基础设施建设】 2020年，山南市推动全民健身设施设备进乡村、进机关、进学校、进寺庙，全年累计投入资金700万元，实现12个县（区）全覆盖，各县（区）均完成1条健身路径、配备路径器材、1块篮球场、1座标准体育场的建设任务。实施“15分钟体育健身圈”建设项目，建成健身房8个、公共篮球场49块（含室内篮球馆3个）、配备县（区）村（居）委会健身柜15个，共建成27个健身点。全市现有公共体育场馆、设施全部实现免费开放。

职业技术（教师进修）学校

【概况】 山南市职业技术（教师进修）学校（以下简称市职校）是一所以学历教育为主，短期实用技能培训、师资培训、继续教育四位一体的国家级重点中等职业技术学校、国家中等职业教育改革发展示范学校。学校总投资近2亿元，占地面积达10.2万平方米，建筑面积近4.5万平方米，拥有2个教学实训基地，24个校外合作实训场所。全日制在校学生1760人，其他各类短期培训学员年均近1000人。

2020年，市职校设有办公室、教务处、教研室、德育科等10个正科级和1个副科级内设机构。教职工190人，其中女教工95人，汉族教工36人，中共党员100人；专任教师178人，占教职工总数的93.68%；双师型教师62人，占专任教师总数的34.83%；研究生学历12人，占专任教师总数的6.74%；本科学历164人，占专任教师总数的92.13%；高级职称38人，占专任教师总数的21.34%，中级职称74人，占专任教师总数的41.57%。

【招生】 2020年，市职校深入自治区各市各县区积极宣传办学成绩、师资力量、专业特色、政策优惠，提早部署、周密安排，稳妥落实招生宣传工作。自治区教育厅下达市职校招生任务830人，实际招生716人，招生完成率达到86.27%，在全区中职学校招生任务完成率列第四，相比2019年招生人数增长29.7%。

【就业】 2020年，市职校落实各专业校内实训、第二课堂、职教宣传周、社区服务活动、“1+X”证书试点等，全面提高学生职业技能水平和就业能力。组织2017级48名烹饪专业学生和31名汽修专业学生参加技能鉴定考核，79名学生均考试合格，分别获得中式面点、中式烹调、汽车维修初级技能证，实现学生“双证书”毕业；推进“1+X”证书试点工作，组织汽修专业86名学生参加智能网联（初级）考试，20人合格。开展中二年级273名学生顶岗实习，签订《实习管理协议》《实习安全责任书》《实习合同》，购买实习保险保障学生实习权益。2020年毕业生642人，其中490人升学，49人实现就业，就业（升学）率达到83.96%。

【校企合作】 2020年，市职校积极组织人力、财力、物力，调动一切因素稳步推进“双创”（创新、创业）孵化基地建设和校企多元合作。与山南索当青稞创新创业孵化产业

2020年5月20日，市职校旅游专业组师生到泽当镇甘丹曲果林寺附近两眼泉水及沿线风景区进行社区教育活动

园和贡嘎晏子青稞食品有限公司达成战略合作协议，本着“优势互补、重点推进、互利共赢”的原则，建立长期稳定的合作关系。组织2名教师、18名学生赴安徽创业培训，安排3名创业指导教师赴武汉培训，加强师生“双创”能力建设。

【教学常规】 2020年，市职校逐步规范教学常规管理，落实书记校长推门听课，教务教研实时巡课，组内组外相互观课等制度，加强教师教学“六环节”（备课、上课、课后辅导、作业布置、课后反思、复习）的检查、督导工作。推行“学分制”教学管理，建立教学信息反馈制度，制订“一考三评”实施方案，推进教学诊改、5个100%、语言文字、师德考评等工作，不断提高教育教学质量。开展教学诊改复核筹备工作，组织“专家进校园”专题培训7次；举办第38届秋季田径运动会和师生球类运动会；组织农学专业教师开展“植物标本室”建设工作；开展2018级学生普通话测试工作，55名学生达到三甲及以上水平。

【德育教育】 2020年，市职校落实立德树人根本任务，突出思想政治教育，通过开展各类德育实践活动，激发学生爱国情、报国志，筑牢学生中华民族共同体意识。结合职业学校学生实际特点，组织开展“四讲四爱”宣讲、民族团结教育、思政微讲堂、主题宣传教育、禁毒宣传教育、“网络安全”宣传教育、心理健康教育和核心价值观、“四史”、西藏地方和祖国关系史、“五观”教育的“三进”活动，内容鲜活、形式新颖、吸引力强的德育实践活动。组织师生听取市委书记许成仓、副市长王霞、市教育局局长赤列边巴、市职校党委书记方承红进校宣讲“中央第七次西藏工作座谈会”精神讲座。引导师生牢固树立社会主义核心价值观和正确的国家观、民族观、历史观、文化观、宗教观。践行中央关于厉行勤俭节约，反对铺张浪费要求，弘扬节约光荣、浪费可耻的思想观念，组织教师对学生每餐进行监督，学校餐饮浪费现象有所改观。

【人才队伍建设】 2020年，市职校坚持“党管人才”原则，加强党对人才工作的组织领导，推进人才强校，统筹谋划人才建设工作。根据学校实际情况侧重“双师型”专业技术人才培养和管理人才建设，不断提升岗位能力素质。组织安排2019年度、2020年度教师素质提升计划国培项目，其中37名教师分别参加文化课、专业课培训，2名科级干部参加中层管理人员培训。17名新入职教师参加厚植爱国主义情怀、职业素养提升等线上培训。学校注重师生区内外交流访学工作，组织2名烹饪专业教师和22名学生赴安徽蚌埠商贸学校开展为期一个月的学习交流访学活动。

【基础能力建设】 2020年，市职校投入650万元教育质量提升资金，实施数字校园建设项目，建成精品录播教室、校园网络广播电视台、录音棚、班班通一体机等，提升学校信息化办学条件，巩固数字信息化实验校建设成果。投入689万元维修改造2栋宿舍楼和1栋教学楼。投入20万元对校内运动场所和活动场所进行改建。投入70万元加强“双创”孵化基地建设。

第二中等职业技术学校

【概况】 山南市第二中等职业技术学校（以下简称市二职）占地面积202亩，建筑总面积91400平方米。学校在编干部职工共183人，其中：正县级干部2人、副县级干部2名、专任教师177人、合同制工人3人，与2019年同比增加在编职干部职工32人；内设9个科室，已配备科级干部18名，其中正科9名、副科9名；在校生2215人。

【德育教育】 抓“校风校纪”专项整治。2020年，市二职结合全区教育系统专项整治工作，进一步肃清校风校纪，在全校开展“创建文明校园暨校风校纪教育月”活动，解决学生上下课迟到、就寝纪律差、打架斗殴等方面问题，引导学生良好行为习惯养成。

找准载体推动德育工作。2020年，市二职为进一步推进学校精神文明建设工作，积极推动“文明校园”“平安校园”“书香校园”“和谐校园”“美丽校园”创建工作，落实德智体美劳全面发展的“五育”工作要求精神，在全校开展“创优秀班级，炫集体风采”和创建“自我管理，积极向上，青春魅力，尽显风采”“文明宿舍”评选活动。

团建工作渗透德育教育。2020年，市二职在团建工作中渗透德育教育，规范团支部建设、发展新团员、推优入党等工作，开展优秀团员评选工作，发挥团员师生的先锋模

2020年6月24日，2020届毕业生在毕业典礼上演出自编自导的抗击新冠肺炎疫情实景剧

范带头作用带动社团建设、政治思想教育和精神文明建设。

推动长效机制建设。2020年，市二职开展“四讲四爱”、环保知识、消防知识、安全知识、防震减灾、思想道德、心理健康、卫生健康、爱国主义、民族团结、《中华人民共和国宪法》等法律法规学习宣传教育活动，组织开展“成人礼”“毕业典礼”、践行社会主义核心价值观、践行“中职生文明公约”等主题活动，以有效的活动载体努力引导广大学生养成良好的学习、生活习惯，树立正确的世界观、价值观和人生观。

【教育改革】 推进“教诊改”工作。2020年，市二职按照全国中职教学诊断与改进工作要求，学校研究成立教诊改工作领导小组和专班专门负责此项工作的开展和推动；邀请专家进校就“教诊改”工作具体任务目标开展专题解析，进一步明确工作方向和重点，落实相关任务目标落实工作。

推进“一考三评”工作。2020年，市二职按照西藏自治区教育厅安排，学校加强与山南市职业技术学校的沟通协调工作。学校按照自治区教育厅的安排部署，成立“一考三评”工作领导小组，从相关科室抽派人员组成专班负责工作开展，制订工作方案，全面动员宣传，稳步推进，健全档案，顺利完成全校教师2020年度“一考三评”工作。

推进理实一体教学。2020年，市二职依据“教学诊断与改进”指标体系，合理安排专业课程和公共基础课程、专业理论课和专业实操实训实习学时，规范实训室使用和管理，开足专业实训课程，提高实训室使用率，在实践教学中全面提高学生专业能力水平。落实机电和财会专业实训室建设，并成功完成电工、焊工、保育员、砌筑工的职业技能鉴定机构申报工作，电子商务和物流专业的3个工种成功申报全区“1+X”证书试点，相关工作正在积极推进当中。

推进教研教改。2020年，市二职充分发挥短期援藏专业技术人才作用，积极调动骨干教师、学科带头人在教研教改方面的能动性，各专业组起草拟定“专业发展“十四五”规划”；积极鼓励各专业、各学科组教师开展校本教材的编写工作，建立校级课题申报机制，成功完成5项市级科研课题和成功申报6项市级课题，推荐2名教师为市级学科带头人、5名教师为市级骨干教师，第五期校刊《雅砻现代职业教育》顺利出刊，为全校教师科研交流提供良好的交流平台。

【师资队伍建设】 2020年，市二职通过全区公招为学校新增33名教师，壮大师资队伍。先后组织电商、机电、语数外等专业、基础课教师参加由西藏自治区教育厅组织开展的网上培训工作，充分利用网络资源、信息平台加强师资队伍培训，提高教师综合软实力。选派82名教师参加国培、4名教师参加省培，学校自行组织18名专业课教师开展技能考证培训。全年新增6名高级讲师，完成4名助理讲师、9名讲师职称评审工作和4名高级讲师推荐工作，师资队伍结构得到进一步优化。结合全区教育系统专项整治工作，在全校大力开展师德师风、意识形态领域大排查、大教育活动，切实保持教育系统党员、干部、教师队伍的纯洁性、维护全市教育系统政治安全和意识形态安全。

【基础建设】 2020年，市二职组织实施二期建设项目附属工程、各类零星维修项目，使校园基础设施得到不断完善和满足师生学习、工作和甚或需要。推进信息化建设二期项目实施，以此建立完善学校管理云平台，逐步推进智慧化校园建设进程。实施校园绿化二期建设项目和校园景观美化建设项目，优化校园育人环境，努力构建平安校园、和谐校园、书香校园。完成德育室建设项目、图书馆设施设备采购项目。

【"双创"基地】 2020年，市二职按照市政府2020年经济发展责任目标要求，认真梳理"大众创业，万众创新"基地建设任务，在制定完善学校"大众创业，万众创新"基地试运营实施方案，完成基建任务，并于2020年11月"全国职业教育周"活动期间举行基地启动仪式。

【落实劳动和职业启蒙教育】 2020年，市二职按照2020年市委经济工作会议暨《政府工作报告》"两清一限任务"清单协办内容，制定完善《联合中小学开展劳动和职业启蒙教育实施方案》。

【对外交流】 2020年，山南市职业教育活动周启动仪式在山南市第二中等职业技术学校隆重举行，通过深入宣传职业教育政策法规、职教发展成就展2场次，开展电商、民服、建筑等专业职业技能展示、创新创业讲座等活动9场次，接待社会各界人士500余人次。与10家企业签订合作办学协议，先后推荐2020届30名优秀毕业生进入山南市相关企业就业；选派招生宣讲组深入山南市各县（区）、那曲各县区开展招生宣传和职业教育政策法规宣传。

【扩大招生】 2020年，市二职继续联合山南市委组织部、市人社局、市教育体育局、市工商业联合会针对35周岁以下有就读意愿的人群，开设"机关企事业单位和非公企业员工文化学历提升班""村（居）'两委'班子学历提升班、农牧民技能学习和知识提升班、农村致富带头人技能班"（均为成人中专函授班），共招生367人。

【短期培训】 2020年，市二职结合脱贫攻坚工作组织党员和骨干教师深入驻村点浪卡子县卡龙村开展农牧民为期10天的"文化知识提升培训"工。受山南市委组织部委托承办为期25天的"全市村（居）'两委'干部和后备干部学历提升班"培训，完成91人的培训任务。受山南市邮管所委托，开办"快递员业务培训班"，完成20人的培训任务。

2020年6月22日，市二职财会专业学生在职教周活动上进行点钞技能比赛

【职业技术竞赛】 2020年，市二职组织各专业组开展"创新创业"项目策划，通过评比推荐机电、物流、电商3个专业参加全区大学生"成才杯"创新创业比赛，电商专业组"皖藏情缘"项目作为全区唯一的中职参赛组获得优秀组织奖和国赛铜奖；电子商务、民族服装与服饰、建筑装饰专业被西藏自治区教育厅推荐参加全国职业技能大赛改革试点赛。

科技

【概况】 山南市科学技术局（以下简称市科技局）内设4个正科级机构，分别是办公室、科技管理科、政策法规科（市外国专家局）、成果转化与区域创新科；1个正科级事业单位科技交流中心。有干部职工21人（含1名援藏干部）。其中，县级领导干部7人（含1名援藏干部、1名三级调研员、1名四级调研员），科级干部6人，专技人员4人，工人4人。2020年，各类科技投入3224.8万元，同比增长27.1%。年度研究与试验发展（R&D）经费投入强度达1.29%，同比增长0.01%；科技对经济增长、农牧业贡献率达到45%和55%。

【科技项目】 2020年，市科技局组

2020年9月22日，市司法局与市科技局党组书记交叉讲党课

织实施“隆子县黑青稞精酿啤酒产业化开发”“以山青9号为主的青稞新品种粉垄栽培增产增效技术示范”“浪卡子县苏格绵羊本品种选育及配套技术集成示范”3个区域科技创新专项项目，总投资1000万元。安排落实2020年度市本级科技计划项目资金550万元，对乃东区犏牛养殖技术提升、琼结县优质藏香猪养殖推广与示范、乃东区索珠乡藏猪本品种选育扩繁与推广、曲松县藏香配方研究及藏香生产工艺提升、扎囊县高原菜籽油食用油品质提升示范等17个项目进行支持，推动全市特色农牧业产业科技创新。

【科技经费】 2020年，山南市科技局共落实科技经费3224.8万元，其中，自治区财政经费1616.8万元、市本级财政经费1198万元、对口科技援藏资金410万元。

【科技人才】 2020年，山南市共有科技管理人员、科技特派员、科研人员、科技推广人员、“三区”人才等各类科技人才3176名，其中，科技特派员1057名（含大学生科技特派员70名），每个行政村均拥有2名科技特派员。

【科技创新】 2020年，市科技局推荐西藏藏草生态科技有限公司申报国家级高新技术企业，指导服务山南茹巨农业科技有限公司、西藏藏草生态科技有限公司、贡嘎晏子青稞食品科技有限公司、西藏罗宝藏药材开放有限公司等6家企业申报科技型中小企业。截至年底，全市共有5家高新技术企业、11家科技型中小企业。“帕哲众创空间”被认定为自治区级众创空间和科技企业孵化器，并获一次性建设补助资金300万元。截至年底，全市拥有“洛珠众创空间”“帕哲众创空间”2家自治区级众创空间。根据《山南市创业扶持资金管理办法实施细则（试行）》精神，完成460万元计划安排和部分资金兑付工作。

【科普宣传】 2020年，市科技局利用科普巡展、科技活动周、防灾减灾日、安全生产月等契机，开展科普宣传活动23场次，出动科普大篷车23次，发放宣传资料5.4万余份（册），展出展板20余块、悬挂标语、横幅、挂图50余幅；发放手提袋、太阳帽、毛巾、多功能数据线等宣传品2.1万余件，价值18万余元；免费发放6万余元药品，受益群众达1.8万余人次，使科技兴农知识家喻户晓、深入人心。

【科技交流】 2020年，市科技局向湖南省科技厅申报“新型活动性中间代谢产物对奶牛高原适应性研究及规模化示范”等3个科技援藏项目，获批项目资金170万元。向安徽省科技厅申报“西藏地区优质特色瓜菜新品种选育及示范推广”等3个科技援藏项目，获批项目资金150万元。向湖北省科技厅申报“乳制品品质提升及推广”等3个湖北科技援藏项目，获批项目资金90万元。安徽省科技创新服务中心组织4名农技专家到错那县、措美县、浪卡子县开展农业实用技术培训。湖南省科协组织4名专家到山南市开展科技考察交流指导服务，协助建设市二幼科普宣传示范学校。

气象

【概况】 山南市气象局（以下简称市气象局）设有职能部门4个，分别是办公室、人事科、业务发展科、计划财务科；直属事业单位4个，分别是气象台、财务核算中心、大气探测中心、气象灾害防御技术中心；由市气象局管理，市政府序列常设机构2个，分别是山南市防雷减灾管理办公室、山南市人工影响天气工作办公室；山南市气象科技服务与产业实体1个，山南雪云科技工贸有限责任公司。局下辖隆子、贡嘎、错那、加查、浪卡子、琼结6个县气象局。地方编制实体县气象局有洛扎县气象局。片区化管理地方编制县气象局有扎囊、措美、桑日、曲松县气象局。设置和管理136个气象观测站点，包括7个国家地面气象观测站、42个国家地面天气站、1个区域无人自动气象站、10个雨量站、28个乡镇地面天气站、22个应用气象观测站、25个积雪监测站、1个交通气象监测站。山南气象部门编制数为97人，实有干部职工95人。聘任至副研级高级工程师岗位的有6人（五级岗1人，六级1人，七级岗4人），聘任至工程师岗位的38人（八级岗5人，九级岗11人，十级岗22人）。

2020年，山南市总体天气气候特征为全市雨季明显提前，降水时空分布不均，极端性天气较多，汛期多局地短时强对流天气，强降雨时段集中，沿江中东段、南部边缘及东南部低海拔一带降水强度大，整体气温波动大，高海拔地区多大风，沿江河谷一带扬沙、浮尘天气较频繁。山南市于6月5日全面进入雨季，各县雨季偏早13—25天。

2020年3月23日，山南市气象局结合疫情防控要求，使用流动宣传车开展世界气象日科普宣传

【气温】 2020年，山南市年平均气温为6.9℃，较常年偏高0.2℃。各地平均气温在0.3—9.8℃之间，与常年同期相比，错那偏高1℃，其余各地正常。其中1月25日，贡嘎日最低气温突破历史同期极值，琼结日最低地面温度突破历史极值；10月1日，泽当站日最高气温超历史同期极大值。[注：数据来源为12个县（区）城所在地的国家级观测站和勒布沟站]

日最低气温创历史同期极小值站点情况表

表6

站名	日最低气温（℃）/日期	历史同期极小值（℃）/日期
贡嘎	-17.4℃/2020年1月15日	-17.0℃/2012年1月14日

日最低地面温度创历史同期极小值站点情况表

表7

站名	日最低地面温度（℃）/日期	历史同期极小值（℃）/日期
琼结	-22.0℃/2020年1月15日	-20.6℃/2013年1月28日

日最高气温创历史同期极大值或年极大值站点情况表

表8

站名	日最高气温（℃）/日期	历史同期极大值（℃）/日期
泽当	25.3/2020年10月1日	25.2/2015年10月1日

【降水】2020年,山南市年平均降水量为490毫米,较常年偏少6.8%。各站年降水量在239.6—1317.4毫米,与历年同期值相比琼结偏少34%,其余各地正常。其中1月24日,隆子日降水量超同期历史极值,创历史新高。[注:数据来源为12个县(区)城所在地的国家级观测站和勒布沟站]

日降水量超历史同期极大值的站点情况表

表9

站名	日降水量(毫米)/出现日期	历史同期极大值(毫米)/出现日期
隆子	2.4/2020年1月24日	1.2/2010年1月1日

【日照】2020年,山南市年平均日照时数为2671小时,较常年偏少5.4%。各地日照时数在2464—2913小时,与常年同期相比,琼结、错那、泽当正常,其余各地偏少6%—8%之间。

【大风】2020年,山南市年平均大风日数为23天,与常年偏少12天。各地大风日数在1—60天之间,与常年同期相比,琼结正常,贡嘎偏多10天,其余各地偏少9—37天。

【主要气候事件及影响】2020年初夏(5—6月),山南市各站降水强度明显增强,其中5月19日受孟加拉湾风暴"安攀"影响,南部地区降水明显,错那低海拔一带出现暴雨,个别高寒山区出现暴雪。6月中旬,沿江农区出现高温少雨时段。盛夏(7月份)降水天气较为频繁,部分地方出现不同程度的洪涝、泥石流、滑坡等灾害。

【气象业务】气象装备保障实现智能化社会化。2020年,山南市所有自动站安装远程诊断维护系统,气象装备保障外包给社会公司,实现定期巡检与装备故障及时维护。

气象服务提质增效。2020年,市气象局充分利用多渠道及时发布各类气象服务信息产品400余份,天气过程预测预报准确率达到95%以上,实现重大灾害性天气监测不漏网、预报不失误、服务无疏漏。

优化监测站网布局。2020年,市气象局完成25个积雪监测站点、省道519亚堆拉山口山南首个交通气象监测站点建设任务。

汛期人影作业。2020年,市气象局组织汛前岗上实战培训1次,组织专项安全生产检查3次。组织多部门联合安全检查1次。全年安全开展防雹(增雨)作业215次,总用弹量518枚(发),取得较好的防灾减灾效果。

防雷安全监管严格、规范。2020年,市气象局开展4次烟花爆竹仓库、销售点安全隐患大排查,开展1次"双随机"检查,开展1次防雷安全联合执法检查,开展14场次防灾减灾科普宣教活动。

防灾减灾部门联动效果显著。2020年,市气象局与中国人保山南分公司联合举办首届农业保险气象信息员培训班,深化农业保险员、气象信息员"两员合一、一员多责"合作成果。完成"山南市山洪地质灾害监测预警共享平台"二期建设,增加手机终端APP功能。汛期实现联合会商3次,发布强降水预警信息4期,地质灾害预警3期,工作互动100余次,报送灾情视频12条,有效提高工作效率,联防联控、信息共享、群策群力、协同决策等得到升级。

智慧气象工作取得显著进展。2020年,市气象局通过专线将市公安视频监控平台接入,运用人工智能技术,开展道路视频图像自动实时天气状况反演,取得阶段性进展。

研究型业务建设取得实效,多领域科研项目顺利推进。涵盖遥感、水电、交通、农业、气候变化与生态治理、防雷安全和装备保障等方面研究和应用的9个厅局级项目获山南市、鄂皖湘三省气象部门、中国气象局公服中心立项支持。先后邀请内地专家13人次到山南市局举办讲座和技术交流。武汉暴雨研究所在山南勒布沟挂牌成立暴雨野外实验基地。

专业气象服务稳中有进。2020年,市气象局与藏木电站、雅投公司签订专业气象服务合同。向几家公司提供免费专业气象体验服务的同时,进行商务洽谈。

雅江沙尘气象服务和沙尘治理取得阶段性进展。2020年,市气象局完成沙尘监测站网建设。沙尘预测预报模型已完成,正处于实况对比验证阶段,治沙试验与数据收集分析正在进行。

气象谚语整理。2020年,市气象局整理的进入山南市第二批市级非物质文化遗产代表性名录。

ལྷོ་ཁའི་ལོ་རིམ་མེ་ལོང་།
山南年鉴
2021

医疗·卫生

综述

【概况】 山南市卫生健康委员会(以下简称市卫健委)内设9个行政科(室)和1个参公科(室),均为正科级建制。3个正科级事业单位,分别为市妇幼保健院、市疾病预防控制中心、市中心血站。有编制21名,委领导职数5名,实有在职干部职工30名(含援藏干部3人),市妇保院编制59人,实有职工79人。市疾控中心编制58人,实有职工56人。市中心血站编制10人,有职工11人。

2020年,山南市各级各类卫生机构780个,其中市直医疗卫生单位5家、县级卫生服务中心12所、县级妇幼保健站12所、乡镇卫生院82个、(村)居卫生室550个,诊所64家,私立医院4家,学校医务室9个。全市总床位数1561张(含四家民营医院),其中市级855张,县级499张、乡镇207张。全市卫生专业技术人员3781人,其中市级942人,县级776人、乡镇级560人、村级1153人,公共卫生专业235人,诊所、私立医院及学校医务室技术人员115人。

【项目建设】 2020年,各类渠道投资医疗卫生行业基础建设项目共计29个,总投资3.39亿元。

2020年“十三五”规划内2020下达投资新建项目。2020年“十三五”规划内2020下达投资新建项目5个,总投资3895万元。分别为山南市洛扎县藏医医院850万元,贡嘎县妇幼保健站215万元,扎囊县妇幼保健站项目215万元,加查县妇幼保健站项目215万元,新增山南市森布日安置节点中心医院项目2400万元,除加查县妇幼保健站外均已开工建设。

西藏自治区公共卫生防控救治能力提升2020年度中央预算内投资计划项目。根据2020年新冠疫情防控救治方面体现的短板,自治区发改委、卫健委于2020年3月要求上报西藏自治区公共卫生防控救治能力提升2020年度中央预算内投资计划项目,并多次调整、审核后于2020年11月下达10个县人民医院防控救治能力提升项目共计8840万元,分别为山南市加查县传染病科及实验室能力提升项目590万元,山南市曲松县卫生服务中心传染病能力提升项目210万元,山南市措美县卫生服务中心公共卫生防控救治能力提升项目1100万元,山南市扎囊县卫生服务中心建设项目1100万元,山南市贡嘎县卫生服务中心医疗能力提升建设项目1060万元,山南市琼结县人民医院传染病房改造项目1060万元,山南市桑日县卫生服务中心能力提升项目1060万元,山南隆子县卫生服务中心传染病防治能力提升项目1100万元,山南市错那县卫生服务中心能力提升工程1100万元,山南市浪卡子县卫生服中心发热门诊建设项目460万元。除贡嘎和错那县外其余均已开(复)工。

国债重点建设项目基本情况。按照《西藏自治区2020年抗疫特别国债(卫生领域)重点建设项目》,山南市共计5个项目,下达投资1.435亿元,开工项目3个,完成投资2300万元,分别为山南市洛扎县疾病与防控中心项目350万元,完成投资200万元;隆子县人民医院(卫生服务中心)能力提升项目2000万元,完成投资1400万元;贡嘎县卫生服务中心硬件功能提升项目1000万元,已完工。推进前期工作项目2个,分别为山南市疾控中心项目和山南市妇幼保健院预防保健综合楼(山南市危重孕产妇和新生儿救治中心)项目。

援藏项目。2020年“三省”援藏下达医疗卫生行业投资项目9个,总投资6872万元,分别为妇保院设备购置300万元,乃东区人民医院设备购置600万元,藏医院组团设备购置100万元,桑日县卫生服务中心2150万元,隆子县卫生服务中心1500万元,市疾控中心实验室402万元,措美县卫生服务中心400万元,错那县卫生服务中心820万元,浪卡子县卫生服务中心1200万元。

【医疗卫生服务体系建设】 截至2020年年底,全市三级以上医院2家(其中三级甲等综合医院1家、三级甲等民族医院1家),二级以上综合医院12家(其中二级甲等综合医院5家、二级乙等综合医院7家),县级以上医疗卫生专业技术人员数为1386人,副高级以上职称77人,中级职称371人,初级及以下职称938人。科室设置情况:内科(呼吸、心血管、消化内科),外科(肝胆、泌尿、骨外、神经外科)、妇产科(妇科、产科)、儿科(新生儿科)、口腔科、耳鼻喉科、感染病科、医学影像科,医学检验科,病理科,输血科等相关临床医技科室。

【县级医院综合改革试点】 山南市扎囊县人民医院2017年确定为全区唯一一家国家级县级公立医院综合改革示范医疗单位，2020年，开展前期评估验收准备工作；洛扎县人民医院2018年确定为自治区级县级公立医院综合改革试点医疗单位，改革工作任务有序推进，贡嘎县人民医院2019年确定为自治区级县域综合改革试点县，稳步推进"县乡村"一体化等改革工作任务；其余的县医院按照改革工作任务和目标要求逐步推荐县域综合改革相关工作。

【公立医院改革】 截至2020年年底，山南市完成市人民医院及12个县（区）医院等级创建工作，市人民医院成功创建三级甲等综合医院；洛扎、隆子、扎囊、加查、贡嘎五个县人民医院成功创建二级甲等综合医院，措美县、琼结县、曲松县、桑日县、乃东区、浪卡子县、错那7个县人民医院成功创建二级乙等综合医院。市、县、乡、村四级医疗卫生单位全部实施药品零差率销售工作。市人民医院及12个县（区）人民医院信息化建设项目工作基本已完成，基本能够不同程度实施电子病例、电子处方、远程培训及诊疗、微信及电话预约挂号、自助报告打印系统、多功能自助服务机、微信支付、分诊呼叫系统、重症监护系统、手麻系统、医院管理系统、化验室信息系统、医学影像管理信息系统等工作，逐步加强和完善信息化等现代医院管理的模式迈进。

2020年8月10日，西藏自治区出生缺陷培训班暨第六期产前超声培训班在市妇保院开班

【藏医药事业】 截至2020年年底，山南市12个县（区）藏医医院基本实现独立设置，98%乡（镇）卫生院建藏医馆，80%村卫生室提供藏医药服务；藏医药科研能力和创新意识明显提升。全市藏医药医疗服务机构10余项科研课题被国家、自治区立项，获得科研经费271.25万元，其中市藏医院堆兹窍门尼巴丸的临床前研究项目作为自治区重大科技专项。开展藏医药"五谷浴疗""四种晶门疗法"等藏医外治新技术，创新研制"杂意垂果""骨折固定器"藏医外治新产品。

【重点传染病发病及防治】 2020年，山南市共报告法定传染病1401例，报告发病率为368.68421/10万。无甲类传染病报告，乙类传染病报告发病7种1050例，报告发病率为276.3158/10万；丙类传染病报告发病7种351例，报告发病率为92.3684/10万。

【传染病监测】 脊髓灰质炎病例监测。2020年，山南市共报告AFP病例3例，经自治区疾控中心检验均排除脊灰。市直三家医疗单位AFP被主动监测89次，核查门诊病例数为31079人，其中市人民医院21952例，市妇保院4279例，市藏医医院3849例，通过监测发现AFP病例4例（市藏医医院2例，市人民医院、1例）。12个县（区）疾控中心在县人民医院AFP被主动监测394次，监测门诊病人数21727人，山南市各县（区）AFP病例监测报告及时率均达到95%以上。全年采、送健康儿童粪便标本90例。

疫苗不良反应监测。2020年，山南市共报告AEFI 4例，均一般反应（乃东2例，桑日2例），其他县区无AEFI报告。

麻疹监测。2020年，山南市人民医院传染科麻疹主动监测22次，核查门诊病例数为3166例，未发现麻疹病例。

手足口病监测。2020年，山南市共报告手足口病病例293例，无重症和死亡病例，无聚集性病例和

2020年9月5日，市中心血站成立“三献志愿者服务团队”，各地市志愿者队长，中心血站全体干部职工出席成立仪式

暴发性疫情；采样检测 65 例，其中 2 例为 CoxA6，24 例为其他肠道病毒，1 例为 CoxA10，39 例 EV71 型。

【应急处置】 2020 年，山南市成功处置 2 起（错那）鼠间鼠疫。制订下发《2020 年错那县鼠疫防控工作方案》《错那县鼠疫防治应急预案》等文件，多次召开鼠疫防控工作协调会，部署道路设卡、物资调配、人员值守等工作。并紧急拨付 20 万元用于鼠疫疫情处置工作，2 起鼠间疫情的疫点为中心，在 5 公里范围内进行保护性灭獭工作，共堵主洞 453 个，废弃洞 687 个，采集血清共 210 份，其中绵羊血清 195 份，人血清 15 份，经市疾控中心强度试验室检测，检测结果均为阴性。监测面积 310 公顷，可见旱獭数为 3 只，旱獭密度为 0.03 只 / 公顷。

【慢性病防治】 老年人健康管理。截至 2020 年年底。山南市登记管理 20550 人，管理率 97%，65 岁以上老年人随访人次数 81220 人，完成老年人健康指导 81220 人次。

35 岁以上高血压患者管理。截至 2020 年年底。山南市登记管理 20341 人，规范管理 20022 人，规范管理率 98%，高血压患者随访人次数 80963 人，血压控制人数 9552 人，血压控制率 48%，高血压患者健康指导 20341 人。

Ⅱ型糖尿病患者管理。截至 2020 年年底。山南市登记管理 212 人，规范管理 209 人，规范管理率 99%，血糖控制人数 130 人，血糖控制率 68%，糖尿病患者随访人次数 840 人，糖尿病患者健康指导 212 人。

心血管病高危人群早期筛查和综合干预项目筛查。2020 年，加查、错那两县以村为单位检出高危对象 220 人，完成 220 个高危对象心脏彩超和颈动脉超声检查、心电图检查、问卷调查、项目检查、综合干预等高危对象进行随访。

严重精神障碍患者管理。2020 年，山南市在册、在管患者 639 人，管理率为 99.84%。面访 536 人，面访率 85.62%，服药人数 362 人，服药率为 61.99%。

人民医院

【概况】 山南市人民医院（以下简称市人民医院）是山南市最大的集医疗、教学、科研、急救、康复、保健为一体的“三级甲等”综合性医院，是西藏大学医学院教学医院、西藏民族大学医学院附属医院。2020 年 7 月 1 日迁入新院区，占地面积 268.72 亩。设有 23 个临床科室，12 个医技科室，15 个职能科室，在院职工 542 人，医院开放床位 355 张。

2020 年，市人民医院门急诊诊疗患者 103747 人次，出院患者 7409 人次，急诊 7649 人次，手术 1807 台次，平均住院日 10.18 天，患者满意度达到 98.5%，受疫情防控和新院区搬迁影响，医院各项指标略有升降，呈良性发展态势。2020 年 4 月，成功获评中国生命关怀协会“人文品牌医院”。2020 年 6 月，建成首家国家级卒中中心。在 2020 年 7 月公布的全国三级公立医院绩效考核国家监测分析与排名中，以全国第 562 名的排序位列西藏自治区地市级医院榜首。

【医疗业务】 2020 年，安徽援藏医疗管理团队于 2020 年 1 月与各临床医技科室签订《目标管理任务书》，开展全员、全岗、全过程路径管理，将目标考核结果作为年终评优评先主要参考依据，改变以往靠主观、凭印象的考核方法。规范行政审批流程，创新行政管理手段，加强信息化建设，建立“健康西藏”114 预约挂号平台，首次开通5G移动急救信息平台，推动远程医学中心向纵深发展。

【学科建设】 2020年，市人民医院根据山南市疾病谱，将骨科、心脑血管内科、妇产科、儿科等科室作为重点学科打造，骨科在3名援藏专家的带领下首次实现髋、膝关节置换术常规开展，山南市首例脊柱骨质疏松性压缩性骨折椎体后凸成型术、腓肠神经营养皮瓣转移修复手术等大批先进诊疗技术先后在骨科开展。为降低山南市卒中发病率、致残率、死亡率，医院打造"卒中中心"，于2020年6月通过中国卒中协会、中国卒中中心联盟认证，并先后与5家医疗机构签订卒中共建协议，逐步构建山南市卒中预防与救治网络体系。优势重点学科的发展带动新技术、新项目的开展，新技术、新项目的开展也促进优势学科的发展，全年共开展新技术、新项目50余项，其中20余项已被当地医务人员熟练掌握。

【业务收入】 2020年，受疫情防控和新院区搬迁影响，医院各项指标略有升降，呈良性发展态势，医院业务收入1.4亿元，较2019年减少9万元，下降6%。

【人才培养】 援藏医疗人才以"留下一支带不走的医疗队"为宗旨，充分利用自身资源，以院包科、师带徒等方式，身体力行帮助受援医院培养一批"能力强、用得上、留得住"的本地人才队伍，增强"造血"功能，真正实现医院的可持续发展。第四、五、六批援藏专家分批结对帮带44、47、45名本地医务人员，教学查房631场次，手术带教966场次。2018年以来，本地徒弟在援藏老师的带教下，可以独立开展复杂髋关节置换术、椎体成形术、乳腺旋切术、甲状腺癌根治术、儿童输尿管硬镜钬激光碎石术等90余种复杂手术；熟练掌握膝关节置换术、甲状腺结节切除术、尿道狭窄整形术等110余种手术。石磊老师是第一位手足外科的援藏专家，在3个月中，先后开展断指再植、游离股前外侧皮瓣等多项新技术、新项目，为市人民医院骨科的发展做出积极贡献。相继举办第一、二届"雅砻医学论坛""首届雅砻骨科论坛""山南市首届麻醉学术论坛""西藏门脉高压联盟第二次年会"等10余次区内外大型学术活动。本地医务人员先后有27人晋升初级职称，12人晋升中级职称，10人晋升高级职称。

【科研工作】 强化教育培训，提升医务人员职业素养。2020年，市人民医院成功举办全区第二届门静脉高压学术会、全区智慧医院信息化建设管理论坛、山南市第二届"雅砻医学论坛"暨"首届雅砻骨科论坛"等学术会，全年召开市级以上培训会15次，参培人员125人，院级培训会35次，参培人员578人，安徽"8+5"对口帮扶医院深造14人，参加区内外学术活动1200人次，援藏人才指导带教学员先后在国内外主流医学杂志上发表论文数20余篇，申报市、区级课题13项，立项课题3项。加强与各大院校和县级医院建立合作，完善校院共同培育机制。2020年，市人民医院制定《县级医院骨干医师培训项目管理办法(试行)》，全年承担西藏大学医学院等多所院校临床专业160名学生教学培养任务，接受各县级骨干、全科医师和医联体单位医护人员免费培训68人次。挂牌西藏民族大学附属医院，为医教研协同提供发展契机。

【护理工作】 护理安全。2020年，市人民医院支持各层级护理管理者参加护理管理技能培训班，加大对护士长的月、年终考评，组织护理规章制度与相关法律法规的考试15次，规范"护理质量监管组"

2020年9月29日，市人民医院举行西藏民族大学附属医院揭牌仪式

的监管工作，定期深入科室检查，健全护理质控体系网，注重发挥科室质控小组的质管作用。

护理培训考核。2020年，市人民医院病区安全管理质量、护士长工作质量、抢救物品质量、消毒隔离质量目标等各项重点指标达标率均在97%以上，"三基"考试合格率92.05%，护理技术操作实际合格率95.37%。

护理技能培训。2020年，市人民医院护理业务学习50场次，护理管理人员及专科护士讲课共24次。密闭式周围静脉输液技术等护理基础技能培训12场次，聘请院内专家讲课2次，护理应急演练12次，外出参加短训班及学术交流12人次。

【医疗质量管理】 医疗安全管理。2020年，市人民医院探索并创新性地开展业务科室目标责任制，年初与全院临床、医技科室签订业务科室目标管理责任书，强化落实医疗十八项核心制度，每月坚持定期到临床、医技、辅助科室进行督查，每季度召开医疗质量安全与管理委员会会议和病案管理委员会会议。定期查阅、质控运行病历及终末病历，落实病历三级质控，全年共签收出院病历7299份，住院病案首页审核疾病诊断及手术名称编码录入7299份。运行病历质控1442份，门诊病历质控1600份，加强对新技术、新项目的准入。优化和完善《患者投诉处理制度和流程》等20余项医疗制度流程。全年无医疗纠纷，无重大医疗安全事故，医疗服务类投诉5例。

数据报送。2020年，市人民医院定期上报包虫病患者医疗救治信息共22例。及时上报食源性疾病监测病历报告共20例。上报2019年医疗服务与质量安全抽样调查相关数据共4000多项。完成国家三级公立医院绩效考核等各项工作数据填报工作。

落实医联体。2020年，市人民医院按照医联体合作协议内容，免费接受医联体成员单位7人在急诊、眼科、超声、消毒供应、麻醉科等科室或专业学习1—6个月不等，委派45批次100人次到医联体成员单位进行业务讲座、业务查房、病例会诊、手术麻醉指导、创建等级医院指导、新技术开展指导等工作。

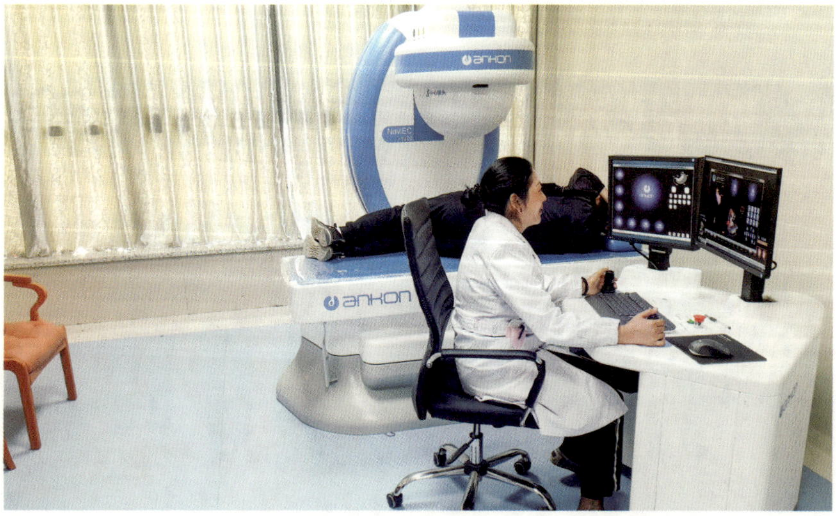

2020年8月17日，全区首台磁控胶囊胃镜在山南市人民医院投入使用

伤残鉴定。2020年，市人民医院审核劳动能力鉴定27人，审核评定民政残疾553人。

"三基三严"培训考核。2020年，市人民医院组织开展22个临床科室和6个医技科室312人参加"三基"考试工作，参考率96.7%，组织28个临床、医技科室开展临床技能操作考试，参训率93.1%，合格率100%。

【药物管理研发】 药事管理。2020年，市人民医院加强药事管理工作，规范药品采购与使用行为。根据人事变动及时调整药事管理与药物治疗学委员会成员，药品的采购及流通均严格贯彻落实自治区药品集中采购相关规定实施网上集中采购。

质量管理。2020年，市人民医院加强麻醉药品、精神药品的储存和使用管理，加强高警示、易混淆及急救备用药品的管理，定期对药库、药房药品的质量进行检查，开展药品不良反应监测工作，对医院全部冷链药品进行追踪和监控，规范借药管理流程。

处方审核点评。2020年，市人民医院调配门急诊处方63496张，调配住院医嘱94248床位日，推行处方联络单制度，加强与医师的交流，全年常态化开展门急诊处方点评3300张，处方合格率为90.5%，点评医嘱550份，医嘱合格率79.2%。

抗菌药物管理。2020年，市人民医院严格抗菌药物临床应用管理，每月定期上报和公布抗菌药物使用情况，全年门诊抗菌药物使用率 17.95%，急诊抗菌药物使用率 19.07%，住院患者抗菌药物使用率 49.65%。

【项目建设】 2020 年，市人民医院根据三甲医院重点学科建设要求，对山南市疾病谱将 ICU、骨科、心脑血管内科、妇产科、新生儿科等科室加以重点打造，先后多次优化完成卒中中心、创伤中心、急救中心等流程，使新院建设完全符合三甲医院标准。结合科室设备与新医院发展规划采购各种急需大中型医疗设备，总投资 3000 余万元。5 月 20—24 日，完成全院物资设备搬迁及调试工作，同时安全转运住院患者 53 人，其中病重患者 16 人，未发生一起医疗安全事故，标志着山南市人民医院易地搬迁工作圆满完成。

【交流合作】 2020 年，援藏医疗人才一棒接着一棒跑，聚焦医、教、研协同发展的主题，全面提高医院的医疗技术水平和科研教学能力，全院共开展新技术、新项目 50 余项，其中 20 余项已被本地医务人员熟练掌握，通过邀请内地知名专家、本地援藏专家在医院进行专题讲座、指导科研项目申报、科研论文撰写等途径，提升本地医务人员的科研能力。继续推行"师傅带徒弟"模式。举行六批"组团式"援藏医疗人才"师带徒"协议签订仪式，第六批援藏专家分别与 45 名本地培养对象签订《组团式援藏医疗人才帮带协议书》。

【医疗实施设备投入】 市人民医院紧紧围绕"三不出"和"强三甲"创建目标任务。更新医院各项硬件设施，自 2018 年以来，先后利用自治区专项资金与援藏资金，更新充实医疗设备，结合科室现有设备与新医院发展规划先后采购中央监护系统、DSA、磁控胶囊胃镜、心电监护仪、16 排 CT、医用制氧机等，共计 15 批次 33 个类别共计 3447 万元的各项医疗设备。

藏医医疗

【概况】 山南市藏医医院(以下简称市藏医医院)是一所集藏医医疗、预防、保健、康复、教学、科研、文化、生产和销售藏药为一体的综合性三级甲等藏医医院。有职工 400 余名。其中正式职工 132 名，临聘人员高达 270 余名，拥有 4 名正高级专业技术人员，25 名副高级专业技术人员，15 名内聘副高级专业技术人员，46 名中级专业技术人员，1 名享受国务院政府特殊津贴专家，8 名研究生，4 名自治区级名藏医，2 名国家级非物质文化遗产传承人。

2020 年，市藏医医院实际开放床位 206 张，年门诊 11 万人次，出院人数 4100 余人次，平均住院天数 14.1 天，手术例数 530 余例，藏医特色疗法人次 9.8 万人次，各种辅助检查 10.1 万余人次，年处方合计 30.17 万张，其中藏 药处方 179340 张，西药处方 122360 张，藏药卡擦处方 13882 张，汤剂处方 9817 张，健康体检人次 3800 余人

【医疗业务】 2020 年，市藏医医院通过国家大型民族医院巡查。开展肝包虫病肝切除术、肱骨干骨折开复位内钢板固定术、"卡卓晶门""杂意垂果"、胸腔闭式引流术等多项新技术、新项目，在疫情突发阶段和 2020 年冬季疫情防控的重要时期，分 2 次到进市高速入公安检查站、隔离留观点、各疾控中心、武警支队等防控一线、特殊学校和集中供养中心等特殊机构以及大型工地、大型水电建设及机场、铁路工程建设工地等人员密集场所的疫情防控工作人员、公安人员、外来务工人员和百姓群众等免费发放价值 7 万余元全疗程"催罗汤散"和"藏药防疫散香囊"。向湖北和滞留武汉藏族学生家长捐赠价值 2 万余元的急需藏药防疫药品和防护物资。市人民新建整体搬迁完成后，老医院 50 余亩地皮及其地上 3 万余平方米的房屋等附着物全部交由市藏医医院使用。

【学科建设】 2020 年，市藏医医院设有藏医内科(脾胃)、外科、心脑血管(脑病)、外治(预防保健)、骨病、消化、中医理疗康复、药浴保健、妇科、眼科、耳鼻喉科、口腔科等个临床一、二级科室，设有超声、心电图、内窥镜等 8 个医技科室，1 个制剂室，1 个科研所，7 个职能科室。其中拥有 3 个国家级重点专科(藏医脾胃、预防保健、脑病)，1 个国家级临床重点专科(藏医脾胃)，1 个国家级重点学科(藏医内科学)。

【业务收入】 2020 年，市藏医医院实现总收入 19790 万元，其中财政补助收入 3460 万元，业务收入 8530 万元；科教及学科建设项目补助资金 1800 万元，传承创新

项目建设资金6000万元，年支出1.909亿元。医院下属制剂室（雍布拉康藏药厂）2019年生产总值1564万元，生产产量20吨，销售收入1154万元，上缴税金189万元。

【人才培养】 2020年，市藏医医院邀请名藏医专家、援藏专家等共组织业务学习30余场次。先后选派30余名ICU、眼科、儿科、护理、管理、泌尿外科、急诊急救、临床检验、超声影像、妇科、伤口造口治疗、心脑、骨病、耳鼻喉、心电、胃镜、麻醉、外科、外治、科研等相关专业自身骨干力量到湖南等地、自治区等区内外各大医院进行中、短期进修深造。先后邀请普外、微创外科、麻醉、检验、影像、护理、药剂、中医针灸、康复护理、胃肠镜、口腔、肿瘤等方面20余名援藏医疗专家来院进行技术援助。先后招聘50余名医院急需紧缺专业人才，承担实习、进修、规培人员共150余名，先后承担西藏藏医药大学、其他省市兄弟藏医院、全市基层藏医医疗机构100余名实习、进修人员的带教任务。

【科研工作】 2020年，市藏医医院获批1项湖南省“普惠性政策与创新环境建设计划——政策性项目——科技援疆、科技援藏”项目和3项自治区藏医管理局局级科研专题课题134万元经费。获批2项国家中医药管理局继续教育项目，组织举办2项继续教育项目，新获批1项实用新型专利证书、2项著作权登记证书，完成多吉、格桑次仁自治区名藏医工作室建设项目、完成自治区药监局委托的藏医医疗器械目录制定工作。开展国家、自治区级专家论证1次，最终收录25种藏医临床常用器械。藏医药浴法、藏医门玛技术被列入2020年度自治区非遗重点保护项目，获批资金60万元，完成第三批自治区非遗项目传习基地“藏药浴非遗传习基地”申报工作，编辑出版2020年度上半年《索瓦日巴》期刊，共收录新冠肺炎诊治相关学术论文24篇，完成下半年25篇学术论文的校对、编辑工作。

2020年3月6日，市藏医医院开展防疫藏药进工地活动

【护理工作】 2020年，市藏医医院开展护理业务学习15次，藏西医操作培训20余次，考核人次400余人，线上考核人次200余人次，出院病人电话和上门回访140人次。患者满意率达98.5%。对5所中小学开展疫情防控技术指导，宣讲防控知识10余次，住院和陪护人员核酸检测1161人次。

【药物管理研发】 2020年，市藏医医院针对新冠肺炎临床特点，挖掘开发10余种藏药方剂，申报获批14种医院制剂备案号。完成六味清咽片确定处方、剂型改革等工作。

【项目建设】 2020年，市藏医医院完成总投资12000余万元的中医药传承创新工程项目（国家投资1亿元）国家投资部分建设。完成预算投资8000万元的制剂室异地新建项目的总评设计规划和40余亩地皮的出让手续。完成国家投资600万元的藏药浴非遗传习基地建设项目和国家投资1500万元的制剂车间建设项目。

【交流合作】 2020年，市藏医医院按照《西藏国有藏医药企业整合重组方案》和方案中确定的时间进度要求，完成药厂资产评估等前期相关工作。与湖南省中医药研究院中药研究所合作开展堆慈巧门临床前研究工作和基于改善睡眠功能因子挖掘的西藏特色产品开发工作。与湖北省中南民族大学民族药研究所合作开展三味蔷薇花药效研究工作。

【医疗设备投入】 2020年，市藏医医院自筹资金600余万元，购置耳鼻喉科、眼科、心电图、重症监护室、外治科等科室的必要设备。

ལྷོ་ཁའི་ལོ་རིམ་མེ་ལོང་།

山南年鉴

2021

文化·广电

文化事业

【概况】 山南市文化局(以下简称市文化局)是山南市人民政府工作部门,为正县级,加挂山南市文物局牌子,下设办公室、政工人事科、艺术科、公共服务科、非物质文化遗产科、产业发展与资源开发科、市场管理科、文物保护与考古科。设有市艺术团、市群众艺术馆、市图书馆、市博物馆4个局属单位。2020年7月,山南市文化市场综合行政执法队划转至山南市文化局。设有文化市场综合行政执法一大队、二大队。2020年,山南市文化局(含文物局、文化市场综合行政执法队)编制有32名,其中领导职数为5名,实有人数25人。市艺术团编制59名、实有33人;市群众艺术馆编制24名、实有16人;市图书馆编制2名、实有9人;市博物馆编制6名、实有10人。

截至2020年年底,山南市共有文化产业企业(合作社)43家,民族手工业企业174家。区、市、县三级文化产业示范基地34家。2020年遴选7家企事业单位项目申报自治区文化产业专项资金1462.6万元,33家文化企业解决贫困群众就业224人、实现增收230余万元。组织洛扎县洛扎镇嘎波居委会民族手工业加工专业合作社、西藏慈成工贸有限公司参加第十六届深圳文博会;举办传统工艺美术展,展出唐卡、泥塑、木雕等工艺品200余件;组织参加2020北京文化创意大赛西藏分赛区活动,获"文创西藏优秀组织奖",乃东哔叽、加查达布木碗两家企业进入全区50强。

【艺术创作】 2020年,市文化局组织开展以抗击疫情、脱贫攻坚、民族团结、生态建设等为主题的文艺创作,共创作文艺作品共94部。其中抗击疫情歌曲《风雨过后是阳光》在湖北各种电视频道播出连续7天。歌曲《风雨过后是阳光》《当疫情袭来的时候》《最可爱的人》登上"学习强国"西藏平台进行展播。开展年度文艺创作扶持与奖励评选,共扶持奖励作品39部,落实扶持奖励资金80.7万元。歌舞晚会《永远的旗帜》入选文旅部"庆祝中国共产党成立100周年舞台艺术精品创作工程"重点扶持作品项目。

【文化活动】 2020年,山南市与湖南省联合成功举办2020雅砻文化旅游节开幕式和湖南分会场演出活动。组织开展庆祝西藏自治区成立55周年文艺会演——山南专场演出活动,演出活动登上"学习强国"西藏平台。成功举办"山南市创建民族团结进步主题晚会"活动。协助自治区歌舞团到12个县(区)开展"决战决胜脱贫攻坚、百乡千村惠民演出"活动。配合安徽省援藏办举办"皖藏两地一家亲,同心共筑中国梦"庆国庆·迎中秋文艺晚会活动。配合自治区藏剧团在山南开展"深入生活、扎根人民"主题实践活动。深入开展送文艺下乡活动800余场次,丰富群众精神文化生活。

【公共文化服务】 2020年,市文化局贯彻落实《关于全区组建行政村文艺演出队的意见》,推进行政村文艺演出队组建工作,组建行政村文艺演出队557支(含甲竹林镇),队员9211人,开展演出3083场次,覆盖观众60万余人次。组织开展第十三期、十四期公共文化服务体系建设与效能提升专题培训班,培训基层骨干人次100余人次。修改完善《山南市公共文化服务设施免费开放工作绩效考评暂行办法》,全市开展免费开放绩效考评

2020年9月10日,雅砻文化旅游节开幕式在市体育场举行,图为民族歌舞表演

工作，共计考评市图书馆、12个县（区）综合文化活动中心、34个乡镇综合文化活动站。从中央补助地方公共文化服务体系建设资金中分配资金4251.53万元用于乡镇综合文化活动站设施维修设备购置、图书购置、全国文化信息资源共享工程基层服务点网络运行维护。广泛开展文化惠民活动，全市县（乡）综合文化活动中心（站）开展演出、培训、展览、讲座等各类活动共计4400余场次、覆盖群众79.5万人次；开展戏曲进乡村活动273场次，覆盖群众7万人次；各县（区）艺术团全年开展文艺下乡演出872场次，覆盖群众50余万人次，为基层乡村举办各类培训300余期次，覆盖群众8000余人次，下基层采风180余人次，新创作品数量100余部。

【文化体制改革】 2020年，市委组织部、市人社局、市文化局等6家单位联合下发《关于开展基层专技人才"县管乡用"试点工作的通知》，在错那县、贡嘎县开展试点工作，错那县、贡嘎县确定11名交流人员进行区域交流。开展"决战决胜脱贫攻坚，文化惠民助力脱贫"文化交流演出活动，委托西藏哈呼曲艺社赴全市5个深度贫困县10个深度贫困乡开展10场文化交流演出活动，宣传脱贫攻坚优惠政策。开展城市书屋建设工作，为读者提供自助借还阅读、室内阅览、展览宣传等服务，推进"书香山南"建设。

【市场监管执法】 2020年，山南市完成文化市场综合行政执法队机构、职能划转，进一步统筹执法力量，规范自由裁量权，文化市场执法更加规范、严肃。起草印发《山南市文物保护单位安防、消防设施设备维护管理办法（试行）》和《山南市文化局与公安局打击文物犯罪联动工作方案》，加强文物管理和保护。全市149家文化市场经营单位，恢复营业116家。层层签订《文化市场监管目标责任书》，加大日常监管力度。开展文化市场安全生产和文物安全保护专项整治三年行动工作，加大文化市场和文物安全隐患排查力度。全年检查文化市场经营单位414家次，出动执法人员1526人次，车辆246台次。通过检查，没收非法地面卫星设备7个，接到噪音举报电话4起，联合相关部门核实并督促整改。加强文化市场经营单位和文物保护单位安全检查，全年未发生安全生产事故。

文物与非物质文化遗产

【文物保护利用】 2020年，山南市加大文物保护力度，召开全市文物安全工作联席会议，调整充实市、县两级文物安全工作领导小组，强化文物保护措施，新建和复工项目5个、总投资7340万元，计划外项目完成投资4519万元，藏王墓安防工程等10个文物保护项目通过终验、完成投资4369万元，改善文物保护基础设施。全市第一批市级文物保护单位申报工作正式启动。将47名建档立卡贫困户纳入野外文物看管人员，落实142名野外文物看管人员补助资金238.56万元，助力打赢脱贫攻坚战。市博物馆于2020年9月建成开馆，累计参观人数2.5万余人次，馆藏4000余件文物。

【非物质文化遗产】 2020年，市文化局加强非遗保护传承，投入资金153万元对久河卓舞等11个非遗项目给予扶持，错那县麻麻乡入选首批自治区非遗特色乡，藏医药浴法等10个传习基地入选第三批自治区非遗项目传习基地，泽帖尔编织技艺等4个项目进入第五批国家级非遗名录公示名单，公布第二批市级非物质文化遗产项目名录27项，泽帖尔编织技艺传承人荣获"全国脱贫攻坚先进个人"称号。贡嘎克西木雕入围"大运河

雅砻扎西雪巴

文旅季暨第十二届浙江·中国非物质文化遗产博览会"(杭州工艺周),也是全区唯一一个入围作品。错那县麻麻乡门巴萨玛酒歌入选首批西藏自治区非遗特色乡。隆子县洛旦黑青稞糌粑、琼结县德庆铁器和达娃卓玛服饰产品挂靠县电商扶贫馆销售,销售收入6784元。全市16个非遗工坊安排就业人员557人,带动群众人均月增收3600元。组织抢救挖掘的优秀非遗节目日当雪村贝和谐、曲许萨卓等12个非遗原生态节目展演8场次,观众人数2950余人次。

广播电视

【概况】 山南市广播电视局(以下简称市广电局)内设机构4个科室,分别是办公室(财务科)、宣传管理科、传媒机构管理科、科技管理科(媒体融合发展科、公共服务科)。核定编制总数为14名,实有在职干部职工16名,公益性岗位6名。

"十三五"时期,全市广播电视基础设施累计投资1.4亿元,较"十二五"时期增长75%;"十三五"期末全市广播电视综合人口覆盖率分别达99.01%、99.24%,较"十二五"期末分别提高8.99%、2.31%;播出机构达12个,自办自率1个、频道1个,市级广播电视台1座、县级广播电视台11座,发射台站13座、转播频率频道262套,较"十二五"时期增加169套。扎实推进"村村通"升级到"户户通""舍舍通",全市免费发放"户户通""舍舍通"设备11万多套;从模拟到数字,从标清到高清,广播电视现代传输覆盖体系基本建成。

【应急广播系统建设】 2020年,山南市11县、乡、村三级应急广播系统即将建成投入使用。市广电局规范制作《山南市县级应急广播结构功能图》《山南市县级应急广播适配器操作流程》《山南市县级应急广播IP话筒操作流程》《山南市县级应急广播系统突发事件处置流程图》,研究制定《山南市应急广播播音管理制度》《山南市应急广播值班制度》《山南市应急广播机房管理制度》《山南市应急广播安全播出管理制度》。4个县通过应急广播平台播放保健公益广告、倡议书、疫情防控常识等1000余条(次),累计时长近5000小时。

【"智慧广电固边工程"建设】 2020年,市广电局对接自治区广电局协调项目和资金,推动广播电视进边境、进农牧户、进军营哨卡、进前哨点,努力实现智慧广电成边、富边、固边、强边。在已经启动实施的"智慧广电固边工程"中,投资250余万元建设玉麦乡有线数字电视网路;投资10余万元在最前沿德玛隆方向和公漳浦方向为放牧点、前哨点干部群众建立集中观看点5个,建立移动观看点1个;投资120余万元为4个边境县小康村配发"户户通"直播卫星设备1958套。

【智慧广电实验室】 2020年,市广电局结合山南广播电视工作实际,创新探索设立智慧广电实验室(创新创造测试机房)。智慧广电实验室立足5G、4K、VR、AI、IPv6、大数据、云计算、物联网,泛在网络等综合数字信息技术在山南广播电视领域的技术创新一与技术应用,建好建强广播电视意识形态阵地,创造创新创优广播电视覆盖。

【新一代直播卫星广播电视系统安装测试】 2020年,市广电局坚持守正创新,积极学习先进技术,探索智慧广电新应用,紧跟国家政策,紧随市场前沿,新一代直播卫星广播电视系统获得国家批准后,第一时间采购终端设备进行测试,山南市局也成为全国第一家公开招标采购新一代直播卫星广播电视系统的单位,并在扎囊县成功完成新一代直播卫星电视系统的安装测试。

2020年11月7日,市广电局在扎囊县吉如乡安装新一代直播卫星设备

ལྷོ་ཁའི་ལོ་རིམ་མེ་ལོང་།

山南年鉴

2021

民族·宗教

综述

【概况】 山南市民族宗教事务局为山南市人民政府工作部门，正县级，内设7个正科级行政机构，即办公室、政策法规研究科、民族经济事务科、民族团结创建科、藏传佛教事务科、社会宗教事务科、法宣和执法监督科。有编制总数为29名，其中行政编制28名、工勤编制1名。县级领导职数5名，科级领导职数14名。实有干部职工32名。山南市佛教协会办公室为市民族宗教事务局所属正科级事业单位，核定事业编制2名，核定科级领导职数2名，现有人员2名，实际配备1名副主任。山南市佛教协会有会长1名，副会长3名、常务理事20名，理事61名，秘书长1名，副秘书长1名。

民族工作

【概况】 2020年，山南市以藏民族为主，共有汉族、门巴族、珞巴族、回族等28个民族。共有5个民族乡，分别为隆子县斗玉珞巴民族乡，错那县勒门巴民族乡、贡日门巴民族乡、吉巴门巴民族乡、麻玛门巴民族乡。各民族之间交流交往交融，民族关系和谐融洽，截至年底，全市民族通婚家庭为1832户6227人，其中汉藏通婚家庭1386户4782人。

【民族团结进步创建活动】 2020年1月21日，山南市召开全国民族团结进步创建活动示范市工作推进会，总结前段时间的工作，对示范市创建重点工作进行再安排再部署。市委副书记、市创建工作领导小组常务副组长格桑，市委常委、市委统战部部长、市政协党组副书记、市创建工作领导小组副组长丹增出席会议，会议由市政府副市长、市创建工作领导小组副组长索朗曲巴主持，12个县（区）分管副书记、县委统战部部长（民宗局局长）、全国民族团结进步示范市创建工作领导成员单位负责人共60余人参加会议。

【民族团结主题书法绘画大赛】 2020年3月10日，山南市民创办联合市委宣传部、市委统战部、市总工会、团市委、市妇联等部门部署举办“中华民族一家亲 同心共筑中国梦”民族团结主题书法绘画大赛活动。

【民族团结进步示范市创建】 2020年6月5—14日，山南市民族团结进步示范市创建工作领导小组办公室联合市委宣传部、中国联通山南分公司在全市范围内开展以“共学民族团结政策知识 争做民族团结的石榴籽”为主题的民族团结进步网上知识竞赛活动。为提高参与率，活动主办单位通过山南广播电视台、山南报、民创微信公众平台等媒体向市民公告活动相关内容。活动期间，全市各级各部门积极参与，活动取得预期效果。全市参与汉语版答题人数为8591人，得90分以上的有5475人；参与藏语版答题人数为302人，得90分以上的有18人。7月8日，山南市召开创建全国民族团结进步示范市工作现场会。市委副书记、市全国民族团结进步创建示范市工作领导小组常务副组长格桑，市政府副市长、市全国民族团结进步创建示范市工作领导小组副组长索朗曲巴，市政协党组副书记、副主席、市全国民族团结进步创建示范市工作领导小组副组长普布多吉出席会

2020年3月19日，市民创办到错那县进行书法绘画大赛评比

议并参加互观互检活动。各县（区）委统战部民创办主要负责人，市创建领导小组成员单位负责人，共60余人参加会议。参会人员先后到桑日县中学、绒乡人民政府，曲松县下洛村、曲松县民族团结广场、一条街及民族团结进步展厅，乃东区泽当街道办事处琼嘎顶社区、天马市场等“九进”示范点实地、互观互检民族团结进步创建工作。

【民族团结进步日】 2020年9月8日山南市第一届人民代表大会常务委员会第三十二次会议通过，决定9月16日为山南市“民族团结进步日”。

宗教工作

【概况】 2020年，山南市依法登记宗教活动场所302座（其中，已颁证的宗教活动场所211座、活动点38座、暂缓颁发宗教活动场所证53座），主要教派有格鲁派、宁玛派、萨迦派、嘎举派、布东派，社会流动从事宗教服务人员2154名、学经人员288名、修行区（点）15个、修行人员514名。全市建立寺管会89个（其中，正县级建制主要领导高配副厅级的寺管会1个、副县级寺管会7个、正科级建制主要领导高配副县级寺管会2个、正科级寺管会79个）和9个专职管理特派机构。

【涉宗领域疫情防控】 新冠肺炎疫情发生后，宗教领域迅速成立疫情防控领导小组，设立工作专班。充分利用寺管会教育平台，教育引导广大信教群众和寺庙僧尼正确对待疫情、科学做好防控，加强疫情防控宣传力度。教育引导广大宗教界人士统一思想认识，配合做好各项疫情防控措施。广大宗教界人士充分发扬护国护教、济世利民优良传统，自愿主动捐款2514496.5余元，支持湖北疫情防疫抗疫。及时了解和掌握各寺庙物资储备和物资需求情况，先后解决全市寺庙僧尼和驻寺干部共解决医用一次性口罩16671副、84消毒液（3公斤）400桶，84消毒液（2.5升）35桶，腋下体温计50支、红外电子体温仪8个，与市红十字会积极沟通衔接，对人员流动较大的9座寺庙解决去渍洗衣液460箱和84消毒液18桶。落实价值60余万元的蔬菜、大米、糌粑、酥油、清油等生活物资。

【宗教管理】 2020年，市民宗局向12个县（区）下发《关于进一步明确规范宗教活动场所僧舍等附属设施建设（修缮）审批管理工作的通知》。协调消防等相关部门，对宗教活动场所安全隐患进行全方位的大检查大整治。举办2期僧尼培训班。选派高僧大德到自治区社会主义学院参加培训，举办6期驻寺干部培训班，选派19名驻寺干部到自治区社会主义学院参加培训。

【桑耶寺财税试点工作】 2020年，全区藏传佛教寺庙财税监管试点工作启动以来，及时召开专题会议、研究部署桑耶寺财税监管试点工作，制订工作方案，成立工作专班，蹲点开展试点工作，通过深入广泛的宣传教育、入舍走访，寺庙僧尼积极参与、大力支持。建立健全10项寺庙财务管理制度，成功完成土地测绘、法定代表人选、文物登记造册、注册资金验资凭证和财务审计报告等工作等，顺利完成桑耶寺财税试点工作。

民政与社会保障

ལྷོ་ཁའི་ལོ་རིམ་མེ་ལོང་།

山南年鉴

2021

民政

【概况】 山南市民政局（以下简称市民政局）内设5个行政机构（正科级），分别为办公室、基层政权建设和社区治理科（社会组织管理局、区划地名科）、社会救助科、养老服务和儿童福利科（市关心下一代工作委员会办公室）、社会事务和慈善科；所属事业单位3个，分别为社会救助管理站、申请救助家庭经济状况核对指导中心、山南市福利彩票销售管理站；独立事业单位1个，为市儿童福利院（市儿童福利院、市老年养护中心）。核定编制28名，其中局机关编制14名（行政编制12名、后勤编制2名），所属事业单位机构编制6名，独立事业编制8名（儿童福利院）。实有干部职工30人，其中县级干部10人（领导职数5人，实有4人；一至四级调研员6人），科级干部8人，事业干部4人，工人8人。藏族21人，汉族9人。

2020年，山南市福利机构15家，其中特困人员集中供养中心12家、老年护理院2家、儿童福利院1家。通过政府购买为福利机构配备服务管理人员404人，其中专技和管理人员67人，护理人员229人，工作人员108人。全年落实福利机构人员工资及运行经费共3347.09万元。山南市“十大民心工程”为229名护理员每人每月发放护理补贴500元，共计137.4万元。

【社会救助】 2020年，山南市城镇低保634户965人，农村低保2077户5218人，落实城乡低保资金2017.63万元。全年临时救助1829人次，落实救助资金460.78万元。全市特困人员供养对象总数为2868人，集中供养人数1473人，分散供养人数1395人，集中供养率51.5%。落实特困人员供养救助资金3520.98万元，落实困难群众价格临时补贴资金770.38万元。全年共救助流浪乞讨人员212人（次），落实资金2.1万元。

【孤儿收养】 2020年，山南市集中收养孤儿393人（其中那曲籍孤儿173人）。开展“福彩圆梦·孤儿助学工程”，资助在校孤儿大学生（含中职、高职）86人。保障事实无人抚养儿童权益，落实事实无人抚养儿童89人的补助资金。

【扶老、养老】 2020年，山南市特困人员供养对象总数为2865人，（集中供养人数1476人，分散供养人数1389人，集中供养率为51%）。落实经济困难的高龄、失能老人补贴资金，全市经济困难的高龄和失能老人共1303人。

【临时救助】 2020年，山南市全面落实临时救助制度，发挥社会救助“托底线、救急难”作用，将所有遭遇突发事件、意外伤害、重大疾病或其他特殊原因导致生活陷入困境，其他社会救助制度暂时无法覆盖或救助之后基本生活仍有严重困难的家庭和个人，不论户籍、不分城乡，全部纳入临时救助的范围。

【福利彩票】 2020年，山南市福彩终端投注站71家，福利彩票销售额1.07亿元，在“雅砻文化节”期间，市福彩站积极响应消费扶贫的要求，购买价值51572.8元的“扶贫产品”，用于对个福彩站点和彩民的奖励。

2020年11月9日，在琼结县拉玉乡完小开展“为了明天 关爱儿童”慈善公益项目活动

【社会组织管理】 2020年，山南市共82个乡镇、1个街道办事处，568个村(社区)民委员会。其中新设2个社区、7个村，分别是洛扎县拉康镇民久玛社区、洛扎县拉康镇松布曲社区、乃东区多颇章乡嘎东团结新村、隆子县玉麦乡组林塘村、洛扎县扎日乡隆啦村、洛扎县色乡公漳浦村、洛扎县拉郊乡德玛龙村、洛扎县拉郊乡巴桑龙村、洛扎县边巴乡桑布拉村。截至年底，全市有社会组织28家，成立党组织28家，其中在市民政局注册登记的有7家，各县区注册登记的14家。

【勘界工作】 2020年，市民政局开展山南市第六轮县级行政区域界限联检工作，完成涉及山南市14条县级界线联检第六轮第一期联检工作。

【婚姻登记管理】 2020年，市民政局共办理婚姻登记4499对，其中结婚登记3616对，离婚登记883对。

【项目建设】 2020年，市民政局推进市精神病福利机构和市殡仪馆2个项目，山南市精神病福利机构和山南市殡仪馆属“十三五”规划项目，总投资1.1亿元。其中：山南市精神病人福利机构，总投资5000万元，资金于2019年年初到位，山南市殡仪馆，总投资6000万元，资金于2020年年初到位，截至2020年年底，项目选址已完成，正在开展前期工作。同时稳步推进天葬台项目，2020年中央彩票公益金投资天葬台项目2个，总投资600万元，分别为浪卡子县嘉果扎天葬台，贡嘎县康东嘎吉天葬台，已完工。

人力资源 社会保障

【概况】 山南市人力资源和社会保障局(以下简称)内设9个正科级行政机构，分别为办公室、规划财务科(社会保险基金监督科)、就业促进科(职业能力建设科、农民工工作科)、人力资源流动管理科(表彰奖励科)、专业技术人员管理科(事业单位人事管理科)、劳动关系科、社会保险科、工资福利科、调解仲裁管理科(劳动人事争议调解仲裁院)。机关人员编制31名。部门领导职数5名，科级领导职数18名。内设1个正科级执法机构，为山南市劳动保障监察大队，核定事业编制3名、科级领导职数2名，实行单列管理。所属事业单位正在改革。2020年，山南市人力资源和社会保障局有干部职工81名，其中公务员36人、专业技术人员5人、工勤人员9人、公益性岗位16人、三支一扶13人、志愿者1人、临时工1人。

2020年，市人社局紧扣全市经济社会发展新要求，把高质量作为工作主旋律，聚焦“六稳”“六保”，一手抓疫情防控、一手抓民生保障，全面推进就业创业、社会保险、人才人事、劳动关系等重点工作，圆满完成年度各项目标任务，城镇新增就业6424人，农牧民转移就业9.63万人，创收8.01亿元，应届高校毕业生实名制就业率99.75%，各类社会保险参保27.22万人次(不含医疗、生育)，为4955名农民工追发工资9264.2万元，实现欠薪案件动态清零。

【就业再就业】 2020年，市人社局制定出台山南市关于进一步做好新形势下就业创业工作的实施意见、山南市促进高校毕业生就业创业的实施意见、关于鼓励高校毕业生返乡就业创业试点工作的实施方案、山南市关于支持高校毕业生组团式区外市场就业的实施意见、山南市创业担保贷款管理暂行办法、山南籍农牧民就业创业政策补贴实施细则等支持就业创业的政策举措，为促进就业提供有力支撑。全市开发岗位23561个，城镇登记失业率为2.42%，零就业家庭全部动态消零，就业局势保持持续稳定。

【高校毕业生就业】 2020年，市人社局落实高校毕业生就业创业“八个一批”工作措施，织牢高校毕业生等重点群体的就业经纬线，开发高校毕业生就业岗位19247个，落实“一对一、一对多”结对帮扶机制，3338名干部结对帮扶应届高校毕业生3293人，创新“组团式”区外就业思路，建立区外就业基地，三省事业单位招聘山南籍高校毕业生63人，首批28名山南籍高校毕业生到湖北黄石就业，这是全区首次组织高校毕业生赴区外组团式市场就业的有益尝试，兑现落实高校毕业生就业创业补贴2283.44万元，开展高校毕业生就业创业经验分享会等系列主题活动，多方式转变就业观念，提高就业率、创业率和就业质量，实现应届3570名高校毕业生就业3561人，实名制就业率 99.75%。

【农牧民转移就业】 2020 年，市人社局将农牧民转移就业工作作为经济社会发展的优先目标，构建市县乡村四级主要领导负责人主抓、分管负责人专职抓的责任体系，共成立工作专班 13 个，成立各类就业服务公司 17 家，认定转移就业基地 110 个，组建农牧民工联队 432 个，培育劳务经纪人 749 名，出台市农牧民工联队认定管理暂行办法、山南市农牧民就业创业政策补贴实施细则，把政府投资 400 万元以下项目、群众能干会干的项目，交给有资质的农牧民施工企业（队）实施，促进劳动力就近就地常态化、规模化转移就业，实现转移就业 9.63 万人、创收 8.01 亿元。

【职业技能培训】 2020 年，市人社局全面实施职业技能提升行动，围绕全市产业发展需求，制定《关于推进职业技能提升行动（2019—2021 年）》的实施方案，开展企业新型学徒制培训、新生代农牧民培训、农村实用性人才培训等，并有计划地组织农牧民群众到各类企业、园区、厂房、项目工地开展“订单定向式”和“以工代训式”技能培训，实现培训和就业的精准对接。共投入培训资金 5147.5 万元，培训各类劳动力 12165 人。在自治区第三届职业技能大赛中山南获奖 3 人，其中民族服饰制作获得一等奖，实现山南在全区技能大赛上成绩的新突破。

【社会保障】 2020 年，市人社局坚持按照兜底线、织密网、建机制的

2020年5月13—18日，市人社局组建政策宣讲组深入12个县（区）开展就业创业、社会保障、劳动维权主题宣传活动

要求，从增强公平性、适应流动性、保证可持续性出发，逐步完善政策体系，扩大覆盖面，提高待遇水平，统筹城乡的社会保障体系基本建成，全市各项社会保险参保达 22.48 万人次（不含医疗保险和生育保险）。

【社会保障待遇】 2020 年，市人社局认真执行自治区阶段性减免企业社会保险费实施办法，共减免企业社保费 4042 万元；企业退休人员基本养老金实现 16 年连调，月人均达到 4841.42 元。贯彻落实自治区关于企业退休人员过渡期福利金补助政策，将标准提高至每月 260 元。城乡居民基础养老金待遇确定和基础养老金正常调整机制顺利实施，及时兑现参保人员社保待遇，共征缴保费 10.88 亿元，支付各类社保待遇 10.83 亿元，人均失业保险金、工伤（亡）职工伤残津贴等待遇标准逐步增长。

【社会保障经办服务】 2020 年，市人社局推行“一制四化”经办模式和社保“不见面”服务，开通企业职工养老保险、失业保险网上服务平台，开展网上申报缴费等服务。开展窗口单位改进作风专项行动，提升服务制度化、工作规范化、管理科学化水平，大力推进社保卡管理服务，全市发放社会保障卡 32.76 万张，启动惠民惠农资金社保卡“一卡通”发放试点工作，完成 9 类 31 项惠民惠农资金的发放，涉及 16.5 万人次，发放资金 1647.51 万元，积极提升广大服务对象对经办管理服务的满意度。

【社会保险基金监管】 2020 年，市人社局印发《山南市城乡居民基本养老保险待遇领取公示制度》，对符合城乡居民养老保险待遇领取的人员每季度进行公示，有效遏制重复领取和死亡冒领养老金行为发生。开展社保基金专项检查（审计）工作，查找基金管理风险点和薄弱环节。认真做好社保基金管理内控风险防控工作，及时开展

企业职工基本养老保险提前退休问题专项核查，从严落实修订后的《社会保险基金要情报告制度》，切实维护基金安全，未发生社保基金拖欠、截留、贪污等问题。

【专业技术人才队伍建设】 2020年，市人社局实施各类人才工程项目，全市事业单位工作人员11892人；持续深化职称制度改革，调整充实农牧、水利、卫生等10个系列职称评审委员会，组建5个系列职称评审委员会，扎实开展职称评审工作，共确认中级资格263人，聘任高级31人（5名援藏）、中级131人，充分调动专技人才工作积极性；实施专技人才知识更新工程，落实《西藏少数民族专业技术人才特殊培养管理办法》，选拔8名专业技术人员参加第三批第2期西藏特培工作；推荐2名专业技术人员为国务院特殊津贴人选，2名专业技术人员为百千万人才工程国家级人选，有效提升专业技术人员职业素养。

【人事制度改革】 2020年，市人社局稳慎推进事业单位人事制度改革，有序实施岗位设置管理、岗位等级认定和调整工作，累计核准212家事业单位岗位设置方案，核准岗位6545个，认定岗位283个，建立符合山南市特点、充满生机活力的事业单位人事管理体制；实施机关事业单位工作人员提前退休和离岗休养工作，落实机关事业单位工作人员基本工资标准动态调整机制，推进国有企业负责人薪酬制度改革。

【人力资源配置】 2020年，市人社局扎实做好全市政府序列事业单位人员调配工作，及时办理140人调动手续，加强"三支一扶"人员和人力资源服务机构管理，稳步开展2020年人才引进工作，促进人才合理流动。注重表彰奖励工作基础建设，推进表彰奖励、创建示范活动的规范管理，申报批准市级表彰项目2个，县区级表彰项目12个。不断提升人事考试组织管理水平，安全、科学、规范完成公开考录、公开遴选、职称政治等各类考试。

【劳动监察】 2020年，市人社局落实《保障农民工工资支付条例》，实现工程建设领域农民工实名制管理、人工费用与其他工程款分账管理、工资保证金制度和第三方保函制度、工资支付监控信息系统"五个全覆盖"，共受理投诉举报案件188起，结案188起，帮助4955名农民工追讨工资9264.2万元，结案率为100%，实现欠薪案件动态清零，收缴农民工工资保证金2756.56万元，保函农民工工资保证金3亿元，退还保证金3890.5万元；落实实名制在建项目356个，工资专户365户，借记卡发卡数9.3万张，代发工资6.95亿元；评定A级劳动保障守法诚信企业5家，B级5家，C级2家，将2家施工企业和1名个人纳入人社部工程建设领域"黑名单"，公布自治区级20起重大劳动保障违法行为，有效维护农民工合法权益。

【劳动关系】 2020年，市人社局进一步健全政府、工会、企业共同参与的劳动关系三方协商协调机制，实施山南市劳动关系"和谐同行"能力提升三年行动计划，开展以"规范用工促和谐、知法懂法助发展"为主题的规范民营企业劳动用工行为专项行动，推进实施劳动合同和集体合同制度，全市企业劳动合同签订率98.84%，其中国有企业劳动合同签订率100%。

【劳动争议调解仲裁】 2020年，市人社局严格贯彻《劳动争议调解仲裁法》，完善仲裁办案制度，落实劳动人事争议仲裁办案规则，实施

2020年5月28日，市人社局举行拖欠农民工工资监督发放仪式

“护薪”行动，开展裁审衔接，推进“互联网+调解仲裁”工作新模式，切实提高劳动人事仲裁办案规范化、法制化水平，共受理劳动人事争议案件24件，涉及人数43人，涉案金额134.09万元，结案率达100%。

退役军人事务管理

【概况】 山南市退役军人事务局（以下简称市退役军人局）内设5个正科级行政科室，分别是办公室、思想政治和权益维护科、移交安置和军休服务管理科、就业创业科、拥军优抚和褒扬纪念科；下设公益一类事业单位有市退役军人服务中心、山南烈士陵园管理处。退役军人事务局核定编制为16名，部门领导职数5名，科级领导职数10名；市退役军人服务中心核定编制5名，科级领导职数2名；山南烈士陵园管理处核定编制7名，科级领导职数2名。退役军人事务局实有干部职工14人，其中局领导班子成员5人；退役军人服务中心实有干部职工4人；烈士陵园管理处实有干部职工6人，其中事业干部3人，工人3人。

2020年，市退役军人局推进市、县区、乡镇、村居“四级”服务机构，全市13个退役军人服务中心、91个退役军人服务站切实发挥职能作用，建立退役军人数据库，完成退役军人和其他优抚对象信息采集工作，全面完成各县区、乡镇退役军人服务中心（站）在高德地图和百度地图中的信息录入工作。

2020年7月31日，自治区退役军人事务厅到山南驻地部队开展调研慰问

【组织保障】 2020年6月23日，组织召开中共山南市委退役军人事务工作领导小组第二次全体会议暨市双拥工作领导小组会议，审议通过《中共山南市委员会退役军人事务工作领导小组2020年工作要点》《山南市双拥工作领导小组工作规则》《山南市双拥工作领导小组办公室工作职责和工作制度》《山南市双拥工作领导小组工作职责》，切实加强党对退役军人工作的领导。

【退役军人权益维护】 2020年，市退役军人局与司法部门联合建立七地市首个退役军人法律援助工作站。市县两级退役军人事务部门共受理退役军人信访事项7件，办结7件，办结率100%。

【退役军人就业创业】 2020年，市退役军人局拟定“订单式培训”计划，组织退役军人参加挖掘机、装载机技能培训。在疫情期间，组织自主就业退役士兵参加线上技能培训搜集发布岗位信息、就业创业资讯。

【拥军优抚和褒扬纪念】 2020年，市退役军人局协调推进双拥工作军地合署办公，积极推进双拥模范城（县）创建评选工作，山南市错那县被命名为全国双拥模范县，隆子县玉麦乡人民政府被命名为全国爱国拥军模范单位。全面落实优待抚恤政策，落实重点优抚对象抚恤补助资金、优抚对象医疗保障资金、家属优待金和一次性经济补助。开展“三大节日”、“八一”建军节走访慰问活动，发放慰问金。协调组织中国文联曲艺家协会赴边防连队开展慰问演出。江苏省退役军人事务厅助力西藏边防建设，为隆子县玉麦乡援建活动板房并赠送物资。开展褒扬激励工作，为“三属”、退役军人和现役军人等家庭悬挂光荣牌。弘扬英烈精神，加强英烈纪念设施管理，建立健全烈士祭扫制度和礼仪规范，山南市烈士陵园年接待祭扫参观2056人次，接待异地祭扫烈士家属5批次8人。

【移交安置和军休服务管理】 2020年，市退役军人局全面落实退役军人移交安置政策，健全“阳光安置”机制，探索实行“直通车”式的安置办法，完成符合政府安排工作的2019年冬季退役士兵和计划分配转业干部移交安置工作。落实移交安置地方安置退休人员经费及军休服务管理机构相关经费，落实退役安置人员经费。为自主择业军转干部解决超出医保报销部分医药费。落实去世自主择业干部遗属抚恤金及丧葬补助费。

2020年9月28日，市医保局举行医疗保障综合业务培训

医疗保障

【概况】 山南市医疗保障局(以下简称市医保局)下设3个科室，分别为办公室、待遇保障和医药服务管理科、规划财务和基金监督科；1个下属事业单位(市医疗保障服务中心)。核定编制数为18名，行政编制为11名，事业编制为7名。实有干部职业19人，其中行政人员13人，事业人员4人，工勤人员2人。

2020年，山南市城乡居民基本医疗保险参保率达99%，贫困人口参保率达100%。在全区率先实现第一例城乡居民跨省异地就医直接结算，使城乡居民跨省异地就医直接结算取得实质性进展。结合山南实际起草《山南市城乡居民基本医疗保险实施办法(试行)》，于5月14日印发执行。

【医疗保险定点医药机构管理】 2020年，市医保局规范城乡居民基本医疗保险定点医药机构管理。按照属地管理原则，实行“一家签订，全市互认”，并统筹区内定点医药机构实行“先住院后结算”机制。

【简政放权】 2020年5月，将城乡居民基本医保待遇和城镇职工医保待遇支付权限下放至12个县(区)医保局。并放开经办门槛限制，医药机构定点资格申请可即时受理。

【打击欺诈骗保】 2020年，市医保局共发放8080份相关海报及宣传单、医保政策性文件等，并在山南网滚动播放9条宣传片。年中、年终，对定点医药机构进行2次考核，并扣除23家定点医疗机构和21家零售药店保证金23.92万元。

【医疗救助托底保障】 2020年，山南市提高年度救助限额，对医疗救助贫困人口1387人共报销费用693.06万元，对重特大疾病患者5人共提供救助资金765395.98元，对“十大民心”工程1人提供救助费用7万元。

【信息化建设】 2020年，山南市本级经办机构和12个县(区)医保局全部接入医保专网和电子政务外网，实现城乡居民基本医保信息系统“双线路”运行。

【“一站式”服务】 2020年，市医保局提升“一站式”服务成效，参保人员仅凭身份证就可以在统筹区域内县级及以上医院实现基本医疗保险、大病保险、医疗救助等“一站式”服务。

ལྷོ་ཁའི་ལོ་རིམ་མེ་ལོང་།

山南年鉴

2021

应急管理

安全生产

【概况】 山南市应急管理局(以下简称市应急管理局)内设正科级行政机构7个,分别是办公室、应急救援和物资保障科、宣传教育科、防灾科、安全生产基础科、政策法规科、执法监察支队。单位机关行政编制20名。实有干部职工30人。其中,领导班子成员4名、二级调研员1名、四级调研员3名、科级干部16名(正科实职3名,其中1名兼任一级主任科员,副科实职5名,二级主任科员4名,四级主任科员4名)、一级科员1名、二级科员1名、工人4名。

2020年,山南市共发生各类生产安全事故51起、死亡13人、受伤59人、直接经济损失112.91万元,同比分别上升15.9%、下降35%、上升7.3%、上升38.3%。其中:生产经营性事故5起、死亡5人、受伤1人、直接经济损失20万元,同比分别下降44.4%、下降44.4%、下降50%、上升94.2%;非生产经营性事故46起、死亡8人、受伤58人、直接经济损失92.91万元,同比分别上升31.4%、下降27.3%、上升9.4%、上升30.2%。道路交通事故46起(均为非生产经营性事故),死亡8人、受伤58人,工矿商贸事故3起、死亡3人、受伤1人,建筑施工事故2起、死亡2人。

【安全生产检查】 2020年,山南市共组织开展各类安全生产执法检查5699次,检查各类单位1.9万余家次,排查安全隐患6000余条,停业整顿34家,行政处罚24家、处罚23.6万元,完成76项执法计划的56项,执法完成率73.68%。

【重点行业领域安全专项整治】 2020年,市应急管理局深入开展安全生产专项整治三年行动,结合实际印发"1+2+17"的工作方案,全面排查整治风险隐患,建立问题隐患和制度措施"两个清单",坚持边查边改、即查即改,全市共组织开展执法检查1490次,检查各类单位1736家次,排查隐患问题3950条,督促整改3369条,整改率85.3%,责令停产停业整顿9家,关闭取缔2家,行政处罚6家、罚款32.2万元,对4家企业负责人进行约谈警示。

【安全生产应急救援体系建设】 2020年,山南市在全区率先出台全市总体应急预案。率先探索在隆子县玉麦乡建立全区第一个乡级应急管理站,组建队伍,配备装备。建设使用安全生产隐患排查治理数字化标准化系统、重点领域"一张图"信息化管理系统、山洪灾害防治监测预警信息共享平台。组织全市开展各类应急演练638次(含桌面演练、实战演练),参演单位84家,参演人数2万余人,投入资金60余万元,有效提升应急处置实战能力。

【安全责任】 市委、市政府高度重视应急管理、防灾减灾救灾和安全生产工作,带头落实"党政同责"要求,2020年,共召开市委常委会会议5次、市政府常务会议4次,市政府党组会议2次,市安委会全体会议5次,研究部署各阶段重点工作。各级各部门树牢安全发展理念,强化红线意识和底线思维,切实做到"党政同责、一岗双责、齐抓共管、失职追责"和"三个必须"。

【宣传教育】 2020年,市应急管理局深入开展"5・12"防灾减灾日、

2020年度安全生产月书法摄影展

安全生产月、安全生产法宣传周、安全生产咨询日、安全生产山南行、安全生产大讲堂、安全生产知识竞赛、安全生产主题书画摄影展等活动。共组织各类宣传500余次，发放宣传资料15万余份，编发宣传短信9万余条，制作了双语防灾减灾公益宣传片，营造良好的社会氛围。

一线巡逻

灾害防治

【概况】 2020年，市应急管理局兑现2019年、2020年冬春救助资金总计1461.7万元，调拨各类救灾物资2110件、救助人口17103人。开展自然灾害隐患普查前期工作，截至年底，全市各类灾害隐患点4171处，其中地质灾害隐患点2181处、山洪灾害隐患点1990处。全面盘点应急物资储备情况，全市有救灾物资储备库64个、应急避难场所27处，储备各类应急物资21.5万余件。

【灾害形势】 2020年，山南市共发生各类自然灾害90起，同比上升76.5%，受灾人口17984人，同比上升126.8%，死亡3人，同比增加3人，直接经济损失3839.6万元，同比上升567.7%，灾害共造成农作物受损3201公顷、房屋倒塌或损坏323间。

边境管理

【概况】 山南边境管理支队主要担负山南市执勤处突、反恐维稳、边境管理和抢险救灾等任务。

2020年，山南边境管理支队开展边境管理岗位跟班轮训5批次19人，组织派出所52名民警集中开展户籍管理业务培训，各检查站（点）有序检查进出边境管理区人员，人均通关查验时间严格控制在43秒钟以内，确保通关效能，维护边境辖区长期安全稳定。

【警务合作】 2020年，山南边境管理支队以"五位一体"合力治边格局为抓手，密切与解放军、公安、武警等处置力量配合，努力构建处置边境地区涉边事务各方联动、协同作战的工作格局，巩固军警民合力强边固边效能，强化统筹协调、健全制度机制、搞好齐抓共管，提高警务协作的广度、深度。

【队伍建设】 2020年，山南边境管理支队认真贯彻落实各级党的建设工作会议精神，不断提升党组织创造力、凝聚力和战斗力，持续深化"两项创建"活动成效，围绕边境管理、服务群众、党员管理等方面，开展"学习型、奋进型、实干型"党员队伍创建和"立标杆、作表率、走前列"模范创建活动，切实提高工作效率与效能，始终以党建工作引领服务主责主业，圆满完成全国"两会"、"萨嘎达瓦"、国庆中秋安保、第十九届五中全会安保等重要节点边境管理任务，建立贴合实际的轮岗交流机制，推动完成7名民警高低海拔交流、60名基层民警机关跟班轮训、14名机关民警岗位轮训等工作。开展"双学三练"活动，组织涵盖政治理论、业务知识、法律运用等方面的集中授课11次，同时鼓励民警利用"keep""咪咕"等APP进行自训、自练，民警综合素质显著提升。

【应急指挥】 2020年，山南边境管理支队始终坚持以"科技管边、科技兴边、科技控边"的工作方针，提升指挥中心通信保障、建设应用、信息研判、应急指挥、监督检查、协调督办能力，努力打造反应灵敏、指挥高效的应急指挥体系。加强疫情防控、"两节"及十九届五中全会等重大安保任务工作部署，配合支队各处室完成各项重大勤务任务推演工作。重点加强基层单位应急拉动演练,以贴近实战为目标,全面规范各单位演练程序,全年共组织拉动演练40余次,提升各单位快速处置反应能力。加强值班备勤工作,组织开展值班备勤点名,利用视频、电话等多种方式监督检查各级日常值班备勤制度落实情况,重大节日和重要时期提高值班备勤等级,同时加强抽查力度,切实提高队伍快速反应能力。

【后勤保障】 2020年,山南边境管理支队牢牢把握"稳中求进、进中创优"的工作总基调,不断提高后勤保障效益,全力解决移民体制下后勤建设及服务基层中存在的突出问题。全年共有在建项目5个,分别是支队野营方舱建设项目、边巴派出所暖心工程项目、支队老机关旧公寓楼改造项目、山南片区戍边公寓住房建设项目及拉郊边境派出所挡土墙重建项目,其中支队野营方舱建设项目、边巴派出所暖心工程项目、支队老机关旧公寓楼改造3个项目通过竣工验收并全部投入使用,支队与山南市健民医院建立"重病反馈、科学分析、跟踪检测"体检机制,组织民警参与体检608人次,体检覆盖率为95.3%,结合体检结果,为指标异常民警提供各类治疗药物和专业健康建议,增强民警保健意识。完成基层单位制氧站建设任务,与厂家协同开展制氧、净水设备视频巡检5次,组织专业维修人员对基层单位制氧站、净化水设备进行实地巡检维修1次,提高基层对设备运维和常见故障的处理能力。

消防救援

【概况】 2020年,山南市各级消防救援队伍共接警819次,出动车辆1145辆次,人员5352人次,处置82起火灾、66起抢险救援、27起社会救助,完成安保勤务644次,完成林芝"4·14"森林火灾增援、扎囊大桥"7·14"坠江车辆救援、结巴乡滴新村"7·18"山洪泥石流抢险处置、乃东区"8·13"山岳救助等一系列急难险重任务,累计抢救被困受伤人员56人,抢救财产价值30余万元。

【消防监督与管理】 2020年,山南市消防队伍依托"三年专项行动"和"各领域专项整治"累计检查单位7674家,督促整改火灾隐患3269处,有效维护辖区火灾形势平稳。

【消防基础设施建设】 2020年,市消防支队后勤部门持续升级保障能力,全市各级消防援藏队伍业务经费4030.36万元,落实追加新工资配套资金980余万元,全面提高经费使用效益,同步完成8个县(区)训练塔建设、"七位一体"训练场、桑耶寺新营房附属设置、全媒体中心、直属单位红门书吧等10项基建项目。

【"打通生命通道"专项行动】 2020年,市消防支队在山南网、山南报、电视台等主流媒体刊登《关于开展打通"生命通道"集中治理行动的公告》,推动文化(文物)局印发《关于在寺庙文博领域深入开展"打通生命通道"工作的通知》,截至年底,全市共集中画线、标识消防车通道487处(文物保护单位国家级16家、自治区级97家、县级104家,国家机关45家,小区58家,重点单位167家,共投入61.37万元),拆除违规地锁,水泥墩等违法违规行为96处,清理违规阻挡道路通行的行为121处。

【重点领域专项整治】 2020年,立足复工复产大局,依托"今冬明春""专项整治三年行动"专项行动,联动支队、大队、基层派出所

2020年9月1日,市消防支队开展执行重大任务政治工作演练

三级执法主体有关职能部门，明确10类场所、9类风险整治重点，紧盯节日庆典和重大活动等重要节点，兼顾常态化监管，探索疫情特殊期间“四维一体”的火灾防控新模式，整合性开展易燃易爆危化品场所、社会福利机构、居民社区、劳动密集型企业、仓储物流场所、寺庙文物古建筑、农牧区、“三合一”场所及“九小场所”专项整治。

2020年5月12日，山南市举行地震应急演练，图为消防救援人员与医护人员交接伤员

防震减灾

【概况】 山南市地震局（以下简称市地震局）为山南市应急管理局管理参公事业单位。2020年1月开始，地震局财务不再独立核算，由应急管理局统一管理。2020年，山南市区域及边境地区50公里以内3.0级以上地震6次（根据地震速报规定，国内3级以下地震不属于正常速报范围），其中：4.0—4.9级1次；5.0—6.9级2次。

【强化管理】 2020年，市地震局及时传达学习全区2020年抗震救灾应急指挥部电视电话会议、全区地震局长会议及全区建设工程地震安全监管检查工作会议精神。严格按照2020年全区防震减灾重点工作任务安排部署（共13项重点工作），对全市2020年防震减灾重点工作进行安排部署。协调湖南、安徽两省地震局，两省共安排2次短期专业技术人员赴藏，指导开展防震减灾业务工作，帮助山南市完成科普示范学校创建和建设工程地震安全监管检查工作任务。

【地震科普宣传】 2020年，山南市各校（园）充分利用广播、标语、黑板报等形式，加强地震知识和自救互救能力教育，做到师生人人皆知。全市395所学校（园）共张贴防震减灾宣传标语1400余条，制作黑板报1500多期，开展防震知识教育1000多次，受教育学生5万多人，教职工5000多人。市地震局举办街头宣传活动，利用“5·12”防震减灾日、全国科普日等时机共向社会公众发放防震减灾宣传资料10种、2000份防震减灾宣传材料，摆放展板10块。通过手机短信、微信公众号、抖音等新媒体平台上发送信息、上传防灾减灾公益宣传短片5万余条，覆盖乃东及周边人群6万余人次。面向广大社会人士，争取大家对防震减灾工作的重视和支持，进一步增强公众的防震减灾意识。5—10月，在山南电视台黄金时段每周轮播14条藏汉双语防灾减灾公益宣传短片，宣传减灾理念，传播减灾知识，增强社会公众防震减灾意识。制作并发放防震减灾专题宣传资料卡片式U盘，在全市全市公交车、城际大巴、公共视频端（电梯视频窗口）等宣传平台循环播放藏汉双语防灾减灾公益宣传短片。

【地震应急演练】 2020年“5·12”防灾减灾宣传日，在山南市科技文化中心开展地震应急救援联动演练。通过开展人员装备集结、指挥部帐篷搭建、无人机航拍侦检，地震搜救项目（斜向救援）演示、医疗救援、防疫消毒等项目，有效检验山南市抗震救灾指挥调度能力，加强抗震救灾指挥部成员单位（部门）之间的协同配合，和面对各种突发情况时的临机应变能力。

【创建防震减灾科普示范学校】 2020年，根据《关于印发〈西藏自治区防震减灾科普示范学校管理办法〉的通知》文件精神，全区首次开展自治区级科普示范学校创建工作，山南市推荐山南市完全中学、山南市乃东区中学2所学校完成创建自治区级防震减灾科普示范学校工作，并得到《关于公布2020年度西藏自治区防震减灾科普示范学校名单的通知》正式认定，充分发挥学校在防震减灾科普宣传中的示范带动作用，努力推动全市中小学防震减灾科普知识普及工作。

【地震群测群防】 2020年，市地震局结合应急灾报系统，进一步建立健全山南市群测群防网点、应急通信网络和灾情信息速报网络，完善地方各级政府防震减灾“三网一员”（地震宏观测报网、地震灾情速报网、地震知识宣传网、防震减灾助理员）体系建设。按照自治区要求，山南市及时更新国家自然灾害信息上报系统，开展系统的日常维护工作，组织各县（区）灾报员参加国家自然灾害信息上报系统管理培训工作。提高全市地震宏观监测水平，提升全市防震减灾社会管理和公共服务能力，保障人民群众生命财产安全和经济社会可持续发展。

ལྷོ་ཁའི་ལོ་རིམ་མེ་ལོང་།

山南年鉴

2021

区情县情

乃东区

【概况】 乃东藏语意为“象鼻山前”,位于西藏自治区南部念青唐古拉山南麓与喜马拉雅山北侧的雅鲁藏布江中游河谷地段,北纬28° 44′—29° 36′ 、东经 91° 32′ —92° 02′ 之间,境域南北长 94.4 千米,中部东西宽 31.2 千米,呈长条形,东邻桑日、曲松两县,西与扎囊县比邻,南接琼结、隆子、措美三县,北连拉萨市墨竹工卡县,国土面积 2208.85 平方公里。乃东区驻地泽当街道办事处,是中共山南市委、市政府所在地,是山南市重要的政治、经济、文化和交通中心,海拔3560米,距贡嘎机场 97 公里、拉萨 135 公里。2020 年,辖 1 个街道,即泽当,1 个镇,即昌珠,5 个乡,即颇章、结巴、多颇章、索珠、亚堆,23 个社区、30 个村;32160 户,总人口 89522 人,其中农牧民人口 37182 人,人口出生率 14.7‰,自然增长率 9.8‰。乃东区属高原带半干旱大陆性季风气候,气温偏低,四季不明,长冬无夏,春秋相连,年平均气温 9℃,年降水量 431.3 毫米,日照时数 2978.2 小时。乃东区以农业为主,兼有牧业,是西藏自治区的商品粮基地县(区)之一。农作物主要有青稞、小麦、油菜、豌豆、蚕豆等;主要饲养牦牛、奶牛、绵羊等。主要野生动物有豹、马鹿、黑熊、岩羊、白唇鹿等;药用植物有冬虫夏草、贝母、鹿茸、红景天等;矿藏资源主要有金、铜、铁、水晶、云母、砂金、花岗岩、石灰岩等。耕地面积 7274.74 公顷,粮食播种面积 3297 公顷,经济作物耕地面积 713 公顷。流域面积 10 平方公里以上的河流 9 条,湖泊 54 个,河流年均径流量 4111 亿立方米。境内各河流水能蕴藏量 17.43 万千瓦。林地面积 77792.28 公顷,森林覆盖率 32.67%。国家级有西藏第一块农田索当、第一座村庄索卡、第一座宫殿雍布拉康等西藏历史上诸多“第一”。有西藏民主改革第一村、第一批农牧民党员、第一个农村党支部等民主改革后“八个第一”。乃东区共有文物点 76 处,其中国家级文物保护单位 3 处、自治区级文物保护单位 10 处、县级文物保护单位 24 处、其他文物保护单位 39 处;非物质文化遗产 29 项,其中国家级 3 项、传承人 2 名,自治区级非物质文化遗产 3 项、传承人 3 名,市级非物质文化遗产 5 项、传承人 5 名,区级非物质文化遗产 18 项、传承人 18 名。有国家级风景名胜区——雅砻河风景名胜区,有国家 AAAA 级景区——昌珠寺、AAA 级景区——雍布拉康。特色产品有藏毯、德堂糌粑、核桃、青稞、藏鸡、藏鸡蛋、藏香猪、草莓、红皮土豆、菜籽油等。2020 年,完成地区生产总值(GDP)68.42 亿元,增长 8.2%,其中第一产业增加值 1.46 亿元,增长 4.9%,第二产业增加值 30.26 亿元,增长 28.%,第三产业增加值 36.7 亿元,增长 -2.7%;全社会固定资产投资同比增长 46.1%;财政收入 33965 万元,增长 88.83%;税收收入完成 22569 万元,增长 68.92%;社会消费品零售总额 44.5 亿元,增长 -4.5%;城镇居民人均可支配收入 38574 元、增长 10%,农村居民人均可支配收入 18889 元、增长 12.7%。荣获全国信访工作“三无”县(市、区),中央农办、农业农村部农村土地承包经营确权登记颁证工作先进集体;区环保局荣获 2020 年度全国第二次污染普查先进集体。

【农牧业】 2020 年,乃东区实现农林牧渔业总产值为 27252.68 万元,实现增加值 15251.16 万元,增长 6.79%,其中:农业 6071.60 万元,增长 11.02%;牧业 8366.67 万元,增长 10.38%;林业 108.89 万元,下降 79.72%。农作物总播种面积 4066.49 公顷,粮食作物面积 3248.97 公顷,其中:青稞、小麦、油菜籽、蔬菜、青饲料面积分别为 1953.3 公顷、1260 公顷、279.87 公顷、266.65 公顷、250.79 公顷。粮食总产量 24332.47 吨,其中:小麦产量 11693.4 吨;青稞产量 12600.4 吨;油菜籽产量 612.36 吨;蔬菜产量 19001.15 吨。年末牲畜存栏头数 107006 头(只、匹),其中:牛、羊、猪分别为 46388 头、34945 只、25176 头,家禽存栏数 110185 只。全年总出栏头数 51649 头(只),其中:牛、羊、猪分别出栏 19753 头、17720 只、14176 头。肉类产量 4761.82 吨,奶类产量 6517.99 吨。完成黄牛改良冻配 7000 余头,春季、秋季重大动物疫病免疫密度达 100%。推进草原确权工作。成功创建国家级绿色食品青稞原料基地，乃东区青稞被列入国家农产品地理标志名录。肉禽蛋实现稳产稳供稳销，已发展成为生猪调出大县。宏农百万羽藏鸡养殖基地落地建厂，阿爸家园建成运营。

【工业】 2020年，乃东区完成工业总产值4.25亿元，实现增加值1.38亿元，增长22.4%。其中规模以上工业企业共有4家（金珠藏药、国家电网、协和、锦泽商砼），完成工业总产值4.1亿元，实现增加值1.2亿元，增长12.3%。建筑业实现增加值28.87亿元，同比增长28.3%。天然饮用水、新能源、建筑建材、民族手工业等产业加快发展，雪域冰川天然饮用水正常运行，才朋村、郭乃村风力发电项目完成选址，民族传统服装缝纫加工项目建成投入使用，“泽帖尔”荣获第十二届中国国际商标品牌节商标“金奖”，索珠藏药材种植基地完成标准化建设，采石采砂场规范运营，锦泽商砼、加气砖厂、湖南恒宇实现营业额2.51亿元。

【第三产业】 2020年，乃东区实现三产增加值36.7亿，增长-2.7%。编制完成《乃东区全域旅游规划》，贡布日、猴子洞文化旅游提升项目等开工建设，开展昌珠历史文化名镇升级改造和亚桑特色民俗（民宿）村落建设项目前期工作。扎西曲登社区成功入选第二批全国乡村旅游重点村，接待游客7000余人次，群众创收40余万元。签订《乃东区与旅行社联合宣传促销的合作协议》，设立旅游促销奖励资金100万元。电子商务到村配送时间缩短至48小时。成功举办第40届雅砻物资交流会，实现总成交额5亿元。居民储蓄存款余额16.68亿元，增长8.85%；“三农”贷款余额4.58亿元，增长10.51%。

【项目建设】 2020年，乃东区实施项目133个（含市值）。完成“十四五”规划纲要编制，储备“十四五”规划项目335个，估算总投资275.82亿元，录入国家重大项目库项目183个，总投资76.81亿元。泽当大桥建成通车，乃东家园二期、哈达家园、宏农藏鸡养殖、三个棚改金包银项目等投资上亿元的项目开工建设。完成火车站站前广场、城市绿心公园、泽当大道延伸段、乃东家园二期等重大项目征地拆迁工作，开展乃东老城区棚户区改造项目拆迁，累计兑现拆迁补偿资金2.32亿元。成功引进招商引资企业28家，累计完成投资34.21亿元、增长120%。“十三五”对口援藏项目完成投资1.47亿元，储备“十四五”援藏项目8个，总投资达4.2亿元。

【基础设施建设】 2020年，乃东区实施完成和平南路二期、泽当大道片区棚户区（二期）、2019年老旧小区改造建设项目，有序推进泽当大道片区（城中村）棚户区改造项目、多若村安置房建设项目、雅砻林卡西路棚户区改造项目、香曲西路市政道路工程等项目。启动《乃东区国土空间规划》编制工作，第三次土地调查初步成果已通过国家级内业核查。实施亚桑村美丽宜居示范村建设项目，完成农村卫生厕所改造3053座，卫生厕所普及率达61.1%。创卫工作成效显著，城区投放果皮箱2076个，划定机动车位2433个、非机动车位312个，抓捕流浪狗815只，鲁琼生活垃圾填埋场处理垃圾量6.5万吨，各类问题整改率达99%。

【招商引资】 2020年，乃东区成功引进东方企慧、宏农藏鸡、西藏德程建设、西藏凯风、北京阿帕科蓝科技、创联凯尔等优质企业落户乃东，累计完成招商项目投资34.21亿元，同比增长120.7%，累计落实招商企业扶持资金5839.96万元。湖北省“十三五”对口援助乃东区规划建设项目（1‰以内）18个，累计完成投资1.47亿元，储备“十四五”援藏项目8个，总投资达4.2亿元。江夏区、洪山区、东湖新区等累计落实援助资金3000余万元，为乃东发展注入新的动力。

【教育】 2020年，乃东区深入推进教育改革，出台《关于进一步深化教育改革促进优质教育均衡发展全面提升教育教学质量的行动计划》，培养出山南市中考状元、自治区道德与法治单科状元，小考录取人数居全市第三名，中学内地西藏班上线率达11%，区内重点高中、普通高中录取率均有大幅提升，与全市13所县（区）学校均分相比，乃东区中考有六门学科平均成绩高于市均分。实施完成乃东中学规范化学校建设（二期），颇章小学标准化建设、亚堆乡亚桑村幼儿园扩建项目及昌珠民族传统体育建设项目。

【文化】 2020年，乃东区组建完

成52个村居社区文艺演出队，昌珠阿尔谐、达杰林大威德金刚坛城（彩砂绘制）、茶如朵果被列入山南市第二批市级非遗名录，哔叽手工编织技艺（泽贴尔）申报国家级非物质文化遗产。实施昌珠寺、雍布拉康、赞塘玉意拉康修缮工程。成立乃东区朗玛堆皆社团，开展"文艺下乡"64场次。广播电视综合人口覆盖率均达100%。扎西曲登民宿、雅砻扎西雪巴藏戏演艺运营良好。《克松村志》完成评审，《乃东县志（2001—2010）》通过自治区验收，《乃东年鉴（2020）》《雅砻史话》完成公开出版。

【医疗卫生】 2020年，乃东区制定出台《乃东区关于促进医疗卫生事业发展行动计划》《乃东区推进县（区）乡村医疗卫生一体化管理工作实施方案》《乃东区创建健康促进县（区）试点项目工作实施方案》。城乡居民医疗保险参保率98.5%，截至年底，兑现医疗保险1800余万元。"两降一升"成效显著，高危孕妇管理率100%，五岁以下儿童死亡率6.01‰。建设完成克松村和门中村卫生室，亚堆、颇章、索珠、多颇章乡卫生院基本建成。区人民医院顺利通过二级乙等综合医院终审。城乡居民医疗基本实现"一站式"结算。食品药品监管工作全面加强，"明厨亮灶"达到95%。

【社会保障】 2020年，乃东区设立创业扶持资金260.5万元，扶持45名大学生创业，大学生就业率99.7%。双创中心基础设施建设完成，建立转移就业基地12个，累计转移就业1.1万余人，务工总收入将近1亿元。投入资金450万元举办农牧民培训班15期，培训1083人。高校毕业生实现充分就业，应届毕业生就业率99.5%。成功举办全民创新创业大赛。实现劳务输出11164人，创收9943.35万元，人均创收8907元。城乡居民养老保险参保、失业、工伤参保人数分别达到26956人、1239人和2851人，参保率均达100%以上。免费职业介绍成功1400人，开发就业岗位1030个，城镇登记失业率控制1.74%以内。

2020年6月20日，乃东区索珠乡支岗村易地扶贫搬迁安置点竣工，项目总投资3081万元，建筑面积4947平方米，新建安置房

【脱贫攻坚】 2020年，乃东区坚持摘帽不摘责任、不摘政策、不摘帮扶、不摘监管，落实消费扶贫举措，采取工会"以购代帮"，后勤食堂、福利院采购，直播带货等方式，累计消费扶贫276.43万元。顺利通过国家脱贫攻坚普查及自治区脱贫攻坚成效考核，多颇章、鲁琼、斯堆、志岗4个安置点全部建成并搬迁入住，多颇章乡同步搬迁安置点项目开工建设，规划安置168户815人。谋划安置点产业项目13个，解决就业岗位254个483人。"十三五"精准扶贫产业项目已全部实施完成，完成总投资10.52亿元，直接带动建档立卡群众1180人。完善扶贫产业利益联结机制，设立脱贫监测预警机制。"两不愁三保障"实现全覆盖，完成水质检测104处、农村危房改造124户，家庭医生签约率达100%，调整生态岗位2458人。

【生态环保】 2020年，乃东区坚持"绿水青山就是金山银山"的发展理念，围绕"构建生态安全屏障、确保西藏生态环境良好"的刚性要求，坚守生态保护底线，推进山水林田湖草沙系统治理。"两江四河"流域造林绿化工程全部完工，义务植树造林2300余亩，造林5000亩、森林抚育2.5万亩、封山育林1万亩。突出环境问题集中整治要求，围绕重点区域、重点行业领域、热点难点问题等方面开展生态环境

“六大专项”整治行动。严控沿江河道和生态保护区内采石采砂，滴新、利民、布麦3家砂石场全部关停，设备拆除等工作。建立区、乡级河长制管理体系，清查34个入河排污口并登记造册。启动实施泽当城区环境整治百日会战行动。整改中央第六环保督察反馈意见，完成城区50家烧烤店安装油烟净化器工作。布设地表水监测断面3个，均达到国家地表水环境质量标准。泽当街道集中式生活饮用水环境4个点位、119个农村饮用水各项指标达到地下水质量标准。城市污水收集率82%，处理率100%，环境空气质量优良天数比例达98%。

2020年6月30日，乃东区艺术团在克松广场开展“决胜全面小康、决战脱贫攻坚”文艺演出

【改革工作】 2020年，乃东区巩固机构改革成果，对涉改部门的“三定”规定落实情况、改革后部门履职情况进行调研评估，对事业单位职责和运行情况进行摸底调研，撤销事业机构1个，更名1个，调整隶属关系1个。完成农村集体资产清查核资工作，认定农村集体经济组织成员3.58万人，量化农村集体资产8.79亿元，成立农村集体股份经济组织合作社47个，清产核资“三聘模式”和股权静态管理模式在全自治区推广，农村宅基地改革工作被推荐为国家试点。出台《乃东区小型基建项目施工单位遴选管理办法（试行）》《乃东区关于进一步促进民营经济健康发展暂行办法》，市场准入环境逐步优化，市场主体达9018户、从业人员3.5万余人，注册资金181亿元。开展财政暂付性款项清理，清理违规出借资金691.65万元。中央直达资金及抗疫特别国债全部完成拨付，开展第七次全国人口普查工作，完成清查摸底8.94万人。

【维护稳定】 2020年，乃东区始终坚持总体国家安全观，把维护国家安全、社会稳定作为压倒一切的政治任务和第一责任，深化对反分裂斗争规律性认识，谋长久之策、行固本之举，掌握反分裂斗争全局性主动。以“六个严防”为重点，围绕“三无”“三不出”“三稳定”的总体目标，及时召开维稳、信访联席、安全生产等会议，化解矛盾纠纷。严格落实属地管理责任和各项值班备勤制度，加强警力配备，坚持每天对城区24小时机动巡逻、一线接处警，对复杂可疑区域进行治安清查，随时做好常态化应急处突各项准备。落实好危爆物品管理措施，不定期对危爆物品储存点进行实地检查。严格执行调度回访制度，掌握现实动态，防止漏管失控。开展道路交通、消防、食品药品、易燃易爆品等专项整治活动，保持良好安全生产工作态势。

【党建工作】 2020年，乃东区践行新时代党的建设总要求和组织路线，始终把党的政治建设摆在首位，研究制定《中共乃东区委员会关于全面加强新时代党的建设的实施意见》。坚持精准识别到位、精准措施到位、精准责任到位的原则，围绕软弱涣散整顿对象重点问题、13种情形和农牧区、城市社区10种问题，逐一摸底分析、逐村过“筛子”，确定软弱涣散党组织6个，中不溜党组织38个。严格落实“5+1”整顿措施和“书记负责、提级督导、达标销号”等机制，全部完成整改。按照应设尽设的原则，在区直机关新设31个党组，发挥党组把方向、管大局、保落实的领导作用。坚持把党的领导贯穿寺管会工作全过程，推进寺管会党建“三强化三提升”工程，狠抓“教育、管理、服务”三个到位，把握寺庙人、财、物、佛事“四权”。全面推进党领导下的校长负责制，培养发展教育系统党员254名，占比达61.8%，学校管理、师资建设、教育教学质量得到提升。探索实施“城市基层党建示范引领”行动，制定《乃东区城市基层党建工作方案》，规范“三包五带五促”活动，按照驻区单位（企业）包片、包路段、包小区，单位（企业）内的党员包户包人的原则，整合党员力量、定期排查走访，构建以党的建设为引领、公共服务为基础、志愿者服务为载体的街道、社区服务体系和城市基层治理架构。创新开展“三零”（零上访、零事故、零案件）村居（社区）创建工作，适当给予资金奖励，提高村居（社区）参与基层治理的积极性和主动性。加强离退休党支部标准化建设，改善泽当集中安置点各支部学习阵地硬件条件，提升老干部学习的积极性、主动性。

【疫情防控】 乃东区按照中央、区党委、市委疫情防控要求，积极应对、努力克服疫情带来的不利影响，及时启动重大突发公共卫生应急响应，立即成立领导小组，设立7个专项组，把工作细化实化。本级财政累计投入100万元，全力保障疫情防控工作开展。累计抽调党员干部、公安干警、医护人员200余人投入抗疫一线，开展隔离人员服务工作，设立32个集中隔离点、18个返藏人员集中留观点，集中隔离7200余人，居家隔离4200余人，组织300余名志愿者深入街头巷尾开展疫情防控志愿服务705次。为武汉市组织捐款269.54万元，捐赠新鲜猪肉30吨，蔬菜15吨。严格监督检查，全时做好过往人、车、物盘查验证、登记检查，严防输入性隐患，先后对2起疫情防控工作不力的单位进行通报批评。通过一系列强有力的措施落实，确保乃东区疫情防控期间指挥高效、科学防控、应对有利、指令直达末梢，为复产复工、脱贫攻坚、乡村振兴等工作奠定坚实基础，实现无一例确诊和疑似病例、无一例输入性隐患的目标。

琼结县

【概况】 琼结县地处青藏高原冈底斯山—念青唐古拉山脉以南的雅鲁藏布江中游，东北接山南市驻地乃东区，西北与山南市扎囊县毗邻，南与山南市措美县相连，平均海拔3761米，国土面积1035.253平方千米，地理坐标为北纬28°48′—29°12′，东经91°22′—91°47′，全境长44千米，位于雅鲁藏布江和喜马拉雅山之间，西、南、北三面环山，东面为狭窄谷地，地势西高东低，境内有一条季节性琼结河贯穿全境流入雅砻河至雅鲁藏布江。县城距山南市28千米。气候属于高原温带季风半干旱气候类型。琼结县辖琼结镇、加麻乡、拉玉乡、下水乡1个镇3个乡，20个行政村（社区），71个自然村，总户数5431户，总人口17943人，其中农村人口14659人，人口出生率11.5‰，自然增长率4.6‰。以农牧业结合为主，主要农作物有冬小麦、青稞、豌豆、油菜、土豆等，牲畜有牦牛、黄牛、山羊、绵羊等。2020年，农作物播种面积1826.73公顷，其中粮食作物面积1133.34公顷，经济作物耕地面积693.39公顷。森林覆盖率23.31%，林地面积26740公顷，草地面积91753公顷。国家野生保护动物有藏羚羊、岩羊、黑颈鹤、雪豹、天鹅、獐子、藏野驴等，已探明矿产资源有锑、铬、铁、水晶石、玉石等。主要旅游景点有国家级重点文物保护单位AAA级景区藏王墓、自治区级重点文物保护单位强吉庄园。特色产品有糌粑、酸奶、青稞酒、达瓦卓玛服饰等。2020年，完成地区生产总值60744.6万元，同比增7.8%（可比价）。其中，第一产业增加值3863.4万元，增长8%；第二产业增加值29849.6万元，同比增长19.3%；第三产业增加值27031.6万元，同比下降1.8%。完成邮政业务总收入18万元，同比增长80%。完成电信业务总收入486万元，固定电话用户3890户，使用率63%；移动业务总收入738万元，移动电话用户5130人，使用率50%，互联网用户1480户。社会消费品零售总额12597万元，减少10.5%。接待旅游9万人次，同比下降56.3%，实现旅游收入705万元，同比下降37%。税收收入2988万元，同比增长2.2%。地方财政收入3418万元，同比下降5.2%；地方财政支出68520万元，同比增长3%。年末城乡居民储蓄存款余额65863万元，同比增长10.7%；全年农村居民人均可支配收入15830元，同比增长12.4%。城镇登记失业率3%。年底，参加城镇失业保险717人，参加企业职工基本养老保险317人，机关事业单位基本养老保险1177人，参加城乡居民医疗保险16351人。参加城乡居民养老保险11238人，已领取养老保险待遇2372人。城镇居民中有3人得到政府最低生活保障金。

【产业发展】 琼结县坚持以农牧业增效为重心,发挥绿色工业、清洁能源、文化旅游和现代农业资源优势,狠抓各项产业发展。全县农作物播种面积1826.73公顷,粮、经、饲比例从2019年的62.7∶31.7∶5.6调整为62∶23∶15。粮食产量比2019年增加6.05万公斤、蔬菜产量比2019年增加527.9万公斤;紧紧围绕“一城一园一区”定位,坚持实施“产业兴县”发展战略,充分利用特色资源,激发区位优势,以“菜篮子”工程为代表的农牧业、以西藏福地大包装水项目为代表的绿色工业、以光伏农场和丰华能源光伏项目为代表的清洁能源业、以水晶玉石加工厂和达娃卓玛服饰为代表的民族手工业、以藏王陵景区和达娃卓玛故居为代表的文化旅游业、以琼结江北双创产业园引进的医疗器械和服务业等,琼结现代化产业布局已逐步形成;围绕“旅游突破”战略,不断挖掘琼结优秀历史文化的内涵,加强文化旅游宣传推介。加大旅游基础设施建设力度,实施东嘎景区、强吉村亮化等一批旅游项目,同时引进旅行社大力发展乡村旅游,不断提升琼结文化旅游知名度。

【农牧业】 2020年,琼结县总耕地面积为1826.73公顷,其中粮食播种面积为1133.34公顷、经济作物693.39公顷、饲草作物266.6公顷,粮经饲比例为62∶23∶15。粮食产量为10513.5吨、油菜产量为680.65吨、蔬菜产量为9852.18吨、饲草产量为7090.76吨。牲畜存栏42526头(只、匹),新生仔畜20332头(只、匹),仔畜成活数19519头(只、匹),仔畜成活率达96%,肉产量970.87吨,奶产量1014.87吨。

2020年6月29日,山南市(琼结)绿色产业园举行开园仪式,标志着琼结县第一家集旅游、服务、生产、销售于一体的规范化产业化园区正式投产

【旅游发展】 2020年,琼结县立足全县旅游实际,投资1400万元的琼结县东嘎景区基础设施建设项目,属国家投资,该项目5月11日开标,6月3日正式开工建设,年底该项目主体验收完成,形象进度达总工程的90%;强吉村灯光亮化项目,项目总投资5万元,年底投入使用;争取援藏资金30余万元,对强吉村的旅游标示标牌进行完善,规范景区导视导览系统,年底该项目完成安装和验收并投入使用;年内旅游基础设施建设项目投资总额1445万元,使景区基础设施设备更加完善,加强景区的服务能力和接待能力。全年,各景区(点)、农家乐、藏家乐、度假村等共接待游客9.4万人次,实现旅游收入705万元。

【项目建设】 琼结县以项目工作为突破,高水平策划项目,高效率争取项目,高速度建设项目,带动经济高质量发展。坚持疫情防控和经济社会发展“两手抓”“两不误”,进一步简化项目审批流程,压缩审批时间,全年开复工项目53个,已完工46个,未完工7个。完成社会固定资产投资26157万元。其中,国家投资20264万元,民间投资5893万元;年内结合全县实际,对“十四五”规划编制工作进行全面部署,梳理储备“十四五”时期项目270个,预计投资263亿元。

【招商引资】 琼结县实施招商引资项目7个,总投资6.8亿元;年内,由县委常务副书记陈永涛、政府副县长向志衡先后带队赴广州、佛山、深圳、苏州、郑州、拉萨等地开展对外招商引资工作,全力宣传推介琼结发展优势,并达成多项合作成果。同时，举办招商引资项目集中签约仪式，签约投资协议达6亿多元；年内，西藏生命之水发展有限公司年产100万吨生命之水项目，总投资5.8亿元。项目前期手续已完成，已于10月20日正式开工建设，已完成固定资产投资入库1554万元；西藏通达电梯实业有限公司电梯生产项目，总投资5000万元；西藏萨喜钦布实业有限责任公司喀瓦坚手工藏毯生产项目，总投资600万元。已投产运营，已完成固投253万元；山南藏药绿色科技有限公司口罩生产项目，总投资1000万元，已投产运营，完成固投1000万元；西藏瀚景医药发展有限公司生物制药项目，总投资1000万元，已租赁厂房，正在协调GMP实验室施工建设，完成固投402万元；湖北元大生物平衡科技有限公司油菜籽深加工项目，总投资3000万元，已注册公司，正在开展项目前期工作；北京阿帕科蓝科技有限公司松果共享电单车项目，总投资500万元，年内已投放运营。

【教育】 2020年，琼结县共组织实施项目4个，总投资1469.19万元。竣工验收加麻乡小学供暖工程建设项目、琼结镇完全小学附属工程建设项目、琼结镇完全小学信息化安防建设项目、琼结镇完全小学供暖工程建设项目、琼结镇完全小学少儿治理拓展中心和学生及教工用房建设项目。以上项目的建成解决该校冬季无供暖的状况，改善在校师生的工作学习生活条件，提升在校师生的幸福感。学校基础教育设施设备逐步走向智慧化、数字化；8月，琼结镇完全小学正式建成并投入使用；年内，选派教师参加内地、自治区、市级培训共102人次，"国培计划"27人次，自行组织教师培训162人次；安排50万元专项资金用于学校设施设备更新维护及隐患排查，使安全工作有序开展，为常规教学奠定良好的基础。全年，共拨付兑现"三包"经费799.688万元，"营养改善"经费121.28万元。兑现自治区2019—2020学年建档立卡贫困户大学生资助金差额补助8.6876万元，资助大学生121人。发放山南市农牧民子女大学生资助资金447.1万元，资助大学生612人。年初，预算（教育事业费）安排生均公用经费共计205.02万元、预算（教育事业费）安排免费教育经费共计128.11万元。全年，共拨付交通费22.6万元。

【文化】 年内，琼结县举办各类文化活动、文艺演出、扶贫专项演出、"送文艺"下乡、各类讲座等活动100余场次；播放爱国主义影片127场（次）；举办琼结县公共文化服务体系建设专题培训班，组织开展《中华人民共和国民法典》知识讲座、文化市场法律法规讲座等活动10余场次。开展文化市场专项检查14次，开展日常巡查90余次。组织文化市场经营主体开展行业法律法规和消防知识培训2次，开展消防应急演练1次。8月，琼结县首家"非遗扶贫就业工坊"挂牌成立，非遗扶贫工坊建设进一步推动"非遗+扶贫"新模式，催生非遗助力精准扶贫的内生动力，实现非遗传承保护和群众增收致富双赢。年内，投入30余万元实施县综合文化活动中心提升改造项目，投入19万余元实施琼结县数字影院配套设施建设项目，投入20余万元实施琼结县影剧院中央空调维修项目，投入28万元为各乡镇和村社区维修、添置文化设施设备，投入32万元为全县4个乡镇20个村社区配置图书文献资料，累计投入资金达129万元。

【医疗卫生】 年初，新型冠状病毒肺炎疫情暴发，琼结县卫生服务中心始终将疫情防控作为全年压倒一切的重大政治任务，积极开展疫情防控工作，履行防控主体责任。年内，卫生服务中心共组织开展疫情防控知识培训15次，培训人数537人次，组织开展大型演练2次，各级领导深入一线督导、检查20余次，切实保障琼结县广大群众的生命安全与身体健康。投入2000万元的新住院楼于2019年竣工，经过一段时间筹备后，8月，正式投入使用。年内，新住院楼安装启动负压系统，采购呼吸机、无影灯、除颤仪等价值199万元的医疗设备，以及中央空调、办公桌椅、监控系统等价值300余万元的办公设备；采购负压救护车、红外线热成像仪、数字化移动X光机等疫情防控设备；选派5名骨干医务人员到襄阳进修学习半年。选派3名检验人员到山南市疾控中心及自治区疾控中心学习核酸检测技术，均取得核酸检测资质；年内，湖北襄阳派出眼科、儿科、妇产科、心内科、消化内科、手术室护理六个专业共7名医疗人才到琼结县卫生服务中心开展帮扶工作，全年共传帮带医务人员15人，开展业务培训15次，培训人数334人次；7月，襄阳派遣眼科博士潘颖喆、主治医师冯焕焕到琼结县对310名白内障患者进行全面筛查，对符合手术适应的91名患者进行手术，无一人感染及并发不良反应；8月12日，由襄阳市人民医院院长廉凯带队的援藏大型巡诊专家组赴琼结县，对1200余名群众进行免费义诊。8月19日，南漳县人民医院向琼结县人民医院捐赠2台无创呼吸机。年内，琼结县全面启动贫困地区儿童营养改善项目，发放营养包3416盒，覆盖率90%以上。全年共为156名产妇兑现住院分娩奖励补助金368910元。

【社会保障】 2020年，全县共有高校毕业生199人，已实现就业198人。通过公招考录就业49人，区外就业3人、市场自主就业146人，就业率99.5%。年内，有8名高校毕业生享受40万元创业启动资金，分别在琼结县区域内创业。年末从本级财政资金中培训1期高校毕业生思想转换教育80人，共投入资金32万元；投入100万元开发高校毕业生见习岗位（政府购买岗位）30人；8月，举办“琼结县高校毕业生小型精品招聘会”吸引各类用工企业41家，提供高校毕业生就业岗位468个，活动现场吸纳200余人入场求职，达成初步就业意向99人；年末，通过各种渠道共输出全县农牧区劳动力转移就业6428人，劳动力转移就业8522人次，创收4335.79万元。企业职工基本养老保险实现参保317人，机关事业单位基本养老保险实现参保1177人，工伤保险实现参保1500人，失业保险实现保险717人，城乡居民养老保险实现参保人数11275人，其中：缴费人数8578人，征缴资金148.35万元。

【脱贫攻坚】 2020年，琼结县共召开10次扶贫开发领导小组会议、12次脱贫攻坚指挥部例会、5次专题调度会，及时研究部署、指挥调度全县脱贫攻坚巩固提升工作。全县“十三五”时期产业精准扶贫规划4类9个项目均完工投入运营，9个产业项目共带动建档立卡贫困群众1511人，其中产业分红1454人，参与就业57人，让贫困群众不离乡不离土就能融入产业发展。全县111户373名贫困对象如期顺利入住新居，通过落实土地、奶牛等生产资料，配套建设便民服务点，组织劳务输出，开发就业岗位等多种方式促进搬迁群众增收致富，实现一户一人就业目标；严格按照《琼结县生态补偿岗位管理办法》，年内共落实生态补偿岗位1645个，兑现工资575万元。年内，兑现农村低保补助金79.9996万元；临时救助17人（次），发放临时救助资金8.48万元，残疾人“两项补贴”资金335.255万元，全面落实“应保尽保”“应扶尽扶”。全县786名机关干部结对帮扶709户贫困户，落实帮扶资金42万元，慰问及帮扶资金达到28万元，帮助劳务输出107人（次），开展“以买代帮”消费扶贫金额累计达69.8万余元。全年共排查出“两类人员”17户53人，通过重点帮扶，15户46人已消除致贫返贫风险。顺利通过由科技部带队的国务院脱贫攻坚督查、由桑日县带队的国务院脱贫普查和山南市脱贫攻坚大督战大排查等，脱贫攻坚成效得到充分认可。

【生态环境】 2020年，琼结县牢固树立“绿水青山就是金山银山”的理念，大力开展生态环境“六大”专项整治，打响绿水蓝天净土保卫战。年内，在县域内共设置4处环境空气质量和9处地表水环境质量监测点位，全县空气质量优良天数占比98%以上。地表水、城镇集中式饮用水水源地和农村饮用水水源地水质监测各项指标均符合国家和功能区划标准限值，完成生态保护红线划定工作。投入110万元实施11处农村饮用水水源地保护项目；投入166万元完成金珠村4个村社区、赞巴新村等地太阳能路灯安装和移动式垃圾桶配备。投资2600万元的县城污水处理厂全面运行。加快推进总投资3239万元的琼果河国家湿地公园保护与恢复项目。全面推进重点林防护、防沙治沙、植树造林等绿化工程建设。深入推进国土绿化行动，重点在公路、村庄、荒滩荒地开展植树造林，全年义务植树面积约300亩，巩固消除“无树村”“无树户”成果基础上，全面实现“无树路”的目标。

【改革工作】 2020年，琼结县以供给侧结构性改革为主线，坚持“三去一降一补”，优化资源配置，有效清理“僵尸企业”和“空壳社”，全面提升实体经济水平。以深化商事制度改革为抓手，完善产权制度和要素市场化配置，降低企业准入

2020年9月，琼结县开展民族团结宣传宣讲活动

限制，落实“双随机、一公开”、减税降费等政策，加快完善社会主义市场经济体制，市场活力进一步激发。年内，全县共登记注册市场主体1456户，注册资本金13.25亿元，分别比2019年增长19.44%、33.35%。严格落实“一个窗口办理”“首办责任制”等制度，推行“互联网+政务服务”，开展“一张表格、一套材料、一个窗口”登记，企业申报材料减少53.8%，文书规范减少33.3%，办理企业设立登记时间压缩至5个工作日内，进一步提高登记注册效率。年内，县政务服务中心各窗口共受理事项11489件，办结率达100%。完成采购117项，涉及资金5513.3968万元，节约资金103.5543万元。

【乡村振兴】 2020年，琼结县制定出台《琼结县乡村振兴2020—2022年三年规划》，推动脱贫巩固与乡村振兴有效衔接。根据人居环境三年整治行动，完成强吉、东嘎、金珠、措杰4个村（社区）的村庄规划编制。昌嘎、雪康等8个村（社区）村庄规划编制初步完成，围绕“人畜分离、道路硬化、立面改造、村庄绿化”等，投资2100万元实施6个人居环境整治项目。扎实推进厕所革命，农村户用卫生厕所普及率达91%。在东嘎率先实施垃圾分类的基础上，在全县其他村（社区）全面铺开垃圾分类工作，刷新村容村貌“新颜值”。持续开展市生态环境“六大”专项整治工作，共清理农村生活垃圾38吨、清理河塘沟渠59公里，规范清理经幡、风马旗、哈达等11处，形成“无缝隙、全覆盖、高标准、快落实”的整治合力，城乡环境得到大幅改善。

【防灾减灾】 2020年，琼结县主要自然灾害有旱灾、雹灾。全年共灾害332.264亩（洪灾324.064亩、雹灾8.2亩），其中重灾15亩、轻灾311.264亩、绝收6亩。相关单位已根据农保政策比例进行相应赔偿补贴。

【对口援藏】 2020年，襄阳第九批援藏工作队积极争取援藏资金80万元，开展4个乡镇基层党建创品牌工程。创新开展“党建结对、群众认亲”活动，积极与湖北省襄阳市对接，9月，组织琼结一批先进村（社区）党支部书记赴襄阳“走亲戚”，推动白那村、昌嘎村、强吉村、雪巴社区4个基础较好的村（社区）与襄阳市4个先进社区结成友好对子，签订“友好结对备忘录”；12月，从琼结县每个村选取一户群众代表，开展以“党建结对、群众认亲”为主题的“高原乡亲襄阳走亲戚”活动，让藏族同胞实地感受内地发展，增进民族感情，构建起襄阳市、县、乡村三级立体化对口援藏、全面深化交往交流交融层级的援藏新体系。年内，引进贸易和服务类企业14家，招商助力产业援藏呈现出投产一批、建设一批、签约一批、洽谈一批的良好局面。举行项目援藏项目集中开工仪式，启动实施总投资2900多万元的加麻乡特日村集体商贸楼、琼结镇雪康村集体商贸楼、县完小集中办学基础设施建设、县医院住院大楼设施完善等项目，谋划储备“十四五”时期援藏项目近20个，涵盖产业、卫生、教育、党建、扶贫、基础设施、环境整治、城市功能提升等多个领域，助力琼结经济社会新发展。

【强基惠民】 2020年，琼结县创先争优强基惠民驻村工作69名驻村队员围绕驻村“七项重点任务”，扎根基层，发挥自身优势，第九批驻村工作卓有成效。全年向群众宣讲习近平新时代中国特色社会主义思想和中共十九大精神550余场次，发放学习资料3万余份，受教育群众35400余人次；召开反分裂专题教育宣讲大会128场次，参会群众16600余人次，受教育面达 100%；开展矛盾纠纷排查活动 350 次，积极化解和妥善处理各类社会矛盾纠纷 38 件。组织群众开展植树种草活动 32 场次。开展西藏原生植物保护宣传 52 场次，并将相关规定充实到 20 个村居的村规民约当中；协助开展《中华人民共和国民法典》《中华人民共和国婚姻法》等法律法规宣传 260 余场次，参与群众 21800 余人次，发放宣传单 8500 余份；协助开展“送健康、送文化、送体育”活动 180 余场次；帮助村居解决饮水灌溉、良种购置、公路沿线平整、文体消防设备购置、村委会软硬件完善等方面问题 31 件，协调解决资金 133.95 万元；组织力量累计开设村（居）干部文化素质提升班 75 期；从各渠道直接争取资金 100.99 万元，共为辖区群众解决就业、就医、入学、住房、易地搬迁等各方面实际困难 38 件。在重大节日节点对辖区内贫困户、“三老人员”、幼儿、村医等群体开展慰问 30 余次，累计出资 23.62 万元。组织 582 群众参加各类实用技能培训 43 场次，帮助转移贫困群众就业 145 人，增加现金收入 586.35 万元。

【维护稳定】 2020 年，琼结县圆满完成自治区“两会”、全国“两会”、“萨嘎达瓦”、亚砻物资交流会、十九届五中全会等各项维稳安保任务；扎实开展双联户创建、扫黑除恶、打非治乱专项斗争，行业乱象得到有效整治。为深入贯彻落实中共中央、自治区、山南市关于做好新型冠状病毒感染肺炎疫情防控工作指示精神，统筹做好疫情防控和维护稳定当前两件大事，确保做到“两手抓、两手硬”，扎实做到疫情防范到位，社会治安持续稳定。牢固树立底线思维，增强忧患意识，防范化解风险，扛牢政治责任，强化统筹协调，迅速安排部署疫情防控工作措施。确保全县社会大局稳定持续稳定。

【党建工作】 全县共有党组织 156 个，其中基层党委 14 个，党总支 20 个，党支部 122 个，党组 37 个，县委派出党工委 3 个。是年，各级党组织严格按照《中国共产党支部工作条例》《中国共产党农村基层组织工作条例》，以争做“三个表率”、建设模范机关为主线，以“八星党支部”创建为抓手，深入学习贯彻习近平新时代中国特色社会主义思想、巩固拓展主题教育成果、严格落实党内制度条例、严肃党内政治生活、狠抓机关作风建设、切实提升基层基础。深入开展村（社区）干部业务素质提升培训，坚持开展党组织书记党员政治教育培训和村（社区）干部业务素质提升培训。开展“琼结·襄阳先进村（社区）结对机制”，精心甄选襄阳市 4 个在基层党建、特色产业、乡村治理等方面工作实绩突出的村（社区）与琼结县 4 个基础较好的村（社区）一一配对，建立友好关系，组织开展交流学习。严格落实村（社区）每年 10 万元的党建工作经费；实行村（社区）活动场所标准化“两年计划”，安排 162 万元，用于提升活动场所功能布局和完善制度；年内，按照市委两新工委《关于优化调整两新组织基层党组织设置的通知》精神，合理设置“两新”党组织 6 个，发展“两新”党员，2020 年共发展入党积极分子 5 人。组织“两新”企业助力疫情防控，共捐款 12 万元支持湖北疫情防控工作。

【廉洁建设】 2020 年，党风廉政意见回复 200 余人次，进一步规范党风廉政意见回复工作。深化扶贫领域腐败和作风问题专项治理。深入学习中央、区、市、关于脱贫攻坚重要文件精神，召开专题会议听取各科室、乡镇纪委工作汇报，强化对专项治理工作的指导。每季度围绕一个检查重点，深入三乡一镇及扶贫领域相关职能部门，通过走村入户、查阅材料、实地查看等方式开展专项监督检查；深挖党员干部涉黑涉恶和充当“保护伞”问题。明确应对新型冠状病毒感染的肺炎疫情积极推进廉洁建设重点工作；推动全面从严治党向基层延伸；年初，安排部署启动九届琼结县委第八轮巡察工作，同步对 5 个村（社区）开展直接巡察，实现九届县委巡察全覆盖，推动全面从严治党向基层延伸坚持把纪律和规矩挺在前面，严格遵守党的“六项纪律”，坚持反腐败无禁区、全覆盖、零容忍。发挥县纪委廉政警示教育基地作用，用典型案例教育党员干部 150 余人（次）。集中开展违反中央八项规定精神问题自查清理纠治工作，经审核后确定 2 类 34 条问题，涉及资金 86202 元。综合运用监督执纪“四种形态”，查处问题线索 25 件，立案审查 7 件，处理违纪违法党员干部 5 人，强化不敢腐的威慑，打造海晏河清的政治生态。

【疫情防控】 2020年，全球疫情暴发琼结县以“疫情就是命令，防控就是责任”的使命担当，研究制定科学有效的应对方案和预案，明确县级干部包乡镇、乡镇干部包村（社区），村“两委”主体、“双联户”包管、党员监督的“三包一”机制，确保全县上下思想上统一、步调上一致、落实上聚力、工作上加压。在襄阳疫情防控处于决战决胜的关键时刻，琼结县各族干部群众始终与襄阳人民勠力同心、共渡难关，全县3215名党员自愿为襄阳抗击疫情捐款60.9万元，特别是广大宗教界人士践行中华民族一家亲和各族人民手足相亲、守望相助的生动理念，发扬民族团结、扶危济困优良传统，共捐款12.52万元。

扎囊县

【概况】 扎囊县位于雅鲁藏布江中游、山南市西北部、冈底斯山南侧，县境地跨北纬28°27′50″—29°34′53″、东经90°3′34″—90°38′6″之间，全县平均海拔3620米，地势中间低两边高，主要以山地为主，具有明显的高原河谷垂直气候。距西藏首府拉萨100公里，距山南市政府所在地泽当45公里，扎囊县总体气候属于高原温带半干旱季风气候，气候总体特征为冬长夏短、春秋相连、冬季寒冷干燥，冬春季多风沙且降水少。

全县辖3个乡2个镇62个村（居），全县总人数39013人，总户数9793户。其中城镇人口1845户3334人；农牧民7948户35679人。全县国土总面积2173平方公里，主要以第二、第三产业为主，农业包括青稞、小麦（冬小麦）、油菜、豌豆等，畜牧业包括牦牛、黄牛、犏牛等。国家级野生保护动物有黑顶鹤、獐、鹿、褐马鸡等，已探明矿产资源有大理石、方解石、硅质岩、汉白玉、烙铁、锑、铜、铁、陶土等。主要旅游景点有西藏第一座佛法僧俱全的桑耶古寺AAAA级景区1处、著名藏香生产地敏竹林寺AAA级景区1处，扎央宗溶洞AA级景点1处。特色产品有氆氇、虱雕、敏竹林寺藏香、手工藏帽和陶瓷等。

2020年，扎囊县全年完成地区生产总值18.02亿元，可比价增长7.7%；分别完成一、二、三产增加值0.92亿元、11.39亿元、5.7亿元，可比价增长8.8%、10.9%、0.9%；受S5项目影响，完成全社会固定资产投资12.84亿元，同比减少10.9%；实现社会消费品零售总额2.26亿元，同比下降1.7%；实现财政收入4394万元，同比减少0.2%；税收收入4772万元（其中减税降费3908万元）；农牧民人均纯收入达到14654元，同比增长13%；发放贷款3.4亿元，同比增长42.25%；全年供电量3369.51万千瓦时，同比增长19%；城镇登记失业率严格控制在3%以内。

【农牧产】 2020年，扎囊县大力发展特色农业，严格执行耕地“占补平衡”制度，全县永久基本农田保护面积8.05万亩，耕地保有量10.35万亩。完成农作物播种面积7.55万亩，粮、经、饲比例调整为74∶16∶10。全年实现粮食产量2.59万吨，同比增产240.93吨。种植青饲玉米2417.06亩，促进群众增收880万元。全年预计完成农业生产总值7631.94万元，同比增长16.4%。二级种子田通过自治区验收。全力推进洛村2000亩矮化苹果种植项目，完成投资近1亿元，带动400户1500余人增收750万元。

【项目建设】 2020年，扎囊县坚持

2021年1月16日，扎囊县十三届人大九次会议开幕，县委书记雷丰出席，县委副书记、县长唐勇代表政府向大会作报告

把项目建设作为社会经济发展的重要抓手，全年实施重点项目81个，完成年度投资13亿元。加快推进S5线拉萨至泽当快速通道，全面完成卓于水库建设，开工前达河防洪堤工程，扎实推进桑耶镇完小改扩建项目。力争年内完成老旧小区改造和2020年“两江四河”流域绿化工程等重点项目。全年计划招商引资项目7个，完成投资3亿元。

2020年9月21日，扎囊氆氇文化旅游节在县文化体育公园隆重开幕

【招商引资】 突出扎囊县得天独厚的区位、交通、资源、产业等方面的优势，大力夯实招商基础、创新招商思路、转变招商策略，实现招商引资工作的新突破。成立扎囊县招商公司，利用招商平台公司进一步优化扎囊招商工作。通过“走出去、引进来”的招商模式，累计接洽企业20余家，达成签约投资项目2个，协议总投资约19.1亿元，已达成初步投资意向3个。坚持做好招商、引商、稳商工作，全年开复工建设项目9个，新开工项目2个，分别是西藏涵丰农业科技有限公司扎囊县特大桥北区域造林绿化工程之经济林及苗圃建设项目，计划总投资1.7亿元，占地面积约100公顷，和西藏绿之源现代农业科技股份有限公司扎囊县智慧农业建设项目，计划总投资2亿元，流转项目用地233.34公顷，完成投资7200万元。

【基础设施建设】 2020年，扎囊县基础设施不断完善，完成卓于水库搬迁点、桑耶阿扎新增易地搬迁点项目，株洲大道、友谊路全面升级改造。吉汝乡完小教职工宿舍及环形塑胶运动场等28个项目顺利交付，惠及师生3932人。县城至吉汝乡公路、桑玉公路等8个交通项目建成通车。阿扎乡堤防工程等3个水利项目投入使用。桑耶镇洛村扶贫搬迁安置点林草兼种示范等3个项目通过验收。朗赛岭庄园安防、扎唐寺消防改造工程正式启用。桑耶幼儿园、县中心医院门急诊综合楼等7个项目加紧建设。雅江风光带旅游基础设施一期项目已竣工。全年落实计划内援藏资金2000万元，卓普村易地搬迁安置点项目完成工程总量的70%。

【城乡建设】 2020年，扎囊县深入开展村庄清洁活动，以出行、人居及环境治理为抓手，激活城乡建设“一池春水”。桑耶、阿扎二期易地扶贫搬迁项目建成，160户609名群众喜迁新居。扎唐居委会至格普村公路维修等8个项目建成通车，阿扎乡至高速路段堤防工程等3个项目投入使用。完成株洲大道、友谊路升级改造，完工农耕文化展览区建设。

【教育】 2020年，扎囊县“五个100%”目标全面实现。小学、初中毛入学率、巩固率均达100%。资助大学生1764人次，落实资金1229.9万元。足额兑现“三包”经费。特别是延迟开学期间，全县中小学停课不停学，开展网络教学，师生参与率达100%。2020年，中考总成绩、小考体检录取人数居12个县（区）第一名，创历史新高。成功举办首届扎囊县农民运动会，1400余名农牧民群众参与其中，充分展示扎囊县农牧民群众良好的精神面貌和健康的生活品质。

【文化】 2020年，扎囊县成功举办2020扎囊氆氇文化节。创作以“脱贫攻坚、民族团结”为主题的文艺作品6个。组建62个村（居）文艺演出队，全年开展文化活动155场。播放电影419场。成功打造藏草旅游休闲园等3处“网红打卡地”，扎囊饭店被评审为三星级酒店。全年接待游客26.7万人次，创收3100万元。两轮地方志编撰工作已接近尾声，为全县经济社会发展和社会进步提供重要史料。

【卫生】 2020年，扎囊县推进医联体建设，实施县、乡、村医疗卫生机构能力提升工程。核酸检测实验室如期建成，重大疾病防控和突发公共卫生事件安全风险监测能力进一步完善。严格按照“签约一人、履约一人、做实一人”的要求，实施家庭医生签约服务全覆盖。大病集中救助2268名群众，免费健康体检1.8万人，门诊就诊3.69万人次，收治住院病人846人。住院分娩420人，分娩率达100%。

【社会保障】 2020年，扎囊县全面落实各项惠民政策，兑现临时救助、低保等各类补贴资金共计1221.08万元。完成全县退役军人信息采集工作，退役军人权益得到全面保障。落实各类优抚资金141.53万元。完成县域内医保系统单位、定点医疗机构等7个信息平台录入工作。473名高校毕业生实现就业，就业率达99.79%，实现农牧民转移就业10723人，创收9394万元。

【民生改善】 2020年，扎囊县继续推进“五个钱袋子”增收举措，提高农村居民经营性收入。积极培育扶持吸纳就业的能力，正确处理高校毕业生政府就业和市场就业的关系，继续实施“八个一批”扶持政策，高校毕业生就业率保持在90%以上，实现高校毕业生更充分更高质量的就业。继续巩固“五个100%”成效，努力推进“平安校园”建设，为学生提供优质的学习环境和公平的教育资源。完善医疗卫生服务体系和能力，推进健康扎囊建设。继续实施“十大民心”工程，切实把群众关心关注关切的事协调好、解决好、落实好，使人民生活更有质感、更有温度、更有奔头。

【脱贫攻坚】 2020年，扎囊县累计实现结对帮扶资金140余万元，解决实际困难问题230余件。统筹整合脱贫攻坚资金，实施基础设施建设项目24个，完成投资6552.71万元，带动260户1040人增收450万元。实现建档立卡贫困户就业2537人，创收1668万元。落实精准扶贫小额信贷349户1736万元。洛村2000亩矮化苹果种植项目完成投资近1亿元，带动400户1500余人增收750万元。大力扶持“小微企业”，分别成功创建农牧民专业合作社国家级2家，区级7家，市级7家，县级36家。西普农业捐款扶贫资金500万元，彰显企业担当。

【生态环境】 2020年，扎囊县持续推进“两江四河”造林绿化、重点区域造林等总投资1.8亿元的27个造林绿化工程，绿化面积较“十二五”期间增加10.7万亩，区域生态屏障基本建成。牢固树立“两山理论”，以坚持打造生态文明高地为目标，注重“护”与“治”施策。广泛开展国土绿化行动和市、县两级“万人万亩义务植树”活动，植树造林1874亩。严格落实“河湖长制”，地表水、饮用水水源地水质全面达标。环境空气质量持续保持良好，2019年县域生态环境保护考核获得优秀等次。严格执行耕地“占补平衡”制度，全县永久基本农田保护面积8.05万亩，耕地保有量10.35万亩。全县化肥、农药施用量保持“零增长”。完成134个固定污染源排污许可网上登记工作。深化生态环境“六大专项整治行动”，人居环境明显改善。

【援藏工作】 援藏工作队始终把改善民生条件作为援藏工作的出发点和落脚点，全力推进援藏项目落地落实。实施计划内投资2000万元的卓普村易地搬迁项目，推动实施计划外投资240万元的村居组织建设能力提升项目和彩虹桥建设项目。同时积极协调推动援藏“十四五”项目建设库，储备计划内项目14个，投资1.3亿元。

【创城工作】 围绕基础设施建设、环境综合整治、文明素质提升、未成年人思想道德建设等工作，组织实施株洲路改造提升、县城美化亮化、体育公园建设、农耕文化广场、新时代广场及沿江路彩虹桥建设等项目，全面推进藏语言文字规范使用，进一步改善县城面貌，提升城市功能和品位。积极开展“保护雅江河畔 扎囊志愿者在行动”“烟头不落地 扎囊更美丽”及感党恩教育等系列活动，充分利用微光公益爱心存折，对志愿者服务进行量化积分，志愿服务形成良性循环。组织农牧民开展“走出大山”旅游活动，感受祖国的繁荣发展，学习先进、开阔眼界，积极宣传西藏的好政策、好发展、好生活，不断增强“五个认同”。先后共有73名群众参加“走出大山”旅游活动，发放奖励资金14.6万元。

【精神文明建设】 2020年，扎囊县大力弘扬时代文明新风，印制张

11月17日，扎囊县开展以“疫情就是命令、防控就是责任”为主题的秋冬季新冠肺炎疫情处置应急演练

贴社会主义核心价值观“24字”、勤俭节约等公益广告，教育引导各族群众倡导科学文明、摒弃封建迷信，自觉抵制宗教消极影响。大力推进新时代文明实践中心（所、站）建设，已挂牌运行实践中心1个、实践所5个、实践站62个，招募并注册志愿者5543名，成立分类志愿服务队，大力开展理论政策宣讲、环境卫生清洁、敬老爱亲、文明交通等各类志愿服务活动。推荐慕育军为“感动山南十大人物”并入选，推荐德吉新村为西藏自治区2020年度全国学雷锋志愿服务社区并入选。深入开展“五下乡”讲文明树新风活动、“十小进农家”创建小康示范户活动和“3355”工作法，推动农村移风易俗、人居环境整治工作、讲文明树新风活动取得成效。

【疫情防控】 2020年，扎囊县财政安排160万元抗疫经费，用于保障疫情支出。及时成立7个专项小组，全县4684名党员、2281名公安干警、208名医务人员迅速到位，奋战一线。累计排查5.2万人次，隔离人员2350人次，接送来扎囊人员811人，储备口罩24万只，消毒液8吨，设置隔离点11处，安排床位380余张。全面落实复工复产各项举措，贯彻执行企业纾困政策，落实中央直达资金1.42亿元，实施项目14个，抗疫特别国债资金3650万元，实施项目4个。积极开展部门对企业“点对点”服务，确保全县重大项目和企业有序复工。

贡嘎县

【概况】 贡嘎县地处雅鲁藏布江中游，平均海拔3750米，地势总体呈现宽阔平坦之势，地貌类型以高山和谷底为主，属于藏南湖盆谷地，水资源丰富，历年平均气温8.6℃，年降雨量316.6毫米。距离拉萨市72公里，距山南市政府所在地泽当镇89公里，西藏最大国际机场坐落于贡嘎县甲竹林镇，G349、拉林铁路、泽贡高等级公路穿境而过，“铁公机”立体交通网络逐步形成。辖8个乡（镇），37个行政村（含昌果乡团结新村），159个村民小组（含甲竹林镇为9个乡镇、43个行政村、190个村民小组），10778户，总人口43799人（含甲竹林镇12936户，52011人），其中农村人口46161人，人口出生率10.31‰（含甲竹林镇）。共有党组织257个，其中，党委16个，党组7个，党工委3个，党总支38个，党支部193个；党员4506名，其中，农牧民党员2938名，机关党员1568名。地域面积238589.71公顷，主要以青稞产业为主，农业包括小麦、玉米、豆类、油菜、土豆、蔬菜、青饲料，畜牧业包括黄牛、改良牛、牦牛、犏牛、马、骡、猪、羊。耕地面积5660.86公顷，粮食播种面积4729.39公顷，经济作物耕地面积627.39公顷。森林覆盖率32.56%，林地面积91020.4公顷。国家级野生保护动物有雪豹、岩羊、黑颈鹤等23种，自治区级野生保护动物有高山兀鹫、秃鹫等7种，已探明矿产资源有铜矿、磁铁矿、铬铁矿等。主要有AAA级旅游景点羊卓雍措湖。2020年，贡嘎县总播面积9.5733万亩，粮食总产量34564.72吨；预计完成生产总值21.3亿元，同比增长8%，其中第一产业完成9196.3万元，同比增长6.4%；第二产业完成113320.2万元，同比增长16%；第三产业完成90797.5万元，同比下降1.7%。一般公共预算收入完成1.1亿元，同比增长24.9%；税收收入完成1.67亿元，同比增长50.5%；农村居民人均可支配收入完成16125元，同比增长12.2%；社会消费品零售总额完成2.32亿元，同比下降8.3%；社会固定资产投资同比增长43%。完成邮政业务总量198万元，完成电信业务总量1423万元。固定电话用户701户，移动电话用户13996户；互联网用户2585户。全年接待游客74.6万人次，创收2643.4万元，分别同比下降14.6%、13.8%。年末城乡居民储蓄存款余额107874.18万元。实现城镇就业680人，城镇登记失业率控制在2.1%以内。参加城镇失业保险948人，参加基本养老保险273人，城镇职工参加基本养老保险1666人。参加城乡居民养老保险23456人，已领取养老保障待遇4587人。参加新型农村合作医疗41183人，参合率99%。城镇居民中有91人得到政府最低生活保障金。

【产业发展】 2020年，贡嘎县始终坚持以习近平新时代中国特色社会主义思想为指导，以农业农村资源为依托，以农牧民为主体，实施绿色食品提质增效战略，建设一批“农字号”产业品牌。实施涉农整合资金项目贡嘎县矮化苹果种植项目1个，计划总投资30000万元，种植矮化苹果5000亩及建设配套附属设施，完成3134.56亩种植任务及5000亩基础设施工作。通过产业扶贫项目累计带动增收2706.05万元，其中，参与项目建设务工11万人次，累计创收1813.6万元；机械租赁及运输费累计创收508.3万元；产业分红41.2万元；提供稳定就业岗位173个，创收342.95万元。

【农牧业】 2020年，贡嘎县全面落实国家粮食安全新战略，下大力气抓好粮食生产，深化“菜篮子”工程建设。总播面积9.5733万亩，落实绿色高质高效创建7.34万亩，整县推进测土配方7.612万亩，种子田及油菜繁殖田3900亩。贡嘎县江塘镇岗巴村2020年渠道建设、2019年新增易地扶贫搬迁杰德秀斯麦村安置点土地开发项目顺利竣工。完成贡嘎县2019年高标准农田建设项目、2019年斯麦易地扶贫搬迁安置点产业配套（土地治理）项目、江塘镇岗巴村水渠建设项目。开工建设贡嘎县2020年高标准农田建设项目。年末牲畜存栏总数147807头（只、匹），其中牛43792头，羊101953只，马401匹，驴520匹，猪1141头。家禽存栏总数9256只。肉类总产量2038.2吨，奶产量3919.36吨，禽蛋产量51.82吨。

2020年9月21—24日，贡嘎县举行2020“中国农民丰收节”暨贡嘎县第三届七彩邦典文化旅游节

【集体经济】 2020年，贡嘎县共有集体经济村（居）37个，村级集体经济62个，其中集体经济收入小于10万元的44个，10万元至50万元的12个，50万元以上的6个。2020年，村级集体经济创收982.035万元，带动902人就业，其中贫困户就业475人。吉雄镇吉雄社区党总支积极开展“党建引领发展，产业巩固脱贫”新模式，投资511万元成立贡嘎县山水混凝土公司，形成砂场—砖厂—混凝土的产业链条，社区集体经济创收862万元，向394户1100名群众累计分红510余万元，带动246名群众就业，其中稳定就业30人。昌果乡岗旦村把党建工作与服务重大项目建设有机结合，为项目建设调解各类矛盾纠纷47件，协调建设方开发就业岗位，带动就业1200余人次，累计增收700余万元。

【旅游发展】 2020年，贡嘎县接待游客74.6万人次，旅游增收2643.4万元。完成杰德秀古镇游客基础设施和江塘镇岗巴村游客接待点项目。开工建设岗堆镇雪岗旅游基础设施，总投资1000万元，于3月开工建设，于11月建成并投入使用。江塘岗巴村3898观景台，总投资800万元，2018年6月开工建设，2020年7月全部完工，2020年8月移交县祥瑞投资公司对外承租运行。贡嘎县雪岗村乡村旅游基础设施建设项目，总投资265万元，2020年5月开工建设，同年11月建成移交雪岗村委会运营。贡嘎县雅江之星·云尚部落给排水工程建设项目，总投资750万元，2020年6月开工。

【特色产业】2020年，贡嘎县坚持以防沙治沙为主线，着力培育以矮化苹果为特色林果业的林业产业体系建设，实现防沙治沙生态效益和经济效益双赢。2018年以来，贡嘎县种植矮化苹果面积6550亩，主要种植有精灵嘎啦、红乔王子、米奇拉、金冠、华硕、蜜脆、红蛇果、思尼克嘎啦等品种，总投资3.93亿元，实施刘琼、森布日、昌果等矮化苹果种植基地14个，带动周边群众3500人就业增收2200万元，其中建档立卡脱贫户600人。2020年，苹果产量约270吨，销售额达200万元。

【项目建设】2020年，贡嘎县开复工项目累计114个(续建项目37个、新建77个)。贡嘎机场完成改扩建。精心做好拉林铁路贡嘎段、民航三期改扩建、祁连山水泥厂、森布日极高海拔易地搬迁安置点(二期)等一批重大项目服务协调保障工作。贡嘎火车站站前广场完成投资4800万元。

2020年在建的贡嘎县火车站

【招商引资】2020年，贡嘎县签订招商引资框架协议3份，计划总投资2亿元。引进藏湘韵味食品、藏文化康养产业孵化基地、刘琼村藏文化保护与建设、普瑞康食品药品产业园等项目，累计盘活闲置资产面积8500平方米，以“腾笼换鸟”培育新项目，集聚新功能，走出一条土地节约集约的新路子。“巅峰贡蜜”等3个项目建成投产，实现销售额1500余万元，解决就业150余人。完成电子商务进农村乡(镇)村服务网点26个，解决农牧民代买代购问题，开展电子商务培训1104人次，实现网络零售额179.7万元。依托景域驴妈妈网络直播贷货，销售农特产品24万元。

【教育】2020年，贡嘎县共有53所学校，其中初中2所、小学9所，教学点8个，幼儿园34所；全县在校生5844人，其中中学生1543人，小学生3039人，学前生1262人。专任教师487人，临时工61人。九年义务教育入学率为100%，巩固率为100%；学前毛入学率85.04%，小学净入学率101.06%，初中毛入学率103.56%。学前阶段师生比1∶20，小学阶段师生比1∶12，初中阶段师生比1∶10。2020年，山南市年初预算下达教育经费19213.03万元，县本级投入教育经费2224.5万元，认真落实“五个100%”阶段性目标，全县中小学实施素质教育成果顺利通过山南市素质教育县级交叉验收。开工建设实验中学学生食堂和昌果乡、岗堆镇、杰德秀镇、朗杰学等4个小学学生宿舍、食堂、运动场扩建等教育项目7个。贡嘎县小升初内地班排名全市第二。

【文化】2020年，聚焦决胜全面小康、决战脱贫攻坚，创作作品1个，聚焦抗击疫情创作《尼曲桑布新传—抗击疫情》《家庭小会议》作品2个、民族团结创作作品1个。在山南市率先完成43个村(居)行政村文艺演出队组建工作，组建率达100%，共有887名队员(含甲竹林镇6个村居)，开展演出121场次，观众人数达59060人次。完成电影下乡415场，受众群众达62051余人。为县文化综合服务中心更新图书1450册，为36个农家书屋发放书籍72包、25个寺庙书屋发放书籍50包。规范非物质文化遗产项目代表性传承人的认定与管理工作，对46个非遗项目45名非物质文化遗产代表性传承人进行考核，乃萨面具制作技艺、岗则铜器制作技艺、格尔顿传统藏文书法用具制作技艺3个县级非遗项目成功申报为市级非遗项目。为9个自治区级以上文物保护单位新建消防车通道和文物安全责任公示牌，为26个文物保护单位发放灭火器200个。

【医疗卫生】 2020年7月25日，藏医院正式投入运营，开设床位25张，开展藏医特色治疗技术40多种，销售藏医药种类200余种。贡嘎县孕产妇总数547人，住院分娩数541人，住院分娩率98.6%，兑现孕产妇住院分娩补贴694580元；5岁以下儿童死亡2例，控制在年度指标之内。东拉乡、昌果乡、朗杰学乡卫生院改扩建项目竣工并投入使用。开工建设贡嘎县妇幼保健站项目。完成贡嘎县医疗保障扶贫信息化系统建设试点工作。完成乡镇卫生院、村卫生室相关事宜的交接，实现基本医保、大病保险、医疗救助“一站式”结算。圆满完成城市饮用水7份，学校供水监测点6份，农村饮水工程检测点43份，通过检测贡嘎县水质达到基本合格，水质采样覆盖率达100%。

【社会保障】 贡嘎县特困人员集中供养服务中心获2020年全国“敬老文明号”称号。全县县城镇低保对象63户、人数91人，兑现低保资金64.86万元，农村低保对象382户、人数816人，兑现低保资金211.4万元。全县特困人员共计327人（含甲竹林14人，浪卡子12人），其中集中供养人员157人，分散特困人员170人，兑现供养金共计431.07万元。全县残疾人数共计1702人，发放残疾人资金607.58万元，免费为120人疑似听力障碍人员开展残疾等级鉴定工作。实现农牧区劳动力转移就业11308人，转移就业22616人次，创收6370.4万元。开发就业岗位1173余个，实现就业150余人。应届高校毕业生共计550人，实际应届毕业生538人实现就业537人，就业率99.8%。

【改革工作】 2020年4月29日，贡嘎县确定为自治区县域综合医改工作示范县。起草《贡嘎县县域综合医改工作实施方案》，解决“如何推进、怎么推进、谁来推进”三个关键问题。建立医共体医院，原卫生服务中心正式更名为“贡嘎县人民医院”，设立中心医院，将乡村两级医疗卫生机构管理权限、药品采购工作移交县人民医院，将县疾控中心、妇幼保健站归入县人民医院统筹管理，实现县域公立医疗机构“党建一体化、行政管理一体化”。县藏医院信息化建设完成汉语版基础HIS系统、电子病历系统、药品管理、收费结算、物资管理系统、统计报表系统，于7月22日开始试运行营业。

【脱贫攻坚】 2020年，贡嘎县建档立卡脱贫户1236户4556人（不含系统内浪卡子县的43户163人）。在实现2018年整县脱贫摘帽以及2019年剩余贫困人口清零、消除绝对贫困的基础上，2020年贫困发生率平稳保持在0，无新增返贫致贫人口。

资金保障。2020年，整合中央、区、市、县四级财政涉农统筹整合资金34168.71万元，其中，按照不低于2019年度本级财政收入的10%配套县级扶贫资金889.8万元，同比增长10.78%，为巩固脱贫攻坚成果备足“粮草”。

易地搬迁。2020年6月，江塘镇江塘村搬迁安置点、江塘镇娘索村搬迁安置点、杰德秀镇斯麦搬迁安置点、岗堆镇普努村搬迁安置点、昌果乡高海拔生态搬迁点（二期）5个安置点共215户875名群众实现入住。结合各安置点规模，健全组织；通过共享、配建方式，基础设施和公共服务设施完备，有效保障就学、就医；配套产业项目8个，带动就业、分红增收。

生态补偿。2020年，贡嘎县兑现生态补偿岗位资金702.4375万元，结余结转资金1514.8125万元，3按照市级要求上缴至县国库，盘活统筹用于2021年生态岗位补助资金。

巩固成果。2020年，贡嘎县继续以“四个不摘”为抓手，稳步巩固脱贫成果。严格按照程序动态调整建档立卡脱贫户，加强扶贫信息监管，做好信息采集、更新和录入；将全国扶贫开发系统内建档立卡脱贫户全部纳入扶贫政策兜底范畴，应保尽保，及时足额兑现各领域惠民资金，持续监测帮扶，脱贫不稳定、边缘易致贫监测户从2019年的32户109人减少为4户13人；制定《贡嘎县县级领导包乡督导脱贫攻坚工作方案》，16名县级领导督导、跟进8个乡镇脱贫攻坚工作及问题整改情况；顺利完成全县8个乡（镇）36个行政村（居）1287户建档立卡户的普查工作，为巩固拓展脱贫攻坚成果与全面推进乡村振兴的有效衔接提供统计信息支持；通过政府采购、组织参展、干部购买、援藏地购买等多种方式，实现扶贫企业、合作社等产品销售额达360余万元。

【生态环境】 防治。2020年，贡嘎县委托第三方对县域水、空气环境质量进行3次监测，环境空气所测指标二氧化硫、二氧化氮、可吸入颗粒物PM10等细颗粒物PM2.5的24小时平均值的浓度均符合《环境空气质量标准》（GB3095—2012）一级标准限值。县本级财政投入环境综合整治资金81万元，用于8个乡镇环境卫生综合整治经费；投资50万元改善昌果乡环境综合整治项目；投资81万修建建筑垃圾填埋场。投入16.3万元整治修复东拉、克西临时垃圾填埋点，投资110万元购买3台压缩式垃圾转运车，提升垃圾转运能力。完成8个集中式饮用水水质分析和130个农村饮用水水源点水源水质监测采样，均符合《地表水环境质量标准》《地下水质量标准》，监测率达100%。2020年，营造林39518.91亩，移栽树木331549株。完成“两江四河”造林绿化、拉萨贡嘎机场新建第二跑道树木移植项目和森布日极高海拔地区生态搬迁安置区一期造林绿化、昌果乡高海拔搬迁点防护林建设工程。

保护。截至2020年年底，贡嘎县累计完成自治区级生态村创建村35个，生态乡（镇）6个，分别完成村（居）创建97.2%，乡（镇）总数的75%。根据生态文明建设示范县、乡、村创建精神，完成命名乡、村创建复核工作。2020年，申报新建、续建项目74个，全部办理网上备案登记手续，备案率达100%。严格执行建设项目环境保护“三同时”制度项目，督促落实污染防治措施及环境保护设施建设。整合涉农资金300万元，实施完成30个水源地保护项目。

整治。2020年，贡嘎县严格贯彻落实《区市危险废物专项治理工作方案》，深入8家危废生产单位开展专项治理1次，现场督察2次，存在问题全部整改。针对新冠疫情，先后4次对县卫生服务中心、乡镇卫生院医疗废水处置、医疗废物收集、处置、进出库登记台账、日常消毒防护登记台账等方面进行全面检查。贡嘎县危险废物严格按照相关规定有序处置。

督查。2020年，贡嘎县开展砖厂、水泥厂、项目工地、砂石场、垃圾填埋场等联合执法，下发28份环境监察执法单，对存在未批先建的17家农牧民小型砖厂采取教育、切断电源、关闭取缔等形式从根源制止；对已履行环评手续，未按环评要求进行生产的5家单位下达整改通知书，限期整改；对期限内未整改到位的3家企业、立案处罚5万余元。开展扬尘、烟（粉）尘污染防治实施督导4次，不定期抽查6次，建立施工扬尘台账42个，下发扬尘治理整改通知单26份。

【改革工作】 2020年，贡嘎县严格按照国务院深化“放管服”改革优化营商环境电视电话会议精神要求，坚持以习近平新时代中国特色社会主义思想为指导，持续做好公共资源交易、“互联网＋政务服务”和减证便民等“放管服”体制改革相关工作。2020年，共完成公共资源交易项目审批197个，成交金额17851.5万元。依托“互联网＋政务服务”一体化政务服务平台建设，完善全区一体化政务服务平台的应用接入，加快推进“一张网”办理应用，加快实现全程网上办理，政务服务事项认领683项，网上办件总量达20518件。对证明事项进行深度梳理，共梳理证明事项64项，保留32项，取消32项，证明事项减少率达50%。

【乡村振兴】 2020年，贡嘎县完成续建保障性住房、城镇基础设施项目和新建城镇基础设施项目4个，完成投资1355万余元。杰德秀特色小城镇建设项目已初具规模。完成2020年交通“十项提升”项目6个，新建桥梁4座，乡镇通畅率达到100%，行政村通畅率达到97%。贡嘎县客运站建设项目基本完工，乡镇、行政村通客车率分别为100%、94%。深入推进乡村振兴战略，实施人居环境整治工程7个，覆盖3个村。完成户厕改造3351户，完成村乡县以及市级复核验收1550户，兑现补助资金共计310万元。主动服务配合森布日极高海拔生态搬迁二期工程、吉纳大桥等项目建设。完成朗杰学乡、岗堆镇等4个乡镇农村饮水保温工程和朗杰学乡朗杰学村2组江雄水库移民搬迁防洪堤工程，农村饮水工程点覆盖率100%，农田灌溉率90%以上，人畜安全饮水率95%。

【强基惠民】 2020年，贡嘎县紧紧围绕新时代干部驻村“七项重点任务”，深入宣讲习近平新时代中国特色社会主义思想和中共十九届四中、五中全会精神325场次，举办专题讲座97次，发放宣传资料10828份；宣讲中央第七次西藏工作座谈会和以习近平同志为核心的党中央为西藏制定的一系列特殊优惠政策和对西藏群众的关心关怀371场次；向群众宣讲精准扶贫、精准脱贫政策593场次，印发扶贫宣传资料5714份，设置宣传栏41期。争取扶贫项目21个，资金979.7308万元；包户帮扶对象226人实现稳定增收；组织开展贫困群众技能培训9次，帮扶700人转移就业，增加现金收入117.449万元，帮助农牧民群众解决困难问题144个。协助开展植树种草、整治脏乱差、建设美丽乡村活动757余次。依法推广国家通用语言文字194场次，参与群众6895余人次，宣传免费教育政策和就业创业优惠政策242场次；开展各类维稳宣传教育活动176场次，宣传党的民族宗教政策234场次，完善维稳方案预案279个，组织开展民族团结进步创建活动189次。组织驻村工作队队长、第一书记、乡村振兴专干、乡镇强基办工作人员共172人进行脱贫攻坚知识专项培训。开展驻村干部培训10场次，培训人员260余人次。宣传“厕所革命”“两降一升”包虫病、结核病等地方病综合防治知识234场次，覆盖群众26626人次。在“3・28”解放纪念日、传统节庆时期组织群众开展“三送”活动67场，覆盖群众11396人。协助村居“两委”开展“七五”普法、法律法规等活动191场，向群众宣传电信防范网络诈骗、禁毒知识教育等239场次，参与群众13503人，发放宣传资料2838份。2020年，荣获第九批强基惠民活动自治区级表彰先进个人3名、先进集体1个和优秀组织单位1个。

【维护稳定】 2020年，贡嘎县共有乡（镇）综治中心8个，村级综治工作站（驻村警务室）37个。“一站式”综合服务管理平台9个，调解组织51个，调解员486人，平安志愿者301人；“双联户”联户长1223个，法制副校长15个。落实“三级信访接待日”制度，建立劳资纠纷领域人民调解委员会、土地征用领域人民调解委员会等13个专业性、行业性人民调解组织；设立县级温馨调解室1个，乡（镇）温馨调解室8个，村级温馨调解室37个。严格加油站实名制登记管理，安排安全监管员4名。登记流动人口4324人，出租房屋间574间，施工单位66个。开展法律进校园活动3次。设立31个举报信箱，张贴《违法犯罪线索有奖举报制度》1500余份，发放《扫黑除恶打非治乱专项斗争宣传册》1000余册，LED滚动播放扫黑除恶打非治乱宣传标语等形式大力宣传扫黑除恶打非治乱专项斗争工作，发挥基层群防群治作用，收集信息线索15条，其中群众举报8条。认真学习借鉴“枫桥经验”，矛盾纠纷调解率达到97.91%。切实维护群众合法权益，为2034名民工追讨工资3400余万元。

【党的建设】 2020年，贡嘎县始终坚持以习近平新时代中国特色社会主义思想为指导，把党的政治建设摆在首位，认真贯彻落实《党委（党组）落实全面从严治党主体责任规定》，领导、支持和监督各级党组织履行全面从严治党主体责任。深入贯彻新形势下党内政治生活准则，认真落实“三会一课”、民主生活会、领导干部双重组织生活、民主评议党员、谈心谈话等制度，加强经常性教育、管理、监督，发挥党支部教育管理党员的主体作用。严格执行民主集中制各项制度规定，坚持“三重一大”事项集体研究决策，召开县委常委会11次，县委理论学习中心组学习12次，县级干部交流发言23次，不断增强“四个意识”、坚定“四个自信”、做到“两个维护”。召开巡察工作会议6次，完成23个党组织的常规巡察、7个乡镇巡察“回头看”，第六轮被巡察单位的106个问题整改工作，整改完成率100%，实现一届任期内巡察对象全覆盖任务。按照《中共西藏自治区委员会关于在全区集中开展违反中央八项规定精神问题自查清理纠治的通知》精神，全县40个单位和部门自查出违反中央八项规定精神问题142条，涉及违规资金42.24825万元全部上缴县财政。持续深化“基层减负年”措施要求，全县规范发文469件，同比减少20.4%，召开全县型会议143次，同比减少

17.7%。对2016—2019年共37期扶贫领域技能培训项目开展全面核查，停拨5个存在问题培训项目资金，追回违规资金20.34万元上缴国库。

【廉洁建设】2020年，贡嘎县围绕疫情防控、复工复产复学、“六稳”工作、“六保”任务，开展监督检查40余次，督促整改问题18个，下发督办函1份。加强对党中央重大决策部署落地监督，对餐饮浪费、生态环境保护、耕地“非农化”等开展监督检查24次，对发现的5个共性问题督促相关单位立行立改。严把党风廉政意见回复关，回复党风廉政意见714人次。召开失实检举控告澄清会2次，为受诬告陷害的党员干部澄清正名、撑腰鼓劲。扎实做好审查调查“后半篇文章”，推进处分决定“一张纸”向警示教育“一堂课”延伸。对3起扶贫领域违纪案件进行通报，督促县人社局完善相关制度并举一反三，对37期扶贫领域技能培训项目开展全面自查，追回资金20.34万元。向全县400余名副科级以上党员领导干部发放《贡嘎县落实全面从严治党主体责任履责纪实手册》，为领导班子成员履行“一岗双责”，提供遵循。深入开展党风廉政宣传教育月活动，开展警示教育2次、党纪知识测试3次，向副科级以上干部发放廉政桌牌400余个。县委常委班子成员带头讲廉政党课，受警示教育人数达1000余人次。摄制《贡话清风》《贪欲》等警示教育片，加强警示教育。组织全县党员干部开展党规党纪知识考试，提高全县党员干部遵纪守法观念和廉政自律意识。

【疫情防控】2020年，贡嘎县深入学习贯彻落实习近平总书记关于做好疫情防控重要讲话和重要指示精神，严格按照“外防输入、内防疏忽”的防控策略，统筹抗疫特别国债、中央直达资金、县级配套资金1854万元，全力抓好中央、区、市疫情防控措施落实，建成核酸检测实验室并投入使用。援藏省市同舟共济，筹集大量防疫物资助力抗击疫情，全县各族干部群众众志成城、守望相助，用心用情用力做好疫情防控各项工作，坚决守护人民群众生命安全和身体健康。全县无一例确诊和疑似病例。

浪卡子县

【概况】浪卡子县位于西藏自治区南部，山南市的西南部，喜马拉雅山中段北麓，地理坐标为北纬28°46′—29°11′，东经90°22′—91°05′之间，是山南市12个县中海拔最高的县，也是离西藏自治区首府拉萨市最近的边境县。浪卡子县东连措美县，南接不丹王国，西与日喀则市康马县、江孜县接壤，北隔雅鲁藏布江与拉萨市曲水县相望。全县总面积7969.89平方千米，平均海拔4800米。

浪卡子县属藏南山原湖盆宽谷区，四周边缘高凸，中间低洼湖泊，为高原型壑谷缓冲多平台地带，地质构造复杂。

浪卡子县属高原温带半干旱季风气候区。光照充足，辐射强，冬春寒冷多大风，夏秋温凉多雨水，干湿季分明，年日照时数为2929.7小时，年降水量为376毫米，降水主要集中在6月下旬至9月中旬，年无霜期只有60天。全县盛行西北风，年均风速2.2米/秒，最大风速34米/秒。

浪卡子县境内山峰众多，海拔6000米以上的山峰就达5座。其中海拔最高的7206米（宁金岗桑峰）。还有大量冰川存在，宁金岗桑峰附近现代冰川发育，有冰川50多条，冰川面积达129平方千米，其中以抢勇冰川最为著名。

全县有藏南最大的内流水系：羊卓雍错—普莫雍错—哲古错流域。全县共有大小河流21条，汇入羊卓雍错的“卡洞雄曲”是藏南最大的内流羊卓雍错湖水系河。羊卓雍错是喜马拉雅山北麓最大的内陆湖泊，总面积638平方千米，湖水平均深度20—40米，最深处达60米，是西藏三大圣湖之一。羊卓雍错湖分岔极多，呈树状分布，具有独特的自然景观，级别为AAA。全县陆地面积6770.64平方千米，占全县总面积的84.95%；水域面积1199.25平方千米，占全县总面积的15.05%。

浪卡子县境内自然资源有较高品位的沙金、丰富的太阳能资源和风能。

国家级保护动物水獭、野驴、雪豹、盘羊、黑颈鹤、赤麻鸭、黄鸭及顶鹤等野生动物；有虫草、贝母及雪莲花等野生植物。羊湖中蕴藏量高达2亿—3亿公斤的高原特有无鳞鱼和裂腹鱼。

浪卡子县手工业主要产品有地毯、卡垫藏被藏靴、佛龛、金银首饰加工、羊卓服饰等民族手工业较

2020年8月8日，安徽省芜湖市援建浪卡子县打隆镇边境小康示范村一期6个居委会，“芜湖园”全部竣工入住，总投资1500万元，新建166户，风貌改造300户

为发达。

主要景区有羊卓雍错、普莫雍错、岗巴拉山、宁金岗桑峰、岗布冰川、嘎玛林草场以及各类鸟岛等自然景区，还有桑顶寺、扎热桑旦曲林寺、打隆宗古遗址等人文景观。

有关羊卓地区文字历史的记载最早可追溯到公元前8世纪末至6世纪末。唐朝时，浪卡子属吐蕃五大茹之一的“约茹”管辖。元朝时，设立羊卓万户；元末，帕竹地方政权设立浪卡子宗，属当时西藏新建的十三大宗之一。明中后期，中央政府在浪卡子宗基础上，成立俺不罗指挥使司。清乾隆年间，西藏地方政府在今打隆镇，建立打隆宗。1954年，浪卡子宗、打隆宗归洛喀基巧管辖。1959年，成立朗格则县、打隆县，归江孜专区管辖。1964年，朗格则县、打隆县合并成立浪卡子县，划归山南专区管辖。至2020年年底，县级建制隶属山南地区未有变更。县府驻地浪卡子镇，海拔4446米，国道349线穿境而过，交通便利，距西藏自治区164千米，距山南市227千米。辖2个镇8个乡，98个行政村（其中11个居民委员会），178个自然村，10242户，总人口38636人（其中农业人口34866人）。

2020年，全县地区生产总值100015.5万元，增长8.1%。其中第一产业完成6053.4万元，同比增长4.4%，第二产业53914.4万元，同比增长19.2%，第三产业40047.7万元，同比减少1.7%。社会消费品零售总额21071.1万元，减少9.3%，地方财政收入2792万元，减少22.68%，地方财政支出164247万元，增长41.2%，税收收入1631.88万元，同比下降37.06%，全年农村居民人均纯收入14125元，同比增长11.03%。全县参加失业保险参保人数为26830人次，参加城居基本养老保险15684人，参加城乡居民医疗保险31056人。

【农牧业】 2020年，浪卡子县农作物播种面积4.11万亩。其中：粮食播种面积2.63万亩，油菜播种面积为0.54万亩，蔬菜播种面积为0.14万亩，青饲草0.79万亩。全县青稞理论产量平均每亩为160公斤，小麦每亩为611公斤。全年粮食产量5375.8吨，其中青稞5147.35吨、小麦227.37吨、油菜688.99吨、其他豆类1.08吨、蔬菜产量750.45吨、饲草产量15470.36吨。全年调运化肥342吨。全年购置补贴机具共263台（套），补贴资金共计54444元。全县新生仔畜66732头（只、匹），牲畜出栏79997头（只、匹），出栏率28.73%，牲畜存栏269801头（只、匹）。肉类总产量2310吨，奶类总产量7910吨。完成春季“W”病免疫接种共28.2959万头（只），每月犬驱虫756只、免疫抗体监测（羔羊）700只，未发现感染包虫病家畜感染病例。全县设45个黄牛改良点，配备黄牛改良技术员52人，完成黄牛改良3248头。2020年，浪卡子县有序开展农牧民补助奖励机制政策（草奖）各项工作，并顺利通过市级验收。全县落实草奖资金2272.039万元，其中限高保底后禁牧草畜平衡资金2211.01万元，草原监督员工资61.02万元，最高户达51301.65元，户均享受补奖资金2875.99元，人均享受资金650.88元。生态岗位草原监督员兑现生态岗位资金250.075万元。

【旅游】 2020年，浪卡子县共接待游客37.6万人次，旅游创收3040.3万元，其中宾馆住宿收入752万元，门票收入1912.3万元，农牧民收入376万元。完成白地村旅游基础设施建设项目，投资1200万元，普姆雍错·叶色边贸项目，投资1304.83万元，羊湖景区建设项目，投资1000万元等3个项目开工建设。

【项目建设】 2020年，全年开复工项目155个、总投资21.49亿元，全年累计完成投资9.7亿元。年度录入国家重大建设项目库项目共111个，总投资24.35亿元。储备“十四五”规划项目410个、总投资263.7亿元。全县基础设施项目9个，截至年底，所有项目概批已下达，项目总投资22471万元。

【招商引资】 2020年，全年累计签约招商项目14个、总投资53.01亿元，完成固定资产投资4047万元，对口援藏工作组成功对接3家企业，总投资2.3亿元。稳步推进农村电子商务，建成43个乡村级电商服务站点，实现95个行政村电商服务点全覆盖，初步建立浪卡子县农村电子商务公共仓储物流配送中心和电商人才培养教育体系，建成运行电商O2O展厅，全年共开通36家网店，累计销售农产品8.4万元，助力13家合作社发展。

【城乡建设】 2020年，浪卡子县公租房建设项目开工建设，该项目总投资2919.39万元，建筑面积7171.19平方米，共计116套，已竣工并投入使用。县城供氧二期建设项目，该项目总投资2000万元，完成总工程量的95%，计划2021年6月中旬竣工验收。浪卡子县羊卓苑老旧小区改造项目，该项目总投资317.13万元，改造面积4088.84平方米，已完成竣工验收。浪卡子县精准扶贫建筑建材产业项目，该项目总投资为1247.91万元，总建筑面积为2771.6平方米，已竣工并投入使用。浪卡子县圣湖小区和人社局小区附属工程项目，该工程项目总投资342.98万元，该项目已竣工。农村危房改造项目，共69户，完成投资121.9万元，已全部改造完成。

【教育】 2020年，浪卡子县落实“三包”经费21143646.45元、营养改善资金3138029.8元，落实学生公用经费3609071.64元；落实大学生资助金为7957000元，惠及1120个大学生，落实计划外大学生资助金为165000元，惠及33名大学生；落实十大民心工程教师生活补助资金为3455600元，落实乡村教师生活补助资金为4399500元。全县初中在校生1628人，毛入学率101.97%，小学在校生3022人，小学适龄儿童入学率100%；中考参考人数561人，总均分370.8分，2019年中考总均分为379.4分，比2019年下降中考总分8.6分。2020年，开工建设投资350万元的浪卡子县张达乡扎玉小学改扩建项目、投资50万元的浪卡子县张达乡扎玉小学简易运动场建设项目，投资240万元的打隆镇曲宗村幼儿园建设项目，投资60万元的浪卡子县篮球场建设项目，投资107.4万元的边境小康村教育事业建设项目，投资130万元的多却乡小学天桥项目，年内项目开工竣工率达100%。

【文化】 2020年，浪卡子县民间艺术团下乡演出活动达61场次，4.25万余人次。爱国主义优秀影片放映1072场次，观众达45071人（次）；交流演出2场次，观众达1.05万余人次；商业演出14场次，观众1.4万余人次。扎实推进全县98个行政村文艺演出队组建工作，4月初，98个行政村文艺演出队组建工作圆满完成；创作了《魅力羊卓》《门前小事》《普天同庆》等形式多样、内容丰富的文艺作品共18部，圆满完成2020年度文艺创作任务。实施珠地寺、宗棍寺等6座寺庙电气线路改造工程；积极与县人民政府衔接，申请将那龙墓葬等6处文物保护单位列入浪卡

2020年6月10日，浪卡子县文化局举办文化和自然遗产日非遗展演活动

子县第二批文物保护单位名录，争取实现文物保护与利用并行；2020年共支出469.717万元。其中：乡镇综合文化站免费开放资金50万元；乡镇文化站维修经费40万元；98个行政村文艺演出队服装购置经费190万元，运行经费95万元、3个易地搬迁村居图书购置经费3万元等。

【卫生】 2020年，浪卡子县稳步推进县乡村一体化建设，正式成为二级乙等综合性医院。县卫生服务中心完成9618人次，住院426人次。全县产妇数497例，活产数494例，住院分娩活产数493例，住院分娩率达到99.8%；5岁以下儿童死亡4例，死亡率8.1‰；婴儿死亡数3例，死亡率6.07‰；新生儿死亡数3例，死亡率6.07‰；双胞胎3例。无孕产妇死亡。发放农牧民住院分娩补助人510人，补助金额为1246250元。完成2840名妇女"两癌"筛查工作任务。2020年度儿童营养改善受益人数1035名。"一孩双女"654人，"特别扶助"165人，其中中伤残类型18人，死亡类型147人，共兑现149.484万元。包虫病患者554名进行免费复查及发放药品工作，每季度开展一次包虫病复查工作，充实完善包虫病患者档案全县城乡居民26102人参加体检。救助资金64.99万元。寿星老人共计1401人，落实补贴资金794400元。完成在校学生4000人份水痘疫苗接种工作。完成200人份布病血清采样工作。在92户112人家中进行送医送药，免费发放藏药折合人民币4662.3元。投资125万余元采购村居卫生室医疗设备、办公设备。投资37.93万元采购乡镇卫生院藏医设备。投资32万元采购乡镇卫生院三诺分钟诊所设备；投资61.92万元为白地和伦布雪两个乡镇卫生院采购医疗设备；投资13.5万元采购卫生监督设施设备。各单位、各乡镇排查中高风险地区进藏返藏46人，检查站排查147人。检查排查人员阴性核酸检测报告。建立面积约240平方米的发热门诊，3间诊室（成人诊室、儿童诊室、备用诊室）、2间留观室、1间医护更衣间、1间护士治疗室，肠道门诊预留3间房共10间房，将县后勤服务中心作为备用隔离中心，在突发事件时随时可以转为疫情隔离点。

【社会保障】 2020年，全县共有失业保险参保人数为26830人次，缴纳金额为149.55万元；生育保险参保人数为22257人次，缴纳金额为145.51万元；职工基本医疗保险参保人数为45582人次，缴纳金额为2211.56万元；公务员医疗补助参保人数为8774人次，缴纳金额为292.55万元；企业养老保险参保人数为3676人次，缴纳金额为216.68万元；工伤险参保人数为23074人次，缴纳金额为26.65万元；职业年金保人数为21229人次，缴纳金额为1027.7万元；机关事业养老保险保人数为42458人次，缴纳金额为6166.22万元；城乡居民养老险应申报人数为21060人，实际申报人数为15684人，申报率为74.47%（税务申报率）。申报金额为317.87万元，全部已入库，入库率为100%。政府代缴资金的人数为3359人，其中县人社局已申报人数为3256人，共申报人数为18940人，申报率为89.93%（总共申报率）。全年城乡居民基本医疗保险应申报人数为35179人，其中已申报人数为31056人，申报率为88.28%。申报的金额为257.09万元，全部已入库，入库率为100%。

2020年，全县共有农村低保292户898人，兑现低保及"十大民心"资金137.69万元；有城镇低保28户34人，城镇低保及"十大民心"资金24.32万元。全县共救助临时困难对象450人次130户，发放临时救助金额89.9万元。浪卡子县五保对象共156人，该中心集中供养90人，分散供养66人，有意愿入住率达100%，开展特困供养服务中心提升改造工程。兑现供养资金244.16万元，其中"十大民心"工程补贴资金83.08万元。落实8户残疾家庭无障碍改造。落实2020年残疾人两项补贴629.82万元。全年审核建立转移就业基地14个，吸纳稳定就业1900余人。开展招聘会3场，成功就业279人。举办浪卡子县第三届全民创业大赛，发放奖金10.3万元，进一步激发创业创新活力。全年高校毕业生366人，已初次就业365人，就业率99.73%。全年受理民工工资拖欠案件31起，涉及农民工209余人，帮助追讨农民工工资299.94万元，结案率93.94%。现建筑工人实名制管理平台系统上在建项目42个，已开农民工工资专户39家，进账总数6313.38万元，代发总金额5445.5万元，其中线上代发总数625.74

万元，线下代发总数4819.77万元。

【脱贫攻坚】2020年，“十三五”期间共实施产业项目23个，带动2323名建档立卡贫困群众增收，分红资金200万元，涉及建档立卡贫困人口3763人。全年统筹整合资金共11031.2万元，实施的34个项目均已开工，已完工31个。大力实施“百千万”工程，实现培训774人，就业428人。将县职教中心改造为县级培训基地，投入600万元创建创业孵化基地。全年投入677.21万元，举办38期技能培训，参加1212人（次）。全年组织774名农牧民群众开展培训20期。其中，覆盖建档立卡贫困对象117名，培训就业428名。实现转移就业8941名，其中建档立卡贫困人口2349名，劳务创收6134.3万元，人均创收6500元。全年新增易地扶贫搬迁共涉及建档立卡贫困群众110户349人，截至年底，已全部完成搬迁入住。全县生态岗位上半年2852个，下半年2598个，完成兑现上半年生态补偿岗位资金499.1万元。下半年生态岗位资金预计11月10日前完成兑现。全年落实城乡低保及“十大民心”资金137.69万元、特困人员供养资金79.9万元、残疾人“两项补贴”459.25元、临时救助资金52.1万元。全年为372户建档立卡贫困户，提供贷款1712.5万元，为非建档卡户1678户累计发放贷款16579万元。落实营养改善经费219.3386万元，“三包”经费714.426万元，建档立卡大学生资助金113.0717万元。合作医疗报销811人，报销医疗费用767.81万元，其中建档立卡户206人，报销资金177.63万元；对建档立卡贫困户中患病人员加大救治帮扶力度，2020年年初从卫生事业经费中解决5万元用于采购随访救治药品，建档立卡贫困户家庭医生签约率达到100%。全县认定危房改造69户全部改造完成。

【生态环境】2020年，全年空气质量PM2.5平均浓度为0.038毫克/立方米，PM10浓度为0.076毫克/立方米。配合市生态环境局开展羊卓雍错生态环境保护项目工程（第四批），全年分别实施伦布雪乡嘎玛林曲进行河道整治1500米，美多村种树1万余株，打隆镇植草100亩，伦布雪乡苏格村高原清洁能源（阳光棚）401户，完成90%左右，总投入2249万元。对各乡（镇）、村（居）、各学校、寺管会安排环境综合整治工作经费，投入资金100.4万元。对羊湖景区G349沿线11个村（居），投入26.1万元，作为羊湖景区公路沿线环境卫生整治经费。实施浪卡子县卡龙乡绿化工程，总投资59.75万元，工程进度已达92%。实施维修工作并开展垃圾转运车辆上户和检测工作，累计投入75万元。全年共排查医疗废物5.56吨，过期药品2.29吨，汽修行业矿物废油0.95吨，汽修行业废旧蓄电池0.22吨，过期农药兽药2.706吨，并按照时间节点完成申报登记工作。

【疫情防控】2020年，浪卡子县共多次召开疫情防控工作会议，成立浪卡子县疫情常态化防控工作领导小组，制定《浪卡子县新冠肺炎疫情常态化防控应急处置预案》。建设发热门诊，面积约240平方米，将县后勤服务中心作为备用隔离中心，在突发事件时随时可以转为疫情隔离点。县综合检查站安装电子测温仪，实行24小时轮班制度，严格要求进县人员下车接受体温、健康码、行程码检测，切实严守入县关口。共开展爱国卫生运动9场次，参与群众达3万余人次。利用微信公众号“羊湖之声”发布、转载疫情防控信息、新闻、个人健康知识等内容498条。开展5次采购活动，共计298.92万元。包括：护目镜1000个、防护面屏1000个、防护靴套5000双、医用外科口罩5万张、一次性口罩3万张、一次性医用口罩114000张、医用外科口罩3000张、N95医用防护口罩2000个、手术衣200件、一次性隔离衣11200件、一次性无纺布防护服160件、医用防护服5050件、医用帽子22000顶、医用外科手套11200双、一次性乳胶手套11200双、一次性鞋套6000双、医用护目镜50个、泡腾消毒片140瓶（袋）、红外线体温检测仪2台、电子体温枪766把、水银体温计200支、84消毒液190瓶、酒精60瓶、速干手消液2040瓶、喷雾器300个。设立党员政策宣传岗249个、卫生消毒岗150个、教育疏导岗207个、其他岗位235个。组织动员党员干部、爱心人士等捐款174.75万余元，其中4706名党员累计捐款131万余元，全县党员参与率达到97.3%，部分党员自愿多交党费2.42余万元，用于疫情防控。检查过往车辆2万余台、人员4万余人次，设立集中隔离点3

处，投入815万元采购疫情防控物资。同时强化监督检查，办结疫情防控问题线索2件，给予党纪处分5人，为打赢疫情防控阻击战提供坚强的纪律保障。

洛扎县

【概况】 洛扎县位于山南市西南部，“洛扎”藏语意为“南方大悬崖”，因地处喜马拉雅山南麓而得名，地理位置位于北纬27°43′—28°28′、东经90°22′—91°36′，是西藏的边境县之一。外与不丹王国接壤，内与措美县、错那县、浪卡子县相邻，距山南市政府所在地354公里。属藏南高山峡谷地带，境内地形复杂，地势起伏较大，西北高、东南低，平均海拔3820米，县境内最高海拔7538.1米、最低海拔2310米，县城所在地海拔3890米。全县辖7个乡（镇），27个行政村，101个村民小组，其中，一线边境乡（镇）6个、边境村（社区）委会22个。全县共6122户，总人口20413人，其中农村人口18308人，城镇人口2105人。全县边境线长240公里，有通外山口8处，争议地区1处（拉郊乡白玉地区，总面积580平方公里）。全县传统边贸市场3处，无对外口岸。县域总面积5031平方公里，其中，耕地面积3.2万亩、草场面积333万亩、森林面积255万亩，水域面积约400平方公里。洛扎县水资源丰富，洛扎雄曲河是全县最大的河流，源于曲措良岗蒲冰川前缘，经扎日、吉堆、嘎波、生格、拉康等地流入不丹境内，汇入印度恒河，全长131.5千米，落差大、水流急，流速2.8米/秒，流量75立方米/秒，是全县人畜用水，灌溉发电用水的主要来源。境内较大支流3条，分别为色乡雄曲河、边巴乡当许雄曲河、拉郊河。自然气候属高山峡谷温暖湿润半湿润气候区和高山谷地温凉半干旱气候区两大类。县东南部具有半湿润、湿润气候的特点，降水多、日照少；西北部少雨多风，气候干燥，日照充足。全县年均日照时常为2983小时，年平均降水量366.8毫米，年无霜期105天左右。降水分布不均，东南地区多于西北地区。主要山川库拉岗日雪山、茶拉推嘎岗日；库拉岗日雪山海拔7538.1米，是山南海拔最高的山峰，传说是藏族传统的四大神山之一。库拉岗日附近集中分布有6座7000米以上的山峰。茶拉推嘎岗日是喜马拉雅山的主脊之一，海拔6515米。主要物产有牦牛、青稞、油菜、虫草、林下产品、藏药材、藏鸡、松茸等。境内国家级野生保护动物有。洛扎县主要以第一产业为主，农业包括粮食作物和经济作物，畜牧业包括牦牛、改良黄牛、绵（山）羊、藏鸡等。已探明境内矿产资源丰富，金属矿主要有铁、铅、锌、铜、银、钼等，分布在全县2个镇4个乡（除边巴乡）。非金属矿主要有砂石料、花岗岩、水晶等，主要分布在扎日乡、色乡、生格乡、洛扎镇等地。县内主要旅游资源有雪山、湖泊、温泉、原始森林、瀑布、古碉楼、寺庙等，主要旅游景点有卡久风景名胜区（国家AA级景区）、朱措白玛林、库拉岗日雪山、茶拉推嘎岗日、扎西根培（彩虹沟）、拉康峡谷、拉郊峡谷、拉普温泉、列让沟瀑布、杰顿珠宗古碉楼群、多宗遗址等。全县有1所中学、6所小学、25所幼儿园、1个教学点，医疗卫生机构1个、乡（镇）卫生院7个、村卫生室27个。境内水能、风能、太阳能、地热能等清洁能源，以及林业、野生动物和旅游等资源十分丰富。其中，林业资源主要有云杉、冷杉、红豆杉、乔松、高山松、高山栎、桦木、杜鹃等，为山南市主要林区之一，也是全区国家一级保护植物红豆杉分布最广的林区之一；野生动物主要有猞猁、獐子、藏野驴、水獭、岩羊、黄

2020年8月1日，洛扎县召开八一建军节军民联欢晚会

羊、藏雪鸡、雪猪、马麝、扭角羚(羚牛)、棕熊、赤麻鸭等,国家一级保护动物有雪豹、棕尾虹雉等。特色产品有“赛卡古托”粉丝、次麦藏鸡蛋、扎日清油、拉康藏药、贡祖腰带、生格荞麦等洛扎土特产在区内享有一定的知名度。全县境内共有24座宗教活动场所,其中寺庙7座、拉康15座、日追2座。

2020年,洛扎县完成地区生产总值、全社会固定资产投资、财政收入、社会消费品零售总额、农村居民人均可支配收入分别完成7.26亿元、15.92亿元、5128.65万元、1.37亿元、15700元,分别同比增长6.9%、-30.7%、19.4%、3%、13.5%。完成税收收入6012万元,同比增长2%。一、二、三产业分别完成5411万元、35607万元、30080万元,分别同比增长2.1%、8%、2.7%。接待游客5万人次、旅游收入833万元,分别同比增长2%、20%;科学编制“十四五”规划纲要,规划储备库项目356个,总投资182亿元;高质量发展项目414个,总投资1188亿元。开复工项目111个,完成投资15.92亿元。录入国家重大建设项目库184个,总投资22.4亿元;在线审批项目录入356个,总投资37.87亿元。完成招商引资7亿元,完成年度计划的100%。乡镇村居通畅率达100%,农田水利灌溉保障率、自然村供水保障率均达100%,国网通电率达100%,行政村通信网络覆盖率达100%。争取中粮援藏资金3300万元,协调援建协其边境小康村;“十四五”援藏规划项目7个,规划总投资6000万元。整合涉农资金6132万余元,支出进度达92.69%。入股拉康水电站产业资金1.32亿元,固定收益分红279万元。实施57个水源点保护工程和季节性饮水困难改造提升项目。成立2家扶贫电商超市,销售扶贫产品85.4万元。集中就业残疾人23名,人均年增收9000元。兑现生态岗位人员工资949万余元。劳务输出7081人,创收约8716万元。边境小康村和抵边搬迁吸纳就业2.08万人次,发放报酬417.7万元。

【产业发展】 2020年,洛扎县一、二、三产业分别完成5411万元、35607万元、30080万元,分别同比增长2.1%、8%、2.7%。一产上,粮食总产量预计达1.03万吨;牲畜5.97万头(只、匹),完成接羔9369头(只、匹),成活率91.2%;开工5000亩高标准农田,121.7亩新增耕地正在实施客土。二产上,工业、建筑业预计分别完成1386万元、3.325亿元;“南·卡日”雪山冰泉水通过国家级绿色食品认证,赛卡古托牌豌豆粉丝获得绿色食品标志使用权;拉康水电站加快建设。三产上,接待游客5万人次、旅游收入833万元,分别同比增长2%、20%;拉郊峡谷生态观光区通过验收,白玛林湖景区通过初验,卡久景区基本完工。

【农牧业】 2020年,洛扎县农牧业完成5411万元,同比增长2.1%。粮食总产量达1.03万吨;牲畜5.97万头(只、匹),完成接羔9369头(只、匹),成活率91.2%;开工5000亩高标准农田,121.7亩新增耕地正在实施客土。罗宝藏药材开发公司、拉康镇藏药材销售合作社入库自治区科技型中小企业名单。推广“喜拉22号”青稞0.8万亩,良种覆盖率80%以上。完成1500头娟珊牛改良和21头犏牛经济杂交任务。

【工业】 2020年,洛扎县工业、建筑业预计分别完成1386万元、3.325亿元,同比增长2.7%、8%。“南·卡日”雪山冰泉水通过国家级绿色食品认证,赛卡古托牌豌豆粉丝获得绿色食品标志使用权;拉康水电站加快建设。

2020年9月16日,洛扎县召开民族团结进步文艺晚会

【项目建设】 2020年，洛扎县科学编制“十四五”规划纲要，规划储备库项目356个，总投资182亿元；高质量发展项目414个，总投资1188亿元。开复工项目111个，完成投资15.92亿元。录入国家重大建设项目库184个，总投资22.4亿元；在线审批项目录入356个，总投资37.87亿元。完成招商引资7亿元，完成年度计划的100%。边防公路新建项目、国道219线至拉郊乡公路整治工程、人饮安全巩固提升、藏医院等一批重大项目落地实施。乡镇村居通畅率达100%，农田水利灌溉保障率、自然村供水保障率均达100%，国网通电率达100%，行政村通信网络覆盖率达100%。争取中粮援藏资金3300万元，协调援建协其边境小康村；“十四五”援藏规划项目7个，规划总投资6000万元。

【科技】 2020年，罗宝藏药材开发公司、拉康镇藏药材销售合作社入库自治区科技型中小企业名单。推广“喜拉22号”青稞0.8万亩，良种覆盖率80%以上。完成1500头娟珊牛改良和21头犏牛经济杂交任务。

【教育】 2020年，洛扎县学前教育三年入学率达90.17%，义务教育阶段入学率、巩固率均达100%。生格乡小学宿舍楼、美秀幼儿园、五人制足球场等项目投入使用。

【文化】 2020年，洛扎县组建洛扎峡谷乐队和27支行政村文艺演出队。若浪霞波卓传习基地命名为第三批自治区非遗项目传习基地，门日合作社设立为市级非遗扶贫就业工坊，门当央谐等3个项目被列入市级非物质文化遗产代表性目录。库拉岗日文化旅游节总成交额850万余元。

【医疗卫生】 2020年，洛扎县住院分娩率100%，无孕产妇死亡，0—6周岁儿童死亡率1.05‰。洛扎镇、生格乡卫生院达到优质服务基层行创建标准。新建分子生物实验室，配备卫生应急、负压救护、疫苗冷链等专用车辆。

【社会保障】 2020年，洛扎县城镇新增就业338人，城镇登记失业率控制在2.3%以内。农牧民技能培训544人，就业率达43.93%。高校毕业生就业185人。足额兑现残疾人两项补贴、特困人员补助、医疗救助等各类民生资金1.3亿余元。提标德玛龙、俄若拉执勤群众补助，提高边民戍边固防积极性。建成公租房78套，有效缓解住房紧张问题。农牧民补助奖励机制通过自治区终验。同时，进一步保护妇女儿童权益。

【脱贫攻坚】 2020年，洛扎县完成国家脱贫攻坚普查，加强整改各类监督检查反馈问题，动态调整确认贫困户842户2765人，综合贫困率下降至零，脱贫攻坚取得决定性胜利。整合涉农资金6132万余元，支出进度达92.69%。入股拉康水电站产业资金1.32亿元，固定收益分红279万元。实施57个水源点保护工程和季节性饮水困难改造提升项目。成立2家扶贫电商超市，销售扶贫产品85.4万元。集中就业残疾人23名，人均年增收9000元。兑现生态岗位人员工资949万余元。劳务输出7081人，创收约8716万元。边境小康村和抵边搬迁吸纳就业2.08万人次，发放报酬417.7万元。

【生态环境】 2020年，洛扎县完成2019年度森林抚育面积划分和所有权确权审核，完成3万亩森林抚育任务、义务植树4.67万棵和700亩边境小康村植树造林任务，2018年边境小康村植树造林任务进度40%以上。落实森林生态效益补偿资金712.52万元。积极对接“三线一单”，完成卡久风景名胜区整合优化工作。空气质量达到国家一级标准，城镇集中饮用水源地水质达到II类标准，核发企业排污许可证57张。扎实开展爱国卫生、村庄清洁、生态环境“六大”专项整治和白色污染治理等行动，没收一次性塑料袋2000余个，回收处理废旧农膜0.8吨，新增环境保洁员8人。收缴乱采乱挖等罚金5.1万元和环境恢复治理金52.8万元。

【援藏工作】 2020年，洛扎县援助资金3300万元，已全部到位。完成雏鸡鸡舍改造、路面硬化、面条加工车间、员工蔬菜暖棚等项目建设，进一步改善养鸡场功能设施。安排藏鸡养殖场场区硬化项目65万元和电路改造项目22万元、藏鸡蛋面条和面块加工车间30万元、育雏鸡舍改造项目60万元、屠宰车间项目30万元、蔬菜温室供水系统改造项目28万元、补贴职工食堂购买产业援藏项目产品35万元等。2019年，援藏工作队组织4名县乡医务人员到北京参加为期2个月的专项培训，为县医院搭建的远程诊疗平台，将北京301医院的优质资源引入洛扎，通过该平台会诊疑难病症5例、参与远程培训8次；投资1200万元的县医院专家周转楼也已投入使用，拨付100万元援藏资金支持边巴乡卫生院建设。边境小康村项目为计划外新增项目，中粮集团额外投入资金4000万元，其中2019年拨付2000万元，2020年拨付2000万元，用于洛扎镇嘎波社区协其村小康村建设。该项目涉及82户400人，自2019年启动以来，2020年加快建设速度，在所有2019年同时开工项目中后发先至进度领先，建材质量、施工质量得到所在村居两委和搬迁户群众的高度肯定，并全部竣工，投入使用。协调中学多功能教学楼暨中粮产业培训中心、水彩写生基地、藏香猪养殖等一批援藏项目落地实施。利用安徽省黄山市“组团式”医疗援藏和安徽中医药大学第一附属医院帮扶优势，力争建成1—2个藏医专科。借助“藏货出藏”工程，推动洛扎本土产品走进区外市场。

【党建工作】 2020年，洛扎县委全面加强党对各项工作的领导，坚持把党的领导落实到国家治理各领域各方面各环节，充分发挥县委领导核心作用，不断提高县委把方向、管大局、保落实的能力和定力。召开县委全会、经济工作会、县委常委会（扩大）会议、宗教领导小组会议以及深改委、边防委等会议50余次，主动研究部署脱贫攻坚、基层党建、寺庙管理、边境管理、疫情防控、编制“十四五”规划等工作，补短板、强弱项，研究解决困难问题。带头执行准则和条例，严明政治纪律和政治规矩，坚持把理想信念教育、思想政治教育作为党员干部教育培训的主要内容，举办培训班36期，受教育5200人次。召开县委九届六次全会专题研究部署党的建设工作，制定出台《中共洛扎县委员会关于贯彻落实市委一届五次全会精神深入推进边境党建长廊建设的实施意见》，全面夯实党在洛扎的执政基础。坚持以提升组织力为重点，规范设置县直单位26个党组，创建9个“八星党支部”，整顿软弱涣散基层党组织5个，扎实开展好党员“三包五带五促”活动。深化边境党建长廊建设，加快筹备德玛龙等7个抵边搬迁点设立抵边行政村事宜，不断巩固国边防。深入开展军警地“五共五固”活动，充分发挥德玛龙、俄若拉前哨点临时党支部的战斗堡垒作用，全力抓好边境管理和疫情防控。树立正确选人用人导向，共提拔调整晋升干部60名，选优配强乡村振兴“领头雁”，培养储备村级后备干部282名，为村“两委”换届储备优秀人才。规范党员教育管理，发展党员85名，帮教转化3名信教农牧民党员。

【党风廉政建设】 2020年，洛扎县委坚持党要管党、全面从严治党，坚持“三个牢固树立”，自觉履行管党治党政治责任，以党的政治建设为统领全面加强党的各项建设，党风廉政建设和反腐败斗争取得一定成效。坚决扛起管党治党责任，召开县纪委九届五次全会，专题研究部署党风廉政建设和反腐败工作，坚持把党的领导贯穿到纪检监察工作全过程各方面，听取县纪委监委工作汇报30余次，研究部署全面从严治党工作，跟踪督办重要案件。压实管党治党责任，听取各党委（党组）落实“两个责任”情况汇报，召开党风廉政建设述责述廉会议，班子成员及各党委（党组）现场述责述廉、接受问题评议。围绕稳定、发展、生态、强边四件大事，聚焦疫情防控、巩固拓展脱贫攻坚成果、边境小康村建设、执行中央八项规定精神、落实“三个不增加”等重大决策部署开展监督检查，对违反宗教领域“三个不增加”和转发有害信息的6名相关责任人进行问责，严肃查处涉及扶贫领域问题5起，处置疫情防控走形式、履职不力1件，给予2名党员、公职人员酒驾党纪处分，开展15项重点工作专项监督检查，公开通报发现问题125个，督促相关单位落实整改115个。集中开展自查纠治违反中央八项规定精神问题5类262项，清退违规资金29万余元；驰而不息纠正“四风”，立案审查调查违反“四风”问题1件。认真落实为基层减负松绑各项举措，坚决反对形式主义、官僚主义。坚持以零容忍的态度惩贪治腐，处置问题线索22件，立案审查调查6件，给予党纪政务处分6人，收缴违纪资金14.84万元。充分运用“四种形态”批评教育帮助和处理25人次；完成九届县委第八、九轮巡察，首次对拉康社区、扎日村等5个村（居）党组织开展直接巡村。认真开展18名受处分党员回访工作，率先试点县乡纪检监察力量整合,开展片区协作办案10件,深化拓展群众身边腐败和作风问题专项整治,各族群众在党风廉政建设和反腐败斗争中的获得感幸福感不断增强。

措美县

【概况】 措美县位于西藏自治区南部,山南市西南部,喜马拉雅山北麓。地处北纬28°11′15″—28°57′50″,东经90°56′18″—92°00′04″。东与隆子县相邻,南与错那县相连,西与洛扎县、浪卡子县相接,北与琼结县接壤。措美县平均海拔4500米。措美县属藏南高原湖谷区,地势北高南低。措美县水资源较丰富,共有大小河流18条,大小湖泊38个、泉水15处,全县水域面积20.44万亩,其中河流水面积2.57平方公里,湖泊水面积124.54平方公里,泉水面积6平方公里。措美属高原温带半干旱季风气候区,日照时间长,昼夜温差大,年温差小,全年气候特点是冬春季干寒多风,夏秋季(6—9月)温和多雨。年平均气温5.3℃,最低气温-20℃,最高气温27.1℃。年日照时数为2800小时,年无霜期90天。年降水量少、分布不均,蒸发量大,年均降水量为286.5毫米,降水大多集中在6—9月,年平均蒸发量为2270.5毫米。风能资源丰富,风力及风速大、时间长、面积广,年平均风速为2.75米/秒,最大风速为24米/秒,年大风日数164天左右。县境内共有大小山脉124座,海拔5500米以上的高山有73座,其中海拔6000米以上终年覆盖冰雪的有9座,最高峰打拉日山峰境内西南端,海拔6777.4米,最低海拔3266米,全县相对高差为3511.4米。措美县藏药材资源丰富,主要有冬虫夏草、当归、贝母、雪莲花等300多种药用植物,措美县藏医院自行研制的藏药疗效明显,深受群众欢迎。

县人民政府驻地措美镇。县境东西长103公里,南北宽85公里,总面积417720公顷。县城所在地海拔4242米,距山南市130公里,距拉萨280公里。

全县辖2个乡2个镇,16个行政村,91个村民小组(自然村),措美县总户数4512户,其中农业户数3500户、非农业户1012户。总人口数为14064人。其中,农牧业人口为12533人,人口出生率13.45‰,自然增长率93%,全县国土总面积417720公顷,主要以第二产业为主。农作物主要有青稞、冬小麦、油菜籽、荞麦等。畜牧业包括接羔育幼、黄牛改良、重大动物疫防控。措美县净耕地面积982.74公顷,粮食播种面积9676.8亩,经济作物耕地面积1848.89亩。林地面积48874.418公顷,占土地总面积的11.7%。森林面积45520.506公顷,森林覆盖率和林木绿化率均为10.83%。草场面积345834.35公顷。县境内国家级保护野生动物繁多,主要有野驴、野鸭、黑颈鹤、水獭、盘羊、黄羊、岩羊、獐子等。措美县现已发现各类矿产8种,包括金属矿产4种,即金、银、铅、锑;非金属矿产3种,即建筑用砂、凝灰岩、板岩;能源矿产1种,即古堆地热。特色产品主要有畜产品;黑青稞糌粑、白青稞糌粑、豌豆糌粑;卡垫、藏装、藏式披肩;藏野葱、雪莲花、藏药等。

2020年,措美县完成地区生产总值83600万元、同比增长6.9%。其中,第一产业增加值完成3163.6万元,同比增长7.1%;第二产业增加值完成58323万元,同比增19.5%;第三产业增加值完成30796.5万元,同比下降0.7%。人均生产总值63547元,同比增

2020年9月20日,措美县以民族团结进步宣传月活动契机,组织驻地官兵帮助辖区困难群众收割青稞

长30.4%。全社会固定资产投资63587万元,同比下降8%。完成邮政业务总量87万元,同比增长12.63%。电信固定电话用户5712户,使用率75%,电信移动电话用户6215户,使用率83%,互联网用户5712户,使用率75%;移动电话用户5986人,使用率81%,移动互联网用户4523户。社会消费品零售总额14300万元,同比增长13.3%。接待旅游93347人次,比2019年增长13%,实现旅游收入77万元,同比增长0.9%。财政收入3284万元,同比增长5.02%。全县总支出83607万元。各项存款余额达21735万元。农牧民人均可支配收入14310元,同比增长13.3%。城镇登记失业率控制在2.1%以内。截至年底,参加城镇失业保险596人,城乡居民参加基本养老保险缴费人数9046人,城镇职工参加基本养老保险1032人。2020年,工业增加值完成1515万元,同比增长3.8%。全年农村经济总收入28771.7万元,同比增长13.55%。实现建筑业增加值56808万元,同比增长20%。参加新型养老保险9046人,已领取养老保险待遇1746人。城镇居民享受政府最低生活保障金的有33户66人,已落实资金69.96万元。

2020年5月12日，措美县在古堆完小开展地震及火灾应急演练

【产业发展】 2020年,措美县结合资源禀赋、市场需求、产业基础、区位优势、发展定位、经济社会发展条件等因素,按照"宜农则农、宜牧则牧、宜林则林、宜工则工、宜商则商、宜游则游"的原则,始终将特色产业作为首要任务,立足当地资源优势和产业基础,大力实施"青稞增产、牦牛增肥"行动,引进苏格绵羊382只,通过援藏技术衔接,引进澳寒绵羊种羊25只。完成1308亩高标准农田建设,全年播种农作物14744.85亩,粮食作物产量3204.7吨。牲畜存栏、新生仔畜分别达124404、56642头(只、匹),牲畜出栏率、动物疫病防治疫苗接种免疫率分别达44.31%、100%,改良黄牛1632头,全年肉产量2271.15吨、奶产量4857.53吨。以及黑青稞糌粑加工及粮油加工项目的同时大力推进民族手工业项目落地生根,有效带动群众增收。2020年,成功举办第三届"一措再措"徒步大会、第12届哲古牧人节。

【农牧业】 2020年,措美县实施"青稞增产、牦牛增肥"行动,完成1308亩高标准农田建设,全年播种农作物14744.85亩,粮食作物产量3204.7吨。牲畜存栏、新生仔畜分别达124404、56642头(只、匹),牲畜出栏率、动物疫病防治疫苗接种免疫率分别达44.31%、100%,改良黄牛1632头。2020年科学调整粮经饲比例69∶14∶17,实现粮食总产量3204.7吨,同比增长0.04%。油菜籽播种面积1043.4亩,实现油菜产量132.01吨,比2019年同期下降3.7%。蔬菜播种面积1102.73亩,比2019年增加233.9吨,同比增长26.9%。青饲料播种面积214.47公顷,实现产量2433.76吨,同比增长117%。2020年,累计出售和自宰的猪牛羊总头数57940头只匹,比2019年减少114头只匹,同比下降0.2%。家禽出栏778只,比2019年减少722只,同比下降48%。肉类总产量实现2271.15吨,比2019年增加18吨,同比增长0.79%。其中:牛肉产量1591.21吨,比2019年增长32吨,同比增长2.04%;羊肉产量667.78吨,比2019年减少15吨,同比下降2.2%;猪肉产量5吨,比2019年增加3吨,同比增长125%;禽肉产量1.17吨,比2019年减少1吨,同比下降44.4%。牲畜出栏率46.57%,奶类产量4857.53吨,比2019年增加945吨,同比增长24.2%;羊毛产量146.08吨,比2019年增加7吨,同比增长5.04%。各类牲畜存栏数为124404（头、只、匹），比2019年减少149（头只、匹），新生仔畜成活数56613头只匹，仔畜成活率93%。年内成畜死亡916头只，同比下降20%。

【工业】 2020年，全县工业总产值完成1515万元，同比增长3.8%。措美县没有一家规模以上企业，6家规模以下企业自我发展能力不强，应对宏观政策调控、抵御市场风险、创新产品、开拓市场能力较弱。

【第三产业】 2020年，措美县坚持坚定不移优三产，以哲古湖旅游开发建设为重点，健全旅游产品体系和服务网络，完善民宿、餐饮等景区景点配套设施，成立旅游投资公司。积极融入G219西藏段旅游线路、藏南旅游环线，着力打造精品旅游线路，优化全域旅游资源开发利用，全年接待区内外游客93347人次，实现旅游经济收入77万元。

【经济建设】 2020年，措美县面对经济下行的巨大压力和新冠肺炎的疫情冲击，坚持以习近平新时代中国特色社会主义思想为指导，始终攻坚克难、奋发进取、科学应对、化危为机，按照"六稳"要求，强化"六保"举措，统筹推进疫情防控和经济社会发展工作，全面落实上级各项决策部署，全县呈现出经济实力不断增强、脱贫成效有力巩固、发展质量稳步提升、民生状况持续改善、乡村振兴深入推进、社会大局和谐稳定的良好局面。全县生产总值、全社会固定资产投资、社会消费品零售总额、一般公共预算收入、农牧民人均可支配收入分别完成83600万元、63587万元、14300万元、3284万元、14310元，同比分别增长6.9%、-8%、13.3%、5%、13.3%。

【项目建设】 2020年，措美县完成国家、援藏、招商引资投资64000万元、6000万元、10000万元以上。加快项目建设推进速度。加快县城供氧一期、哲古人居环境综合整治、县城老旧小区改造、县卫生服务中心救治能力提升项目建设步伐。全力推进古堆、乃西土地增减挂钩，扎西松多水库，达当大道建设项目。加快推进县城水厂二期建设。措美镇、乃西乡农村人居环境整治，县城供暖、次玛龙至恰杂、哲古景区暨文化景区产业发展项目、县城污水处理及收集系统建设落地。全年开复工项目88个，累计完成投资63587万元。扎杂一期、当许棚户区改造、县综合市场、哲古水库、乃西乡35千伏输变电站、措美县10千伏及以下中低压配电工程建设项目已完工并投入使用。县城供氧、供水二期、哲古人居环境综合整治等项目正在建设。哲古高原特色旅游小镇建设获得市级批复。招商引资项目3个，完成投资6378万元。2018年乃西乡具巴村易地搬迁纳入2018年增减挂钩项目，于2020年实施，截至年底，项目已完工，并通过初验。具巴村共64户184（其中建档立卡户23户76人），以一户2万元的补偿标准，具巴村共补偿128万元。国家投资299.05万元建设高标准农田0.1万亩，主要开展土地平整、土壤改良、增施有机肥、机耕道及小型水利设施等配套工程。

【基础设施建设】 2020年，措美县交通路网主要以G560、G219为主线贯穿县域路网，国道改建工程于2018年3月开工续建，2020年3月26日如期复工，完成投资2320万元，已完成项目进度100%，10月交通厅全面通过交工验收，并投入使用。截至年底，全县公路通车里程约441.192公里，其中，县道通车里程121.298公里，乡道104.692公里，村道192.463公里，专用公路22.739公里。4个乡镇通畅率将达到100%，16个建制村通畅率达到87.5%。全年共实施水利项目7项，分别为古堆乡帕仓村水土流失综合治理工程、哲古水库工程、2020年"一点一方案"农村人饮工程、措美镇当许社区金珠水渠维修工程、乃西乡台巴防洪堤工程、措美镇当许社区金珠水渠维修工程、措美镇雪热村真巴组防洪堤工程，项目投资分别为1400万元、2190.12万元、1038.82万元、100万元、1235.42万元、100万元、106.42万元。

【招商引资】 2020年，措美县紧盯"一带一路"、拉萨—山南经济一体化、山南市中部地区崛起、幸福家园建设等大好机遇，充分利用措美县可支配的资源进行政策引导、舆论宣传，推动基础设施建设，让更多的大项目、好项目在措美落地生根。全年共招商引资项目3个，完成投资6378万元。

【城乡建设】 2020年，措美县公租房建设项目总投资587.94万元，新建公租房32套及附属工程，已完成主体工程。哲古镇人居环境整治及城镇功能提升工程（一期）建设项目，总投资1817.55万元，建设内容为综合楼A栋1486.34平方米、综合楼B栋1438.03平方米、景观及附属工程1项，2020年已完成项目总量的85%。全年开复工项目88个，累计完成投资63587万元。扎杂一期、当许棚户区改造、县综合市场、哲古水库、乃西乡35千伏输变电站、措美县10千伏及以下中低压配电工程建设项目已完工并投入使用。县城供氧、供水二期等项目正在建设。哲古高原特色旅游小镇建设获得市级批复。G560、G219措美段全线贯通，乡镇公路通畅率达100%，通村公路通达率、通畅率分别达到100%、93.3%。电信、移动信号覆盖率分别在98%、99%以上，网络覆盖率均为100%。

【社会民生】 2020年，措美县及时兑现26项惠民补助。持续开展"五个100%"创建，全力落实控辍保学、"三包"、营养餐改善等政策，全面推进素质教育，落实各类教育经费991.12万元。小升初全市第四、初升高全市第六。广播和电视覆盖率均达到98%以上，开展送文化下乡演出60场次，受众达3万余人次。全民免费健康体检实现全覆盖，医疗救助报销645人239.36万元、医疗报销742人666.78万元，孕产妇住院分娩率达100%，婴幼儿零死亡，46例包虫病患者得到有效治疗。农村低保对象共142户348人，城镇低保33户66人。落实农村低保资金84.289132万元（其中"十大民心"农村低保资金10.5975万元、困难群众价格临时补贴14.454927万元），城镇低保资金69.958883万元（其中"十大民心"城镇低保资金18.42万元、困难群众价格临时补贴8.075423万元）。2020年，措美县共有特困供养老人117人，集中供养五保老人93名，分散供养24名，集中供养率达79.5%，其中女性62人，男性55人，落实特困人员供养金161.1618万元。2020年为209户109人落实临时救助资金20.3万元。全县有残疾577人，其中：农村户口563人、城镇户口14人，视力残疾194人、听力残疾55人、言语残疾5人、肢体残疾238人、智力残疾9人、精神残疾18人、多重残疾58人。落实2020年"两项"补贴资金114.13万元、2020年"山南市十大民心工程"残疾人生活补贴122.655万元、34名精神障碍监护人补贴资金8.16万元。对13户贫困残疾人，落实无障碍改造工作资金4.55万元（标准3500元）。落实低保、五保、残疾人补贴等资金589.43万元。全年累计培训农牧民646人，劳务输出5034人，创收3158万元。153名高校毕业生实现全部就业。城镇登记失业率控制在2.1%以内，社会保障就业率、"五大保险"参保率均达100%。农补奖2020年度提高标准后，兑现资金1350.24万元。生态岗位草监员771人（每人每年3500元）。工资兑现270.11万元。全年减税降费88万元。

【脱贫攻坚】 2020年，措美县全面落实巩固脱贫成果十项举措。产业扶贫项目利益联结机制持续健全，县内5个集中搬迁安置点均已安排配套产业，共带动127户搬迁对象增收。县城集中搬迁安置点实现长期稳定就业24户35人、转移就业19户26人，就业率100%。全年搬迁308户1277人，218户715人完成搬迁户。稳步推进旧房拆除和宅基地复垦复绿，县域内易地搬迁点人均享有耕地1.5亩，颁发临时不动产权登记证书113本。全覆盖完成房屋安全鉴定工作。实施季节性缺水工程6个，有效解决559户1768人饮水安全问题。51处饮水点，水质检测均已达标。有效落实家庭医生签约服务。

【生态环境】 2020年，措美县牢固树立和践行"绿水青山就是金山银山、冰天雪地也是金山银山"的生态理念，抓住农民群众迫切需要解决的实际问题，结合新农村建设，全面实施村庄环境整治工作，积极实施厕所改造工程。开展塑料污染治理工作，围绕世界环境日等开展宣传活动4次。实施投资110万元的农村饮用水源地保护项目，对鲁麦村扎西杰水源点等11处农村饮用水源地进行围栏保护，围栏面积1395米，安装警示牌22个、界桩46个及维修取水口。完成义务植树1200亩，种植苗木8.26万株、生态公益林2016.3亩、退牧还草22万亩、封山育林1.13万亩、禁牧草场170万亩、加快实施4万亩生态修复工程。兑现2426人生态岗位资金426.3万元、草补资金1488.85万元。常态化落实河湖长制，各级各部门开展巡河巡湖74次。建有9处空气质量监测点和

12处水质监测点，县域空气质量保持良好以上。结合“爱国卫生运动”“六清六改”整治范围，累计清理农村生活垃圾716吨，河塘沟渠垃圾28.2吨。

错那县

【概况】“错那”藏语意为“湖的前面”的意思，位于西藏自治区东南部，喜马拉雅山脉东南，东接印占珞瑜地区，西邻不丹、南与印度接壤，是西藏自治区的重要边境县之一。国土面积34979平方千里，耕地面积为22638亩，粮食播种面积17704亩、经济作物播种面积4671亩。县城所在地海拔4380米，距拉萨380公里，距泽当220公里。截至2020年12月，全县辖9个乡1个镇（其中门巴族乡4个），27个行政村（其中居委会2个），居住着藏族、汉族、门巴族、回族、珞巴族等多个民族，共有4576户13104人。错那县是全国双拥模范县、自治区级文明县城、自治区生态文明生态县，全区首批8个国家级重点生态功能区之一，也是国家藏东南边缘森林生态试点示范县之一。

2020年，错那县完成地区生产总值81395.4万元，同比增长7.9%。其中：第一产业完成2900万元，增长5.4%；第二产业完成42967.5万元，增长17%；第三产业完成35527.9万元，下降0.8%。完成全社会固定资产投资67951万元，同比下降14.6%；完成社会消费品零售总额20650.1万元，同四经普数据相比下降8.3%；完成一般公共预算收入4082万元，增长0.42%；完成税收总收入4399.86万元，增长40.54%。农村居民人均可支配收入14007元，增长13.2%。全县各项存款余额120460.66万元，较年初减少10780.36万元；各项贷款余额为54755万元，较年初增加3760万元。县机关事业单位养老保险参保人数1164人，参保率100%；工伤保险参保人数1418人，参保率100%；失业保险参保人数878人，参保率100%；城乡居民养老保险参保人数9787人，参保率99%。

【产业发展】 2020年，错那县成功举办错那县第25届亚玛荣物资文化交流会，消费带动经济作用明显增强；“五一勒布沟赏花”“秘境勒布沟·美出新高度”等活动顺利开展，旅游产业迸发活力，更多群众“吃上旅游饭”，全年接待游客7.65万人次，旅游创收3706万元；粮经饲比例由2015年的62∶16∶22调整到2020年的75∶17∶8，种植结构更加优化，完成1.75万亩土地综合开发和7700亩高标准农田建设；“互联网＋政务服务”工作、“一网、一门、一次”（企业群众办事线上“一网通办”、线下“只进一扇门”、现场办理“最多跑一次”）等改革不断深化，各类市场主体发展到1739户、注册资金达9亿元；草原承包经营权确权、农村土地（耕地）确权登记颁证、25个村居赋码工作全面完成，城乡建设用地增减挂钩工作全面铺开，完成土地储备8宗66.93亩，出让土地50.62亩，收入1032万元。

【农牧业】 2020年，全县农作物总耕地面积为22638亩、总播种面积为23269.79亩，其中：粮食作物面积17704亩、经济作物面积4671亩，饲草面积895.2亩。冬播作物总播种面积为2948.2亩，其中：冬小麦2322.2亩、冬青稞626亩，粮经饲比例为75∶17∶8。全年完成粮食产量5442.46吨，同比增长0.03%，其中青稞产量4165.47吨，同比减少2.6%；蔬菜产量3555.93吨，同比增长14.7%。全年共购买农机具167台，总价67.61万元，受益群众168户。全年牲畜存栏72113头（只、匹）、牲畜出栏34484头（只、匹）、出栏率47.8%，成畜死亡992头（只、匹），死亡控制在1.1%。全年，肉产量达到1607.39吨，同比增长14%，完成指标任务的100.5%；奶产量达到5055.59吨，完成指标任务的101.1%。全年共配种黄牛1806头，配种率100%，复配45头，复配率0.1%。全年共完成口蹄疫二价疫苗免疫131828头（只），免疫率100%；禽流感H5N7活疫苗28322羽、免疫率100%。农牧民补助奖励政策工作各项资金共计113.03万元，农牧业常规建设项目共9个，项目总投资达3367万元。

【工业】 2020年，错那县共有3家砂石场和1个商砼站。3家砂石场共收取租金520万元，其中扎洞砂石场100万元、曲卓木砂石场120万元、吉松砂石场300万元，商砼站预计实现分红50万元。

【第三产业】 2020年全县第三产业完成35527.9万元，下降0.8%。全年共组织各类旅游宣传推介会

12场次，成功举办“五一勒布沟赏花”“秘境勒布沟·美出新高度”等活动，全年共接待游客76510人次，同比增长13.3%，实现旅游收入3706.1万元，同比增长21%。

【城乡建设】 先后实施湿地公园（一二三）期、市政道路改造、县城供水、供暖、供氧等一批县城整体功能提升项目，全县城镇化水平达到30%左右；县城供氧实现第三方托管运营；先后实施27个行政村76个建设点的边境小康村建设，惠及群众3772户11536人，实现“挪穷窝”与“换穷业”并举，安居与乐业并重，搬迁与脱贫同步，增收与固边并进；麻麻、勒入选“中国美丽休闲乡村”名录，贤村、桑玉村、库局村入选第五批中国传统村落名录，斯木村喜获“中国村庄2019幸福村”称号，勒布沟景区获“中国天然氧吧”称号。

【项目建设】 2020年，错那县计划实施项目150个，总投资36.58亿元，已开复工项目136个，开复工率91%。累计录入国家重大项目库项目191个，总投资36.41亿元。投资在线审批项目354个，总投资52.39亿元。G560错那段、汀棒公路、格无公路、卡达至羊卓公路等建成通车，边境牧道建设有序推进，横向到边、纵向到底交通网络基本构建。县卫生服务中心（妇幼保健站）、觉拉乡、曲卓木乡卫生院改扩建项目投入使用。县城供水二期工程、市政维修、停车场、乡镇级综合运输服务站、抵边通信基站、农村饮水巩固工程等项目开工或建成，110千伏输变电工程成功

2020年6月13日，错那县文化局联合县民创办、县新时代文明实践中心、“四讲四爱”活动办在县城安徽广场开展第四个文化和自然遗产日活动

带电投运，肖、雍布和康格多三个抵边特色城镇规划编制正式启动。

【基础设施建设】 2020年，错那县实施136个项目，总投资344831.8万元。其中交通领域实施8个项目，总投资118321万元；农林水领域实施24个项目，总投资23134.9万元；社会发展领域实施89个项目，总投资194592.9万元；社会治理领域实施2个项目，总投资592万元；公共服务领域实施13个项目，总投资8191万元。

【教育】 2020年，错那县共落实“三包”及营养改善经费274.82万元；发放大学生资助金315.33万元，惠及431名学生。全年区内示范高中录取25名，录取率为21.93%；区内普通高中录取48名，录取率为42.11%；中职班录取40名，录取率为35%；总录取人数为114名，录取率为92.68%。曲卓木乡小学附设双语幼儿园和曲卓木乡塔嘎村双语幼儿园通过山南市幼儿园分类评估定级验收，中小学校素质教育通过市级交叉评估验收。

【文化】 2020年，错那县文化局（文物局）创作了《生产与疫情双丰收》《天使之爱》等11个独具错那特色的歌舞和曲艺节目，被“山南文化网”等网络媒体采用；全县特色产业越办越好，勒布茶叶、卡达藏刀、木碗、藏香、养生足浴粉、苦荞茶、荞麦枕头等一批产品成功走出错那。成功举办错那县第25届亚玛荣物资文化交流会，消费带动经济作用明显增强；成功举办喜迎2020春节、藏历铁鼠年“礼赞70年. 幸福边陲”等众多特色文艺晚会和特色文化活动；全年送文艺下乡70场次，观众人数累计达28000余人次；门巴族央卡尔碉楼、麻麻四壁观音摩崖造像等7处文物申报市级文物保护单位；门巴族牧歌、门巴族竹器编织技艺成功申报市级非物质文化遗产名录；扎洞扎念弹唱、门巴族拔羌姆和萨玛民歌代表性传承人被自治

区命名为非物质文化遗产代表性项目传承人，文化遗产名录更加完善；麻麻乡入选自治区级首批非遗特色乡村，门巴戏阿吉拉姆走出西藏。

【医疗卫生】 2020年，错那县藏医院挂牌成立，县人民医院顺利创建二乙综合医院，全年采购医疗设备640万元，总收入为199万元；全年接诊门诊8471人，医技科检查13400人，住院收治病人170例，手术19例，新接生21例，急诊观察病人22人次；首次在县人民医院进行3例骨科手术和1例普外手术；全县标准化村级卫生室改造全面完成，行政村“一村两医”目标全部实现，全民体检全面推行，住院分娩率达到99%，包虫病筛查率、治疗率达100%。医疗改革稳步推进，落实医疗报销救助1486人次878.4万元，健康错那深入人心。

【社会民生】 2020年，脱贫攻坚战全面打赢，国家普查大考顺利通过，历史性消除现行标准下绝对贫困，3142名贫困群众喜享成果；成功举办首届高校毕业生创业论坛，政府开发基层岗位43个，错那籍高校毕业生就业率达到98%；实现转移就业5773人次，创收3200万元；“五个100%”深入贯彻，大学生资助等政策资金落实590.15万元，教育质量稳步提高；疫情防控各项措施有效落实，核酸检测实验室顺利建成，复工复产顺利推动；落实惠企纾困政策，为市场主体减免房租180万元，支持市场主体复工复产减税降费1047.81万元；优化调整和新开通农村客运班线6条，出行条件全面改善，现有县级客运站1个、客运营运车辆12辆，全年发送旅客15763人次，比2019年提高8.65%；成功创建国家公共文化服务体系示范区，全国首个门巴民俗文化陈列馆面向社会开放，麻麻乡入选自治区级首批非遗特色乡村，门巴戏阿吉拉姆走出西藏。

【脱贫攻坚】 2020年，错那县始终坚持精准扶贫精准脱贫基本方略，严格落实“五个一批”举措，大力落实消费扶贫和防返贫致贫监测预警及跟踪帮扶机制，脱贫攻坚全面打赢，国家普查大考顺利通过，实施涉农资金整合，共投入资金7330万元，实施项目12个，竣工运营12个。

【生态环保】 2020年，错那县实施“江水上山”和国土绿化行动，义务植树13000株，补植补造6650亩，“五消除”成果进一步巩固；人居环境整治深入开展，2020年预算150多万元分配于各乡镇、为农村环境卫生整治工作提供资金保障，为10个乡镇27个行政村配备188名环境保洁员及监督员，常态化开展村庄清洁活动，实现城乡环境优美、村容整洁、乡风文明的新气象；70个水源点水质检测达到国家标准，实现村组安全饮水覆盖率100%；全面推行环境信息公开，实现环境信息公开率100%。肖、库局、贡日、贤4个行政村申报自治区级美丽宜居村庄，8个乡镇25个村（居）自治区级生态文明村（居）顺利提档升级，勒村入选全国乡村旅游重点村名录。

【小康村建设】 2020年，全县边境小康村建成23个、在建35个，卡达2组、西午8组、郭梅5组等1292户3966名群众喜迁新居、共享成果，其他乡镇部分村组1853户5527名群众翘首以盼、即将入住，一村一点目标全面实现。移风易俗扎实有效，健康文明生活习惯日渐养成，宗教消极影响全力淡化。全县抵边小康村项目建成11个、在建7个，多塘、次麦多、聚塘、麻麻等233户711名边民抵边搬迁、贴边生产，群众守土固边意识明显增强。

【防灾减灾】 2020年5月29日，错那镇放牧点发现鼠间鼠疫。错那县委、县政府坚持人民至上、生命至上，共调动应急帐篷4顶（12平方米）、简易床12张、棉褥子12张、棉被24床、棉大衣12件等救灾物资，拨付救灾资金19.95余万元进行应急防控，成功应对“5·29”错那镇草场鼠间鼠疫，未出现鼠疫扩散等灾害。

隆子县

【概况】 隆子县隶属于西藏自治山南市，位于西藏区南部，山南市中偏北，喜马拉雅山东段北麓；北与朗县、加查县接壤，南与错那、东与珞瑜、西与措美县相连，西南与错那、偏北方与曲松县、西北与乃东县、东北与米林县相邻。其地理位置为北纬28° 07′—28° 52′，东经91°53′—93° 06′。隆子县位于西藏南部，山南地区中偏北，属喜马拉雅山北麓的藏南谷地。由于受第三纪喜马拉雅造山运动的影响，地势连绵起伏，山岭河流纵横交错。地势北高南低、西高东低，境内有海拔6000米的崇山峻岭，亦有倾斜而下至海拔3000米的山川峡谷。最低点为扎日乡庄那村和斗玉珞巴民族乡斗玉村，海拔3000米。南部主要山峰位于喜马拉雅山脉大“弧形”处，海拔一般都在5000米以上，冰碛可见，冰塔林立，终年积雪。雄曲中上游山原区，海拔一般在3900—4300米之间，河滩较为宽阔，谷地与高顶相对落差一般在300—800米，由台阶地相连形成。并有辽阔的桑佐塘、拉贡、麦木江东草场。色曲、洛曲、雄曲下游高山峡谷区，海拔一般在3000—3600米，该区域河流深切，多呈“V”形河谷，冲沟发育，冲沟与支流有大小不等的冲积扇。

隆子县河流均属雄曲河水系，其主要支流有色曲、洛曲、玉麦曲。在高山峡谷中长期流水的支流有41条，其中积水面积达100平方千米的河流有5条。县境内有大小湖泊65个，总面积33平方公里，其中最大的新德列湖为760余亩，其次为内宗错420余亩。

气候　隆子属高原温带大陆性季风气候，年平均气温为5.5℃，年降水量为297.41毫米，年无霜期为238.3天。年平均日照时数为3005.9小时。

隆子县辖二镇九乡，分别隆子镇、日当镇、加玉乡、列麦乡、扎日乡、热荣乡、三安曲林乡、准巴乡、斗玉珞巴民族乡、雪沙乡、玉麦乡。截至2020年年底，隆子县总人口35995人，其中农牧民32243人，城镇人口3558人。居住有藏族、汉族、珞巴族等民族，其中藏族占99%以上。

隆子县有耕地面积3563.97公顷，林地面积为33.48万公顷，草场40万公顷。矿产资源有沙金、铁、锰、锑、铝、锌、石棉、水晶等。动物资源有牦牛、黄牛、犏牛、山羊、绵羊、驴、马、骡等牲畜。在森林中和草地上还有豹、棕熊、小熊猫、松鼠、藏马鸡、雪鸡、鼯鼠、林麝、獭兔、藏狐、猞猁、盘羊、岩羊、金雕、鹫、枭、杜鹃、喜鹊、岩鸽、斑鸠、旱獭、羚牛、马鹿、雀鹰等野生动物资源。国家级野生保护动物有棕熊、岩羊、雕等。植物资源有虫草、贝母、知母、黄芪、大黄、党参、三七、三颗针、雪莲、红景天、天麻、当归、秦艽等植物资源。地下水储量大0.5亿立方米以上，水利资源可开发利用量为30万—50万千瓦。主要旅游景点扎日自然风景观光区（自治区级风景名胜区）、玉麦自然人文景区（国家AAAA级景区）、斗玉珞巴民俗文化体验区。

2020年，隆子县完成生产总值164962.5万元，同比增长7.6%；其中，第一产业完成8366.6万元，同比增长7.3%；第二产业完成88146.8万元，同比增长11.4%；第三产业完成68449.1万元，同比增长1.4%。全社会固定资产投资95233亿元，完成邮政业务总量228万，完成电信总业务1830.83万，固定电话用户1264户，所有网络信号覆盖100%；移动电话用户12100户；乡镇网络信号覆盖100%，自然村覆盖98%以上。社会消费品零售总额22783.7万元。接待游客51717人次，同比增长8.05%；实现旅游收入1291.41万元，同比增长29.72%。地方财政收入7003万元，同比下降22.2%；地方财政支出170661万元。年末城乡居民储蓄存款余额79468。全年农村居民人均纯收14868元，实现城镇新增就业656人，城镇登记失业率5%。截至2020年年底，参加城镇失业保险1187人，参加基本养老保险395人，城镇职工参加基本养老保险1538人。参加城乡居民养老保险22587人，已领取养老保险待遇3575人。城镇居民

隆子县“菜篮子”全景图

中有50户70人得到政府最低生活保障金。

【产业发展】 2020年,隆子县产业发展更进一步台阶,总投资3.4亿元的33个脱贫攻坚产业项目已全部竣工。总投资1.34亿元的边境小康产业项目已全部竣工。

【农牧业】 2020年,隆子县总投资达3071万元的2019年高标准农田建设项目已完工;总投资4500万元的高标准农田建设项目已完成土地治理工作;城乡建设用地增减挂钩拆旧复垦及土地开发整理等4个项目总投资0.35亿元,已基本竣工。总投资180万元人工种草项目已竣工并投入使用。

【重点集体经济】 隆子县"聂雄"标准化奶牛养殖。2017年,隆子县在充分论证当地草料资源丰富和饲养经验成熟的前提下,先后投资1.02亿元建设成隆子县"聂雄"标准化奶牛养殖基地,养殖奶牛800余头。经过一年的精心经营,所产鲜奶除满足县域学校、机关外,远销拉萨、泽当等地,创收265.16万元。同时鲜奶深加工产业正在探索中。该项目的实施现已带动94人就业,同时为全县692名贫困人口每人分红1000元。

隆子县黑青稞发酵产品加工生产基地和隆子县特色农产品加工生产线。鉴于隆子黑青稞种植面积较大、区内外知名度较高,2017年隆子县在认真调研区内外市场需求的基础上,先后投资3510万元、2023万元分别实施隆子县黑青稞发酵产品加工生产基地和隆子县特色农产品加工生产线建设项目,主要以黑青稞酒、黑青稞糌粑、黑青稞饼干、面包等为主对黑青稞进行深加工。黑青稞发酵产品加工生产基地已投入生产,预计年产值可达900万元;隆子县特色农产品加工生产线建设项目预计6月底投产,预计实现年产值可达600万元。以上两个项目的实施预计可带动150余名贫困群众增收致富。

隆子县菜篮子工程。投入资金5160.41万元,实施隆子县菜篮子一期、二期工程,共修建智能温室大棚2座2076平方米、PC阳光板温室大棚106座33920平方米、温室大棚115座,带动370名建档立卡群众增收致富,其中易地搬迁贫困户就业39人,结合易地搬迁,该工程集中连片打造专业的蔬菜产业生产园区,通过产业先行使易地搬迁人员(56户151人)能在搬迁后不离乡、不离土、就近就便就业,真正实现"搬得出、留得住、能致富"的总目标。

隆子县黑青稞发酵基地生产车间一角

【旅游发展】 2020年,隆子县共接待游客51717人次,同比增长8.05%;实现旅游综合收入1291.41万元,同比增长29.72%,参与旅游行业人员261人,人均增收2万余元。2020年,新建、续建旅游重点项目共有4个,总投资共计4135.89万元。在玉麦自然人文景区实施总投资300万元的玉麦乡游客补给站建设项目,已完工,并完成初验。实施总投资1500万元的集游客问询求助、餐饮、住宿、购物、休闲、娱乐为一体的玉麦乡旅游公共服务配套建设项目,完成工程进度的85%;在扎日自然风景观光区实施总投资1335.89万元隆子县扎日乡庄那、桑巴东边境小康村建设项目廊桥工程,已验收完成并投入使用。实施总投资1000万元的扎日洛河景区建设项目,该项目于2020年9月正式放线施工,已完成施工进度的60%。

【特色产业】 在"疫情防控形势严,经济发展任务重"等多重考验下,全县上下攻坚克难、顽强拼搏,最大限度地消除了疫情等不利因素对全县经济发展带来的影响。

优化调整种植结构，总耕地面积保持既定保有量，粮食作物种植面积达到 4.3 万余亩，落实良种繁育田 4950 亩，粮经饲比例为 89：6：5，粮食产量达到 20596 吨，粮食附加产品的生产逐步稳定，糌粑、黑青稞酒等衍伸产品市场竞争力逐步增强。以黑白花奶牛、黑藏猪、黑藏鸡养殖和黑青稞种植为主的“四黑”产业逐步成型，各类牲畜存栏量达 15 万余头（只、匹），出栏牲畜 33943 头（只、匹），拥有黄改牛 14411 头，出售改良牛 2038 头、累计创收 1359.98 万元。2020 年以来，面对疫情防控严峻形势、项目建设带动乏力、矿业产值大幅下降等错综复杂局势，采取协助以华钰矿业为主的工矿企业尽早复工复产等手段，稳定工业发展局面，市县两级投入 1 亿元帮助企业纾困。2020 年，隆子县国家级电子商务进农村项目运行良好，累计实现交易额 177 万元，线上农产品交易额达 25 万元，迈出隆子县线上经济的第一步。玉麦基层供销合作社正式挂牌成立，成为全区首个边境基层供销合作社。2020 年，全县共开复工招商引资项目 4 个，预计完成固定资产投资 1.8 亿元。华钰矿业稳定投资，完成投资 8169 万元，格尔东赞酒店即将建成，一期投资 1.31 亿元的玉麦湘万头藏香猪养殖基地项目正式开工，工程进度达到 67%。总投资 800 万元的扎玉加油站已竣工。

【项目建设】 2020 年，全县共计开复工项目 119 个，完成固定资产投资实物量 13.83 亿元，其中投资在 500 万元以上项目 65 个，完成固定资产投资实物量 12.75 亿元。通过各项项目建设，全县基础设施愈加完善，城乡面貌进一步改观。

【招商引资】 2020 年，隆子县持续发力，总投资 0.93 亿元的禄东赞大酒店建设项目主体已完工，进入装修阶段；华钰矿业项目预计完成投资 0.7 亿元；玉麦湘万头藏香猪养殖基地（一期）总投资 1.3 亿元，工程进度 67%；扎玉加油站总投资 0.08 亿元，已竣工。

【教育】 2020 年，隆子注重教育改革，促进教育事业协调发展，教育质量显著提升。隆子县共有各级各类学校 56 所。其中，初级中学 1 所，乡（镇）小学 9 所，教学点 10 所，独立“双语”幼儿园 36 所。隆子县义务教育阶段在校生共计 3654 人。其中，初中在校生 1192 人，小学在校生 2525 人。初中净入学率达 100%，初中适龄少年毛入学率达 100.25%、小学适龄儿童入学率达 100%；全县在园幼儿园 1215 人，全县学前教育普及程度逐年提高。学前三年毛入园率达 85.68%。基础教育学校占地面积达到 335481.56 平方米，校舍建筑面积 100413.56 平方米、图书藏书量达到 123564 册、固定资产总值达到 20032.114 万元，其中仪器设备总值达 761.5516 万元。

【文化】 2020 年，隆子县始终保障群众文化权益，实施文化惠民工程，在公共文化基础设施建设上得到有力提升，市场环境进一步净化，非物质文化遗产保护工作有序开展，文物保护工作成效显著，在全县营造积极向上的文化氛围，为全县经济社会跨越式发展和长治久安提供良好的文化条件和精神动力。圆满举办举办以“党旗下，我们不负韶华”为主题的 2020 隆子玉珞文化旅游节活动、“双拥共建”文艺演出活动、百万农奴纪念日演出活动、“决战脱贫攻坚 决胜全面小康”群众性文艺大赛、第 7 个国家扶贫日等大型文艺演出活动；开展具有隆子特色的“文化与自然遗产日”系列活动，活动内容涵盖非遗传统舞蹈、特色产品展销和非遗传承人交流会，12 家企业 2 天展销额达 14 万元、开展隆子县第 38 届聂雄物资文化交流会等；累计创作各类节目 8 个，完成 72 个行政村文艺演出队业务指导培训，演绎团演出 72 场次、文化惠民 3.6 万余人。

【医疗卫生】 2020 年，隆子县全面推进医疗卫生事业发展，县人民医院现有医疗技术人员 51 名。其中员级职称 6 名，初级职称 16 名，中级职称 19 名，高级工人 1 名，助理 1 名。县藏医院现有职工 11 名。其中管理人员 1 名，其中副高级 1 名，中级 6 名，初级 3 名。乡镇卫生院共有专业技术人员 91 名。其中正式职工 75 名（中级 8 名、初级 34 名、员级 33 名、工人 2 名），公益性 16 人。村卫生室医务人员共计 165 人，其中 6 名大学生村级医务人员。县疾控中心共有专业人员 11 名，其中员级职称 3 名，初级职称 4 名，中级职称 3 名，副高职称 1 名。

2020 年，住院分娩率 99.7%；剖宫产手术 48 例。孕产妇死亡零。

5岁以下儿童死亡零，进行高危产妇管理84例，高危产妇住院率达100%。实施增补叶酸预防神经管缺陷项目，2020年隆子县加大宣传力度，提高叶酸的服用率，2020年新增应服人数为457人，叶酸服用人数为380人，叶酸服用率83.15%；调查人数254人，知晓人数211人，知晓率83.07%。由于“两降一升”项目的实施，县政府的大力支持和全面的宣传，使群众提高对住院分娩的认识。按照自治区、市级住院分娩补助标准，2020年1月1日至2020年12月31日共兑住院分娩补助76.3770万元，兑现人数346人。

2020年，共登记结核病72例，初诊登记85人，痰检85人。全县35岁以上高血压患者2651人，规范管理2651人，管理率100%，其中血压控制人数250，控制率10%；65岁以上老年人健康管理数2025人，规范管理2025人，管理率100%；糖尿病患者管理9人，规范管理9人，管理率100%；严重精神障碍患者管理91人，其中死亡3例，规范管理88人，服药6例，管理率100%，全部已登记并完善重症精神疾病患者档案和网络登记。2020年，共计开展艾滋病检测2048例，其中对孕产期孕妇检测279例、普通人群检测193例、STD检测46例、其他艾滋病检测（农牧民）1477例、娱乐场所工作人群检测162例、术前检测25例、自愿咨询检测53例，未发现艾滋病患病病例。2020年，共报告法定传染病和其他传染病12例，0—15岁儿童AFP监测1343人，无AFP病例。按照上级业务部门指示要求，由县卫健委牵头，组织县疾控中心专业技术人员深入辖区内各所学校开展学生常见病筛查工作，2020年已完成2376份学生常见病监测。卫生监督工作扎实开展。隆子县2020年城乡居民暨在编僧尼免费健康体检工作实施方案，成立工作领导小组，明确工作职责任务和进度要求。截至9月底全面完成32400名农牧民群众、3697名城镇居民及僧尼免费体检工作。并教育引导5名疑似先心病患者到山南市接受进一步确诊工作。

总投资2000万元的县人民医院的高压氧舱建设项目，投资550万元的人民医院核算实验室已投入使用，投资129万元对10个村卫生室、疾控中心艾滋病实验室、部分乡镇卫生院进行维修改造。

【社会保障】 2020年，隆子县注重教育、医疗卫生、民生工程、医保政策、就业创业、文化事业等各项社会保障体系建设。投入资金4854万元实施学前幼儿园、学校风雨操场、教学辅助用房、学生宿舍、学生食堂改扩建、学校供暖、公共体育服务设施等各类教育项目，教育设施不断完善，硬件水平进一步提升。全面启动隆子县中学“边境示范校”创建工作。扎实做好校园疫情防控工作。全县医疗卫生系统紧急联动，高效完成疫情防控各项任务。进出县城主道、隔离点检测全覆盖，公共场所消杀全覆盖，重要活动及场所检测消杀全覆盖，防疫物资储备充足。大力推广家庭医生签约服务、开展巡诊服务及家庭医生随访、落实健康扶贫“三个一批”行动计划，家庭医生签约实现全覆盖。狠抓民生政策落实，及时兑现住院分娩补助资金、老年人健康补助等各类政策资金、深入开展“两降一升”、“两癌”筛查、城乡居民暨在编僧尼免费体检工作。全力做好结核病防治、慢性病管理、艾滋病监测、疫情监测等疾病预防控制工作。强化医疗卫生基础设施建设，投资2000万元的高压氧舱及制氧室已开工建设，投资500万元的核酸检测实验室通过验收，投资1100万元的人民医院传染病能力提升工程已进入招投标程序。总投资3056万元的特困人员集中供养服务中心改扩建项目和残疾人综合服务中心项目正式开工建设。医疗保险参保征缴工作全面完成，参保率达到100%，严格落实医保待遇，确保新医保政策报销结算工作有效落实，认真落实特殊困难人群资助参保等待遇，有序开展城镇职工、居民医疗生育保险支出、城乡医疗救助及重特大疾病救助等工作。健全保障就业体制机制，加大农牧民转移就业及实名制录入工作，累计实现实名制转移就业人数10006人，高效完成年度目标任务，累计创收12713.74万元，创收完成率219.2%。积极组织搭建转移就业基地13家，组织开展技能培训1060人。开展高校毕业生就业创业工作，开发就业渠道，累计争取就业岗位389个，组织开展线下高校毕业生招聘会2场次，实现就业43人。狠抓劳资纠纷案件化解工作，累计协调劳资纠纷案件19起，已协调处理16起。发放社保卡33583张，通过社保卡兑现城镇最低生活保障金、村干部待遇工资、村委监督员待遇工资以及城镇居民养老保险发放工作。退役军人及其他优抚对象服务工作进一步强化,玉麦乡人民政府被评为全国双拥模范单位。推进文化文艺事业快速发展,开展"双拥共建"等文艺演出活动,投入资金2.8万元制作疫情防控视频歌曲《白衣天使》,拍摄制作百万农奴纪念日视频歌曲《再唱山歌给党听》,组建村级文艺演出队80个,满足群众文化生活需求,顺利举办以"党旗下,我们不负韶华"为主题的2020隆子玉珞文化节。累计创作各类节目8个,完成72个行政村文艺演出队业务指导培训,演绎团演出72场次、文化惠民3.6万余人。

【脱贫攻坚】 2020年是隆子县"十三五"时期脱贫攻坚成果"两年巩固"的最后一年,全县上下严格按照"四个不摘"要求,聚焦"两不愁三保障"持续发力,全力巩固脱贫攻坚成果。强化政策宣讲,激发内生动力,累计开展精准扶贫宣讲1880余场次,受教人数达12.42万人次。认真落实"五个一批"措施,着力实现稳就业、促增收。2020年实现53户150搬迁至县外集中安置点,依托产业带动,实现县域内搬迁人员稳步增收;拆旧复垦工作有序推进,复垦率达到78.6%。结对帮扶持续深入,充分发挥政府和社会两方面力量,着力构建专项扶贫、行业扶贫、社会扶贫、金融扶贫、援藏扶贫等互为补充的大扶贫格局,全县2836名干部结对帮扶2174户6223人,帮扶折资203.339万元;依靠本地企业优势,通过捐款捐物、吸纳贫困户就业等方式助力脱贫攻坚;充分发挥金融扶贫带动,发放小额贷款863.5万元;依托援藏力量,投入资金400万元实施叶巴村、赤来村水改工程;对接各地医疗资源,开展免费下乡义诊500人次,捐赠设备、药物等共计8万余元,为隆子县病人进行手术同时减免费用10多万元;为扎日乡小学捐赠价值2万余元图书,出资6万元为玉麦乡小学新建图书阅览室并捐赠图书1500册。紧盯"两不愁、三保障"目标,累计兑现4774名学生教育"三包"资金1595.58万元,兑现3773名学生国家"营养改善"资金294.4万元,兑现151名"建档立卡大学生"免费教育资助资金20.6万元。严格落实控辍保学"四书制"和整班交接制度,小学免试入学初中和初中毕业生参加中考达到100%。严格落实健康扶贫工作,建档立卡贫困人群家庭医生签约服务全覆盖,完成32400名农牧民群众和3697名城镇居民以及僧尼免费体检工作,兑现住院分娩补助资金52.03万元,住院分娩率达到99.57%;完成农牧民住院(门诊特殊病)医疗报销1905人次1236.09万元。完成27户农村危房改造工作。严格落实"一点一工程"饮水安全机制,建成39个饮水点,受益群众1162户3615人,全县水质检测合格率达100%。

【生态环保】 2020年,全县空气环境质量保持良好、水环境质量保持优良。全年,深入开展"六大"专项整治行动,坚决打好打赢污染防治攻坚战,累计淘汰黄标车、老旧车20辆,对142个农村饮用水源点开展4项微生物检测及调查,合格率达100%,实施33处农村饮用水源点保护项目。严把建设项目环评审批关,落实环评和环保"三同时"制度,严格落实环境准入机制,严防"三高"企业进入隆子县。持续推进美丽西藏及西藏生态文明高地建设,累计创建生态乡镇8个,生态村居76个,3个生态村提档升级为生态文明示范村,继续巩固"绿水青山就是金山银山"实践创新基地。积极申报生态补偿示范县工作,已进入国家审批环节。

【乡村振兴】 2020年,隆子县实施农牧区"厕所革命"工程。按照"村自验、乡(镇)初验、县终验、地市复核、自治区抽查"的验收管理程序,分别于2020年1月、3月、4月由县农业农村局组织牵头,联合生态环境局、卫建委、住建局等部门组成厕所改造县级验收组,通过逐村逐户对隆子镇桑玉村、忙措村、娘嘎村、色吉雪村开展农村户用厕所改造验收工作,共验收户厕改造350户,350户均通过县级验收,于2020年6月30日通过市级复核,按照市验收组反馈的问题和整改意见,结合排查发现的问题,明确整改要求、整改时限、整改责任人,及时整改完成,于2020年7月全部户厕改造奖补资金已兑现到户。贯彻落实《农业农村部关于贯彻落实习近平总书记重要指示精神坚决克服当前农村改厕突出问题的通知》精神及区、市关于农村改厕工作的安排部署,深入各乡(镇)开展2020年全县农村户厕改造动员部署会,发放"抓好小厕所、改善大民生"为主题的厕所革命宣传手册共计500份,全年改造涉及5个乡(镇)下辖48个行政村,上半年通过全覆盖的方式开展监督指导检查3次,推进农村户用厕所改造工程,共改造5428个农户厕所。

【兴边富民】 2020年,总投资11.83亿元的28个边境小康村已全部建设完成,完工率达100%。累计实现1974户6351人入住新房,群众入住率达100%。配套建设25个边境产业项目,总投资1.35亿元,均已完工,在边境地区形成产业带动的长效机制。抵边搬迁稳慎推进,启动20个抵边搬迁点规划工作,预计实现搬迁群众1325户4620人,按照"抵边靠前、先行先试"工作指导意见,依托边境小康村的建设,已完成玉麦乡玉麦村、纽林塘、扎日乡庄那(桑巴东)、珞瓦新村4等个抵边安置点的建设工作。累计搬迁安置群众195户698人。斗玉乡定江安置点工程进度达到85%,预计2021年5月全面竣工。剩余抵边安置点待自治区抵边方案出台下达后即可逐步落实。

【强基惠民】 2020年,隆子县始终坚持党对人民高度负责的责任感,以真挚感情和务实作风,推进民生事业发展,推动党的基层事业不断前进。全县各驻村工作队严格按照市委、县委关于强化基层党建和加强村"两委"班子建设的相关规定,全面加强基层组织建设,重点推进村"两委"班子队伍建设工作。工作队组织党员开展"不忘初心、牢记使命"主题教育活动434次,讲党课542次,举办83期党员培训班,帮助解决村级组织工作经费2.753万元,村级组织办公设备经费33.7416万元,协助村"两委"开展活动720场次,召开支部党员大会451场次、党支部委员会665场次、党小组会643次、党课482次,使用村级组织活动场所2003次;组织共青团员、妇女等群团活动306场次,慰问五保户、贫困户和困难群众1425人次,发放慰问金和慰问品价值37.1179万元;慰问"三老"人员41人次,发放慰问金慰问品价值3万余元;帮助驻在村解决"三就""两保""六通"等民生突出问题35件,为群众办好事实事124件,投入资金21.9357万元。2020年,发放城乡居民养老保险金976.09万元,兑现十大民心工程地方补贴30元,发放年满60周岁以上人数3575人,发放资金约128.7万元。

【维护稳定】 深入推进平安隆子建设。2020年,隆子县全面落实社会治安综合治理暨平安建设责任。在年初全县政法工作会议上明确把平安建设(综治)工作各项责任目标细化分解到部门、单位,确保平安建设各项目标任务得到落实。

严打整治斗争。2020年,隆子县坚持稳定压倒一切的方针不动摇,本着"露头就打、打早打小、除恶务尽"的原则,从人民群众最关心、反映最强烈的社会治安突出问题入手,着力打击暴力犯罪、黑恶势力犯罪、经济犯罪、涉赌涉毒犯罪等多发性侵财犯罪,始终保持对各类刑事犯罪的高压态势。

防控体系建设。2020年,隆子县强化技防措施,对县城区街巷、广场等主要部位加强视频监控,实现县城区、乡镇街面、主要路段等重点部位视频监控全覆盖。继续加强公安专业防控队伍建设,加大巡防密度,特别是加强背街小巷和夜间犯罪高峰期的巡防力度,确保城区及乡镇驻地街道24小时见警察、见警车、见警灯,切实增强群众安全感。强化群防群治队伍建设。在全县商业门店和广大居民群众中开展联防联控工作,组建由辖区派出所指导的巡逻队伍598支3420人,开展群防群治巡逻1万余次。不断加强群防群治队伍建设。加强单位、小区内部防范。按照"属地管理"和"谁主管、谁负责"的原则,落实机关、企事业单位及辖区居民小区、物业公司的治安防控责任。

矛盾纠纷排查化解。2020年,隆子县健全完善司法调解、行政调解、人民调解"三调联动机制",健全完善县、乡(镇)、村矛盾化解网络体系,初步建立起交通事故、劳动争议、医疗纠纷、婚姻纠纷等行业性专业性调解组织,定期开展矛盾纠纷排查化解,确保把各类问题解决在基层、解决在单位内部、解决在萌芽状态。

【党建工作】 2020年,全年发展党员146名(其中农牧民党员118名,占全年发展党员比例的82.5%)。培养党员致富带头人173名(党员39名,致富带头人129名,村后备干部5名)。在7个易地整村搬迁安置点党组织已全覆盖,转接50余名党员党组织关系。

思想建设。2020年,隆子县

坚持把思想政治建设摆在更加突出的位置，大力开展政治教育培训，把学习习近平新时代中国特色社会主义思想和《习近平谈治国理政》第三卷作为首要政治任务，坚持读原著、学原文、悟原理、领悟核心要义，引导组工干部坚定政治信仰、锤炼党性修养，增强“四个意识”、坚定“四个自信”、做到“四个服从”“两个维护”。把党章作为组工干部经常性学习内容，严格执行准则、条例，加强民主集中制建设，严格落实“三会一课”、民主评议党员、组织生活会等制度，坚持从严治部、从严律己、从严带队伍，继承和发扬组织部门的优良传统和作风。

能力建设。2020 年，隆子县加强部机关能力建设，发挥好教育、管理、监督干部等职能，不断完善部务会和部机关每周集中学习制度，不断提升党员干部政治理论素养，由组织部部长带头参加学习，积极为组工干部搭建“走出去”锻炼平台，组织组工干部参加市委组织部安排的业务能力培训，增强业务技能、谋划解决问题和文字综合能力。

作风建设。2020 年，隆子县委组织部安排 1 名副部长担任驻村工作队长，积极开展结对帮扶工作，每人每季度深入结对帮扶户家 1 次，认真践行为民宗旨，竭力帮助群众解决实际困难，进一步密切的党群干群关系；引导组工干部严守中央八项规定，大力弘扬“老西藏精神”“列麦精神”，坚持求真务实、勤奋敬业，牢固树立敢于担当的组工干部形象。

【廉洁建设】 2020 年，隆子县坚决贯彻落实《中共西藏自治区委员会关于在全区集中开展违反中央八项规定精神问题自查清理纠治的通知》精神，清理纠治四大类 95 个问题，涉及资金 50 余万元，制定《隆子县关于违反中央八项规定精神问题纠治工作整改实施方案》，确保纠治整改工作落到实处，应清退资金全部上缴国库，涉及人员提醒谈话工作全部完成。坚持执纪从严，一体推进“不敢腐、不能腐、不想腐”，共受理问题线索 40 件，处置 33 件，已办结 17 件，未办结 16 件，以惩治腐败的高压态势，为隆子县经济社会发展提供坚强有力的组织纪律保障。

曲松县

【概况】 曲松原名拉加里，古名又叫“日果”，意思为部落之首。拉加里是西藏开发较早的地区之一，它和“雅砻普”一样是西藏民族的发祥地，也是藏族文化的摇篮。曲松，藏语意为“三条河”，因县境内主要河流有色布河、贡布河、江扎布河 3 条河流川流而过而得名。位于冈底斯山—念青唐古拉山构造带与喜马拉雅山大地构造单元之间的拗陷带，介于北纬 28° 37′—29° 16′，东经 91° 59′—92° 28′之间，行政区划属于山南市，其东部与加查县、朗县接壤，南部与隆子县相连，西部与乃东县毗邻，北部与桑日县交界。全县面积为 1967 平方公里，平均海拔 4200 米，县城所在地海拔 3987 米，距乃东县泽当镇 60 公里，距贡嘎机场 147 公里，距拉萨 210 公里。全县草场面积 249.9 万亩，林地面积 79.75 万亩，经济发展主要以农牧产业为主，农业包括青稞、小麦、油菜、蔬菜等作物，畜牧业包括牦牛、绵羊、山羊等。国家级野生动物有獐子、青羊、藏羚羊、岩羊、盘羊、狐狸、猞猁、水獭等，主要野生植物有冬虫夏草、贝母、雪莲花、红景天、党参、当归等数百个品种。已探明矿产资源有铬铁、铅、砂金、铂族等金属矿藏及玉石、水晶、大理石等矿产资源。人文景观有拉加里王宫（被列为全国重点文物保护单位）、堆随拉日石窟、洛村石窟、井嘎塘古墓群、朗真寺、东嘎曲德寺、加日贡寺、日果曲德寺、吾金古如拉康、拉加里产房遗址。自然景点有色吾温泉、布丹拉山、白玉沟原始森林、邱多江草原、切错湖、下洛湿地。特色产品有风干牦牛肉、蕊成藏香、贡康沙陶瓷、拉加里手工艺。

全县辖 3 个乡 2 个镇，21 个行政村，有藏、汉、门巴、洛巴等民族，总人口 15655 人（农村总人口 13525 人），人口出生率 8.1‰，自然增长率 3.6%。

2020 年，曲松县完成生产总值 88525.5 万元，同比增长 3.22%，其中，第一产业完成 4354.5 万元，同比增长 3.73%；第二产业完成 44671 万元，同比增长 8.3%；第三产业完成 39500 万元，同比下降 1.57%；完成全社会固定资产投资 45821 万元。完成邮政业务总量 126 万元，完成电信业务总量 688 万元。固定电话用户 360 户，使用率 85%；移动电话用户 5786 户，使用率 52.7%，互联网用户 979 户。完成社会消费品零售总额 18500.5

万元，同比下降6.1%；财政一般公共预算收入6691万元，同比增长10%；税收收入完成2493万元，同比增长11%，非税收入完成4198万元，同比增长9%；财政一般公共预算支出70351万元，同比增长7%；年末城乡居民储蓄存款余额61804万元。农牧民人均可支配收入15571元，同比增长12.7%。全年接待游客5.2万人次，实现旅游收入334.5万元，同比下降0.36%。城镇登记失业率整体控制在2.1%以内。截至年底。参加城镇事业保险532人，参加城乡居民养老保险6680人，城镇职工参加机关事业养老保险1121人。参加城乡居民基本医疗参保人数14242人，参保率96%，已领取养老保险待遇1618人、发放养老保险资金424万元。城镇居民中有76人得到政府最低生活保障金，发放低保资金79.62万元（含十大民心）、物价联动补贴8.9万元。

【农牧业】 2020年，曲松县粮经饲比例调整为70.2∶14.4∶15.4。全年总播种面积2.5万亩，其中粮食播种面积为17500亩（其中青稞面积13070亩），同比增长14.5%；经济作物种植面积为3600亩（油菜1100亩，蔬菜2500亩），同比下降58%；饲草料3840亩，同比增长246.6%；粮食总产量达8000余吨。发放种子64.19吨（其中喜拉22号30.56吨，藏青2000号31.8吨，玉米1.84吨），薄膜200捆，群众自筹备料186.96吨，发放农药1.45吨、商品有机肥227吨、化肥77.55吨、化肥使用率同比递减22.5%，群众积造农家肥2.4万吨，调运草种2.5吨。

全县牲畜存栏78909头（只、匹），新生仔畜共计20029头（只、匹），成活19824头（只、匹），成活率达到98.9%。肉类产量达2222.85吨，奶类产量6208.1吨。成畜死亡率控制在0.03%以内，仔畜成活率达到98%，出栏36706头（只、匹），出栏率43.8%。重大动物疫病防控接种94100头（只、匹），免疫密度达到100%。

【工业】 2020年，曲松县全年实现总产值1.33亿元，同比增长44.76%。科诺15兆瓦光伏发电、协信20兆瓦光伏发电量4234万千瓦时、产值4234万元，江南矿业、西藏矿业两家规模以上矿业企业完成销售产量13.8万吨，实现产值2亿元。巴玉电站稳步推进，完成预可研工作，签约三峡集团西藏能源投资有限公司等4加公司合作开发清洁能源。慈城藏香、琼嘎藏药等规模以下企业成长较快，实现总产值500万元。

【第三产业】 2020年，曲松县色吾温泉景区和服务站实现市场化运营，拉加里王宫内部布展和基层设施建设完成，邱多江乡草原景区有力推进。全年累计接待国内外游客5.2余万人次、创收334.5余万元。农村客运全面改革，交通运输规范化市场运营，开通线路6条，投入107万元购置4辆客运车辆，农村通客运班线全部覆盖。完成自来水定价工作，城镇公共服务逐步实现市场化运营管理。实现邮政服务全覆盖，通邮率100%。移动网络、宽带网络覆盖率达100%。

【项目建设】 2020年，曲松县全年开复工项目88个（其中续建项目28个，新建项目60个），完成投资4.5亿元，同比增长12.58%。国家投资、招商引资分别完成3.21亿元、1.33亿元，分别增长16.7%、0.76%。其龙路升级改造项目、农产品集散中心和县城商贸综合体等一批重大项目建成投用。储备“十四五”规划项目266个、总投资293亿元。

【城乡建设】 2020年，曲松县中心城区控制性详细规划、土地利用总体规划修编完成。德吉路、其龙路升级改造完成，城区交通信号标示标牌全面启用，县城面貌大幅提升。农贸集散中心、城市商贸体建成投用。人民公园二期全面建成，县城老旧小区改造项目完成进度的70%。罗布莎镇、邱多江乡高海拔供热工程建成投用。完善县城自来水市场化运营，农村集中供水、自来水普及率100%。

【教育】 2020年，曲松县各级各类学校28所，其中初级中学1所、小学5所、幼儿园22所。在校生共计1928人（其中初级中学在校生374人、小学在校生1012人、学前幼儿在园449人）。初中入学率100%，初中阶段毛入学率达到102.73%；小学入学率达到100%；学前幼儿入园率：学前教育一年入园率为100%，学前两年毛入园率达100%，三年毛入园率为96.32%，全县义务教育阶段做到控辍保学工作动态清零。全年配套教育资金1577万余元，落实“三包”经费712.24万余元、“营养改善”经费108.85万余元。

2019年全县教育系统续建项目3个于2020年3月底复工复产，其中堆随乡龙一组幼儿园项目；曲松镇措堆村幼儿园；邱多江乡色吾村幼儿园项目竣工验收并投入使用；2020年，总投资170万元的县中学运动场改扩建项目；总投资210万元的罗布沙镇小学和邱多江乡小学供暖项目；总投资223万元的堆随乡小学饮水升级改造项目；总投资263万元的邱多江乡多功能健身活动场项目；总投资310万元的邱多江乡小学功能提升项目；总投资850万元的曲松县公共体育场田径跑道及11人制足球场项目；援藏资金中投入资金300万元，建设曲松县中学信息化等项目已竣工并投入使用；总投资2900万元的援藏曲松镇小学功能提升项目开工建设。

【文化】 2020年，曲松县21个行政村文艺演出队完成组建，吸纳群众演员356名，实现行政村文艺演出队组建率100%目标。邀请市级舞蹈演员及县级艺术团编舞演员对21个行政村21名村级文艺演员率先开展为期15天的村级文艺演出队文艺骨干培训工作，并从县级文化活动中心、县艺术团下派累计46名业务骨干，组成帮扶人才团队，分组对全县5个乡镇21个行政村开展包乡包村文化促脱贫“结对子”共建活动，实行“一对一”跟踪结对指导。

完善各乡镇文化站（新时代文明实践所）配套设施，加大公共图书阅览室和健身场所免费开放力度，最大限度的发挥文化基础设施作用。截至年底，投入40万元为县级文化活动中心图书室、5个乡镇综合文化站图书室和21个村级农家书屋充实配备图书3万余册；投入40万元为21个行政村配送21件音响设备，改善基层文化活动的条件，激发基层群众开展文化活动的积极性；投入15万元为21个行政村配送动感单车、拔河绳等体育建设器材，助力全民建设事业发展；同时，投入3万余元经费，更新增嘎村文化活动室设施设备；投入16万元创作推出疫情节目《期待幸福的春天》和诗歌《疫情的警示教育》以及脱贫攻坚表演唱《奔小康》、原生态舞蹈《剪羊毛》、女子群舞《王妃》、下洛村《民族团结》折嘎等7个优秀文艺作品。

【民生保障】 2020年，曲松县覆盖全县5个乡（镇）的农网改造升级工程全部完工。乡（镇）通客车率为100%、建制村通客车率100%，群众满意率达到95.5%。整合各类资金共1238.56万元，实施18个高海拔人饮工程建成投用，有效解决899户3822人（建档立卡199户487人）季节性饮水难问题。建成农牧民转移就业基地7个，带动433名群众就业、创收158.28万元。全年转移就业6235人、创收4837万元，分别增长100.5%、127%。高校毕业生已就业205名，就业率99.5%。城镇登记失业率控制在2.1%以内。全面免费健康体检、家庭医生签约服务率均达100%。“两降一升”工作稳步推进，孕妇住院分娩率100%，无孕产妇和新生儿死亡。农村基本医疗保险和医疗救助实现100%，已领取养老保险待遇1618人、发放养老保险资金424万元。全年农村低保对象136户、410人发放农村低保资金78.86万元、物价联动补贴17.172万元，61户、76人城镇低保发放低保资金79.62万元。685名困难残疾人和236名重度残疾人落实残疾人“两项补贴”资金共计284.555万元。截至年底，244名特困供养人员发放供养资

2020年10月11日，曲松县正式启动第七次人口普查摸底调查工作，曲松县85名普查员，深入65个普查小区进行摸底登记工作

金117.8001万元、物价联动补贴10.484万元。

【脱贫攻坚】 2020年,曲松县17个扶贫产业项目产权界定和资产移交全部完成,利益联结机制更加健全,带动643名贫困群众就业,实现分红184万元。落实生态补偿岗位4232个,兑现补助资金1355万元。整合财政涉农资金7330万元,实施基础设施、产业发展项目等脱贫攻坚领域。195户702名群众实现易地搬迁。投入资金1238万元,实施18个高海拔人饮工程建成投用,群众冬季饮水难问题得到根本解决。2020年全县建档立卡贫困户人均可支配收入11045元,是2015年的4.8倍,年均增幅达37%。顺利通过国家脱贫攻坚普查验收。

【生态环保】 2020年,曲松县人居环境得到持续改善,不断优化转运方式,加强对农牧区环境整治工作的力度,从生态转移支付资金中投入88.54万元,对邱多江乡及全县国省干道进行托管,全面提升路域环境,改善公路面貌。大力实施义务造林活动,本级财政投入资金100万元,实施义务植树面积约278余亩,种植苗木2.98万余株,全民义务植树尽责率达100%。投入2278万元,先后实施玛如村、下江村、加娃村、琼嘎村、措堆村人居环境整治项目,改变村庄脏乱差等村容村貌。

【改革工作】 2020年,曲松县"放管服"改革持续深化,"一网一门一次"改革持续推进,电子政务信息平台加快建设,政府部门权责清单全面公布,全县政务公共服务事项实现全覆盖。开展农村集体产权制度改革工作,全县清产核资整体工作已完成。严格执行减税降费政策,全年减税降费408万元、减免租金65万元。

【援藏工作】 "十三五"时期援藏以来,湖北省"十三五"对口支援曲松县规划项目9项,总投资11230.87万元(其中"十二五"时期结余资金220.87万元),涵盖教育提升工程、医疗卫生保障工程、产业发展及扶贫开发工程、基层组织建设和能力提升工程。2020年,累计开工项目13个、完工12个,在建项目1个,完成投资8330.87万元。充分发挥黄石市对口支援优势,设立援藏帮扶基金,从产业建设到教育医疗,不断丰富援藏内容,援藏资金用于民生和扶贫领域资金比例达到80%以上,辐射带动贫困群众脱贫增收,推动协调发展、协同发展、共同发展。"十四五"时期援藏项目编制上,在乡村振兴与脱贫攻坚上计划编制7000万元,社会事业和民生保障计划编制6000万元,城市功能提升与发展计划编制800万元。

【民族团结】 2020年,曲松县以铸牢中华民族共同体意识为主线,深化拓展民族团结进步教育和创建活动,民族团结进步创建工作走在全市前列,全市民族团结进步创建现场观摩会在曲松顺利召开。民族团结示范产业园正式挂牌,民族团结广场建成投用,各民族团结奋斗的根基不断筑牢。投资120万元打造民族团结广场及民族团结一条街。同时,创造性开展"一乡、一村、一企、一校、一营、一寺"等6个单位为民族团结进步示范点,全面开展民族团结进步创建工作。

【党建工作】 2020年,制定印发《曲松县打造中部党建长廊实施意见》《曲松县强化党建引领,推进"三联四力",实现基层党建提质增效实施方案》,在机关、村、寺管会、学校等领域确定党建示范点8个,大力选树典型、推广典型,发挥典型示范带动作用。为推动曲松县基层党组织全面进步、全面过硬,曲松县扎实开展"八星党支部"创建工作。各支部对照评星标准,建立相关台账,逐项进行对照自查,对已达到标准的进行完善巩固,对还未达到的标准,制订详细的计划,列出具体举措并进行整改。深化"党建+"模式,结合劳务输出平台建设,积极推行堆随乡"党建+务工"模式,有组织、有纪律、有保障地开展好劳务输出工作。大力推行曲松镇琼嘎村藏药材种植加工合作社"党建+产业"模式,积极引导慈成农产品加工专业合作社党支部、拉加里手工艺有限公司党支部等非公党组织学习"党建+产业"的先进经验,发挥非公经济组织在资金、信息、技术、人才等方面的优势,带动更多的农牧民群众脱贫致富,形成"党建+产业"模式系统。开展好"群众活动日"活动。根据市委要求,由县委组织部起草印发关于开展群众日活动的具体方案,重点围绕乡村振兴、生态文明建设、村级集体经济等主题,采取机关党支部与村党组

2020年12月17日，曲松县开展“疫情防控应急演练”活动

织联合共建的模式扎实开展活动。并以“群众活动日”为契机，做好群众工作，组织群众开展活动，进行党的方针政策、脱贫攻坚、乡村振兴等政策的宣讲，引导群众感党恩、听党话、跟党走，让群众了解“惠从何来”。2020年，曲松县共开展群众活动日32次，覆盖人数达1980余人。

【党风廉政】 2020年，全县范围内开展第六个党风廉政建设宣传教育月活动，制定下发《曲松县2020年党风廉政建设宣传教育月活动实施方案》，组织党员干部观看《说案明纪》等警示教育片，学习违纪违规问题典型案例通报，主动邀请市纪委监委领导为全县干部讲专题廉政党课1次；及时整理中央、自治区、市2007—2020年党内法规和相关规范性文件66份汇编成册，发放各乡镇和各部门。开展“廉政元素”作品征集活动，组织全县各党支部开展以“为民 务实 清廉”为主题的廉政知识竞赛活动，认真总结，梳理典型、提炼成效。利用《山南市党员干部廉政知识在线学习考试系统》平台，坚持学考相结合，让广大党员干部随时随地参与“掌上”在线学习考试，真正实现以考促学、以考促廉的目的。2020年，共开展知识测试6次，讲廉政党课3次。对全县160名提拔调整人员开展廉政谈话。

【疫情防控】 2020年，曲松县全面落实疫情防控工作总要求，成立工作专班，建立县乡村三级联防联控工作体系，落实中央直达和疫情国债资金2000余万元，县人民医院核酸检测实验室建成投用，全域公共卫生服务能力提升项目顺利实施，安排本级财政专项经费160余万元，保障防疫人员、物资力量，严格落实进出人员筛查监测、集中隔离、居家留观等防控措施，并通过悬挂横幅、滚动式播放新冠肺炎防护知识宣传片及“村村通”广播、微信群、乡镇宣传队、流动宣传车等方式，坚持正面引导，有效宣传疫情防护知识，努力提高群众对疫情防护的了解。为宾馆、餐厅、超市等公共场所制作发放西藏“健康码”及使用说明100余份。截至年底，全县未出现确诊或疑似病例。

加查县

【概况】 加查县位于西藏自治区东南部、山南市东部，有山南市东大门之称。县境地跨北纬28°49′43″—29°43′16″，东经92°14′24″—93°7′10″之间，东与林芝市朗县交界，西与山南市曲松、桑日两县接壤，南与山南市隆子县相连，北与林芝市工布江达县毗邻，县境东西跨度88.2公里，南北距离102.2公里，平均海拔4000米。地处冈底斯山—念青唐古拉山与喜马拉雅山大地构造单位之陷凹地带，地貌区域为藏南谷地，地势西高东低，地形复杂，水资源丰富，属多河流峡谷地带。全县有大小河、沟260余条。县境内有拉姆拉错、雍错、江斯拉错等天然湖泊160多个，主要分布在西北和北部高山地区，海拔在4500—5000米。加查县属高原温带半湿润气候，日照充足，辐射强烈，热量低，气温年变化相对小且昼夜温差大，无霜期短，降水量小且降水集中，雨季明显，干湿季节分明，冬春季干燥多风。全县大致可分为五种气候类型，即河、沟谷温暖半湿润气候，山地温和半温润气候，亚高山温凉半湿润气候，高山寒冷半湿润气候，高山寒冻半湿润气候。主要物产有虫草、贝母、麻黄、枸杞、红景天等数百个品种，以及麝香、熊胆等几十种名贵药材。距山南市政府所在地乃东区107公里，自治区首府拉萨市255公里。全县辖5个乡2个镇,74个行政村,349个村民小组(自然村),6786户,总人口23001人。其中农业户数5521户,人口20616人。国土面积4429.83平方公里,主要以农业为主,农业包括青稞、小麦、豌豆、蚕豆、油菜、萝卜、土豆等作物,畜牧业包括牦牛、犏牛、马、驴、骡、山羊、绵羊、猪、鸡等,耕地面积1564.04公顷,粮食播种面积1316.98公顷,森林覆盖率30.55%,林地面积178951.026公顷。已探明矿产资源有铬铁、岩金、铜、铅锌等,主要旅游景点有拉姆拉错湖、久布荣原始森林、色布荣曲风景、那玉河风光、结罗拉雪山、布丹拉山、涅尔喀大瀑布、千年核桃林等。特色产品核桃、木碗、石锅、虫草、蓝莓、竹编等。

2020年,加查县地区生产总值完成19.28亿元,同比增长6%;固定资产投资完成21.44亿元,同比增长2.7%;财政收入完成7752万元,同比增长17.47%;社会消费品零售总额完成3.57亿元;接待游客18万人次,实现旅游综合收入3403万元。农村居民人均可支配收入19188元。

【产业发展】 2020年,加查县粮食产量7518.74吨,同比增长13.72%;牲畜出栏3915头(只、匹)、肉类产量985吨、奶产量3214吨。有序扩大核桃种植规模,全县核桃种植规模已发展到3.4万亩、49.4万株,已挂果19万株,2020年核桃产量达1060吨,产值达4200万元,带动加查农牧民群众人均增收1000元以上。加强与宜昌安琪集团合作,首批价值300万元的"安琪纽特"野生有机核桃油于2020年12月31日销往湖北市场。电子商务加速发展,农特产品实现网络销售额826.39万元。

【基础设施建设】 2020年,加查县火车站站前配套项目有序推进,站前派出所破土动工。全县公路通车里程达854.87公里,乡镇通油率达100%,行政村通畅率达75.7%,构建以G560线为主的交通大动脉,以S508为主干道的公路网。完成帮嘎塘小区、公廉租房小区绿化工程,环城路及体育场周边绿化工程加快推进。扎雪村棚户区改造项目竣工,启动体育场支路及看台建设项目。第二幼儿园接近尾声、全民健身登山步道投入使用,实施县中学改造工程、学前教育推进工程和教育信息化中心建设二期。完成自助游综合服务中心建设,拉姆拉错景区建设项目进入收尾阶段。实施聂曲沟旅游基础设施建设项目和加查县休闲农林观光基地旅游基础设施建设项目。

【招商引资】 2020年,加查县招商引资持续发力,为产业发展注入新活力,山南鼎力红云大数据平台等项目开工建设,实现招商引资9.48亿元。

【社会保障】 2020年,加查县全县适龄儿童入学率和在校生巩固率均达到100%,实现义务教育阶段0辍学;大病集中救治、重病兜底救治率达100%,对慢病人和所有贫困户家庭医生签约全覆盖。完成全民健康体检工作。社会养老保险、基本医疗征缴率达100%,城乡居民基本医疗保险报销600余万元,兑现城乡低保、特困人员、临时救助补助资金及残疾人两项补贴等各类政策保障资金842.37万元,兑现养老保险金375万元,特困对象有意愿集中供养和孤儿集中收养率均达到100%。落实大学生资助政策,兑现697人次520.3万元。开发市场岗位83个,172名高校应届毕业生实现就业。实现农牧民转移就业6700人、创收

2020年6月18日,加查县异地扶贫仁青林安置点94户242人搬迁入住。图为仁青林安置点

6425.5 万元,10 家转移就业基地成功挂牌。举办技能培训班 13 期、培训农牧民群众 466 人。

【脱贫攻坚】 2020 年,加查县严格落实习近平总书记“五级书记”抓扶贫重要指示,从严落实“四不摘”要求,主动扛起脱贫攻坚主体责任,把打好打赢脱贫攻坚“总攻战”作为重大政治任务、头等大事和第一民生工程,加力加压、提质增效,持续巩固脱贫攻坚成效。2020 年,全县建档立卡脱贫户人均可支配收入实现 17038.1 元,实现贫困发生率、返贫率双“零”目标。大病集中救治、重病兜底救治率达 100%,慢性病患者和所有贫困户家庭医生签约全覆盖。做好共康村易地搬迁后续扶持的同时加速推进仁青林、江塘村安置点工程建设。32 户 240 人搬迁入住江塘安置点、94 户 242 人搬迁入住仁青林安置点,并投资 4550 万元为仁青林和江塘村安置点配套建设温室大棚、经果林、养殖场等项目,确保搬迁群众“搬得出、稳得住、能致富、可发展”。投入 2372.01 万元,实施季节性供水、农村饮水安全巩固、维修养护等项目 6 个。制定《加查县饮水安全保障机制》,完成 102 个水源点水质检测工作,并定期开展水源点清洁,实现贫困群众安全饮水全覆盖。投入 126 万元实施 77 户危房改造工程(其中 10 户建档立卡贫困户),保障加查县群众住房安全。

【生态环境】 2020 年,加查县积极践行习近平总书记“保护好青藏高原生态就是对中华民族生存发展的最大贡献”的重要指示精神,牢牢把握生态安全红线,持续巩固和扩大“无树村”“无树路”成果,全面提升生态文明水平。以综治宣传月、平安宣传日、“6·5”世界环境日等为契机,深入 5 个乡 2 个镇 74 个行政村、县城人流密集点、施工营地、虫草采集点等开展形式多样的集中宣传宣讲工作。全年共组织集中宣传活动 12 次,发放环保购物袋 3.2 万元、环保知识手册 4.1 万余份,悬挂悬挂横幅 12 条、设立 4 个展板,持续引导干部群众牢固树立绿水青山就是金山银山的理念,守护好加查的生灵草木、万水千山,营造人人关心环保、支持环保、参与环保的良好氛围。以生态环境“六大”专项整治行动为抓手,开展“守卫山南东大门、建设美丽加查”环境卫生综合整治行动。全年对沿江 21 个临时用地项目进行拆除复垦,公路沿线砖厂、废旧回收站已新建安全防护围墙约 7.6 公里,拆除 6 家车棚、1 家汽修厂、4 处建筑物,清理农村生活垃圾 136 吨。清理整治 79 个广告牌、宣传标语和横幅。完成“一河一档”方案编制工作。以一季度一次的频次,对县城空气质量、雅江和县城集中式饮用水环境质量、各类污染源污染物排放情况开展监督监测。严格落实监管“属地管理”原则,加大专项和联合执法检查力度,加强对水电开发、拉林铁路加查段、非煤矿山、地材开采、垃圾填埋场、水源地保护项目、乡村环境卫生、交通项目等领域生态环境保护执法检查。全年累计联合执法 14 次,专项执法 17 次,下发责令整改违法行为决定书 3 份,处罚金额 13.65 万元。全年完成义务植树造林及工程造林 8000 亩。投入 67.57 万元购置 1932 个垃圾桶,为 21 个行政村 1837 户、2 个派出所、21 个村卫生室、3 家乡卫生院、3 所学校、1 个寺管会配备垃圾桶,引导公民自觉养成文明卫生的生活习惯,进一步改善村容村貌。全面完成“厕所革命”整治工作,完成 1288 个户用卫生厕所改造。加强县域公用厕所卫生管理使用,全面夯实责任,助力生态宜居。

【改革工作】 2020 年,加查县便民服务中心运行良好,“互联网+政务服务”“一网通办”持续改善。市场主体持续增长,“双随机、一公开”有序推进。国土空间规划编制工作启动,土地“增减挂钩”项目稳步实施。顺利完成脱贫攻坚普查任务、启动第七次全国人口普查工作。狠抓“多证合一”和“两证整合”工作,发放“多证合一”执照 392 个、“两证整合”执照 1106 个。

【民族团结】 2020 年,加查县认真贯彻落实中央第六次、第七次西藏工作座谈会精神和习近平总书记关于民族团结工作的重要论述及指示精神,在区党委、政府,市委、市政府的正确领导下,以“三个离不开”“五个认同”为目标,牢牢把握各民族“共同团结奋斗、共同繁荣发展”的民族工作主题,突出重点,开拓创新,广泛开展民族政策宣传教育,不断提高各族干部群众执行民族政策的自觉性。积极加强少数民族干部队伍建设,尊重各民族的平等权利、风俗习惯和宗教信仰,继承和保护民族传统文化。

2020年8月26日，加查县开展“县委书记进校园上好'开学第一课'”活动

成立以县委书记任组长，政府、人大主要领导任副组长的创建工作领导小组，下设工作专班，定期研究民族团结创建工作，听取、督导各牵头单位工作进展情况，确保创建工作推进有序。积极开展民族团结进步示范单位（家庭）创建工作，努力打造示范单位，以点带面，形成创建良好氛围。全县共推荐确定4个市级民族团结进步创建示范集体，全力打造26个县级民族团结进步示范单位和10个民族团结进步创建示范家庭。认真抓好宣传教育工作，引导全县各族群众树牢“三个离不开”“五个认同”思想。全年共宣传民族团结政策164场次，发放宣传手册、资料1万余份（册），受众群众达22560人次。全面贯彻执行党的民族宗教政策，依法管理宗教事务和宗教活动场所，认真组织开展宗教领域“三个不增加”工作，为建立藏传佛教正常秩序，引导藏传佛教与社会主义社会相适应奠定基础。坚持以人为本，深入开展慰问活动、僧尼免费健康体检和参加医疗保险工作，及时解决寺庙和僧尼实际困难，使广大僧尼感受到党和政府的亲切关怀。县境内所有持证僧尼养老保险、医疗保险参保率达100%。寺庙通路、通水、通电等工程已全部完成。

【党建工作】 2020年，加查县全面贯彻新时代党的建设总要求和党的组织路线，坚持和加强党的全面领导，开创全面从严治党新局面。制发《县委落实全面从严治党主体责任清单》《加查县关于全面加强新时代党的建设的实施意见任务分解的通知》，认真落实党委主体责任、书记第一责任人责任和班子成员“一岗双责”，狠抓主体责任履行。大力开展软弱涣散党组织整顿、易地搬迁点党组织设置，推进标准化“八星党支部”创建和“三包五带五促”常态长效工作。9月，县委召开专题会议研究部署党风廉政、党建工作，切实推动主体责任落实。深入开展“党员姓党不信教”活动，县乡共开展政治教育培训8次，培训475人次，并撰写心得体会，承诺遵守政治纪律，不信仰宗教，与达赖划清界限。深入党员家中，要求党员不得信仰宗教，党员的组织意识、党员意识不断增强。完成江塘搬迁点和仁青林搬迁点党组织设置和党员党组织关系转接工作。以共康村为着力点，遵循共建共治共享原则，围绕“引领发展、树立标杆”主题，完善“党组织＋公司＋农户”模式，全力打造共康村“乡村治理示范村”“产业发展示范村”党建带脱贫等亮点品牌。在新冠肺炎防控战中，全县各级党组织认真落实联防联控措施，做好疫情监测、排查、预警、防控等各项工作，党员干部、医护人员、村“两委”班子、双联户等基层骨干力量4420名全身心投入到疫情防控战，全县党员带头向疫区捐款捐物折合人民币138余万元，充分发挥基层党组织战斗堡垒和党员先锋模范作用。

【党风廉政建设】 2020年，加查县全面推进党风廉政建设和反腐败工作。坚决贯彻落实中央八项规定精神，倡树“厉行节约，反对粮食浪费”作风，驰而不息正风肃纪，坚定不移反腐倡廉，让干部队伍清正在心、清流涌动、清风常在。紧扣全国“两会”、“三大节日”雅砻文化节、国庆节等关键节点和中共十九届五中全会、中央第七次西藏工作座谈会等重大会议，对全县42家单位、4个旅游景点和5家游乐场所等开展落实中央八项规定精神监督检查20次，对公车私用、公车二维码张贴情况突击检查6次，开展“天价烟”背后的“四风”问题监督检查1次、“黄赌毒”监督检查3次、"矮窗"问题监督检查2次、社会治安和乡村治理领域监督检查2次。在全县范围内开展"转作风、重实干、抓落实"活动，通报不作为慢作为3起3人，严肃上下班纪律，通报19人，处理学历造假1人。紧盯重点领域、重点环节、重点岗位，有效运用"四种形态"，优先高效查处脱贫攻坚、扫黑除恶等发生在群众身边的民生领域问题线索，持续营造"露头就打"的反腐败斗争态势。2020年，共受理问题线索18件，比2019年同期降低58.06%。其中初核了结4件，谈话函询2件，予以了结2件，立案3件，正在办理5件，转交相关部门3件，给予党纪政纪处分3人，均为轻处分，挽回直接经济损失17.75万元。

【疫情防控】 2020年，加查县人民众志成城、团结一心，全体党员干部带头拼搏、奋勇当先，社会各界积极响应、勇挑重担，广大群众识大体、顾大局，构筑疫情防控坚固防线。全县各族干部群众与对口援藏省市同舟共济、守望相助，踊跃捐款捐物319.73万元。建成核酸检测实验室，提升疫情防控能力，推动防控工作向常态化转变，最大限度保护人民生命安全。做好疫情防控的同时严格落实中央"六保""六稳"措施，全年财政收入达到7486万元，同比增长13.44%。争取直达资金1.11亿元，为保就业、保基本民生、保基层运转方面提供有力支撑。组织2649名务工人员、671户商户批次返藏，为复工复产打下坚实基础。坚持分类施策，科学制订复工复产实施方案，4月全县各行业领域逐步复工复产、续建项目全部开工，全年组织劳务输出6700人次，创收6425.5万元。强化减税降费惠企力度，实现减税降费1672万元，减免房租93.07万元，惠及各类市场主体415户。

桑日县

【概况】 桑日县地处西藏自治区中南部，山南市北部，位于冈底斯山和念青唐古拉山脉以南雅鲁藏布江中游河谷地带，地理坐标为北纬29°00—29°50、东经91°50—92°36，为山南市12个县之一。桑日县东邻加查县，东南与曲松县接壤，西南与乃东县相连，北与拉萨市的墨竹工卡县接壤，东北与林芝市的工布江达县接壤。全县总面积2634平方千米，占山南市总面积的5.16%。全县辖3个乡1个镇，43个行政村，县城距山南市30千米，距拉萨市227千米。2020年年底，全县总人口17723人，男女各占50%，其中藏族占97.8%，汉族占2%，门巴族、回族、蒙古族等其他民族占0.2%。

桑日县水利资源丰富，境内除雅鲁藏布江外，较大的河流有5条。属高原温带和半湿润季风半干旱气候，北部严寒干燥，旱季少雨，旱雨季分明。雅鲁藏布江及白堆河、增期河两岸为桑日县的主要农业区，农作物主要有青稞、小麦、豌豆、油菜等。

2020年，桑日县统筹推进疫情防控和经济社会发展，扎实做好"六稳"工作，全面落实"六保"任务，地区生产总值、一般公共预算收入、农村居民人均可支配收入、社会消费品零售总额，分别完成20.75亿元、1.015亿元、17212元、1.43亿元，12月各项存款余额达67134万元。

【产业发展】 2020年，桑日县"二三一"结构逐步稳固，工业增加值累计实现28.61亿元，华新水泥三线点火生产，水泥年产能达到270万吨，较2015年翻一番。投入7640.85万元深度发展全域旅游，建成达古、沃卡温泉、鲁定颇章等景区，旅游知名度和美誉度攀升，接待游客人次、旅游总收入较"十二五"时期增长4.6倍、3.5倍，增期乡雪巴村获评"全国乡村旅游重点村"。推进现代服务业整体发展，金融机构累计发放贷款13.36亿元。农牧业稳中增效，粮食产量从2015年的8225吨提高到2020年的9061吨，连续5年丰收。建设高标准农田2.15万亩，科技对农业的贡献率达到80%。本级投入支农资金1亿元以上，其中投入5750万元实施17万米高标准农田网围栏建设，保护农田1.9万亩，恢复弃耕地3000亩以上。黄牛改良突破1万头。大力发展特色产业，重点打造葡萄基地，种植面积达到4500亩，葡萄酒生产线建设完工。

【经济建设】 2020年，桑日县扎实推进农牧特色产业发展，集中力量、持续发力推进葡萄产业建设，扩种葡萄3500亩，开展桑日葡萄地理标志认证工作，打造"帕竹庄园"有机葡萄酒产品品牌。启动塔木村"葡萄小镇"建设，打造涵盖葡萄种植采摘、葡萄酒生产销售及休闲观光服务的葡萄产业链。大力实施工业强县战略，推进华新水泥一二生产线提质改造，加快华新水泥新型建材项目落地。全面建设清洁能源核心基地，秉承超常规服务理念，开工建设巴玉、街需水电站，推动大古水电站投产发电，启动增期抽水蓄能项目。大力培育桑日风情休闲旅游市场，宣传营销思金拉措、达古、沃卡温泉、鲁定林卡等精品景区和线路，更好满足游客对“诗和远方”的向往，力争旅游收入突破1000万元。本级投入资金引导更多群众开办家庭旅馆、农家乐、牧家乐、旅游商店，实现旅游产业发展与农牧民增收双赢。

【农牧业】 2020年，桑日县扎实做好巩固拓展脱贫攻坚成果同乡村振兴有效衔接，逐步实现由集中资源支持脱贫攻坚向全面推进乡村振兴平稳过渡。全力实施产业建设，启动白金村水磨坊、真措村农家乐、奴卡村温室改造、达西村牦牛良种选育等一批村级产业项目。狠抓易地扶贫搬迁后续扶持，开工卓吉村葡萄种植、供水保障、农田灌溉水池、农田防洪堤和霍布塘搬迁点供水保障建设，完成绒乡易地搬迁拆旧复垦工作。做优特色现代农业，落实粮食安全行政首长责任制，启动投资3600万元的5218亩高标准农田项目，实施增减挂钩项目163.4亩，稳定粮食播种面积，严禁耕地“非农化”、防止“非粮化”。农牧科技人员深入田间地头，把论文写在土地上，推动粮食生产科技服务率达到70%以上。全力实施县级动物疫病控制中心、乡镇畜牧兽医站等项目。

【项目建设】 2020年，桑日县计划实施各类建设项目86个，其中续建项目25个，计划新开工项目61个，已开复工项目95个。全年共实施旅游项目5个，分别是增期乡雪巴村旅游改扩建项目567.09万元，现完成总工程量的98%。卡乃村旅游改扩建项目500万元，现完成总工程量的95%。沃卡温泉景区建设项目1000万元，现完成总工程量的95%。鲁定颇章旅游基础设施建设项目1000万元，现完成总工程量的95%。另外，增期乡雪巴村旅游公共服务配套设施建设项目已建设完成，并于7月投入使用。总投资792.97万元的桑日县赤康村水土保持治理工程于4月完工并通过验收，投资283万元的桑日县防汛抗旱仓库及职工周转房建设项目于7月底完工。另外，总投资4154.69万元的8个新建项目，其中桑日县颇章赤康罐区工程建设项目、农村饮水安全巩固提升“一点一方案”工程、匠蒲河险工险段防洪堤治理建设项目、增久曲雪巴村温泉段防洪堤建设项目等4个在建项目10月底能够全面完工，其他4个维修养护项目已基本完工。截至年底，累计完成投资3276.27万元，完成率78.86%。大古水电站、拉林铁路桑日段、2019年公租房建设项目等正在按计划建设中，2020年公租房建设项目、市政管道及老水厂维修改造项目、桑日县政府院内改造项目等将于近期开工建设。

【招商引资】 2020年，桑日县完成意向招商项目5个，落地项目1个投资达1亿元。同时在招商工作中，主动出击，洽谈合作，邀请湖南企业家走进桑日、了解桑日。7月份邀请湖南中惠旅投资集团到桑日进行实地考察，初步达成8亿元的投资协议，并在雅砻文化节完成签约工作。

【城乡建设】 “十三五”时期实施项目300个、完成目标任务的143%；累计实现固定资产投资134.38亿元，较“十二五”时期增长2.4倍。交通项目超常规推进，完成投资17.3亿元，公路总里程达到674.5公里，比“十二五”时期增加268.7公里，桑日至墨竹工卡、桑日至加查、雪巴至拉玉沟、白堆至夏间、雪巴至达古、绒乡足苏桥至达嘎、许木至仁青岗等36条公路投入使用，新建桑日大桥顺利通车。本级投入1200万元启动措巴村公路硬化工程。行政村交通通达率达到100%、通畅率86.4%，拉林铁路桑日段完成铺轨，桑日火车站及站前配套设施加快建设，立体交通格局初步显现。县客运站运营，城乡客运一体化加快推进。水利项目完成投资1.75亿元，较“十二五”时期增长2.8倍，比巴灌区、颇章水库、颇章赤康灌区等建成，新增及改善灌溉面积1.12万亩。水土保持综合治理34.86平方公里，新建堤防14.27公里。投入资金3500万元，其中本级2374.6万元，实施农村饮水巩固提升工程103处，饮水安全覆盖率100%。壮大发展清洁能源产业，大古水电站完成投资73.6亿元，四家光伏电站总容量达到70兆瓦、发电4.19亿千瓦。广泛推进农网升级改造，行政村电网覆盖率100%。持续实施县城补短板工程,《桑日县城市总体规划(2016—2030年)》正式公布。新建456套公租房、88套周转房,棚户区改造268户,伟色路、教育路、解放路、自来水厂、法治公园等投入使用。大力实施“神圣国土守护者、幸福家园建设者”为主题的乡村振兴战略,划定3.44万亩粮食生产功能区,新增合作社75家。深入实施农村人居环境整治三年行动,改造户厕2166座,建成公厕17座,本级投入资金4000万元以上,实施31个行政村人居环境整治提升。常态化实施村庄清洁行动,坚决整治农牧区脏乱差问题。实现行政村4G网络、邮站全覆盖。完成农村住房安全评定和核验,改造危房371户。投入资金1.465亿元,其中本级投入8678.6万元、援藏投入4700万元,43个标准化村级活动场所投入使用。

2020年8月23日,桑日县考点“一考三评”(考业务知识水平、评思想政治和师德素养、评课堂教学能力、评信息技术应用能力)教师业务考试

【社会民生】“十三五”时期本级财政用于民生重点领域的支出占比达80%以上。高校毕业生就业观念持续转变,桑日籍大学毕业生就业率100%。转移农牧民就业6.7万人次、增加收入1.3亿元。动态消除“零就业”家庭,城镇登记失业率控制在2.1%以内。全面贯彻党的教育方针,落实立德树人根本任务,本级教育经费投入1.28亿元、援藏投入0.46亿元,实施中小学、幼儿园标准化建设等项目35个。落实免费教育补助经费498.21万元、“三包”经费3371.44万元、营养改善计划专项经费702.13万元,“五个100%”目标全面实现,提前一年通过义务教育均衡发展国家评估。本级公共卫生投入3000万元以上,医疗保障持续完善。包虫病实现应治尽治,开展母婴安全和健康儿童行动计划,积极推进结核、肝炎、风湿病和妇女“两癌”综合防治。实施县人民医院改扩建、医疗垃圾暂存间、疾控中心、妇幼保健站等卫生基础项目,县人民医院成功创建二级乙等医院。传承发展藏医药事业。健全医疗保障体系,充分运用医保信息系统,实现城乡居民医疗报销一站式、一单制结算。严格执行“先住院、后结算”制度,提升诊疗水平和综合服务能力,让群众享受到优质医疗服务。新冠肺炎疫情发生以来,始终把人民生命安全和身体健康放在首位,实现零输入、零感染。围绕举旗帜、聚民心、育新人、兴文化、展形象的使命任务,加强优质公共文化服务供给,本级投入3914万元实施的县广播影视中心完工,广播电视人口综合覆盖率达99%以上。文化科技卫生法律和爱国爱教宣传“五下乡”活动广泛开展,隆重举办庆祝新中国成立70周年、西藏民主改革60周年等系列文艺活动,推出一大批弘扬时代精神、传承民族文化、群众喜闻乐见的优秀文艺作品,开展送文艺下乡320场次。启动新时代文明实践中心、融媒体中心建设。传承本土优秀文化,非遗项目巴朗卓巴谐姆、达古扎念精彩亮相。推进全民参保计划,城乡居民基本医疗保险参保率全覆盖。社会救助标准稳步提升,实现应助尽助。启动5个村人居环境整治提升,完成628户危房改造,投入使用白堆村污水处理站、白堆乡交通沿线生态修复工程等,打造塔木村美丽宜居示范村,强力推进美丽乡村步伐。

【脱贫攻坚】2020年,桑日县坚决把脱贫攻坚作为“一号工程”,整合投入扶贫资金1.43亿元,其中本级投入7805万元,撬动金融资金1635万元,实施扶贫产业项目11个,带动增收3042万元。发放扶贫小额贷款4.35亿元。实施卓吉村、霍布塘易地扶贫搬迁点工程，474 名群众喜迁新居。安排生态岗位 6602 人次、兑现岗位资金 2128.3 万元。提高党建促脱贫工作成效，配备乡村振兴专干 43 名。统筹推进农牧区“水电路讯网、科教文卫保”十项提升工程，补齐农村基础设施和公共服务设施建设短板。建立完备的脱贫攻坚责任体系、工作体系、投入体系、帮扶体系、社会动员体系、监督体系和考核评估体系，形成抓扶贫、促脱贫的强大合力。2020 年贫困人口全部脱贫，综合贫困发生率由 13.91% 下降至零。脱贫攻坚以优异成绩连续通过国家、区市各级考核监督评估，新时代脱贫攻坚目标任务如期完成。

【生态环境】 2020 年，桑日县始终以习近平生态文明思想为指导，牢固树立“绿水青山就是金山银山，冰天雪地也是金山银山”的理念，坚决打好污染防治攻坚战，深入落实河湖长制，全覆盖对农村饮水水源地实施保护，完成第二次全国污染源普查、农用地土壤污染状况详查，实现农牧区生活垃圾“户清理、村收集、乡转运、县处理”。县城环境保洁、医废处置托管运营良好。华新水泥石灰石矿山被纳入“全国绿色矿山”名录。广泛开展县乡村绿化造林，实施植树造林 0.47 万亩、防沙治沙 7.5 万亩、封山育林 1.4 万亩、退耕还林 0.39 万亩、“拉萨周边”造林项目 0.42 万亩，全面消除海拔 4300 米以下的无树村、无树户。中央、自治区环保督察反馈问题整改销号。建成自治区级生态乡镇 4 个、生态村 43 个。

ལྷོ་ཁའི་ལོ་རིམ་མེ་ལོང་།

山南年鉴

2021

荣誉

受地厅级以上表彰的先进集体名录

表 10

获奖单位	获奖名称	表彰时间	授予单位
加查县电影队	第八届全国服务农民、服务基层文化建设先进集体	2020 年	中央宣传部、文化和旅游部、国家广播电视总局
隆子县信访局	信访工作“三无”县	2020 年	国家信访局
市公安局督察支队	全国网上公安机关“网上督察应用提升年”工作先进单位	2020 年	公安部
市公安局治安支队	2019 年公安部全国“扫黄打非”先进集体	2020 年	公安部
市公安局禁毒支队	全国禁毒工作先进集体	2020 年	国家禁毒委员会
市检察院计划财务装备处	全国检察机关检务保障工作表现突出集体	2020 年	最高检
市中法	2020 年全国法院财务统计优秀报表	2020 年	最高法
市职校	全国五四红旗团委	2020 年	团中央
桑日县妇联	全国巾帼志愿阳光站	2020 年	全国妇联
桑日县妇联	全国巾帼志愿服务十大暖心故事	2020 年	全国妇联
贡嘎县民政局（特困人员集中供养中心）	2020 年全国“敬老文明号”	2020 年	国家卫健委
琼结县疾病预防控制中心	2004—2019 年中国死因登记报告工作先进集体	2020 年	中国疾病预防控制中心
市人社局	全国清理整顿人力资源市场秩序专项行动取得突出成绩单位	2020 年	人社部
贡嘎县农业农村局	“中国渔政亮剑 2020”系列专项执法行动工作成绩突出先进集体	2021 年	农业农村部
市生态环境局	全国农用地土壤状况详查表现突出集体	2020 年	生态环境部
市生态环境局	第二次全国污染源普查表现突出集体	2020 年	生态环境部
山南市	国家生态文明建设示范市	2020 年	生态环境部
市财政局	第二次全国污染源普查表现突出的集体	2020 年	国务院第二次全国污染源普查领导小组办公室
市气象局	2020 年重大气象服务优秀集体	2020 年	中国气象局
增期乡雪巴村	全国旅游重点村	2020 年	文化和旅游部
市税务局	全国文明单位	2020 年	中央文明委
加查县税务局	全国文明单位	2020 年	中央文明委
市藏医医院	全国文明单位	2020 年	中央文明委
市烟草专卖局（公司）	2020 年度第六届全国文明单位	2020 年	中央文明委

续表 10

获奖单位	获奖名称	表彰时间	授予单位
人行山南市中心支行	全国文明单位	2020 年	中央文明委
曲松县邛多江小学	全国乡村温馨校园典型案例学校	2020 年	教育部
市图书馆	2019 年全民阅读先进单位	2020 年	中国图书馆学会
市教育局（体育局）	全国关心下一代工作先进集体	2020 年	中国关心下一代工作委员会、中央精神文明建设指导委员会办公室
错那县	全国双拥模范城（县）	2020 年	全国双拥工作领导小组、退役军人事务部、中央军委政治工作部
错那县勒村	第六届全国文明村镇	2020 年	国家民族事务委员会
市二职电子商务专业组“皖藏情缘”项目	铜奖	2020 年	团中央、教育部、中国科协、全国学联、黑龙江省人民政府
中国邮政山南市分公司	全国邮政“五星闪耀”最佳集体	2020 年	中国邮政集团有限公司
市纪委监委宣传部	2020 年度《中国纪检监察报》学刊用刊工作组织奖	2020 年	中国纪检监察杂志社
市藏医医院	自治区创先争优强基础惠民生活动优秀组织单位	2020 年	自治区党委、自治区政府
加查县驻安饶镇拉岗村嘎堆村索囊村工作队	创先争优强基础惠民生活动第九批先进驻村居工作队	2020 年	自治区党委、自治区政府
曲松县下江乡增嘎村驻村工作队	自治区级先进驻村工作队	2020 年	自治区党委、自治区政府
市烟草专卖局（公司）	自治区创先争优强基础惠民生活动优秀组织单位	2020 年	自治区党委、自治区政府
琼结县下水乡	2020 年度自治区“先进双联户”创建工作先进乡镇	2020 年	自治区党委、自治区政府
措美县当许社区工作队	自治区创先争优强基础惠民生活动先进驻村（居）工作集体	2020 年	自治区党委、自治区政府
错那县委机要局	全区党政系统机要密码工作先进集体	2020 年	自治区党委
贡嘎县昌果乡岗旦村	全区百家农牧区基层党组织	2020 年	自治区党委
洛扎县洛扎镇吉堆社区	全区百佳农牧区基层党组织	2020 年	自治区党委
山南市	2019 年度全区经济社会发展目标绩效考核评价第二名	2020 年	自治区政府
政协山南市委员会办公室	信息工作先进集体	2020 年	政协西藏自治区委员会
政协琼结县委员会	全区政协系统 2019 年度信息工作先进集体	2020 年	政协西藏自治区委员会
隆子县委宣传部	2020 年度全区宣传思想文化系统先进集体	2021 年	自治区党委宣传部
中共库局乡委员会、库局乡人民政府	自治区“四讲四爱”群众教育实践活动先进集体	2021 年	自治区党委宣传部、自治区“四讲四爱”群众教育实践活动领导小组办公室
市委统战部	全区统战系统优秀信息报送集体	2020 年	自治区党委统战部

续表 10

获奖单位	获奖名称	表彰时间	授予单位
市公安局情报中心	集体三等功	2020 年	自治区公安厅
市公安局监管支队	集体三等功	2020 年	自治区公安厅
市公安局指挥中心	集体嘉奖	2020 年	自治区公安厅
市公安局特警支队特勤大队	全区公安机关全警实战大练兵标兵集体	2020 年	自治区公安厅
市公安局交警支队	全区标兵集体	2020 年	自治区公安厅
市检察院	第三届全区十佳公诉人暨全区优秀公诉人业务竞赛组织奖	2020 年	自治区检察院
市消防救援支队湖南路特勤站	集体三等功	2020 年	自治区应急总指挥部
隆子县卫生健康委员会	全区五四红旗团支部	2020 年	共青团西藏自治委员会
琼结县妇联	最美基层妇联组织	2020 年	自治区妇联
桑日县妇联	最美基层妇联组织	2020 年	自治区妇联
隆子县隆子镇妇联	最美基层妇联组织	2020 年	自治区妇联
措美县工商业联合会	2019 年度先进基层工商联	2020 年	自治区工商联
贡嘎县克西乡	自治区创先争优强基础惠民生优秀组织单位	2021 年	自治区强基办
错那县库局乡桑玉村驻村工作队	2020 年度自治区级创先争优强基础惠民生活动先进驻村（居）工作队	2020 年	自治区强基办
琼结县	“农牧区人居环境整治三年行动”优秀等级	2020 年	自治区农业农村厅
错那县人力资源和社会保障局	全区人社系统优质服务窗口荣誉称号	2021 年	自治区人力资源和社会保障厅
错那县觉拉乡农牧综合服务中心	2020 年自治区事业单位脱贫攻坚专项奖励集体嘉奖	2020 年	自治区人力资源和社会保障厅
市人社局	全区人力资源社会保障系统 2018—2020 年度人社优质服务窗口	2020 年	自治区人力资源和社会保障厅
市人社局	全区人社系统窗口单位业务技能练兵比武活动决赛团体三等奖	2020 年	自治区人力资源和社会保障厅
浪卡子县人社局	全区人力资源社会保障系统优质服务窗口	2020 年	自治区人力资源和社会保障厅
隆子县雪沙乡卫生院	自治区事业单位脱贫攻坚专项奖励	2020 年	自治区人力资源和社会保障厅
市人社局	根治欠薪工作 A 级地市	2020 年	自治区根治欠薪工作领导小组
浪卡子县退役军人事务局	优秀退役军人服务中心	2020 年	自治区退役军人事务厅
浪卡子县打隆镇退役军人服务站	自治区“温馨窗口”荣誉称号	2020 年	自治区退役军人事务厅
琼结县加麻乡退役军人服务站	西藏自治区示范型退役军人服务中心（站）温馨服务窗口	2020 年	自治区退役军人事务厅

续表 10

获奖单位	获奖名称	表彰时间	授予单位
贡嘎县退役军人事务局	西藏自治区优秀示范型退役军人服务中心	2020 年	自治区退役军人事务厅
桑日县民宗局	2020 年度全区民委系统信息工作先进集体	2020 年	自治区民族事务委员会
贡嘎县统计局	全国第四次经济普查自治区级先进集体	2020 年	自治区全国第四次经济普查领导小组办公室
曲松县委宣传部	“四讲四爱”群众教育实践活动先进集体	2021 年	自治区“四讲四爱”群众教育实践活动领导小组办公室
市卫健委	西藏自治区抗击新冠肺炎疫情先进集体	2020 年	自治区卫健委
市商务局	促消费稳增长先进单位	2020 年	自治区商务厅
市烟草专卖局（公司）	2019—2020 年度西藏自治区青年文明号集体	2020 年	自治区创建青年文明号活动组委会
市气象局	2020 年度先进集体	2020 年	自治区气象学会
中国银行山南分行	驻村扶贫先进集体	2020 年	中国银行西藏自治区分行
中国银行山南分行	先进基层党组织	2020 年	中国银行西藏自治区分行
中国银行山南分行	五四红旗团组织	2020 年	中国银行西藏自治区分行
国网山南供电公司运维检修部配电运检（配电抢修）班	国网西藏电力有限公司工人先锋号	2020 年	国网西藏电力有限公司
国网山南供电公司	“三区三洲”深度贫困地区电网建设先进单位	2020 年	国网西藏电力有限公司
国网山南供电公司	首届大数据分析应用技能竞赛（一等奖）	2020 年	国网西藏电力有限公司
国网山南供电公司	无人机作业技能竞赛集体（一等奖）	2020 年	国网西藏电力有限公司
琼结县邮政分公司	2020 年度全区邮政县（支）局“立标、对标、达标”竞赛活动“年度进位达标”奖	2021 年	中国邮政集团有限公司西藏自治区分公司
琼结县邮政分公司	2020 年度全区邮政县（支）局“十强支局”	2021 年	中国邮政集团有限公司西藏自治区分公司
中国邮政山南市分公司	2020 年度优秀项目奖	2020 年	中国邮政集团有限公司西藏自治区分公司
中国联通山南市分公司乃东区营业厅	先进营业厅	2020 年	中国联通西藏分公司
中国铁塔山南市分公司	信息通信行业扶贫攻坚优秀基层组织	2020 年	中国通信企业协会
市烟草专卖局（公司）	全区行业 2018—2020 年度先进基层党组织	2020 年	中共西藏自治区烟草专卖局（公司）委员会
市烟草专卖局（公司）	2020 年度全区行业真假烟识别项目团体奖	2020 年	自治区烟草专卖局
市二职	西藏自治区禁毒预防教育示范学校	2020 年	自治区禁毒委员会办公室
曲松县公安局	先进集体	2020 年	自治区禁毒委员会办公室

续表10

获奖单位	获奖名称	表彰时间	授予单位
市强基办	全市“四讲四爱”群众教育实践活动先进集体单位	2020年	山南市委、市政府
市委统战部	“四讲四爱”先进集体	2020年	山南市委、市政府
山南市“四条标准”活动办	“四讲四爱”优秀组织单位	2020年	山南市委、市政府
政协山南市委员会办公室	2020年度强基础惠民生活动优秀组织单位	2020年	山南市委、市政府
市消防救援支队桑耶寺大队	2020年山南市民族团结进步模范集体	2020年	山南市委、市政府
琼结县下水乡	2020年度市级先进乡镇	2020年	山南市委、市政府
贡嘎县	2019年全市青稞增产先进县	2020年	山南市委、市政府
赛卡古托寺管会	山南市“遵行四条标准 争做先进僧尼”教育实践活动优秀组织单位	2020年	山南市委、市政府
卡久寺管会	山南市“遵行四条标准 争做先进僧尼”教育实践活动优秀组织单位	2020年	山南市委、市政府
洛扎县拉隆寺	2020年山南市民族团结进步模范集体	2020年	山南市委、市政府
中粮集团援藏工作队	2020年山南市民族团结进步模范集体	2020年	山南市委、市政府
隆子县公安局	山南市创先争优强基础惠民生活动优秀组织单位	2020年	山南市委、市政府
隆子县农业农村局	全市肉奶产量先进县	2020年	山南市委、市政府
隆子县农业农村局	全市农牧民增收先进县	2020年	山南市委、市政府
中共西藏隆子县委员会（人民防线办）	2020年度山南市平安建设（综治工作）第三名	2020年	山南市委、市政府
中共西藏隆子县委员会（人民防线办）	2020年隆子县“先进双联户”创建活动获区、市两级“先进县”荣誉称号	2020年	山南市委、市政府
中共西藏隆子县委员会（人民防线办）	2020年度山南市“先进双联户”创建工作第二名	2020年	山南市委、市政府
加查县委、县政府	2020年山南市民族团结进步模范集体	2021年	山南市委、市政府
加查县委统战部（民宗局）	2020年山南市民族团结进步模范集体	2021年	山南市委、市政府
曲松县委政法委会	山南市先进“双联户”创建活动先进县区	2021年	山南市委、市政府
曲松县曲松镇	山南市创先争优强基础惠民生活动优秀组织奖	2020年	山南市委、市政府
曲松县曲松镇	山南市“先进双联户”创建活动先进乡镇	2020年	山南市委、市政府
桑日县人民法院	山南市创先争优强基惠民活动优秀组织	2020年	山南市委、市政府
桑日县人民法院	2019年度全县平安建设（综治工作）先进集体	2020年	山南市委、市政府

续表10

获奖单位	获奖名称	表彰时间	授予单位
桑日县人民法院	桑日县2018—2019年度宣传思想工作先进集体	2020年	山南市委、市政府
桑日县民创办	2020年山南市民族团结进步“模范集体”	2020年	山南市委、市政府
恰嘎曲德寺管会	山南市深入开展“遵行四条标准 争做先进僧尼”教育实践活动“优秀组织单位”	2020年	山南市委、市政府
丹萨梯寺	山南市深入深入开展“遵行四条标准争做先进僧尼”教育实践活动“模范寺庙”	2020年	山南市委、市政府
市人社局	2020年山南市民族团结进步模范集体	2020年	山南市委、市政府
市发改委	政协第一届山南市委员会提案办理先进单位	2020年	政协山南市委员会
市水利局	政协第一届山南市委员会提案办理先进单位	2020年	政协山南市委员会
市林草局	政协第一届山南市委员会提案办理先进单位	2020年	政协山南市委员会
市交通局	政协第一届山南市委员会提案办理先进单位	2020年	政协山南市委员会
农行错那县支行	代理国寿期交保险“奋发图强”追梦队三等奖	2020年	中国农业银行山南分行、中国人寿山南市分公司
农行错那县支行	2020年秋季篮球赛道德风尚奖	2020年	中国农业银行山南分行

说明：由于各单位资料提供不全，可能有遗漏

受地厅级以上表彰的先进个人名录

表 11

姓名	性别	民族	工作单位	获奖名称	表彰时间	授予单位
布 琼 啦	男	藏族	曲松县曲松镇措堆村	全国脱贫攻坚先进个人	2021 年	中国共产党中央委员会、中华人民共和国国务院
巴 珠	男	藏族	山南市永创发展建设有限公司	全国脱贫攻坚先进个人	2021 年	中共中央、国务院
其米旺姆	女	藏族	市公安局	全国公安系统抗击新冠肺炎疫情先进个人	2020 年	公安部
安 莎	男	汉族	市公安局	标兵个人	2020 年	公安部
邓 宏 黎	男	汉族	隆子消防救援大队	三等功	2020 年	西藏消防总队
加 律	男	藏族	桑日县发达种植农民专业合作社	全国劳动模范	2020 年	中华全国总工会
拉 珍	女	藏族	贡嘎县江塘镇羊卓藏餐馆	全国劳动模范	2020 年	中华全国总工会
孟 泽 宇	男	汉族	市消防支队	优秀共青团员	2020 年	共青团西藏自治区委员会
易 渝 杰	男	土家族	团市委	抗击新冠肺炎疫情青年志愿服务先进个人	2020 年	团中央
索朗央金	女	藏族	加查县人民医院	抗疫最美家庭	2020 年	全国妇联
玉 珍	女	藏族	措美县扎西松多村	最美家庭	2020 年	全国妇联
扎西央宗	女	藏族	琼结县下水乡唐布奇村	最美家庭	2020 年	全国妇联
尼玛次仁	男	藏族	错那县觉拉乡觉拉村	五好文明家庭	2020 年	全国妇联
次旺多吉	男	藏族	乃东中学	五好文明家庭	2020 年	全国妇联
央金卓嘎	女	藏族	乃东区昌珠镇门中岗社区	家庭工作先进个人	2020 年	全国妇联
松觉拉姆	女	藏族	加查县藏木富民农民合作社	三八红旗手	2020 年	全国妇联
达娃次仁	男	藏族	市公安局	2019 年度“全国平安医院”先进个人	2020 年	国家卫健委
扎西拉姆	女	藏族	琼结县卫生服务中心	2004—2019 年中国死因登记报告工作先进个人	2020 年	中国疾病预防控制中心
扎西伦珠	男	藏族	贡嘎县东拉乡卫生院	全国乡镇卫生院优秀院长	2020 年	中国农村卫生协会
巴桑次仁	男	藏族	市职校	全国职业院校数字校园建设项目实验校工作成绩突出人员	2020 年	中央电化教育馆
白玛群培	男	藏族	市气象局	全国气象部门 2020 年优秀共产党员	2020 年	中共中国气象局党组
白玛群培	男	藏族	隆子县气象局	全国气象部门 2020 年“优秀共产党员”称号	2020 年	中国气象局
张 自 燕	女	汉族	市统计局	第二次全国污染源普查表现突出个人	2020 年	国务院第二次全国污染源普查领导小组办公室

续表 11

姓名	性别	民族	工作单位	获奖名称	表彰时间	授予单位
土旦罗布	男	藏族	隆子县生态环境局	全国污染源普查工作先进个人	2020 年	全国污染源普查工作领导小组
丹珍卓嘎	女	藏族	中国银行山南分行	优秀共青团干部	2020 年	中国银行总行
罗布扎西	男	藏族	中国农业银行桑日县支行	2018—2019 年度中国农业银行三农业务先进个人	2020 年	中国农业银行股份有限公司
牛　蕾	女	汉族	洛扎县委组织部	《久美次旺：国境线上的守边书记》在“奋斗在脱贫攻坚一线的第一书记”征文评选中荣获优秀奖	2020 年	中国人事报刊社
伦珠泽仁	男	藏族	琼结县文化市场综合执法大队	《“四讲四爱”不落一人》获西藏日报社图片一等奖	2021 年	西藏日报社
多吉朗杰	男	藏族	洛扎县色乡人民政府	自治区事业单位脱贫攻坚专项奖励先进个人	2020 年	自治区党委、自治区政府
央　吉	女	藏族	洛扎县色乡人民政府	自治区事业单位脱贫攻坚专项奖励先进个人	2020 年	自治区党委、自治区政府
阿旺旦培	男	藏族	洛扎县色乡人民政府	自治区事业单位脱贫攻坚专项奖励先进个人	2020 年	自治区党委、自治区政府
玉　珍	女	藏族	洛扎县色乡人民政府	自治区事业单位脱贫攻坚专项奖励先进个人	2020 年	自治区党委、自治区政府
巴桑多吉	男	藏族	洛扎县色乡人民政府	自治区事业单位脱贫攻坚专项奖励先进个人	2020 年	自治区党委、自治区政府
布琼啦	男	藏族	曲松县曲松镇措堆村	自治区事业单位脱贫攻坚专项奖励嘉奖	2020 年	自治区党委、自治区政府
布琼啦	男	藏族	曲松县曲松镇措堆村	自治区级先进驻村工作队员	2020 年	自治区党委、自治区政府
黄永生	男	汉族	曲松县邱多江乡邱多江村驻村工作队	自治区级先进驻村工作队员	2020 年	自治区党委、自治区政府
旺　珍	女	藏族	市烟草专卖局（公司）	自治区第八批驻村工作先进驻村工作队员	2020 年	自治区党委、自治区政府
扎西多吉	男	藏族	市政府办公室	西藏自治区先进驻村工作队队员	2020 年	自治区党委、自治区政府
索朗顿珠	男	藏族	农行山南分行	全区先进驻村工作队	2020 年	自治区党委、自治区政府
边巴次仁	男	藏族	加查县旅游发展局驻冷达乡共康村工作队队长	全区创先争优强基础惠民生活动先进驻村工作队员	2020 年	自治区党委、自治区政府
尼玛普赤	女	藏族	加查县拉绥乡驻昂达村工作队队长	全区创先争优强基础惠民生活动先进驻村工作队员	2020 年	自治区党委、自治区政府
郑桂林	男	汉族	加查县冷达乡驻仲沙村、联村工作队副队长	全区创先争优强基础惠民生活动先进驻村工作队员	2020 年	自治区党委、自治区政府
周景发	男	汉族	措美县乃西乡	2020 年自治区优秀第一书记	2020 年	西藏自治区委
达娃央吉	女	藏族	政协隆子县委员会办公室	全区政协系统 2019 年度信息工作先进个人	2020 年	中国人民政治协商会议西藏自治区委员会
贡觉班旦	男	藏族	琼结县政协办	全区政协系统 2019 年度信息工作先进个人	2020 年	政协西藏自治区委员会办公厅

续表11

姓名	性别	民族	工作单位	获奖名称	表彰时间	授予单位
边巴卓嘎	女	藏族	贡嘎县政协办	全区政协系统2019年度信息工作先进个人	2020年	政协西藏自治区委员会办公厅
白玛央吉	女	藏族	市工商联	全区非公有制经济组织和社会组织优秀党务工作者	2020年	自治区党委组织部
洛桑顿珠	男	藏族	贡嘎县克西乡秀吾村	2017年—2020年全区“四讲四爱”优秀宣讲员	2021年	中共西藏自治区党委宣传部
洛桑顿珠	男	藏族	贡嘎县克西乡秀吾村	2020年西藏自治区“四讲四爱”优秀宣讲员	2020年	中共西藏自治区党委宣传部
伦珠泽仁	男	藏族	琼结县文化市场综合执法大队	《海拔5010米的宣讲》获自治区宣传报道工作一等奖	2020年	自治区党委宣传部
旺庆次仁	男	藏族	加查县琼果杰寺管会	区“四讲四爱”优秀宣讲员	2021年	自治区党委宣传部
阿旺次仁	男	藏族	市职校	全区“四讲四爱”群众教育实践活动优秀宣讲员	2021年	自治区党委宣传部
彭　东	男	汉族	山南市委统战部	全区统战系统优秀信息员	2020年	自治区党委统战部
卓玛央宗	女	藏族	市中法	区直机关优秀共产党员	2020年	自治区直属机关工作委员会
嘎松加措	男	藏族	市公安局	扫黑除恶“六清行动”个人三等功	2020年	自治区公安厅
索　朗	男	藏族	市公安局	个人三等功	2020年	自治区公安厅
洛桑平措	男	藏族	市公安局	全区优秀监管民警	2020年	自治区公安厅
徐　冲	男	汉族	市公安局	个人三等功	2020年	自治区公安厅
洛桑旺堆	男	藏族	市公安局	个人三等功	2020年	自治区公安厅
拉巴占堆	男	藏族	市公安局	个人二等功	2020年	自治区公安厅
刘　方	男	汉族	市公安局	全区公安机关教育训练先进个人	2020年	自治区公安厅
侯　石	男	汉族	市公安局	全区公安机关教育训练先进个人	2020年	自治区公安厅
潘　龙	男	汉族	市公安局	全区公安机关教育训练先进个人	2020年	自治区公安厅
洛　桑	男	藏族	市公安局	个人三等功	2020年	自治区公安厅
阿旺旦增	男	藏族	市公安局	个人二等功	2020年	自治区公安厅
旦巴桑珠	男	藏族	市公安局	全区公安机关标兵个人	2020年	自治区公安厅
旦巴桑珠	男	藏族	市公安局	嘉奖	2020年	自治区公安厅
坚才扎西	男	藏族	市公安局	嘉奖	2020年	自治区公安厅
罗　桑	男	藏族	市公安局	嘉奖	2020年	自治区公安厅
仇彦斌	男	藏族	市公安局	全区优秀监管民警	2020年	自治区公安厅
次仁央金	女	藏族	市公安局	全区公安机关标兵个人	2020年	自治区公安厅

续表 11

姓名	性别	民族	工作单位	获奖名称	表彰时间	授予单位
次仁央金	女	藏族	市公安局	全区公安机关疫情防控个人嘉奖	2020 年	自治区公安厅
其米旺姆	女	藏族	市公安局	个人三等功	2020 年	自治区公安厅
其米旺姆	女	藏族	市公安局	全区公安机关全警实战大练兵先进个人	2020 年	自治区公安厅
索朗巴珠	男	藏族	市公安局	个人三等功	2020 年	自治区公安厅
格列班典	男	藏族	市公安局	西藏“最美交警”	2020 年	自治区公安厅
安　莎	男	汉族	市公安局	全区公安机关全警实战大练兵先进个人	2020 年	自治区公安厅
米　玛	男	藏族	市公安局	全区公安机关全警实战大练兵先进个人	2020 年	自治区公安厅
晋美坚赞	男	藏族	琼结县公安局	在全警实战大练兵第一阶段工作中成绩优异、表现突出，被评为全区公安机关“标兵个人”	2020 年	自治区公安厅
边巴次仁	男	藏族	琼结县公安局	关于对扫黑除恶专项斗争“六清”行动有功集体和个人予以表彰奖励（个人三等功）	2021 年	自治区公安厅
桑　珠	男	藏族	措美县公安局	关于对 403 专案有功民警予以表彰奖励三等功	2020 年	自治区公安厅
桑　珠	男	藏族	措美县公安局	2020 全区公安机关一级警司晋升三级警督培训班被评为优秀学员	2020 年	自治区公安厅
晁鹏飞	男	汉族	曲松县公安局	嘉奖	2020 年	自治区公安厅
卢　艳	女	汉族	琼结县人民检察院	全区优秀公诉人	2020 年	自治区人民检察院
马金龙	男	汉族	市中法	全区法院刑事审判工作先进个人	2020 年	自治区高法
朱自力	男	汉族	错那县	2020 年全区党政系统机要密码业务比武竞赛“五笔汉字录入个人成绩第三名”	2020 年	中共西藏自治区委员会机要局
郭　怡	女	汉族	市烟草专卖局（公司）	全区行业“做新时代雪域高原文明职工”征文比赛二等奖	2020 年	自治区总工会
嘎玛玉珍	女	藏族	西藏隆子县中学	“决胜小康奋斗有我”演讲比赛优胜奖	2020 年	西藏自治区总工会
扎西顿珠	男	藏族	贡嘎县公安局岗堆镇派出所	青年五四奖章	2020 年	共青团西藏自治区委员会
胡惠生	男	汉族	共青团措美县委员会	2019—2020 年度大学生志愿服务西部计划西藏专项工作中被评为“优秀志愿者”	2020 年	共青团西藏自治区委员会
达瓦卓嘎	女	藏族	隆子县妇联	最美妇联人	2020 年	自治区妇联
云旦白姆	女	藏族	浪卡子县多却乡	最美妇联人	2020 年	自治区妇联
任建梅	女	汉族	扎囊县扎唐镇	最美妇联人	2020 年	自治区妇联
桑旦曲珍	女	藏族	曲松县邱多江乡	最美妇联人	2020 年	自治区妇联
平措卓玛	女	藏族	贡嘎县克西乡	最美妇联人	2020 年	自治区妇联

续表 11

姓名	性别	民族	工作单位	获奖名称	表彰时间	授予单位
卓玛央宗	女	藏族	市中法	西藏自治区三八红旗手荣誉称号	2020 年	自治区妇女联合会、人力资源和社会保障厅
次春梅	女	汉族	市公安局	西藏自治区三八红旗手	2020 年	自治区妇女联合会、人力资源和社会保障厅
张　昊	男	汉族	市消防支队	个人二等功	2020 年	自治区应急总指挥部
旦增伦珠	男	藏族	市消防支队	个人三等功	2020 年	自治区应急总指挥部
代雨龙	男	汉族	市消防支队	个人三等功	2020 年	自治区应急总指挥部
旦增卓玛	女	藏族	贡嘎县统计局	全国第四次经济普查区级先进个人	2020 年	自治区全国第四次经济普查领导小组办公室
申　超	男	汉族	贡嘎县民政局	自治区创先争优强基础惠民生活动先进驻村工作队员	2021 年	自治区强基办
旦达曲培	男	藏族	错那县	2020 年度全区创先争优强基础惠民生活动先进驻村工作队队员	2021 年	自治区强基办
任增怀	男	汉族	错那县	2020 年度全区创先争优强基础惠民生活动先进驻村工作队队员	2021 年	自治区强基办
巴　桑	女	藏族	贡嘎县脱贫攻坚指挥部办公室	2020 年自治区事业单位脱贫攻坚专项奖励（嘉奖）	2020 年	自治区人社厅
旦增卓嘎	女	藏族	贡嘎县脱贫攻坚指挥部办公室	2020 年自治区事业单位脱贫攻坚专项奖励（嘉奖）	2020 年	自治区人社厅
李　晖	男	汉族	贡嘎县脱贫攻坚指挥部办公室	2020 年自治区事业单位脱贫攻坚专项奖励（嘉奖）	2020 年	自治区人社厅
宋　雨	女	汉族	贡嘎县脱贫攻坚指挥部办公室	2020 年自治区事业单位脱贫攻坚专项奖励（嘉奖）	2020 年	自治区人社厅
扎西央金	女	藏族	贡嘎县脱贫攻坚指挥部办公室	2020 年自治区事业单位脱贫攻坚专项奖励（嘉奖）	2020 年	自治区人社厅
普布次仁	男	藏族	贡嘎县后勤服务中心	2020 年自治区事业单位脱贫攻坚专项奖励（嘉奖）	2020 年	自治区人社厅
申　超	男	汉族	贡嘎县民政局	2020 年自治区事业单位脱贫攻坚专项奖励（嘉奖）	2020 年	自治区人社厅
扎西巴珠	男	藏族	贡嘎县吉雄镇	2020 年自治区事业单位脱贫攻坚专项奖励（嘉奖）	2020 年	自治区人社厅
旦增尼玛	男	藏族	贡嘎县吉雄镇	2020 年自治区事业单位脱贫攻坚专项奖励（嘉奖）	2020 年	自治区人社厅
达　央	女	藏族	贡嘎县吉雄镇	2020 年自治区事业单位脱贫攻坚专项奖励（嘉奖）	2020 年	自治区人社厅
加央扎西	男	藏族	贡嘎县人力资源和社会保障局	2020 年自治区事业单位脱贫攻坚专项奖励（嘉奖）	2020 年	自治区人社厅
边巴次仁	男	藏族	贡嘎县人力资源和社会保障局	2020 年自治区事业单位脱贫攻坚专项奖励（嘉奖）	2020 年	自治区人社厅
斯朗曲西	女	藏族	贡嘎县朗杰学乡	2020 年自治区事业单位脱贫攻坚专项奖励（嘉奖）	2020 年	自治区人社厅

续表 11

姓名	性别	民族	工作单位	获奖名称	表彰时间	授予单位
白玛贡吉	女	藏族	贡嘎县朗杰学乡	2020 年自治区事业单位脱贫攻坚专项奖励（嘉奖）	2020 年	自治区人社厅
央　宗	女	藏族	贡嘎县朗杰学乡	2020 年自治区事业单位脱贫攻坚专项奖励（嘉奖）	2020 年	自治区人社厅
德　珍	女	藏族	贡嘎县克西乡	2020 年自治区事业单位脱贫攻坚专项奖励（嘉奖）	2020 年	自治区人社厅
加措旺堆	男	藏族	贡嘎县克西乡	2020 年自治区事业单位脱贫攻坚专项奖励（嘉奖）	2020 年	自治区人社厅
贺　勇	男	汉族	贡嘎县电视台	2020 年自治区事业单位脱贫攻坚专项奖励（嘉奖）	2020 年	自治区人社厅
段云芳	女	汉族	贡嘎县农牧综合服务中心	2020 年自治区事业单位脱贫攻坚专项奖励（嘉奖）	2020 年	自治区人社厅
旦增尼玛	男	藏族	贡嘎县昌果乡	2020 年自治区事业单位脱贫攻坚专项奖励（嘉奖）	2020 年	自治区人社厅
甘丹扎巴	男	藏族	贡嘎县朗杰学乡卫生院	2020 年自治区事业单位脱贫攻坚专项奖励（嘉奖）	2020 年	自治区人社厅
贡觉顿珠	男	藏族	错那县	2020 年自治区事业单位脱贫攻坚专项奖励个人嘉奖	2020 年	自治区人社厅
阿旺洛旦	男	藏族	错那县	2020 年自治区事业单位脱贫攻坚专项奖励个人嘉奖	2020 年	自治区人社厅
达瓦格桑	男	藏族	错那县	2020 年自治区事业单位脱贫攻坚专项奖励个人嘉奖	2020 年	自治区人社厅
米玛片多	女	藏族	错那县	2020 年自治区事业单位脱贫攻坚专项奖励个人嘉奖	2020 年	自治区人社厅
拉巴旺堆	男	藏族	错那县	2020 年自治区事业单位脱贫攻坚专项奖励个人嘉奖	2020 年	自治区人社厅
扎西多吉	男	藏族	隆子县人力资源和社会保障局	全区人社优质服务个人	2021 年	自治区人社厅
格桑曲珍	女	藏族	隆子县水利局	2020 年全区事业单位开展脱贫攻坚工作中表现突出被嘉奖	2020 年	自治区人社厅
桑姆卓玛	女	藏族	加查县人力资源和社会保障局	全区人力资源保障系统优质服务先进个人	2021 年	自治区人社厅
赵　阔	男	汉族	山南市人社局	全区人社系统窗口单位练兵比武活动“知识通”	2020 年	自治区人社厅
扎　西	男	藏族	山南市人社局	全区人社优质服务个人	2020 年	自治区人社厅
罗布桑珠	男	藏族	浪卡子县人社局	事业单位脱贫攻坚专项奖励、嘉奖	2020 年	自治区人社厅
旦增索朗	男	藏族	浪卡子县人社局	事业单位脱贫攻坚专项奖励、嘉奖	2020 年	自治区人社厅
次仁顿珠	男	藏族	琼结县退役军人服务中心	自治区示范型退役军人服务中心党员示范岗	2020 年	自治区退役军人事务厅
杨玉峰	男	汉族	贡嘎县退役军人事务局	西藏自治区示范型退役军人服务中心（站）岗位标兵	2020 年	自治区退役军人事务厅

续表 11

姓名	性别	民族	工作单位	获奖名称	表彰时间	授予单位
祁春燕	女	汉族	措美县退役军人事务局	西藏自治区示范型退役军人服务中心（站）岗位标兵	2020 年	自治区退役军人事务厅
普布扎西	男	藏族	加查县退役军人服务局	西藏自治区示范型退役军人服务中心（站）岗位标兵	2020 年	自治区退役军人事务厅
蔡生青	女	汉族	贡嘎县农牧综合服务中心	全区首届农产品质量快速检测技能竞赛一等奖	2020 年	自治区农业农村厅
色　珍	女	藏族	贡嘎县江塘镇农牧综合服务中心	全区首届农产品质量快速检测技能竞赛优胜奖	2020 年	自治区农业农村厅
永　措	女	藏族	贡嘎县发展和改革委员会	西藏自治区脱贫攻坚产业成果展销售先进工作者	2020 年	自治区脱贫攻坚指挥部办公室
周景发	男	汉族	措美县乃西乡	自治区脱贫攻坚先进个人	2020 年	自治区脱贫攻坚指挥部总结表彰工作领导小组办公室
普布贡杰	男	藏族	市公安局	2020 年“西藏自治区包虫病综合防治”先进个人	2020 年	自治区卫健委
德庆卓嘎	女	藏族	市职校	全区高中阶段思想政治理论课教师教学竞赛一等奖	2020 年	自治区教育厅
匡　莉	女	汉族	市职校	全区高中阶段思想政治理论课教师教学竞赛三等奖	2020 年	自治区教育厅
益西多吉	男	藏族	市职校	全区高中阶段思想政治理论课教师教学竞赛优秀指导教师	2020 年	自治区教育厅
拉巴卓嘎	女	藏族	隆子县日当镇小学	全区小学教师教学竞赛决赛道德与法治学科	2020 年	自治区教育厅
扎　桑	女	藏族	隆子县日当镇小学	全区小学教师教学竞赛决赛语文学科二等奖	2020 年	自治区教育厅
尼玛扎巴	男	藏族	桑日县教育局	全区小学教师教学竞赛数学组三等奖	2020 年	自治区教育厅
仁增白玛	女	藏族	浪卡子县双语幼儿园	在“101 教育 PPT 杯”全区第二届中小学教师信息化应用大赛中荣获学前组，优秀奖	2020 年	自治区教育厅
其美次仁	男	藏族	浪卡子镇小学	“101PPT 杯”全区第二届中小学教师信息化大赛中荣获小学组二等奖	2020 年	自治区教育厅
次仁曲珍	女	藏族	措美县农业农村局	优秀科普信息员	2020 年	自治区科协
达娃群宗	女	藏族	措美县农业农村局	优秀科普信息员	2020 年	自治区科协
央　宗	女	藏族	隆子县三林乡小学	民族团结一家亲·携手同心奔小康，第二届民族团结书法、文学作品比赛中藏文书法三等奖	2020 年	自治区民族事务委员会
旦增曲扎	男	藏族	生态环境局琼结县分局	西藏自治区第二次全国污染源普查优秀数据分析报告	2020 年	自治区生态环境厅
拉　珍	女	藏族	生态环境局琼结县分局	西藏自治区第二次全国污染源普查优秀数据分析报告	2020 年	自治区生态环境厅

续表 11

姓名	性别	民族	工作单位	获奖名称	表彰时间	授予单位
阿旺格桑	男	藏族	市气象局	中国技能大赛——西藏自治区气象行业第四届县级综合气象业务技能竞赛装备技术保障二等奖、个人全能三等奖	2020 年	自治区气象局、区人社厅、区总工会
赵 永 丽	女	汉族	市气象局	自治区气象学会 2020 年先进个人	2020 年	自治区气象局学会
丹增德庆	女	藏族	隆子县气象局	论文《隆子县气象局人工与自动日照观测对比分析》荣获“2020 年全区气象科技论文交流会”三等奖	2020 年	自治区气象局、自治区气象学会
贡觉群培	男	藏族	市气象局	2020 年度全区气象装备技术保障业务优秀个人	2020 年	自治区气象局
扎西洛布	男	藏族	市气象局	2020 年度全区信息网络优秀个人	2020 年	自治区气象局
次仁罗桑	男	藏族	市气象局	2020 年全区重大气象服务先进个人	2020 年	自治区气象局
次旦晋美	男	藏族	隆子县生态环境局	西藏自治区污染源普查工作先进个人	2020 年	自治区污染源普查工作领导小组
米玛片多	女	藏族	洛扎县扎日乡人民政府	西藏自治区第二次全国污染源普查优秀数据报告	2020 年	自治区第二次全国污染源普查领导小组、自治区生态环境厅
米玛片多	女	藏族	洛扎县扎日乡人民政府	西藏自治区第二次全国污染源普查工作“突出个人”	2020 年	自治区第二次全国污染源普查领导小组、自治区生态环境厅
益西拉姆	女	藏族	西藏隆子县中学	国家语言文字应用能力提升培训班被评为“优秀学员”	2020 年	自治区国家语委办公室
普布卓嘎	女	藏族	曲松县统计局	自治区级“第四次经济普查”先进个人	2020 年	自治区第四次全国经济普查领导小组办公室
达娃罗布	男	藏族	措美县农业农村局	西藏自治区第四次经济普查先进个人	2020 年	自治区第四次经济普查领导小组办公室
巴桑罗布	男	藏族	错那县	西藏自治区第四次全国经济普查先进个人	2020 年	自治区第四次全国经济普查领导小组办公室
洛桑顿珠	男	藏族	市统计局	自治区第四次全国经济普查先进个人	2020 年	自治区第四次全国经济普查领导小组
旦增其米	男	藏族	市统计局	自治区第四次全国经济普查先进个人	2020 年	自治区第四次全国经济普查领导小组
白玛群培	男	藏族	市烟草专卖局（公司）	2018 年 7 月至 2020 年 6 月全区行业优秀党务工作者	2020 年	中共西藏自治区烟草专卖局（公司）委员会
央 宗	女	藏族	市烟草专卖局（公司）	2019—2020 年度全区烟草行业优秀工会干部	2020 年	中共西藏自治区烟草专卖局（公司）委员会
达瓦扎西	男	藏族	市烟草专卖局（公司）	全区行业第八批驻村工作先进个人	2020 年	中共西藏自治区烟草专卖局（公司）委员会
洛布桑珠	男	藏族	市烟草专卖局（公司）	2020 年度全区行业真假烟识别项目一等奖	2020 年	中共西藏自治区烟草专卖局（公司）委员会
洛布桑珠	男	藏族	市烟草专卖局（公司）	2020 年度全区行业法律法规项目二等奖	2020 年	中共西藏自治区烟草专卖局（公司）委员会

续表 11

姓名	性别	民族	工作单位	获奖名称	表彰时间	授予单位
许海洋	男	汉族	市烟草专卖局（公司）	2020 年度优秀内审员	2020 年	中共西藏自治区烟草专卖局（公司）委员会
旦增洛桑	男	藏族	中国银行山南分行	优秀共产党员	2020 年	中国银行西藏自治区分行
张超	男	汉族	中国银行山南分行	中银卓越先进个人	2020 年	中国银行西藏自治区分行
张超	男	汉族	中国银行山南分行	优秀党务工作者	2020 年	中国银行西藏自治区分行
达瓦次仁	男	藏族	中国银行山南分行	驻村先进个人	2020 年	中国银行西藏自治区分行
次仁玉珍	女	藏族	山南市委统战部	“四讲四爱”优秀工作者	2020 年	山南市委、市人民政府
张甜甜	女	回	山南市委统战部	“四讲四爱”优秀工作者	2020 年	山南市委、市人民政府
边巴次仁	男	藏族	市公安局	民族团结模范进步奖	2020 年	山南市委、市人民政府
尼玛曲珍	女	藏族	市公安局	“遵行四条标准争做先进僧尼”教育实践活动优秀寺管会干部	2020 年	山南市委、市人民政府
格桑巴珠	男	藏族	市中法	山南市第八批先进驻村（居）工作队员	2020 年	山南市委、市人民政府
洛桑曲珍	女	藏族	市市场监督管理局	山南市第八批先进驻村（居）工作队员	2020 年	山南市委、市人民政府
李文静	女	藏族	市市场监督管理局	山南市第八批先进驻村（居）工作队员	2020 年	山南市委、市人民政府
拉巴次仁	男	藏族	中国铁塔山南市分公司	山南市创先争优强基础惠民生活动先进驻村（居）工作队员	2020 年	山南市委、市人民政府
阿旺洛旦	男	藏族	中共贡嘎县委统战部	山南市 2020 年度“遵行四条标准 争做先进僧尼”教育实践活动优秀工作者	2020 年	山南市委、市人民政府
洛桑旦增	男	藏族	贡嘎县人民检察院	山南市创先争优强基础惠民生活动先进驻村工作队员	2020 年	山南市委、市人民政府
李春玲	女	汉族	贡嘎县昌果乡	山南市创先争优强基础惠民生活动先进驻村工作队员	2020 年	山南市委、市人民政府
阿曲	男	藏族	贡嘎县政协办	2020 年山南市民族团结进步模范个人	2021 年	山南市委、市人民政府
久美次旺	男	藏族	洛扎县拉郊乡杰罗布村	2020 年山南市民族团结进步模范个人	2020 年	山南市委、市人民政府
拉巴旦增	男	藏族	错那县	山南市 2020 年深入开展“遵行四条标准争做先进僧尼”教育实践活动优秀工作者	2020 年	山南市委、市人民政府
拉巴卓玛	女	门巴族	错那县	2020 年山南市民族团结进步模范个人	2021 年	山南市委、市人民政府
次旺普尺	女	藏族	隆子县县人大常委会办公室	优秀共产党员	2020 年	山南市委、市人民政府
格桑顿珠	男	藏族	隆子县县旅发局	山南市强基惠民优秀工作队队员	2020 年	山南市委、市人民政府
嘎玛次旺	男	藏族	隆子县藏医院	山南市第八批强基础惠民生优秀驻村工作队队员	2020 年	山南市委、市人民政府
嘎玛次仁	男	藏族	曲松县委统战部	山南市 2020 年深入开展“遵行四条标准争做先进僧尼”教育实践活动优秀工作者	2020 年	山南市委、市人民政府

续表 11

姓名	性别	民族	工作单位	获奖名称	表彰时间	授予单位
仁增白玛	女	藏族	浪卡子县双语幼儿园	市级骨干教师“聘任书”	2020 年	山南市委、市人民政府市政府
白玛顿珠	男	藏族	政协曲松县委员会	政协第一届山南委员会优秀提案奖励	2020 年	政协山南委员会
牛　蕾	女	汉族	洛扎县委组织部	2020 年度全市组织系统“优秀通讯员”	2020 年	中共山南市委组织部
边　巴	男	藏族	洛扎县委宣传部	全区 2019 年度宣传思想文化系统先进工作者	2020 年	中共西藏自治区党委宣传部
牛　蕾	女	汉族	洛扎县委组织部	2019—2020 年度山南市大学生志愿服务西部计划优秀志愿者	2020 年	共青团山南市委员会
补海春	男	土家族	洛扎县委组织部	2019—2020 年度山南市大学生志愿服务西部计划优秀志愿者	2020 年	共青团山南市委员会
胡学民	男	汉族	玉麦乡人民政府	全区五四青年奖章先进个人	2020 年	共青团山南市委员会
郭　鹏	男	汉族	中国邮政山南市分公司	2019 年西藏邮政金融系统安全运行年及运维质量竞赛活动先进个人	2021 年	中国邮政集团有限公司
白玛央金	女	藏族	中国邮政山南市分公司	全国邮政“电商扶贫能手”、全国邮政农村电商最佳推进奖、2020 年“营销争先”劳动竞赛优秀营销员	2021 年	中国邮政集团有限公司
周晓婷	女	汉族	中国邮政山南市分公司	2020 年邮银一家共拓蓝海先进个人	2021 年	中国邮政集团有限公司
达娃色珍	女	藏族	中国邮政山南市分公司	2020 年邮银一家共拓蓝海先进个人	2021 年	中国邮政集团有限公司
普仓决	女	藏族	中国邮政山南市分公司	全国“战疫情，奔小康”随手拍二等奖	2020 年	中国邮政集团工会
陈晓刚	男	汉族	中国邮政山南市分公司	优秀新闻宣传工作者	2021 年	中国邮政集团有限公司西藏自治区分公司
尼玛次仁	男	藏族	中国电信山南市分公司	2020 年脱贫攻坚奖“贡献奖”	2020 年	中国电信集团有限公司
旦增卓嘎	女	藏族	中国联通山南市分公司	先进工作者	2020 年	中国联通西藏分公司
其米卓嘎	女	藏族	中国联通山南市分公司	先进工作者	2020 年	中国联通西藏分公司
扎西央金	女	门巴族	中国铁塔山南市分公司	2019 年度优秀共产党员	2020 年	中共中国铁塔股份有限公司西藏自治区分公司委员会

说明：由于各单位资料提供不全，可能有遗漏

附 录

党政机构和负责人

中共山南市委员会

书 记 许成仓
副书记 普布顿珠
格 桑（藏族，10月免）
卓 锋（10月任）
刘志强
吴巨培（湖南援藏）
汪华东（安徽援藏）
李修武（湖北援藏）
常 委 秦万明（12月免）
龚 兵（满族）
常委、秘书长
赫 沛
常 委 王友华（4月免）
丹 增（藏族）
燕 红（女，藏族）
张定成
拉巴加布（藏族）
常务副秘书长
陈 桑（藏族）
副秘书长
赵 敏
李国伟（中粮集团援藏）
索朗格桑（藏族）
谭金元（4月免）
周 平
达瓦顿珠（藏族）
刘艳雄（湖南援藏）
市纪委监委驻市委办公室纪检监察组组长
石高举

山南市人民代表大会常务委员会党组

书 记 王德文
副书记 陈海清（藏族）
成 员 贡觉多吉（藏族）
松 嘎（藏族）
扎 西（藏族）
尼玛次仁（藏族，9月免）
沈百存（女）
余胜能
次 仁（藏族）
姜艳红（女）

山南市人民代表大会常务委员会

主 任 王德文
副主任 陈海清（藏族）
贡觉多吉（藏族）
松 嘎（藏族）
扎 西（藏族）
尼玛次仁（藏族，9月免）
沈百存（女）
余胜能
次 仁（藏族）
秘书长 姜艳红（女）
副秘书长
王建红
杨娟宏（女）
鲁 宝（援藏，5月任，11月免）

山南市人民政府党组

书 记 普布顿珠（藏族）
副书记 刘志强（9月任）
汪华东（援藏）
李修武（援藏）
王友华
成 员 黄金城
张福臣（满族）
索朗曲巴（藏族）
牟永文
王 霞（女）
江 嘎（藏族）

邓　　荃
罗 天 华

山南市人民政府

市　长　普布顿珠（藏族）
常务副市长
刘 志 强（9月任）
汪 华 东（援藏）
李 修 武（援藏）
王 友 华
副市长　黄 金 城
张 福 臣（满族）
索朗曲巴（藏族）
牟 永 文
王　　霞（女）
江　　嘎（藏族）
邓　　荃
秘书长　罗 天 华
派驻纪检组长
达娃次仁（藏族）
副秘书长
邢 运 江
念　　扎（藏族）
巴桑次仁（藏族）
李　　宁
罗　　珍（女，藏族）
景　　伟（挂职）
朱　　江（援藏）
余 海 舟（援藏）
陈 元 鹏
史 玉 欢（7月任）

政协山南市委员会党组

书　记　巴　　珠（藏族）
副书记　普布多吉（藏族）
成　员　加　　央（藏族，1月免）
普　　布（藏族）
洛桑扎西（藏族）
蒋 明 浩
谭 次 仁（藏族，离岗休养）
赤列央金（女，藏族）
邓 建 军（9月任）
罗 天 华（9月任）
安 兴 国（9月任）
郭 建 军

政协山南市委员会

主　席　巴　　珠（藏族）
副主席　克　　珠（藏族，8月免）
普布多吉（藏族）
加　　央（藏族，1月免）
普　　布（藏族）
洛桑扎西（藏族）
蒋 明 浩
谭 次 仁（藏族，离岗休养）
赤列央金（女，藏族）
邓 建 军（9月任）
罗 天 华（9月任）
安 兴 国（9月任）
达娃次仁（藏族，9月任）
秘书长　郭 建 军
副秘书长
次仁单增（藏族）
陈 党 飞

中共山南市纪律检查委员会

书　记　拉巴加布（藏族）
副书记　晋　　美（藏族）
杨 日 军
马 文 清（回族）

山南市监察委员会

主　任　拉巴加布（藏族）
副主任　晋　　美（藏族）
杨 日 军
马 文 清（回族）

山南市中级人民法院党组

书　记　索朗扎西（藏族，9月免）
卓玛央宗（女，藏族，9月任）

山南市中级人民法院

院　长　索朗扎西（藏族，9月免）
卓玛央宗（女，藏族，9月任）

山南市检察院党组

书　记　刘志刚

副书记　扎　桑(藏族)

山南市检察院

检察长　刘志刚

常务副检察长

扎　桑(藏族)

中共山南市委组织部

部　长　张定成

常务副部长

曹祖宇

中共山南市委老干部局

局　长　潘华泉

中共山南市委宣传部

部　长　燕　红(女,藏族)

常务副部长

何广海(3月任)

中共山南市委统战部

部　长　丹　增(藏族)

常务副部长

邢　飞

中共山南市委政法委

书　记　龚　兵

副书记、秘书长

革　新(藏族)

中共山南市委政研室

主　任　赵　敏

中共山南市委党校(市行政学校)

校　长　张定成

常务副校长

李国庆(7月免)

尤　刚(7月任)

中共山南市直属机关工作委员会

书　记　赫　沛

专职副书记

索朗顿珠

山南市强基惠民活动领导小组办公室

主　任　曹祖宇

山南市总工会党组

书　记　次　仁(藏族)

副书记　尚变丽(女)

山南市总工会

主　席　尚变丽(女)

副主席　次　仁(藏族)

共青团山南市委员会党组

书　记　拉　宗(女,藏族,7月免)

黄　华(7月任)

共青团山南市委员会

书　记　拉　宗(女,藏族,7月免)

黄　华(7月任)

山南市妇女联合会党组

书　记　徐　梅(女,藏族,6月免)

马玉玲(女,6月任)

山南市妇女联合会

主　席　徐　梅(女,藏族)

马玉玲(女,6月任)

山南市工商联党组

书　记　李国庆(7月任)

山南市工商联

主　席　赤列央金(女,藏族)

山南市残疾人联合会党组

书　记　吴菊玲(女)

山南市残疾人联合会

理事长　吴菊玲(女)

山南市发改委(粮食局)党组

书　记　翟　坤

副书记　边巴次仁(藏族,9月免)

山南市发改委（粮食局）

主　任　边巴次仁（藏族，9月免）

副主任　翟　坤

山南市统计局党组

书　记　维色顿珠（藏族）

副书记　赵忠琼

山南市统计局

局　长　赵忠琼

副局长　维色顿珠（藏族）

国家统计局山南调查队党组

书　记　王　猛

成　员　尹　锋

国家统计局山南调查队

队　长　王　猛

副队长　尹　锋

山南市经济和信息化局（政府国资委、大数据发展管理局）党委（组）

书　记　索朗格桑（藏族，1月任）

副书记　顾国爱

山南市经济和信息化局（政府国资委、大数据发展管理局）

局长（主任）

顾国爱

副局长（副主任）

索朗格桑（藏族，1月任）

山南市教育局（体育局）党委

书　记　董安学

副书记　赤列边巴（藏族）

山南市教育局（体育局）

局　长　赤列边巴（藏族）

副局长　董安学

山南市科技局党组

书　记　次仁多布庆（藏族）

副书记　郎立辉

山南市科技局

局　长　郎立辉

副局长　次仁多布庆（藏族）

山南市民族宗教事务局党组

书　记　平措扎西（藏族）

副书记　孟子伟

山南市民族宗教事务局

局　长　孟子伟

副局长　平措扎西（藏族）

山南市公安局党委

书　记　龚　兵（满族）

副书记　夏仕全

山南市公安局

常务副局长

夏仕全

山南边境管理支队党委

书　记　毕　强（藏族）

副书记　吕旭峰

山南边境管理支队

支队长　毕　强（藏族）

政治委员　吕旭峰

山南市消防救援支队党委

书　记　杨　毅

副书记　多　拉（藏族）

山南市消防援藏支队

支队长　多　拉（藏族）

政治委员　杨　毅

山南市民政局党组

书　记　油顺禄

副书记　周　青（女，藏族）

山南市民政局

局　长　周　青（女，藏族）

副局长　油顺禄

山南市幸福家园建设管理局党组

书　记　刘雪英（女）

副书记　白玛旺扎（藏族）

山南市幸福家园建设管理局

局　长　白玛旺扎（藏族）

副局长 刘雪英(女)

山南市司法局党组

书 记 杨国福

副书记 罗 布(藏族)

山南市司法局

局 长 罗 布(藏族)

副局长 杨国福

山南市财政局党组

书 记 李文武

副书记 仓 决(女,藏族)

山南市财政局

局 长 仓 决(女,藏族)

副局长 李文武

山南市自然资源局党组

书 记 中次仁(藏族)

副书记 渠 伟

山南市自然资源局

局 长 渠 伟

副局长 中次仁(藏族)

山南市人力资源和社会保障局党组

书 记 罗布占堆(藏族,7月免)

副书记 张 超

山南市人力资源和社会保障局

局 长 张 超

副局长 罗布占堆(藏族,7月免)

山南市住房和城乡建设局党组

书 记 阿旺朗杰(藏族,4月免)

尼玛次仁(藏族,7月任)

副书记 谭修生

山南市住房和城乡建设局

局 长 谭修生(4月任)

副局长 阿旺朗杰(藏族,4月免)

尼玛次仁(藏族,7月任)

山南市交通运输局党组

书 记 洛 桑(藏族)

山南市交通运输局

副局长 洛 桑(藏族)

山南市水利局党组

书 记 邓建军(9月免)

副书记 旺 青(藏族)

山南市水利局

局 长 旺 青(藏族)

副局长 邓建军(9月免)

山南市农业农村局党组

书 记 桑 旦(藏族)

副书记 黄卫军

山南市农业农村局

局 长 黄卫军

副局长 桑 旦(藏族)

山南市商务局党组

书 记 范和平

副书记 索朗仁增(藏族)

山南市商务局

局 长 索朗仁增(藏族)

副局长 范和平

山南市文化局(文物局)党组

书 记 司刚存

副书记 多 吉(藏族,7月免)

格桑次仁(藏族,7月任)

山南市文化局(文物局)

局 长 多 吉(藏族,7月免)

格桑次仁(藏族,7月任)

副局长 司刚存

山南市广播电视局党组

书 记 次 旺(藏族,5月任)

副书记 严乃锦

山南市广播电视局

局 长 严乃锦

副局长 次 旺(藏族,5月任)

山南市卫生健康委员会党组

书　记　孙红章

副书记　桑杰群培(藏族)

山南市卫生健康委员会

主　任　桑杰群培(藏族)

副主任　孙红章

山南市审计局党组

副书记　巴桑次仁(藏族)

山南市审计局

局　长　巴桑次仁(藏族)

山南市外事侨办党组

书　记　何才康

山南市外事侨办

副主任　何才康

山南市市场监督局党组

副书记　罗　胜(藏族)

山南市市场监督局

局　长　罗　胜(藏族)

山南市烟草局(公司)党组

书　记　拉　果(藏族)

副书记　格桑多吉(藏族)

山南市烟草局(公司)

局长、副经理

拉　果(藏族)

副局长、经理

格桑多吉(藏族)

中国石油西藏山南销售分公司党委

书　记　陆　诚(藏族)

副书记　索朗旦增(藏族)

中国石油西藏山南销售分公司

总经理　索朗旦增(藏族)

山南市林业和草原局党组

书　记　刘敬峰

副书记　阿旺多吉(藏族,12月免)

桑旦罗布(藏族,12月任)

山南市林业和草原局

局　长　阿旺多吉(藏族,12月免)

桑旦罗布(藏族,12月任)

副局长　刘敬峰

山南市旅游发展局党组

书　记　索朗平措(藏族)

副书记　罗　云

山南市旅游发展局

局　长　罗　云

副局长　索朗平措(藏族)

山南市生态环境局党组

书　记　刘　洁(女)

副书记　旺　庆(藏族)

山南市生态环境局

局　长　旺　庆(藏族)

副局长　刘　洁(女)

山南市应急管理局党组

书　记　李绍荣

副书记　达娃次仁(藏族)

山南市应急管理局

局　长　达娃次仁(藏族)

副局长　李绍荣

山南市信访局党组

书　记　王万军

副书记　阿旺多吉(藏族)

山南市信访局

局　长　阿旺多吉(藏族)

副局长　王万军

山南市退役军人事务局党组

书　记　周智德

副书记　拉巴次仁(藏族)

山南市退役军人事务局

局　长　拉巴次仁(藏族)

副局长 周智德

山南市行政审批和便民服务局党组

书 记 李爱辉
副书记 索朗扎西(藏族)

山南市行政审批和便民服务局

局 长 索朗扎西(藏族)
副局长 李爱辉

山南市医疗保障局党组

书 记 陈孝沾
副书记 米玛次仁(藏族)

山南市医疗保障局

局 长 米玛次仁(藏族)
副局长 陈孝沾

山南市城市管理和综合执法局党组

书 记 张志福
副书记 旦 增(藏族)

山南市城市管理和综合执法局

局 长 旦 增(藏族)
副局长 张志福

山南市扶贫开发办公室党组

书 记 次仁达娃(藏族)
副书记 付成聪

山南市扶贫开发办公室

主 任 付成聪
副主任 次仁达娃(藏族)

山南市藏语委办(市编译局)党组

书 记 洛桑平措(藏族)
副书记 洛桑次仁(藏族)

山南市藏语委办(市编译局)

主任(局长)
洛桑次仁(藏族)
副主任(副局长)
洛桑平措(藏族)

山南市地震局

副局长 吕 琳

国家税务总局山南市税务局党委

书 记 白玛旺扎(藏族)
副书记 彭佐国

国家税务总局山南市税务局

局 长 白玛旺扎(藏族)
副局长 彭佐国

山南市气象局党组

书 记 毛时成(藏族)

山南市气象局

局 长 毛时成(4月任)

国网西藏电力有限公司山南供电公司党委

书 记 罗布次仁(藏族)
副书记 蒋浩然

国网西藏电力有限公司山南供电公司

总经理 蒋浩然
副总经理 罗布次仁(藏族)

山南市邮政管理局党组

书 记 邹 威

山南市邮政管理局

局 长 邹 威

中国邮政集团公司山南市分公司党委

书 记 谭 兵

中国邮政集团公司山南市分公司

总经理 谭 兵

中国电信山南分公司党委

书 记 赵 毅

中国电信山南分公司

总经理 赵 毅

中国移动西藏山南分公司党委

书 记 普布次仁(藏族)

中国移动西藏山南分公司

总经理 普布次仁(藏族)

中国联通山南分公司党支部

书　记　旺　加(藏族)

中国联通山南分公司

总经理　旺　加(藏族)

中国铁塔股份有限公司山南市分公司党委

书　记　高　嘉

中国铁塔股份有限公司山南市分公司

总经理　高　嘉

山南市职业技术(教师进修)学校党委

书　记　方承红(女)

副书记　巴　珠(藏族)

山南市职业技术(教师进修)学校

校　长　巴　珠(藏族)

副校长　方承红(女)

山南市第二中等职业技术学校党委

书　记　田凤元

副书记　扎西罗布(藏族)

山南市第二中等职业技术学校

校　长　扎西罗布(藏族)

副校长　田凤元

中国人民银行山南市中心支行党委

书　记　次旺朗杰(藏族)

中国人民银行山南市中心支行

行　长　次旺朗杰(藏族)

中国农业银行山南分行党委

书　记　李建军

中国农业银行山南分行

行　长　李建军

中国建设银行山南分行党委

书　记　徐　浩

中国建设银行山南分行

行　长　徐　浩

中国银行山南分行党委

书　记　旦增洛桑(藏族,7月免)

　　　　晁东升(9月任)

中国银行山南分行

行　长　旦增洛桑(藏族,7月免)

　　　　晁东升(9月任)

西藏银行山南分行

行　长　玉　珍(女,藏族)

人保财险山南分公司党委

书　记　格桑玉珍(女,藏族,6月免)

人保财险山南分公司

总经理　格桑玉珍(女,藏族,6月免)

中国人寿山南分公司党支部

书　记　吴建军

中国人寿山南分公司

总经理　吴建军

山南市人民医院党委

书　记　吾根单增(藏族)

副书记　吴晓莉(女,援藏)

山南市人民医院

院　长　吴晓莉(女,援藏)

副院长　吾根单增(藏族)

山南市藏医医院党委

书　记　中次仁(藏族)

副书记　扎西次仁(藏族)

山南市藏医医院

院　长　扎西次仁(藏族)

副院长　中次仁(藏族)

乃东区

区委书记　尼玛次仁(藏族)

区　长　张　维

人大常委会主任

　　　　布阿林(藏族,1月免)

　　　　梅先阳(1月任)

政协主席　格　桑(藏族)

琼结县

县委书记　安兴国(满族)

县　　长　索朗多吉(藏族)
人大常委会主任
　　　　　秦梅鸯宗(女,藏族)
政协主席　仁增多吉(藏族)

扎囊县

县委书记　雷　　丰(藏族)
县　　长　唐　　勇
人大常委会主任
　　　　　巴桑次仁(藏族)
政协主席　达　　娃(藏族)

贡嘎县

县　　长　次　　仁(藏族)
人大常委会主任
　　　　　邓　　博
政协主席　扎西巴珠(藏族)

浪卡子县

县委书记　次　　仁(藏族)
县　　长　罗 文 金
人大常委会主任
　　　　　白 江 山
政协主席　扎西顿珠(藏族)

洛扎县

县委书记　赵 天 武
县　　长　白玛多吉(藏族)
人大常委会主任
　　　　　王 勇 波(1月任)
政协主席　洛桑次仁(藏族)

措美县

县委书记　牛　　堃
县　　长　巴桑欧珠(藏族)
人大常委会主任
　　　　　杜 祝 涛
政协主席　索朗欧珠(藏族)

错那县

县委书记　余 胜 能
县　　长　布　　多(藏族)
人大常委会主任
　　　　　西　　洛(藏族)
政协主席　查　　斯(藏族)

隆子县

县委书记　次仁加措(藏族)
县　　长　刘 圣 育
人大常委会主任
　　　　　洛　　桑(藏族,1月免)
　　　　　廖 仕 平(1月任)
政协主席　索朗巴珠(藏族)

曲松县

县委书记　李 世 平
县　　长　拉巴次仁(藏族)
人大常委会主任
　　　　　魏 军 辉
政协主席　白玛顿珠(藏族)

加查县

县委书记　李 贤 荣
县　　长　西洛次仁(藏族)
人大常委会主任
　　　　　扎　　西(藏族)
政协主席　普　　琼(藏族)

桑日县

县委书记　康 爱 民
县　　长　吾　　金(藏族)
人大常委会主任
　　　　　王 雅 峰
政协主席　罗布次仁(藏族)

中共山南市委员会
关于全面加强新时代党的建设的实施意见

（2020年7月9日）

为深入贯彻落实新时代党的建设总要求，贯彻落实习近平总书记关于党的建设的重要论述，贯彻落实党中央、区党委决策部署，全面加强新时代党的建设，推进平安、幸福、美丽、文化山南建设，根据《中国共产党章程》等党内政策法规，结合我市实际，制定本实施意见。

一、总体要求

1. 重大意义。中国共产党是中国特色社会主义事业的坚强领导核心，党的建设历来关系重大、决定全局。近年来，在以习近平同志为核心的党中央坚强领导下，在自治区党委的高度重视下，我市党的建设工作取得了明显成效。但对照新时代党的建设总要求，对照党中央、区党委决策部署，我市一些党组织还存在党的领导弱化、党的建设缺失、全面从严治党不力，个别党组织和党员作用发挥不够等问题。新时代，全面加强党的建设，夯实党在山南的执政基础，对于决战决胜脱贫攻坚、全面建成小康社会、建设社会主义现代化新山南具有重大意义。

2. 指导思想。坚持以习近平新时代中国特色社会主义思想为指导，贯彻落实习近平总书记关于党的建设和治边稳藏的重要论述，贯彻落实党中央决策部署和区党委工作要求，坚持和加强党的全面领导，坚持党要管党、全面从严治党，以加强党的长期执政能力建设、先进性和纯洁性建设为主线，以党的政治建设为统领，以坚定理想信念宗旨为根基，以调动积极性、主动性、创造性为着力点，全面推进党的政治建设、思想建设、组织建设、作风建设、纪律建设，把制度建设贯穿其中，深入推进反腐败斗争，不断提高党的建设质量，为推进山南改革发展稳定各项事业持续健康发展，提供强有力的政治和组织保障。

3. 基本原则。

——坚持党的全面领导。党政军民学，东西南北中，党是领导一切的。坚持把党的领导贯穿各项事业发展全过程，不断提高党组织把方向、管大局、保落实的能力和定力，充分发挥总揽全局、协调各方的领导核心作用。

——坚持夯实基层基础。全面加强和改进党的建设，增强党组织政治功能，提升组织力，把党的政治优势、组织优势转化为治理优势，把各方面智慧和力量凝聚到维护祖国统一、加强民族团结，改善民生、凝聚人心上来。

——坚持问题导向。有什么问题就解决什么问题、什么问题突出优先解决什么问题，紧盯党的建设工作薄弱环节，建立党建难点问题分析研判制度，寻求对策办法，促进党建工作提档升级。

——坚持为民服务。树立以人民为中心的发展思想，践行全心全意为人民服务的根本宗旨，把党指的方向和群众需求紧密结合起来，着力解决群众最急最忧最盼的紧迫问题，不断增进人民福祉，密切党群干群关系。

4. 工作要求。必须坚持党的领导，全面加强党的建设，牢固树立西藏海拔高但学习贯彻习近平新时代中国特色社会主义思想和以习近平同志为核心的党中央决策部署标准更高，西藏客观条件特殊但从严治党和反腐倡廉没有任何的特殊性，西藏氧气少气压低但坚定理想信念、执行党的纪律标准不能降低的思想，坚持听党话、跟党走，善团结、会发展，能致富、保稳定，遇事不糊涂、关键时刻起作用，深化沿江、中部、边境三个党建长廊建设，发挥典型示范引领作用，坚决做到围绕中心、担当作为、统筹推进、提升水平。

二、主要任务

（一）把党的政治建设摆在首位

5. 坚决做到“两个维护”。坚持和加强党的全面领导，最重要的是坚决维护党中央权威和集中统一领导；坚决维护党中央权威和集中统一领导，最关键的是坚决维护习近平总书记党中央的核心、全党的核心地位。把坚决做到“两个维护”作为最高政治原则和根本政治规矩，做到习近平总书记和党中央提倡的坚决响应、习近平总书记和党中央决定的坚决照办、习近平总书记和党中央禁止的坚决不做。用好理论中心组学习、“三会一课”等制度，教育引导党员干部拥护核心、跟随核心、捍卫核心。坚决落实习近平总书记重要指示批示和党中央重大决策部署，加强督促检查和跟踪问效，推动全面准确贯彻。坚决防止和纠正一切偏离“两个维护”的错误言行，不得搞任何形式的“低级红”“高级黑”，决不允许对党中央阳奉阴违、做“两面人”、搞“两面派”、搞“伪忠诚”，一经发现，一律撤销职务、开除党籍。

6. 严守党的政治纪律和政治规矩。加强忠诚教育，开展“守纪律、讲规矩”活动，教育引导党员干部始终对党绝对忠诚，特别是做到坚决与十四世达赖和达赖集团划清界限，在反对分裂、维护祖国统一、加强民族团结等大是大非问题上，旗帜十分鲜明、立场十分坚定、态度十分坚决。严格落实请示报告制度，对上级党组织重大决策部署的执行落实、事关全局重大事项和突发事件、领导干部个人重大事项等，按照规定及时请示报告。扎实开展专项整治工作，严肃查处违反政治纪律和政治规矩的行为。坚持把党的政治纪律和政治规矩作为党员干部教育培训的必训内容，作为干部考察、年度考核的必核内容，作为干部任前谈话的必谈内容，作为民主生活会的必查内容。

7. 严肃党内政治生活。严格执行民主集中制，完善党委（党组）议事规则和决策机制，坚持“三重一大”事项集体研究决定。提高“三会一课”质量，建立组织生活台账，落实主题党日、民主评议党员、谈心谈话、讲党课、党务公开等制度。严肃开展民主生活会和组织生活会，敢于批评和自我批评，完善落实列席指导、及时叫停、责令重开、整改通报、质量评估等制度，督促党员领导干部以普通党员身份参加所在党支部组织生活，每年在所在党支部或联系点讲党课不少于1次。积极运用互联网、大数据等新兴技术，推动“智慧党建”，创新党组织活动内容方式。

8. 发展积极健康的党内政治文化。坚持“三严三实”，把马克思主义和中华优秀传统文化作为共产党人的精神命脉和根基，积极弘扬新时代共产党人的核心价值理念，不断夯实发展健康党内政治文化的基础。深度挖掘山南在和平解放、民主改革、改革开放和社会主义现代化建设各个历史时期的红色资源，改造升级山南烈士陵园、克松民主改革第一村展览馆、张国华将军前线指挥所旧址、列麦精神纪念馆、桑杰曲巴旧居展馆、洛扎烈士陵园、乃东区结巴乡朗生互助组展厅等红色教育基地，传承红色基因、发扬革命精神、接受政治洗礼。大力倡导清清爽爽的同志关系、规规矩矩的上下级关系、干干净净的政商关系，弘扬正气、树立新风。坚决抵制庸俗腐朽的政治文化，自觉抵制商品交换原则对党内生活的侵蚀，狠刹党内不正之风，坚决防止和反对个人主义、分散主义、自由主义、本位主义、好人主义，净化政治生态。充分利用新媒体技术和丰富的艺术形式，大力扶持和发展富有时代内涵的党建精品文化。

（二）用习近平新时代中国特色社会主义思想武装党员干部、教育各族群众

9. 强化理论学习。把学习习近平新时代中国特色社会主义思想作为根本任务，坚持个人自学与集中学习相结合，深入学习习近平总书记治边稳藏重要论述和一系列重要指示批示精神，及时跟进学习习近平总书记最新重要讲话和指示精神，联系实际学习习近平总书记关于本行业本领域重要指示批示精神，认真学习党章党规，党史、新中国史，党进军西藏、经营西藏、建设西藏的历史，党领导山南各族人民的奋斗史。自觉主动学，充分利用党报党刊、“学习强国”“西藏先锋”“西藏党员教育”等载体，坚持每天至少学习1小时，每月至少读1本书。组织集中学，采取理论中心组学习、举办读书班和研讨班、领导干部上讲堂、雅砻讲坛等方式，推动理论学习覆盖全体党员干部。领导带头学，县级以上领导干部每年参加理论中心组学习不少于8次、参加党支部学习不少于4次。开展地级干部好书推荐赠送活动。建立和落实不忘初心、牢记使命制度，推进学习教育常态化制度化。落实地厅级以下领导干部政治理论水平测试。

10. 加强理想信念和党性教育。推进理想信念教育常态化制度化，学习马克思主义基本原理和中国特色社会主义理论体系，解决世界观、人生观、价值观“总开关”问题，树立马克思主义“五观”“两论”，引导党员干部坚定共产主义远大理想和中国特色社会主义共同理想，坚定中国特色社会主义道路自信、理论自信、制度自信、文化自信。开展红色教育系列活动，组织党员干部、学校师生参观爱国主义教育基地、观看爱国主义电影等，邀请革命先辈及后代、时代楷模、先进人物讲述英雄故事，让“老西藏精神”“两路精神”“列麦精神”“爱国守边精神”代代相传。深入开展党员政治教育，每年分期分批把全市党员轮训1遍。严格执行共产党员不得信仰宗教、更不得传播发展宗教的规定。实施年轻干部理想信念宗旨教育计划。完善青少年理想信念教育齐抓共管机制。

11. 深化感党恩教育。坚持既管“肚子”又管“脑子”，充分利用山南网、山南报、山南广播电视台、微信公众号等媒体，大力宣传习近平总书记对西藏各族群众的关心关怀和似海恩情，大力宣传在以习近平同志为核心的党中央坚强领导下，西藏取得的巨大成就，山南发生的显著变化，人民群众的幸福生活，教育引导各族干部群众感党恩、听党话、跟党走，由“要我稳定”向“我要稳定”转变。开展西藏百万农奴解放纪念日等活动，用好村史馆、新旧对比展室，发挥驻村驻寺干部、第一书记、文艺宣传队、政策明白人等作用，教育引导各族群众明白惠在何处、惠从何来，认识祖国大家庭的温暖和社会主义制度的优越性。深化“四讲四爱”群众教育实践活动和“遵行四条标准、争做先进僧尼”教育实践活动，把西藏自古以来是伟大祖国不可分割的一部分的思想融入各族群众的血脉，增强“五个认同”。广泛宣传党的民族政策，认真贯彻落实自治区民族团结进步模范区创建条例，深入推进民族团结教育和民族团结进步创建活动，鼓励山南籍高校毕业生、群众到内地就业创业、经商务工，引进内地种养大户或企业、能人到山南安家落户，促进深度融合，铸牢中华民族共同体意识。积极培育和践行社会主义核心价值观，融入村规民约、行为规范、学生守则、寺庙管理。

12. 严格落实意识形态责任制。坚持党管宣传、党管意识形态、党管媒体，落实党委(党组)意识形态工作责任，健全完善意识形态工作巡察、督查落实、干部考核、执纪问责等制度，牢牢掌握意识形态工作领导权、管理权、主导权、话语权。党委常委会(党组)每年至少2次专题研究意识形态工作。建立健全网络综合治理体系，完善舆情快速反应和应急处置机制，提高舆情发现力研判力处置力。加强意识形态领域综合分析研判和社会舆情汇集分析，坚持正确舆论导向，巩固和发展主流意识形态。突出宣传文化战线和农牧区、学校、寺庙、互联网、“两微一端”等领域，坚决查源头、堵漏洞、严惩治，开展“守正、净化、规范”专项行动，做好非法宗教出版物、音频视频、广播电视接收器等清查工作，严厉打击“藏独”反宣渗透，守好守住意识形态阵地。加快传统媒体和新媒体融合发展。

(三)建设忠诚干净担当的干部人才队伍

13. 树立正确选人用人导向。坚持新时期好干部标准和民族地区干部“三个特别”要求，把政治标准放在首位，注重选拔增强“四个意识”、坚定“四个自信”、做到“两个维护”，在反对分裂、与十四世达赖和达赖集团作斗争中旗帜鲜明、表里如一的干部。扎实开展政治素质考察，全面推行“六查六看”工作法，建立政治素质档案，对政治上有硬伤的干部实行“一票否决”。坚持事业至上，依事择人、依岗选人，注重选拔担当作为、敢于斗争、敢于扛事，真干事、能干事、会干事、干成事的干部。突出基层一线和实践导向，注重推荐选拔具有县乡党政正职、脱贫攻坚、维护稳定、驻村驻寺以及条件艰苦、急难险重专项工作经历的干部，对表现优秀、实绩突出的，优先提拔重用、晋升职级或予以表彰奖励。注重干部一贯表现，加大日常考核力度，制定关于加强领导班子和领导干部平时考核的意见，考准考实干部日常表现，用好平时考核结果。制定调整不适宜担任现职领导干部实施细则。坚决不使用阳奉阴违、阿谀奉承、弄虚作假、会跑会要、进取精神不足、吃苦精神缺乏和不负责、不担当、不作为的干部，持续营造风清气正的选人用人风气。

14. 提高领导班子建设质量。制定山南党政领导班子建设的具体措施。注重选好“一把手”，坚持好中选优、优中选强，配好班子正职，严格落实保持县乡党政正职稳定的要求，保持乡镇党政正职“一藏一汉”配备。优化年龄结构，坚持老中青相结合的梯次配备，用好各年龄段干部，换届时，县级党政领导班子中40岁左右的干部占领导班子成员总数的1/5左右，乡镇领导班子中30岁左右的干部占领导班子成员总数的1/3左右，市县党政工作部门中40岁左右正职、30岁左右正职分别占相应层级党政正职总数的1/10左右。改善专业结构，按学历专业、岗位经历，分门别类建立重点领域、急需专业干部人才库，注重选配具有专业能力、专业精神的干部到专业性较强的岗位，做到专业的人干专业的事。完善来源和经历结构，持续开展公开招录、公开遴选、“双向专招”，鼓励援藏干部人才调藏和优秀退役军人、西部计划志愿者留藏。拓宽选人视野，畅通党政机关、事业单位、国有企业干部交流渠道，注重从国有企业、学校、医院等事业单位中发现选拔党政领导干部。加大领导干部交流力度，建立高低海拔、关键岗位、培养历练的良性交流机制，特别是对权力集中、资金密集、资源富集重点部门、关键岗位的领导干部，原则上5年进行轮岗交流。优化民族结构，重视选拔使用长期在藏工作的汉族干部，统筹做好妇女干部、少数民族干部和党外干部培养选拔工作，保持各层级领导班子民族结构合理。

15. 大力培养优秀年轻干部。实施年轻干部“苗子工程”，开展优秀年轻干部调研，每年对年轻干部进行1次集中分析研判，建立滚动发现、优进绌退、动态管理机制，分层分类建立信息库，市委动态掌握40岁以下优秀县级干部50名、35岁以下优秀正科级干部100名、30岁以下优秀副科级干部200名。各县（区）委动态掌握一批优秀年轻干部。加强日常跟踪培养，采取集中培训一批、交流任职一批、挂职锻炼一批、专项工作历练一批措施，用3年左右时间，分级分类将优秀年轻干部轮训1遍。加大优秀年轻干部培养性交流力度，有计划地选派优秀年轻干部跨县（区）跨部门跨行业交流任职、接受锻炼。充分利用援藏资源优势，每年选派20名优秀年轻干部到对口支援“三省一公司”挂职锻炼或跟班学习。有针对性地安排优秀年轻干部承担急难险重任务，让他们在实践中经风雨、见世面、壮筋骨、长才干。坚持适时使用，打破隐形台阶，破除论资排辈，对条件成熟的及时提拔使用。

16. 强化干部教育管理监督。实施干部教育培训“135”工程，落实习近平新时代中国特色社会主义思想专题培训计划，市委党校（行政学院）教学安排中，习近平新时代中国特色社会主义思想课程的比重不低于总课时的70%，县处级党政领导干部5年内参加培训累计不少于3个月或550学时以上，县乡党政领导班子成员每2至3年至少接受1次系统理论教育和严格党性教育，每年安排不少于1/5的乡镇党政正职和1000名市直、县直单位科级及科级以下公务员参加培训，科级以下干部每年参加培训累计不少于12天或90学时以上。实施干部专业化能力提升计划，围绕贯彻新发展理念、实施乡村振兴战略、生态文明建设、防范化解重大风险、党的建设等方面，发挥援藏省市资源优势，开展专题能力培训，切实增强党员干部“八个本领”。建立完善经常性管理监督机制，综合运用巡视巡察、经济责任审计、举报受理核查、个人有关事项报告抽查核实等成果，把履行干部管理监督情况作为述职述廉、基层党建述职评议考核、干部考察考核的重要内容。探索建立“一把手”廉政风险清单，加强对“关键少数”和重要岗位的监督。

17. 集聚爱国奉献优秀人才。大力推进人才强市战略，深化人才工作“一把手”工程、领军人才培养开发工程、招才引智工程、产业+基地+人才工程、人才智力援助工程、人才工作基础工程，着力打造一支规模宏大、结构合理、素质优良的人才队伍。加大本土人才培养开发力度，深入实施“雅砻青年英才”计划，打造博士（后）工作站（点）2个、领军人才工作室20个，加大与清华大学、浙江大学、四川大学等国内知名高校合作力度，每年培养储备100名专业骨干人才。开展“大雁聚砻，燕雀南归”行动，吸引更多山南籍人才回乡创业，从区外引进一批种养大户、致富能手和有适合当地经济发展一技之长的内地群众到山南兴业。坚持高端引领，突出急需紧缺，实施“新区双百双千”引才工程，集聚领军型人才100名、骨干型人才200名，引进专业技术基础人才、技能人才和经营管理人才2000名。加大柔性引才力度，吸引一些“候鸟型专家”“假日教授”进藏服务。做好干部人才援藏工作，深入推进医疗教育人才“组团式”、“小组团”和短期援藏工作，持续开展“师带徒”活动，培养一批医疗、教育、农牧、园区建设等领域的本土人才，为山南发展提供人才支撑。加强援藏干部人才管理服务，压实担、交任务，及时帮助解决实际困难，引导他们做政治可靠的明白人、敢于担当的实干家、清正廉洁的好干部、民族团结的新典范、未来发展的谋划者。探索建立高寒边境地区引才留人机制，壮大高寒边境地区干部人才队伍。

（四）提升党组织的政治功能和组织力

18.统筹推进各领域党组织建设。基层党组织是贯彻落实党中央决策部署的“最后一公里”，牢固树立大抓基层的鲜明导向，坚持以提升组织力为重点，突出政治功能，强化分类指导、精准施策，推动各领域党组织建设全面进步、全面过硬，不断提高各级党组织的政治领导力、思想引领力、群众组织力、社会号召力，把全市各族群众紧紧团结在党的周围。

农牧区党组织要按照基本组织、基本队伍、基本活动、基本制度、基本能力、基本保障建设要求，提高农牧区党的基层组织建设质量，重点把好党组织书记质量关，着力抓好搬迁点党的组织和党的工作覆盖。以三岩片区搬迁点村（社区）党组织为重点，择优选派乡镇干部到村（社区）任党组织书记。继续实施村干部文化素质提升工程和藏汉“双语”教育，使村“两委”班子成员有初中以上文化水平的比例逐年提升，到2021年至少有1名大学生，到2022年村主干基本会讲国家通用语言。把村（社区）“两委”班子正职列入市委党校主体班次，每年开展1次培训。以创建“八星党支部”为抓手，推动基层党组织标准化规范化建设。整合强基惠民、扶贫产业等资金，因地制宜发展壮大村集体经济，到2022年基本消除“空壳村”。认真落实“五个一”责任机制，每年整顿一批软弱涣散基层党组织，实现整乡推进、整县提升。建好用好村级组织标准化活动场所，发挥办公议事、党员活动、宣传教育、便民服务、文化娱乐的主阵地作用。做好离任村（社区）“两委”班子成员审查工作。健全党组织领导的自治、法治、德治相结合的基层治理体系，落实“四议两公开”制度。实施军地结对共建“五共五固”行动，筑牢反分裂反渗透反蚕食的钢铁长城。

涉宗领域党组织必须坚持党的宗教工作基本方针，依法管理宗教事务，严格落实“三个不增加”“遏制宗教热”“淡化宗教消极影响”要求，积极引导藏传佛教与社会主义社会相适应。坚持把党的领导融入寺管会各项工作，推行“1带7”工作模式，牢牢掌握寺庙管理主动权。规范寺管会党组织设置，加强寺管会党员干部队伍教育管理，从严抓班子带队伍，完善“三重一大”事项研究决策制度，加强和创新寺庙管理，做到关键时刻起作用。

机关党组织要围绕“争做三个表率、建设模范机关”，坚持围绕中心抓党建、抓好党建促业务，推动机关党建和业务工作深度融合、相互促进，着力解决“灯下黑”“两张皮”问题。设置党员先锋示范岗，开展承诺践诺，推行“马上就办”“让群众最多跑一次”，改进工作作风，创建服务型机关。以机关党员干部结对认亲交朋友活动为抓手，让“窗口服务”下沉基层、贴近群众，增进群众感情。党组（党委）每半年至少专题研究1次机关党建工作，党组（党委）书记担任机关党组织书记。每年把党务工作者集中轮训1遍。

学校党组织要围绕“培养什么人，怎么培养人，为谁培养人”的根本问题，全面贯彻落实党的教育方针，保证社会主义办学方向。落实中小学校党组织领导下的校长负责制，全面加强党对学校各类组织和工作的领导。持续加强师德师风建设，把师德作为教师资格注册、年度考核、职称评审、岗位聘用、评优奖励的首要标准，实行师德“一票否决”。加强德育教育，把德育工作融入学生日常学习生活，促进学生养成良好的思想品德和行为习惯。

国有企业党组织要围绕加强党对国有企业的领导，完善国有企业党工委领导体制，抓好自治区明确的国有企业党建40项重点任务，突出落实“双向进入、交叉任职”领导机制，将党建工作写进公司企业章程，落实国有企业党组织在公司治理结构中的法定地位，完善国有企业各层级党组织设置，推动党的领导全面融入公司治理各环节。

两新党组织要围绕“党建强、发展强，生产经营好、企业文化好、劳动关系好、党组织班子好、党员队伍好、社会反映好”建设目标，深化“小个专”经济组织党建工作网格化管理，加强新兴领域党建工作，制定实施两新组织党建工作指导员选派管理办法，发挥党建指导员作用，解决好两新领域党员比例低的问题，推动党的组织覆盖，提升党的工作质量。

城市社区党组织要围绕社区治理，健全市、区、街道、社区四级联动体系，建立兼职社区党委委员、联席会议制度，总结提炼乃东区“社区吹号、机关报到，支部吹哨、党员报到”工作经验，在全市逐步推广深化。开展“七彩志愿服务”活动，每名党员每月到所在社区至少报到服务1次，推进街道社区党建、单位党建、行业党建互联互动、融合发展。加快集党建、政务和社会服务于一体的城市社区党群服务中心建设，力争3年实现全覆盖。加强社区工作人员队伍建设，保证每个社区工作人员不少于12人。

离退休党组织要围绕充分发挥离退休干部的政治优势、经验优势、威望优势，开展“退休不褪色、凝聚正能量、永远跟党走”活动，引导他们为山南各项事业建言献策、主动作为。优化党组织设置，加快活动场所建设，强化经费保障。丰富离退休干部职工文化生活，引导他们过健康文明生活。加强分散安置离退休干部职工服务。

19. 加强党员队伍建设。围绕信念坚定、政治可靠、素质优良、纪律严明、作风突出的要求，制定落实党员队伍建设的细化措施。突出政治标准，落实政治审查制度，严把党员入口关，严格发展程序，把入党宣誓承诺作为规定动作。优化党员结构，每年在返乡大学生、青年农牧民、退伍军人、致富带头人、守边群众中发展一定比例的党员，逐步实现党员队伍建设由数量规模型向质量效能型的转变。突出教育培训，制定党员教育培训规划，注重培训效果，采取市级重点培训、县乡普遍培训、村级兜底培训方式，实现党员每年轮训1遍。突出技能培训，依托农牧民合作社等平台，在每个县（区）打造1个高质量党员实训基地，推进“三培养”工作。开展排查解决发展党员违规违纪问题工作，稳慎处置不合格党员，进一步规范农牧民党员档案。全面推行党员过“政治生日”制度，落实好帮、扶、救党内激励关怀机制，加强和改进流动党员管理。

20. 发挥基层党组织战斗堡垒和党员先锋模范作用。广泛开展“听党话、跟党走，善团结、会发展，能致富、保稳定，遇事不糊涂、关键时刻起作用”教育实践，讲清楚为什么听党话、跟党走，如何善团结、会发展，怎样能致富、保稳定，遇什么事不糊涂、在什么关键时刻起作用、怎么起作用、起什么作用。

坚持听党话、跟党走。自觉增强“四个意识”、坚定“四个自信”、做到“两个维护”，坚定政治信仰，站稳政治立场，执行党的路线，扛起政治责任，始终与习近平总书记和党中央同心同德、同心同向、同心同行。

坚持善团结、会发展。推动党组织班子团结协作能力显著增强，党员、干部和群众中华民族共同体意识铸得更牢，民族团结行动更加坚决；推动改革发展、乡村振兴的能力显著增强，脱贫攻坚成果不断巩固，小康社会全面建成，乡村振兴战略稳步推进。

坚持能致富、保稳定。运用市场规律、带动群众脱贫致富的能力显著提升，村级集体经济不断发展壮大，人民生活更加富裕；开展反分裂斗争、扫黑除恶、领导基层治理、化解矛盾纠纷的能力显著提升，农牧区持续和谐稳定，农牧民安居乐业，各族群众获得感、幸福感、安全感显著增强。

坚持遇事不糊涂、关键时刻起作用。在平常时候能够事事处处当表率、时时刻刻做模范，树立起共产党员的良好形象；日常工作生活中对容易诱发重大突发事件的敏感因素、苗头性倾向性问题和各种错误思想、模糊认识，能够保持高度警惕、防患未然、发声亮剑；在反分裂斗争、维护祖国统一、加强民族团结等大是大非面前，能够保持头脑清醒、旗帜鲜明、立场坚定；在应对危害国家安全事件、群体性事件、抢险救灾、疫情防控等重大挑战时，能够挺身而出、身先士卒、担当作为；在维护稳定、脱贫攻坚、乡村振兴等中心工作、重大任务中，能够服从大局、勇挑重担、攻坚克难。

（五）坚定不移推进作风建设

21. 认真贯彻落实中央八项规定精神。大兴调查研究之风，坚持“四不两直”，多到困难和矛盾集中、群众意见多的地方去，发现问题、发现干部、发现典型。地级干部带头每年在基层调研时间不少于60天、县级干部特别是市直部门主要负责同志不少于30天，在高寒偏远、条件艰苦、情况复杂的乡村、寺管会住3至4晚。县（区）党政正职走遍所有村（社区）。坚持改进会风，少开会、开短会，严格按程序规定报批，严格清理、科学整合、切实减少各类会议，确保会议总量只减不增。加强发文管理，严格执行年度发文计划，严格控制发文字数，市委、市政府一般性文件字数不超过4000字，各县（区）各部门上报市委、市政府的一般性文件字数不超过2000字。切实为基层减负，优化改进督查检查考核，纠正“重留痕轻实绩”问题，严格控制年终各类检查，严禁多头检查、重复检查。严格落实公务用车、公务接待各项规定。

对违反中央八项规定精神的，严肃查处，通报曝光。

22. 驰而不息整治形式主义、官僚主义。坚持从讲政治高度整治形式主义、官僚主义，持续深入开展专项行动，从领导机关和领导干部抓起、改起，坚决整治对党中央大政方针、区党委决策部署阳奉阴违、消极应付，表态多调门高、行动少落实差，打折扣、搞变通，“轮流圈阅”“层层转发”等行为；坚决整治调查研究搞形式、走过场，蜻蜓点水、应付差事，不发现问题、不解决问题等行为；坚决整治慵懒散、推诿扯皮、吃拿卡要，门好进、脸好看、事难办等不作为、慢作为、乱作为等行为；坚决整治高高在上脱离群众、独断专行胡乱指挥、弄虚作假欺上瞒下、耍特权摆架子等行为。把整治形式主义、官僚主义纳入政治巡察、监督检查、审查调查工作重点，集中查处、通报一批典型案件。

23. 鼓励干部担当作为。建立干部干事创业、担当作为实绩考核办法，加大考核奖惩力度，用好公务员职务与职级并行激励措施，及时大胆使用敢于负责、勇于担当、善于作为、实绩突出的干部，对不想干事、不愿干事、慢作为、乱作为的干部，依纪依规严肃追责问责、调整工作岗位。制定容错纠错机制的实施办法，细化“三个区分开来”的认定标准和处理措施，综合分析干部的失误错误性质，旗帜鲜明地为敢于担当的干部担当、为敢于负责的干部负责。严肃查处诬告陷害行为，积极开展为受诬告的干部澄清正名工作。落实与被问责和受处分干部谈心谈话、回访教育制度，帮助其消除思想顾虑。正确对待被问责和受处分干部，对受处分较轻、影响期满、表现好的干部，符合有关条件的，该使用的及时使用。进一步关心厚爱干部，严格落实干部职工休假轮休、住房保障、体检就医、加班值班补助等正常福利待遇，帮助解决干部职工的实际困难。

24. 密切联系服务群众。发扬党密切联系群众的优良作风，把人民拥护不拥护、赞成不赞成、高兴不高兴、答应不答应作为衡量一切工作得失的根本标准，践行“一线工作法”，敬业精业、用心用情，细心细致、务实落实，做给群众看、带着群众干，解决群众反映强烈的热点难点问题，破除“中梗阻”，打通联系服务群众“最后一公里”，密切党同人民群众的血肉联系。落实党员干部联系服务群众、结对帮扶制度。认真落实地级干部包县、县（区）县级干部包乡、乡干部包村，每年到联系点2次以上，专题研究联系点工作不少于2次。认真落实党员领导干部定期接待群众来访制度。全面推行党员干部进村入户为民服务活动。常态化开展党员“三包五带五促”活动。

（六）加强党风廉政建设和反腐败斗争

25. 加强纪律教育。巩固深化党风廉政建设宣传成果，依托廉政教育基地，常态化开展党章党规党纪教育，每名党员每年接受集中廉政教育不少于3次。做深查办案件“后半篇文章”，坚持“以案明纪、以案促改”，用身边人、身边事教育警醒党员干部，达到查处一案、警示一片、规范一方的效果。加强廉洁文化建设，注重家风建设，引导党员干部修身律己、廉洁齐家，培养现代文明人格。结合换届工作，加强换届纪律宣传教育，营造风清气正的换届环境。

26. 突出政治监督。把增强“四个意识”、做到“两个维护”作为政治监督的根本任务，加强对党章党规党纪和宪法法律法规执行情况的监督检查，加强对习近平总书记重要指示批示精神和党中央、区党委重大决策部署落实情况的监督检查，加强对各地各部门履行职责情况的监督检查，加强对反分裂斗争纪律执行情况的监督检查，加强对涉及群众切身利益问题办理情况的监督检查。坚决破除特殊性的思想，突出“关键少数”“关键岗位”，落实党组（党委）全面监督、纪委监委专责监督、党的工作部门职能监督、党的基层组织日常监督、党员民主监督机制，综合运用巡察监督、纪律监督、监察监督、派驻监督，统筹推进人大监督、民主监督、行政监督、司法监督、审计监督、财会监督、统计监督、群众监督和舆论监督，实现各类监督有机贯通、相互协调、共同发力。

27. 加强政治巡察。发挥政治巡察利剑作用，全面审视被巡察党组织特别是“一把手”和班子成员的政治忠诚、政治立场、政治担当，精准发现问题，纠正政治偏差。聚焦坚持党的领导、加强党的建设、全面从严治党，突出政治、经济、生态、扶贫、民生、宗教等方面，深入查找政治意识淡漠、政治纪律松弛、人民立场不坚定、忽视群众关切、损害群众利益等突出问题。压实党委巡察主体责任，开展本级巡察、提级巡察、交叉巡察，坚持有形覆盖和有效覆盖相统一，确保一届任期内市、县党委巡察全覆盖。强化巡视巡察整改，把党中央、区党委巡视、市委巡察反馈问题整改落实情况纳入巡察监督重点内容，加大问题线索移交和处置力度，推动被巡视巡察党组织压实整改主体责任，完善整改情况报告制度，健全整改公开机制和日常监督机制。

28. 坚决惩治腐败。坚持无禁区、全覆盖、零容忍，保持惩治腐败高压态势，把“严”的主基调长期坚持下去。对党的十八大以来不收敛、不收手，严重损害党的理论和路线方针政策贯彻执行，严重损害党的执政根基的腐败问题，严肃查处、严加惩治。聚焦问题线索集中、群众反映强烈，现在重要领导岗位、可能还要提拔使用的领导干部，重点查处政治腐败和经济腐败、用人腐败和用权腐败、“围猎”和甘于被“围猎”相互交织的案件，着力解决审批监管、资源开发、大宗采购、土地出让、工程招标、公共财政支出等方面的腐败问题。紧盯脱贫攻坚、惠民政策、教育医疗、生态环保、食品药品等方面，严肃查处并公开通报侵害群众利益、基层“微腐败”问题。精准运用监督执纪“四种形态”，做到抓早抓小、防微杜渐。

（七）坚持和落实党的各项制度

29. 坚持党的全面领导制度。市、县（区）党的委员会全体会议每年至少召开2次，党委常委会会议一般每月召开2次，下级党委每年向上级党委至少报告1次工作。党组会议一般每月召开1次，党组每年向批准其设立的党组织至少报告1次工作。党委（党组）每半年应当至少召开1次常委会会议（党组会议）专题研究全面从严治党工作。坚持落实党领导人大、政府、政协、监察机关、审判机关、检察机关、武装力量、人民团体、企事业单位、基层群众自治组织、社会组织等制度，健全各级党委（党组）工作制度，发挥党在各级组织中的领导作用。健全党组织领导决策机制，加强重大决策的调查研究、科学论证、风险评估，强化决策执行、评估、监督。

30. 深化党的建设制度改革。巩固党政机构改革成果。深化事业单位改革，加大事业单位规范调整力度，规范事业单位领导职数管理，推进“小散弱”事业单位撤并和职责相同相近事业单位整合工作，抓好教育、卫生等行业体制改革。实施交通运输、市场监管等领域综合行政执法改革。深化纪检监察体制改革，优化市县纪检监察机关内设机构，整合规范纪检监察工作流程，完善双重领导体制，强化对县乡纪检监察机关的领导，健全领导班子分工和监督检查室分片联系机制。实施市管重点国有企业和市属学校纪检监察体制改革。探索整合乡镇（街道）纪检监察力量的有效途径，解决力量分散、监督软弱等问题。落实党建带团建、带妇建、带工建制度，推进群团组织改革，增强群团组织的政治性、先进性、群众性。

31. 强化制度执行。各级党组（党委）以及各级领导干部切实强化制度意识，带头维护制度权威，做制度执行的表率，确保中央、自治区重大决策部署、重大工作安排都按照制度要求落到实处，切实防止各自为政、标准不一、宽严失度等问题的发生，充分发挥制度指引方向、规范行为、提高效率、维护稳定、防范化解风险的重要作用。健全落实全覆盖的制度执行监督机制，把制度执行和监督贯穿区域治理、部门治理、行业治理、基层治理、单位治理的全过程，将制度优势转化为治理效能，坚决杜绝制度执行上做选择、搞变通、打折扣的现象，严肃查处有令不行、有禁不止、阳奉阴违等行为。

三、组织实施

32. 落实领导责任。各级党组织承担主体责任，建立健全党的建设工作领导小组，全面领导、统筹推进党的建设工作。各级党组织书记承担第一责任人的责任，坚持书记抓、抓书记，把抓好党建作为最大政绩，亲自研究贯彻措施，亲自抓好落实执行。党组织成员落实“一岗双责”，抓好分管领域和职责范围党建工作。各级纪检监察部门承担全面从严治党的监督责任，组织部门承担党建工作的牵头责任，宣传部门要宣传推广党建工作先进典型，各行业党工委、各部门党组（党委）要抓好本领域党建工作。

33. 强化工作保障。市委组织部负责实施意见的具体组织实施，定期向市委报告落实情况。市县财政部门要完善党建工作财政支撑机制，将相关经费列入年度财政预算。各责任部门要保障工作力量，结合实际推动落实。

34. 加强督导检查。把抓党的建设工作作为市县党委巡察工作的重要内容，作为考核评价领导班子和领导干部的重要依据，将党建述职评议考核结果与党组织书记公务员年度考核挂钩。实行专项报告、专项检查、专项督办、专项通报制度，对工作不力、责任落实不到位、工作成效差的，严肃追究责任。

山南市2020年国民经济和社会发展统计公报

山南市统计局

2020年，面对突如其来的新冠肺炎疫情和复杂严峻的内外部环境，全市各部门坚持以习近平新时代中国特色社会主义思想为指导，全面贯彻党的十九大、十九届四中、五中全会精神和中央第七次西藏工作座谈会精神，认真贯彻落实区党委政府和市委市政府决策部署，统筹疫情防控和经济社会发展，扎实做好“六稳”工作，全面落实“六保”任务，全市经济社会发展稳定向好，供给需求逐步改善，市场活力不断增强，就业民生保障有力，社会大局和谐稳定，“十三五”规划圆满收官，为扎实推进“十四五”时期全市经济高质量跨越式发展奠定了坚实的基础。

一、综合

初步核算，实现地区生产总值（GDP）215.4亿元，增长7.9%，增速与林芝并列全区第2。其中第一产业增加值8.14亿元、增长7.8%；第二产业增加值115.51亿元、增长17.1%；第三产业增加值91.75亿元、下降0.5%。

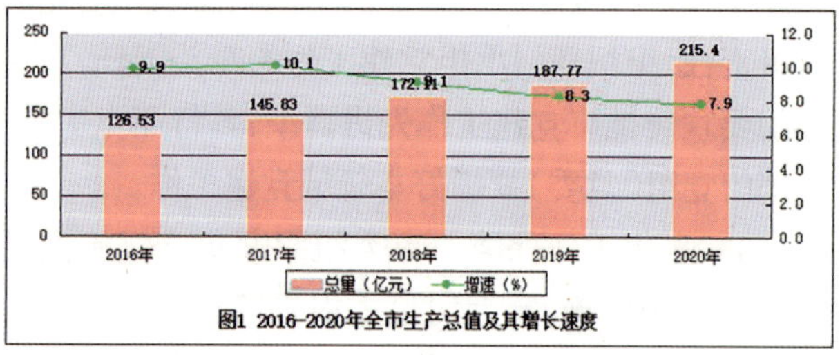

图1 2016-2020年全市生产总值及其增长速度

三次产业比由2019年的4∶49.2∶46.8调整为2020年的3.8∶53.6∶42.6。

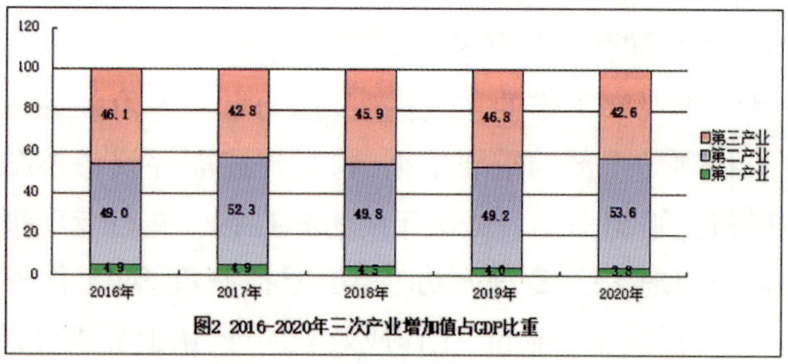

图2 2016-2020年三次产业增加值占GDP比重

全市居民消费价格累比上涨2.9%。从八大类商品及服务价格看，食品烟酒价格上涨7.4%、医疗保健上涨2.7%、生活用品及服务上涨2.7%、其他用品和服务上涨1.9%；衣着下降1%、居住下降0.2%；交通和通信下降2.3%、教育文化和娱乐下降0.3%。

2020年居民消费价格指数（上年同期=100）

表1

指标	上年同期=100
居民消费价格	102.9
食品烟酒	107.4
衣着	99
居住	99.8
生活用品及服务	102.7
交通和通信	97.7
教育文化及娱乐	99.7
医疗保健	102.7
其他用品和服务	101.9

二、农牧业

全市实现农林牧渔业总产值14.88亿元，实现增加值8.14亿元，增长7.8%。其中农业产值6.77亿元、增长9.5%，林业产值0.24亿元、下降15.6%，牧业产值7.46亿元，增长10.4%。农作物总播种面积33219.47公顷，粮食作物面积24952.48公顷，其中，青稞、小麦、油菜籽、蔬菜、青饲料面积分别为17894.11公顷、6255.39公顷、2666.74公顷、2071.87公顷、3528.38公顷。粮食总产量16.45万吨，同比增长0.2%。其中小麦产量5.04万吨，下降3.1%；青稞产量11.04万吨，增长1.7%；油菜籽产量0.72万吨，下降15.3%；蔬菜产量6.18万吨，增长9.8%。年末牲畜存栏头数125.43万头(只、匹),其中牛、羊、猪、马驴骡分别为47.35万头、72.97万只、3.79万头、1.33万匹(头)。全年总出栏头数45.13万头(只),其中牛、羊、猪分别出栏14.1万头、28.74万只、2.29万头,出栏35.29%。肉类产量2.5万吨,增长0.4%,奶类产量6.19万吨,增长16.4%。

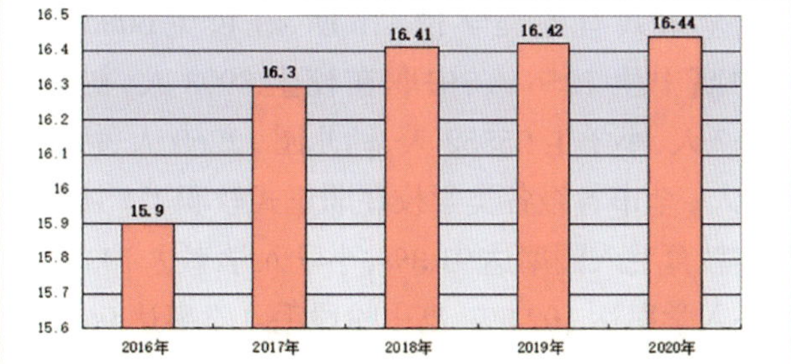

图3 2016-2020年粮食产量(万吨)

三、工业和建筑业

全市工业企业完成总产值40.75亿元,实现增加值19.94亿元,增长5.4%。其中17家规上工业企业实现产值34.7亿元、实现增加值17.1亿元,增长2.1%,同比去年回落11.7个百分点,位居全区第7。分行业门类看,制造业增加值同比增长14.7%,电力生产和供应业增加值同比下降8.4%,采矿业增加值同比下降2.9%。分产品产量看,水泥产量255.93万吨,增长2.1%,铬矿石原矿13.76万吨,增长75.5%,商品混凝土生产42.59万吨,增长16%,中成药生产18.6吨,下降1.7%。

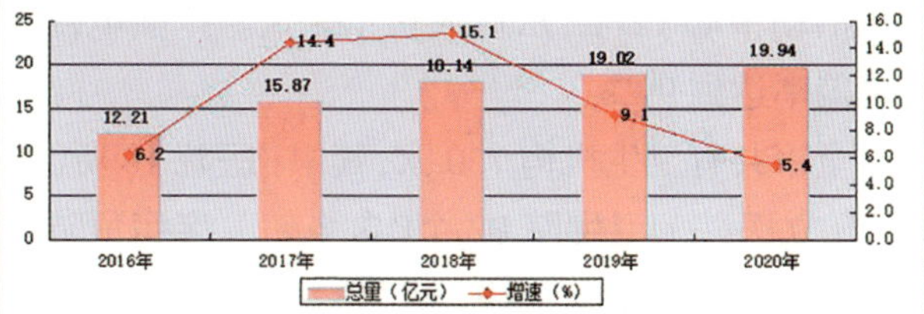

图4 2016-2020年工业增加值及增速

四、固定资产投资

全年固定资产投资同比增长7.2%,位居全区第2。持续优化营商环境,不断增强民间投资,全年民间投资同比增长6.2%。5000万元及以上完成投资同比增长1.1%,占总完成投资的72.1%。实现建筑业增加值95.57亿元,增长20.1%。

房地产开发投资同比增长96.1%,商品房屋施工面积增长115.7%,销售面积26230平方米,下降80.9%。

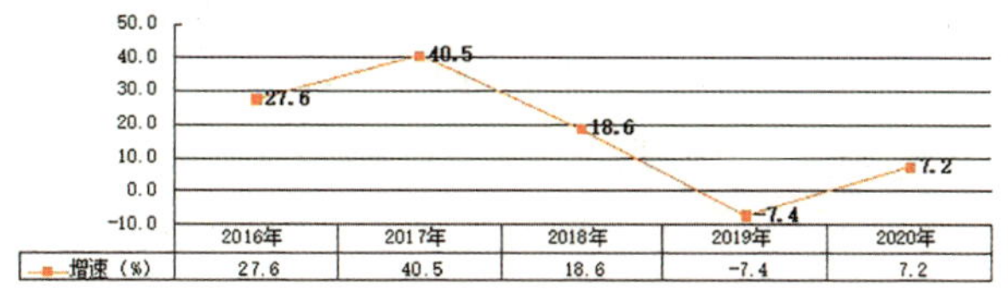

图5 2016-2020年固定资产投资增速

五、商业和贸易

全年完成社会消费品零售总额66.8亿元、下降5.1%,位居全区第5。其中,限额以上消费品实现零售额11.6亿元、下降6%。分城乡看,城镇市场完成零售额55.8亿元、下降5.5%;乡村实现零售额11亿元、下降2.9%。分类型看,实现商品零售额62.5亿元、下降4.1%;实现餐饮收入4.3亿元、下降17.1%。

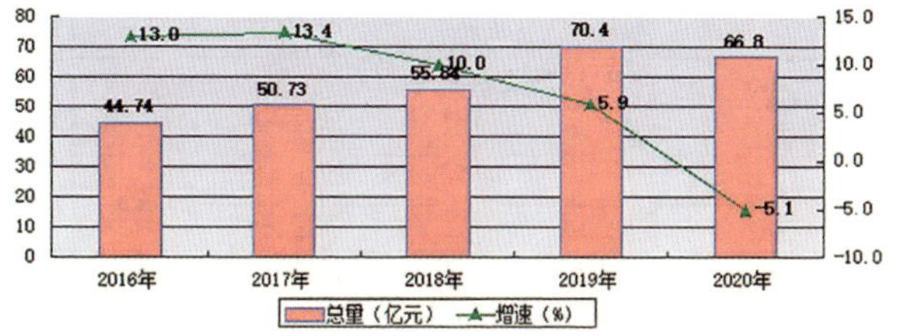

图6 2016-2020年社会消费品零售总额及增速

全年进出口总额1731.93万元,其中:进口总额1731.93万元,出口总额0万元。

六、交通、邮电和旅游

全年客运量及客运周转量分别完成77.99万人、10679万人/公里,同比分别下降0.7%、47.5%;货运量及货运周转量分别完成553万吨、132725万吨/公里。全市年末公路通车里程9057.39公里,桥梁总数1166座/54394.7延米。

全市完成邮电业务总量4.87亿元。其中邮政业务量0.46亿元,增长8.2%,电信业务量2.14亿元,增长5.2%,移动业务总量2.09亿元,增长20.3%,联通业务总量0.18亿元,增长12.7%。年末移动电话用户143353户,电信电话用户数147421户,移动、电信互联网上网用户分别达到30842户、60667户。

全年共接待游客480.6万人次,下降2.5%,实现旅游收入19.25亿元,下降0.3%。

七、财政和金融

全年完成一般公共预算收入20.22亿元、增长4.9%。其中税收收入完成14.52亿元,增长7.7%,占一般公共预算收入的71.8%。增值税完成10.2亿元,增长10.9%,企业所得税完成0.82亿元,增长7.9%,个人所得税完成1.26亿元,下降17.6%。

全年财政预算总支出218.62亿元,同比增长20.1%。其中一般公共服务支出44.15亿元,增长11.1%,公共安全12.39亿元,下降7.9%,教育支出25.06亿元,增长8.2%,文化体育传媒支出5.12亿元,增长7.1%,国防、科学技术、社会保障和就业分别支出0.06亿元、0.32亿元、12.11亿元,分别增长50%、60%、13.4%,卫生健康、节能环保、农林水分别支出分别14.05亿元、5.35亿元、61.03亿元,分别增长16.2%、8.7%、46.3%,交通运输支出3.37亿元,下降48.6%,城乡社区、住房保障分别支出17.6亿元、8.68亿元,分别增长87%、69.2%。

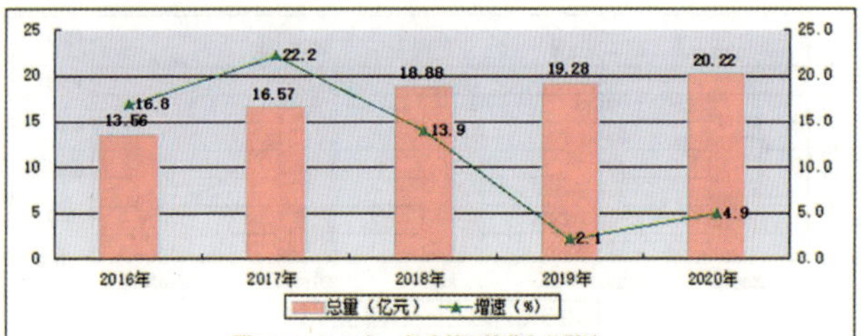

图7 2016-2020年一般公共预算收入及增速

2020年年末金融机构存款余额410.64亿元,增长9%;贷款余额达到301.81亿元,增长1.7%,其中短期贷款余额28.01亿元,较年初增长58.4%;中长期贷款余额262.78亿元,较年初下降4.5%。

2020年年末金融机构存贷款余额及其增长速度

表2

指标	年末数（亿元）	比上年末增长（%）
一、境内存款余额	410.65	9.0
1.住户存款	110.08	11.4
2.非金融企业存款	97.52	28.9
3.机关团体存款	94.65	-15.9
4.财政性存款	108.4	20.6
二、境内贷款余额	301.82	1.7
1.住户贷款	85.68	13.4
（1）短期贷款	13.53	72.4
（2）中长期贷款	72.15	6.6
2.企（事）业单位贷款	216.14	-2.3

续表2

指标	年末数（亿元）	比上年末增长（%）
（1）短期贷款	14.49	33.8
（2）中长期贷款	190.63	-7.7

八、教育

全市共有各类学校415所,在校生60362人,其中高中生7256人、中职在校生3993人、初中生11067人、小学生25552人、幼儿园12260人、特校生234人。全市各级各类学校在职正式教职工5543人。学前教育毛入园率达91.3%,小学入学率达100%,初中毛入学率达102.5%,高中阶段毛入学率达96.5%。

2020年全市教育主要指标

表3

指标	在校学生（人）	专任教师（人）
中等职业技术学校	3993	355
普通中学（含高中）	18323	1887
小学	25552	2412
幼儿园	12260	844
特校	234	45

九、文化、卫生

全市共有专业艺术团体1个,从业人员34人,县(区)艺术团体13个,从业人员312人,县级综合文化活动中心12个,从业人员124人。广播电视人口覆盖率达到99%。

全市共有卫生机构750家,其中:医院18所(含4家私立医院)、卫生院82个(含乡镇)、疾病预防控制中心13个、妇幼保健院(站)13个,各类诊所及医务室64个。实际开放床位1561张,其中市级705张、县级499张、乡镇级207张、私立医院150张。卫生技术人员3781人,其中市级公立医院942人、县级公立医院776人、乡镇级560人、村级卫生人员1153人、私立医院及诊所医务室技术人员115人、公共卫生机构技术人员235人。

十、人口、人民生活和社会保障

2020年全市人口相关数据,待第七次全国人口普查数据发布后另行公布。

城镇居民人均可支配收入38100元，同比增长10%，农村居民人均可支配收入15874元，增长12.5%。

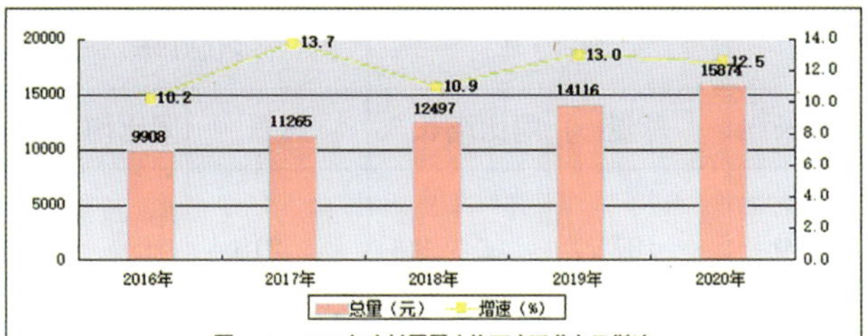

图8 2016-2020年农村居民人均可支配收入及增速

2020年农村居民人均可支配收入结构

表4

指标	绝对量（元）	比重	比上年增长（%）
人均可支配收入	15874	100	12.5
工资性收入	5378	33.9	18.1
经营性收入	6288	39.6	8.8
财产性收入	268	1.7	24.1
转移性收入	3940	24.8	10.6

全市全年基本养老、基本医疗、失业、工伤、生育保险参保人数分别达到223712人、340973人、16847人、31650人和40821人，参保率均达97%以上，征缴各类保费10.87亿元。城镇新增就业6424人，免费职业指导2206人，免费职业介绍4727人、职业介绍成功2727人，开发就业岗位23561个，城镇登记失业率达到2.4%。实现劳务输出9.63万人，劳务创收8.01亿元。

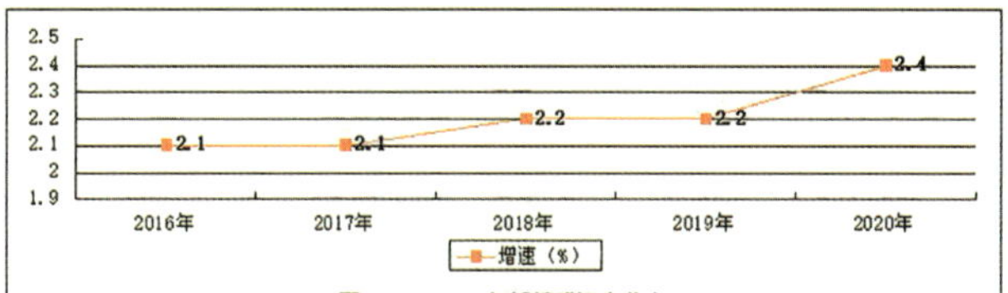

图9 2016-2020年城镇登记失业率

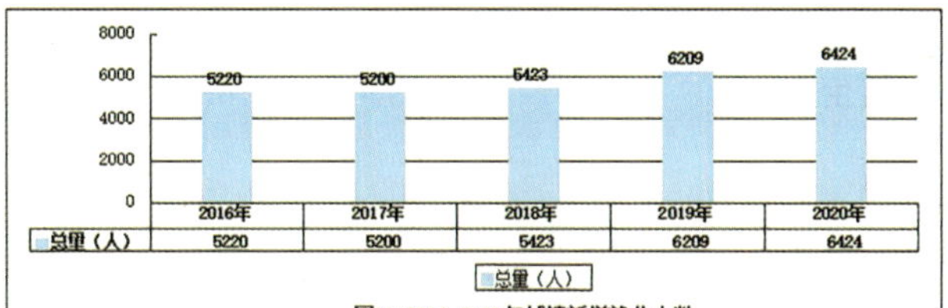

图10 2016-2020年城镇新增就业人数

全市农村最低生活保障2077户5218人，全年落实资金1473.44万元；城镇最低生活保障634户965人，全年落实资金923.42万元。全市特困供养2868人，其中集中供养1473人，分散供养1395人。儿童福利院集中收养孤儿393名（那曲163名）有意愿收养率100%。

十一、安全生产

全年全市共发生各类生产安全事故51起、死亡13人、受伤59人、直接经济损失112.91万元，同比分别上升15.9%、下降35%、上升7.3%、上升38.3%。道路交通方面：事故46起、死亡8人、受伤58人、直接经济损失92.91万元，同比分别上升31.4%、下降27.3%、上升9.4%、上升30.2%。工矿商贸方面：事故3起、死亡3人、受伤1人，同比分别持平、下降33.3%、持平。建筑施工方面：全市共发生建筑施工事故2起、死亡2人、无受伤，直接经济损失20万元，同比分别下降66.7%、下降66.7%、减少1人，上升100%。

地区生产总值(GDP)

表 12

指标	2017 年		2018 年		2019 年		2020 年	
	总量	同比增长 %	总量	同比增长 %	总量	同比增长 %	总量	同比增长 %
地区生产总值	145.83	10.1	164.32	9.1	187.77	8.3	215.4	7.9
第一产业	7.10	4.2	7.38	4.1	7.5	6.5	8.14	7.8
第二产业	76.27	13.2	93.26	17.7	92.29	7.4	115.51	17.1
工业	15.87	14.4	18.14	15.1	19.02	9.1	19.94	5.4
建筑业	60.40	12.9	75.12	18.3	73.27	6.9	95.57	20.1
第三产业	62.46	7.5	63.68	0.0	87.98	9.3	91.75	-0.5
人均GDP(元)	39998	10.0	44207	7.2	49556			
构成(%)								
山南生产总值	100.0		100.0		100.0		100.0	
第一产业	4.9		4.5	—	4.0	—	3.8	—
第二产业	52.3		56.8	—	49.2	—	53.6	—
工业	10.9		11.0	—	10.1	—	9.3	—
建筑业	41.4		45.7	—	39.0	—	44.4	—
第三产业	42.8		38.8	—	46.9	—	42.6	—

说明:增速均为可比价增速

分时期主要经济指标情况

表 13

指标	2010 年	2012 年	2015 年	2016 年	2017 年	2018 年	2019 年	2020 年
人口（人）								
年末总人口数	341166	352299	361167	361080	368100	375300	382610	——
#非农业人口	46736	50447	62452	63086	71460	78512	84770	——
农业人口	294430	301852	298715	297994	296640	296788	297840	——
#职工人数	20634	23287	25196	26065	27756	28576		
地区生产总值（亿元）	53.05	73.07	113.62	126.53	145.83	164.32	187.77	215.4
第一产业	3.98	4.76	5.85	6.14	7.1	7.38	7.5	8.14
第二产业	24.67	33.66	55.21	62.03	76.27	93.26	92.29	115.51
第三产业	24.4	34.65	52.56	58.36	62.46	63.68	87.98	91.75
固定资产投资总额（亿元）	55.02	86.72	145.91	186.24	261.75	18.6	-7.4	7.2
财政（亿元）								
地方财政收入	4.00	6.03	11.60	13.56	16.57	18.88	19.28	20.22
财政总支出	28.53	49.20	121.84	126.08	143.70	148.87	182	218.62
物价指数（上年=100）								
商品零售价格总指数	101.6	101.6	100.5	101.7	101.1	102.9	101.8	
居民消费价格总指数	102.78	103.2	101.2	102.5	101.6	101.5	102.5	102.9
人民生活								
农村居民人均可支配收入（元）	4329	6056	8991	9908	11265	12497	14116	15874
城镇居民人均可支配收入（元）	14179	17037	23811	25894	28535	31315	34650	38100
职工工资（四下）								
职工工资总额（万元）	97022	121269	262128	297453	317010	336335		
职工平均工资（元）	47597	50313	105293	114120	115339	118964		
农业								
农林牧渔业总产值（亿元）	7.22	8.44	10.44	11.07	11.66	12.59	13.63	14.88
#农业产值（亿元）	3.42	3.97	4.83	5.07	5.36	5.77	6.18	6.77
牧业产值（亿元）	2.93	3.56	4.96	5.36	5.67	6.15	6.75	7.46
主要农产品产量								
粮食（吨）	143301	147094	157207	159044	162993	164104.95	164213	164491
油菜籽（吨）	11777	12811	13062	11852	10921	9457.22	8499.6	7163.9
肉类（吨）	20509	24104	27200	26536	26383	28630.41	24905.3	25026.9
年末牲畜存栏（万头只）	198.77	172.91	149.34	143.1	136.59	131.22	127.89	125.43
#：大牲畜（万头）	55.85	50.75	45.09	44.05	45.26	47.0	47.46	48.68
#：猪（万头）	2.7	2.06	2.0	2.1	1.9	1.95	2.98	3.79
羊（万只）	140.21	120.09	102.25	96.9	89.42	82.26	77.44	72.97
牛（万头）	52.64	48.2	43.3	42.44	43.7	45.44	46.02	47.35
工业总产值（亿元）	12.05	14.63	24.65	27.23	32.29	32.86	36.68	40.77
规上工业主要产品产量								
铬矿石（吨）	107640	123544	91731	67941	60608	65871	78390	137588.6

续表 13

指标	2010 年	2012 年	2015 年	2016 年	2017 年	2018 年	2019 年	2020 年
发电量（万千瓦时）	59608	52813	211162	197733	218533.31	231700	272859	254010.6
水泥（万吨）	74.4	118.5	126.7	135.0	133.17	159.92	250.6	255.9
运输、邮电								
货运总量（万吨）	119.07	150.95	208	225	252	275.2	292.8	553
客运总量（万人次）	195.23	214.4	254	120.1	134.7	142.7	113.3	77.99
货运周转量（万吨公里）	16573	20288	37102	79031	88519	94740	99966	132725
客运周转量（万人公里）	20018	24582	29320	23056	25824	27154	20336	10679
邮电业务量（万元）	23948	25200	27104	34885	39124.01	36500	39300	48700
国内贸易								
社会消费品零售总额（亿元）	18.27	25.50	39.60	44.74	50.73	55.8	59.1	66.8
城镇	14.0	19.9	33.95	38.39	43.66	47.66	49.6	55.8
乡村	4.3	5.6	5.65	6.35	7.07	8.18	9.5	11
对外贸易								
进出口总额（万美元）	860	1040	617		4075	287.23	320.254	264.64
进口	486	310	601		617	283.13	269.08	264.64
出口	374	730	15		3457	4.1	51.274	0
旅游								
旅游人数总计（万人次）	92.4003	139.00	234.98	278.4	348	410.0	493	480.6
旅游收入（亿元）	2.5	4.7	9.2	11.9	14.2	16.8	19.3	19.25
金融								
金融机构各项存款（亿元）	71.7	120.0	301.1	309.7	364.15	355.3	376.85	410.64
# 城乡居民储蓄存款余额（亿元）	23.6	35.6	63.7	77.79	85.2	91.76	98.8	110.1
金融机构各项贷款（亿元）	19.1	38.5	231.5	251.7	266.0	325.6	296.84	301.81
教育								
中、小、幼学校所数（所）	132	216	293	339	341	423	423	415
中等职业技术学校	1	1	2	2	2	2	2	2
普通中学	17	17	17	18	18	18	19	19
小学	101	97	95	90	90	90	91	91
在校学生数（人）	57785	58972	57306	55790	56199	57195	58252	60362
中等职业技术学校	4079	3536	2874	2999	3215	3583	3253	3993
普通中学	21884	20815	20490	19445	19268	18887	18551	18323
小学	28863	27225	24899	24159	24044	24255	24806	25552
卫生								
医院、卫生院机构数（个）	122	121	122	123	186	188	206	750
医院、卫生院床位数（张）	905	1040	1297	1309	1491	1491	1561	1561
卫生人员总数（人）	1426	1259	1621	2685	2988	3177	3476	3781

全社会固定资产投资

表 14

指标	2016 年	2017 年	2018 年增速 %	2019 年增速 %	2020 年增速 %
投资完成额	1862364	2617548	18.6	-7.4	7.2
国家投资	1826663	2435911	13.9	-8.8	7.3
民间投资	35701	181637	102.9	6.1	6.2
一、按经济类型分					
国有经济	1717388	2265591	13.8	-16.4	
集体经济	70	728	——	1277.3	
个体经济	17981	0	——	——	
股份制经济	108975	247911	104.1	110.1	
其他经济	17950	103318	385.5	——	
二、按管理渠道分					
基本建设	1862164	2569606	19.7	-11.5	
房地产开发	200	47942	-26.0	248.6	
三、按构成分					
建筑安装工程	1583844	2324258	15.6	-4.1	
设备、工器具购置	228810	228166	-3.4	-58.8	
其他费用	49710	65124	92.0	51.8	
四、按建设性质分					
新建	1450051	2189218	53.3	2.3	
扩建	40413	148936	33.4	-60.1	
改建	371900	279394	-60.7	-27.9	
五、房屋建筑面积（平方米）					
施工面积	227192	196420	-43.2	-15.7	
住宅	22653	88221	-55.4	-25.9	
竣工面积	17659	45320	——	——	
住宅	0	0	——	——	
六、按控股类型分					
国有控股	1826463	2440046	14.3	-8.8	
集体控股	152	728	——	3297.4	
私人控股	33529	111650	147.9	26.4	
其他	2220	65124	31.4	-68.8	
七、本年资金来源小计	1423317		8.9	-6	
（1）国家预算内资金	1415339	1243811	-14.3	-1.8	
（2）国内贷款	47189	47192	96.1	-25.2	
（3）债券	0	10000	-70.0	399.8	
（4）利用外资	0	0	——	——	
（5）自筹资金	130627	315612	12.8	18.3	
（6）其他资金来源	65172	71357	9.5	-74.3	

说明：2018 年投资统计口径调整，总量暂不提供

公共财政预算收入

表15

指标	2016年	2017年	2018年	2019年	2020年	同比增长
公共财政预算收入	13.55	16.57	18.88	19.28	20.2	4.9
#各项税收	5.52	8.6	13.72	13.49	14.52	7.6
增值税	4.48	7.48	9.54	9.2	10.20	10.9
企业所得税	0.28	0.38	0.13	0.76	0.82	7.9
个人所得税	0.76	0.78	1.90	1.53	1.26	-17.6
#非税收入	4.35	5.80	5.15	5.79	5.69	-1.7
专项收入	0.37	0.4	0.46	0.41	1.09	165.9
行政事业收费收入	0.53	0.28	0.71	0.55	0.92	67.3
罚没收入	0.29	0.67	0.67	0.46	0.63	37.0
国有资源有偿使用	1.33	1.08	2.09	2.99	1.70	-43.1
其他收入	1.77	3.37	1.21	1.35	1.35	持平

公共财政预算支出

表16

指标	2016 年	2017 年	2018 年	2019 年	2020 年	同比增长
公共财政预算支出	126.07	143.78	148.87	182	218.6	20.1
一般公共服务	22.7	29.85	29.78	39.74	44.15	11.1
公共安全	9.5	8.4	9.1	13.46	12.39	-7.9
国防	0.086	0.93	0.048	0.04	0.06	50.0
教育	17.2	25.71	21.85	23.16	25.06	8.2
科学技术	0.14	0.25	0.22	0.2	0.31	55.0
文化体育与传媒	3.95	3.42	4.18	4.78	5.12	7.1
社会保障和就业	8.5	8.47	11.96	10.68	12.11	13.4
医疗卫生	9.09	12.25	10.61	12.09	14.05	16.2
环境保护	2.96	4.08	3.71	4.92	5.35	8.7
农林水事务	24.03	25.24	31.92	41.72	61.03	46.3
交通运输	3.6	3.41	2.39	6.56	3.37	-48.6
城乡社区事务	12.76	8.31	6.35	9.41	17.60	87.0
住房保障支出	6.0	3.73	8.57	5.13	8.68	69.2
其他支出	0.4	10.5	4	5.08	2.50	-50.8

金 融

表 17

指标	2016 年	2017 年	2018 年	2019 年	2020 年
一、境内存款	309.76	364.15	355.32	376.85	410.65
1. 住户存款	77.79	85.21	91.76	98.8	110.08
（1）活期存款	52.19	60.42	67.3	74.04	78.9
（2）定期及其他存款	25.6	24.79	24.46	24.76	31.18
2. 非金融企业存款	42.7	73.51	72.02	75.62	97.52
（1）活期存款	32.04	59.64	56.75	51.28	54.72
（2）定期及其他存款	10.66	13.87	15.28	24.34	42.8
3. 广义政府存款	189.26	205.4	191.51	202.41	203.05
（1）财政性存款	26.02	40.81	65.61	89.89	108.4
（2）机关团体存款	163.24	164.59	125.9	112.52	94.65
4. 非银行金融机构存款	0.011	0.033	0.028	0.043	0.0083
一、境内贷款	251.7	266.01	325.62	296.83	301.81
1. 住户贷款	37.87	49.287	67.31	75.54	85.68
（1）短期贷款	2.09	2.49	4.89	7.84	13.53
（2）中长期贷款	35.78	46.79	62.42	67.69	72.15
2. 非金融企业及机关团体贷款	213.83	216.72	258.31	221.29	216.14
（1）短期贷款	30.00	21.87	13.57	10.82	14.49
（2）中长期贷款	183.83	194.85	244.75	206.47	190.63

物 价

表 18

上年同期 =100

项目	2016 年	2017 年	2018 年	2019 年	2020 年
居民消费价格指数	102.5	101.6	101.5	102.5	102.9
食品烟酒类	103.6	101.1	102.9	104.8	107.4
衣着类	104.9	102.2	99.3	102.5	99
居住类	100.3	100.4	100.1	101.1	99.8
生活用品及服务类	101.4	100.6	100.7	103.1	102.7
交通和通信类	98.8	101.3	101.8	98.7	97.7
教育文化类	103.5	106.5	100.4	99.8	99.7
医疗保健类	102.9	101.7	102.8	103.6	102.7
其他用品和服务类	104.7	101.7	100.8	98.9	101.9

城镇居民年家庭人均收支情况

表19

指标名称	2016年	2017年	2018年	2019年	2020年	增速
调查户数（户）	100	100	100	100	100	——
二、可支配收入（元）	25931.6	28535.2	31315.3	34650.2	38100.0	10.0
#：工资性收入	21574.3	23805.9	25351.7	27770.3	30640.8	10.2
经营性收入	1401.7	1534.8	2437.0	3131.2	3360.9	7.3
财产性收入	1630.7	1514.4	1542.2	1673.0	1856.6	11.0
转移性收入	1324.9	1680.2	1984.4	2075.7	2277.8	9.7
#：消费性支出（元）	20305.9	21504.3	23439.7	26150.1	27666.0	5.8
食品	6840.2	7308.2	8425.2	8941.7	9134.0	2.2
衣着	2490.1	2762.4	3572.1	4013.2	3410.0	-15.0
居住	3277.1	2689.9	2916.3	3255.4	3312.4	1.8
家庭设备用品及服务	1690.7	1601.9	1749.0	2192.4	2779.2	26.8
交通和通信	2692.4	4137.4	4318.8	4642.3	5149.0	10.9
教育文化娱乐服务	1381.2	1273.8	1133.9	1441.5	1743.3	20.9
医疗保健	931.7	680.9	529.8	672.9	983.7	46.2
其他商品和服务	1002.5	1050.0	794.4	990.7	1154.4	16.5

农村居民家庭人均收支情况

表20

指标名称	2016 年	2017 年	2018 年	2019 年	2020 年	增速
调查户数（户）	200	200	200	200.0	200	——
二、可支配收入（元）	9908.0	11265.0	12497.0	14116.1	15874.0	12.5
#：工资性收入	2523.0	3176.0	3687.0	4554.8	5378.0	18.1
经营性收入	4518.0	4915.0	5333.0	5782.5	6288.3	8.7
财产性收入	122.0	154.0	176.0	215.6	268.0	24.3
转移性收入	2745.0	3020.0	3301.0	3563.2	3939.6	10.6
#：消费性支出	4790.2	5813.2	7153.1	7276.2	8648.9	18.9
食品	1851.5	2300.8	2799.1	2859.7	3294.4	15.2
衣着	810.7	1186.5	952.4	1035.1	1015.4	-1.9
居住	973.3	1024.6	1016.2	1108.1	1454.4	31.3
家庭设备用品及服务	310.9	314.4	436.1	496.0	702.0	41.6
交通和通讯	460.8	456.4	617.7	769.3	937.7	21.8
教育文化娱乐服务	236.7	394.9	370.1	492.5	539.8	9.6
医疗保健	36.9	29.0	215.1	297.0	381.4	28.4
其他商品和服务	109.3	106.7	140.0	218.5	323.0	47.8

农林牧渔业

表 21

指标	单位	2016 年	2017 年	2018 年	2019 年	2020 年	增速 %
农林牧渔业总产值	万元	110674	116657	125991.6	136295.3	148843.1	9.2
#农业	万元	50726	53674	57693.87	61871.2	67744.26	9.5
林业	万元	1836	2095	2637.6	2838.7	2397.01	-15.6
牧业	万元	53627	56706	61477.06	67582.7	74583.7	10.4
渔业	万元	190	190	190	16.00	0.00	——
农林牧渔服务业	万元	4295	3992	3993.07	3986.71	4118.06	3.3
农林牧渔业结构		100	100	100	100	100	
#农业	%	45.8	46.0	45.8	45.4	45.5	
林业	%	1.7	1.8	2.1	2.1	1.6	
牧业	%	48.5	48.6	48.8	49.6	50.1	
渔业	%	0.2	0.2	0.2	0.0	——	
农林牧渔服务业	%	3.9	3.4	3.2	2.9	2.8	

说明：增速按现价计算

农林牧渔业（续一）

表 22

指标	单位	2016 年	2017 年	2018 年	2019 年	2020 年	同比增长 %
农作物播种面积	公顷	32786	32744	33788.71	33357.01	33219.47	-0.4
粮食作物	公顷	23697	24251	24986.32	24944.67	24952.48	0.03
#青稞	公顷	13619	16017	16724.94	17604.02	17894.11	1.6
#小麦	公顷	8802	7461	7341.26	6608.36	6255.39	-5.3
#豆类	公顷	973	497.95	614.15	445.44	609.1	36.7
油料	公顷	4183	3912	3188.08	3079.82	2666.74	-13.4
蔬菜	公顷	1684	1744	2228.45	2226.12	2071.87	-6.9
粮食产量	吨	159044	162993	164104.95	164213.22	164491.4	0.2
#青稞	吨	82900	101018	103084.52	108605.19	110425.9	1.7
#小麦	吨	69820	58063	56632.46	52019.65	50363.2	-3.2
#豆类	吨	4560	2397	2852.15	2566.67	3355.6	30.7
油菜籽	吨	11852	10921	9457.22	8499.66	7163.9	-15.7
蔬菜	吨	31670	37024	49337.94	56300	61788.8	9.7

农林牧渔业(续二)

表 23

指标	单位	2016 年	2017 年	2018 年	2019 年	2020 年	同比增长 %
年末牲畜存栏头数	万头只	143.1	136.59	131.21	127.89	125.43	-1.9
大牲畜	万头只	44.1	45.26	47	47.46	48.68	2.6
牛	万头只	42.4	43.7	45.4	46.02	47.35	2.9
羊	万头只	96.9	89.42	82.26	77.44	72.97	-5.8
#绵羊	万头只	78.6	72.89	67.6	63.93	61.61	-3.6
猪	万头只	2.1	1.9	2	2.98	3.79	27.2
出栏头数	万头只	54.1	51.81	48.89	46.07	45.13	-2.0
牛	万头只	14.5	13.87	13.79	13.39	14.1	5.3
羊	万头只	38.1	36.59	33.61	30.02	28.74	-4.3
猪	万头只	1.5	1.35	1.49	2.66	2.29	-13.9
牲畜出栏	%	36.2	36.21	35.8	35.1	35.29	0.5
猪牛羊肉产量	吨	23752	23310	22891.53	23061.88	23790.92	3.2
牛肉	吨	17977	17621	17735.24	17262.29	18221.01	5.6
羊肉	吨	4956	4793	4355.26	4199.27	4124.33	-1.8
猪肉	吨	820	896	801.03	1600.32	1445.58	-9.7
奶类产量	吨	49439	48272	51085.74	53181.98	61860.26	16.3

社会消费品零售总额

表 24　　单位：亿元

指 标	2016 年	2017 年	2018 年	2019 年	2020 年	同比增长 %
社会消费品零售总额	52.5	60	66.5	70.4	66.8	-5.1
按销售地区分						
城镇	38.39	43.66	47.66	59	55.8	-5.5
农村	6.34	7.07	8.18	11.4	11.0	-2.9
按行业分						
批发零售业	38.81	44.2	48.25	65.2	62.5	-4.1
住宿餐饮业	13.69	6.54	7.59	5.2	4.3	-17.3
限额以上	14.45	14.49	17.05	12.3	11.6	-6
限额以下	30.29	36.24	49.46	58.1	55.2	-4.9

工业经济

表 25

指标	单位	2016 年	2017 年	2018 年	2019 年	2020 年
工业产值	万元	272265	322935	328641	366779	407746
工业增加值	万元	122100	158700	181400	190200	208661
# 规模以上工业产值	万元	249542	286215	299712	331100	347250
按轻重工业分	万元					
轻工业	万元	4935	26332.24	6709.9	6280	15293
重工业	万元	244607	296602.76	293002	324820	331957
按经济类型分	万元					
国有经济	万元	60327	26415.8	15110	19751	19575
股份制企业	万元	184504	268000	284602	311349	325178
主要产品产量						
发电量	万千瓦时	197733	218533.31	225484	272859	254010.6
水泥	万吨	135	133.17	159.92	250.6	255.9
中成药	吨	58.4	68.96	44.8	46.3	18.58
铬矿石	吨	67941	60608	65871	78390	137589
规模以上工业增加值	万元	103608	15.19	150900	169567	170521
# 规模以下工业产值	万元	33021	36720	28929	35679	60497
规模以下工业增加值	万元	18492	20600	30500	20633	38140

旅　游

表 26

	单位	2016 年	2017 年	2018 年	2019 年	2020 年	增速
接待旅游者人数	万人次	278.41	348.01	410.8	493	480.6	-2.5
其中：国内旅游者人数	万人次	277.5	345.3	408.66	490.67	480.5	-2
外宾人数	万人次	0.91	2.71	2.16	2.32	0.07	-96.9
旅游营业总收入	亿元	11.9	14.2	16.77	19.32	19.25	-0.3
其中：国内旅游收入	亿元	11.7	13.9	16.55	19.12	19.25	0.7
外汇收入	万美元	286.6	420.4	323.3	294.8	8.22	-97

山南市人民代表大会常务委员会

公 告

〔2020〕3号

《山南市城乡绿化条例》已经2020年4月10日山南市第一届人民代表大会常务委员会第二十八次会议通过,并经2020年6月9日西藏自治区第十一届人民代表大会常务委员会第十九次会议批准,现予公布,自2020年9月1日起施行。

特此公告

山南市人民代表大会常务委员会

2020年6月11日

山南市城乡绿化条例

(2020年4月10日山南市第一届人民代表大会常务委员会第二十八次会议通过 2020年6月9日西藏自治区第十一届人民代表大会常务委员会第十九次会议批准)

第一章 总则

第一条 为了加强本市绿化工作,保护和改善生态环境,推动生态文明建设,根据《中华人民共和国森林法》《中华人民共和国防沙治沙法》《城市绿化条例》等法律法规,结合本市实际,制定本条例。

第二条 在本市行政区域内的绿化规划、建设、保护与监督管理,适用本条例。

第三条 绿化工作坚持生态优先、绿色发展,以人为本、因地制宜,科学规划、城乡统筹,政府组织、全民参与的原则,鼓励社会力量参与绿化事业,加强绿化养护和管理,提高绿化科技水平,促进绿化事业可持续发展。

第四条 市、县(区)人民政府应当将绿化工作纳入国民经济和社会发展计划、城市总体规划以及生态环境保护规划,与乡村振兴战略相结合,保障和支持绿化工作的开展。

第五条 市、县(区)人民政府设立绿化委员会,统一领导本行政区域内绿化工作,承担宣传、协调指导、监督检查、评比表彰等工作。绿化委员会办公室设在本级人民政府林业和草原主管部门。

市、县(区)人民政府绿化主管部门负责本行政区域内的绿化工作。

自然资源、生态环境、交通运输、水利、农业农村、城市管理等相关部门,依照各自职责做好绿化工作。

乡(镇)人民政府、街道办事处应当做好本辖区内的绿化工作。

第六条 市、县(区)人民政府应当根据气候条件确定义务植树月。单位和有劳动能力的适龄公民应当按照国家有关规定,履行植树的义务。

第七条 任何单位或者个人应当依法履行绿化义务,爱护绿化成果,对破坏绿化工作和绿化设施的行为有权劝阻、投诉和举报。

各级人民政府应当对绿化工作做出显著成绩的单位或者个人给予表彰和奖励。

第二章 规划与建设

第八条 市、县(区)绿化委员会应当按照国土空间规划的要求,会同有关部门编制绿化规划。

编制绿化规划应当遵循自然规律,宜林则林、宜草则草,坚持全面规划、突出重点、分类指导、分步实施的原则,体现地方特色,实行封育与植树种草相结合的措施,突出生态效益和经济效益。

第九条 市、县(区)人民政府应当根据绿化规划和责任分工,下达年度绿化任务,加强组织协调,推动绿化规划实施。绿化责任部门和单位应当按照绿化任务编制年度实施方案,严格按照造林技术规程组织实施,保证绿化质量和成效。

第十条 绿化工作实行部门和单位负责制,按照下列区域划分责任:

(一)宜林荒山荒地,属于国家所有的,由林业和草原主管部门和其他主管部门组织造林;属于集体所有的,由集体经济组织组织造林。林业和草原主管部门、乡(镇)人民政府应当做好监督协调。

(二)城镇的公共绿地、风景林地、防护绿地、公园及街道绿化带的绿化,由城市绿化主管部门负责。

(三)铁路、公路两侧、水库、灌溉渠以及水利设施管理区及用地管理区内的绿化,由各有关单位负责。

(四)机关、团体、企事业单位、学校、寺庙、部队营区、车站、机场及农场、牧场、风景名胜区、工矿企业、工业园区等单位的绿化,由各单位负责。新建企业应当按照有关规定和标准建设防护绿地。

(五)建设工程附属绿地由建设单位负责。

(六)单位和个人承包的宜林荒山荒地,由承包者负责。

前款规定以外的绿地建设责任不明确的,由市、县(区)人民政府确定。城镇公共绿地由市、县(区)人民政府确定并公布。

第十一条 市、县(区)人民政府应当加强对荒山、荒沟、荒丘、荒滩造林绿化。坚持合理规划、治理开发与绿化建设相结合、坚持生态效益与经济效益相结合,以小流域为单元进行综合治理。

第十二条 市、县(区)人民政府应当按照防沙治沙规划,组织有关部门、单位和个人,因地制宜地采取人工造林种草、封沙育林育草和合理调配生态用水等措施,恢复和增加植被,治理已经沙化的土地。

第十三条 市、县(区)人民政府应当鼓励和支持单位、个人和企业在适宜开发利用的沙化土地区域依法开发沙化土地资源,种植沙生林果、沙生药材、固沙牧草等沙生经济作物;鼓励发展沙区特色种植业、养殖业、旅游业和其他沙产业。

第十四条 市、县(区)人民政府应当加强农村绿化规划,提高农村绿化水平。

林业和草原主管部门和乡(镇)人民政府、街道办事处指导村(居)民委员会或者村集体经济组织对村庄街道、庭院、隙地进行植树绿化,营造公共绿地休憩林;在村庄周围、乡村道路和沟渠等区域建设环村林和绿色林网。海拔4300米以下有条件的地方逐年消除无树村、无树户。

鼓励村(居)民委员会将绿化工作纳入村规民约、居民公约。

第十五条 城市绿化由市、县(区)人民政府根据城市总体规划,合理确定生产绿地。生产绿地的用地面积应当不低于城市建成区面积的百分之二。

新建、改建、扩建工程建设项目,其园林绿化用地面积占总用地面积比例应当符合国家生态园林城市标准。

建设项目城市绿地面积达不到规定的标准又确需进行建设的,应当经市、县(区)城市绿化、城市规划主管部门审核同意,并报同级人民政府批准,批准后建设单位应当按照规定向市、县(区)城市绿化主管部门缴纳城市绿化补偿费,由市、县(区)绿化主管部门统一组织异地绿化。

第十六条 城市绿化工程的设计,应当体现民族风格和地方特色。城市公共绿地和居住区绿地的建设,应当以植物造景为主,选用适合当地自然条件的树木花草。

第十七条 造林绿化应当遵守造林技术规程,

实行科学造林，提高林木的成活率和保存率。市、县（区）人民政府应当对本行政区域内年度造林情况组织检查验收。

第十八条 市、县（区）人民政府应当加强重点生态功能区、生态环境敏感脆弱区的天然林保护和防护林体系建设，营造水源涵养林、水土保持林以及防风固沙林。

加强森林公园建设，合理利用森林风景资源，积极发展生态旅游。

第十九条 采伐林木的单位或者个人应当在采伐的当年或者次年，按照有关规定完成迹地更新任务。更新树木株次不得少于采伐株数的三倍，并达到验收标准。

第三章 保护与管理

第二十条 市、县（区）人民政府根据实际需要，划定绿化管护责任区，实行管护责任制，巩固绿化成果。绿化责任区和承包区由责任单位或者承包人负责管护。国有或者集体的宜林荒山荒地由指定的承包人或者生态护林员负责管护。鼓励政府以购买服务的方式参与绿化工作经营管护。

第二十一条 市、县（区）人民政府根据绿化工作需要，划定绿化封育区，设立封育标识，公布封育范围和封育期限，落实封育措施。

新造幼林地和其他应当封山育林的地方，由当地人民政府组织封山育林，连续封山育林时间不得少于五年。

第二十二条 市、县（区）人民政府应当加强草原的管理和建设，指导、组织农牧民建设人工草场，控制载畜量，调整牲畜结构，改良牲畜品种，推行牲畜圈养和落实草场轮牧、休牧、禁牧制度，防治草原鼠害、虫害，保护草原植被，防止草原退化和沙化。

第二十三条 任何单位和个人不得擅自占用城市绿化用地，占用的城市绿化用地，应当限期归还。因建设或者其他特殊需要临时占用城市绿化用地，应当经市、县（区）人民政府绿化主管部门同意，并按照有关规定办理临时用地手续。经批准临时占用的，占用期满后，占用单位和个人应当恢复原貌。

第二十四条 在城市公共绿地内开设商业、服务摊点的，应当经市、县（区）人民政府绿化主管部门同意后，持市场监督管理部门批准的营业执照，在公共绿地管理单位指定的地点从事经营活动，并遵守公共绿地和市场监督管理的规定。

第二十五条 林业和草原主管部门应当依法做好种苗产地检疫、调运检疫和复检工作。对本行政区域外调运的种苗，要进行查证查验，严禁携带检疫性、危险性林草业有害生物的种苗用于绿化。防止植物病虫害、杂草及其他有害生物的传播和蔓延。

第二十六条 市、县（区）人民政府负责古树名木的认定工作，按照国家和自治区有关规定在古树名木或者古树名木群落周围划定保护范围，科学设置保护设施和保护标牌。

新建、改建、扩建工程项目影响古树名木生长的，应当采取避让和保护措施。

因特殊需要迁移古树名木，应当依照有关法律法规规定办理审批手续。

第二十七条 任何单位和个人都不得损伤城市树木花草绿化设施。砍伐或者移植城市树木，应当经市、县（区）人民政府绿化主管部门批准，并按照国家有关规定补植树木或者采取其他补救措施。

第二十八条 禁止下列损害绿化的行为：

（一）毁林开垦和毁林采石、采砂、采土；

（二）擅自改变林地用途；

（三）擅自在绿地内搭建建筑物、构筑物；

（四）在绿地内堆放杂物，焚烧物品，倾倒、排放垃圾、污水等废弃物，倾倒有毒有害物质；

（五）擅自采挖树木，践踏绿地，损伤树木花草；

（六）损毁绿化设施；

（七）在树木上设置广告牌、标语牌或者牵拉绳索、架设电线，以树承重；

（八）其他损害绿化的行为。

第二十九条 市、县（区）人民政府及相关部门应当切实做好森林和草原火灾的预防和扑救工作。

第四章 保障与支持

第三十条 市、县（区）人民政府根据本行政区域绿化规划和年度绿化计划，每年安排一定数额的资金用于绿化事业。

鼓励多渠道筹集绿化资金,引导信贷资金、社会资金投向绿化,保障绿化需要。鼓励单位和个人以捐赠、认建、认养和自愿服务等形式参与绿化。

第三十一条 积极开展碳汇造林绿化,推动碳汇交易。

鼓励和支持保险机构开展绿化保险,逐步扩大绿化保险品种和范围。

第三十二条 市、县(区)人民政府应当完善林权的确权、登记和颁证制度。鼓励和引导农牧民采取转包、出租、入股等方式,培育壮大造林专业合作社、专业大户、龙头企业等新型经营主体,推动林业适度规模经营。

第三十三条 市、县(区)人民政府绿化相关部门应当建立有害生物预警、预防控制体系,编制有害生物灾害事件应急预案,做好绿化植物的防疫和有害生物的监测、预报和防治工作,保证生态安全。

第三十四条 林业和草原主管部门应当根据绿化造林规划,鼓励和支持苗木产业发展,培育乡土树草花种,选育引进适应本地区自然条件、对人体无害的植物品种,建立良种苗木和草种生产基地,满足绿化需要。

第三十五条 绿化工程的设计、施工、监理,应当符合国家和本市有关设计、施工、监理的技术标准和规范,法律、行政法规有资质要求的,应当由具有相应资质的单位承担。

第三十六条 水行政主管部门应当合理配置和开发水资源,提高水资源利用率,保障绿化用水,推广、利用节水技术,建设配套水源工程和小型蓄水节水设施。

第三十七条 勘查、开采矿藏和修建道路、水利、电力、通讯等工程,需要占用或者征用林草地的,应当依法办理占用征用林草地手续。需要临时占用林草地的,应当经县级以上人民政府林业和草原主管部门批准。业主单位应当督促施工方在开工前办理林草地使用手续,待批复后方可开工建设。

经批准临时占用林草地的,建设单位应当在工程竣工后一年内恢复森林植被,或者缴纳森林植被恢复费,由当地人民政府委托的单位实施绿化。

第五章 法律责任

第三十八条 违反本条例规定,进行开垦、采石、采砂、采土和其他活动,致使森林、林木受到损坏的,依法赔偿损失;由县级以上林业和草原主管部门责令停止违法行为,补种毁坏株数一倍以上三倍以下的树木,可以处毁坏林木价值五倍以下的罚款。造成林地毁坏的,由县级以上林业和草原主管部门责令停止违法行为,限期恢复植被和林业生产条件,可以处恢复植被和林业生产条件所需费用三倍以下的罚款。

第三十九条 违反本条例规定,未经县级以上人民政府林业主管部门审核同意,擅自改变林地用途的,由县级以上人民政府林业和草原主管部门责令限期恢复原状,可以处恢复植被和林业生产条件所需费用三倍以下的罚款。

临时占用林地,逾期不归还的,依照前款规定处罚。

第四十条 违反本条例规定,擅自在绿地内搭建建筑物、构筑物的,由县级以上人民政府城市管理主管部门责令停止违法建设,限期改正,并依据有关法律法规予以处罚。

第四十一条 违反本条例规定,有下列行为之一的,由县级以上人民政府城市管理主管部门给予警告或者责令停止违法行为、限期改正、赔偿损失,逾期不改正的,并处罚款:

(一)践踏绿地,损伤树木花草,在绿地内堆放杂物,焚烧物品,倾倒、排放垃圾、污水等废弃物的,处三百元以上五百元以下的罚款;

(二)在绿地内倾倒有毒有害物质的,处一千元以上三千元以下的罚款;

(三)损毁绿地设施的,处五百元以上一千元以下的罚款;

(四)在树木上设置广告牌、标语牌或者牵拉绳索、架设电线,以树承重的,处二百元以上五百元以下的罚款;

(五)擅自采挖树木的,处采挖树木价值一倍以上三倍以下的罚款;

(六)因损害绿化行为,造成树木死亡的,处树木基准价值五倍以上十倍以下的罚款。

第四十二条 违反本条例规定，有下列行为之一的，由县级以上林业和草原主管部门责令限期完成造林任务；逾期未完成的，可以处未完成造林任务所需费用两倍以下的罚款；对直接负责的主管人员和其他直接责任人员，依法给予行政处分：

（一）连续两年未完成造林任务的；

（二）当年造林成活率未达到规定要求的；

（三）植树造林责任单位未按照绿化要求完成任务的。

第四十三条 违反本条例规定，未经同意擅自占用城市绿地的，由城市绿化主管部门责令限期退还，恢复原状，可以并处所占绿地价值三倍以上五倍以下的罚款。

第四十四条 违反本条例规定，擅自砍伐或者移植城市树木的，由城市绿化主管部门责令限期补植；擅自砍伐的，并处树木基准价值五倍以上十倍以下的罚款；擅自移植的，并处树木基准价值三倍以上五倍以下的罚款。

第四十五条 违反本条例规定，擅自移植古树名木的，由绿化相关主管部门责令限期改正；擅自砍伐古树名木或者擅自移植致使古树名木死亡的，处死亡古树名木价值三倍以上五倍以下的罚款。

第四十六条 绿化相关主管部门及其工作人员违反本条例规定，在绿化工作中玩忽职守，滥用职权，徇私舞弊，由有管辖权的主管部门依法给予政务处分；构成犯罪的，依法追究刑事责任。

第四十七条 违反本条例规定的其他行为，法律、行政法规规定处罚的，依照有关法律、行政法规的规定处罚。

第六章 附则

第四十八条 本条例自2020年9月1日起施行。

山南市人民代表大会常务委员会公告

〔2020〕5号

《山南市文明行为促进条例》已经2020年9月8日山南市第一届人民代表大会常务委员会第三十二次会议通过，并经2020年9月27日西藏自治区第十一届人民代表大会常务委员会第二十二次会议批准，现予公布，自2020年11月1日起施行。

特此公告

山南市人民代表大会常务委员会

2020年9月28日

山南市文明行为促进条例

（2020年9月8日山南市第一届人民代表大会常务委员会第三十二次会议通过　2020年9月27日西藏自治区第十一届人民代表大会常务委员会第二十二次会议批准）

第一章　总则

第一条　为了深入贯彻习近平新时代中国特色社会主义思想，培育和践行社会主义核心价值观，铸牢中华民族共同体意识，引导和促进文明行为，提升公民道德素养和社会文明水平，根据宪法和有关法律法规规定，结合本市实际，制定本条例。

第二条　本市行政区域内的文明行为促进工作，适用本条例。

第三条　本条例所称文明行为，是指遵守宪法和法律法规规定，体现社会主义核心价值观，符合社会道德和公序良俗的要求，引领新时代文明风尚，推动社会文明进步的行为。

第四条　文明行为促进工作应当坚持党委领导、政府主导、公众参与、系统推进，引导、鼓励、教育与处罚相结合的原则，形成共建、共治、共享文明建设长效机制，推动文明行为促进工作与经济社会协调发展。

第五条　市、县（区）精神文明建设委员会统筹推进本行政区域内的文明行为促进工作。

市、县（区）精神文明建设工作机构具体负责本行政区域内文明行为促进工作的规划计划、指导协调、监督检查和评估通报。相关部门应当按照职责分工做好文明行为促进工作。

工会、共青团、妇联等人民团体，企业事业单位及其他社会组织，应当发挥各自职能作用，积极做好文明行为促进工作。

第六条　市、县（区）人民政府应当将文明行为促进工作纳入国民经济和社会发展规划及年度计划，对属于公共财政支出范围的文明行为促进工作，给予经费保障。

乡（镇）人民政府、街道办事处应当按照本条例规定负责本辖区文明行为促进工作。

村（居）、社区应当加强文明行为的宣传、教育和引导，积极做好文明行为促进工作。鼓励村（居）、社区将文明行为规范纳入村规民约、居民公约。

第七条　国家机关、企业事业单位、社会组织和公民应当积极支持和参与文明行为促进工作。

共产党员、国家工作人员、人大代表、政协委员、教育工作者、医务工作者、社会公众人物、先进模范人物、窗口服务人员等应当在文明行为促进工作中发挥表率作用。

第八条 报刊、广播、电视、网络等媒体和户外广告经营管理单位应当刊登、播出公益广告,开办文明行为宣传节目。褒扬和宣传文明行为,曝光和批评不文明行为,营造全社会参与鼓励和促进文明行为的氛围。

第九条 市、县(区)人民政府应当对在文明行为促进工作中作出突出贡献的单位和个人给予表彰和奖励。

第二章　文明行为规范

第十条 公民应当牢固树立国家观念,爱党爱国爱社会主义,维护国家安全、荣誉和利益,旗帜鲜明反对分裂,争做神圣国土守护者、幸福家园建设者,维护祖国统一、民族团结和边境稳定。

第十一条 公民应当践行社会主义核心价值观,遵守社会公德,坚守职业道德,培育家庭美德,树立良好个人品德,继承和弘扬“老西藏精神”“两路精神”。

第十二条 遵守下列文明行为:

(一)自觉维护祖国统一和民族团结,促进各民族之间交往交流交融,相互尊重、相互包容、相互学习、相互帮助;

(二)尊重公序良俗、优良文化传统;

(三)诚实守信、热爱生活、勤劳朴素、爱岗敬业、热心服务、奉献社会;

(四)热爱学习,崇尚科学,情趣健康,抵制愚昧迷信及其他低俗活动;

(五)学习宣传时代楷模、道德模范等先进事迹;

(六)注重家庭教育,养成良好家风,建设文明家庭;

(七)构建和谐邻里关系,团结友善,和睦相处;

(八)在公共场所咳嗽、打喷嚏时遮掩口鼻,患有流行性感冒等传染性呼吸道疾病时佩戴口罩;

(九)患有传染病时,配合相关检验检疫、隔离治疗等措施,如实提供有关情况;

(十)节约使用水、电、油、气等公共资源,科学利用能源,杜绝浪费;

(十一)绿色低碳出行,优先选择公共交通工具。乘坐公共交通工具时遵守乘车秩序,主动为老、弱、病、残、孕、幼等有需要的乘客让座;

(十二)文明如厕,爱护环境卫生;

(十三)人畜分区、牲畜入圈,及时清理乡村道路和房前屋后的畜(禽)粪便;

(十四)科学放生,保护当地生态环境平衡;

(十五)其他应当遵守的文明行为。

第十三条 鼓励下列文明行为:

(一)见义勇为;

(二)参与赈灾捐赠、无偿献血、扶贫济困等公益活动;

(三)参与志愿服务活动;

(四)具备急救技能的公民,对需要急救的人员实施紧急现场救护;

(五)拾金不昧,主动归还遗失物;

(六)其他应当鼓励的文明行为。

第十四条 倡导下列文明行为:

(一)注重公共行为,遵守公共礼仪,衣着得体,用语礼貌,不大声喧哗,不影响他人;

(二)在非禁止吸烟场所吸烟时合理避开他人;

(三)节约粮食、文明用餐,合理消费、适量点餐,践行“光盘行动”,并在集体用餐时使用公筷公勺;

(四)遵守村规民约、居民公约、学生守则、行业规范以及其他行为准则;

(五)文明旅游,遵守旅游文明行为规范;

(六)爱惜公共设施设备;

(七)爱护公共绿地,不踩踏草坪、采摘花果、损坏树木等;

(八)分类投放生活垃圾;

(九)文明节庆、文明婚丧、文明祭扫;

(十)理性、文明煨桑;

(十一)文明上网,遵守网络文明公约;

(十二)其他应当倡导的文明行为。

第十五条 公民应当维护公共秩序,不得实施下列不文明行为:

(一)开展广场舞等健身娱乐活动,影响他人正

常工作、生活和学习;

(二)每日十三时至十五时、二十二时至次日八时在已竣工交付使用的居民住宅楼、商住综合楼内进行产生环境噪声污染的装饰作业;

(三)随地吐痰、便溺或者违反规定倾倒、丢弃果皮、纸屑、烟蒂等垃圾;

(四)从建(构)筑物内向外抛掷物品;

(五)违反规定在公共场地设摊经营、堆放物料,搭建建(构)筑物或者其他设施;

(六)损毁、侵占市政公用设施设备;

(七)在互联网等媒体上发布和传播违背公序良俗的信息;

(八)其他不符合维护公共秩序要求的行为。

第十六条 公民应当文明饲养犬只等宠物,不得实施下列不文明行为:

(一)不办理许可登记手续,违反规定饲养烈性犬等宠物;

(二)影响环境卫生,不及时清理所携犬只等宠物在公共场所排泄的粪便;

(三)携带犬只外出时,不采用牵引绳牵引等方式约束;

(四)携带犬只等宠物进入办公、生产、经营等公共场所,导盲犬、助残犬、警犬等特殊用途的除外;

(五)其他不文明的行为。

第十七条 公民应当维护交通秩序,不得实施下列不文明行为:

(一)驾驶机动车违反规定停靠、插队和鸣笛,不规范使用灯光,行经斑马线不礼让行人,违法占用应急车道;

(二)驾驶非机动车时违反交通信号通行,在机动车道行驶,逆行,乱穿马路;

(三)行人违反交通信号通行,乱穿马路,翻越交通护栏;

(四)机动车、非机动车和行人不避让执行紧急任务的警车、救护车、消防车、工程抢险车等特种车辆;

(五)向车外抛洒物品;

(六)其他影响交通秩序的行为。

第十八条 公民应当爱护公共环境卫生,不得实施下列不文明行为:

(一)在禁止吸烟的场所吸烟;

(二)在公共区域或者公共设施上涂写、刻画、张贴小广告等;

(三)违反规定燃放烟花爆竹;

(四)向江河、湖泊、水库等自然水体和景观水体丢弃废弃物或者实施污染水体的其他行为;

(五)在禁止区域焚烧垃圾以及其他产生有毒有害烟尘和恶臭气体的物质;

(六)非法食用、买卖野生动物及其制品;

(七)其他破坏公共环境卫生的行为。

第三章 促进与保障

第十九条 市、县(区)人民政府以及相关主管部门应当加强市政、交通、体育、文化、治安、卫生健康、大数据等基础设施的规划、建设、管理。

机场、车站、商场等公共场所经营管理单位应当按照有关规定配备爱心座椅、轮椅、母婴室、公共卫生间等便民设施,设置“一米线”等文明引导标识,保持环境整洁卫生,维护良好秩序。

第二十条 市、县(区)人民政府及相关主管部门应当积极引导公民牢固树立马克思主义国家观、民族观、历史观、文化观、宗教观和唯物论、无神论,淡化宗教消极影响。

第二十一条 市、县(区)人民政府及相关主管部门应当深入推进人居环境整治、“厕所革命”和牲畜圈舍改造工程,打造干净整洁、环境优美的城镇、乡村。

第二十二条 市、县(区)人民政府应当组织开展文明城市、文明村镇(街道及社区)、文明单位、文明校园、文明家庭等精神文明创建活动。

第二十三条 教育行政部门和学校应当将文明行为培养纳入教育教学,将文明行为各项要求列入校纪、校规,加强师德师风建设,组织学生开展文明行为教育和实践活动,防止校园欺凌。

第二十四条 民政部门应当及时有效救助流浪乞讨人员,公安机关、城市管理等相关主管部门发现流浪乞讨人员,应当及时告知其到救助管理机构接受救助或护送其至救助管理机构。

第二十五条 公民有权劝阻和制止不文明行为,有权举报、投诉不文明行为和不履行文明行为促进工作职责的单位及工作人员，对文明行为促进工作提出意见和建议。

国家机关、社会团体、企业事业单位应当依法开展文明行为宣传和不文明行为劝导活动，对其工作场所、营业场所或者服务区域内发生的不文明行为进行劝阻。属于违法行为的，应当及时制止，通知有关行政执法部门并协助取证。

市、县(区)人民政府以及相关主管部门应当建立不文明行为举报、投诉、查处制度，向社会公布举报、投诉的方式和途径，及时受理、查处不文明行为。对举报人、投诉人的身份信息等应当予以保密。

第二十六条 市、县(区)人民政府应当完善文明行为促进的相关工作机制，建立健全文明行为表彰奖励制度。

精神文明建设工作机构在开展精神文明建设先进典型评选表彰活动中，应当将文明行为促进工作表现情况作为评选标准和推选条件。

第二十七条 国家机关、企业事业单位和其他组织应当支持其工作人员、成员参与文明行为促进工作，对表现突出的，予以鼓励、表彰。

第二十八条 获得市级以上文明城市、文明村镇、文明单位、文明校园、文明社区、文明家庭等称号的，可以给予表彰或者奖励。

第二十九条 市、县(区)人民政府应当健全行政执法责任制，改进执法方式，规范执法行为，推进文明执法。

第三十条 市、县(区)人民代表大会及其常务委员会可以通过听取和审议专项工作报告、执法检查、代表视察等方式，依法对本级人民政府文明行为促进工作开展监督。

第四章　法律责任

第三十一条 违反本条例第十五条规定，从建(构)筑物内向外抛掷物品，损毁、侵占市政公用设施设备的，依照《中华人民共和国民法典》《中华人民共和国治安处罚法》有关规定处理。

第三十二条 违反本条例第十八条规定，在公共区域或者公共设施上涂写、刻画、张贴小广告，燃放烟花爆竹，向江河、湖泊、水库等自然水体和景观水体丢弃废弃物或者实施污染水体的其他行为，在禁止区域焚烧垃圾以及其他产生有毒有害烟尘和恶臭气体的物质，非法食用、买卖野生动物及其制品的，依照《城市市容和环境卫生管理条例》《烟花爆竹安全管理条例》《中华人民共和国水污染防治法》《中华人民共和国大气污染防治法》《全国人民代表大会常务委员会关于全面禁止非法野生动物交易、革除滥食野生动物陋习、切实保障人民群众生命健康安全的决定》等法律、法规的规定处理。

第三十三条 国家机关及其工作人员在文明行为促进工作中不履行或者不正确履行职责的，由其上级主管部门、监察机关或者所在单位责令改正，并视情节轻重，对负有责任的领导人员和直接责任人员给予处分或者处理；构成犯罪的，依法追究刑事责任。

第三十四条 违反本条例规定的行为，法律法规已有处罚规定的，从其规定。

第五章　附则

第三十五条 本条例自2020年11月1日起施行。

索引

说　明

一、本索引采用主题分析法编制。索引范围包括篇目、类目、部(门)目、条目等。

二、本索引按主题词首字汉语拼音音序(同音按音调)排列,若首字拼音相同则按第二字音序排列,以此类推。

三、索引款目后的数字表示内容所在的页码,数字后的拉丁字母(a、b、c)表示栏别(从左至右)。

四、篇目、类目、部(门)目用黑体字。

A

B

C

G

H

J

S

T

W

Y

Z